2010
北京广播影视年鉴
Beijing guangboyingshinianjian

北京广播影视年鉴编辑委员会 编

中国广播电视出版社
CHINA RADIO & TELEVISION PUBLISHING HOUSE

图书在版编目（CIP）数据

北京广播影视年鉴. 2010 / 《北京广播影视年鉴》编辑委员会编. -- 北京 : 中国广播电视出版社, 2010.12
ISBN 978-7-5043-6329-9

Ⅰ. ①北… Ⅱ. ①北… Ⅲ. ①广播事业－北京市－2010－年鉴②电影事业－北京市－2010－年鉴③电视事业－北京市－2010－年鉴 Ⅳ. ①G229.271-54②J992-54

中国版本图书馆CIP数据核字(2010)第244820号

2010北京广播影视年鉴

北京广播影视年鉴编辑委员会 编

责任编辑 常红
装帧设计 一北工作室

出版发行 中国广播电视出版社
电　　话 010-86093580　010-86093583
社　　址 北京市西城区真武庙二条9号
邮　　编 100045
网　　址 www.crtp.com.cn
电子信箱 crtp8@sina.com

经　　销 全国各地新华书店
印　　刷 廊坊市佳艺印务有限公司

开　　本 787毫米×1092毫米　1/16
字　　数 650（千）字
印　　张 33.25
版　　次 2010年12月第1版　2010年12月第1次印刷

书　　号 ISBN 978-7-5043-6329-9
定　　价 128.00元

编　辑　说　明

一、《北京广播影视年鉴》是一部综合性资料工具书和史料文献的大型年刊，由北京市广播电影电视局主持编纂，北京广播电视台、北京北广传媒集团、北京人民广播电台、北京电视台、中国电影博物馆、各区县文化委员会、各区县广电中心等协助编纂。

二、本年鉴全面反映北京市广播影视的基本情况和发展变化，客观记录上一年全市广播影视业各方面的新情况、新资料。特殊事项，在前后年份上有所延伸。

三、本年鉴以马克思列宁主义、毛泽东思想、邓小平理论、“三个代表”重要思想为指导，认真贯彻落实科学发展观，坚持实事求是的编辑方针，贯彻“贴近实际、贴近生活、贴近群众”的宣传原则，为广播影视从业人员、教学科研人员、决策管理人员以及社会各界了解和研究北京市广播影视业提供可靠信息。

四、本年鉴自2005年起，每年编印一卷。2010年版为第六卷，全书共有21个栏目：图片、特载、年度重点报道、概况、产业发展、广播电视覆盖、频率频道、节目栏目、科技发展、电影、电视剧、新媒体与网络传播、书报刊出版、受众调查、组织机构、对外与港澳台交流、获奖作品、改革创新·经验、统计、大事记、索引。

五、本年鉴采用规范语体文，行文力求朴实、简洁、通畅。以记述文章体裁为主体，同时包含志、传、图、表、录等。

六、本年鉴计量单位按照1984年2月27日公布的《中华人民共和国法定计量单位》执行。

七、本年鉴统计数字以统计部门公布的为准。统计部门缺遗的数字，以各单位的为准。

八、本年鉴稿件由各单位、各部门确定专人撰写（特殊约稿除外），经各单位、各部门主要领导审核，最后由年鉴编委会总审。

九、本年鉴的编辑工作得到各撰稿单位、部门及各方面的热情关怀和大力支持，在此深表感谢。由于水平有限，对本书的疏漏之处与不足，恳请各界批评指正，以利于今后改进。

北京市广播电影电视局史志办（本刊编辑部）

2010年10月

编 辑 委 员 会

魏志安　北京市石景山区广播电视中心主任
宋　奇　北京市门头沟区广播电视中心主任
孙　泽　北京市房山区广播电视中心主任
李岭涛　北京市大兴区广播电视中心主任
王志刚　北京市通州区广播电视中心主任
王　颖　北京市顺义区广播电视中心主任
刘义华　北京市平谷区广播电视中心主任
刘晓红　北京市怀柔区广播电视中心主任
刘晓梅　北京市昌平区广播电视中心主任
赵力杰　北京市密云县广播电视中心主任
孟昭旭　北京市延庆县广播电视中心主任
王长田　北京光线传媒股份有限公司总裁
王中军　华谊兄弟传媒股份有限公司董事长
刘燕铭　海润影视制作有限公司董事会主席
英　宁　北京英氏影视艺术有限责任公司总经理
藤　站　北京金英马影视文化股份有限责任公司总经理
蒲树林　华夏视听环球传媒（北京）有限公司董事长
刘晓霖　北京中联华盟文化传媒投资有限公司董事长
赵　凯　北京京都世纪文化发展有限公司董事长
李　明　北京小马奔腾影视文化发展有限公司董事长
丁　芯　北京鑫宝源影视投资有限公司董事长
魏丽丽　北京慈文影视制作有限公司总经理
张　革　中影阿满影视文化（北京）有限公司董事长
肖　岗　北京艺德环球文化艺术有限公司总裁

主编　副主编

主　　编： 洪　兵　北京市广播电影电视局巡视员
常务副主编： 马广胜　北京市广播电影电视局史志办主任
副 主 编： 张常珊　北京广播电视台办公室主任
孙　巍　北京人民广播电台总编室主任
冯　平　北京电视台史志办主任
王廷富　北京市广播电影电视局史志办高级编辑（特聘）

编辑部编辑与特约编辑

编辑部编辑： 段燕燕　北京市广播电影电视局史志办责任编辑
潘　怡　北京市广播电影电视局史志办责任编辑（特聘）
徐向丽　北京市广播电影电视局史志办责任编辑（特聘）

特约编辑：

苗本长　北京市广播电影电视局办公室（安全监管办公室）副调研员
李真然　北京市广播电影电视局宣管处干部
陈　鹏　北京市广播电影电视局电影管理处干部
杨志平　北京市广播电影电视局组织人事处干部
钟立红　北京市广播电影电视局传媒机构管理处副调研员
石　磊　北京市广播电影电视局科技处干部
吴　彤　北京市广播电影电视局政策法规处副调研员
荀　菲　北京市广播电影电视局办公室（安全监管办公室）干部
冯　颢　北京市监察局驻北京市广播电影电视局监察处干部

车　静　北京市广播电影电视局离退休人员管理中心副主任
檀鲁敏　北京音像资料馆(研究中心)干部
马晓宇　北京市广播影视作品审查中心干部
马　丽　北京市广播电视监测中心干部
李　淙　北京市广播电影电视局后勤服务中心干部
田杰鹏　北京市广播电影电视局信息中心干部
刘　洋　中国电影博物馆研究部干部
李　剑　北京广播电视台办公室副主任
史博华　北京人民广播电台网络信息中心台史办主任
刘　莹　北京人民广播电台总编室主任助理宣管科科长
唐晓燕　北京电视台史志办编辑
魏向东　北京电视台史志办编辑
杨　蕾　北京紫禁城影业有限责任公司办公室干部
杨志华　北京歌华文化集团党办副主任
王晓芳　北京歌华有线电视网络股份有限公司办公室干部
孔　婷　北京电视艺术中心办公室干部
王昌续　北京中北电视艺术中心有限公司办公室主任
杨　琳　北京广播电视报社办公室干部
郝振林　北京音像公司办公室干部
赵丽艳　北京瑞特影音贸易公司办公室主任
常　斌　北京广播影视物业管理中心副主任
郑向英　北京北广传媒数字电视有限公司办公室干部
闫育军　北京北广传媒移动电视有限公司干部
何　颖　北京北广传媒影视有限公司办公室主任
杨峰斌　北京北广传媒城市电视有限公司办公室干部
黄　岩　鼎视数字电视传媒有限公司办公室干部
彭穗新　北京北广置业有限公司办公室主任
张　宁　北京中广传播有限公司干部
王湘帆　北京市东城区文化委员会干部
周爱平　北京市西城区文化委员会主任科员
杜冉冉　北京市崇文区文化委员会
赵　岩　北京市宣武区文化委员会干部
李雪梅　北京市朝阳区文化委员会科员
戴　明　北京市海淀区文化委员会干部
王　蕊　北京市丰台区文化委员会干部
张桂霞　北京市石景山区文化委员会主任科员
张　晨　北京市门头沟区文化委员会干部
白　扬　北京市房山区文化委员会干部
李晓雷　北京市大兴区文化委员会干部
杨家毅　北京市通州区文化委员会办公室主任
李月玲　北京市顺义区文化委员会办公室主任
张春芬　北京市平谷区文化委员会科员
梁　祎　北京市怀柔区文化委员会科员
白玉峰　北京市昌平区文化委员会办公室副主任
康连兴　北京市密云县文化委员会文化市场指导科科长
刘满利　北京市延庆县文化委员会政办室副主任
郑　浩　北京经济技术开发区社会发展局
邱　阳　北京市朝阳区广播电视新闻中心总编室
刘丹丹　北京市海淀区新闻中心办公室干部
马藻茹　北京市丰台区广播电视中心办公室干部
孙桂春　北京市石景山区广播电视中心干部
高艳蕊　北京市门头沟区广播电视中心办公室干部
莘德艺　北京市房山区广播电视中心办公室副主任
赵长军　北京市大兴区广播电视中心办公室副主任
翟玉中　北京市通州区广播电视中心办公室主任
王秀华　北京市顺义区广播电视中心办公室
朱京平　北京市平谷区广播电视中心办公室主任
王　纲　北京市昌平区广播电视中心办公室主任
姜亦萍　北京市怀柔区广播电视中心办公室副主任
石晓访　北京市密云县广播电视中心总编室主任
高景祎　北京市延庆县广播电视中心办公室副主任
徐　丹　北京光线传媒股份有限公司
姜　朋　华谊兄弟传媒股份有限公司
王存林　海润影视制作有限公司
郭丙泰　北京英氏影视艺术有限责任公司
李俊宏　北京金英马影视文化股份有限责任公司
李　霞　华夏视听环球传媒(北京)有限公司
赵　娟　北京中联华盟文化传媒投资有限公司
伍　健　北京京都世纪文化发展有限公司
何　鹰　北京小马奔腾影视文化发展有限公司宣传主管
邰薪羽　北京鑫宝源影视投资有限公司
宋多娜　北京慈文影视制作有限公司公关部经理
魏　兰　北京艺德环球文化艺术有限公司

北京广播影视

年鉴

2010

BEIJING

GUANGBOYINGSHI

NIANJIAN

2009年3月19日，中共中央政治局委员、北京市委书记刘淇（前左一）到北京歌华大厦调研，并实地考察文化创意产业和歌华有线总前端等。

2009年11月26日，中共中央政治局委员、国务委员刘延东（中）在国家广电总局副局长张海涛（右）陪同下参观北京市文博会北京电台展台，了解数字广播的发展情况。

2009年5月9日，中共中央政治局委员、北京市委书记刘淇（右五），副书记、市长郭金龙（右六），市委副书记王安顺（左一）到北京电视台新址调研。

2009年11月26日，全国人大常委会副委员长、民进中央主席严隽琪（中）参观北京市文博会北京电台展台，了解1039新媒体机的情况。

2009年2月19日，全国政协副主席、台盟中央主席林文漪（中）到中国电影博物馆调研，电影博物馆馆长杨永安（左一）陪同调研。

2009年5月31日，中国电影博物馆举办“欢庆六一，关心下一代”电影文化主题活动，原全国人大副委员长、全国妇联主席顾秀莲（中）应邀出席。

2009年7月9日，中共北京市委副书记、市长郭金龙（前右一）等到民营影视机构——光线传媒股份有限公司调研，光线传媒总裁王长田（左一）介绍情况。

2010年1月28日，北京市人大常委会主任杜德印（中）到市人代会新闻单位报道组看望记者。图为杜德印与北京电台记者交谈，北京电台台长汪良（右）陪同。

2009年10月15日，北京市政协主席阳安江（前左）到民营影视机构——光线传媒股份有限公司调研，光线传媒总裁王长田（前右）介绍情况。

2009年7月14日，国家广电总局副局长张海涛（左）一行对北京市电视节目高清化和交互式数字电视发展等情况进行调研，北京市委宣传部副部长严力强（前右）等陪同调研。

2009年7月24日，国家广电总局副局长田进（前左四）一行到北京电视台新址调研，图为北京市委副秘书长肖培（前左五）在介绍情况。

2009年5月15日，北京电视台在新台址BTV大剧院隆重举行建台30周年纪念大会。中央党史研究室副主任龙新民（右一），原广播电影电视部副部长杨伟光（右二），原文化部副部长陈昌本（左一），中国文联党组副书记、副主席李牧（左二）等出席并在一起交谈。

2009年9月25日，中共北京市委常委、宣传部长、副市长蔡赴朝（中）到朝阳区西坝河东里社区入户了解高清交互数字电视试验工程推广情况，北广传媒集团党委书记刘志远（右一）陪同考察。

2009年5月21日，中共北京市委常委牛有成（右）到歌华有线总前端机房调研，歌华有线公司董事长张淼（左）陪同调研。

2009年6月5日，中共北京市委常委、市委教育工委书记赵凤桐（前左）到歌华有线公司调研，歌华有线公司董事长张淼（前右）陪同调研。

2009年6月19日，北京市副市长苟仲文到北京电台城市服务管理广播参与《城市零距离》节目，与市民进行面对面交流。

2009年3月1日，北京市副市长黄卫（前中）到北京电台参加城市服务管理广播的台庆直播节目。

2009年9月15日，第五届北京国际体育电影周闭幕式在中国电影博物馆举行。全国政协委员、教科文卫体委员会副主任、北京奥运城市发展促进会副会长蒋效愚（前排左七）出席。

（领导关怀图片：由广播影视相关单位提供）

2009年1月22日，北京市广播影视工作会议召开，传达全国广播影视局长会议和北京市委宣传部长会议精神，总结2008年工作，部署2009年工作任务。

2009年2月26日，北京市广播电视局召开学习实践科学发展观活动总结大会。

2009年12月22日，北京市广播电影电视局举行“2009年度全市电视剧工作会暨北京广播影视奖（影视剧类）颁奖仪式”。图为市委宣传部常务副部长陈启刚（右二）、局长孙向东（右一）向获奖者颁奖。

2009年9月4日，北京市广播电影电视局举办“银幕上看祖国”慰问教师电影专场放映活动，局党组副书记、副局长杨淑琴致辞。

2009年3月20日，北京市广播电视局主办的“2009年首都春季电视节目推介会”在重庆召开，副局长李春良在会上致辞。

↑ 2009年11月5日，北京市广播电影电视局副局长臧增祥（左一）到门头沟区调研广播电视村村通工作。

↑ 2009年12月16日，北京市广播电影电视局副局长丁百之到局政务大厅检查指导工作。

↑ 2009年8月19日，北京市广播电影电视局副局长王霞（左三）、副巡视员宋春华（前右二）在门头沟区检查广播电视村村通安全工作。

↑ 2009年5月20日，北京市广播电影电视局纪检组组长王立平（左一）与局聘请的党风廉政特邀监督员杨立新（中）交谈。

↑ 2009年10月1日，北京市广播电影电视局总工程师何桂芝（左一）与技术人员一起在首都国庆庆典电视转播车上紧张工作。

↑ 北京市广播电影电视局巡视员洪兵在上海“电视剧项目推介会”上致词。

↑ 2009年9月25日，北京市广播电视学会第五届理事会召开第四次会议暨“2008年度北京市广播影视奖”颁奖大会，图为颁奖现场。

↑ 2009年4月24日，北京市广播电影电视局召开电视剧审查工作座谈会。

↑ 2009年，北京市广播电影电视局收听收看中心召开研讨会。

↑ 2009年3月30日，北京市广播电影电视局组团参展第46届法国戛纳电视节。

↑ 2009年10月20日，北京市广播电影电视局组团参展第22届日本东京国际电影节。

↑ 2009年12月23日，北京市广播电影电视局主管的北京影视动画协会首届会员大会召开。

↑ 2009年4月28日，2009年北京市广播影视科技工作会议召开。

↑ 2009年11月2日，北京市有线广播电视站管理工作会议召开。

↑ 2009年5月26日，北京市广播电视传媒机构和网络视听节目管理工作会议召开。

↑ 2009年6月17日，北京市卫星地面接收设施安装单位管理工作会议召开。

↑ 2009年11月12日，北京市广播电影电视局行政许可与监管工作研讨会召开。

↑ 2009年5月22日，北京市广播电影电视局召开“应对金融危机 促进首都广播影视产业发展交流会”。

↑ 2009年8月12日，北京市委宣传部主办、北京市广播电影电视局承办的“银幕上看祖国”活动启动。

↑ 2009年4月1日，北京市广播电影电视局电影处在通州区调研电影市场和公益放映情况。

↑ 2009年2月25日，北京市广播电视局召开“平安北京”建设工作会议。

↑ 2009年4月16日，北京市广播电影电视局召开北京市广播电视安全播出应急预案演练总结会。

↑ 2009年8月18日，北京市广播电影电视局媒体经营管理德国培训班合影。

↑ 2009年4月16日，北京市广播电影电视局开展“非法无线电视插播突发事件应急处置演练”。

↑ 2009年10月17～18日，北京市广播电影电视局承办的2009年全国广播电视编辑记者、播音员主持人资格考试北京考区开考。

↑ 2009年11月11日，北京市广播电影电视局举行信息化（电子政务）发展规划（2010–2012年）工作会。

↑ 2009年12月8日，北京市广播电视学会广播分会2009年年会召开。

↑ 2009年12月10日，北京市广播电视学会电视分会2009年年会召开。

↑ 2009年12月15日，北京市广播电影电视局工会工作会议召开。

↑ 2009年2月25日，2009《北京广播影视年鉴》组稿工作会议召开。

（行业管理图片：由北京市广电局处室、直属单位提供）

2009年5月至9月，北京电台城市服务管理广播举办以“社区志愿服务”为主题的北京第四届魅力社区评选活动，图为评选总决赛现场。

2009年7月7日，北京电台新闻广播系列报道《在祖国大地上》，图为采访组到安徽凤阳采访中国改革第一村——小岗村的时任书记沈浩（左三）。

2009年1月22日，北京电台“三下乡”慰问团到延庆县井庄镇三司村为军烈属、老党员和困难户家庭送年货，图为主持人与村民一起联欢。

2009年4月1日，北京电台文艺广播为庆祝开播15周年推出的话剧《甜咸配》在海淀剧院上演。

2009年8月23日，北京电台音乐广播在奥体中心举行庆祝新中国成立60周年金曲盛典。

2009年11月19日，北京电台音乐广播在北展剧场举行第9届全球华语歌曲排行榜颁奖典礼。

↑ 2009年10月17～18日，北京市广播电影电视局承办的2009年全国广播电视编辑记者、播音员主持人资格考试北京考区开考。

↑ 2009年11月11日，北京市广播电影电视局举行信息化（电子政务）发展规划（2010–2012年）工作会。

↑ 2009年12月8日，北京市广播电视学会广播分会2009年年会召开。

↑ 2009年12月10日，北京市广播电视学会电视分会2009年年会召开。

↑ 2009年12月15日，北京市广播电影电视局工会工作会议召开。

↑ 2009年2月25日，2009《北京广播影视年鉴》组稿工作会议召开。

（行业管理图片：由北京市广电局处室、直属单位提供）

RBC 北京人民广播电台

2009年，北京人民广播电台进一步创新节目内容和宣传形式，开办新的频率和栏目，推出10项国庆系列专题报道和大型活动，呈现出全频率参与，多媒体展现，上规模、成系列的特点，圆满完成了各项重大宣传报道任务。

↑ 2009年2月2日，北京人民广播电台隆重举行纪念建台60周年大会。

↑ 2009年1月1日，北京人民广播电台故事广播开播。图为北京市广播电影电视局局长孙向东（左二）、北京电台台长汪良（左一）启动台标呼号。

↑ 2009年1月18日，北京人民广播电台爱家广播开播。

↑ 2009年5月8日，北京电台承办全国广播电视广告经营管理现场经验交流会，并荣获广电总局颁发的第二批“广播电视播放行业自律示范单位”。北京电台台长汪良(左二)在领奖。

↑ 北京电台总编辑陆莹（右）在北京广播网介绍北京电台2010年工作。

2009年12月23日，北京广播大厦落成暨北京广播大厦酒店开业庆典仪式举行。图为北京电台领导班子在大厦门前合影。

2009年1月8日，北京电台在革命圣地延安推出庆祝建台60周年音视频大型直播特别节目——《曾经的电波》。节目以人民广播诞生、发展的时间顺序为线索，展现人民广播的光辉发展历程。

2009年2月8日，北京电台举办春节节目大赛颁奖晚会。

2009年7月7日，北京电台新闻广播推出系列报道《在祖国大地上》，图为记者（右）在大庆油田采访。

2009年10月1日，北京电台新闻广播记者在天安门观礼台上连线报道新中国成立60周年庆祝仪式。

↑ 2009年5月至9月，北京电台城市服务管理广播举办以“社区志愿服务”为主题的北京第四届魅力社区评选活动，图为评选总决赛现场。

↑ 2009年7月7日，北京电台新闻广播系列报道《在祖国大地上》，图为采访组到安徽凤阳采访中国改革第一村——小岗村的时任书记沈浩（左三）。

↑ 2009年1月22日，北京电台“三下乡”慰问团到延庆县井庄镇三司村为军烈属、老党员和困难户家庭送年货，图为主持人与村民一起联欢。

↑ 2009年4月1日，北京电台文艺广播为庆祝开播15周年推出的话剧《甜咸配》在海淀剧院上演。

↑ 2009年8月23日，北京电台音乐广播在奥体中心举行庆祝新中国成立60周年金曲盛典。

↑ 2009年11月19日，北京电台音乐广播在北展剧场举行第9届全球华语歌曲排行榜颁奖典礼。

← 2009年5～9月，北京电台交通广播联合《解放军报》、《法制晚报》共同举办“边疆·口岸纪行”大型采访活动，行程数万公里，对与我国陆路接壤边关口岸、边防哨所等进行深入采访。

↑ 2009年4月，北京电台故事广播推出“60年胡同传奇”大型故事征集活动，被列为北京市庆祝新中国成立60周年35项大型文化活动之一。图为北京电台台长汪良为荣誉奖获得者颁奖。

↑ 2009年5月14日至6月25日，北京电台爱家广播举办“爱家心愿 帮你实现”活动，参与人数达100万人次。

↑ 2009年7月31日，北京电台体育广播主持人在国家体育场（鸟巢）现场直播意大利超级杯比赛。

↑ 2009年，北京电台体育广播荣获全国“工人先锋号”称号。

2009年1月，北京电台外语广播举办了“我的汉语生活”全球外国人讲汉语故事大赛，38个国家、700多名选手报名参赛。

2009年7月11日，北京电台外语广播与日本驻华大使馆联合举办《东京音乐广场》节目宣传活动。

2009年4月10日，拉美记者联合会新闻代表团到北京电台参观访问。

2009年9月26日至10月5日，北京电台在第七届中国花卉博览会主展馆搭建直播间，全程报道花博会盛况。

2009年12月10日，北京电台城市服务管理广播《京城帮帮团》节目荣获“2009年度首都慈善公益明星项目”称号。

← 2009年6月至7月，北京电台举行第四届“听众喜爱的主持人”评选活动。图为7月25日朝阳公园地面宣传活动现场。

↑ 2009年4月28日，北京电台为获奖听众颁奖。

↑ 2009年6月至12月，北京电台举办“橙(成)就梦想——2009北京电台主持人选拔”活动， 2300名选手报名参赛，6名选手分获一、二、三等奖。

↑ 集通讯、新广播、实时路况等多种功能于一体的新一代1039新媒体机。

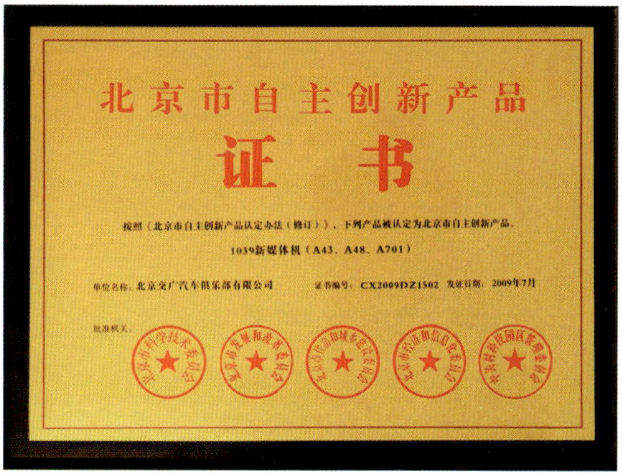

↑ 北京电台推出的1039新媒体机荣获北京市自主创新产品证书。

（市级广播图片：由北京电台提供）

2009年，北京电视台进一步创新节目内容和宣传形式，开办新的栏目和节目，推出一大批新中国成立60周年系列报道、专题活动、歌舞比赛，圆满完成了各项重大宣传报道任务。

↑ 2009年，北京电视台全方位直播新中国60年庆典活动。

↑ 2009年1月13日，北京电视台全面报道北京市人大政协两会。图为报道现场之一。

↑ 2009年3月19日，北京电视台举办庆祝新中国成立60周年大型电视活动《青春走过60年》。

↑ 2009年5月15日，北京电视台举行纪念建台30周年大会会场。

↑ 2009年9月，北京电视台举办的庆祝新中国成立60周年文艺晚会《放歌中华》。

2009年9月28日，北京电视台卫视高清频道举行开播启动仪式，是全国第一批高清信号播出的8家省级卫星频道之一。

2009年，北京电视台记者采访国庆阅兵的女兵。

2009年4月1日，北京电视台新址正式启用开播，首批在新址开播的有7个频道。图为播控中心现场。

2009年2月16日，北京电视台举办“影视剧2009年新春座谈会暨2008年度收视颁奖”活动。

2009年3月13日，由北京电视台、上海文广集团共同倡导的全国省级卫视电视剧合作与发展战略研讨会在北京召开。图为《电视剧播出自律公约》签约仪式现场。

2009年7月28日，由中国广播电视协会主办、北京电视台承办的2009年中国播音主持“金话筒奖”文化周系列活动在北京电视台大剧院举行。

2009年9月17日～10月13日，由国家广电总局主办，中国国际广播电台、中央人民广播电台、北京电视台联合承办的“情动俄罗斯——中国人唱俄语歌大型选拔活动全国总决赛”在北京电视台800平米演播室举行。

2009年10月31日，北京电视台承办的第四届“北京影响力”颁奖盛典现场。

2009年，北京电视台财经频道推出大型财经电视论坛——点击关键年。

2009年7月5日，北京电视台主办并举行“BTV杯国际斯诺克北京邀请赛”新闻发布会。

2009年10月21日，北京电视台圆满完成“第十一届全运会”部分比赛项目的转播任务。图为主持人与嘉宾在演播室交流。

← 2009年1月17日，北京电视台举办的2009年春节晚会《新春大联欢》现场。

↑ 2009年1月8日，北京电视台承办的北京市纪念农村改革开放30周年电视晚会《大地的颂歌》现场。

↑ 2009年7月20日，由北京市委、市教委、团市委、北京电视台联合主办的《花样年华》电视歌舞大赛现场。

↑ 北京电视台举办大型音乐纪事节目《岁月如歌》现场。

↑ 2009年5月31日，北京电视台举办的09版音乐诗画儿童剧《红孩子》在BTV大剧场中进行首演。

2009年9月14日，北京电视台年度巨献——16集大型文献纪录片《我爱你，中国》播出。

2009年1月31日，《同贺中国年》晚会在北京卫视播出。

2009年，北京电视台推出大型专题片《百花》。

2009年3月27日，北京电视台举行电视连续剧《潜伏》开播仪式。

2009年，北京电视台“卡酷动画卫视”荣获“中国动画电视传媒最具影响力首选品牌”。

← 位于北京市朝阳区建国路98号现代化的北京电视台新址夜景。

↑ 北京电视台新址播控中心。

↑ 北京电视台BTV大剧院。

↑ 2009年4月，北京电视台新址制播网络系统投入运行。

↑ 2009年12月，北京电视台新址智能化的广告业务管理系统投入运行。

（市级电视图片：由北京电视台提供）

↑ 2009年6月10日，北京市委宣传部常务副部长陈启刚（左五）、市广电局副局长李春良（左二）和北京北广传媒集团党委书记刘志远（右五）到向新中国60周年献礼剧目——《咱爸咱妈六十年》剧组拍摄地进行慰问。

2009年，北京北广传媒集团进一步推进新媒体的建设与发展，数字电视自办频道11个；移动电视新装公交车255辆，电视终端达2.4万块；地铁电视在7条地铁线路安装电视终端1.18万块；城市电视新增800多块屏，电视终端达1.1万块；鼎视数字电视完成5个高清频道、30个标清频道上星传输，全国落地161个地区、覆盖用户5000多万；CMMB手持电视业务运营开始起步。

↑ 2009年1月20日，中组部举行新闻单位迎春茶话会，特邀北京北广传媒集团领导及《北京党建》编辑部的同志出席。图为茶话会会场。

↑ 2009年2月18日，北京北广传媒集团召开（城市电视、移动电视）媒体发展规划座谈会。

↑ 2009年9月14日，北京北广传媒集团召开国庆平安行动誓师大会。

↑ 2009年2月19日，北京北广传媒集团召开2009年工作会议。

↑ 2009年4月24日，北京北广传媒集团举办新闻业务培训班。

↑ 2008年12月28日，中国电视艺术委员会、中国广播电视协会电视制片委员会、北广传媒集团、北京电视艺术中心联合举办电视连续剧《春草》专家研讨会，国家广电总局办公厅主任朱虹（前排左四）出席。

↑ 2009年6月9日，北京北广传媒集团参展第十五届上海电视节，推出《金婚》等一批电视剧交易。

↑ 2009年，北京北广传媒影视公司举办春节大联欢活动。

← 2009年8月12日，北京北广传媒集团党委书记刘志远（右三）、集团副总经理王晓东（左二）接受教育部与中国红十字基金会向移动电视颁发的捐赠证书。

北京北广传媒数字电视有限公司
Beijing All Media and Culture Digital TV Co.,Ltd

新栏目《北京党建》

系列剧《以案说纪》

2009年，北京北广传媒数字电视《北京党建》栏目制作的国庆专题片《永远和人民在一起》，受到中组部的好评。

北京北广传媒数字电视《北京党建》栏目组在拍摄《以案说纪》专题片。

2009年6月，北京北广传媒数字电视《北京党建》栏目组在采访。

2009年8月29日，北京北广传媒数字电视公司参加中国广播影视器材博览会展台。

数字电视频道

付费电视及广播：
京视剧场、爱家购物、动感音乐、车迷频道、考试在线、优优宝贝、四海钓鱼、弈坛春秋、环球旅游、新娱乐、置业及戏曲广播、爵士音乐广播。

图文信息平台：
北京之窗主频道、首都政务、天气出行、影视演出、打折资讯、窗友活动。

北京党建：
党建综合、基层党建、创新报告、党员大讲堂、榜样、红色记忆。

北京移动电视

2009年7月13日～10月中旬，移动电视公司与中央电视塔、中国移动联合举办“祝福祖国·身边的改变”短信征集活动，庆祝新中国成立60周年。

北京北广传媒移动电视有限公司在歌华大厦新址办公。

2009年5月26日，移动电视公司召开移动电视开播五周年暨发展规划研讨会。

2009年10月1日，移动电视高质量转播首都国庆阅兵和群众游行庆典活动。

2009年6月，移动电视公司举办平安北京、加强国庆报道特别活动。

受观众欢迎的电视栏目《移动播报》、《一路同行》和《时政新闻》。

↑ 北京北广传媒城市电视有限公司在歌华大厦新址办公。

↑ 2009年9月28日，北京北广传媒城市电视大屏联播网成功转播央视高清节目。

↑ 2009年9月26日，北京北广传媒城市电视大屏联播网直播第七届中国花卉博览会开幕式。

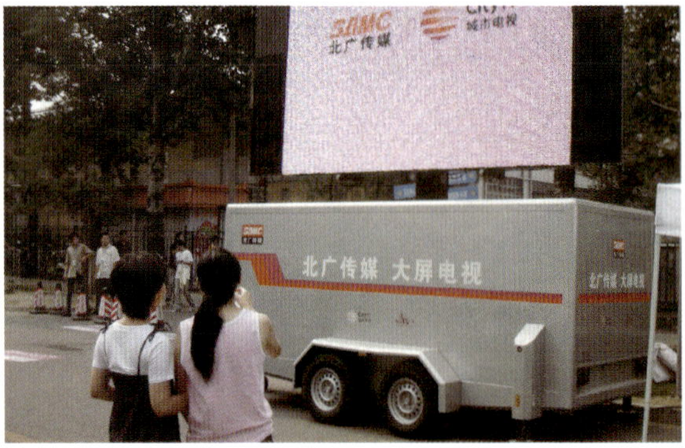

↑ 2009年7月3～5日，北京北广传媒城市电视移动大屏车参展第二届亚太北京婚博会。

↑ 2009年7月30日，北京北广传媒城市电视公司召开2009媒体传播效果研讨会。

↑ 2009年6月12日，北京北广传媒城市电视公司召开半年工作总结会。

↑ 北京北广传媒城市电视公司创办适合流动人群收看的新栏目《城市播报》、《演艺罗盘》。

鼎视数字电视上星传输的频道

标清频道30个：

《读　　书》、《考试在线》、《车　　迷》、
《优优宝贝》、《家有购物》、《环球旅游》、
《新 娱 乐》、《收藏天下》、《时代美食》、
《家庭健康》、《时代风尚》、《时代家具》、
《家家购物》、《时代出行》、《四海钓鱼》、
《快乐宠物》、《电子体育》、《碟　　市》、
《职业指南》、《家庭理财》、《中国气象》、
《证券资讯》、《人　　物》、《优 购 物》、
《数码时代》、《法律服务》、《家　　政》、
《财富天下》、《时尚购物》、《风尚购物》。

高清频道5个：

北京卫视、湖南卫视、深圳卫视、广东卫视、黑龙江卫视

↑2009年，鼎视数字电视传媒公司参加中国广播影视器材博览会展台。

↑2009年，鼎视数字电视传媒公司召开发展战略研讨会。

← 北京音像公司出品的《歌声回首六十年》DVD光盘

北京音像公司开拓产品销售渠道，《侯宝林相声表演艺术》、《歌声回首六十年》等专辑入选国家新闻出版总署“农家书屋”采购目录和北京市“益民书屋”政府采购项目；《歌声回首六十年》专辑被确定为“2009年北京市重点音像出版选题”，纳入“北京市出版工程”，发行2000多套。

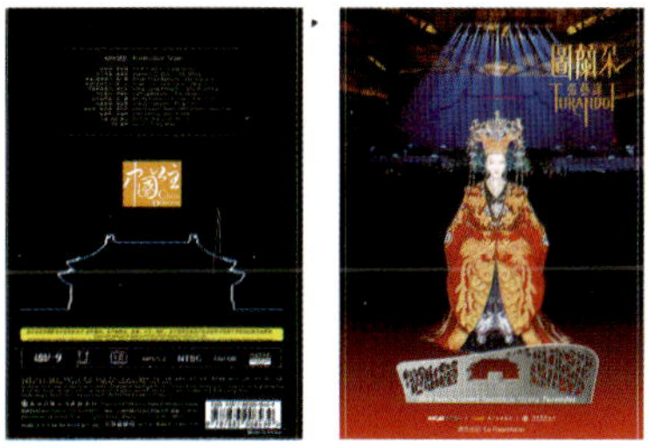

← 北京音像公司出品的《图兰朵》DVD光盘

发展中的北京CMMB手持电视。2009年，北京中广传播有限公司由中广传播集团公司、北京北广传媒集团、北京电台和北京电视台共同出资组建，主要承担中国CMMB移动多媒体广播项目在北京地区的建设和运营。→

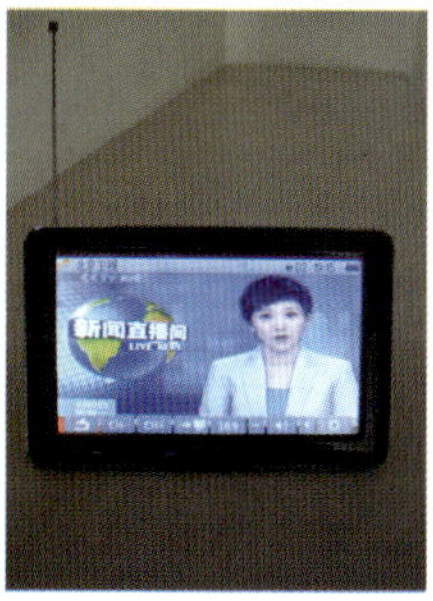

（新兴媒体图片：由北广传媒集团及其部分直属单位提供）

歌华有线
BGCTV

2009年，北京歌华有线电视网络股份有限公司（以下简称歌华有线公司）传输网集成数字电视节目156套、数字广播节目16套，网络总长141225千米，其中光缆26093千米、电缆115132千米；收视用户（注册）总户数413.5万户，其中新增数字化转换（机顶盒用户）48.3万户，总计达238.5万户。高清及高清交互数字电视用户超过30万户，集成视频点播节目1.1万多小时。

↑ 2009年7月14日，歌华有线公司领导向国家广电总局调研组汇报高清交互数字电视推广情况。

↑ 2009年1月22日，歌华有线公司召开2009年工作会议，部署工作。

↑ 歌华有线公司2009年工作会议会场。

↑ 2009年9月25日，歌华有线公司在歌华大厦举行“北京高清交互数字电视试验示范小区推广启动仪式”新闻发布会，北广传媒集团副总经理兼歌华有线公司董事长张淼（左一）和各界代表出席。

↑ 2009年12月12日，歌华有线公司总经理卢东涛（左二）陪同朝阳区区长程连元（左一）一行参观歌华有线总前端。

2009年10月1日，歌华有线公司干部职工坚守岗位，以高度的政治责任感确保首都国庆庆典电视信号安全传送。

2009年，歌华有线公司干部职工在巡线安全检查。 两支队伍每天在重点区域巡线次数不低于三次。

歌华有线公司干部职工在总前端值班情景。

歌华有线公司多辆巡线安全检查车每天在重点区域巡线。

2009年11月7日，歌华有线公司召开2009年工作研讨会暨国庆服务保障总结表彰会议。

↑ 2009年9月18日，歌华有线公司在黄寺大街9号院进行高清交互数字电视推广工作。图为工作人员在分发机顶盒现场。

↑ 歌华有线公司拥有一支技术过硬的安装维护队伍。

↑ 2009年12月，歌华有线公司干部职工冒雪在八里庄进行高清交互数字电视推广工作。

↑ 家住西城区的宋大爷看到清晰的高清电视后感谢政府和歌华有线公司为市民做了实事。

↑ 2010年1月21日，歌华有线公司在石景山区八角街道举行“资讯服务进社区”启动仪式。

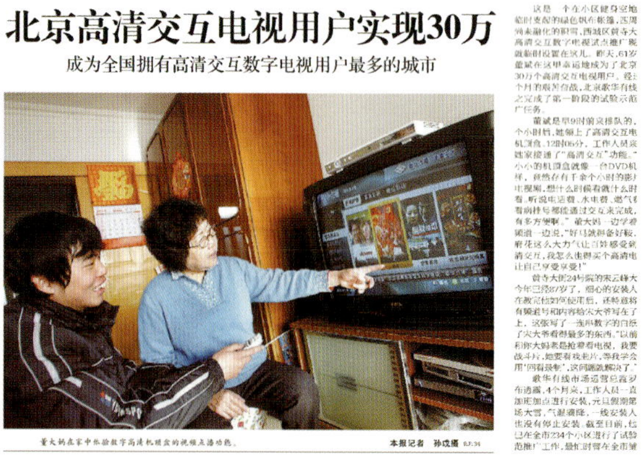

北京高清交互电视用户实现30万

成为全国拥有高清交互数字电视用户最多的城市

这是一个在小区健身空地临时支起的绿色帆布帐篷，西周尚未融化的积雪，西城区黄寺大街高清交互数字电视试点推广服务站临时设置在这儿。昨天，61岁董斌在这里幸运地成为了北京30万个高清交互电视用户。经过个月的艰苦奋战，北京歌华有线完成了第一阶段的试验示范推广任务。

董斌是早9时前来排队的，个小时后，她领上了高清交互电视机顶盒。12时05分，工作人员来她家接通了“高清交互”功能。“小小的机顶盒就像一台DVD机，竟然存有千余个小时的影片电视剧，想什么时候看就什么时候看。听说电话费、水电费、燃气费看病挂号都能通过交互来完成，有多方便啊。”董大妈一边学着频道一边说，“好马就得配好鞍，府花这么大力气让百姓感受高清交互，我怎么也得买个高清电视让自己享受享受！”

黄寺大街24号院的宋云峰大爷今年已经87岁了，细心的安装人员在教完他如何使用后，还特意将常用频道号和内容给宋大爷写在了纸上。这张写了一连串数字的白纸成了宋大爷看得最多的东西。“以前我和你大妈老是抢着看电视，我要看战斗片，她要看戏曲片，等我学会用‘回看录制’，这问题就解决了。”

歌华有线市场运营总监透露，4个月来，工作人员一直加班加点进行安装，元旦假期赶上场大雪，气温骤降，一线安装人员也没有停止安装。截至目前，已在全市234个小区进行了试验示范推广工作。

董大妈在家中体验数字高清机顶盒的视频点播功能。 本报记者 孙戉摄

↑ 《北京日报》2010年1月19日第5版对歌华有线公司推广高清交互数字电视进行报道。

2009年9月，歌华有线公司庆祝新中国诞辰60周年暨公司成立10周年书画频道在京落地播出。

2009年9月，歌华有线公司联合书画频道共同举办“歌颂中华”书画笔会。

2009年8月26日，歌华有线公司参加第18届北京国际广播电影电视设备展览会展示产品。

2009年9月25日，歌华有线公司工作人员演示、讲解高清交互数字电视相关功能。

2009年8月26日，歌华有线公司工作人员在第18届北京国际电视设备展览会上向用户讲解交互电视业务。

(网络传输图片:由歌华有线公司提供)

中国电影博物馆
CHINA NATIONAL FILM MUSEUM

↑ 装整一新的中国电影博物馆大厅。

↑ 2009年3月28日，中国电影博物馆馆长杨永安（左）接待青年导演贾樟柯（右）携新作《二十四城记》来馆参加影迷见面会。

↑ 2009年4月2日，中国电影博物馆举办第3次“公益影展观影团”活动，清华大学新闻传播学院副院长、影视传播研究中心主任、博士生导师尹鸿教授（前左）担任观影团团长。

↑ 2009年1月10日，中国电影博物馆与中国青少年发展基金会、暴风影音在馆内联合举办“给贫困孩子一个电影的梦想”大型公益活动。

↑ 2009年3月28日，中国电影博物馆举办庆祝新中国成立60周年“前沿讲坛”讲座。

↑ 2009年9月10日，第五届北京国际体育电影周开幕式在中国电影博物馆举行。

↑ 2009年6月9日至21日，应国家广电总局电影管理局邀请，美国电影艺术与科学学院院长、奥斯卡主席希德·甘尼斯率领的美国电影艺术与科学学院代表团一行来华访问，中国电影博物馆全程负责接待，并于6月10日在中国电影博物馆举办中美文化交流活动。

↑ 2009年4月18日，第16届北京大学生电影节第10届大学生短片大赛在中国电影博物馆举行颁奖典礼。

↑ 2009年7月31日，《前进！前进！前进！进！——庆祝新中国成立60周年电影系列活动》在中国电影博物馆开幕。

↑ 2009年5月18日，“珍藏永恒 放飞梦想——5·18国际博物馆日捐赠仪式”在中国电影博物馆举行。

↑ 2009年8月12日，中国电影博物馆举行《机器侠》全球首映晚会。图为电影博物馆党委副书记肖纪龙（左）接收首映影片拷贝。

↑ 2009年3月29日，中国电影博物馆举行“《影博·影响》光影岁月之五十年代电影观众座谈会”。

↑ 2009年5月9日，中国电影博物馆举办电影大讲堂“前沿讲坛”活动，邀请电影表演艺术家和百名大学生观众进行交流。

↑ 2009年5月12日，中国电影博物馆举行“爱的光芒——中国电影人情系汶川暨抗震救灾电影《生命的托举》”首映发布会。

↑ 2009年5月24日，中国电影博物馆举行好莱坞冒险喜剧电影《博物馆奇妙夜2》全国首映式暨新闻发布会。

↑ 2009年6月1日，电影《歼十出击》开机新闻发布会在中国电影博物馆举行。

↑ 2009年6月30日，“一甲子的辉煌——李行电影回顾展”在中国电影博物馆举行。

2009年12月12日，中国电影博物馆和中国电影发行放映协会共同举办的“中国电影博物馆第三届青年论坛之青年电影发行人论坛”开幕。

2009年9月13日，中国电影博物馆举办主题为“新中国电影与观众变迁”的2009学术年会。来自北京大学、北京师范大学、中国传媒大学、北京电影学院、中国艺术研究院、中国电影艺术研究中心、中国电影评论学会的专家学者、有关高校师生百余人参加。

2009年10月24日，中国电影博物馆召开国庆志愿服务总结交流会。

2009年12月18日，中国电影博物馆之夜活动上演贺岁音乐舞台剧《电影新编之马路天使》。

2009年9月5～6日，中国电影博物馆召开一级藏品鉴定会议，审议并确定8件一级电影藏品。

2009年，中国电影博物馆举办多次庆祝新中国成立60周年露天电影专场。

（影视场馆图片：由中国电影博物馆提供）

歌华集团
BEIJING GEHUA CULTURAL DEVELOPMENT GROUP
北京歌华文化发展集团

2009年9月20日，北京歌华文化发展集团文化展览公司在中华世纪坛承办的《新中国60年经典瞬间》大型图片展开幕。

2009年6月23日，北京歌华文化发展集团文化展览公司在厦门承办的“见证奥运 超越梦想”大型主题展览开幕。

2009年8月，北京歌华文化发展集团在中华世纪坛承办的《秦汉——罗马文明展》开幕。

2009年10月，北京歌华文化发展集团承办的“2009北京国际设计大会暨首届北京国际设计周”开幕。

2009年7月30日至10月8日，由中国国家文物局和意大利文化遗产与艺术活动部共同主办，中国文物交流中心和中华世纪坛世界艺术馆承办的《秦汉——罗马文明展》在中华世纪坛世界艺术馆开展。

↑ 2009年10月1日，北京歌华文化发展集团承办首都国庆60周年联欢晚会的音乐制作、演员组织、演出统筹、演出保障等工作。

↑ 2009年10月1日，北京歌华文化发展集团制作的发光树在天安门广场进行编排、定位、安装、连接、调整。

↑ 2009年3月28日，由北京歌华天创有限公司投资创作的大型视觉交响京剧《新白蛇传》第100场演出庆祝活动在西单民族文化宫大剧院举行。

↑ 2009年11月26日，北京歌华文化发展集团承办的第四届北京文博会文艺演出正在进行。

↑ 2009年3月9日，由北京歌华文化发展集团控股的北京歌剧舞剧院创制、演出和推广的大型歌剧《孔子》在国家大剧院隆重上演。

↑ 2009年4月10日，由北京歌华文化发展集团主办的越VISA越动听——“今天”2009许巍北京演唱会在工人体育馆举行，门票于演出三天前全部售罄。

2009年9月26日，北京北广传媒集团党委书记刘致远（二排左五）慰问参加花博会工作的歌华集团科技中心员工。

北京歌华文化发展集团举办中华世纪坛新年元旦活动，北广传媒集团副总经理兼歌华集团董事长王建琪（左）参加。

北京歌华文化发展集团举办中华世纪坛2010年新年元旦活动。

2009年7月29日，北京歌华文化发展集团与建设银行北京分行举行战略合作签约仪式。

2009年11月5日，北京歌华文化发展集团与北新桥街道办事处慰问怀柔区宝山镇中心小学师生。

↑ 北京歌华文化发展集团所属中华世纪坛（上左、上右），每年都要举行多次大型庆典活动。

↑ 北京歌华文化发展集团所属的首都创意文化产业基地——歌华大厦，数十家文化传媒公司入驻。

↑ 2009年12月28日，北京歌华文化发展集团歌华文化艺术交易中心开业。

↑ 北京歌华文化发展集团所属的北京歌华开元大酒店，重新装修后面貌一新。

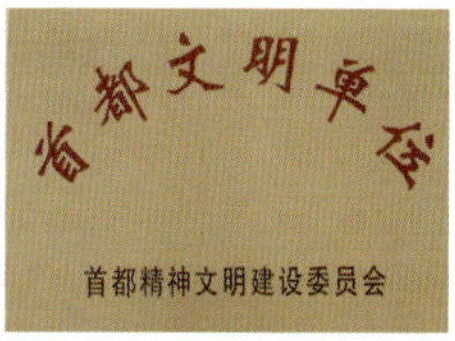

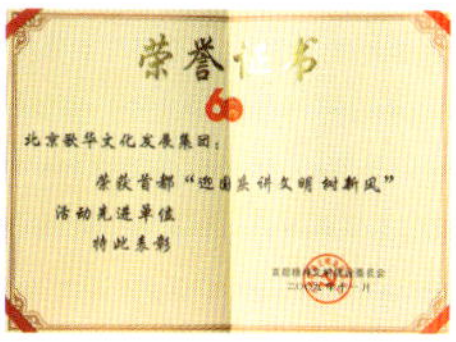

↑ 北京歌华文化发展集团获得多项荣誉。

中华世纪坛举行消防演练。→

（歌华文化图片：由北京歌华文化发展集团提供）

中国电影集团公司领衔出品摄制，电影频道、上影集团上影厂、北京市广电局、寰亚电影、英皇影业、北京国立常升影视、北京华录百纳影视、江苏广电总台（集团）、北京保利博纳、北京鑫宝源影视等联合出品摄制的影片《建国大业》海报。

北京小马奔腾影视公司与乐视娱乐、西安亚美、西安曲江梦圆影视、上影集团公司等联合出品的影片《机器侠》海报。

北京小马奔腾影视公司与星光国际传媒、北大星光集团、电广传媒、上影集团公司、北京保利博纳等联合出品的影片《花木兰》海报。

北京小马奔腾影视公司与珠江电影制片厂、北京博纳文化交流公司等联合出品的影片《越光宝盒》海报。

↑ 华谊兄弟传媒股份有限公司等联合出品的影片《追影》剧照。

← 华谊兄弟传媒股份有限公司与寰亚电影有限公司（香港）联合出品的影片《游龙戏凤》海报。

↑ 华谊兄弟传媒股份有限公司等联合出品的影片《风声》海报。

北京紫禁城影业有限责任公司与北京金桔海文化投资公司、上影集团公司等联合出品的影片《铁人》海报。→

北京紫禁城影业有限责任公司与上影集团公司安乐（北京）管理咨询公司、北京新时刻影视公司等联合出品的影片《苏乞儿》剧照。

《万家灯火》剧照

北京紫禁城影业有限责任公司与电影频道节目中心等联合出品的影片《万家灯火》剧照。

北京紫禁城影业有限责任公司与泰吉世纪文化传播公司等联合出品的影片《武林笑传》剧照。

中影阿满影视与峨眉电影制片厂联合出品的影片《社区故事》剧照。

北京紫禁城影业有限责任公司与北京天寰新宇国际传媒、北京时代前线文化发展公司等联合出品的影片《走着瞧》海报。

《走着瞧》剧照。

北京紫禁城影业有限责任公司与北京热卖影视传媒公司等联合出品的影片《烟花恋人》剧照。

北京紫禁城影业有限责任公司与龙信百年（北京）文化公司等联合出品的影片《衡水湖的孩子们》剧照。

北京紫禁城影业有限责任公司与电影频道节目中心等联合出品的影片《秦基伟血战临泽》剧照。

北京光线影业公司与东方电影发行公司投资并发行的影片《家有喜事》海报。

中影集团公司电影发行放映分公司、北京光线影业公司协助推广的影片《亲密》海报。

中影集团公司电影发行放映分公司、北京光线影业公司协助推广的影片《东邪西毒》海报。

北京光线影业公司、中影集团公司、数字电影发行等投资并发行的影片《完美新娘》海报。

中影集团、华夏电影发行、盛世华锐电影投资、北京光线影业、北京新影联、正天文化公司发行的影片《气喘吁吁》海报。

长春电影制片厂、虎翼天下影视、北京光线影业公司出品的影片《斗牛》海报。

北京中联华盟文化传媒等投资的影片《我们天上见》海报。

中影集团、学者国际多媒体（台湾）、北京欢乐影业、北京华录百纳影视、北京慈文影视、影王朝公司联合出品的影片《大内密探灵灵狗》海报。

↑ 北京市委宣传部、北京市广电局、北广传媒集团、北京电视台、北京电视艺术中心、北京舍得文化、北京凯凯世纪影视、广东华夏电视、北京星格拉影视等制作的38集电视剧《咱爸咱妈六十年》(原《爸妈都是老党员》)海报。

↑ 38集电视剧《咱爸咱妈六十年》剧照。

↑ 北京北广传媒数字电视《北京党建》制作的系列电视剧《以案说纪》片头。

↑ 北京电视艺术中心、东阳市花儿影视文化有限公司等制作的34集电视剧《我是老板》海报。

北京北广传媒影视公司、上海晨闻文化传媒公司等制作的22集电视剧《东京生死恋》剧照。→

北京中北电视艺术中心有限公司与俄罗斯电视媒体REN-TV联合制作的28集电视剧《猎人笔记之谜》海报。

北京京都世纪文化发展有限公司制作的32集电视剧《祈望》海报。

北京中北电视艺术中心有限公司制作的31集电视剧《内线》海报。

北京京都世纪文化发展有限公司制作的49集电视剧《杨贵妃秘史》海报。

海润影视制作有限公司制作发行的28集电视连续剧《烈火红岩》剧照。

海润影视制作有限公司制作、发行的34集电视剧《江湖绝恋》剧照。

海润影视制作有限公司剧组《战士》拍摄现场导演赵浚凯（中）给演员说戏。

海润影视制作公司、广东润视影音制作有限公司、贵州电视台、四川润品影视制作有限公司等制作的28集电视剧《平原枪声》海报。

海润影视制作公司、中国电影集团公司、北京森柏文化传播有限公司、北京市润亚传媒股份有限公司等制作的40集电视剧《民国往事》海报。

海润影视制作公司、中国电影集团公司、北京森柏文化传播公司等制作的22集电视剧《我叫刘跃进》剧照。

海润影视制作公司、北京市润亚传媒股份有限公司等制作的32集电视剧《中天悬剑》剧照。

海润影视制作公司、北京市润亚传媒股份有限公司等制作的25集电视剧《人生》海报。

海润影视制作公司、云南润视荣光影业制作有限公司等制作的23集电视剧《孽缘》海报。

上海海润影视制作公司、上海东上海国际文化影视集团、上海市拥军优属基金会等制作的32集电视剧《进城》海报。

← 中联华盟投资制作的51集电视剧《爱在苍茫大地》海报。

海润影视制作公司、云南润视荣光影业制作有限公司等制作的20集电视剧《马店》海报。→

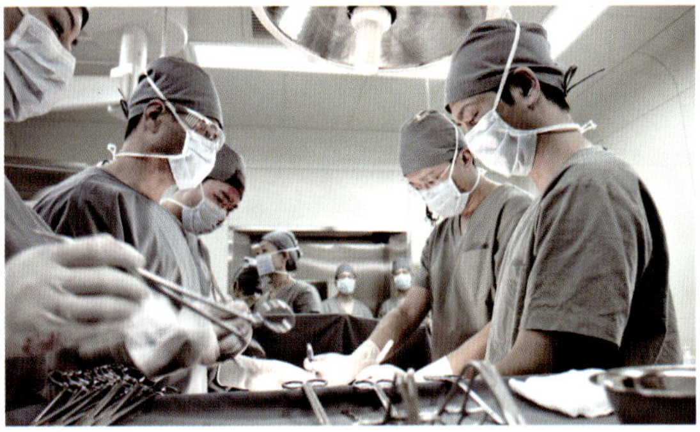

↑ 海润影视制作公司、重庆润视影视传播公司等制作的30集电视剧《医者仁心》剧照。

↑ 中联华盟、金鼎影视、慈文影视、中影影视、完美时空、华亿传媒等投资制作的35集电视剧《人生无悔》海报。

↑ 海润影视制作公司、北京艺海森容文化发展公司、北京奥维尔投资公司、贵州电视台、北京标旗文化传播公司制作的32集电视剧《晚婚》剧照。

北京金英马影视文化有限责任公司、北京市广电局制作的27集电视剧《半路兄弟》海报。

北京金英马影视文化有限责任公司、天津华艺海文化发展公司制作的29集电视剧《父爱如山》剧照。

华夏视听环球传媒（北京）有限公司、北京仕林院文化传播公司制作的电视剧《准妈妈四重奏》海报。

北京金英马影视文化有限责任公司、中国电影集团公司制作的28集电视剧《黄金地带》海报。

华夏视听环球传媒（北京）有限公司、北京华谊兄弟娱乐投资公司制作的电视剧《倚天屠龙记》海报。

↑ 北京慈文影视制作有限公司等制作的30集电视剧《战后之战》剧照。

↑ 北京光线影业、亚环影音公司、沣德影视等制作的百集电视剧《桂花打工记》海报。

← 北京慈文影视制作有限公司、北京福缘视线影视、上海文广新闻传媒集团等制作的40集电视剧《加油！优雅》海报。

↑ 北京光线影业、玉郎动画、央视动画、北京卡酷动画、南京鸿鹰动漫娱乐等公司出品的影片《神兵小将》海报。

↑ 北京光线影业、歌华传播等公司发行的影片《阿童木》海报。

↑ 北京慈文影视制作有限公司、苏州慈文影视、中国巨力影视传媒等制作的33集电视剧《无间有爱》海报。

↑ 北京小马奔腾影视文化发展公司、南京军区政治部前线文工团制作的26集电视剧《我的兄弟叫顺溜》海报。

↑ 北京小马奔腾影视文化发展公司等制作的26集电视剧《空巢》海报。

← 北京小马奔腾影视文化发展公司、东方恒和影视制作的95集大型史诗巨制电视剧《三国》海报。

← 北京小马奔腾影视文化发展公司、空军电视艺术中心制作的25集电视剧《狙击手》海报。

北京小马奔腾影视文化发展公司等制作的30集电视剧《青铜匕首》海报。→

↑ 北京鑫宝源影视投资有限公司等制作的32集电视剧《我的青春谁做主》海报。

↑ 北京鑫宝源影视投资有限公司、上海上影英皇文化发展公司等制作的30集电视剧《孽债Ⅱ》海报。

← 北京鑫宝源影视投资有限公司、深圳万科影视有限公司等制作的27集电视剧《苏菲的供词》海报。

← 北京鑫宝源影视投资有限公司等制作的30集电视剧《婚姻保卫战》剧照。

北京鑫宝源影视投资有限公司、北京歌亮传媒公司、北京天祺红影文化传媒公司等制作的30集电视剧《老牛家的“战争”》海报。→

↑ 华谊兄弟传媒股份有限公司等联合制作的34集电视剧《谍变1939》海报。

↑ 华谊兄弟传媒股份有限公司等联合制作的32集电视剧《最后的99天》海报。

↑ 华谊兄弟传媒股份有限公司等联合制作的31集电视剧《烽火影人》海报。

↑ 华谊兄弟传媒股份有限公司等联合制作的44集电视剧《南下南下》海报。

↑ 华谊兄弟传媒股份有限公司等联合制作的36集电视剧《黑玫瑰》海报。

（影视艺术图片：由相关影视制作单位提供）

2009年11月8日，朝阳区广播电视新闻中心举办主题为“我与朝阳共奋进”记者节活动。

2009年1月，朝阳区广播电视新闻中心以“朝阳传媒”为名称，出资冠名“2009朝阳国际风情节”。

2009年10月25日，朝阳区广播电视新闻中心在高碑店地区盛世龙源举办主题为“大高碑店 大发展 大和谐”朝阳传媒进社区活动。

2009年4月20日，朝阳区广播电视新闻中心《名师讲堂》栏目在和平街一中录制区级公开课，展现青年教师的风采。

2009年10月，朝阳区广播电视新闻中心组织全体员工赴延安开展三项教育活动。

2009年6月18日，海淀数字电视频道举行开播仪式。区委书记谭维克(左六)、区委办主任刘鸿(左四)，区新闻中心主任牛爱忠(左一)、副主任张春民(右一)等出席。

2009年海淀区广播电视安全播出总结表彰大会召开。

2009年9月21日，海淀区新闻中心参加海淀区“放歌九月迎国庆，科学发展谱新篇”歌咏比赛。

2009月9月15日，海淀区新闻中心与海淀区甘家口大厦组织“我与共和国同龄，共庆60年华诞”活动。

2009年9月27日，海淀区新闻中心举行迎国庆60周年演讲比赛。

2009年3月28日，丰台区区长游广斌（前右二），区委常委、宣传部长李明圣（右一）到丰台广播电视中心调研。

2009年2月5日，丰台区副区长李丽萍（右一）到丰台广播电视中心调研。

2009年7月11日，丰台广播电视中心记者在青龙湖公园对青龙闯天关的参赛者进行采访。

2009年9月5日，丰台区广播电视中心记者拍摄庆祝国庆60周年活动演练。

2009年10月1日，丰台区广播电视中心记者在天安门广场拍摄国庆60周年群众大联欢现场。

2009年8月20日，石景山区委书记荣华（前左一）一行到石景山区广播电视中心进行平安国庆宣传报道工作及数字频道建设情况主题调研。

2009年9月18日，石景山区庆祝人民政协成立60周年文艺晚会《团结民主颂》在石景山区广播电视中心大演播室举办。

2009年11月6日，石景山区广播电视中心举行804数字频道开播仪式暨庆祝第十届中国记者节活动。

2009年4月28日，石景山团区委主办、石景山区广播电视中心承办的石景山区纪念五四运动90周年暨双十杰颁奖晚会《青春放歌》在北京国际雕塑园举行，图为主持人现场主持。

2009年9月16日，石景山区广播电视中心改造后的演播室投入使用。

“五一”前夕，石景山区广播电视中心举办《劳动最光荣》文艺晚会。

↑ 2009年3月14日，门头沟区广播电视中心召开2009年工作会。

↑ 2009年9月21日，门头沟电视台播出反映门头沟区60年发展历程的电视系列专题片，同时推出“红色经典影片展播月”活动。

↑ 2009年，门头沟电视台《走进社区》主持人在播报节目。

↑ 2009年7月28日，门头沟区广播电视中心举办全区新闻业务培训班。

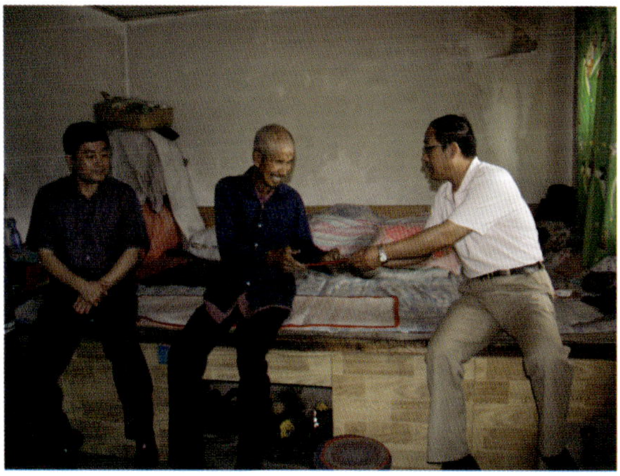

↑ 2009年7月1日，门头沟区广播电视中心领导慰问老党员。

↑ 2009年3月22日，门头沟区广播电视中心举办学习实践科学发展观活动培训班。

← 房山区广播电视中心记者报道房山区“两会”。

↑ 2009年9月24日，房山区广播电视中心记者在紧张录制大型节目《感动房山》。

↑ 房山区广播电视中心记者采访房山区“两会”。

↑ 2009年12月10日，房山区委常委、宣传部长赵佳琛到区广电中心调研节目运行情况并参观《时代节奏大美房山》摄影展。

↑ 房山区户外大屏幕电视在播出。

↑ 2009年10月27日，大兴区广播电视中心召开记者、编辑专题培训工作会议，区长李长友出席会议并讲话。

↑ 2009年10月，大兴区广电中心与中国电视艺术家协会合作，承办首届中国新农村电视艺术节“优秀对农电视栏目”、“优秀对农电视专题片”和“优秀农村题材电视剧”推选会。

↑ 2009年12月23日，大兴区副区长王荣彬（左一）到大兴区广电中心指导工作。

↑ 大兴区广电中心新闻记者在工作中。

↑ 大兴区广电中心专题节目录制现场。

↑ 大兴区广电中心新闻记者在突发事件现场采访。

↑ 2009年9月17日，通州区广播电视中心员工参加区《庆十一颂歌献祖国》歌咏比赛获一等奖。

↑ 2009年12月，通州区广播电视中心承办2009年通州区道德模范颁奖典礼活动。

↑ 2009年，通州区广播电视中心举行迎国庆保平安争创百日播出安全活动。

↑ 2009年9月1日，通州区广播电视中心组织业务骨干赴庐山接受革命传统教育。

↑ 2009年12月25日 通州区广播电视发射塔工程竣工并通过验收，总投资1673万元。发射塔为六角飞碟形式，高148米，塔下为发射机房楼，建筑面积1170平方米。

↑ 2009年3月20日，顺义区广播电视中心召开深入学习实践科学发展观活动大会。

↑ 2009年8月24日，国家广电总局专家对顺义区广播电视中心综合业务网进行验收。该项目获国家广电总局科技创新二等奖、市广电局技术创新一等奖。

↑ 2009年6月8日，全国区县级广电局局长到顺义区广播电视中心调研参观。

↑ 2009年6月18日，顺义区广播电视中心转播车及各媒体对中国第七届花卉博览会100天倒计时大会进行现场录制、报道。

← 2009年6月18日，顺义区广播电视中心领导与报道组在中国第七届花卉博览会100天倒计时大会合影。

← 2009年4月17日，平谷区广播电视中心全方位报道特色鲜明的2009年北京平谷第十一届国际桃花节暨第五届全面健身体育节开幕式。

↑ 2009年4月17日，平谷区广播电视中心记者在桃花节暨第五届全民健身体育节上采访区委常委、宣传部长、副区长王晓光。

↑ 2009年3月31日，平谷区广播电视中心举办广播电视业务培训班。

↑ 2009年3月26日，平谷区广播电视中心举行防止非法广播电视信号插播演练及专用设备培训班。

↑ 2009年7月8日，平谷区广播电视中心拍摄《辉煌六十年——我与新中国同行》百集宣传片。

↑ 2009年4月21日，怀柔区区委书记王海平（左三）到怀柔区广播电视中心调研，中心主任刘晓红（右二）汇报工作。

↑ 2009年11月27日，怀柔区广播电视中心召开新闻宣传创新工作研讨会。

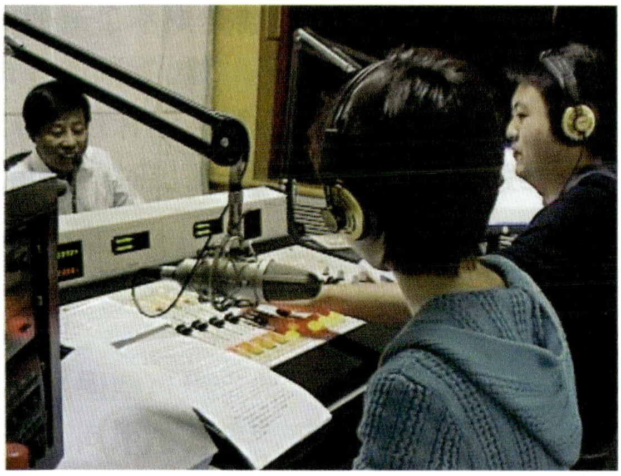

↑ 2009年5月1日，怀柔人民广播电台《快乐游怀柔》旅游互动直播节目首播。

↑ 2009年9月15日，怀柔电视台《文化怀柔》栏目组记者采访官地村民俗户单淑芝。

↑ 2009年4月14日，怀柔区广播电视中心新闻节目主持人、记者正在录制《新视野》节目。

↑ 2009年9月，怀柔区广播电视中心“60年60事”节目组正在制作节目。

2009年9月27日，昌平区广播电视中心举办“走向辉煌——庆祝新中国成立60周年暨昌平电视台新台标启动仪式”。

2009年10月14日，国家广电总局发展研究中心调研组到昌平区广播电视中心调研。

2009年3月20日，昌平区广播电视中心举行学习实践科学发展观活动动员大会。

2009年11月5日，昌平区广播电视中心举办“青春之歌”庆祝第十届中国记者节文艺晚会。

2009年12月4日，昌平区广播电视中心调研组参观齐鲁电视台新址新闻编辑机房。

2009年10月23日，密云县广播电视中心承建的白土沟广播电视无线转播站落成，北京市副市长夏占义（左三）、北京市广电局局长孙向东（左二）等出席开通仪式。

2009年12月1日，密云县县委书记汪先永（右四）等到密云县广播电视中心检查指导工作。

2009年10月，密云县广播电视中心承建的白土沟数字广播电视转播塔。

2009年9月，密云县广播电视中心获“首都精神文明单位标兵”称号。

2009年8月28日，“《同一首歌》走进密云”，密云县广播电视中心实现首次卫星直播《同一首歌》。

↑ 2009年3月20日，延庆县广播电视中心全面开展“深入学习实践科学发展观”活动。

↑ 2009年9月29日，延庆县广播电视中心颁发“2008年度广播影视奖”。图为中心领导为职工颁发荣誉证书。

↑ 2009年6月12日，延庆县广播电视中心一行到承德与同行学习交流。

↑ 2009年8月20日，延庆县广播电视中心首次异地拍摄采访，图为“北京水源”摄制组全体工作人员合影留念。

← 2009年11月10日，延庆县广播电视中心举办第十届记者节演出活动，主题为“我是记者我快乐”。

（区县广电图片：由区县广电中心及文委提供）

2009年2月25日，北京市广播电视局召开思想政治工作会议。

2009年3月4日，北京市广播电视局召开党风廉政建设工作会议。

2009年12月17日，北京市广播电影电视局举办组工干部暨机关党支部书记培训班。

2009年3月16日，中国电影博物馆召开深入学习实践科学发展观活动动员大会。

2009年11月18日，北京市广播电影电视局举办新任处级干部培训班。

2009年6月，北京市广播电视监测中心党支部、市广电局科技处党支部赴天津市塘沽区开展主题为“走进昔日北塘红星渔村，了解新农村建设工作”的“三进两促”党日活动。

2009年3月8日，北京市广播电视局举办“三八”节健康知识讲座。

2009年10月，北京市广播电视监测中心被评为“市直机关文明单位”。

2009年3月26日，北京音像资料馆（研究中心）举办消防安全培训。

北京市广播电影电视局召开庆祝新中国60周年老同志座谈会。

2009年12月22日，北京北广传媒集团召开落实党风廉政建设责任制情况汇报会。

2009年4月29日，北京北广传媒集团召开共青团第一次代表大会。

2009年7月3日，北京歌华文化发展集团召开纪念建党八十八周年党员表彰大会。

2009年4月16日，北京北广传媒移动电视公司召开团员大会，选举成立移动电视团支部。

北京广播影视物业管理中心召开2009年度工作总结表彰大会。

↑ 2009年3月至8月，北京电台开展深入学习实践科学发展观活动，图为动员大会现场。

↑ 2009年4月8日，北京电台台长汪良在学习实践活动培训班上做主题发言。

↑ 2009年4月17日，北京电台举行团委换届选举。

↑ 2009年7月17日，北京电台组织新员工入台培训，图为新员工参观直播机房。

↑ 2009年9月2日，北京电台举办采编播人员培训班。

↑ 2009年9月18日，北京电台团委组织团员青年参加国庆60周年红歌会。

2009年3月6日，北京电视台召开2009年思想政治工作会议。

2009年3月11日，北京电视台召开深入学习实践科学发展观活动动员大会。

2009年5月7日，北京电视台举办深入学习实践科学发展观活动辩论会。

2009年，北京电视台组织中层干部到境外培训。

2009年6月29日，北京电视台党委举办“共产党员献爱心”捐献活动。

↑ 2009年9月3日，石景山区广播电视中心召开学习实践科学发展观活动总结会。

↑ 2009年4月7日，怀柔区广播电视中心邀请社会各界人士参加实践科学发展观座谈会。

↑ 2009年9月，大兴电视台被中华全国妇女联合会授予“全国三八红旗集体”荣誉称号。

↑ 2009年9月26日，延庆县广播电视中心主任参观“国庆60周年成就展”。

↑ 2009年7月19日，门头沟区广播电视中心举办特色党日活动，参观李大钊故居。

↑ 朝阳区广播电视新闻中心召开“七一”座谈会。

（队伍建设图片：由广播影视相关单位提供）

2009年9月23日，北京市广播电影电视局机关工会举办健步走活动。

中国电影博物馆举行“好书大家读，交流得新知”读书交流会。

2009年11月，北京市广播电影电视局工会组织羽毛球队参赛前训练。

2009年1月21日，北京电台举办新春职工联欢会。

北京电台举办老干部新春联谊会。

2009年3月4日，北京电台工会为女职工组织庆祝“三八”妇女节插花活动。

2009年6月21日，北京电视台游泳代表队参加北京市记者协会组织的游泳比赛。

北京电视台举办2009年BTV老干部“我与共和国一同成长”主题活动。

2009年7月31日，北京电视台举行职工桥牌比赛。

2009年12月5日，北京电视台举行职工羽毛球比赛。

2009年，北京电视台举办的“爱国歌曲大家唱——2009年BTV红歌会”。

↑ 2009年1月21日，北京北广传媒集团举行新春联欢会。

↑ 2009年6月19日，北京歌华有线电视网络公司员工进行户外拓展训练。

↑ 2009年6月12日，北京北广传媒城市电视公司开展城市电视销售心灵动能培训。

↑ 2009年10月23日，北京北广传媒城市电视公司开展全员户外拓展训练。

2009年10月17日，北京歌华文化发展集团举办第三届职工羽毛球比赛。→

↑ 2009年4月26日，朝阳区广播电视新闻中心举行2009年朝阳广电中心趣味运动会。

↑ 2009年6月27日，丰台区广播电视中心参加区第七届全民健身体育节开幕式。

↑ 2009年1月19日，海淀区新闻中心举办新春联欢会。

↑ 2009年5月16日，门头沟区广播电视中心职工参加区广播操表演赛。

← 2009年11月6日，石景山区广播电视中心举办804数字频道开播仪式暨庆祝第十届中国记者节文艺演出。

2009年5月，怀柔区广播电视中心组队参加区“五一”《劳动颂歌》歌咏比赛，荣获一等奖。

2009年5月4日，延庆县广播电视中心举办职工“青年才艺大赛”。

2009年9月5日，延庆县广播电视中心举行“野外真人CS”活动。

2009年4月，大兴区广播电视中心组队参加区直机关工委春季运动会合影。

2009年8月，密云县广播电视中心体育练习馆建成，密云县县委书记汪先永（左一）前来视察。

← 2009年8月，昌平区广播电视中心举办“团结协作共创辉煌”拓展融炼活动。

↑ 2009年3月，平谷区广播电视中心举行拔河比赛。

↑ 顺义区广播电视中心举行青年职工篮球友谊赛。

↑ 2009年10月，通州区广播电视中心参加区第三届全民运动会。

↑ 2009年4月17日，顺义区广播电视中心组织员工到燕山石化培训基地进行拓展训练。

（文体活动图片：由广播影视相关单位提供）

↑ 北京电视台餐厅每日为员工提供品种多样的饭菜。

↑ 北京电视台餐厅面点师傅为员工现场制作面食。

↑ 北京电台员工餐厅为员工提供可口的饭菜。

北京歌华文化发展集团礼仪服务组在迎宾工作中。→

↑ 2009年，北京广播影视物业管理中心在延庆绿化基地组织广电系统职工植树6260棵。

↑ 北京歌华文化发展集团后勤部门加强歌华大厦设备维护保障工作，确保大楼正常运行。

（后勤工作图片：由广播影视相关单位提供）

目　　录

特　　载

年度重点报道

概　　况

产业发展

广播电视覆盖

频率频道

节目栏目

科技发展

电　影

电视剧

新媒体与网络传播

书报刊出版

受众调查

组织机构

对外及港澳台交流

获奖作品

改革创新·经验

统　计

大事记

特 载

2010/《北京广播影视年鉴》

——记录行业情况　服务业内和社会——

首都声频荧屏 绚丽华彩乐章

“辉煌北京60年”专稿——北京广播影视六十年铸就辉煌

1949年2月2日，伴随着古都北平和平解放的歌声，迎着新中国即将诞生的朝霞，北平新华广播电台的第一次播音开启了北京广播事业的新时代。

1949年，北平新华广播电台
（北京人民广播电台前身）部分播音员

1979年5月16日，沐浴着解放思想的春风，乘借着改革开放的大潮，北京电视台的成立开辟了北京电视事业发展的新天地。

北京电视台建台初期第一代播音员在播音

60年岁月荏苒，60载春华秋实，随着祖国昌盛、民族兴旺、社会进步，在国家广电总局和北京市委、市政府的关怀和领导下，北京广播影视发生了翻天覆地的变化。新中国成立初期，收音机乃是罕有之物，现如今，广播节目已“飞入寻常百姓家”；改革开放初期，电视机也是难得一见，现如今，影视节目已是平民百姓的日常佐餐。广播影视的触角已经深入到社会生活的每个角落，成为广大人民群众精神文化生活的重要组成部分。

一代一代的北京广播影视工作者既是60年首都发展建设的见证者和传播者，又是实践者和参与者。他们用录音机和摄像机，记录下北京昂首前进的足音、日新月异的变化。他们用青春和汗水，为北京的建设和发展做出了巨大的贡献。

广播电视节目丰富多彩

“如果没有广播电视，我们的生活不知变得多枯燥。”一位深山区的农民这样说。

“把声屏装扮得靓丽多姿，给人们提供精美的精神食粮，是我们神圣的责任。”广播电视人这样说。

历经几代北京广播电视工作者的不懈追求，北京市广播电视节目的播出形式从品种单一到丰富多样。北京人民广播电台建台时仅有1套节目，每天播音不足9小时。如今的北京人民广播电台办有9套开路广播、16套有线调频广播、17套数字音频广播，每天播音348小时，全年播音12.7万小时，是建台初期的38.6倍。北京电视台建立时每天播出1套几个小时的黑白电视节目，主要内容是电视教学加上少量的电影和简明新闻。今日的北京电视台，开办了包括标清频道、高清频道、数字付费频道和外宣频道在内的14个频道，每天播出234小时，全年播出8.8万小时，是建台之初的39倍。

北京广播电视节目内容更加多姿多彩，呈现出“万紫千红总是春”的景象。北京人民广播电台开办了新闻、城管、文艺、音乐、交通、外语、体育、故事、爱家9个专业广播。坚持专业化、系列化和个性化办台理念，涌现出《北京新闻》、《一路畅通》、《体坛夜话》、《小说连播》、《城市零距离》、《中国歌曲排行榜》等一批听众喜爱的名牌栏目。

北京电台《一路畅通》节目主持人

北京电视台《北京您早》节目主持人

北京电视台开办了新闻、文艺、科教、影视、财经、体育、生活、青少、公共、动画等频道。频道专业化、栏目个性化、节目品牌化的实施，使首都荧屏更加靓丽多姿。打造出《北京新闻》、《法治进行时》、《第七日》、《天下收藏》等品牌栏目。

京郊14个区县广播电视台，也都开办了富有地区特色的新闻、文艺、科技、法制、生活等节目。如今的北京声屏，丰富多彩的声音，五光十色的图像，传遍千家万户，给首都城乡人民带去了无尽的欢乐。

影视艺术园地万紫千红

北京的影视艺术创作始终走在全国前列。早在1982年，北京就率先建立了全国第一个电视剧专业制作机构——北京电视制片厂(后改名为北京电视艺术中心)，连续推出了中国第一部长篇电视连续剧《四世同堂》、第一部室内剧《渴望》、第一部幽默喜剧《编辑部的故事》和第一部全部在国外拍摄的电视剧《北京人在纽约》,开创了全国电视剧艺术之先河。《渴望》的播出在当时曾引发万人空巷的情景。《四世同堂》被誉为“登上了电视艺术的高峰”。这是北京电视人的光荣和骄傲!

随着文化体制改革逐步深化，北京的影视剧生产形成了国营和民营多元投资、共同发展繁荣的新格局。体制改革和机制创新为国营影视剧制作机构注入了活力,调动了创作人员的积极性，解放了艺术生产力，影视剧的创作数量和质量大幅提升。民营影视制作机构如雨后春笋，迅速发展壮大，成为影视剧创作的生力军。

创精品、推力作，是北京繁荣影视艺术的一项重点工程。市委、市政府统筹谋划，倾力支持，市广播电影电视局精心组织，认真实施。出台了一系列支持文化创意产业的政策，提供了一笔笔扶持文化创意产业的资金,制定了一条条扶持影视精品创作的措施,建立和推行了优秀电视剧推荐制度,设立和发放了优秀影视剧剧本专项创作资金,有力地促进了影视剧精品的创作和生产。近年来，北京影视艺术精品纷呈，出品了《离开雷锋的日子》、《张思德》、《生死牛玉儒》、《甲方乙方》、《不见不散》、《一个人的奥林匹克》、《集结号》、《非诚勿扰》、《铁人》、《万家灯火》等一批优秀电影，其中，《铁人》和《万家灯火》被中宣部列入新中国成立60周年的重点影片。出品了《亮剑》、《历史的天空》、《金婚》、《士兵突击》、《奋斗》、《春草》、《雪域天路》、《我的兄弟叫顺溜》等一批优秀电视剧，其中，《雪域天路》和《我的兄弟叫顺溜》被中宣部列入新中国成立60

周年的重点电视剧。出品了《福娃奥运漫游记》、《小兵张嘎》、《快乐东西》等一批优秀影视动画片。这些作品播出之后，在全国乃至全球华人观众中赢得了广泛赞誉。在全国各类影视剧大奖的评选中，北京获奖数量连续数年名列各省区市第一。

科技创新之花硕果累累

北京广播经历了由调幅、调频到数字声音的技术发展阶段，声音和收听效果发生了质的变化；北京电视经历了黑白电视、彩色电视、数字标准清晰度电视、数字高清晰度电视的发展历程，电视图像和收看效果产生了质的飞跃。数字技术和网络技术的应用，使节目制作和播出从模拟时代逐步迈向了数字化、网络化时代，制作水平、播出质量大大提高，安全播出的保障能力也有了显著提升。

在新技术的支撑和引领下，北京广播电视实现了无线、有线、卫星三次重大突破，建成了“天地一体”多技术多层次混合覆盖的广播电视覆盖网。全市广播人口覆盖率达到99.98%，电视人口覆盖率达到99.99%。北京卫视实现上星播出，到2008年年底，已在33个省会城市、直辖市和计划单列市、170个地级市自主落地，覆盖总人口5.75亿人。

在新技术的支撑和引领下，北京数字电视整体转换步伐加快。短短两三年时间，北京的数字电视用户就达到240万户。北京成为全国数字电视发展最快、用户最多的城市。由于数字化的普及及其功能的进一步开发，电视机集信息、教育、娱乐、通讯、购物、付费等多种功能于一身，为人们的生活提供了更全面的服务。

歌华有线公司总前端

事业产业发展蒸蒸日上

北京广播影视基础设施建设取得重大成就。北京广播电视业务大楼、北京广播大厦、北京电视台新址大楼、北京歌华大厦的建成，从根本上改善了工作条件，为事业发展、产业繁荣奠定了基础。中国电影博物馆是目前世界上规模最大、展线最长的专业电影博物馆，促进了电影会展业的发展，已经成为爱国主义教育的重要基地。

北京广播影视产业结构进一步优化，产业规模不断扩大。北京拥有广播影视企业近千家，居全国各省区市之首。资产总额达到328亿元，在全国各省区市排名第一，比1980年增长359倍。北京广播影视广告创收一直保持增长的势头。2008年，广告总收入38.5亿元，是1981年广告总收入的2771倍。广播影视产业的发展繁荣，壮大了广播影视机构的经济实力，为丰富广播影视节目，发展公益性广播影视事业积累了资金，事业带动产业，产业促进事业，形成了事业产业良性循环的发展局面。

电影院线建设逐步加强。截至2009年6月，北京经营的电影院线有9条，影院总数82家，银幕356块，观影座位7万个。2008年北京市电影票房达5．25亿元，位居全国第一。全市配置流动放映车331辆，已完成农村数字放影厅2633个。2009年前6个月全市流动放映2.6万场，农村影厅放映电影9.9万场，观影852万人次，受到城乡人民的广为欢迎。

产业集聚区建设成效显著。怀柔影视基地核心区注册的影视制作和文化传媒公司已有80多家。基地的龙头企业——中影集团已正式投入运营，愈来愈多的影视剧目在这里拍摄制作。大兴区国家新媒体产业基地——星光影视园吸引了国内外60多家知名传媒机构来此开展业务，发展态势良好。CBD国际传媒产业集聚区呈现强劲的发展势头，已有千余家国内外传媒机构落户。石景山、通州、海淀国家动画产业基地建设初见成效，影视动画作品创作日益活跃。

新兴媒体发展方兴未艾

北广传媒数字付费电视、车载移动电视、城市大屏电视、
北京电台1039新媒体机、中广传播CMMB手持电视

数字技术的应用，催生了新兴广播电视媒体。网络多媒体广播、移动电视、楼宇电视、大屏电视、网络电视以及手机电视等新兴广播电视媒体在北京迅速崛起，充满了无限的生机和活力。北广传媒移动电视在1万辆公交车、80多个地铁车组、5000辆出租车、2000辆公务车上安装了移动电视终端，共安装电视显示屏27000多块。北广传媒城市电视在写字楼、政府机关、企事业单位等公共场所安装了电视终端11000个。由市政府投资的服务社会服务公众的户外大屏幕电视安装了27块，拓展了电视的收视空间，使人们可以随时看、随处看。

北京人民广播电台的移动多媒体广播（DAB），已经播出16套广播节目，加强了对公共场所的覆盖，在听众中的影响力逐步扩大。北京广播网开通了在线点播频道，搭建了以音视频播客、博客、社区论坛为主的网络互动平台。

北京电视台网络电视——北京宽频正式改版上线，实现北京电视台10套节目网上直播，增加了互动功能，与传统电视形成了优势互补。手机电视已经召开了开播新闻发布会，公司化运作和融资工作正在有序进行。无线增值业务和网络版权销售业务不断扩展，《BTV爱车》手机报内容不断丰富，已得到用户的初步认同。

公共服务体系日臻完善

建设城乡一体化的广播影视公共服务体系，确保城乡人民享有平等的收听收视权利，使广播影视节目更好地服务于广大人民群众。这是市委、市政府的决策和部署，是市广播电影电视局的使命和责任。

1998年，北京市广播电视“村村通”工程正式启动，这是北京市公共文化服务体系的重要组成部分，也是加强社会主义文化建设，构建和谐社会的精品工程。历年来，“村村通”工程累计投入资金1.5亿多元，完成了1069个行政村、854个自然村的工程建设，解决了30多万农户、90多万农民看不到或看不好电视的问题。从2006年开始，“村村通”工程由扩大覆盖规模向进一步提高收视质量转变，着重解决了浅山区电视信号弱和技术系统老化的问题。为了确保工程长期效果，市广电局和市财政局确定了“村村通”工程设施维护的组织领导、队伍建设、经费来源和监督管理等工作，建立了长效的维护管理机制。“村村通”工程让一些边远山区的农民也至少能收看到9套电视节目，给大山深处的人们带来欢声笑语，彻底改变了山区一些地方沿袭至今的日出而作日落而息的生活习惯。

北京“村村通”一批工程竣工

2008年6月30日，在房山、平谷、怀柔、密云和延庆的高山上五个新建的广播电视转播塔源源不断地传送出中央、北京的广播电视节目信号——北京市远郊区县广播电视无线覆盖转播站正式开播。北京新闻广播在远郊山区县覆盖人口从原来的50%提高到90%，覆盖远郊人口约280万人。这是市委、市政府为北京市山区人民办的又一件好事、实事，是建设城乡一体化的广播影视公共服务体系的又一亮点。

发展高清电视是北京市发展公共文化服务、提升信息化基础设施、提升首都形象的一项重点工程。2009年9月3日，北京卫视高清电视开播新闻发布会在北京广播大厦召开，9月28日北京卫视高清频道将开播。高清电视更加清晰的画面、丰富的信息、崭新的节目形态，将会带给观众耳目一新、赏心悦目的全新视听享受，满足广大市民更高层次的文化消费需求。这一工程也将拉动相关产业和消费升级，为百姓、社会和政府搭建了更加丰富的文化传播和信息服务平台。按照市委、市政府的统一部署,北京将在全国率先建成覆盖城乡的高清交互式有线电视网络,与在建的其他网络一起,形成国内领先、国际先进的城乡一体化的高速宽带信息网络,将极大地提升北京信息化水平。市广播电影电视局将与相关部门通力合作、认真实施,确保这一重点惠民工程的落实。

广播影视对外交流快速发展

早在20世纪80年代,电视剧《四世同堂》、《渴望》等就已走出国门,在美国及东南亚一些国家播出,引起当地观众特别是华人的强烈反响。此后,在国外各项影视节展上,几乎每年都能看到北京影视作品参加展映,有些还获得国际大奖。

2004年,北京人民广播电台对外外语广播开播,平均每天播出节目80分钟,并通过多种方式在海外24家电台播出。2006年,电台与美国洛杉矶"1300电台"建立了合作关系,实现了中文对外节目在洛杉矶地区落地播出。电台与"德国之声"电台开展了双向节目交流合作,北京人民广播电台的播音首次在德国上空回响。北京电视台国际频道自2004年开播以来,在美国、加拿大、亚洲、欧洲等国家和地区的用户不断增加,影响力不断扩大。北京电视台通过在国外举办北京电视周,与多家境外电视媒体建立节目交换关系等方式,推介北京电视节目,宣传北京发展变化,扩大中华文化在世界各地的影响。

人才队伍建设稳固根基

人才是兴业之本。为适应北京广播影视改革发展的要求,各级广播影视机构狠抓队伍的思想建设、业务建设、作风建设和反腐倡廉建设,逐步建立了一支业务精、作风正、纪律严、能打硬仗的广播影视队伍,培育了一批名编辑、名记者、名编导、名主持人、名制片人……这为北京广播影视事业的进一步发展,打下雄厚的基础。

60年创新之路,60载岁月荣光,激励着北京广播影视工作者更加奋发努力,为首都文化大发展大繁荣做出贡献;预示着北京广播影视事业的前景灿烂辉煌,助推祖国文化兴旺、经济腾飞、国富民强。

(北京市广播电影电视局宣管处、史志办)

北京市广播电影电视局庆祝新中国成立60周年承办“银幕上看祖国”活动

北京市广播电影电视局承办“银幕上看祖国”活动启动仪式

2009年是新中国成立60周年的大庆之年。由中共北京市委宣传部主办、北京市广播电影电视局承办的作为庆祝新中国成立60周年系列文化活动“为伟大祖国骄傲”重要内容的“银幕上看祖国”活动，于8月1日至11月30日举行，同时将总局部署的“向祖国汇报”活动与“银幕上看祖国”活动并行实施。在活动领导小组的具体领导及其办公室的组织下，“银幕上看祖国”活动举办了福利儿童、特教教师、劳模、武警、福利老人等专场慰问活动，组织观影专场56场，包括12000名打工子弟学生、1100名劳模代表在内的3.5万人参加了专场观影活动，观看了《建国大业》、《天安门》、《万家灯火》、《快乐奔跑》等国庆献礼影片。在国庆观影优惠活动中，全市影院随票赠出优惠券106万张，观影收回优惠券93万张。9至11月观影人次同比增加259万，票房同比增加1.09亿元，实现了“银幕上看祖国”活动拉动票房的目标，为2009年北京票房突破8亿元新高发挥了强有力的助推作用。

为实现全民共享新中国60周年大庆电影权益的目标，“银幕上看祖国”活动办公室在公益放映系统组织了爱国主义影片展映活动，4个月里展映影片50余部，放映10万余场，观众人次近千万，并走进福利院区，为福利人士提供电影放映服务；在北京电视台和北广传媒数字电视组织了爱国主义影片展播活动，展播40天、60部影片、240小时。展映展播活动宣传了“银幕上看祖国”活动，实现了活动的全社会、全民覆盖，受到社会各界的积极反响。

在活动组织开展过程中，得到了首都各大新闻媒体的支持和深入报道，新华社、中央电视台、北京电台、北京电视台、《北京日报》等20家媒体先后播发新闻报道80余条次；瑞士国家广播电台、法国电视一台等境外媒体，也纷纷前来采访报道，有效地扩大了活动影响，活动受到电影界和社会各方面的普遍好评。参加专场活动的福利儿童和老人、劳模、打工子弟学生、特教教师、武警指战员等，一致感谢市委、市政府的关怀，感谢市委宣传部的慰问，对“银幕上看祖国”活动给予充分肯定。

（北京市广播电影电视局电影管理处）

北京人民广播电台举行建台60周年纪念大会

北京人民广播电台举行建台60周年纪念大会会场

2009年2月2日，北京人民广播电台举行了建台60周年纪念大会。中共中央政治局委员、市委书记刘淇发来贺信，代表市委、市政府向北京电台全体员工以及为广播事业做出贡献的离退休老同志致以亲切的问候和崇高的敬意。北京电台老领导、中央党史研究室副主任龙新民，国家广电总局副局长胡占凡，市委常委、宣传部长、副市长蔡赴朝，中国记协党组书记、副主席翟惠生，国家广电总局党组成员、中央电台台长王求等领导同志出席纪念大会。

刘淇在贺信中说，北京人民广播电台是首都地区重要的舆论和文化阵地。60年来特别是改革开放以来，北京人民广播电台勇于开拓、锐意创新，始终牢牢把握正确舆论导向，在宣传党和国家的方针政策、宣传社会主义核心价值体系，通达社情民意，丰富广大人民群众精神文化生活等方面发挥了重要作用。特别是在北京奥运会、残奥会期间，北京电台出色完成了一系列重大宣传任务，制播了大量群众喜闻乐见的精品节目，为首都经济社会发展做出了重要贡献，取得了走在各地方台前列的出色成绩。刘淇强调，面对新形势、新任务，北京电台要全面贯彻党的十七大精神，深入宣传贯彻落实科学发展观，制作出更多更好的精品广播节目，不断提高广播的舆论引导能力和社会影响力，为建设“人文北京、科技北京、绿色北京”，实现首都经济社会平稳较快发展，提供思想保证、精神动力和舆论支持。

出席纪念大会的领导同志向为电台服务30年以上的老同志颁发了纪念证书和奖杯。市委常委、宣传部长、副市长蔡赴朝在讲话中充分肯定了北京电台建台60年来在舆论引导、队伍建设、体制创新、事业发展上取得的可喜成就，同时希望全台干部职工进一步增强责任感和使命感，发扬光荣传统，牢牢把握正确的办台方向和舆论导向，始终保持强烈的进取精神，把提高舆论引导能力放在更加突出的位置，更好地发挥新闻宣传工作在推动经济发展、引导人民思想、培育社会风尚、促进社会和谐等方面的重要作用；要不断推动广播事业和产业的繁荣发展，继续加强经营管理，深化体制改革，密切跟踪广电传播技术潮流，在发展思路、发展方式、发展质量上实现新突破，努力保持在全国地方电台中的领先地位；要不断加强人才队伍建设，为广播事业的可持续发展储备充足的人才资源；要高度重视节目形态和节目内容创新，注重为听众服务，不断推出有影响、有特色的名牌节目，努力满足人民群众日益增长的精神文化需要。

纪念大会上，北京电台台长汪良作了题为《继往开来 再创辉煌》的主题报告，汪良在报告中全面回顾了北京电台60年的发展历史，系统总结了电台的成功经验。

纪念大会召开之前，龙新民、蔡赴朝等领导同志为北京电台台史展揭幕。

（景兵　刘莹）

回顾三十峥嵘岁月 展望明天再谱华章

北京电视台举行纪念建台30周年大会

北京电视台举行建台30周年大会会场

5月15日，北京电视台在新落成的BTV大剧院里召开了纪念建台30周年大会。中央党史研究室副主任、老台长龙新民，国家广电总局副局长张海涛，北京市委常委梁伟，市人大常委会副主任刘新成，市政协副主席王伟，中国文联党组副书记、副主席、台老领导李牧，中国记协党组书记翟惠生，中国广播电视协会会长李丹，文化部原副部长、老台长陈昌本，中国电视艺术家协会原主席杨伟光，中央电视台副台长何宗就，市委宣传部副部长严力强，市广播电影电视局局长孙向东以及海淀区、朝阳区、市记协、市广电学会、北广传媒集团等单位和北京电视台的历任老领导应邀出席了大会。

中共中央政治局常委李长春，中共中央政治局委员、北京市委书记刘淇等领导给北京电视台发来贺电。

李长春在贺信中充分肯定了改革开放以来，北京电视台围绕党和国家工作大局，忠实履行党和人民赋予的历史使命，牢牢把握正确舆论导向，传播时代声音，服务人民群众，为首都改革开放和现代化建设事业做出的贡献。希望北京电视台继续坚持以邓小平理论和“三个代表”重要思想为指导，深入学习实践科学发展观，高举旗帜、围绕大局、服务人民、改革创新，努力建设导向正确、实力雄厚、受众喜爱、影响广泛的一流电视媒体，以优异成绩迎接新中国成立60周年，为全面推进中国特色社会主义事业做出新的更大贡献！

刘淇在贺信中说，值此北京电视台建台30周年之际，我谨代表市委、市政府表示热烈祝贺，向北京电视台全体员工及为北京电视事业作出贡献的离退休老同志，致以亲切的问候和崇高的敬意！北京电视台伴随着改革开放30年的历史进程，不断发展壮大，成为弘扬社会主义先进文化和时代主旋律的重要的舆论文化阵地，成为展现首都形象的重要窗口，成为国内具有较强影响力和权威性的电视传媒。30年来，在中央主管部门和市委、市政府的领导下，北京电视台始终牢牢把握正确舆论导向，全面宣传党和国家的大政方针政策，及时传播事关国计民生的重要信息，充分反映社情民意，大量播出深受群众喜爱的精品力作，出色完成了北京奥运会、残奥会等一系列重大宣传任务，为统一思想，凝聚人心，鼓舞斗志，塑造精神，充分发挥新闻媒体重要的舆论引导和社会服务功能，为首都改革开放和现代化建设事业作出了重要贡献！

刘淇指出，面对全面建设小康社会的奋斗目标，顺应实现首都经济社会平稳较快发展的总体要求，在喜迎新中国成立60周年的重要年份，北京电视台全体干部职工要进一步增强使命感、责任感和紧迫感，要始终坚持正确的办台方向，高举旗帜，围绕大局，服务人民，改革创新，不断提高舆论引导能力；要深入宣传贯彻落实科学发展观，全面宣传新中国成立60年社会主义革命和建设取得的伟大成就，及时宣传建设“人文北京、科技北京、绿色北京”的实践成果，制作更多更好的优秀精品节目，最大限度地满足人民群众日益增长的精神文化需要；要认真研究现代传媒的发展规律和特点，依托《北京信息化基础设施提升计划》，积极推进电视频道高清化，大力推进传统电视与新兴媒体的融合发展，不断提高高清电视与互动电视的覆盖面、传播力和影响力，实现首都电视事业高水平、高科技含量的可持续发展，为首都文化创意产业的发展做出贡献。

刘淇指出，站在新的历史起点上，希望北京电视台继承和发扬优良传统，不断开拓创新，充分发挥首都优势，努力把北京电视台建成党和人民满意，技术先进、覆盖广泛、影响力强的全国一流的电视台，为推动首都文化事业和文化创意产业的大发展大繁荣，建设繁荣、文明、和谐、宜居的首善之区做出新的更大贡献。

北京电视台刘爱勤在大会上做了题为《站在新的历史起点上，再创首都电视事业新辉煌》的主题发言。转传部主任王　和文艺节目中心主持人徐春妮分别代表在台工作30年的老职工和青年员工发言。为了感谢老职工为北京电视台事业发展付出的辛劳和做出的贡献，还向他们颁发了“感谢您与BTV一起走过30年”纪念杯。国家广电总局副局长张海涛和北京市委常委梁伟同志分别在大会上讲话，充分肯定了北京电视台30年来取得的瞩目成绩，并对今后的发展提出了新的要求和期望。

在台庆期间，北京电视台还举办了台史展览和建台30周年交响音乐会，出版了由本台部分新老电视工作者撰写的回忆录《荧屏岁月》。

（冯平　唐晓燕）

年度重点报道

2010/《北京广播影视年鉴》

——记录行业情况　服务业内和社会——

北京人民广播电台庆祝新中国成立60周年宣传报道综述

2009年，是新中国成立60周年的大庆之年。从2008年年底开始，北京电台就重点推出10项国庆系列专题报道和大型活动，即深入开展学习实践科学发展观系列报道《北京的春天》、大型音视频纪实报道《他乡北京人》、大型系列报道《60年的叙说》、系列节目《60年发展——倾听城市的讲述》、大型音乐纪念活动“为伟大祖国骄傲——新中国成立60周年金曲盛典”、国庆成就报道《边疆·口岸纪行》、系列追踪报道《光辉岁月的故事——全运会与新中国体育60年》、大型故事征集活动“60年胡同传奇”、“我的汉语生活——全球外国人讲汉语”故事大赛、《群英耀中华——60位老艺术家系列访谈》。“十一”当天，北京电台9个专业广播、北京广播网、DAB多媒体数字广播全程转播国庆庆祝大会和国庆联欢晚会实况。精心策划了国庆献礼节目——庆祝新中国成立60周年特别节目，时长143小时，共286个单元，分为“锦绣中华”、“京城纪事”、“风云人物”、“讴歌时代”、“环球采风”、“百花齐放”6个专栏，在各专业广播播出，营造浓浓的节日氛围。

国庆宣传报道主要呈现以下特点：

一、全频率参与，多媒体展现，国庆宣传上规模、成系列

在国庆报道预热阶段，北京电台9个专业广播每天播出国庆相关报道近80小时，约占节目总播出量的1/2；10月1日当天，9个专业广播播出国庆相关节目152小时，约占播出总时长的4/5；节日期间，每天播出国庆节目总时长为122小时，占总播出时长的2/3。北京广播网开设“新中国成立60周年”专题页面，日均发文字稿500条、图片10组，访问量达到13.5万多人次。

全台9个专业广播和北京广播网围绕宣传重点开设“爱祖国、爱北京、爱家乡”,“迎国庆讲文明树新风，展现北京新风采”等系列专栏73个，播出录音报道3000余篇；精心策划，推出大型音视频纪实报道《他乡北京人》、《光辉岁月的故事——全运会与新中国体育60年》等国庆重点选题系列报道；举办“为伟大祖国骄傲——新中国成立60周年金曲盛典”、第四届魅力社区评选等形式多样的大型系列活动；开办《光辉岁月的故事——全运会与新中国体育60年》、《群英耀中华——60位老艺术家系列访谈》等系列访谈节目，讲述共和国60年的辉煌历程，营造喜庆祥和的舆论氛围。

二、结合专业广播频率定位，以北京为中心，辐射全国乃至世界各地，时间跨度长，覆盖面广

大型音视频纪实报道《他乡北京人》是北京电台国庆60周年系列宣传报道活动的重点项目。2009年2月至6月，9个专业广播和北京广播网60多名记者分赴全国20多个省市自治区和香港、澳门特别行政区，采制了60集广播专题人物报道和6集视频节目。北京电台交通广播联合《解放军报》、《法制晚报》共同推出的“边疆·口岸纪行”采访活动，先后派出6路采访组、70多人次，行程数万公里，完成了广西、云南、吉林、黑龙江、内蒙古、新疆、西藏等省、自治区边关口岸、国门、边防连队、哨所的深入采访，细致全面地反映了我国与14个陆路接壤的邻国在边境贸易方面的发展情况和取得的成就。为期近9个月的“我的汉语生活——全球外国人讲汉语”故事大赛从2008年11月启动以来，北京电台先后派出9个境外工作组赴日本、韩国、越南、美国、捷克、匈牙利、澳大利亚、新西兰、德国、西班牙、巴西、墨西哥、俄罗斯、埃及、肯尼亚等15个国家组织当地赛事，采访参赛选手，并与当地广播电视媒体以及一些华文报纸进行了合作洽谈。有38个国家、700多名选手报名，通过互联网上传参赛音视频作品450件。参赛选手中，年龄最大的86岁，最小的4岁，最终评选出24名选手获得大赛的各个奖项。

三、国庆文化宣传活动视角独特，立意新颖

北京电台策划的大型故事征集活动“60年胡同传奇”，以北京最具传统特色的文化载体“胡同”为切入点，通过北京市民提供的在胡同中发生的或感人、或难忘的人与事等线索，通过文章、摄影或DV作品，展示胡同中的人生百态、社会变迁。“为伟大祖国骄傲——新中国成立60周年金曲盛典”，通过展播、展评新中国成立60年来的经典歌曲，由听众投票评出“新中国60年60首金曲”。《群英耀中华——60位老艺术家系列访谈》，通过见证共和国成长的老艺术家们的回顾，展现文化艺术领域的大繁荣大发展以及新时期艺术工作的蓬勃生命力。这3项国庆文化宣传活动一经推出，社会反响强烈，并被列入北京市庆祝新中国成立60周年23项市级重点文化活动。

国庆宣传报道主要经验：

一是提早筹划，突出重点，把握基调，新闻宣传更加系统、鲜活、有特色。为做好国庆宣传工作，北京电台从2008年10月份开始着手制定国庆60周年宣传计划，并按照市委宣传部部署，确定了国庆宣传的四个重点阶段：第一阶段从2009年5月到8月中旬为国庆宣传预热期；第二阶段8月下旬至9月底为国庆宣传升温期；第三阶段“十一”期间为国庆宣传高潮期；第四阶段国庆节后到年底为国庆宣传持续期。按步骤、分阶段切实做好国庆宣传各阶段的重点工作。

“倾听北京的声音，唱响时代的旋律”是北京电台策划的10项国庆系列专题报道和大型活动的总体基调，在报道和活动中，力求做到“两结合”：把深入学习实践科学发展观活动与描绘共和国60年发展历程紧密结合起来，把宣传“人文北京、科技北京、绿色北京”建设与歌颂社会主义好、共产党好、祖国好有机结合起来，整合全台力量，浓墨重彩描绘新中国成立60年来的发展历程、伟大成就，真实反映60年来社会生活、思想观念的巨大变化，生动展现新中国成立60年特别是改革开放30年来坚持科学发展观的实践典范，以及新中国在迈向另一个甲子之年的信念、信心与实绩。开阔思路，创新和丰富与受众沟通、服务的方式与手段，增强节目的亲和力、吸引力和感染力，扩大传播影响力，树立北京电台全新的品牌形象。

二是坚持“三贴近”、“三深入”，关注普通人，通过微观典型展现时代主题，展现平凡人生的不平凡印记。北京电台全台通力合作共同制作的60集大型音视频纪实报道《他乡北京人》，以寻访新中国成立以来在不同历史时期落户他乡、在各自的岗位上实现人生价值的北京籍人为主要内容。2008年10月开始，北京电台通过各专业广播、北京广播网征集到数百个鲜活的事例，经过筛选确定了60个采访对象。这些人中有响应国家号召投身支教、支边、援藏、援疆任务的创业者，有在特殊岗位上默默耕耘的科研人员，有远离家乡弘扬传统文化的文艺工作者，也有在市场经济大潮中搏击四方的企业家、商界人士……纪实报道挖掘他们富有时代意义的人生故事，展现他们志在他乡、热爱生活、建设祖国的情怀。

“60年胡同传奇”大型故事征集活动、系

列报道《60年的叙说》、《60年家庭纪事》系列节目等也是把关注点放在普通人身上，透过普通百姓的生活视角，通过几代人的家庭记忆，展现60年来从小家到国家的变化。

深入开展学习实践科学发展观系列报道《北京的春天》，以平民化视角和老百姓关注的角度，从一个个微观侧面反映宏观世界，从而使报道不是大而空泛的口号性宣传。系列报道采用录音报道方式，每个故事都有现场采访。报道注意从科学发展出发，记者对新闻事实的诠释、管理部门或专业人士对内涵的解读都注入了科学的理念和发展的观念，使报道有深度，有说服力。

三是从“变化”入手，透过变化看发展，以发展的眼光说变化。力求通过生动鲜活的人物和事例，反映时代与社会变迁的重大主题。系列报道《在祖国大地上》选取新中国成立60年来具有重大纪念意义的历史事件，派出多路记者分赴重要历史事件的发生地实地采访，重述这些新闻事件的历史意义，用声音展示60年来中国土地上发生的巨大变化。《光辉岁月的故事——全运会与新中国体育60年》系列追踪报道，以新中国已经举办的十届全国运动会为主线，深入挖掘新中国体育事业60年发展中鲜为人知的创业历程和体坛人物的幕后故事，从体育的角度昭示中华民族自强不息、勇攀高峰的精神。

这些节目播出后，听众反应热烈，认为这些报道让人实实在在感受到新中国成立60年来日新月异的变化，大大激发了人们的爱国热情。

四是广泛动员社会各方面力量积极参与，努力营造生动活泼的宣传报道氛围。在国庆60周年宣传中，北京电台通过开展征集群众喜闻乐见的故事、歌曲等活动，让社会各界关注广播、参与广播，享受广播带来的快乐。北京电台音乐广播推出的“为伟大祖国骄傲——新中国成立60周年金曲盛典”通过对经典歌曲的回顾、再次传播和听众评选，展现新中国成立60周年来在歌曲创作领域取得的丰硕成果，唤起人们美好的回忆。此外，《他乡北京人》、《60年的叙说》、“60年胡同传奇”、“我的汉语生活”全球外国人讲汉语故事大赛等系列报道和宣传活动也非常注重广泛宣传，发动群众参与。

五是台网共做，充分发挥多媒体传播优势。全台合作、多种媒体合作的方式近年来在北京电台的重大宣传报道活动中多次采用，并且取得了很好的效果。在国庆60周年宣传报道中，北京电台总结奥运报道的成功经验，充分发挥多频率、多媒体整合联动的优势，运用现代化多媒体手段采访、编辑、制作、播出节目，构建具有传统媒体特色、新兴媒体优势、多媒体信息即时沟通与发布的平台，形成舆论引导新格局。大型音视频纪实报道《他乡北京人》就是由北京电台总编室、9个专业广播、北京广播网全程参与，制作了60集广播专题人物报道和6集视频节目。“我的汉语生活——全球外国人讲汉语”故事大赛活动则是利用互联网方便快捷的特点，国内选手通过北京广播网、外语广播网络电台报名、上传作品或直接提交、邮寄作品到主办单位。国外选手通过海外支持单位网站和孔子学院网站报名、上传作品或直接提交、邮寄作品到海外支持单位。入围作品全都上传发布到北京广播网、外语广播网络电台、北京青檬网络电台进行展示，由海内外网友进行投票评选。北京广播网在“庆祝新中国成立60周年”专题中完整收录了北京电台庆祝新中国成立60周年特别节目六大主题的200多个特别节目，并为此制作了电子杂志形式的电子节目单，方便网友和听众“按图索骥”收听。其他重大宣传报道和大型活动在北京广播网上也都开设专题页面，并上传音频和图像报道。

（北京电台总编室）

北京电视台庆祝新中国成立60周年宣传报道综述

为庆祝新中国成立60周年，北京电视台从2009年5月开始，就全面启动国庆宣传工作，通过举办大型活动、制作精良专题片、展播献礼电视剧、加大新闻报道等多种宣传形式，全方位做好国庆报道工作。

一、确立总体指导思想，精心策划精品节目

2009年初，北京电视台编委会就多次开会研究，确立了10个台级大型项目，其中7个是新中国成立60周年的献礼节目。为做好国庆献礼节目，台领导确立了总体工作思路：

其一，在节目风格上，具有浓郁的时代特征、充满张力的现代元素和首都大台的风范，表现时代感、现代感和都市感；

其二，在节目内涵上，强调以生动活泼、丰富多彩的形式来弘扬健康向上的主旋律，在导向正确的前提下，力争把这些献礼节目打造成艺术精品，使节目精彩好看，色彩纷呈；

其三，在节目内容上，力争以创意取胜，用独辟蹊径的好点子设计和生产节目，使节目不仅好看，而且有鲜明的创意特征。

北京电视台国庆报道分三个阶段进行：5月至8月中旬为全面启动宣传活动阶段，结合“五四”青年节暨纪念“五四”运动90周年、“七一”建党纪念日、“八一”建军节等重要纪念日开展“新中国成立60周年”相关宣传工作；8月至9月底为宣传热潮阶段，开辟专题、专栏，播出几部精心制作的大型专题片和大型活动，集中开展新中国成立60周年成就宣传；国庆期间为宣传高潮阶段，在重要版面、重要时段突出报道首都举行的新中国成立60周年各项重大庆典活动，同时，全台10个频道的大部分栏目都安排播出国庆专题节目，全面掀起国庆报道的热潮。

国庆期间，北京电视台在北京地区的收视份额一直保持在40%以上，北京地区排名前50个栏目，北京电视台占了绝大多数。

二、推出多部大型精品项目，注重宣传效果

从2009年初确立大型精品献礼节目的立项开始，北京电视台就成立了多个项目组，由台领导亲自指挥，高质量高水平制作各种大型献礼节目。

大型电视文艺纪实片《百花》。《百花》是对新中国60年来社会主义文艺大繁荣、大发展的一次深情梳理。节目组历经半年，实地采访经典作品的创作者、当事人、老观众以及评论家共300多人，全面展现了新中国60年来的文化成就。该专题片共20集，自8月24日在北京卫视黄金时段播出以来，收到良好的社会反响。国家广电总局、市广电局都提出表扬，《人民日报》、新浪网等各大报纸和网站纷纷报道，评价《百花》是对新中国60年文艺发展史的主动梳理和深度对话。

大型电视专题片《我爱你，中国》。《我爱你，中国》汇集众多文化名人共同重温我们伟大祖国的光辉历程，通过首都北京的变化折射整个国家的发展繁荣。该专题片全部采用数字高清格式拍摄，实现了最完美的视觉效果，于9月14日起在北京卫视频道黄金时间播出，成为北京电视台迎国庆献礼节目的一大亮点。

《花样年华——庆祝新中国成立60周年歌

舞大赛》。"花样年华"歌舞大赛面向朝气蓬勃的年轻人，吸引了包括北京大学、清华大学在内的80多所高校的学生和青年参加。600多个节目经过初赛和复赛，最终50个节目进入"2009年北京电视台国庆晚会暨'花样年华'歌舞大赛颁奖晚会"。"花样年华"共6场比赛加一台晚会，晚会于9月30日晚北京卫视频道黄金时段隆重推出。

第四届"北京影响力"活动。"北京影响力"活动是连续举办3年的大型公益活动，第四届"北京影响力"活动以经济成就展示为切入点，多方位地反映北京60年的腾飞巨变。活动特别策划60个难忘瞬间，在"北京影响力"特别节目"大城北京"中播出。

大型体育人物系列访谈节目《光辉岁月》。大型体育人物系列访谈《光辉岁月——新中国体育名宿访谈录》是以高端访谈的形态，将视点放在新中国成立以来，在中国体育多个项目或领域具有奠基意义或做出重大贡献的体育元老，记录他们的光辉成就。访谈节目共12集，9月中旬开始在体育频道播出。

《时尚大典》和《江山如画60年》。《时尚大典》是《影视大典》的姊妹项目，它汇聚首都时尚资源，充分展现首都人民蒸蒸日上的新生活。活动中，服装设计师、影视明星、超级名模、高端文化名人都全情加入，充分展示了北京电视台节目的时代感和现代感。节目于11月在北京生活频道播出。《江山如画60年》节目汇集了全国顶级书画家的作品，用书画作品见证祖国大好河山，浓墨重彩地讴歌60年巨变，它是新中国60年书画界的一首史诗。节目于11月在北京科教频道播出。

除了上述大型活动和专题节目外，北京电视台自5月开始，还成功举办了大型电视活动《青春走过60年》、新版音乐互动儿童剧《红孩子》，并推出百集系列短片《影像家国60年》等，都取得了很好的社会效果。

三、精选独播、首播电视剧，唱响时代主旋律

2009年4月，北京电视台为庆祝新中国成立60周年展播的红色谍战大戏《潜伏》一炮打响。为延续这一强劲势头，北京电视台确立了大剧独播和首播、现实题材展播、老剧联播三大策略，全力打造电视剧播出强势平台。

北京卫视红星剧场在播出了首轮大戏《闯关东》（中篇）、《狼烟北平》、《漕运码头》后，相继推出了独播大剧《爸妈都是老党员》、《相伴》等一批特色剧目，收视率增长了近1倍。

影视频道和文艺频道从2009年8月开始，连续三个月推出大量反映抗日战争和解放战争题材的优秀电视剧，其中有抗日题材的《战火中青春》、《十三省》；有谍战、革命题材的《对手》、《最后的99天》；有反特题材的《秘密列车》、《决战黎明》；还有现代军事题材的《高地》，从不同侧面歌颂那些为新中国成立而奋斗牺牲的革命志士，激发人民的爱国热情。

四、精心策划新闻宣传，热烈营造节日气氛

国庆前，北京电视台五档新闻栏目精心策划多个专题板块，全力做好庆祝新中国成立60周年宣传报道。《魅力北京 喜迎国庆》全面报道北京喜迎国庆的活动、举措和筹备情况，充分展现北京壮美的城市景观和首都和谐美好的人文风光。《我和我的祖国》策划报道采访的对象涉及经济、科技、文化、体育等各个领域的人物，以跌宕起伏的人物故事为线索，反映共和国和北京市恢宏的发展历史。成就报道《跨越》利用时尚、形象、直观的三维动画与图表，展现新中国成立以来北京方方面面的变化与发展。节目于2009年8月10日至9月30日在《北京新闻》、《北京您早》、《特别关注》、《新闻晚高峰》、《晚间新闻报道》播出，每天1集，每集40秒，共50集。《中国通·北京通》采取以外景访谈为主，演播室访谈为辅的报道形式，通过在北京居住多年的"中国通"、"北京通"，用外国人的视角，展现开放的中国多年来的发展变化。《金秋十月 花海如潮》以鲜花为主线，以天安门、全市各主要街道、182家公园和花博会为重点，展现金秋10月首都花海如潮的美丽景观，为庆祝新中国成立60周年营造祥和喜庆的氛围。

（北京电视台）

北京北广传媒集团庆祝新中国成立60周年宣传报道综述

为做好庆祝新中国成立60周年的宣传报道，北广传媒集团所属的数字电视、移动电视、楼宇电视、地铁电视、CMMB手机电视、户外大屏、《北京广播电视报》、《北京电视周刊》等多种媒体资源，围绕中心、服务大局，按照“强化阵地意识，把握正确导向”的要求，充分发挥自身优势，精心策划、精益求精，圆满完成了国庆60周年的宣传报道任务，营造了良好的舆论氛围。

一、全方位展开国庆60周年宣传报道

从2009年6月开始，数字电视、移动电视、城市电视、地铁电视、户外大屏等新媒体平台就播放自制专题节目——《歌唱祖国》，收录主旋律歌曲MV30余首，累计播放400余次。同时，还播放国庆宣传口号1000余次。

数字电视《北京党建》栏目制作的国庆专题片《永远和人民在一起》，在北京展览馆举行的“辉煌六十年——中华人民共和国成立60周年成就展”上播出后，吸引了众多参观者驻足观看，并受到好评。中组部有关领导评价该片“主题把握准确，制作水准一流”。国庆节期间，还连续三天播出了国庆阅兵仪式及庆祝晚会，丰富了首都荧屏。

移动电视从2009年上半年开始，就积极储备、制作迎国庆60周年专题节目，先后集成播出《辉煌六十年》、《我爱你中国》、《新起点新篇章》、《复兴之路》、《跨越》等专栏节目162个；集成和自采国庆60周年相关新闻近280条；及时播发国庆60周年彩排演练、游园活动交通管理措施及相关info滚屏字幕信息900多条，播出频次达54000次；完成国庆系列活动的转播工作，总时长超过600分钟。

城市电视不断增加国庆60年节目的播出比重，先后播出了《新中国档案》、《经典中国——辉煌六十年》、《走进阅兵村》、《光辉记忆——新中国十三次阅兵》等节目，并将庆祝大会和联欢晚会盛况剪辑成70个1至5分钟不等的节目，在国庆节期间高频次播出。图片新闻主要选择阅兵和晚会的精彩瞬间，制作成10个1至3分中节目高频次播出，极大地满足了观众的需求。《演艺罗盘》栏目中设置了新中国成立60周年专栏，集中播放专门庆祝新中国成立60周年展演剧目，并在国庆节前后重点推介相关献礼演出。

地铁电视在13号线、八通线实时转播了国庆阅兵式等相关活动，地铁1、2号线在国庆期间暂停原有节目和商业广告的播放，改为播放国庆宣传片。从10月2日起，播放录制的国庆阅兵式和国庆庆典晚会等节目，引起了广大乘客的热切关注。

手机电视推迟了CMMB功能终端的加密计划，进一步完善信号覆盖及技术设备保障，保证各类设备设施工作处于最佳状态，确保各个环节以及每个节点的高效运转，保证了国庆期间手机电视信号接收稳定。

自2009年9月29日起，数字电视、移动

电视、城市电视、地铁电视，与CCTV-1同步直播文艺晚会——《祖国万岁》、音乐舞蹈史诗《复兴之路》。10月1日，各平台同步直播国庆60周年阅兵仪式和联欢晚会。国庆期间，对阅兵式等现场活动的转播和报道，让出行在外的人群能够方便快捷的收看到新中国成立60周年系列活动的盛况。

二、组织策划多项群众参与互动活动

“璀璨京华六十年——百姓照片故事征集活动”，从5月28日启动，历时两个月，社会各界广泛参与，经有关专家评审，最终有20份作品脱颖而出。活动立足北京市六十年历史照片对比，反映六十年北京市民生活的变迁。活动依托集团各个新媒体大量播出征集宣传片，同时制作一分钟的“视频图片作品”，通过画面、字幕等表现方式，讲述“百姓图片故事”。宣传片播出超过1500次。

移动电视联合中央电视塔、中国移动北京公司主办了“祝福祖国”短信活动。该活动7月13日启动，市民踊跃参与，日均参与人数2万多人次，最高超过15万人次，共发送短信1万余条，参与人数达223万人次。配合活动，移动电视设计、制作了活动宣传片、短信话题及优秀短信展播宣传片，每周安排记者采访获奖观众，制作新闻播出。新华社、《人民日报》、《经济日报》、《北京日报》、北京电视台等各大媒体以及人民网、千龙网等相关网站都给予报道，产生了良好的社会影响。

三、举办多项大型展览

国庆节期间，中华世纪坛连续承办的三个大型展览，不仅为国庆60周年献礼，也极大地丰富了广大市民的节日文化生活。

秦汉——罗马文明展（展期从7月30日至10月8日）。该展览作为2010年意大利中国文化年的开幕庆典项目，由歌华集团和中华世纪坛世界艺术馆负责创意策划，经国内外专家历时三年的调研论证，是国内外数十家博物馆合作取得的成果。展览是中意两国政府首次合作举办的反映两国特定历史时期文明发展成就的文物展，是两国学者首次合作围绕展览主题开展相关学术研究并向两国公众展示的学术研究成果。展览中的489件（组）珍贵文物都是首次到对方国家展出。国家文物局局长单霁翔称这是一个“东西合璧”、规模空前的展览，将成为两国文化遗产部门交流与合作中具有里程碑意义的新篇章。展览期间，参展人数达8万人。

“爱北京、照北京”摄影文化展（展期从9月25日至10月8日）。展览由市委宣传部、市政府新闻办主办，《北京日报》、《北京晚报》、北京电台、北京电视台、《北京青年报》、《北京晨报》协办，北京摄影家协会、首都企业家俱乐部企业家摄影协会、北京市摄影行业协会、北京摄影爱好者协会承办。展览共展出优秀作品507幅。这些照片记录和讴歌了首都现代化建设取得的巨大成就和人民生活发生的巨大变化。本次活动开通的网站点击量超过百万，最高日点击量达7万次。

“新中国60年经典瞬间”大型图片展（展期从9月20日至10月8日）。展览由中国外文局与中国新闻摄影学会联合主办，人民画报社、新华社摄影部和中华世纪坛管理中心共同承办。展出的220多幅图片来自新华社和人民画报社的经典图片，向国内外观众展示共和国60年来走过的光辉历程和取得的辉煌成就。

四、精心策划，注重质量，打造精品影视剧献礼剧目

为迎接新中国成立60周年，努力打造精品影视剧献礼剧目，从2007年集团就开始着手策划国庆60周年献礼剧目的创作生产。2008年，集团与市广电局联合开展了面向全国的“优秀剧本征集”活动，累计征稿1400余部，18部作品获奖。近两年，集团加大了影视剧创作生产的投资力度，先后投入1500万元，参与了多部重点影视剧的投资、拍摄，其中《对手》、《内线》、《雪域天路》被中宣部列为

重点献礼剧目。

2009年，北京电视艺术中心、北京中北电视艺术中心有限公司、北广传媒影视公司坚持“三贴近”原则，以国庆60周年为重点，选取反映时代、反映百姓生活的影视题材，先后拍摄完成并播出了《我是老板》、《对手》、《内线》、《咱爸咱妈六十年》(原名《爸妈都是老党员》)、《勇士的最后秘密》、《半路兄弟》、《雪域天路》等7部电视剧。其中，《雪域天路》、《半路兄弟》都是剧本征集活动中的获奖作品。《雪域天路》用全景式、写实的方式记录了青藏公路到青藏铁路的各个时期建设历程，展现了五十年间数万筑路人“艰苦不怕吃苦、缺氧不缺精神、风暴强意志更强、海拔高追求更高”的“天路”精神和“不畏艰险、勇攀高峰”的革命精神。《咱爸咱妈六十年》作为北京电视台第一部高清电视剧于2009年9月28日起在北京卫视独家首轮播出后，引起了许多观众的强烈共鸣，创下了最高5.88的收视成绩。该剧在辽宁和成都两家地面台播出后，分别以5.05和5.2的破收视记录的好成绩荣登收视榜首。《对手》在北京电视台BTV影视频道黄金时间首播，创造了平均收视率5.15、单集最高收视率6.15的好成绩。在重庆电视台播出时，一直保持着重庆地区收视率第一名的冠军位置，随后该剧又在江苏、云南、贵州等卫星频道上星播出，创造了高收视率。该剧还在乌克兰举办的第五届共赢国际电视节上，一举摘取评委会大奖。《勇士的最后秘密》与俄罗斯主流电视媒体REN-TV联合制作，近期将在中国、俄罗斯和所有独联体国家及以色列主流电视媒体上同步播出，为中国电视剧“走出去”工程做出了重要贡献。

2009年，北京音像公司精心策划制作出版了《歌声回首六十年》经典歌曲专辑。该专辑被确定为“2009年北京市重点音像出版选题”，同时纳入“北京市出版工程”向共和国60周年献礼作品，共选取新中国成立60年来具有各个时代特色或代表性的优秀歌曲60首。所选歌曲，都进行了重新编曲配器、演唱录制，不失为“老歌新唱”的精品。该专辑一上市发行就被抢购一空。此外，重新包装推出了广受社会欢迎的《永恒的赞歌》(大型音乐舞蹈史诗《东方红》)红歌专辑以及与著名歌手孙健的MTV《我有一个强大的祖国》、《捧上这颗心》等歌颂党和伟大祖国的优秀歌曲专辑。

(北京北广传媒集团)

密云县广播电视中心庆祝新中国成立60周年宣传报道综述

为了向祖国母亲汇报60年来，特别是改革开放30年期间密云的发展历程和成就，从2009年年初开始，密云县广播电视中心便开始着手策划国庆60周年宣传报道活动。“话说首都生命之水——密云水库”的报道方案，以“密云儿女向祖国报告”——用音画语言将60年时代变迁中密云县取得的成绩向祖国汇报、献礼为主线，突出密云在共和国60年历史中的独特位置，以及对首都、对祖国的贡献。

一、整体构思紧扣主题“话说首都生命之水——密云水库”，突出密云人民建设水库、认识水库、利用水库的历史，在展现共和国首

都水源地重要地位的同时，彰显密云人民对首都、对祖国做出的贡献

人们说起密云，首先会提起密云水库，会想到这里是首都北京的东北屏障，是重要的水源地和生态涵养区。密云全县总面积2229.45平方公里，山区面积占83%，密云水库面积188平方公里，占1958年水库修建前可耕良田面积的一半以上，故素有“八山、一水、一分田”之称。

为修建密云水库，密云县曾分三次搬迁1.6万户，6.9万人响应党的号召，离开了祖祖辈辈热爱的故土。此后，为保护好首都这一盆净水，密云又主动关闭了水泥厂、石灰矿、透辉石矿等200多家有污染的工业企业……如今“举环保旗、吃生态饭”，依托密云水库和良好环境，发展生态经济，已经成为密云人的致富新路。

密云经济社会发展的历史，贯穿着密云人民正确认识、把握密云水库与经济发展之间辩证关系的线索；密云经济社会发展的历史，以摆脱“水库制约论”的束缚，将多年来密云人民保水取得生态优势并转化为经济发展优势为特色；密云经济社会发展的历史，在彰显密云为首都提供饮用水源、做出生态贡献，并积极探索自身发展之路的同时，也在共和国、在首都北京的历史中，选择了自己的位置。

事实也证明，密云的发展史不会被人遗忘。从1959年密云水库建成时起，历届党和国家领导人都曾到这里视察：

1959年毛主席视察了正在建设中的密云水库。

陈毅元帅曾盛赞“密云密云，气象万千。润我京华，福利无边”。

1994年，时任中共中央总书记的江泽民同志视察密云水库，欣然题词：绿山、净水、富民。

2003年1月，胡锦涛总书记来密云考察时指出：“保护和合理利用水资源，关系首都发展的全局，关系北京市广大居民的生活。密云水库是首都的重要水源地，要进一步依法加强管理，切实保护好这一库生命之水。”并提出了“保护首都生命之水，实现密云和谐发展”的重要指示，进一步提升了密云在首都区域中的战略地位，为密云指明了生态县建设的发展新路。

据此，密云县广播电视中心在策划迎国庆60周年宣传报道方案时，制定了既体现密云历史地位——首都生命之水，又突出密云独特魅力——密云水库的整体构思。在这一构思的统领下，结构宣传报道方案的内容，一方面讲“奉献”，照顾历史纵深感，一方面说生态富民，具备时代意义。

二、在布局谋篇上，宣传报道根据密云人民建设水库、认识水库、利用水库的时间及逻辑顺序，以“建设篇”、“奉献篇”和“生态篇”三部分作为“密云儿女向祖国报告”的骨架，以事实和人物为内容，推出《同成长》、《共命运》、《忆难忘》及《向祖国报告》四组主题系列节目

报道紧扣“密云儿女向祖国报告”的主线，选取密云60年来的重大史实和重要事件，“用事实说话”，说明密云对首都、对祖国的贡献，记录密云在共和国的历史上值得书写的时刻；选取60年来密云发展的见证者，既有做出突出贡献的典型人物，又有默默无闻的普通建设者代表，用人物见真情，展现60年变迁中的时代人物，荟萃感人故事，折射时代精神。

首先，“建设篇”包括“同成长”、“共命运”两个主题，主要由密云县广播电台制作播出，充分发挥声音传播的特色优势，让无线电波带领人们的记忆和思绪在时空中穿梭，感受时代的变迁，追忆过往风流人物，重温那些感人至深的历史足迹。

《同成长》主要通过讲述一个个密云家庭的故事，回忆60年来密云人民与共和国一同成长的日子，借助生活水平、生活方式的变化来反映社会的进步与发展。

《共命运》通过演播室人物访谈、录音报道、广播剧等形式，讲述密云人民与共和国60年历程紧紧相连在一起的命运，让观众记住那些为新中国成立无私奉献的密云人（如“奉献7位亲人的革命老妈妈——邓玉芬”），记住当年修建密云水库的建设者们，记住历届国家领导同志对密云水库的关怀与支持，记住历史上文化名人在密云的活动。

其次，“奉献篇”聚焦于《忆难忘》系列主题节目，集中摄制见证时代变迁、体现时代精神的人物访谈、人物特写等，通过记录潮白儿女的风采，用人物见真情，以大写的“人”字来彰显新中国成立60年来，密云人民为首都、为祖国做出的无私奉献。

《忆难忘》由密云县电视台两大品牌节目——新闻栏目《今日观察》和生活资讯栏目《事事关心》制作播出，镜头分别对准典型人物和普普通通的建设者，推出《忆难忘·人物丰碑》和《忆难忘·百姓见证》。

《忆难忘·人物丰碑》邀请60年历史见证者——新中国的建设者、社会生产的奉献者、改革开放的先行者、经济发展的推动者、和谐社会的实践者，讲述与共和国一起走过的峥嵘岁月，重点围绕1958年密云水库修建以来的历史，讲述水库论证、修建、搬迁移民、关闭污染工业企业等相关人物的故事，体现时代印记，生动、感性、立体地还原历史及社会背景，铭记密云人民的奉献精神。

《忆难忘·百姓见证》以“百姓故事”为主题，以百姓DV信息员采访、拍摄为特色，从百姓生活、百姓视角、百姓语言出发，力求真实、可感，全方位讲述密云百姓生活的巨大变化。人物的选取以能够真实折射60年来密云县社会生活、思想观念的巨大变化，经济社会的长足发展为原则，希望借助历史变迁背后的人物体现密云人民在迈向另一个甲子之年的信念和信心。

第三，“生态篇”重点打造《向祖国报告》系列节目与电视文献专题片《生命之水礼赞》。在“建设篇”、“奉献篇”之后，推出“生态篇”，体现整体构思的内在逻辑—— 追忆密云与共和国同成长、共命运，讲述那些难忘的密云人物故事后，开始展现在国运昌盛的大背景下，密云人民和祖国各地人民共同迎来“创幸福”的美好局面。

《向祖国报告》包括一档同名电视新闻专题栏目和一档名为《唱响生态新密云》的群众参与性文艺节目。其中新闻专题栏目——《向祖国报告》，是密云县广播电视中心特别推出的国庆献礼节目，将全景式地展现60年来，特别是改革开放30年来，依托密云水库，“举保水旗、吃环境饭”，密云县在工业、农业、旅游业、建筑业、科技、教育、文化、体育、卫生、法制等10个领域发生的巨大变化和取得的成就，以历史的纵向脉络构筑起受众对过去的尊重、对今天的珍惜，从而激发人们强烈的爱国、爱家乡的情怀和为祖国、为家乡继续奉献的热情。

《唱响生态新密云》由密云县电视台品牌综艺栏目《檀州大舞台》特别打造，将通过文艺节目的形式，融入密云群众的积极参与，努力营造祖国60华诞之际欢乐祥和、举国同庆的节日氛围。

“生态篇”的另一个重头戏——《生命之水礼赞》，是密云县广播电视中心特别制作、为国庆60周年献礼的大型电视文献专题片，也是整体宣传报道方案的点睛之笔。

密云县是首都北京的水源涵养发展区，而密云水库被称为“首都生命之水”是当之无愧的。值此祖国60华诞之际，为密云水库专门拍摄一部大型文献专题片，既是密云县广播电视中心的责任，也是我们的优势所在。通过一部专题片的长度，聚焦密云水库，集中展示新中国成立60年来，特别是改革开放30年来，一个生态、和谐、富裕的新密云的发展之路，突出“生态密云、休闲之都”的地域品牌魅力。

该片以“绿山、净水、富民”为主线，分为“生命之水”、“奉献之水”、“生态之水”三部分，以密云作为国家级生态县对首都和祖国作出的新奉献为主题，分别呈现良好的生态环境、以人为本的生态人居、充满活力的生态工业、独具特色的都市型现代农业、生态旅游、蓬勃发展的各项社会事业等内容，体现密云人民从打破“水库制约论”，到“举保水旗、吃环境饭”的观念转变，以及密云县从确立首都水源区发展战略，到实现国家生态县创建目标的历程，从而在新中国60年的历史中找到密云自己的坐标和独特魅力！

（赵力杰 石晓访 黄田园）

概 况

2010/《北京广播影视年鉴》

——记录行业情况　服务业内和社会——

2009年度北京市广播影视概况

一、基本情况

2009年，本市拥有市级广播和电视台各1座，新媒体（数字、移动、城市、地铁电视）播出机构4个，区县级播出机构14个。广播影视节目制作经营机构累计达1050家，从业人员1.79万人，资产总额340.87亿元。北京人民广播电台办有9套无线广播节目，日播出183小时；开办移动多媒体广播（DAB），播出17套广播节目和6套电视节目。北京电视台办有12套电视节目，其中3套为无线、9套为有线，日播出256小时。北广传媒集团办有1套移动电视节目，日播出17小时；办有1套城市电视（楼宇）节目，日播出15小时；办有1套地铁电视节目，日播出17小时（试转播移动电视节目）；办有数字电视付费频道11套，每个频道每日24小时循环播出；付费频道在全国落地161个区域。全市广播电视有线传输网集成数字广播电视节目156套、数字广播节目16套，网络总长141225千米，其中光缆26093千米、电缆115132千米；有线电视注册用户总数413.5万户，数字电视用户数达240万户。

二、宣传工作情况

1.圆满完成国庆60周年宣传报道任务。全市广播电视利用新闻、专题和文艺节目等形式，日常宣传与举办大型活动相结合，传统媒体与新兴媒体相结合，加强国庆60周年等重大宣传报道，圆满完成预定任务。北京电台推出《边疆·口岸纪行》等10余个国庆60周年系列报道，播出报道3000多篇。北京电视台推出歌舞比赛《花样年华》、音乐纪实《岁月如歌》、专题报道《走进阅兵村》等精品节目。北广传媒移动电视集成160多个专栏节目、280多条相关新闻滚动播放，开展“璀璨京华六十年”大型图片征集活动、《歌唱祖国》大型音乐专题节目。国庆节当天，北京电台、北京电视台24小时播出《我爱你，中国》等大型直播特别节目，北广传媒集团通过8块城市大屏电视，全程转播中央电视台高清电视直播信号，实现广播、电视、网络共同直播。各区县广电中心结合区域特点，组织开展了一系列卓有成效的宣传报道工作。

2.加强节目内容和形式创新。北京电台调整广播频率，开办“故事广播”、“爱家广播”。北京电视台继续打造动画频道，“卡酷动画卫视”荣获“中国动画电视传媒最具影响力首选品牌”。北京电台《资讯早八点》、《新闻天天谈》，北京电视台《百花》、《身边》、《国际双行线》、《真情耀中华》等10个栏目和专题片受到总局领导的批示表彰。北广传媒数字电视、移动电视、城市电视等新媒体与市有关部门合办的《北京党建》、《百姓就业》、《演艺罗盘》、《工会之窗》、《一路同行》等多个节目栏目，为市民衣食住行及就业等提供信息服务。多数区县创新节目栏目取得成效，如丰台的《真情零距离》、顺义的《情动绿港》、房山的《记者走一线，“三保”新看点》、大兴的《民生大兴》等。

3.影视艺术生产精品迭出。通过策划引导、奖项鼓励、推荐播出、资金资助等政策扶持，加大精品创作力度。全年出品电影230部，占全国50%以上，电视剧90部3019集，同比分别增长5.3%和8%，动画片27部1151集9357分钟。推出《铁人》、《万家灯火》、《沧海》等一批弘扬民族精神、时代精神和“三性”统一的力作，有4部被中宣部列为60周年献礼重点作品，有8部被广电总局推荐为国庆60周年献礼剧，占总局全部推荐数量的22%。联合推出的电影《建国大业》取得两个效益双丰收。8部作品获第十一届全国精神文明建设“五个一工程”奖，4部电影获第十三届中国电影“华表奖”、9部电视剧获第二十七届中国电视剧“飞天奖”。

4.外宣水平进一步提高。继续拓展对外交流合作新领域、新渠道，广播影视作品走出国门逐年增多。北京电台每天向海外传送节目超过90分钟，在20多个国家和地区播出。外语广播网络电台平均每天在线7000人，其中三分之一来自海外。与百度、谷歌等网站和微软等公司合作推广音视频节目，国外浏览北京广播网网民达2188万人次。长城平台北京电视台频道全面进入长城美国、亚洲、欧洲、加拿大、拉美和东南亚平台，收视率保持在长城平台各频道前5位。与美国纽约中文卫视、斯克拉教育电视网等5家海外电视媒体合作，为其提供节目528小时。北广传媒集团积极推选影视剧参展欧亚等电视节，一批剧目获国际奖。

三、事业产业发展情况

1.制定扶持政策促产业发展。实施《北京市关于支持影视动画产业发展的实施办法(试行)》。扶持重点项目，以品牌化、专业化为导向，加大对民营企业支持力度，审批文化创意产业专项资金支持广电项目19项、资金约7300万元。新增经营单位256家，注册资金超过23.16亿元，同比分别增长21.3%和32.3%，广播影视节目制作经营机构累计达1050家，从业人员1.79万人，资产总额340.87亿元。全年广播影视创收（不含电影票房）累计100.36亿元，其中广告收入45.39亿元，同比增长17.8%。电影票房收入8.1亿元，同比增长52.8%。

2.推进高清交互数字电视应用工程。局、台、网“三位一体”，全力推进北京卫视频道高清化建设和歌华有线高清交互网络平台建设，启动高清交互整转小区示范推广，确保了9月28日北京卫视高标清同播，实现向国庆60周年献礼。年内高清交互数字电视用户达30万户，数字电视整体转换近3600个小区、用户238.5万户，占413.5万有线电视总户数的58%，居全国城市首位。

3.推进新媒体与传统媒体融合发展。成功组建移动多媒体广播电视(CMMB)北京子公司。提升北京广播网技术水平，音视频日访问量最高达到13.5万次，加快数字广播(DAB)网络和终端建设。北京电视台BTV网站加强改版和内部整合，视频保有量8632小时，日访问量最高达到24万人次。流媒体手机电视业务正式投入运营。公交地铁移动电视、楼宇电视等新媒体扩大规模，终端数量已由去年的3.5万块发展到4.7万块。网络传播视听节目持证机构发展迅速，由去年的43家发展到70家。

4.产业集聚区进一步扩展。国家动画产业基地落户海淀、石景山和通州；国家新媒体产业基地星光影视园被国家广电总局授予“中国北京星光电视节目制作基地”；中国怀柔影视基地影视类企业由上年的149家增至198家；CBD国际传媒产业集聚区凤凰国际传媒中心工程启动。光线传媒与北京银行建立合作关系，获得贷款2亿元；华谊兄弟成功上市，成为国内首家上市的影视制作企业；俏佳人公司收购美国电视频道取得重要进展。

5.巩固和搭建国内外交易平台。北京大学生电影节、北京两台节目销售网等国内平台进一步巩固。由市广电局、首都广播电视节目制作业协会搭建的春、秋两季第四届、第五届首都电视节目推介交易会在重庆和北京成功举办，总成交额（含意向）14.5亿元，并确定每年将此会固定在北京怀柔影视产业基地举办。北京电台节目销售渠道已覆盖15个省市地区、30家电台及频道。北京电视台京视传媒节目营销额超过1100万元。有效拓展国际平台，举办北京国际文博会广播影视展、中国（北京）国际大学生动画节、组建嘎纳、东京、釜山国际影视节参展团等，节目交易量均超往年。

四、行业管理与公共服务情况

1.调整管理体制。市广电局完成电影管理职能划转，更名为“北京市广播电影电视局”；组建电影管理处，全面履行电影市场管理职责，正式受理电影剧本（梗概）居地备案、影片署地审查、发行放映行政许可和审批事项。稳妥推进广播电视“制播分离”改革。试点恢复乡镇广播站。

2.加大行业监管力度。审核办理行政许可等政务事项1628件，办复和满意率100%。落实政府信息公开条例，主动公开405件，依申请公开3件。完善广播电视监测系统，实现对北京和央视高清节目、远郊区县无线转播站、宾馆饭店视频点播系统和网络视听节目的监测监管。编发收听收看报告58期，审查电视剧79部，动画片25部。整治非法接收传输境外卫星电视节目行动，出动人员1200人次，检查有关单位800余家次，收缴非法设施350套。制定实施小区有线电视网络工程验收方案。查处违规网站65家，关闭24家。

3.提高公共服务质量。地面无线单频网络覆盖达到6环路内95%以上地区。新敷设光缆1000余公里，3606个行政村实现光缆“村村通”，并对运行10年以上“村村通”系统升级改造。5座高山无线转播站加载数字广播(DAB)，使山区农村收听广播节目由1套增加到16套。加强“三农”、青少年等公共服务的节目制作和播出。改善农村电影放映状况，固定和流动放映32.06万场，观众2054万人次。中国电影博物馆全年对外开馆318天，组织活动264场次，接待观众42万人次，同比增长近40%；放映公益电影709场，观影人数4万人次。

（马广胜　李广建　吴彤）

北京市广播电影电视局概况

北京市广播电影电视局是负责全市广播电影电视事业管理工作的市政府直属机构，成立于1979年9月，原称北京市广播事业局，1984年5月改为北京市广播电视局，2009年2月又改为北京市广播电影电视局。主要职责是：

1.贯彻执行党和国家关于广播电影电视宣传、创作的方针、政策，把握正确的舆论和创作导向。

2.起草全市关于广播电影电视和信息网络视听节目服务方面的地方性法规、政府规章草案；依法监督检查有关法规、规章和政策的执行情况；推进广播电影电视领域的体制机制改革。

3.负责全市广播电影电视行业管理；会同有关部门拟订广播电影电视事业、产业发展规划，指导协调广播电影电视事业、产业发展，管理广播电影电视活动。

4.组织推进全市广播电影电视领域的公共服务，组织实施广播电影电视重大工程，扶助农村广播电影电视建设和发展，指导、监管广播电影电视基础设施建设。

5.负责全市广播电影电视、信息网络视听节目服务机构和业务的监管，按照有关规定实施准入和退出的审核，负责对全市民办广播电影电视节目制作机构的监管。

6.负责全市广播电影电视节目、信息网络视听节目和公共视听载体播放节目的监管。

7.管理全市广播电影电视和信息网络视听节目服务行业的科技工作，贯彻落实广播电影电视行业技术标准，负责监管广播电影电视节目传输、监测和安全播出。

8.指导、管理全市广播电影电视行业对

外及对港澳台的交流与合作；按照有关规定管理境外来京影视摄制组和中外合作、与港澳台合作拍摄电影电视剧事项。

9.依法对全市广播电影电视行业的安全工作承担管理责任，对以市广电局名义组织的各类活动的安全工作承担主体责任。

10.承办市政府交办的其他事项。

2009年，北京市广播电影电视局深入贯彻落实科学发展观，在把握正确导向、安全播出、事业产业发展、行业管理和服务、党的建设和队伍建设等方面，取得显著成绩。

一、宣传工作

1.发挥新闻宣传功能。突出时代特色、首都特色、区域特色，通过新闻报道与艺术创作相结合、日常宣传工作与大型活动举办相结合、传统媒体与新兴媒体相结合等多种方式，圆满完成学习实践科学发展观活动，"保增长、保民生、保稳定"，庆祝新中国成立60周年等系列宣传报道任务。北京电台推出10个国庆60周年系列报道，播出稿件3000多篇；北京电视台推出歌舞比赛《花样年华》、专题报道《走进阅兵村》等精品节目；北广传媒移动电视集成160多个专栏节目、280多条相关新闻滚动播放。中国电影博物馆组织举办电影展和"向祖国汇报"电影放映活动。

2.提高对外宣传水平。各传媒机构发挥传统媒体和新媒体融合的优势，拓展对外交流的新领域、新渠道、新平台。北京电台每天向海外传送节目超过90分钟，在20多个国家和地区播出。外语广播网络电台平均每天在线7000多人，其中1/3来自海外。与百度、谷歌等顶级搜索网站和微软等知名IT公司合作，推广音视频节目，收到良好效果。2009年，在国外浏览北京广播网的网民达到2188万人次，占全网浏览总量的2.5%。长城平台北京电视台频道全面进入长城美国平台、亚洲平台、欧洲平台、加拿大平台、拉美平台和东南亚平台，收视率保持在长城平台各频道前五位。与美国纽约中文卫视、斯克拉教育电视网等5家海外电视媒体机构开展合作，全年为其提供节目528小时。

3.推进高清交互数字电视应用工程。实施高清交互数字电视应用工程，是首都推进"三个北京"建设中的重要惠民工程，局、台、网"三位一体"，全力以赴，确保9月28日北京卫视高标清同播，实现向60周年庆典献礼的目标。2009年，全力推进高清交互数字电视用户30万。北京市数字电视整体转换覆盖15个区县近3600个小区，用户达220万户，占413.5万有线电视总户数的53%，居全国城市首位。

4.推进广播影视艺术创作生产。围绕庆祝新中国成立60周年，坚持"三贴近"原则，在策划引导、奖项鼓励、推荐播出、资金资助等一系列政策扶持下，加大精品创作生产力度。全年出品电影230部，占全国一半以上，电视剧90部3019集，分别同比增长5.3%和8%，动画片27部1151集9357分钟。成功推出《铁人》、《万家灯火》、《沧海》等一大批弘扬民族精神和时代精神、"三性"统一的精品力作，有4部被中宣部列为60周年献礼重点作品，有8部被广电总局列为建国60周年献礼剧向全国推荐，占总局全部推荐数量的22%。联合推出的电影《建国大业》取得两个效益双丰收。在第11届精神文明建设"五个一工程"评奖中，有8部作品获奖，在第13届中国电影"华表奖"、第27届中国电视剧"飞天奖"评选中，北京紫禁城影业有限责任公司、北京电视艺术中心等出品的4部电影、9部电视剧榜上有名。

二、事业产业发展

1.做好广播电视安全播出。市广电局、北广传媒、北京电台、北京电视台、歌华有线公司和各区县广电部门认真做好广播电视节目安全播出和传输工作，以"高质量、零差错、无瑕疵"为标准，通过"迎国庆百日安全竞赛"活动，完成国庆大典直播、转播任务，组织完成“群游指”、“阅兵指”的电视大屏幕保障任务，确保国庆当天庆典活动现场的视频保障和安全播出，被授予“群众游行优秀组织单位”、“群众游行创新成果奖”。各区县广电部门严密防范，确保国庆期间本区域安全播出保障和广播电视公共视听载体、境外卫星电视节目接收安全运行。以确保国庆庆典活动期间长安街沿线单位绝对安全为重点，以集中督查、组织志愿者巡查为主要手段，实现“国庆平安行动”工作目标，被评为市国庆安保工作先进集体。在各方共同努力下，确保北京电视台迁新址、高清频道播出和“两会”期间等重点时段的安全播出和维稳工作。

2.促进政策措施的制定与实施。市文化创意产业领导小组办公室、市广电局联合制定《北京市关于支持影视动画产业发展的实施办法（试行）》，推动全市动画产业的发展。加大对民营企业的支持力度，不断提高服务质量和效率。初审2009年度市文化创意产业专项资金支持广播影视项目212项，获批准19项，获扶持资金约7300万元，促进产业发展。全年全市广播影视创收收入累计100.36亿元（不含电影票房收入），其中广告收入45.39亿元，同比增长13%；实现电影票房收入8.1亿元，同比增长52.8%。全市新增广播影视节目制作经营单位256家，注册资金超过23.16亿元，分别比去年同期增长21.3%和32.3%，广播影视节目制作经营单位累计达到1050家，北京广播影视产业蒸蒸日上。

3.搭建国内国际两个交易平台。市广电局主办、首都广播电视节目制作业协会承办，春、秋两季分别在重庆和北京成功举办第四届、第五届首都电视节目推介交易会，总成交额（含意向）14.5亿元，并确定今后每年春秋两季将此交流交易平台固定在怀柔影视产业基地举办。先后组织首都影视节目制作机构参加嘎纳电视节、东京电影节，进一步开拓国际市场。成功举办第四届文博会广播影视展览和论坛，联合举办第十六届北京大学生电影节，成效显著。

4.推进品牌建设和产业聚集。加强调研，努力培育品牌频率频道、品牌媒体机构、品牌集聚区。以北京电台系列广播、北京电视台卡酷动画频道为代表的频率频道品牌向体系化、系列化迈进。国家动画产业基地落户海淀、石景山和通州；国家新媒体产业基地星光影视园被国家广电总局授予“中国北京星光电视节目制作基地”；中国怀柔影视基地影视类企业由2008年年底的149家增至198家；启动CBD国际传媒产业集聚区凤凰国际传媒中心工程。光线传媒实现与北京银行建立战略合作伙伴关系，获得国内民营影视公司最大规模单笔贷款2亿元；华谊兄弟10月14日成功上市，成为国内首家上市的影视制作企业；俏佳人公司收购美国电视频道取得重要进展，将开创民营影视企业开展跨国并购的先例。

5.新技术应用与培育新型媒体业态。按照新媒体与传统媒体融合发展、产业化运营的思路，成功组建移动多媒体广播电视（CMMB）北京子公司。提高北京广播网技术水平，丰富音视频资源，日访问量最高达13.5万次。数字音频广播（DAB）的网络建设和终端推广力度不断加大，已具备播出视频节目的基本条件。BTV网站加强改版和内部整合，视频保有量8632小时，日访问量最高达24万人次。流媒体手机电视业务正式投入运营。公交地铁移动电视、楼宇电视等新媒体加快布局、扩大规模，终端数量由2008年年底的3.5万块发展到2009年年底的4.7万块。网络传播视听节目持证机构发展迅速，由2008年年底的43家发展到2009年年底的70家，位居全国省市首位。

6.创新体制改革机制。积极落实国家文化体制改革工作会议精神，稳妥推进“制播分离”改革。北京电台探索推进“制播分离”改革，不断完善节目制作机构内部管理和制度建设，积极开发台内、台外两个市场，探索节目营销模式，节目销售渠道已覆盖15个省市地区、30家电台及频道。北京电视台依托京视传媒公司，扩大节目营销，2009年销售额超过1100万元，面向社会购买电视剧和部分节目，降低成本，提高整体效益。

7.举办“银幕上看祖国”活动。市广电局认真实施电影管理职能划转工作，并按照新“三定”方案要求，完善相关机构、组织、制度和机制，从8月起全面履行全市电影市场管理职责，正式受理电影发行放映行政许可和审批事项。全年保持电影市场运行平稳，秩序良好，票房收入连创新高。结合庆祝新中国成立60周年，策划组织开展“银幕上看祖国”活动。活动持续3个月，放映爱国主义影片10万余场，观影人次近千万，包括千名劳模代表、万名打工子弟在内的3.5万余人参加国庆专场观影活动。

三、公共服务情况

1.建设城乡一体化公共服务体系。继续推进有线电视网向远郊区县延伸，全年新敷设光缆1000余公里，远郊区县3606个行政村全部实现了有线电视光缆“村村通”。地面无线单频网络覆盖范围达到六环内95%以上地区。在有关区县文委、广电中心的支持下，继续推进运行10年以上村村通系统的升级改造工程，试点恢复乡镇广播站。充分利用五座高山无线转播站，实施加载数字音频广播（DAB）系统工程，使山区农村收听北京电台广播节目由1套增加到16套。

2.重视广播电视公共服务的内容提供。北京电台、北京电视台、各区县广电中心注重“三农”、青少等内容的制作播出，推出一批促进农业生产、关注弱势群体生活、关心青少年成长等内容的节目栏目。积极推进农村电影放映工程，农村数字电影固定放映设备共放映27万场，观众达1599万人次；流动放映设备放映5.06万场，观众达455万人次，均超额完成预定目标。

3.开展“公益影展”等公共服务活动。中国电影博物馆开展“公益影展”等丰富多彩的公共服务活动。2009年对外开馆318天，组织各类活动264场次，接待观众42万多人次，比2008年增长近40%。放映公益电影709场，观影人数4万多人次，受到各方好评。

四、行业管理情况

1.为行业健康发展营造良好环境。严格按照政府部门职能转变的要求和职责定位，着力强化行业监管、社会管理能力，进一步提高依法行政水平。

2.落实机构改革新“三定”部署。完成“北京市广播电视局”更名为“北京市广播电影电视局”相关工作，于3月31日挂牌；新增电影管理、网络视听节目管理等职能，调整组建了相关处室，按照新的编制职数加强干部配备；遵照按编定岗、按岗定责、权责明确、均衡合理的原则，及时编制并试行《广电局机关岗位说明书》，强化岗位职责界定和部门人员责任意识，市广电行政机关履行职责的组织架构得到完善。

3.加强广播影视节目的监督、管理。积极完善广播电视监测系统，实现对北京电视台和中央电视台高清节目、远郊区县无线转播站、宾馆饭店视频点播系统和网络视听节目的监测监管。认真做好收听收看工作，全年编发收听收看报告58期，审查电视剧79部，动画片25部。

4.重视媒体机构管理。集中开展依法整治非法接收传输境外卫星电视节目专项行动，在各区县文委、各有关部门的共同努力下，出动人员1200人次，检查有关单位800余家次，收缴非法卫星地面接收设施350套。制定新建小区有线电视网络工程验收方案，开始相关验收工作。加强网络视听节目监管工作，加强对违规视听节目服务网站查处力度，开展无证视听节目网站集中治理行动。协调相关部门，查处违规网站65家，关闭24家，加大整治网络低俗之风的力度。成立影视动画协会。

5.推进法制建设。市广电局加快《安全播出管理办法》立法进度，组织相关法制培训。政务大厅运转良好，共审核办理行政许可和其他政务事项1628件，办复率、满意率100%。充分利用信息网络等有效渠道，稳妥推进政府信息公开工作，主动公开政府信息405件，办理依法申请公开3件。发挥行风监督员的作用，保证国庆服务保障等重大任务的圆满完成。

6.加强公共预算管理。严格执行预算批复，保证重点工作项目经费支持。严格执行非税收入和预算外资金管理，认真履行法定程序，做好资产动态管理和绩效考评。贯彻落实两办和市委、市政府关于厉行节约的规定要求，调整压减局机关公务接待、公车运行和出国考察费用。

7.强化人才社会化管理。组织完成北京地区2509人广播电视编辑记者、播音员主持人资格考试，办理换发从业人员记者证2199人，评审申报播音系列专业技术资格33人。完成市领导批示交办的临时性任务115件。办理政协委员提案14件、人大代表建议5件，办复率、同意率达到100%，落实率达到90%以上，保证了建议提案办理工作质量。

五、队伍建设

1.党的建设。深入开展学习实践科学发展观活动，完成第一批、第二批学习实践活动任务，组织开展“回头看”活动，达到预期目的。

坚持以党组（党委）中心组学习为龙头，以处级以上干部为重点，强化理论工作，局党组全年共集中学习17次，各单位党委中心组结合实际扎实开展理论学习，领导班子思想政治建设不断加强。完善并实施《贯彻“三重一大”集体决策制度议事规则（试行）》，提高民主决策、科学决策、依法决策水平。组织召开领导班子民主生活会，提出加强和改进的措施，增强班子的整体合力。

2.干部人才队伍建设。认真贯彻《党政领导干部选拔任用工作条例》，市广电局机关结合新“三定”要求，组织实施干部竞争上岗工作，6名同志走上处级领导岗位、4名同志晋升非领导职务，11名干部轮岗交流。制定并完善处级后备干部管理、干部挂职锻炼管理、请休假管理、干部调配等四个制度规定，规范干部管理。北京电台、北京电视台完成年终干部考核和部分干部的任用交流。通过社会公开招考、优秀人才引进、接收安置军转干部，优化广电系统人才结构。创新培训模式和渠道，全年共举办各类培训班411个次，培训人员2万多人次。

3.党的基层组织建设。结合新“三定”，及时调整局机关党委负责人，组建、改选局属相关党支部，开展支部书记培训活动。创新工作思路和方法，开展领导干部“作风建设年”、组工干部“讲党性、重品行、作表率”和机关干部“进农村、进社区、进企业、促发展、促和谐”等活动，开辟网站党建宣传专栏。北京电台被评为上一年度全国文明单位和首都文明单位标兵，局机关、中国电影博物馆、北京电视台荣获上一年度首都文明单位称号，局监测中心荣获市直机关文明单位称号。

4.推进廉政风险防范管理工作。加强经验交流，制定完善《建立健全惩治和预防腐败体系2008—2012年工作实施办法》和《党风廉政建设责任制任务分工》等规章制度。认真开展党风廉政责任制检查落实工作，共查处风险点143个，制定防范措施107条，初步形成廉政风险防范管理体系。监督落实“三费”削减工作，完成对重点单位“小金库”专项治理回头看检查，加强重大项目招投标跟踪监督检查，确保办事程序规范、公开透明。

5.社团情况。年内，北京海外影视交流中心、北京广播影视学会、北京影视艺术家协会、首都广播电视节目制作业协会等社团组织，为促进北京广播影视业的繁荣发展做出积极贡献。行业研究、作品审查工作有序开展，各级广播影视信息简报、统计分析、史志工作取得显著成绩，信息化建设、综合行政、后勤保障等工作发挥重要的服务保障功能，工会、共青团、老干部工作充分发挥党联系群众的桥梁与纽带作用，保障中心工作的顺利进行。

（北京市广播电影电视局办公室）

中国电影博物馆概况

中国电影博物馆是经国务院批准，国家广播电影电视总局和北京市人民政府共同建设的大型公共文化设施，是目前世界上最大的国家级电影专业博物馆，是纪念中国电影诞生100周年的标志性建筑，是展示中国电影百年发展历程、博览电影科技、传播电影文化和进行学术研究交流的艺术殿堂，是爱国主义教育基地和科普教育基地。

中国电影博物馆占地52亩，建筑面积近3.8万平方米，2005年12月29日落成，2007年2月10日正式对公众开放。2008年3月28日起实行免费参观。2009年对外开馆日为318天，馆内外组织各类活动264场次，馆内接待观众420341人次，比2008年增加118574人次，增长39.3%。馆外参与活动观众为71699人次，比2008年增加65160人次。完成讲解2055场，服务观众43409人次。2009年，中国电影博物馆被指定为“北京市青少年校外教育基地”。中国电影博物馆电影观众为172964人次，比2008年增长48.4%。

一、学习实践科学发展观活动

中国电影博物馆从3月开始开展学习实践科学发展观活动。组织53人分两批赴湖南省博物馆学习调研，组织到军事博物馆、首都博物馆、北京华星国际影城、北京万达国际影城等就有关课题进行学习交流；开展“我为博物馆科学发展建言献策”等活动；累计召开座谈会12次，个别访谈150余人次，发放问卷105份，收集各种意见建议68条，提出改进措施46条，制定推进解决问题的“整改工作折子工程”6类17个方面，编发简报12期，其中7篇为市委学习实践活动《工作简报》和市委学习实践活动第六指导检查组《工作简报》刊发，形成各类报告18份近12万字。

二、组织庆祝新中国成立60周年系列活动

1.举办庆祝新中国成立60周年电影系列活动。精心策划和举办《前进！前进！前进！进！——庆祝新中国成立60周年电影系列活动》，举行开幕仪式、国有四大影厂成就展、光影60年——新中国优秀电影作品展映、“电影《大阅兵》走进国庆方阵”、“军事题材影片图片巡回展”等。活动历时4个月，是中国电影博物馆首次与国有大型电影机构联手举办大型临时展览。其中“庆祝新中国成立六十周年军事题材影片图片巡回展”历时1个月，是中国电影博物馆第一次走出展厅，在馆外举办巡展。

2.举办《“永远的小平”——纪念邓小平同志诞辰105周年主题影展系列活动》。举办《“永远的小平”——纪念邓小平同志诞辰105周年主题影展系列活动》，举办开幕式暨银幕形象创作座谈会、主题影展和电影大讲堂专题讲座。活动期间，接待国家级领导人1位、部级领导8位，是免费开放以来活动和接待规格最高的一次。

3.举办影人与观众互动。邀请电影人和观众共同参加的中国电影博物馆第三届青年论坛之青年电影发行人论坛活动，年终回馈会员的“中国电影博物馆之夜”岁末音乐剧演出，以及《二十四城记》贾樟柯与影迷见面会、《高考1977》电影物品捐赠等多场媒体看片会、影迷见面会、首映礼、捐赠仪式等活动。

4."向祖国汇报"优秀国产影片献映。组织"'向祖国汇报'优秀国产影片献映——为崔各庄地区及附近居民免费放映露天电影活动"。国庆期间为崔各庄地区及附近居民免费放映露天电影活动5场，观影人数达到3031人次，受到当地居民的欢迎和一致好评。

5.国庆志愿服务。完成志愿者有关制度和流程的制定、高校定点招募、社会招募和基础性培训等工作，启动国庆志愿服务保障活动，首次大规模使用志愿者进行志愿服务工作，连续7天共计163人到馆，参与服务2920小时。志愿者参与服务218人次，共计4301小时。

三、社会教育活动

1.举办主题公益影展。中国电影博物馆常年举办优秀国产电影的公益放映。2009年，共举办16个公益影展，有庆祝新中国成立60周年系列公益电影展映之"情感篇"、"创业篇"、"名著篇"、"教育篇"、"香港篇"，光影60年——新中国优秀电影作品展映之"八一电影制片厂"、"中影集团"、"长影集团"等。全年放映公益电影709场，观影人数达到40591人次。

2.启动"公益影展观影团"活动。2月，启动"公益影展观影团"活动。组织观众团体观看不同主题的公益影展中的影片，共举办8次"公益影展观影团"活动，累计参与人数近500人次，参与活动的高校有北京大学、清华大学、中国人民大学、北京师范大学等。邀请到李前宽、黄健中、尹鸿等共20余名嘉宾到场与观众们交流影片的创作、感受。

3.电影大讲堂与社会大讲堂。年内，举办面向大学生等青年观众群体的"电影大讲堂"高端讲座、交流会13期，参与人数1370人次；面向中小学生等少年群体的"社会大课堂"社教专场有28期，参与人数6906人次。举办"电影大讲堂清明诗会"、"给贫困孩子一个电影的梦想"大型慈善活动、"让青春闪光——青少年电影励志教育"等，邀请翟俊杰、尚秀云、卢勤等教育家、影人、学者做客主讲。这一年，中国电影博物馆荣获"阳光少年行动"系列主题活动优秀组织奖，电影博物馆社教部被评为"北京市校外教育先进集体"。

四、开展学术研究活动

1.完成科研课题。完成各类课题共计15项，较2008年增加11项，其中3项公开发表在国家级刊物和核心期刊，《中国电影博物馆探索公共文化服务新模式》发表在《2009年中国广播电影电视发展报告》（广电蓝皮书）中；《中国城市居民观影行为、偏好与影响因素研究》首度获准立项为"2009年度国家广播电影电视总局部级社科研究项目"。积极开展馆内员工课题的申报立项工作，有10项课题获得立项。

2.举办学术年会。举办以"新中国电影与观众的变迁"为主题的中国电影博物馆2009学术年会，并将成果结集出版。这是中国电影博物馆首次举办的学术年会，为中国电影创作与研究者提供交流平台。国家广电总局党组副书记、副局长赵实，国家广电总局电影局副局长张丕民做出重要批示，充分肯定年会取得的成果，并提出希望和要求。

3.改版《影博·影响》。馆刊《影博·影响》由季刊改为月刊，每月发行量增至3500册，60%为固定读者群，读者满意率达90%以上，并组织开展影评人观影评论活动。刊物得到黄会林、翟俊杰等业内名家的肯定。

五、完成外事接待任务

6月，应国家广播电影电视总局电影管理局邀请，美国电影艺术与科学学院代表团在主席希德·甘尼斯的率领下来华访问。中国电影博物馆承担该团的全程接待任务。中国电影博物馆还接待了国际电影资料馆协会、韩国电影振兴委员会、俄罗斯电影代表团等国外电影机构的参观访问。

六、开拓创新

1.举办会员活动。会员俱乐部发展会员超过5000人，全年举办会员活动超过50场，形成“会员电影沙龙”、“电影社区行”、“跟随电影去旅行”三项品牌活动。组织会员参与馆内活动的电影大讲堂、试片会、论坛、研讨会等活动。

2.征集电影文化遗产。与中影集团数字电影发行公司、上影集团、中央新闻纪录电影制片厂、潇湘电影集团、广西电影机械厂等20余家电影机构，以及尹力、贾樟柯、陆川等80余位影人及业界人士建立联系，采取联系制片机构、采访影人、走访文化市场等多种方式，征集到一批珍贵电影文化遗产。2009年征集电影藏品2032件（套），其中部分珍贵藏品已列入2010年一级藏品定级计划。馆藏品数量由建馆初期的1千余件（套），增加到近2万件（套）。

3.藏品定级工作。召开“中国电影博物馆2009年一级藏品鉴定会”，审议、通过《中国电影博物馆一级藏品定级标准（试行）》，完成中国电影博物馆首批8件一级藏品的定级工作。

4.增加电影后产品销售。配合《哈里·波特》、《阿童木》、《建国大业》、《变形金刚2》等影片上映，在商店销售相关纪念品和玩具。为庆祝新中国成立60周年，特别制作《中国电影博物馆精选系列——爱国主义教育影片DVD套装》等纪念光盘，受到观众欢迎。参与拍摄主旋律影片《歼十出击》。

六、完成一期工程接管验收

至2008年12月底一期工程交接工作完成，业主委员会向中国电影博物馆移交工程技术资料476册54716页，合同协议资料128份1708页，中国电影博物馆在接收资料后，独立承担起产权管理等职能。2月27日举行中国电影博物馆一期工程交接签字仪式。

七、内部管理

1.安全保卫工作。围绕两节、两会安全保卫工作、消防安全“雷霆行动”、安全生产三项行动等开展工作，推进“平安北京建设”和“国庆平安行动”，全馆有二级以下各类预案77个，不同程度地组织演练。组织防火及逃生知识培训，培训面达到100%。组织安全知识考核，抽查考核率达到60%，平均成绩80分以上。

2.设立服务督查组。中国电影博物馆3月设立服务督查组，并在各部门设立质量管理员，制定加强质量管理的相关制度，开展提高质量管理的相关培训。有43名同志通过国家有关机构考试认证，获质量管理内审员资格。先后对8个部门的质量管理工作进行检查、跟踪，挖掘开发部6S管理、藏品部绩效考核、活动管理部26项自查自纠等经验。

3.举办电影艺术赏析培训活动。利用周一闭馆时间，举办全员电影艺术赏析培训活动。共举办11次电影艺术赏析培训，邀请中国传媒大学的老师来馆为全体员工上课。

（刘洋）

北京人民广播电台概况

北京人民广播电台是北京市属重要的新闻机构之一，成立于1949年2月2日，位于东长安街延长线的建国门外南侧。英文缩写为“RBC”。

北京人民广播电台最初称北平新华广播电台、北平人民广播电台、北平新华广播电台第二台、北京市人民广播电台。1951年3月11日，改成北京人民广播电台至今。

2001年8月22日，创办北京广播网；2004年3月24日，《音乐周刊》创刊；2006年1月9日，《新广播》报创刊；2006年6月16日，青檬网络电台正式开播；2006年9月6日，北京人民广播电台DAB移动多媒体广播正式开播；2008年4月30日，北京外语广播网络电台开播。至此，北京人民广播电台形成了广播、网络、报纸、刊物互补的多媒体传播格局。

2009年，北京电台拥有9套无线广播节目、15套有线调频广播、16套有线数字广播、1套有线数字电视、13套开路数字音频广播、制作播出1套数字视频广播；建有12个数字化直播机房，9套专业级演播室视频系统和世界一流的播控中心；在节目制作、存储、播出、传输等环节，已经全部实现数字化；信息传递网络化、办公自动化已逐步在全台范围内普及。每天播音339小时，总发射功率193.5千瓦，成为以广播为主、多媒体联动的综合性传播机构。同时，节目在30多家海内外电台播出，与美国、英国、加拿大、澳大利亚、新加坡、日本等国家的十几家主流媒体建立了节目交流与合作关系。

北京人民广播电台9套无线广播节目：

新闻广播(AM828/FM100.6/有线调频90.4)；

城市服务管理广播(AM1026/FM107.3/有线调频91.9)；

故事广播(AM603/有线调频89.1)；

体育广播(FM102.5)；

音乐广播(FM97.4/有线调频94.6)；

文艺广播(FM87.6/有线调频93.8)；

交通广播(FM103.9/有线调频95.6)；

外语广播(AM774/有线调频97.8)；

爱家广播（AM927/有线调频92.7)。

一、宣传工作

1.抓好重大新闻宣传工作。完成深入学习实践科学发展观活动、全国“两会”、党的十七届四中全会、北京市“两会”、防控甲型H1N1流感等重大宣传报道任务。特别是新中国成立60周年宣传报道，以“倾听北京的声音，唱响时代的旋律”为总体基调重点推出10项系列专题报道和大型活动，派出记者250多人次赴国内外采访；投入1280多万元用于外出采访活动和后勤服务保障，9个专业广播共开设各类系列报道专栏73个、播出录音报道3000多篇；北京广播网“庆祝新中国成立60周年”专题栏目收录6大主题200多个特别节目。充分运用百姓身边事、街区变化和普通人的讲述，全方位、多视角、立体化宣传新中国成立60年、特别是改革开放30年来取得的伟大成就，有效增强节目的吸引力、感染力。国庆期间北京电台在北京广播市场上所占份额达68.4%，北京广播网访问量达135000多人次、创历史新高。中宣部对北京电台的工作给予了高度肯定：北京电台国庆宣传报道动手早、声势大、角度多、立意新、容量大、覆盖广，主题鲜明突出，富有首都特色，体现“三贴近”原则。

2.增强频率竞争能力。完成30个新节目的研发工作。适应市场需求，将首都生活广播转型为故事广播，新开办爱家广播。尽管中央台及国际台竞争力增强，周边省市台对北京广播市场有所侵蚀，但北京电台在北京广播市场上的平均市场份额依然占66%，继续保持领先地位。

3.推进制播分离改革。继续探索具有特色的制播分离之路，向市委宣传部、市广电局、市财政局报送“北京电台制播分离改革试点方案”，已被确定为改革试点单位。全年独立完成2000多条台内广告的创意制作；节目销售横跨15个省市地区，覆盖30家电台及频道，对外销售节目43档36万元，比2008年收入翻了一番多。

4.完善“台网共做”模式。坚持“广播为体、新媒为用”和“循序渐进”的原则，加大台网共做的探索和建设力度，积极推进传统广播与新媒体的融合对接，达到聚拢人气、提升收听率和市场占有率的目的。北京广播网全年共制作各类特色专题60多个，有效扩大电台节目的宣传效果。已开播一套DAB视频节目。

5.不断提高外宣水平。主动与微软、开心网、优酷网等业界知名网站及IT公司合作，将电台9套开路广播和7套有线广播的在线直播节目植入微软Media Player播放器后，北京广播网当周流量就比上周增加30%左右。2009年，在国外浏览北京广播网的网民达2188万人次，占全网浏览总量的2.5%，其中美国、澳大利亚、日本、韩国为海外访问量的主要来源地。在对外节目宣传方面，新增韩国KBS为合作伙伴，目前北京电台向海外传送节目每天不少于90分钟，在北美、欧洲、东亚、非洲的20多个国家和地区落地播出。外语广播网络电台开播一年来，平均每天在线人数达7000多人，其中1/3来自海外，成为拓展外宣的新渠道。

6.品牌活动更具特色。联合全国121家省地市级电台成立环球旅游广播联盟，举办"新春节目大赛"、第四届"听众喜爱的主持人"大型评选、第四届"魅力社区"评选、第四届原创拜年短信大赛、"橙就梦想"主持人选拔赛、"绿色出行、畅通北京"、"统一绿茶，梦想骑手"大型自行车骑行及"广播三下乡，年货送农家"等活动；承办第四届中国北京国际文化创意产业博览会电影产业发展论坛、"第六届'首都的士英雄'评选"、"捐助'博爱电波书屋'"、2009年全国播音主持"金话筒奖"复评工作会、第二届"赢在创意"全国广播栏目大赛等活动，深受社会各界好评。特别是北京电台主办的"我的汉语生活——全球外国人汉语故事大赛"活动，先后派出9个采访组赴5大洲15个国家组织当地赛事、采访参赛选手，共收集拍摄参赛选手作品106个、视频素材4000多分钟，与《城市节拍》节目越洋连线直播17次共240分钟。同时，有38个国家近600人通过国际互联网上传参赛音视频作品450件。经全球网络海选和专家评选，墨西哥、美国、肯尼亚等国的24名选手获奖，并依托CCTV-4举办电视颁奖晚会，向全球播出颁奖盛况。活动历时9个月，涉及国家多、参赛人员广、传播手段丰富，是北京电台历史之最，不仅宣传、展示了中国、弘扬了民族文化，也有效扩大了北京电台的国际、国内影响。

7.纪念电台建台60周年系列宣传活动。以"曾经"为主题，采制《曾经的声音》系列专题节目、《曾经的足迹》系列报道，在听众中广泛开展《曾经的记忆》广播征文活动，在延安举行大型直播特别节目《曾经的电波》，摄制8集大型电视专题片《大音京华》在北京电视台播出，出版"建台60周年典藏"，全面展示北京电台建台、兴台、强台的历史轨迹和建台60年来翻天覆地的变化，使广大受众进一步了解电台的光荣历史和文化积淀，有效拉近与受众的距离，扩大电台的社会知名度。

二、事业建设

1.全力保障节目播出安全。为主控、播出、网络、发射等各个技术环节提供24小时保障，播出节目技术质量保持较高水平。年内，电台共播出60242小时，总停播率0.5秒/百小时。804发射台连续9年保持停播率0秒的纪录。向国家广电总局上报播出通路运行技术指标，均达到甲级标准。

2.努力打造优质数字媒体传播平台。先后投入1亿多元，完成智能路况采集系统、数字广播发射系统及地铁信号覆盖等工程建设。完成技术中心主控机房交换矩阵、传输发射系统以及录制系统的软硬件升级工程，提高节目制作播出能力和安全可靠性。完成数字化多轨机房建设、音频网和办公网的安全保护检测防护，确保电台播出和信息安全。积极配合市广电局等单位拓展数字广播"村村通"无线覆盖工程，新建房山、延庆、怀柔、密云、平谷5个站点，大力推进郊区高山调频发射覆盖网、DAB数字多媒体广播郊区覆盖网和市区补点发射站建设。

三、产业发展

1.严格加强广告管理。2009年，北京电台承办全国"广播电视广告经营管理现场经验交流会"，并做经验介绍，被国家广电总局授予"广播电视广告播放行业自律示范单位"称号。在全国优秀广告评选中，北京电台选送的商业广告和公益广告有9件作品获奖。

2.完善广告营销策略。2009年电台广告创收6.3亿元，较2008年略有增长。2010年上半年广告招标金额达8979万元，比2009年同期增长34%。其中，交通广播招标金额同比增长39%，三块大标版《路况信息》招标金额达3026万元，刷新历史最高纪录，成为电台广告招标史上单标版金额首次突破千万元大关的标志。

3.推进产业经营业务。投资成立依托体育广播优势资源的北京超极限文化传播有限公司，完成北京中歌嘹亮音乐文化传播有限公司股权转让工作并引进“美都传媒”新股东，实现融资357万元。2009年，北京广播公司实现经营收入总计41587万元，超额完成全年经营预算指标。DAB数字广播业务取得新进展，完成北京郊区地面覆盖网络建设；推送式广播业务进入试运行阶段，这项业务将“你播我听”的传统收听广播方式转变成“随意选择收听”、“随时重复收听”，是数字广播技术的全新应用，在国内外尚无先例。第一代1039新媒体机获得北京市自主创新产品证书，被纳入政府采购自主创新产品目录，全年销量达2万多台。

四、内部管理

1.着力提升质量管理水平。对内部各项规章制度进行修订完善，组织编写144个岗位作业指导书，管理工作更加科学、规范。对C/0版《质量管理手册》实施两年来，电台质量管理体系运行的有效性、适宜性进行重新评估，修订并发布实施了C/1版《质量管理手册》。2009年北京电台顺利通过质量管理外部审核，再次获得质量管理体系认证证书。

2.突出抓好人事管理。严格规范人员招录、调进调出、大学生来台实习等程序，继续完善员工工资福利待遇管理。加强各级各类人员培训，建立内部培训师制度，培训工作更加科学有效。加强退休和内退干部管理服务，确保老干部思想稳定。

3.积极推进和谐电台建设。按照台党委制定的三年规划扎实推进企业文化建设。筹建职工KTV娱乐室，开展各类文化体育活动，完善补充医疗保险，建立终身重大疾病保险。落实职工休假和体检制度。安排36批次627名职工及家属赴北戴河休疗，改进完善员工餐厅，保障职工的休假权、健康权。对获得全国和北京市各类奖项的133个集体和个人给予表彰、宣传和奖励。认真落实“国庆平安行动”计划，确保内部的安全稳定。

4.思想政治工作扎实有力。深入学习实践活动扎实有效，干部和党群组织、党群队伍建设进一步加强，党风廉政建设扎实推进，精神文明建设卓有成效。年内，电台再次被评为全国文明单位，连续13年被评为首都文明单位标兵，并荣获“全国五一劳动奖状”、“迎奥运、讲文明、树新风活动先进集体”和“北京市民讲外语活动优秀单位”称号。“治多伦一亩沙地，还北京一片蓝天”大型环保公益活动被北京奥组委授予“北京奥运会残奥会特别荣誉奖”。3个专业广播、1个职能技术部门分别荣获“全国‘工人先锋号’”、“北京市思想政治工作优秀单位”、“首都义务植树先进单位”、“全国广播电视技术维护先进台站（集体）”等称号；3名个人分别荣获“全国五一劳动奖章”、“全国三八红旗手”和北京市“五四奖章”。

（孙超　刘莹）

北京电视台概况

北京电视台是北京市属重要的新闻宣传机构之一，成立于1979年5月16日，英文缩写“BTV”。

北京电视台已开办12个频道节目，其中3个无线频道，7个有线频道，1个高清频道，1个外宣频道，每天播出240小时。无线频道总发射功率70千瓦。BTV-1除覆盖北京市外，还通过卫星在全国各省会城市及200多个地级城市落地播出，覆盖人口已突破8亿。

北京电视台12个频道是：

BTV北京：卫视频道；

BTV文艺：文艺频道；

BTV科教：科教频道；

BTV影视：影视频道；

BTV财经：财经频道；

BTV体育：体育频道；

BTV生活：生活频道；

BTV青少：青少频道；

BTV公共：公共频道；

BTV卡酷：卡酷动画卫视频道；

BTV卫视(高清)：北京电视台卫视高清频道；

BTV国际：长城平台北京电视台国际频道。

2009年，北京电视台紧紧围绕“保增长、保民生、保稳定”的工作大局，团结一致、开拓创新，以庆祝新中国成立60周年宣传报道为主线，以迁入新址和建台30周年为契机，以全面提升舆论引导水平、打造首都媒体优质文化品牌为重点，坚持统筹兼顾、协调发展，在壮大事业、做强产业方面跃上了新台阶。

一、牢牢把握正确舆论导向，不断创新节目，收视率、市场占有份额稳步攀升

北京电视台全年收视实现了历史性突破。一是首次突破“三分天下”占其一的格局。1-12月，北京电视台市场份额占北京市场的39.76%，与去年同比增长了近4个百分点，增长幅度达到11.38%，分别高于中央电视台频道组和卫视频道组11.8%和20.36%，首次打破北京市场多年形成的“三分天下”格局，实现历史性突破。二是多个频道收视份额上升显著。2009年与去年相比，北京卫视、文艺频道、科教频道、生活频道、体育频道、卡酷频道市场份额上升显著，其中，科教频道的收视份额增长幅度最大，达到了59%，排名进入北京地区频道前三；北京卫视市场份额与去年同比提升了19.07%，排名跃居北京地区首位。

围绕中心开展新闻宣传，影响力增强，舆论引导水平提升。新闻宣传报道始终围绕全市中心工作，坚持“日常报道抓质量，重大报道抓策划”的原则，充分发挥舆论引导作用。1月，新闻节目中心在四川什邡建立了记者站，先后派出了八位同志在什邡驻点采访，陆续发回了一百多条新闻，“温暖一家亲”、“京什携手共建家园”系列报道、专题片“大爱无疆”和大型直播“重生——纪念5·12汶川大地震一周年”，全面反映了北京援建什邡的历程和灾区群众乐观面对困难，勤劳重建家园的精神面貌。2月，新闻节目中心推出了大型年度新闻行动“记者走一线”，深入企业生产一线，报道企业在金融危机中的挑战与机遇。节目播出后，中宣部新闻局《新闻阅评》以“下基层抓活鱼鼓实劲北京电视台《记者走一线》走出新亮点”为题专门撰文表扬。此外，新闻、体育、财经等节目中心还成功完成了第十一届全运会、二十国集团峰会、第十二届北京科博会、第七届中国花卉博览会、第十三届上海国际车展等重大报道任务。

庆祝新中国成立60周年宣传浓墨重彩，形成声势。为了做好国庆60周年宣传报道，台党委会、编委会多次开会研究，提早安排、周密部署、精心策划，形成了全线出击、贯穿全年、重点突出、亮点频现、特色鲜明的报道格局。2009年5月，从大型电视活动《青春走过60年》开始，国庆宣传报道逐步升温，倾力打造了一系列主题鲜明、情感厚重的精品献礼节目。《花样年华》采用了6场歌舞比赛加1场国庆晚会暨大赛颁奖典礼的创新模式；专题片《我爱你，中国》以个人化视角，书写了新中国成立60年来家国变迁、社会进步的影像史诗，延续了《北京记忆》的品牌号召力；作为《岁月如歌》的姊妹篇、电视文艺纪录片《百花》同样在业内及观众中引起了强烈反响；体育人物系列访谈节目《光辉岁月——新中国体育名宿访谈录》，将视点放在为新中国体育做出重大贡献的体坛名宿的卓越业绩，被国家体育总局领导评价为"是为体育界做了一件非常有意义的事"。国庆盛典期间，总编室、新闻节目中心、卫视节目中心、海外节目中心、转传部、制作部等部门通力合作，圆满完成了《我爱你，中国》大型高清直播节目，在国庆大典的核心区设立了6处直播点，其他地区设立了8处直播点，直播总长近25小时，高质量呈现了国庆60周年天安门阅兵式、群众游行和联欢焰火晚会。

此外，还推出了大型美术专题片《江山如画60年》、百集系列宣传短片《影像家国60年》、高端访谈系列节目《区长，你好》、8集文献专题片《北京1949》、大型体育文献纪录片《与梦齐飞》等一系列献礼节目。北京卫视的5档新闻栏目也策划播出了《跨越——辉煌北京六十年》、《走进阅兵村》、《中国通·北京通》等专题专栏。

突出原创，大型活动提升品牌影响力。在延续原有的品牌活动的基础上，利用资源优势，继续推出一批富有文化品位、都市气质、时代气息的大型活动，以文化引领的姿态关注社会、贴近生活、传播文明、营造和谐。《探红楼·飞梦传奇——新版红楼梦拍摄现场大型直播和互动活动》，是《红楼梦中人》品牌活动的延续。这一国内首次对一部电视剧的拍摄过程进行现场直播的活动，创下了北京地区的高收视率，受到广大观众的好评。《红孩子》大型演出活动是北京电视台从2007年起倾力打造的文化品牌。2009年，青少年节目中心对《红孩子》进行了全新的剧本创作，使人物形象更加丰满，剧情更加充实，在BTV大剧场连演10场，入校园演出120场，场场爆满。已经成功举办了四届的"北京影响力"活动，2009年群众投票数达到了940万张，参与人群覆盖面越来越广，"北京影响力"的跨区域影响力越来越大。"首届BTV杯国际斯诺克北京邀请赛"，开启了北京电视台举办国际顶级体育赛事的先河，比赛为国内外12家电视台提供了高水平的国际级公共信号，还创造出了非常突出的收视率。"北京喜剧艺术节"是京视传媒结合BTV大剧院的商业运营展开的一项活动，集中了国内外及海峡两岸6部具有影响力的舞台喜剧，在大剧院连续演出18场。

从2009年起，北京电视台连续三年承办"中国播音主持金话筒奖颁奖系列活动"，北京电视台对于这项具有广泛社会关注度且属于国家级奖项的颁奖系列活动给予高度重视，打破了以往局限于一台颁奖晚会的方式，开创性地推出了一台联欢会和一台颁奖盛典。通过精彩创意、大力推广，使"金话筒"和"北京电视台"两个品牌的影响力得到进一步提升。

此外，《"情动俄罗斯"中国人唱俄语歌大型选拔活动》、《北京印·时尚大典》、《国粹生香——2009北京京剧票友段位评授季》、《2009奥林匹克森林公园卡酷春节雪上嘉年华》、《第四届中国（北京）国际大学生动画节》等一系列活动都充分显示了北京电视台在推动文化繁荣、提升传播价值、丰富百姓生活方面所做出的努力，凸显出北京电视台组织大型活动的能力，强化了BTV的品牌效应。

创作生产成果显著，精品力作接连获奖。一年辛勤耕耘，结出累累硕果。2009年度，北京电视台共有170个节目获得各类奖项190个。大型音乐诗画儿童剧《红孩子》、动画片《福娃奥运漫游记》和紫禁城影业公司拍摄的故事片《铁人》三部作品荣获中宣部"五个一工程"奖；2008年8月8日《北京新闻》编排获得中国新闻奖一等奖；《点燃激情，传递梦想，用身躯捍卫圣火的尊严》荣获中国新闻奖二等奖；新闻访谈《奥运会主题歌演唱者创作者专访》获得中国新闻奖三等奖；《这里是北京》被中国广播电视协会评为"新中国60年有影响的60个广播电视栏目"。

二、加强组织保障和技术保障，确保安全生产

在确保安全播出的前提下，迁址工作有序开展。从2009年年初开始，有步骤、有计划地展开搬家工作。1月15日，科教、影视、青少三个频道在新台址顺利试播，4月1日，北京卫视、文艺、科教、影视剧、体育、青少、高清频道正式在新址开播。各职能部室和其他节目中心也陆续搬往新址办公。新台址的投入使用不仅改善了原有办公条件和办公环境，更为我台的持续发展提供了有力保障。

总工办、信息网络管理部、制作部、播出部、动力部、技术设备管理部、转传部等各技术部门各司其职，紧紧围绕安全播出工作，全力做好技术设备采购招标、新老台主备光缆通路联通、新闻制播网络搭建等大量具体细致的工作。总编室会同技术部门制定了《直播网络系统管理规范》、《制播网络系统安全防护规范》等管理制度，有力地保障了技术系统的正常运行和安全播出工作。新台在采、编、播、存、管的整个电视工艺流程中，已经实现了信号采集数字化、编辑制作网络化、播出硬盘化、存储数据化、管理智能化五大目标。

全力以赴，确保北京卫视高标清同播顺利开播。按照市委宣传部和市广电局的统一部署，确定了用3年时间分三个步骤实现BTV北京、BTV文艺、BTV体育3个频道高标清同播的节目高清化目标。为确保准时、顺利、安全实现9月28日北京卫视频道高标清同播这一阶段性目标，全台上下一心、团结协作，争分夺秒，用86天时间，做到了“六个”按时：按时完成高清技术系统搭建、按时完成高清节目准备、按时完成生产流程制定和人员操作培训、按时完成资金申报和预算审核、按时完成高清播出演练、按时实现北京卫视的高标清同播。目前，北京电视台已经建成5个高清演播室，拥有2辆高清转播车，并搭建了80余套高清节目后期编辑设备系统，已经能够满足日均8小时高清节目的生产能力。

制订“国庆平安行动”方案，确保国庆安全。2009年3月，为确保新中国成立60周年庆典期间的绝对安全，台里成立“国庆平安行动”领导小组，明确目标、任务和职责，制定了严格安全检查制度、管控措施等8个文件；召开了北京电视台平安北京建设暨平安电视台活动动员部署会、国庆平安行动动员部署会、全台处级干部国庆平安行动转入实战阶段动员会，全力以赴确保实现安全播出和台内绝对安全的目标；完成了首都治安志愿者队伍的组建和注册登记工作，共招募了1100名志愿者，做好了随时出动的准备。由于工作出色，北京电视台被北京市国庆社会治安与安全警卫指挥部评为先进集体。

三、深入学习实践科学发展观，努力构建和谐电视台

以“坚持科学发展，提升传播能力，创有影响力强台”为主题，深入开展了学习实践科学发展观活动。经过学习调研、分析检查、整改落实三个阶段，通过“请进来、走出去”，座谈会，辩论会等多种形式，形成了《北京电视台学习实践科学发展观活动整改落实方案》，共涉及全台战略发展规划、提升北京卫视影响力、实施人才强台战略、加强企业文化建设、推动领导班子自身建设等十个方面共33项。根据群众满意度测评结果，广大职工对开展深入学习实践科学发展观活动满意和基本满意的达95.8%，活动取得了预定的效果。

5月16日，北京电视台迎来了建台30周年纪念日，中共中央政治局常委李长春，中共中央政治局委员、北京市委书记刘淇发来贺信，对建台30年取得的成绩给予充分肯定。台党委把握机会、乘势而上，通过举行隆重而简朴的纪念大会，举办台史展、纪念音乐会、出版纪念书籍等一系列活动，适时进行了爱岗敬业教育，提高了全台干部职工的凝聚力和战斗力。

四、逆势而上，经营创收稳步增长

广告经营以“保存量、争增量”为目标，将“对外提升服务、对内加强管理”作为主要任务，广告收入达到26亿元，连续3年实现了广告收入的稳步增长，加上其他收入2.64亿元，总收入达到30.4亿元。另外，北京电视台电视产业发展集团（含下属公司）收入1.13亿元，亏损47万元；京视传媒公司（含下属公司）总收入6964万元，实现净利润527万元；卡酷动画公司（含广告收入5000万及下属公司收入）总收入1.13亿元，实现净利润2456万元；紫禁城影业公司总收入1836万元，实现净利润305.82万元。

五、积极谋划新媒体发展，大力发展文化创意产业

以京视传媒公司和卡酷动画公司两大产业平台为依托，加快文化创意产业发展的步伐。

京视传媒公司的节目发行业绩大幅提升，表现突出的栏目有《法治进行时》、《养生堂》、《非常故事会》、《大城小事》、《谁在说》等栏目，发行收入突破了1100万元；新媒体业务方面，版权发行收入突破了600万元；经营手机电视业务的北京京视中信数字传媒有限公司2009年上半年正式运营，这标志着北京电视台进军新媒体的战略目标又迈上一个新的台阶。

卡酷动画公司面向市场，以“卡酷全卡通”、“卡酷七色光”、“卡酷全景界”等子品牌，成功实施了品牌推广战略，并着手构建了包括动漫衍生品开发、版权经营、玩具销售在内的动漫全产业链。

5月，BTV网站进行了全新改版，对网站的内容、网站结构、发布规则进行了重新梳理整合。配合大型活动和重点节目，做好网络宣传和专题报道工作。“BTV在线”网站经过一年的运作，视频保有量已达32351条，8632小时，单日最高访问量达到78万页，单日最高访问人次达到24万。

（冯平）

北京市广播电影电视局工会概况

北京市广播电影电视局工会成立于2006年9月。工会系独立法人单位，财务独立核算，直接受北京市广播电影电视局党组和北京市总工会领导，财务受北京市总工会财务部领导，并在其指导下开展工会的系列活动。下属工会单位是：中国电影博物馆工会、北京人民广播电台工会、北京电视台工会、北京音像资料馆工会、北京市广播影视作品审查中心工会、北京市广播电影电视局信息中心工会、北京市广播电视监测中心工会、北京市广播电影电视局后勤服务中心工会。

2009年，局工会以学习贯彻中国工会十五大和中共北京市委工会工作会议精神为契机，重点抓了以下工作：

一、学习培训

1.建立工作和学习制度。局工会每季度召开一次会议，全年共召开5次工会工作会议，由局工会制发的文件共有19件，转发文件14件，成为基层工会开展各项工作的依据。北京电视台工会组织工会小组长学习工会十五大会议精神，工会委员会形成季度会议制度，固定每周一下午为工会学习日。

2.多种形式学习。结合学习“铁人王进喜”的文件精神，局工会组织系统职工观看影片《铁人》，并组织系统内的所有工会干部和两台副书记，前往东北大庆进行实地参观学习。中国电影博物馆工会组织优秀员工赴湖南参观学习，参观新文化运动纪念馆等活动。审片中心工会组织职工到天津参观学习，效果良好。监测台工会开展防火逃生演练、消防演习等活动，加强职工自救、救护等方面的知识培训。年内，局工会组织、参加各类培训20余次。

二、履行工会职能

1.走访、慰问职工。组织慰问基层一线职工达千人以上，发放慰问金25万余元。中国电影博物馆工会做到节假日对退休职工、困难职工走访慰问。北京电台工会对一线长期值夜班职工进行关心慰问，对生病住院、去世职工及家属及时发放补贴。北京电视台工会在春节、“五一”、“十一”等重大节日对一线职工进行慰问，并开展“扶贫济困春风行动”，发放困难补助达10万余元。

2.休疗活动。3月份，局工会分两批组织全国劳模、市级劳模、首都劳动奖章获得者、北京市三八红旗奖章获得者、奥运立功奖章获得者、奥运立功标兵、市级先进工作者、市经济技术创新标兵、优秀工作者等84名职工前往海南三亚进行休疗活动。

3.互助保险。女工险的参保率达95%以上，被评为2008年度职工互助保障工作先进代办处。两台工会已为18名女职工办理总额近37万元的保险理赔，缓解职工困难。

三、服务职工

1.解决入会问题。局属各单位的职工入会率均达到100%。北京电台派遣人员的入会问题已基本解决，有240名的一线职工正式加入台工会，享受正式职工的福利待遇，非在编人员入会率已达96.4%。

2.经审工作。局工会及各下属单位按照《工会法》，配备工会主席、副主席，两委成员机构健全，工会经费做到及时足额上缴，认真开展工会各项业务活动。局工会经费审查委员会从3月3日开始，对局属的各单位工会经费使用情况进行全面检查，发现问题及时解决，确保工会经费正常使用。局工会的经费使用情况在全市抽查中，受到市总委托的审计会计事务所赞扬，并被市总评为工会财务先进单位。

3.开展职工之家活动。为帮助完善基层工会职工之家的建设工作，局工会带领两台的工会主席、所有工会干部，前往北京市公园管理中心进行调研、学习，向拥有全国模范职工之家称号的北京动物园、颐和园工会学习。北京电视台工会已建起职工健身房、图书馆、阅览室等设施，正加紧筹建职工之家。中国电影博物馆工会正在积极筹办职工之家的各项准备工作，张浙因在职工之家活动中做出突出贡献，被市总工会授予“北京市优秀工会积极分子”称号。

4.信息采集工作。为配合市总工会为全市工会会员办理实名制的“京卡·互助卡”，局工会在10月底前完成局系统2600名工会会员的信息录入工作。为机关工会会员办理了“在职职工意外伤害互助保险”、“在职职工重大疾病互助保险”、“在职女职工特殊疾病互助保险”等三项保险。

四、开展丰富多彩的文化活动

各单位工会积极开展劳动竞赛、技能大赛、文体活动。北京音像资料馆工会开展了“完成全年工作任务岗位竞赛”活动和以“迎国庆、爱北京”为主题的京郊摄影比赛活动。北京电视台工会开展了“青年岗位技术创新标兵”评选活动、“优秀女职工”评选活动、“BTV红歌赛活动”，来自全台22个部门的职工合唱队、拉拉队1000多人，欢聚在1000平米演播大厅，唱响红色经典歌曲。中国电影博物馆工会举办“迎国庆、保平安、创优质服务”劳动竞赛和“好书大家读，交流得新知”读书交流活动，征集员工读后感、心得体会64篇。北京电台工会开展了“歌唱我的祖国——庆祝新中国成立60周年”主题红歌会活动。中国电影博物馆工会以“歌曲联唱会”形式，开展了庆祝新中国成立60周年活动，并评出一、二、三等奖。局信息中心工会开展了“青年杯”扑克比赛、公文写作比赛等活动。局各级工会还开展了职工桥牌比赛、乒乓球比赛、羽毛球比赛、游泳比赛、插花比赛、摄影书画展、女职工采摘等文体活动，丰富了职工的文化生活。

（北京市广播电影电视局工会）

北京市广播电影电视局离退休人员管理服务中心概况

北京市广播电视局离退休人员管理服务中心成立于2000年11月，前身为北京市广播电视局老干部活动站。2009年3月31日，北京市广播电视局离退休人员管理服务中心更名为北京市广播电影电视局离退休管理服务中心。

主要职责：负责离退休人员的日常管理、服务工作，离退休人员的政治学习和思想教育工作，离退休人员的政治待遇和生活待遇的协调、落实工作，组织离退休人员开展各种文化、体育活动和其他有关工作。

2009年，局离退休管理服务中心继续把落实老同志“政治待遇”和“生活待遇”作为工作重点，把保持老同志队伍和谐稳定作为主要任务，团结一心、共同努力，较好地完成以下工作任务。

一、认真落实老同志的政治待遇

及时传达有关重要文件和重要会议精神，不断通报有关重要情况，经常与老同志进行思想沟通，及时征求大家的意见和建议，组织一系列的参观、考察活动，开阔大家的思想和眼界，认真处理老同志来信来访，较好地保持老同志队伍的稳定。

二、全面落实老同志的生活待遇

积极协调局有关部门，按时、足额为老同志报销医药费并按时发放退休费，协助组织老同志年度体检，尽量满足老同志看病及活动用车，及时看望生病住院的老同志，安全完成老同志年度休疗任务，为遇有生活困难的同志申请经济补助，在一定程度上帮助这些同志解决困难，渡过难关。

三、组织老同志开展文体活动

组织棋牌比赛、书画摄影展、春游、秋游，垂钓、年度休疗等活动，丰富了老同志的精神文化生活。

四、教育和引导老同志多做贡献

不断鼓励老同志继续为国家和人民多做贡献。2009年，是新中国成立60周年，国庆前夕，离退中心按照上级有关部门的安排和要求，积极在老同志队伍中开展参观、座谈、举办迎国庆书画摄影展等一系列活动，使老同志在活动中既增添了生活乐趣，又受到很好的爱国主义教育，收到很好的教育效果。

（北京市广播电影电视局离退休人员管理服务中心）

北京市广播电影电视局后勤服务中心概况

北京市广播电影电视局后勤服务中心成立于2006年8月，前身为北京市广播电视局机关后勤服务部。

主要职责：指导全局各单位安保、消防工作的开展，建立健全安保、消防工作制度；对全局的房管、房改工作进行政策指导、咨询、落实；负责基本建设工作，车辆管理、调配及全局交通安全管理工作，机关的政府采购和固定资产管理工作，机关医疗、绿化、印刷、办公用品等日常服务管理工作。

2009年主要工作：

一、安全保卫

在年初“两节”及“国庆60周年”之际，后勤服务中心组织人员对主楼安全进行全面检查、重点整治，杜绝安全隐患；利用休息日，多次协调相关单位对建外大楼进行消防测试，保障消防安全；在证件管理方面，累计更换新出入证500余个，办理临时证201个、会客证180个、持物证120个。

二、房管、房改

根据局办公用房调整方案，后勤服务中心组织人力、物力，完成对部分局领导、12个业务处室、6个局属事业单位、3家学会所涉及的80多间办公用房和会议室进行搬家调整；进行局名下直拨电话清查、调整工作，涉及电话200余部次；及时为主楼局领导和各处室负责人换装高清机顶盒；汇总“局2009年在职无房老职工住房补贴情况表”上报市房改办；及时为职工报销供暖、物业费用。

三、车辆管理

后勤服务中心组织召开“北京市‘文体卫’系统半年交通安全总结会”，总结系统交通安全工作，进行相关经验交流；召开“系统交通安全培训班”，聘请市相关单位专业人员对系统车管干部进行交通安全知识培训，签订安全责任书，确保日常班车运行、接送领导、保障处室用车等车辆服务做到安全出行、守时准点。

四、综合服务

在固定资产清查中，后勤服务中心负责实物清查及实务账目核对工作，并对统计数据及涉及问题进行深入分析，提出合理建议；完成办公家具采购更新工作；拟定固定资产规范。完成公费医疗报销工作，组织完成在职领导、工作人员、局级离退休干部、离退人员的体检工作。组织局及下属事业单位60余人义务植树200余株。完成全年办公用品、耗材的购买、发放和采购，及时进行设备维修保养，启用广播大厦808、810两个会议室。

（北京市广播电影电视局后勤服务中心）

北京市广播电影电视局信息中心概况

北京市广播电影电视局信息中心组建于2006年下半年，正式成立于2007年1月18日。

主要职责：承担北京市有线电视、共用天线以及地面接收卫星电视节目新建工程的检验检测工作，负责本系统信息化建设工作，承担局机关电子政务、网络运行的技术保障工作。

2009年主要工作：

一、科学编制局电子政务3年发展规划

围绕国家和北京市广播电影电视发展总体目标和电子政务发展趋势，展开2010年至2012年电子政务发展规划编制工作。成立以局党组书记、局长孙向东任组长的规划编制工作领导小组，调整预算专款作为规划编制专项经费，信息中心承担电子政务规划编制日常工作并具体组织实施。先后赴北京移动公司、福建厦门广电局、厦门移动公司、吉林广电局等单位学习调研；以不同方法方式，收集、梳理和总结局各处室及相关单位电子政务发展现状和未来应用需求；通过对局电子政务3～5年规划的部署工作，履行信息中心对机关、各系统、各单位信息化管理工作的职能，召集系统各单位开会，推动规划编制工作进行。先后邀请北京工业大学等单位的18名专家学者参与规划的编制工作；召开有关座谈会、研讨会5次，前后6易其稿。已完成规划工作，并经局信息化规划编制领导小组审查通过，正式上报市经信委。

二、确保全年信息网络安全无事故

为做好网络信息安全保障工作，精心组织安排工作，严格落实各项规章制度，实施机房24小时轮流值班，确保全年信息网络安全无事故。制定完善《北京市广播电影电视局网络与信息安全事件应急预案》。

5月即着手制定《应急预案》并正式颁布实施。对机房硬件系统进行安全排查，重点检查机房应急供电、安全防护、网络应用等系统，对空调等设备进行维修和置换，对网络防火墙等安全防范设备进行更换和添置，消除各类安全隐患6处。按照《应急预案》进行实地操作演练，熟悉预案内容，明确各自职责，知晓处置流程。对全局各处室110多台办公电脑设备进行安全排查，及时修复计算机系统漏洞，查杀各类病毒70多个，及时、有效防范了网络攻击等危及信息安全事件的发生。

三、完成几项具体工作任务

1.抓基层服务工作。购买《电子政务公务员读本》等书籍，编辑和印制《信息化工作手册（2009）》，分发给工作人员，先后两次组织机关人员参加现代办公技能培训，逐步掌握现代办公基本操作技能。

2.注重网络设备检修维护。为局机关和在局办公的事业单位维修电脑1000多台次，处理各类软件问题1900多起；新增网络节点16个，调整各种线缆3000多米。

3.做好跟进服务。及时完成新办公区的网络布线及网络接入工作。局部分人员办公场所调整开始后，中心组织相应人员随时跟踪各个办公室的调整进度，及时协调歌华有线、监测中心、电台、广播大厦物业等单位，增配相应网络设备，分配有效IP地址，确保在短时间内高效、快速地完成各个信息点的网络接入工作，保证搬迁人员网络办公环境。

4.筹备2010年信息化项目申报。做好前期准备工作，为项目申报打下坚实基础。召开系统工作部署会，对2010年申报预算项目提出具体要求，局2010年度电子政务信息化项目的申报工作，按照市经信委和市财政局的要求，已进入评审阶段。

5.完成年度电子政务信息化绩效考核。考核报告突出市广电局信息化工作的成果，并在保民生、保稳定工作中发挥的作用。受到考核组的肯定。

6.完成局官方网站改版上线。克服困难，短时间内完成局官方网站改版上线工作。根据局“三定”方案，对局网站进行改版。广泛征求局领导和机关意见和建议，新的版面增加电影、网络视听节目、党团园地等新的板块。加班加点，对每一栏目、每一板块、每一信息以及色彩都进行精雕细琢，十易其稿，对版面进行反复美化设计，确保“十一”前夕局网站以崭新面貌登场亮相。

四、升级改版部分应用系统

根据局机构调整方案，及时对一些重要的应用系统进行功能转换和升级改造。“快客邮件系统”从3.0版本升级到8.0版本，堵塞信息安全漏洞。安装“入侵检测系统”和“安全审计系统”，购买“卡巴斯基网络版”防病毒软件，实现实时检测不良入侵和防止病毒破坏。

根据新三定方案，审批系统在短时间内增加电影审批职能和网络视听服务的职能。保证有关电影审批事项能够和其他审批事项一样正常办理。

通过政务网站的改版，使局网站的信息容量、栏目数量以及信息更新速度明显提高，特别是在网站上开辟“银幕上看祖国”活动专栏，及时将活动有关规则、信息公布于众，接受公众网络咨询，配合电影主管部门为北京电影市场大发展利用网络发挥作用。

办公自动化系统（OA）正式上线运行，经过两次对全局人员集中培训和局领导专人一对一的培训，2009年底前正式上线运行，为机关无纸化办公提供必要信息技术手段。

（北京市广播电影电视局信息中心）

北京市广播电视监测中心概况

北京市广播电视监测中心成立于2006年年底，前身为北京广播电视技术监测台。监测中心同时加挂北京市广播电影电视局信息网络视听节目监管中心和北京市广播电视安全播出调度中心牌子。

主要职责：负责对本市广播电台、电视台以及有线电视网络的播出、传送及运行情况进行监测；负责本市互联网传播视听节目的监测工作；受市广播电视局委托，承办有关广播电视节目安全播出负责调度指令的发布、安全信息预警，承担广播电视节目传播突发事件处置的技术保障工作；承担本市广播电视无线覆盖转播站的相关服务与管理工作。

实时监测范围包括：北京人民广播电台8套自办节目、北京电视台12套自办节目、区县自办广播和电视节目、歌华传输的有线电视节目和数字电视节目及数字高清电视节目、DAB数字多媒体广播节目等，实现对11个站点进行监测，共计34套广播和802套电视节目。中心节目可存储一个月，可为相关行政管理部门提供节目收听收看审查依据。中心担负对北京市广播电视安全播出进行指挥调度的责任，当遇有突发事件和紧急情况及重大节日、重要节目、重大活动时，指挥部可在这里现场对北京的所有播出机构进行指挥调度。中心有四种指挥调度手段：一是可视指挥调度系统，利用它可以直接面对面的进行指挥调度，召开紧急会议；二是无线预警信息发布系统，这套系统上联国家广电总局，下联各个播出机房和主要负责人，可及时接收总局的紧急调度指令，也可及时、迅速下传市局的紧急通知、防范信息等；三是有线指挥调度系统，利用集群电话进行指挥调度；四是北京市政府的800兆集群电话无线政务专网。负责对北京地区网络信息视听节目进行监管，主要职能是对北京市所属地区全部网站进行全方位检索，并对网站中的内容进行分类分析，为职能管理部门提供依据。

2009年工作：

圆满完成元旦、春节、“两会”、“五一”、“十一”等节假日、重大会议的安全播出保障工作。对44路广播信号监测，共计287815.85小时；对916路电视信号监测，共计6919136.09小时；对系统内中波、调频、电视播出质量技术指标测试12160次；安全播出短信预警平台共收总局短信108条，向各有关领导及播出机构发送短信2507条；共监测到并及时提醒各播出机构发生的广播电视播出异常情况共772起。监测科每月将监测情况汇总后上报局科技处，供行政管理部门提供管理、决策依据。

一、监测互联网视听节目传播

1．监测中心制订详细的监听监看方案，确保违规视听节目和网站不漏监。下半年，共搜索监测到违规网站35个，违规传播视听节目800余个，新查出北京地区无证网站181个；利用“视听网站综合管理系统”短信发布平台向各视听节目持证网站发布通知，传达管理部门的指示和要求，并通过监听监看将各网站执行情况以书面形式汇总上报局网管处。

2．监测中心定期将监听监看情况统计、分析，汇编成《北京市互联网站视听节目监听监看报告》供局领导和有关处室参考。配合局网络视听节目管理处对WAP网站视听节目的监听监看、数据统计、汇总上报等具体工作，为行政管理部门提供管理依据。

3.顺利完成中心建设的《北京市广播电视局视听网站综合管理系统项目》，在原互联网视听节目监管系统平台基础上，增加短信群发、传真、P2P、博客等多项监管功能。

二、确保国庆60周年安全播出

1.应急演练。为确保国庆60周年广播电视安全播出，监测中心与局科技处在顺义、海淀、石景山、平谷、密云等区县成功举办多次专项演练活动，实现预期演练目标。组织各区县文委和广电中心参加的突发事件应急处置演练，通过演练进行的800M集群无线电话、场强仪等专业设备培训。

2.技术验收与测试。积极参与并配合局科技处完成《北京市新建商品住宅小区有线电视网络工程验收工作方案》的讨论、制订和编写等工作，根据验收实施方案要求，对五个新建小区的有线电视网络工程进行现场测试验收。对通州、平谷、延庆等9个远郊区县无线广播电视信号覆盖情况和5个无线转播站运行情况进行多次测试，派出测试人员及车辆40余次，为行政部门安全播出管理决策提供充分数据。

3.确保政令畅通。中心统一安排对UPS供电、机房空调、广播电视监测、可视指挥调度、预警信息发布接收等各系统进行全面技术检查和安全隐患排查，并对预警信息发布接收系统进行升级，全力做好国庆期间的技术保障工作。与相关单位协调，24小时内完成设备转移和系统对接工作，将广电总局电视电话会议系统终端设备由21层调整至19层监测中心，确保总局“迎国庆保平安”全国电视电话会议的顺利安全召开，以及国庆期间安全播出指挥调度工作的政令畅通。

4.高清信号的监测。为保证北京电视台高清频道高清节目播出和传输的正常，市民正常收看高清电视节目，中心与电视台、歌华、传输设备厂家、天线厂家等单位的领导和技术专家沟通协调、讨论和制订实施方案，于9月28日前将高清节目监测系统建成并顺利投入使用，实现中心对北京电视台两路高清播出信号、高清卫星下行信号、歌华平移网中的高清信号和非平移网中的高清信号的监测。

三、开创技术发展新局面

监测中心先后完成项目研制报告、技术报告、科技创新奖推荐书、科技创新查新报告等累计约40万字的项目鉴定和评奖答辩材料。有15人获得国家广电总局科技创新一等奖、中国新闻技术工作者联合会的第四届“王选新闻科学技术奖”一等奖和二等奖、市广电局科技创新一等奖，共7项奖励；10人在国家一级刊物《广播与电视技术》期刊上发表4篇学术论文。

完成“广播电视监测中心系统扩容”、“VOD点播监督管理系统”和“视听网站综合管理系统”三个项目（共四包）的建设任务。涉及局传媒机构管理处、网络视听节目管理处、5个区县广电中心、歌华有线及各分公司、2家招标公司、4个中标公司、系统总集成商、7家VOD运营商、宾馆饭店等80多家单位，组织协调会30余次，对50多家VOD运营商和宾馆饭店进行实地勘察和调查，与50多家单位签订系统建设协议书。对部分配合不力的VOD运营商和宾馆饭店进行多次协调和沟通，使VOD监管前端设备装进宾馆饭店、系统调试顺利进行。

（北京市广播电视监测中心）

北京音像资料馆（北京广播电影电视研究中心）概况

北京音像资料馆成立于1987年，主要从事音像资料译制、收藏、观摩、制作等工作。2008年9月3日，经市编制办公室批准加挂“北京广播电视研究中心”牌子，由差额拨款事业单位变更为全额拨款。2009年9月29日，更名为“北京广播电影电视研究中心”。

2009年主要工作：

一、研究工作

重点编印《信息周刊》、《研究月刊》、《产业季刊》和《年度研究成果汇编》等研究刊物。年内将原《信息参考》（月刊）中的信息汇入《信息参考周刊》，提高时效性，增加信息量；将原有《信息参考》月刊中研究类内容汇入《北京广播影视研究》（月刊），增加原创稿件；将《摘要与综合》更名为《北京广播影视产业》（季刊），汇编出版80多篇50多万字的《北京广播影视发展研究文集》。聘请29名发展研究专家顾问；加强与系统内各单位的工作对接和交流协作。

二、资料工作

1.先后为市广电局进行约30次会议、活动的资料拍摄、制作和报送工作，如：“银幕上看祖国”活动启动仪式，“全国广播电视编辑记者、播音员主持人资格考试”和“第四届北京文博会广播影视展及论坛”等。完成2008年局系统重要工作资料、调研资料的制作整理和资料移交工作。

2.制作完成《聚焦产业基地、展示创业魅力——北京广播影视产业基地概览》、《2008年北京广播影视工作图片综述》、《第三届北京文博会广播影视展暨论坛见闻》、《典藏——北京音像资料馆馆藏资料推介》、《应对金融危机，促进首都广播影视产业发展》、《送专家下基层活动》专题片、《局政效考评资料片》、《赴宛平缅怀英烈、迎“七一”重温誓言》、《讲文明、喜迎国庆、练作风、树立新风》和《第四届北京文博会广播影视展及论坛》等10个资料专题片。

3.继续抢救刻录馆藏译制片母带及50年公共版权音像资料54部，107张光盘，时长7451分钟。完成“媒资管理系统设备”和“高清数字摄录一体机”两个专项的考察、设计、论证、审批、招投标和购置工作。

三、队伍建设

馆（中心）党支部响应市直工委及局机关党委“迎国庆、讲文明、树新风”的号召，积极开展作风建设、特色党日和“三进两促”等活动。为确保国庆60周年安全，签订《治安综合治理责任书》和《交通安全责任书》；制定《中心（馆）关于进一步推进安全生产“三项行动”的实施意见》、《中心（馆）国庆60周年庆祝活动安全生产保障工作方案》、《北京广播电视研究中心关于深入开展“国庆平安行动”的实施意见》。

组织全体职工赴中央电视台音像资料馆参观、学习，派员参加局赴德“媒体经营欧洲培训班”学习。组织7次专题培训，邀请国家广电总局、中央电视台、中国传媒大学等单位的专家、领导授课。

完善《项目预算与执行管理办法》、《财务管理办法》、《固定资产管理办法》和《制作机房及机器设备管理规定》，制定《保密制度》、《音像、文字、数据资料管理规定》和《媒资机房管理规定》。

（北京音像资料馆/北京广播电影电视研究中心）

北京市广播影视作品审查中心概况

北京市广播影视作品审查中心成立于2006年，由前北京市电视节目供片中心改建而成，为全额拨款事业单位。

主要职责：组织北京地区新出品及引进的广播影视节目（电影、电视剧、动画片、引进剧、剧本）的内容审查、复审，收集、加工、整理广播影视作品各类信息以及有关公益性宣传资料片，建立和维护影视作品数据档案库。

2009年主要工作：

一、影视剧目审查

1.依法审片。全年审查电视剧79部2581集，纪录片1部8集，引进剧4部91集，动画片27部797集9385.5分钟，电影4部，剧本23部。较2008年，电视剧审查增加3部155集；动画片增加26部386集，剧本增加4部。

2.增强服务。分批次、分阶段组织审查员与影视行业的从业者及研究者，利用不同的机会进行交流。主动征询与听取影视制作单位对影视审查工作的意见与建议，并做到积极反馈。加强审查工作的廉政风险防控，将服务工作落到实处。

3.梳理审片档案。将2006年起至今的影视审查工作相关的资料、档案进行科学分类，精细梳理，成为北京影视产业数据统计、业务研究的有力支持。

4.开展电影审查工作。建设完成电影审查硬件设施，调配干部参加电影放映、管理等相关培训，全面开展电影审查工作。

二、编撰书刊

1.编撰印发《电视剧审查手册》（2008年度），组稿编辑《电视剧审查手册》（2009年度）。《电视剧审查手册》的编撰与印发，在广大影视制作机构内已形成一定影响。通过对广电系统影视剧管理的相关精神、文件及审查案例的编辑整理，增强文件资料对从业者的指导性与实用性。

2.编撰《北京影视信息》10期。

三、制作公益性宣传片

制作完成4期《电视剧审查综述》。继续摄制大型电视档案《北京影视文化名人档案》，将北京市的著名编剧、导演等有卓越业绩的文化名流，通过采访及资料整理，系统地制作一批丰富翔实的电视档案片。已完成郑晓龙、林汝为、姜伟、石钟山、谢飞、黄力加、刘恒等《影视艺术名人档案》电视片11期。制作包装完毕《影视教程》全套23期的光盘制作及书稿印发工作。

四、征集优秀影视故事

开展“北京优秀影视故事征集活动”，共征集影视故事400余部，10月初开始初评；10月中下旬请专家学者进行复评、终评；12月中旬评选出10部获奖作品。在东方饭店举行颁奖典礼，邀请10家市属影视制作单位与参赛作者及评委们就影视创作相关问题进行研讨与交流，获奖作品电视剧《母子连心》已经由影视制作公司投拍。

五、完成“执业资格考试工作”

开展“2009年度编辑记者、播音员主持人执业资格考试”工作。8月10日至8月31日，现场确认报名人数2509人，其中编辑记者2107人，播音员主持人402人；筹备10月中旬考试工作，协商并签订4个学校为考点，共设置84个考场。

六、组织参展东京电影节工作

审片中心受市广电局委托，组织北京影视制作单位赴东京参展东京电影节工作，按照上级主管领导的指示，为参加电影节的15家影视企业提供展台、电影放映、广告宣传等，并制作精美宣传品及《北京电影代表团东京电影节出行手册》。于2009年10月16日至22日参展东京电影节。在代表团出行前，举办新闻发布会及电影放映会；并在电影节期间举办“中日电影论坛”和影片放映活动。

（北京市广播影视作品审查中心）

北京市广播电视学会概况

北京市广播电视学会成立于1987年7月15日，是北京市地方广播电视学术团体，社会组织，主管单位是北京市广播电影电视局。学会现为第五届理事会，现任会长为张晓爱。

学会宗旨：以邓小平理论和“三个代表”重要思想为指导，贯彻落实科学发展观，团结本市广播电视工作者，开展广播电视学术理论研究，促进北京市广播电视的改革，为发展广播电视事业，提高宣传质量和广播电视队伍素质服务。

主要任务：推动广播电视工作者学习马列主义、毛泽东思想、邓小平理论，贯彻执行党的路线、方针、政策和国家的法律、法规，坚持正确的舆论导向，发扬广播电视工作的优良传统，不断提高广播电视工作水平；开展调查研究和广播电视学术研讨活动，编辑出版学术期刊，为发展具有中国特色的社会主义广播电视理论作出贡献；协同有关部门组织广播电视评奖活动，组织广播电视优秀论文评奖，促进多出精品，多出人才，推动广播电视节目质量的提高和学术理论研究的开展；协同有关部门培训干部，为建设一支政治强、业务精、纪律严、作风正的广播电视队伍服务；开展有关业务的社会咨询，开展同国内外有关学术团体的学术交流与合作。

学会充分发挥组织、协调、服务、监督等职能，以广播电视学术理论研究、编辑《北京广播影视》和组织广播电视节目评奖为重点，全面推进学会工作。

2009年主要工作：

一、学术研究

1.做好“三农”报道研究。为进一步做好“三农”报道研究、交流经验，提高理论水平，学会举办“三农”报道研讨培训班。北京电台、北京电视台及区县广电中心的编辑、记者40多人参加研讨培训。

2.努力办好学刊。《北京广播影视》学刊围绕中心工作推出特色专栏，刊物影响力不断增强。杂志编辑部现有编辑6人，负责学刊“特稿”、“人物专访”、“特别报道”、“媒介管理”、“名家视点”和“传媒科技”等近10个常设专栏。学刊每期刊登稿件25篇，行业信息20余条，总字数约7万字，配发照片70幅。2008年《北京广播影视》共编印12期，稿件300余篇，照片800余张，总字数达上百万字。

3.加强理论研究能力。越来越多的会员自觉加强理论学习，理论研究素养和能力显著提高。在2008中广协会组织的第十届全国广播电视学术论文评选中，学会推选的4篇作品中有2篇获奖。

二、改进评选优秀节目方式

为做好2008年度的评奖工作，学会秘书处在总结以往成功经验的基础上，广泛征求意见，修改并完善评选章程和评选细则。2008年度评奖工作历时两个半月，在各会员单位推荐的400余个作品中，评选出获奖作品254个，“节目创优先进个人”76名。获奖作品中影视剧类作品12个，广播电视节目类作品182个，技术类作品51个，报刊类作品9个。在获奖作品中，经学会推荐，有56个作品获得“北京新闻奖”，完成向中国广播影视大奖节目类评奖推荐21件参评作品，向中国新闻奖推荐12件参评作品的任务。

2009年，北京的影视剧作品纳入“北京市广播影视奖”评选。本年度共有十几家影视制作公司的近20部电影电视剧作品参评。

三、开展活动

1.征集评比方案。 为促进市广电系统迎接国庆60周年宣传活动的广泛开展，为全市60年大庆的总体宣传营造气氛，市广电局和学会联合组织各区县迎接新中国成立60周年宣传报道方案征集评比活动。

2.组织“送专家下基层”活动。 2009年7月，市广电局与学会联合组织“送专家下基层”活动。根据各区县广电中心在日常培训工作中需要解决的问题，由学会秘书处负责邀请有关专家到区县广电中心授课。根据各区县实际需求，学会相继邀请讲授“新闻节目采编”的中广协会专家、讲授“摄像技巧和理论”的中国传媒大学教授和讲解“如何提高节目吸引力”的北京电台主持人。“送专家下基层”活动已经在通州、密云、大兴、顺义等6个区县开展，反响热烈。

（北京市广播电视学会）

北京广播影视海外交流中心概况

北京广播影视海外交流中心成立于1993年2月20日，是北京市地方广播电视社团组织。宗旨是：充分利用北京作为中国首都和文化中心之优势，联合北京广播影视界的对外宣传和交流，发展、繁荣北京的广播影视业，为首都经济建设服务。

2009年，北京广播影视海外交流中心主要工作是：继续发挥海外交流中心的桥梁和纽带作用，组织业内技术骨干前往境外进行相关业务考察、交流、学习，从多角度拓展北京广播影视交流的渠道；组织中俄文化交流年的有关活动，并组织有关人士进行洽谈、交流。

（北京广播影视海外交流中心）

北京紫禁城影业有限责任公司概况

北京紫禁城影业有限责任公司成立于1997年，注册资本3200万元，是集影视策划、制作、营销为一体的大型专业影业公司。

该公司共摄制完成影片30余部，电视剧千余集。其中，有商业大片《甲方乙方》、《不见不散》、《没完没了》、《刮痧》、《红色恋人》、《谁说我不在乎》、《赤壁》等，也有主旋律影片《离开雷锋的日子》、《张思德》、《生死牛玉儒》、《背起爸爸上学》、《法官妈妈》、《紫日》、《嘎达梅林》、《香巴拉信使》、《山乡书记》、《一个人的奥林匹克》、《铁人》、《万家灯火》等，均取得社会效益和经济效益的双丰收。公司摄制出品的电视连续剧《重案六组》、《玉观音》、《少年天子》、《天下第一楼》、《牟氏庄园》等在中央电视台和各地播出后，均创造了极高的收视率。公司成立以来连续获得“华表奖”、“五个一工程奖”、“金鸡奖”、“百花奖”、“金鹰奖”、“百合奖”等多个国家级大奖以及开罗、莫斯科、东京等国际电影节大奖。

公司经营业绩一直稳居国内电影生产企业的前列，国内票房过千万的影片近二十余部，其中多部影片票房位居年度票房冠亚军，总票房超过5亿元，影片还行销至美国、日本、韩国及我国香港、台湾等多个国家和地区。目前，公司已形成从影片策划、拍摄、宣传到发行及衍生产品的开拓等完整有效的一条龙运营机制，在同行业公司中取得了骄人业绩。

公司具备一支由一流专业人士组成的影视制作及发行队伍，并融入国际化的制片营销理念，建立了庞大的明星网络，黄建新、冯小刚、叶大鹰、冯小宁、陈国星、胡玫、吕乐、尹力、夏刚、陈道明、葛优、王志文、张国荣、冯巩、陆毅、吕丽萍、斯琴高娃、徐帆、刘蓓、梅婷、徐静蕾、瞿颖、范冰冰、陈好等一大批国内外知名导演、演员都与紫禁城影业公司有过成功的合作。

2009年，公司拍摄了电影《烟花恋人》、《铁人》、《万家灯火》、《苏乞儿》、《走着瞧》、《衡水湖的孩子们》等6部作品，其中《铁人》和《万家灯火》被广电总局列为向新中国成立60周年献礼影片和重点推荐影片，另两部影片《秦基伟血战临泽》、《武林笑传》均在后期制作中；完成制作的35集电视剧《牟氏庄园》发行工作已基本结束，播出情况良好；完成电视电影两部：《河湾村的喜事》、《走四方》，其中《走四方》获得电影频道的高度评价和肯定。

年内，公司的影视作品在一系列评奖中成绩突出。《铁人》获得广电总局华表奖优秀电影奖、中宣部“五个一工程”奖，第27届电影金鸡奖最佳男演员奖；《一个人的奥林匹克》入围华表奖，并获第六届北京市文学艺术奖；《走四方》获得第十六届大学生电影节最佳电视电影导演奖、第27届金鸡奖电影最佳数字电影奖、第九届数字电影百合奖优秀影片一等奖和优秀男演员奖。

（北京紫禁城影业有限责任公司）

北京北广传媒集团概况

北京北广传媒集团是北京市属广播影视产业化管理与运营相结合的专门机构，成立于2001年5月28日，原称北京广播影视集团，为市委、市政府直属事业单位。

2009年，北京北广传媒集团深入学习实践科学发展观，各项工作取得新成效。截止到年底，总资产达到110亿元，营业总收入达到23亿元，同比增长4.5%；实现利润4.1亿元，同比增长17.85%。

一、深入学习实践科学发展观活动取得实效

3月至8月底，集团参加了全市第二批学习实践科学发展观活动。围绕“占领阵地、把握导向、改革创新、迎难而上、加快发展”的主题，集团系统上下周密组织、扎实推进，圆满完成了学习调研、分析检查、整改落实三个阶段六个环节各项任务，收到预期成效。集团共有1221名党员和领导干部参加了学习实践活动，参与率占集团党员总数的99.7%。领导班子集中学习16次，增强了学习效果；先后举办专题辅导报告会60场，集中培训党员干部3600余人次；召开各类调研会121次，参加各类调研、访谈的干部、群众达590人次；撰写调研报告39篇，征求意见建议558条，查找和梳理突出问题57个，制定整改落实措施61条，已办惠民实事25件；解决影响和制约科学发展方面的突出问题7个，修改完善政策制度2项；出台“三保”措施6项，完成整改落实项目10项；集团分析检查报告测评满意率达99.3%，学习实践活动满意度达到95.4%。集团在全市第二批学习实践活动第一阶段工作交流会上做了典型发言。

年内，集团调整干部30人次，推荐6名局级副职领导干部后备人选和1名优秀正处级干部人选，培训各级领导干部570人次；发展新党员47名，预备党员转正30名，举办一期80多名入党积极分子参加的培训班；完善反腐倡廉规章制度，举办全系统反腐倡廉专题报告会，12月市委常委、宣传部长、副市长蔡赴朝率检查组对集团党风廉政建设情况进行检查，给予高度评价。

二、高标准、高质量完成多项重大活动服务保障任务

完成国庆60周年庆祝活动服务保障任务。一是保障全市有线电视网络安全传输。国庆节期间，全市有线电视机房、光缆运行正常，400多万用户（包括210万数字电视用户）收视正常，歌华有线首次采用高清交互数字电视技术传输国庆盛典，受到各界好评。此外，“阅兵村”有线电视信号服务保障、国庆阅兵信息化安全保障等工作得到各级领导的认可，歌华有线被授予首都国庆60周年群众游行优秀组织单位。二是完成中国第七届花博会票务服务、大小屏建设及节目制作播出、新媒体宣传等工作。此次花卉博览会是集团首次整合优势资源参与的一项重大活动，集团、城市电视和歌华科技中心被组委会授予“最佳服务保障奖”，12名同志被评为先进个人。三是精心组织国庆60周年联欢晚会音乐制作、演员组织和演出保障工作。歌华集团抽调40名专业骨干，组建多个工作和服务保障机构，历时6个多月，服务保障优质高效，得到了晚会指挥部领导和各部门、各协作单位的充分肯定，展示了歌华集团良好的企业形象。四是顺利完成采访国庆活动中外记者的集结和安检工作。10月1日歌华文化中心积极配合国庆新闻宣传指挥部和公安部门，为采访国庆活动的2000多名中外记者提供了集结和安检等服务，未发生任何问题。

5月起，集团及所属各单位扎实推进“平安北京建设”各项工作，实现了“大事不出、小事减少、管理严格、秩序良好”的目标，做到安全播出“零插播”、“零事故”。据统计，全集团共召开不同范围的工作会议及培训400多次，组织修订、修编相关预案数十项，组织安全演练十余次、2000多人参加，隐患排查整改近百次，数千人次在播出传输一线和重要场所、要害部门值班带班。集团被授予“国庆60周年庆祝活动新闻宣传工作突出贡献奖”、“国庆安保工作先进集体”。

成功举办“2009北京世界设计大会暨首届北京国际设计周”。10月24日至30日，歌华集团参与承办的“2009北京世界设计大会暨首届北京国际设计周”，吸引了来自全世界百余个国家和地区的1650余名设计精英，期间25个展览、百余场专业论坛、13项公众参与的活动，吸引观众超过20万人，注册媒体超过160家。集团中标成为2010年广州第16届亚运会体育展示服务供应商，有效提升了重大项目的策划与操作能力。

成功参展第四届文博会。11月26日至29日，集团在国展举办的第四届中国北京国际文化创意产业博览会上，集中展示了高清交互数字电视、手机电视等新媒体业务及影视剧精品，吸引了数万名观众参观，提升了集团的品牌形象和影响力，刘淇、刘延东等领导观展后给予充分肯定。

三、夯实基础，巩固提高，阵地建设取得新跨越

有线电视网络业务平台。一是加快有线电视网络升级改造与数字化整转。年内，歌华有线加快双向网、光缆网、电缆网、管道和机房建设改造力度，完成数据增值业务光缆接入工程900余项，敷设光缆3000余公里，完成800余项光缆补缆和新建小区配套光缆施工，城区新建、改造分配网41万户、验收36万户，远郊新建电缆网1100公里，完成管道工程326沟公里。截至年底，全市有线电视注册用户超过410万户。歌华有线在全市进行了有线电视数字化推广工作，整转用户总数达240万户。二是积极拓展数据增值业务。集团在扩充专网业务、扩大用户网络规模的基础上，着力加强业务创新与实施，为客户提供无线宽带、软交换、集群专网等新业务，改善了业务格局；个人业务不断调整产品结构，推出社区宽带业务、高带宽产品。截至12月底，个人宽带业务在线户数达到9.7万户，同比增长16%。三是实施高清交互数字电视业务试验推广。国庆节前夕，按照市委、市政府要求，歌华有线精心筹划，积极部署，启动高清交互数字电视试验示范小区推广工作，开启了全国高清交互整转小区的先河。相继完成高清交互前端平台、运营支撑平台、服务传输机房改造等基础设施建设任务，满足了试验推广的需求。从10月份开始，先后在朝阳、石景山和海淀的80多个小区进行了高清、标清交互的试点推广。截至12月底，全市高清及高清交互数字电视用户超过30万户，集成视频点播节目1.1万多小时。

新媒体业务平台。年内，数字电视在北京地区集成播出的频道数量达到54个（自办11个），代理播出服务频道6个；鼎视中央节目平台顺利完成5个高清频道的上星播出，成为目前国内第一大高清频道集成传输服务商，基本完成除西藏外的全国落地覆盖，落地地区达161个、覆盖用户5000多万户；移动电视稳步推动与公交集团的合作，全年新装车辆255辆、新增终端屏幕510块，终端总量达2.4万个；城市电视继续不断调整结构，提高终端质量，全年新增800多块屏，终端总量达1.1万个；地铁电视完成播控中心建设，启动1号、2号线地铁电视和乘客信息系统建设工程，在现已开通的7条地铁线路共安装电视终端1.18万个；户外大屏幕电视7处8块（自建来福士、太阳宫、花博会主会场3块），总面积达1464平方米；瑞特公司不断巩固在境外卫星电视代理方面的合作，规范整合市场，用户规模、收视费收入保持基本稳定；完成北京中广传播有限公司组建、注册等，业务运营开始起步。

四、放大优势，挖掘潜力，内容生产、公共服务和品牌建设实现新提升

加强新闻宣传。数字电视、移动电视、楼宇电视、地铁电视、CMMB手机电视、户外大屏、《北京广播电视报》、《北京电视周刊》等多种媒体资源，充分发挥自身优势，圆满完成十七届四中全会、全国和北京市“两会”、国庆60周年等重要活动、重大节日、重大事件的宣传报道任务，营造了良好的舆论氛围。“璀璨京华六十年”大型图片征集活动、《歌唱祖国》大型音乐专题节目等取得了明显效果。特别是移动电视联合中央电视塔、中国移动北京公司主办的“祝福祖国”短信活动，自7月13日启动以来，市民踊跃参与，日均参与人数2万多人次，单期活动参与人数最高超过15万人次，共发送短信1万余条，参与人数达223万人次。新华社、《人民日报》、《经济日报》、《北京日报》、北京电视台等各大媒体以及人民网、千龙网等相关网站给予报道，产生了良好的社会影响。

扩大公共服务。数字电视、移动电视、城市电视等新媒体与市委组织部、市纪委、市总工会、市文化局等二十多家部委办局合作开办《北京党建》、《百姓就业》、《演艺罗盘》、《工会之窗》、《一路同行》、《首都保卫者》、《购物季》等多个栏目、节目，为市民出行、交通应急、文化消费、劳动就业以及衣食住行等提供信息服务，凸显了新媒体的公益服务意识。《北京党建》拍摄的系列专题片《红旗支部行》，得到刘淇等市领导的充分肯定；《永远和人民在一起》国庆专题片，得到中组部领导好评；《拳拳报国志，十年西部情——博士服务团工作10周年巡礼》电视专题片，受到中组部的书面表扬；《以案说纪》系列电视短剧，被推荐为全国反腐倡廉宣传教育的重要教材。

歌华有线积极推进农村文化信息资源共享工程，覆盖全市近4000个行政村的“北京市文化信息资源共享工程”传播服务平台建立，初步形成了面向农村，提供包括影视、戏曲、文化讲座、农业课件和电子图书等丰富内容的文化信息传播服务体系。歌华有线远郊各分公司积极服务农村信息化建设，在配合完成“村村通”工程的同时，不断扩大农村网络覆盖和用户规模，为北京市新农村建设做出了积极贡献。

强化品牌建设。年内，集团出台了《提升北广传媒集团影响力，全面推进集团对外宣传工作方案》，加大品牌形象的宣传力度，加强与北京电台、北京电视台、《北京日报》、《北京晚报》、《北京青年报》等市级主流媒体以及人民网、新浪、搜狐、网易等热门网络媒体的广泛联系和合作，全年对集团的报道达1.2万余次（数据来自媒体监测），北广传媒品牌曝光率近百万次。升级改版集团网站，及时发布最新工作动态，发布动态信息200余条，点击率同比增长15%；共编发《北广传媒集团信息》60期、刊载各类信息380条，编发《信息专报》200期；全年集团上报各类信息210条，被采用70多条。

打造影视剧精品。本年度，集团所属北艺、中北、影视公司拍摄完成并播出电视剧《我是老板》、《对手》、《内线》、《咱爸咱妈六十年》、《勇士的最后秘密》；拍摄完成电视剧《半路兄弟》、《雪域天路》；拍摄中的电视剧《我爱北京天安门》、《金婚风雨情》、《茅台镇》。年内，《金婚》、《春草》、《对手》先后荣获“五个一工程奖”、“飞天奖”、欧亚电视节等国内国际大奖，《咱爸咱妈六十年》、《对手》创高收视率，社会反响强烈。

音像公司不断开拓产品销售渠道。《侯宝林相声表演艺术》、《歌声回首六十年》入选国家新闻出版总署“农家书屋”采购目录和北京市“益民书屋”政府采购项目，被列为供货单位之一，其中《侯宝林相声表演艺术》已被“农家书屋”采购3000套；《歌声回首六十年》专辑被确定为“2009年北京市重点音像出版选题”，并纳入“北京市出版工程”，在国庆六十周年期间上市发行木盒精装版2000套被抢购一空。

五、做实做强主业，歌华集团相关文化创意产业有效拓展

文化会展业务。歌华文化中心以文明类、当代类、创意设计类及配合政府重要项目类的文化艺术展为重点，相继举办了秦汉——罗马文明展、《新中国60年经典瞬间》大型图片展、伟大的世界文明续展、世界设计大会设计展、第四届北京国际文化创意产业博览会、“见证奥运超越梦想”大型主题展览巡展，巩固了已具影响力的歌华展览品牌。

演出活动业务。成功推出“北京节拍文化广场活动”、“中华世纪坛春节文化庙会”等品牌项目，极大地丰富了群众的节日文化生活；创制、演出和推广视觉交响京剧《新白蛇传》，获得较好的社会效益；原创大型乐舞诗《紫气京华》、大型歌剧《孔子》，分别在国家大剧院和北京大学百年纪念讲堂隆重上演。

传媒交流服务业务。歌华传播中心积极参与城市环境景观及公益媒体设施的规划、设计、建设及运营维护工作，获得了多处城市公益宣传设施的运营维护权；完成“首都文化视窗”试点建设工作；努力打造歌华传媒交流服务平台，策划、组织、承接“德国记者镜头里的中国30年——马廷摄影展”等多项传媒交流活动。

文化信息技术业务。以歌华大厦为依托，发挥北京歌华文化创意产业中心和北京国际文化创意产业联盟的优势，整合相关文化创意产业资源，探索文化艺术资本运作模式，着力构建文化艺术产品的规范化交易基础平台。在探索建立文化创意产业投融资机制、票务技术系统研发、世界艺术资源平台开发等方面积累了经验。

文化设施运营与管理业务。统筹管理中华世纪坛、歌华开元大酒店、歌华大厦、国际艺苑酒店、虎峰山庄（宣传干部培训中心）等文化设施运营，以专业化、系统化和市场化为目标，整体提升文化设施的管理能力、服务水准和经济效益，并改造修缮中华世纪坛，筹备建设表演艺术中心。

六、健全制度，完善措施，内部管理逐步规范

制定完成集团三年发展规划。年初，集团成立三年发展规划起草工作领导小组，坚持以我为主的原则，开门搞规划，深入所属各单位调研，赴江苏、山东等地广电集团（总台）考察；多次邀请中宣部、国家广电总局、市委宣传部、市广电局、清华大学、中国传媒大学等单位领导、业内专家以及集团所属各单位反复研讨论证规划初稿，最终定稿并印发执行。

健全完善内控管理体系。集团全面加强内控管理体系建设，建立了运营管理、投资管理以及审计监督等多项管理规章制度。先后制定下发《集团公司制企业董事会、监事会管理办法（试行）》、《集团投资及合作项目论证管理办法（试行）》等文件规定，并修订、完善相关财务管理制度。

完善绩效考核和思想政治工作考核体系。年内，集团修订《绩效考核管理办法》（试行）、《思想政治工作考核评分细则》（试行），在保持考核内容连续性的基础上，优化考核指标，加大对年度重点工作和日常基础性工作的考核力度，增强考核指标的导向性，使考核结果更加客观真实地反映各单位工作实绩。

加强审计监督。集团制定实施《集团内部审计工作规定（试行）》，将财务审计、领导干部离任经济责任审计、重大事项专项审计等纳入常规审计范围，明确集团内审工作的职责、权限与任务，对各单位内审机构的设置及人员配备提出明确要求，进一步规范审计监督行为。同时，对2008年集中审计发现的问题进行分类梳理，查找薄弱环节和管理漏洞，制定了整改方案和措施，强化监督落实。

稳妥推进体制机制改革。年内，整合数字电视和北京广播电视报社资源，打造歌华有线服务百姓互动内容平台；优化资源配置，加快新媒体节目制作播出中心和技术中心的建设进度；本着积极稳妥的原则，进一步完善北京电视艺术中心体制改革方案，为下一步实际操作夯实基础。

（北京北广传媒集团办公室）

北京歌华文化发展集团概况

北京歌华文化发展集团成立于1997年12月，是北京市大型国有文化产业集团。

集团秉承“传承华夏文明，做优秀文化的创造者和传播者”的使命，致力于文化产业改革与发展，壮大国有文化企业实力。歌华现阶段实行“3＋2”发展战略模式。“3”是指“文化”、“传播”、“科技”三个产业发展与服务平台，“2”，是指“资本”、“创新”两个驱动力，达到主业专精、辅业多元，实现企业从单一传统产业模式向集团化、集约化、专业化现代产业模式的转变。

歌华集团坚持“以品牌融合资源、以文化创造价值”的经营理念，确定了“集团国有独资、中心集团控股、板块资本多元”的资产结构体系。集团本部履行战略制定、投融资、资产管理等职能；下属“文化”、“传播”、“科技”三个中心履行战略执行、主营业务发展、资产授权经营的职能。三个中心下属板块型公司为专业化公司，负责项目操作和经营计划的执行。文化中心以中华世纪坛为平台、传播中心以歌华开元大酒店（传媒主题酒店）为平台、科技中心以歌华大厦为平台发展相关业务。歌华集团有效利用政府、社会、市场资源，成功运作了一系列大型文化项目，获得业界和社会的认同。集团业务范围涉及文化创意产业，文化项目投融资，文化基础设施投资、管理及运营等领域。

2009年主要工作：

一、圆满完成集团重点项目

国庆60周年联欢晚会活动服务保障工作。歌华集团承担晚会的音乐制作、演员组织和演出保障任务，具体负责演员工作室、音乐工作室、演出统筹工作室和演出保障工作室运行等相关工作。集团成立了专项工作领导小组，所属各公司抽调骨干41人为各项工作负责人，历经6个月的辛勤努力，确保了国庆当天演出活动圆满成功，集团服务保障工作得到晚会指挥部领导和各部门、协作单位充分肯定。

独家代理第七届花博会票务服务。第七届中国花卉博览会是北京市政府庆祝国庆60周年重要系列活动之一。北京歌华科技中心有限公司作为唯一授权主体，全面负责《票务总代理协议》约定的权利与义务。科技中心按照花博会的业务需求，基于以自主研发的歌华GTS服务平台为核心制定了整体技术解决方案，有效的将售票管理、检票管理、场馆管理、证件管理、数据分析等不同的应用套件组成一个无缝连接的产品，充分展示了“售检联动、实时监控、系统稳定可靠”的技术特点。

举办“2009北京世界设计大会暨首届北京国际设计周”。“2009北京世界设计大会暨首届北京国际设计周”于10月24日至28日在北京举办。大会历时5天，吸引了来自全世界百余个国家和地区，总计1650余名设计精英云集北京。同期举办25个展览、百余场专业论坛、13项公众参与活动，地点涉及中华世纪坛、国家大剧院、中国美术馆、中央美术学院、清华大学、798及三里屯Village（购物中心）、工人体育场等15处本市主要展览和时尚场所，总计吸引观众超过20万人，注册媒体超过160家。这是歌华集团首次独立操作国际大型会展活动。

剧场院线项目。集团根据战略发展需求，启动全国范围的剧场院线项目，旨在打造一个遍及全国各二、三线城市，标准化设计施工、经营服务、演出内容的歌华剧场院线品牌。歌华剧场院线将以资本管理和节目内容为纽带，实行统一品牌、统一内容、统一经营、统一管理的演出服务机制，并通过网状设点的布局，形成规模化经营，力争在多个渠道性平台上体现剧场院线的核心价值。

文化艺术交易中心。歌华文化艺术交易中心由歌华文化发展集团发起建立，委托歌华文化创意产业中心负责运营，国内首家为各种文化艺术产品、版权及项目交流、交易和投融资提供专业服务的公益性平台，并就新型交易模式开发、交易规则等环节，与银行、信托、保险、法律等相关专家深入论证、调研，设计多种新型的交易方式及交易体系。确立了十一层交易大厅功能和使用需求总原则，整合先进的网络技术、高清数字技术等当代科技力量，形成现场交易与线上交易、实物交易与虚拟交易相结合的新型综合性文化艺术交易市场。

年内，集团积极推进“平安北京”建设，从项目安全、设施安全和人员安全工作着手，狠抓工作落实。设立各重点项目领导小组，领导班子成员分别担任各项目组负责人，制定了合理的组织构架、严密的实施方案和应急预案，确保实现上述“三个安全”，每个重点项目均取得可喜成绩。

二、积极推动集团主业板块发展

文化会展板块。年内，文化会展板块在高端、精品项目策划实施，打造展览品牌和国际交流合作等方面取得进展，成功举办了《伟大的世界文明》续展、《秦汉——罗马文明展》、《触·觉——从卢浮宫到世纪坛》艺术展、《新中国60年经典瞬间》大型图片展、《爱北京照北京》摄影文化活动优秀作品展、世界设计大会设计展等一批具有较大影响的项目。世界艺术馆的地位得到巩固,北京市将中华世纪坛世界艺术馆与首都博物馆列为人文北京之文博行动中大型文物、文化精品展示平台,为文化会展板块和世界艺术馆的发展,打造艺术馆院线奠定良好基础。

演出活动板块。初步形成大型活动以中体文化公司为主,舞台演出以歌华中演为主,文化交流项目以歌华莱恩公司为主的产业布局,成功举办了“北京节拍文化广场活动”、“中华世纪坛春节文化庙会”、四场中外艺人演唱会等项目,逐步构成具备长期稳定的品牌性项目。中华世纪坛小剧场建设和小剧场院线工作取得进展。圆满完成东亚运动会体育展示服务项目及竞标成功第16届亚运会体育展示服务项目。演出活动板块各专业公司圆满完成2009年海淀文化节项目的策划和实施;成功举办许巍等多台个人演唱会,其中许巍演唱会票房异常火爆,演出前全部售罄,创造了商演市场票房奇迹。

广告经营与传媒服务板块。传播中心及时调整定位,探求广告媒体经营发展新机遇,向文化产品、项目的贸易服务、营销、产业化推广方向谋求发展;逐步恢复传统优势,积极参与城市环境景观及公益媒体设施的规划、设计、建设及运营维护工作;努力打造歌华传媒交流服务专业平台,策划实施“国际传媒交流服务平台”项目,服务境外媒体十余批,一百多人次;积极探索歌华广告新的经营模式的业务方向。

文化信息技术板块。以文化会展、演出活动、文化贸易服务为基础的文化信息服务及技术研发成果突出;与建设银行合作为中小文化科技类企业提供融资担保支持,一期额度为一亿元;着力开发北京世界艺术资源平台;完成北京国际文化创意产业联盟产业示范项目。

文化设施运营与管理板块。集团成立设施管理部,统筹管理所属各文化设施运营,完善各个物业设施的业态管理和相关产业平台的搭建,确立所属文化设施的主营定位,歌华大厦成为创意产业平台,中华世纪坛成为公共文化艺术活动中心,歌华开元大酒店构成传媒主题酒店,虎峰山庄定位于人才培训基地。

三、强化投融资管理,完善考核措施

集团确立投融资管理为重点,基本实现集团核心经营性资产向中心转移工作,形成以中心为主体新融资体系。集团以投融资体系牵头,从资产经营入手,以存量资产运作形成增量资金,力促历史遗留问题的解决。完善考核机制,集团对本部侧重行政绩效考核,以工作职能目标、费用管理目标为主要指标;对五个中心侧重经营业绩考核,以资产资源性收益和自身经营性收益为主要指标;五个中心对所属公司侧重经营成果考核,对核心主业公司以主业收入和利润为考核指标,对其他各类专业化公司以投资收益和资源服务为考核指标,有力推动了歌华集团经营管理工作。

(北京歌华文化发展集团党办)

北京歌华有线电视网络股份有限公司概况

北京歌华有线电视网络股份有限公司(简称“歌华有线”)于1999年9月经北京市人民政府批准成立,授权负责北京地区有线广播电视网络的建设开发、经营、管理和维护,从事广播电视节目收转传送、广播电视视频点播和广播电视网络信息服务业务,是北京市科学技术委员会核定的高新技术企业。

2001年，歌华有线在上海证券交易所上市(股票代码600037)，2004年5月发行可转换公司债券12.5亿元。歌华有线在市委、市政府和有关部门的支持下，相继完成近、远郊区县有线电视网络的并购统一，2002年2月实现“一市一网”。2004年9月，公司收购河北省涿州市的全部有线网络资产，标志着跨区域经营迈出突破性的一步。歌华有线已形成覆盖全市18个区县、敷设光缆线路2万余公里、电缆线路20万余公里、接入413万户的超大型有线电视网络。歌华有线共传输节目百余套（其中模拟电视节目50余套、数字电视节目150余套、高清数字电视节目13套、调频广播节目18套、数字广播节目16套)，是全国传输数字电视节目和高清电视节目最多的网络公司之一。

2009年，歌华有线全力推进高清交互数字电视推广工作，实现第一阶段30万户推广目标，公司网络建设、用户服务、数据业务、内容平台建设、业务支撑系统建设等各项工作成效突出，实现营业收入15.2亿元，同比增加1.6亿元，增长11.5%；在固定资产折旧等成本大幅增加的情况下，取得利润总额3.32亿元，同比保持增长。公司有线电视注册用户达413万户，同比增长30万户，其中数字电视用户240余万户，同比增长50余万户。公司注册用户、数字电视用户、高清交互用户数量均位居全国首位。

一、推进“平安北京”建设，确保国庆安全传输和优质服务

公司着力抓好“平安北京”建设，进一步完善工作方案、应急预案和工作流程，认真组织培训，演练达百余次，整改各类隐患300余项，坚持人防、物防、技防到位，有力地保障了全市有线电视安全传输，确保了阅兵村和花博会有线电视网、市政府电子政务网、市应急指挥视频会议系统的安全运行，实施北京卫视等13套高清频道入网传输，实现首次高清、互动传输国庆盛况，圆满完成国庆60周年的各项服务保障任务。

二、全力推进交互数字电视推广工作

年内，公司交互数字电视推广工作取得历史性突破。4月18日公司启动标清交互数字电视推广，9月18日启动高清交互数字电视试验示范小区推广。截至年底，公司完成年度高清交互数字电视推广任务，高清交互用户数量领跑全国，实现北京有线电视由单向到双向、由广播到交互、由标清到高清、由用户“看电视”到“用电视”的历史性跨越。一是建设完成可支持30万用户推广的高清交互前端平台。二是加强高清交互运营支撑平台建设。完成iBOSS系统一期一阶段上线运行，完成高清交互业务现场推广流程的支撑、客户服务支撑，积极推进网上营业厅、电视营业厅和安全控制平台建设，通过交互电视实现燃气、水、固话、手机缴费和天坛医院电视挂号。三是相继完成高清交互传输平台建设及其相应机房新建、机房扩容升级和动力改造工作。四是内容集成与应用平台建设成效明显。公司获得国家广电总局颁发的《广播电视视频点播业务许可证》，组建专门机构负责内容集成与应用开发工作。仅4个月内，开发完成“电视缴费”、“电视挂号”、“歌华点播”、“回看录制”等三大类20项应用，集成视频点播节目1.1万小时，“新闻拆条”7000余条，“回看录制”功能支持25个频道7×24小时的节目时移和回看。12月份用户使用“歌华点播”等视频类应用317万次、98万小时。

为完成好上述任务，公司成立了项目工作领导小组及其办公室；实现了高清交互机顶盒集成的应用开发；重新设计了相关用户协议，建立完善40余项流程；做好人员组织工作，组建了长虹、海尔、创维等单位1000余人的安装队伍，同时抽调总公司、远郊分公司人员及视宽公司力量，支援高清交互推广现场，并加强参战人员培训；全面落实推广现场物资准备工作；积极开展分配网验收，调整机房、开通试点小区双向光节点，为试点推广做好网络准备；做好上门安装服务工作，制定了统一的安装规范和服务标准，加强对自有维护人员和外聘安装队伍的培训、管理与考核，确保了安装服务质量；适时召开专题会、现场会，总结推广经验，有效解决问题，得到用户普遍好评，获得领导部门肯定。

三、加强网络建设与管理，进一步夯实发展基础

机房建设。完成5个机房基础整备工作、7个机房搬迁与启用工作、24个机房CMTS升级调整和17个三级基站设计建设开通任务。

光缆网建设。城区共敷设光缆1359公里，拆除光缆532公里，补缆612公里，新增光节点434个；完成IP点光缆接入工程908项；完成48条道路缆线拆改工作，实现光缆入地716公里，提高了网络传输安全水平。

管道建设。配合“三线整治”、“市政拆改”，完成城区管道工程284沟公里。以“双进入”为契机，加强光缆入地断点沟通和管道支线引上工作，完成257条道路管道建设，其中支线引上424处、断点沟通105处。

分配网新建与改造。城区新开工建设、改造双向网络35万户，全年竣工报验50万户，开通双向网络50余万户。

制定并实施全市新建商品住宅小区网络验收方案，网络验收工作趋于规范；印发《城八区工程项目令号管理办法》，实行从立项、设计、建设、验收、结算一号到底的办法，规范工程项目管理。

四、加强用户服务管理，提高市场运营水平

推进维护体制改革。公司以高清交互推广为契机，以全业务维护为方向，在城区平稳推进维护体制改革，由分公司直属维护人员承担交互数字电视入户维护工作。制定新的《营业厅服务管理体系》，加强营业厅规范管理。加大市场销售力度，推进机顶盒进入卖场销售工作。与TCL等5家公司签约，支持一体机销售工作，至12月底已办理一体机入网3000余台。组织完成高清交互节目销售方案前期调研和方案制订工作，为实施节目销售奠定基础。加强用户管理，完善用户服务。实施电视短信催费等工作，对欠费超过3个月以上用户实行停止数字电视授权等技术措施，提高了收费率；96196客服中心全年接通用户来电373万人次，及时处理用户各种诉求。

五、拓展数据业务市场，提高竞争能力

一是创新集团业务，积极为客户提供无线宽带、软交换、IDC、集群专网等新业务，改善了业务格局，收入同比增长近50%。二是加强个人业务，年内，丰富个人宽带产品品种，推出高带宽产品。加强现场宣传，在高清交互小区推出“互动e网”活动，并启动客服中心的CM电话销售，此举成效明显。三是积极推进文化信息资源共享工程，建成覆盖全市4108个行政村的“文化信息资源共享工程”传播服务平台。

六、加强远郊分公司工作，服务新农村信息化

一是用户增长显著，远郊全年新增有线电视注册用户15万户，总用户超过151万户，继续推进银行代缴费工作。二是数据增值业务发展迅速，各远郊分公司大力发展数据业务，使有线电视网络成为当地政府信息化的主要支撑平台，远郊数据收入同比增长37.65%以上。三是加快基础网络建设，远郊区县3606个行政村，全部实现了有线电视光缆“村村通”。远郊分公司全年新建管道157公里、光缆1700余公里、电缆干线1600余公里。加大旧网改造工作力度。各远郊区县采用PON+LAN或PON+EOC等技术，积极推进有线电视双向网络建设，试验网覆盖用户已达15万户，其中开通约1.6万户。四是提升有线电视网络和电子政务环网运维保障水平，确保安全传输。

七、围绕“十字”发展战略，强化资本运作

投资1亿元认购绵阳科技城产业投资基金，已按基金管理人要求实际注资3000万元；增资3000万元用于涿州歌华基础网络建设，为其进一步发展打下坚实的基础；出资2704万元增资集团所属的数字电视公司。增资后，持有该公司51%的股份；做好信息披露工作。严格按照法律、法规和公司章程的规定，完整、及时披露各项应披露的信息，为投资者对上市公司的投资价值进行客观评价提供依据。

八、加强企业运营管理，推进公司健康发展

一是加强内控建设和稽核工作。梳理、完善财务管理等各项内控制度，开展内控培训，完成对所有分（子）公司的第一轮稽核审计工作，力促公司规范化运营，辅之以强化宣传和法律保护等措施，加强维权护网工作。二是完成高新技术企业重新认定工作，取得了市有关部门颁发的高新技术企业证书。三是获得转制文化企业的税收优惠政策，2009年1月1日至2013年12月31日免征企业所得税。四是抓好招标采购工作。年内前三季度完成采购金额5.6亿元，与原采购价格相比，支出大幅减少。制定了《设备器材采购评标委员会和评标方法规定》，进一步规范、细化评标工作。五是加强安全工作，强化安全生产、消防安全和安全保卫措施。六是抓好卫视节目落地工作。频道收转收入同比增加5.68%，坚持维权护网，加大对节目源管控力度。七是加强人力资源管理。以部门和分公司为试点积极推进“岗位分析和工资总额包干”工作，实施企业年金制度，规范公司年休假制度，制订劳务人员建立住房公积金方案。八是重视培训工作。紧贴公司中心工作，综合采取网络课堂、远程视频学习、集中培训等方式，开展了一系列培训工作。全年共组织30期培训，6000余人次参加。九是加强宣传工作。十是做好法律事务工作。

（北京歌华有线电视网络股份有限公司办公室）

北京电视艺术中心概况

北京电视艺术中心是北京市属生产电视剧的专业艺术机构之一，成立于1982年9月17日，最初称北京电视制片厂，是全国最早成立的专业单位之一。1985年5月16日，改称北京电视艺术中心，主要从事集影视策划、制作、营销影视节目等业务。

中心成立以来，共制作生产电视剧185余部、2765余集，译制片百余部千余集，并制作大批专题片。创立国内剧作四个第一：第一部长篇电视连续剧《四世同堂》；第一部室内长篇电视连续剧《渴望》；第一部幽默轻喜剧《编辑部的故事》；第一部以自身资产为抵押、全额贷款、全部在境外拍摄的电视连续剧《北京人在纽约》（与中央电视台合拍）。优秀作品主要有《凯旋在子夜》、《便衣警察》、《钟鼓楼》、《出路》、《皇城根儿》、《血色童心》、《反贪局长》、《无悔追踪》、《第二条战线》、《北平和谈》、《蓝色三环》、《一年又一年》、《贫嘴张大民的幸福生活》、《永不放弃》、《彭真》、《结婚十年》、《沃土》、《幸福像花儿一样》、《刑警使命》、《将门风云》、《亲兄热弟》、《城里城外》、《金婚》、《生死十日》、《春草》、《咱爸咱妈六十年》等，获得多个“金鹰奖”、“飞天奖”、“五个一工程”奖，并获取全国大奖四连冠佳绩，其策划运作的首个在全国28个省级电视台开办的专栏节目《长青藤剧场》，联播国产电视剧数十部、几百集，收视人口近8亿，取得社会效益和经济效益双赢。

2009年度主要工作：

电视剧生产。拍摄完成并已播出的电视剧《我是老板》、《咱爸咱妈六十年》，正在拍摄的电视剧《金婚风雨情》。根据国家广电总局大力推进“西新工程”、支持少数民族地区精神文明建设的号召，向西藏、新疆捐赠电视剧《春草》，获国家广播电影电视总局颁发的荣誉证书和奖杯。出版“岁月如歌”CD光盘，国产新电视剧DVD光盘8部；引进国外电影4部，引进电视剧3部；制作教育类节目10部，音乐CD光盘2部，专题类3部，舞台话剧2部。

改制工作。根据改制转企的要求，深入做好人员思想工作，抓紧审计、资产评估等相关工作，待改制方案批准后实施。

深入开展“平安北京”活动。建立安全稳定工作长效机制，实现单位“大事不出、小事减少、管理严格、秩序良好”的目标，圆满完成国庆60周年安保任务。

（孔婷）

北京中北电视艺术中心有限公司概况

北京中北电视艺术中心有限公司是市属生产电视剧的专业艺术机构之一，主要从事影视创作、策划、制作、营销等业务。公司成立于2003年7月，是从1995年成立的北京中北电视艺术中心转制而重建，成为北京广电系统首个产业化改革试点单位。

公司旗下拥有著名导演尤小刚、陶玲玲，著名演员邬倩倩等，高级制片人、优秀制片主任杨群、刘沙，高级录音师杨群、蔡方云，高级编辑曹琦等精英。公司拍摄基地在北京机场路南皋乡（环铁）北京影视城内，具有专业摄影棚3座，完整的前后期数码化制作设备10套，服装、化妆、道具等配套设施俱全，同时可供3个剧组拍摄。

2009年主要工作：

面对国际金融危机，公司变压力为动力，调整战略，创新品牌项目，吸引投资合作伙伴，力争将金融危机的冲击影响降至最小，努力创作思想性、艺术性和观赏性完美统一的优秀作品。

一、完成反映抗日战争史诗大片45集电视连续剧《对手》的制作、播出，得到专家和观众的一致好评。该剧在北京电视台BTV影视频道黄金时间首播，创造了平均收视率5.15、单集最高收视率6.15的好成绩；在重庆、江苏、云南、贵州等卫星频道上星热播，引起海内外电视媒体的高度关注；在乌克兰举办的第五届共赢国际电视节上，《对手》作为国参展剧目，一举摘取评委会大奖，为中国电视剧“走出去”做出贡献。11月该剧荣获2009年度成都地区观众最喜爱的电视剧奖。

二、完成32集电视连续剧《内线》的制作播出，并在全国各地电视台发行安排播出。

三、完成与俄罗斯合拍电视剧并播出。公司与俄罗斯主流电视媒体REN-TV联合制作完成28集电视连续剧《猎人笔记之谜》，成为中国第一部真正意义上“走出去”的电视连续剧作品。该剧将在国内、俄罗斯和其他独联体国家及东欧各国主流电视媒体播出，为国产剧拓展海外市场，增进中俄两国人民的友谊做出贡献。

四、落实“平安北京”工作。全年深入开展学习实践科学发展观活动，着力抓好“平安北京”、“国庆平安行动”等工作，领导班子战斗力增强，公司整体实力提升，连续六年荣获“首都精神文明单位”称号。

（王昌续）

北京北广传媒影视有限公司概况

北京北广传媒影视有限公司成立于2003年12月，由北广传媒集团、北京电视产业发展集团、北京人民广播电台、北京歌华有线电视网络股份有限公司和北京歌华文化发展集团共同出资组建，是从事影视生产经营的专业性公司。

公司资金、人才等社会资源占有广泛，拥有丰富的影视策划、制作、营销经验，独特的媒体优势和较强的投资、生产能力。公司成立六年来，共出品《苍天有眼》、《行走的鸡毛掸子》、《杨三姐告状》、《最后的王爷》、《爱了散了》、《雾柳镇》等11部309集电视连续剧。这些作品受到专家好评和观众喜爱，多部电视剧荣登国内电视台收视榜前列，在国内电视台和广大观众中享有较高的美誉度，初步形成了“北广传媒影视”的品牌。

2009年，公司在影视生产中坚持精品战略方针，注重节目质量，着力控制电视剧生产的节奏和规模，加大剧本创作力度，改进商业化操作，不断推出影视精品，提升节目销售竞争力，以有效规避投资风险，提高电视剧的收益水平。年内，集中力量制作完成电视剧《东京生死恋》（原名《滴泪痣》），该剧总投资额为1200万元。在发行方面，电视剧《雾柳镇》在湖南电视台播出，平均收视率为4.07，长沙最高收视率为7.74，创该频道有史以来收视率新高。电视剧《最后的王爷》获得“2008年度北京市广播影视奖”，电视剧《原谅》被成都电视台评为“2007—2009年度最佳收视贡献奖”。

（北京北广传媒影视有限公司办公室）

北京广播电视报社概况

北京广播电视报社成立于1988年9月，是北京市属广电系统的传媒机构。

北京广播电视报社以报刊出版为主，后向多元化扩展。现办有《北京广播电视报》系列周报、《北京电视》周刊、《北京房地产》杂志（月刊）、北广报刊网及数字电视《置业频道》。

《北京广播电视报》的前身是北京人民广播电台1953年4月12日创办的《广播周报》，后更名为《北京人民广播电台节目报》。1976年1月9日停刊，1979年9月14日复刊，1989年更名为现名。

为适应报纸经营管理体制改革，北京广播电视报社成立，独立建制，性质为差额补贴事业单位，试行企业化管理。1989年1月实行自办发行。当年发行量从邮局时最高的每期40万份，很快跃升到50万份、60万份和70万份。1990年至1993年每期分别递增到80万份、85万份和90万份，最高单期曾创115万份记录。1991年报社被国家新闻出版署、中国报纸行业经营管理协会授予“全国报业经营管理先进集体”称号。

《北京电视》1995年由报社独家承办，1998年由月刊改为周刊。

进入新世纪后，报社围绕市场需求变化，不断调整报刊内容，提高办报办刊质量，增强报刊核心竞争力，同时顺应现代媒体发展趋势，努力探索报业经营发展新途径、新方法，提出了“坚持主业，多元化发展，打造现代传媒集团”的发展战略。

2002年9月，《北京广播电视报·人物周刊》创办，广受读者的赞誉。

2004年1月，《北京房地产》杂志（月刊16开128页）划归报社经营。

2005年，报社向立体媒体发展，取得了数字电视《置业频道》的经营权并正式开播。同年还创建了北广报刊网。

2009年，受金融危机等因素影响，报社广告收入下滑趋势仍未遏止。在严峻市场形势下，报社坚持正确的办刊方针，根据市场变化和读者需求，调整办报办刊思路，提升报刊质量，不断创新和丰富报刊内容和版面，努力办好主营媒体——《北京广播电视报》、《北京广播电视报·人物周刊》和《北京电视》周刊。年内，按照市委宣传部和集团部署，根据自身媒体特点，认真做好国庆60周年宣传报道工作，圆满完成上级部署的各项任务。

在报社经营方面，主营报刊基本维持2008年广告经营额度和发行规模，没有出现大的下滑。在报社传统优势行业广告难有突破的情况下，通过制定差异化广告销售政策，拓展广告经营门类，开辟汽车、收藏、招生、房屋资讯等新型广告。同时，适应广告市场新变化，把文字资讯类广告经营作为突破口，开发新的经营形式。报刊发行由原多渠道代理转为由邮局作主渠道代理，各报刊发行量基本维持去年水平，略有下降。本年度报社经营收入1156万元，广告、发行收入几乎各占一半。两报一刊发行量相对稳定，发行收入与去年基本持平，略有增长；广告经营规模基本维持去年水平，广告收入下降5%。

2009年3月，报社办公地址由崇文区夕照寺街14号迁至崇文区安乐林路18号。

（北京广播电视报社办公室）

北京音像公司概况

北京音像公司是北京北广传媒集团的全资子公司。公司始建于1979年，原称北京市广播电视服务公司。1985年7月，北京市广播电视服务公司与北京音像出版社合并成立北京音像公司至今。

2006年5月，公司在全国出版行业中率先完成“事转企”体制改革，是具有音像制品出版发行、录音录像、节目复制、境外音像制品引进出版和影视节目制作、电视剧（乙级）拍摄等多种经营范围的国有企业。

30年来，公司始终以弘扬民族传统文化为宗旨，录制了上万小时的包括民族声乐、器乐、戏剧、曲艺、通俗歌曲、外语教学、少儿节目等方面的节目，出版、发行了上千品种的音像制品，最早开山之作是——中央电视台的《跟我学》和北京人民广播电台的外语教学节目辅助教学盒式录音带；拍摄了《姊妹行》、《军魂》、《康熙大帝》、《中方雇员》、《警苑神掌》、《美容院》、《那个年代》、《小井胡同》、《都市名片》、《独行侍卫》等多部电视连续剧，以及《成语故事》、《星星点灯》、《张灯结彩》等电视系列短剧和专题片《雍和宫》、《智化寺音乐》、《孙中山在北京》、《侯宝林》等剧目，其中有些电视剧和专题片还远销海外；多次获得国家和北京市颁发的奖项。近10年来的获奖作品主要有《传统相声经典》、《侯宝林相声全集》、《红色乐章》CD套装系列光盘、纪念香港回归十周年的《98新年音乐会》DVD和贺岁片《张灯结彩》等。同时，北京音像公司还引进出版了来自于美国、加拿大、法国、俄罗斯、日本、香港、台湾等国家和地区的优秀音像制品，在业内逐步形成了自己独特的内容风格和良好出版资质。

近年来，公司应对音像产业不景气的形势，积极开展生产自救，挖掘版库资源，认真选题，打造精品，发挥公司国内较先进的数字录音设备和录音棚优势，录制反映改革开放成果和百姓喜爱的影视流行歌曲系列《时光倒流二十年》、《张勇吉他》CD唱片和赈灾公益歌曲《汇爱成川·点燃希望》。与集团兄弟单位合作，出版发行电视连续剧《最后的王爷》、《老师错了》、《原谅》等。

2009年，公司不断开拓产品销售渠道，《侯宝林相声表演艺术》、《歌声回首六十年》入选国家新闻出版总署“农家书屋”采购目录和北京市“益民书屋”政府采购项目，被列为供货单位之一；《歌声回首六十年》专辑被确定为“2009年北京市重点音像出版选题”，并纳入“北京市出版工程”，上市发行2000多套CD光盘被抢购一空。同时，合作出版发行了由著名导演张艺谋导演的鸟巢版大型景观歌剧《图兰朵》DVD光盘。为纪念北京音像公司成立30周年，公司编辑制作《风雨兼程30年》专题片，营造企业文化氛围。年内，公司被国家新闻出版总署指定为全国“农家书屋”供货单位，荣获北京市精神文明单位称号。

（北京音像公司）

北京瑞特影音贸易公司概况

北京瑞特影音贸易公司成立于1993年，是全国最早成立的专业境外电视经营管理公司，国有企业。

公司主营业务为代理境外影视节目，兼营卫星电视和有限电视的工程业务，拥有HBO、CNN、STAR-MOVIES、SONY-AXN、凤凰电影等31套境外加扰卫星电视节目的北京地区独家代理权。

公司根据战略发展目标，在稳步发展境外节目的同时，打造一支施工人员专业水平相对较高、施工装备先进的工程队伍，积极参与有线电视数字化、歌华有线光缆维护、开发数字卫星电视前端等工程施工业务，并已逐步成为公司的主营业务和第二个盈利点。

2009年，公司不断巩固境外卫星电视代理方面的合作，规范整合市场及用户规模，圆满完成国家广电总局部署的600家用户更换4267张新版智能卡的工作，保证全市合法境外卫星电视用户正常收看电视节目。同时，圆满完成国庆期间北京市城八区有线电视光缆网络抢修维护保障以及朝阳区图像信息系统室外监控摄像头体系的维护保障任务。

（北京瑞特影音贸易公司）

北京广播影视物业管理中心概况

北京广播影视物业管理中心（原称北京广播电视服务中心），是北京市广播影视系统后勤服务与管理的专业机构，成立于1990年12月。主要负责北京市广播电影电视局、北京北广传媒集团产权房屋管理及职工住房房改，集体户口管理，建国门外和安乐林办公区物业管理（供水、电、气、热、通讯、消防、空调、电梯）和绿化等，以及西城区真武庙、麻花，朝阳区酒仙桥、丰台区铁匠营4个职工宿舍区域的物业管理，经营职工食堂、招待所、声屏苑培训中心等业务。

20年来，物管中心始终遵循“以服务广播影视，更新观念，适应市场，强化管理，增创效益”的思路，增强服务意识，提高服务质量，为系统内做了大量的工作。多次被评为“首都义务植树先进单位”、“建外地区治安先进单位”、“建外地区节水先进单位”、“建外地区交通安全先进单位”，2004年声屏苑培训中心被评定为三星级饭店。

2009年，物管中心深入开展学习实践科学发展观活动，圆满完成“平安北京”和“平安国庆行动”工作，确保了市广电局、北广传媒集团、北京电台和市广播电视监测中心、歌华有线电视网络分中心等用电保障及安全播出工作。对建外办公区主楼一层大厅、配楼四层、五层空调进行改造，维修粉刷办公用房8270平方米。修订印制《建外办公区安全生产事故应急预案》。启动皂君庙办公区及宿舍区物业管理前期准备工作，初步拟订物业管理方案。完成广电系统植树节的绿化服务和保障工作，全年植树6260棵，秋季挖坑5000个，成活率100%。物管中心再次荣获2009年度“建外地区交通安全先进单位”的称号。

（北京广播影视物业管理中心）

北京北广传媒数字电视有限公司概况

北京北广传媒数字电视有限公司成立于2003年7月，由北京北广传媒集团发起并控股组建，是北京地区唯一获国家广电总局许可开办数字有线电视业务的运营机构。主要股东包括北京歌华有线网络电视股份有限公司、北京人民广播电台、北京电视台、北京歌华传播中心有限公司，公司注册资本7500万元人民币。

公司定位于北京数字电视节目集成商，充分发挥数字电视平台的技术优势，为数字电视用户提供视频、广播、数据业务等服务，搭建完善的家庭信息平台，内容构架已形成体系。

2003年，公司成立当年即开办并试播《京视剧场》、《爱家购物》、《动感音乐》、《车迷》、《考试在线》5个付费电视频道。2004年又开办并试播《亲亲宝贝》、《四海钓鱼》2个付费电视频道。2005年，公司加强业务的开发拓展，开办并控股经营全国性有线数字付费电视频道集成运营机构——鼎视数字电视传媒有限公司，实现将数字电视频道及相关数字电视业务面向全国有线电视网络推广销售。2007年10月9日，公司又开办《北京党建》数字电视多媒体平台：栏目有《党建综合》、《基层党建》、《创新报告》、《党员大讲堂》、《榜样》、《红色记忆》等。2007年至2009年，公司积极参与北京地区有线电视数字化推广（机顶盒发放）工作，完成一批整体转换工程。

2009年，公司重点加强了《北京党建》和《北京之窗》公共信息服务平台建设。《北京党建》采用“多视频24小时轮播”形式进行党建宣传和党员教育。电子政务《北京之窗》、电子节目指南（EPG）、股票行情和益智游戏等数据服务做到即时更新。承接的北京市科技计划项目《数字电视内容集成和分发系统研究平台》基本结题。代管的鼎视数字电视传媒技术平台已完成第一批5个高清数字电视频道上星传输。

截至2009年底，公司自办付费电视频道有：《京视剧场》、《爱家购物》、《动感音乐》、

《车迷频道》、《考试在线》、《优优宝贝》、《四海钓鱼》、《弈坛春秋》、《环球旅游》、《新娱乐》、《置业》11套，《戏曲广播》、《爵士音乐广播》2套。集成全国付费电视54套，付费音频广播节目16套。开办图文信息平台：《北京之窗》主频道、《首都政务》、《天气出行》、《影视演出》、《打折资讯》、《窗友活动》等。

（北京北广传媒数字电视有限公司办公室）

北京北广传媒移动电视有限公司概况

北京北广传媒移动电视有限公司是北京市属开发运营广播电视新媒体的专门机构之一，成立于2003年8月，由北京北广传媒投资发展中心、北京电视产业发展集团、北京广播公司、北京歌华有线网络电视股份有限公司和北京歌华传播中心有限公司共同发起组建。

2003年7月9日，国家广电总局授予北京广播影视集团48频道的试验频率，开展地面数字电视试点。2004年2月14日，总局正式批复同意集团在公交、地铁、轻轨、出租车等交通工具及其他公共场所试行开办移动电视节目，呼号为北京移动电视。移动电视是经总局批准的北京地区唯一一家运营地面移动数字电视的机构。2004年5月28日，北京移动电视正式试验播出。

移动电视采用世界先进的DVB－T数字电视技术，利用北京DS－48单频网发射无线数字信号，实现地面数字设备实时接收电视节目。已在中央电视塔、京广中心、名人广场、491发射台建立一主三辅4个数字发射机站，形成有效覆盖北京市区六环内的数字单频网。截至2009年，全市公交车电视终端屏幕总量达2.4万块。全天共播出节目17小时，其中，新闻类节目占播出比例30%；娱乐类节目占播出比例17%；法制类节目占播出比例5%；专题类节目占播出比例21%；服务信息类节目占播出比例7%；广告占播出比例20%。

2009年主要工作：

一、节目建设情况

圆满完成北京市两会、全国两会、5·12地震一周年、甲型H1N1流感防控、花博会等重大宣传报道工作，特别是成功策划安排国庆60周年宣传任务。全年共完成节目制作总时长44665分钟。

1.圆满实现“平安北京”工作目标。移动电视及时发布国庆各类活动、交通管理等相关信息，实时转播国庆大阅兵，为出行市民提供了第一时间的信息和资讯；集成《辉煌六十年》、《我爱你中国》、《新起点新篇章》、《复兴之路》、《跨越》等60周年专栏节目160多个；集成和自采国庆60周年相关新闻近280条，及时播发国庆演练、游园活动交通管理措施及相关info滚屏字幕新闻近900条，播出频次达54000次。在“平安北京”行动中，针对公司大部分播出与传输设备使用已超过5年，逐渐进入事故多发阶段的现状，科学运用故障趋势预测分析数据，提前做好应急准备，有效控制了设备故障发生率。创新“沙盘推演与实战演练”相结合的应急演练模式，圆满完成公司最长一次重点安全播出保障期保障任务。

2.丰富节目四性，提升节目品质。公司下播不适合在移动平台播出的谈话类节目，改变集成新闻节目演播室直播模式，优化制作流程，大量推出生活服务类节目。一是上播5档集成新闻资讯节目，优化调整部分栏目。1月推出《移动播报》、《财经早知道》、《体育连连看》、《移动采风堂》、《影视聚焦》等集成节目；10月对《移动播报》、《财经早知道》、《体育连连看》栏目做重点调整，优化节目板块，重新设计包装。二是创办3档自制民生服务类节目。公司采取与社会机构合作的方式，着力打造《食尚》、《大城小家》、《完美婚嫁》等自制生活服务类节目，深受出行人群欢迎。三是继续加强与政府委办局的节目合作。5月公司与市人力资源和社会保障局合作推出《百姓就业》栏目，为百姓提供劳动就业咨询及就业保障服务等资讯；积极参与委办局相关新闻报道，特别是关于司法局、检察院、公安局、药监局等工作宣传。四是不断丰富《移动直通车》、《出行导航》等重点栏目，实时路况突出公交线路拥堵情况介绍，10月推出《出行导航》周末版，引入旅游、大交通等专题。

3.探索打造发行平台。移动电视《国家大剧院》节目向出行人群快捷提供文化演出剧目信息，与内蒙古卫视合作播出《搏击风暴》宣传片，与中国教育电视台合作播出《小人国》宣传片。按照资源互换的原则，公司加大节目引进与合作力度，与北京电台合作引进视频版《中国歌曲排行榜》，与新浪网联合制作《财经早知道》。

4.完善节目评价办法。建立评优奖优罚劣规则，务求提高节目质量。10月公司实施《节目评价暂行管理办法》，建立节目考评依据，确立评价指标，进一步规范了节目评价流程。

5.借力搭建互动平台，借势增强受众黏性。公司设立热线电话，与专业公司合作建立短信平台。同时，公司内部实行首问负责制，要求做到每个热线及时响应，上述措施力助公司获得大量反馈信息及意见建议。7月13日公司联合中国移动北京公司、中央电视塔举办大型公益性活动——“祝福祖国·身边的改变”短信征集活动。活动历经13周，每周两个话题，共组织26期，互动话题涉及本市城建、环境、出行、医疗、教育、体育、旅游、餐饮等内容。活动共收到原创祝福短信过万条，全部参与投票人数达220万人次，单期投票数最高突破15万人次。

二、加强单频网管理，确保安全传输与安全播出

严格执行《单频网管理制度》，坚持每周2次例行巡检维护和特殊时期机房专人值守。两会及国庆期间，加强设备巡检力度和频次，确保重要时期的播出安全。全年共维护巡检320余人次，各项清理清洁30多次，实现公交频道、出租车频道全年安全播出零责任事故。年内，移动电视获评“迎国庆保平安百日安全播出竞赛”先进集体一等奖。

三、平台建设与终端维护

加强对终端设备维修维护管理工作，督促合作公司加大对在线运营公交车辆巡查力度和清洁保养，并不定期进行抽查，采取多举措将终端黑屏率维持在较低的水平。截至年底，整体开机率为98.12%，较2008年整体开机率96.5%有新提升，在全国移动电视领域名列前茅。加强巡检、维修人员管理，引入竞争机制，提高维修安装效率。逐步健全完善《巡检人员工作流程》、《维修人员工作流程》、《统计调度人员工作流程》、《职工岗位制度》、《公交移动电视设备维护维修工作管理规定》、《车辆安全管理办法》、《公交移动电视稽查工作管理规定》等规章制度。

四、总结分析产业发展规律，完成公司三年发展规划

在走访调研国内6家移动电视运营商的基础上，充分听取专家及群众意见，8月底编制完成移动电视2009—2011年发展规划。

五、完善基础工作，加大公司发展后劲

加强办公网络和OA系统的维护和上线。加大人才培养，抓好新闻采编、运营和播出人员业务培训522人次。完善绩效考核办法，强化绩效考核效能。

六、积极推动行业发展，发挥行业带头作用

做好中广协交宣委副会长和移动电视分

会的秘书处工作，通过组织会员单位入会登记，完善组织建设。组织全国性论坛，召开“2009 移动电视高峰论坛暨第一届第三次全会”、开展2009同贺新春贺岁片联播、参与央视“绿书签行动2009”等。

（北京北广传媒移动电视有限公司办公室）

北京北广传媒城市电视有限公司概况

北京北广传媒城市电视有限公司是北京市属开发运营电视新媒体的专门机构之一，成立于2004年12月15日，主要从事楼宇电视和户外大屏电视的经营管理。公司旨在为大众提供更加完备、更加方便、随时随地的资讯服务。

截至2009年，城市电视拥有楼宇电视联播网、城市大屏幕电视、奥运文化广场大屏幕电视在内的三大户外媒体平台，终端屏幕总量达1.1万块，采用先进的DVB-T数字电视地面广播技术进行传播，由中央电视塔统一发射无线信号，全网络终端同步接收，实时播放丰富精彩的户外电视媒体。全天共播出节目15小时，其中，首创文摘式“电视杂志”形式，播出新闻资讯、奥运动态、时事热点、时尚娱乐等节目。同时还作为政府公共信息发布和城市应急预警平台，担负着政府政令、城市信息、城市预警等社会公共信息传播任务。

2009年主要工作：

一、圆满完成国庆60周年等重大宣传报道任务

精心组织和编排国庆60周年盛典转播任务，掀起报道高潮。一是相继创办《新中国档案》、《经典中国——辉煌六十年》、《走进阅兵村》、《光辉记忆——新中国十三次阅兵》等栏目；《城市播报》改为祖国祝福您版面，鼎力营造国庆60周年热烈、喜庆的节日气氛。根据观众收视特点，将国庆60周年庆祝大会和联欢晚会盛况剪辑成70个1～5分钟不等的节目，于10月1日至8日高频次播出。图片新闻精选阅兵和晚会精彩瞬间，制作10个1～3分钟节目，高频次播报，从不同角度满足观众的需求。

二、直播重大突发事件，树立媒体形象

城市电视8块大屏幕助阵国家大剧院，利用高清信号，全程同步直播为期一周的“漫步经典音乐会”，让市民享受户外消夏的音乐盛宴。5月甲型H1N1流感疫情开始蔓延，季羡林、钱学森等大师相继离世等突发事件、重大事件相继发生，城市电视第一时间做出反应，制作特别节目和专题片，在小屏和大屏高频次播出，观众反映良好。

三、自制节目质量提升

公司成立自制节目组，由摄像、编导和包装三部分组成。首个自制节目《演艺罗盘》与市文化局合力推出，该栏目集中介绍了北京各演出团体的优秀剧目和各大剧场上演的各种文艺演出等资讯，深受京城百姓喜爱。与市总工会合作的《工会之窗》栏目，及时播报各级工会热心为职工办实事等活动，重点介绍工会各项惠民政策和招聘等信息，得到市总工会领导的好评。此外，大力拓展公共服务平台，与首都博物馆合作的《首博时间》、与市公安局合作的《首都保卫者》、与市商务局合作的《购物季》、为国家大剧院制作的“漫步经典”音乐节专题片、为国庆群众游行指挥部制作的《国庆指挥部汇报》片等，均受到合作方的好评。重新包装策划《城市播报》、《财经新闻》、《体育新闻》等新闻栏目，成功创作《六一儿童节》、《教师节》、《八一建军节》、《国庆60周年》、《中秋节》等节日系列宣传片和《24节气》系列短片。

四、全力推进各项经营工作

制定《广告易货管理规定》等制度，规范了广告流程管理。加大媒体推广力度，以城市电视5周年为契机，举办“城市电视5周年，幸运大奖周周送”活动，召开“城市电视平台传播效果研讨会”，对城市电视楼宇平台建设与发展建言献策。全力实施花博会大屏工程，确保如期转播。与《新京报》、《第一财经日报》、央视国际（央视网）等签署合作协议，在央视网上发布城市电视媒体形象广告。积极探索租赁业务，将大屏车作为各展会视屏媒体，取得良好效益。

五、完善技术保障确保安全播出

积极参加市广电局“迎国庆、保平安、百日安全播出竞赛”活动，健全完善相关预案制度，形成一整套自有的安全播出方法和措施，确保了大屏联播网7处8块大屏顺利完成国庆阅兵庆典、北京和全国“两会”、“重回·重建·重生汶川地震一周年特别报道”、花博会开幕式等大型直播任务安全播报工作。全年大屏总播出时长约32000小时，其中直播约3000小时。

六、加强队伍建设与内部管理

开展“定岗、定编、定员”“三定”工作，梳理全员岗位，岗位构成进行修订。组织“销售心灵动能”培训和全体员工进行拓展训练，强化团队意识，提高凝聚力。制定城市电视三年发展规划。创办内刊《城市电视人》，加强信息工作。

（北京北广传媒城市电视有限公司办公室）

鼎视数字电视传媒有限公司概况

鼎视数字电视传媒有限公司是经国家广电总局批准的全国性数字付费电视集成运营机构，成立于2005年12月8日，由北京北广传媒数字电视有限公司、中央人民广播电台、天津时代天创传媒发展有限公司、山东省广播电视总台、安徽电视台共同投资组建。

公司负责经营全国性数字付费电视集成、传输、营销和发行业务，为全国数字电视观众提供付费频道、视频点播等顶级视频节目与服务。

截至2009年，公司集成数字付费电视频道达30套（上星传输）：主要有《读书》、《考试在线》、《车迷》、《优优宝贝》、《家有购物》、《环球旅游》、《新娱乐》、《收藏天下》、《时代美食》、《家庭健康》、《时代风尚》、《时代家具》、《家家购物》、《时代出行》、《四海钓鱼》、《快乐宠物》、《电子体育》、《碟市》、《职业指南》、《家庭理财》、《中国气象》、《证券资讯》、《人物》、《优购物》、《数码时代》、《法律服务》、《家政》、《财富天下》、《时尚购物》、《风尚购物》等。其中，休闲类、生活服务类和教育类频道数量较多，频道实用性、知识性、互动性突出，个性化显著。与鼎视合作的地网已达161家，覆盖机顶盒用户数5000万户，超过全国机顶盒市场80%，基本完成节目的全国落地覆盖。

2009年9月28日7时，公司圆满完成北京卫视、湖南卫视、深圳卫视、广东卫视、黑龙江卫视5套高清电视频道传输至鑫诺三号卫星的任务，从而覆盖全国，满足上述地区广大电视用户在国庆60周年期间收看电视节目的需求。新增业务——发行业务取得实质性的进展，并为《优优宝贝》、《优购物》等频道提供落地发行业务服务，实现在20多家网络运营商落地播出，初步形成较好的销售效果。

（鼎视数字电视传媒有限公司办公室）

北京北广置业有限公司概况

北京北广置业有限公司成立于2006年12月15日，由北京北广传媒集团和北京北广传媒投资发展中心共同出资组建。

公司以开发北京影视城项目，整合集团现有房地产资源，实现规模化、多元化运营的发展战略。按照集影视制作、文化创新、艺术教育、文化商品交流、影视文化观光等为一体的多元化经营战略进行开发建设。

2009年，公司就环铁土地证变更等问题多次与市、区土地管理部门协商，基本达成共识。坚持以资产保值增值为目标，积极做好相关房产的出租管理工作。拟定《解决影视城农转工职工问题方案》(草案)，解决历史遗留问题。力求为广大职工办实事，维护职工队伍稳定，促进影视城项目的发展。

(北京北广置业有限公司办公室)

北京中广传播有限公司概况

北京中广传播有限公司(China Broad-casting Beijing Co.Ltd.)成立于2009年，由中广传播集团有限公司、北京北广传媒集团、北京人民广播电台和北京电视台共同出资组建，主要承担移动多媒体广播项目(CMMB)在北京地区的建设和运营。

公司采用中国自主研发的移动多媒体广播(CMMB)技术，通过自身运维的多媒体广播覆盖网向在北京地区的手机、PDA、MP4、GPS、笔记本电脑等小屏幕接收终端，传送高质量广播电视节目和提供数据增值服务。2008年奥运会期间，CMMB信号成功转播了北京奥运会和北京残奥会，实现7套视频节目、多路数字音频广播和数据业务的实时播出，创造了奥运会历史上首次采用新兴媒体技术转播奥运会赛事的业绩。

2009年，手持电视北京地区信号已覆盖到六环内的绝大部分地区，手持电视用户已达30余万户。五环以内已有12个大功率发射站点，室外信号覆盖率超过95%，通州城区已完成覆盖。内容上实现了对CCTV-1、CCTV-5、CCTV-新闻、北京卫视、晴彩电影、晴彩北京、中央人民广播电台、中国国际广播电台视听节目的传送。

北京中广传播有限公司积极搭建节目制作平台。根据手持电视这一新兴媒体特点，结合受众人群的消费习惯，收集多种节目资源，全力打造“晴彩北京”节目品牌。将“随时随地看电视”的理念和“晴彩北京”的品牌推向千家万户。

北京中广传播公司的管理团队拥有多年媒体及企业运营经验，在具有海外从业经验团队的有效执行下，将通过模式创新、业务整合和高效管理，为在京客户提供高品质的服务，为开创北京CMMB产业繁荣奉献力量。

让北京中广传播有限公司和晴彩品牌家喻户晓!

(北京中广传播有限公司)

北京市朝阳区广播电视新闻中心概况

北京市朝阳区广播电视新闻中心成立于2003年6月，在原朝阳区广播电视局、朝阳区新闻中心、朝阳有线电视、朝阳报社、朝阳区有线电视网络中心基础上组建而成。拥有《朝阳报》、朝阳有线电视和朝阳新闻网三个媒体平台。

《朝阳报》每周一、三、五出报，对开四版大报，免费投递到全区各级单位和部分驻区企业，发行量6万份。《北京社区报·社区生活》于2007年5月25日创刊，每周一期，对开8版，与《朝阳报》一并向全区各级单位和部分驻区企业进行投递，发行量6万份。朝阳有线电视有《朝阳新闻》、《一周新闻综述》、《今日点击》、《和谐在线》、《家庭赛乐赛》、《朝阳名师讲堂》、《人口视窗》、《聚焦电子城》、《地税你我他》、《迈向城市化》、《走进朝阳教育》、《郎咸平说》、《爱车空间》、《幸福2+1》、《同在蓝天下》、《陪你逛街》、《与法同行》、《我爱我家》等18个栏目。在北京公共频道分三时段（7：30～9：00，12：30～2：00，19：30～21：00）播出。朝阳有线电视拥有独立数字频道（801朝阳社区频道），已覆盖全区70万户。

朝阳新闻网（www.chynews.cn）2009年9月改版，网页增加《朝阳报》、《北京社区报·社区生活》周刊的数字报内容，日均更新文字新闻15000余字、视频新闻60分钟的专业新闻网站，日均点击率2000次以上，总点击量达410万次。

一、宣传工作

1.宣传朝阳。区新闻中心围绕“三保”做好区域经济发展建设，改变政府作风，对朝阳区“两会”，科学发展观实践，新中国成立60周年，全区迎国庆大型活动，国庆受阅女民兵方队，第十届北京CBD国际商务节主题活动，“朝阳传媒”2009朝阳国际风情节、2008“感动朝阳”十大新闻及新闻人物、新农村建设，奥林匹克公园及奥运场馆的赛后利用等进行宣传报道。

《朝阳报》出刊148期（包括专版、专刊、专页），《朝阳报》周末版《社区生活》50期，发表文章6000多篇、字数300余万字，图片2000多张；朝阳有线累计自制并播出节目18183分钟，合作并播出节目6248分钟，制作临时性工作专题片23部。朝阳新闻网发布文字340多万字、视频18000多分钟、刊登图片千余幅，建网两年来的点击量达到427万余次。中央、市属各媒体刊播朝阳区新闻的总量约9000多篇／次。

2.外宣工作。外宣工作不断创新方式方法，按照《朝阳区突发事件新闻应急处置制度》和《朝阳区突发事件新闻应急处置工作流程》，共对60起较大突发事件进行新闻应急处置。60起事件的报道均未引发尖锐、集中的负面舆论，基本做到客观报道。对企业入驻、下岗就业、拆迁补偿等涉及经济发展和民生问题的事件保持高度警惕，松下部品集体裁员引发围堵、CBD写字楼退租潮等极易引发负面报道的事件在媒体报道得到有效控制。网络舆情得到高效监测，确保信息畅通有力。

3.打造服务型媒体。电视报纸全新改版，10月19日引进新栏目《家庭赛乐赛》，对原有电视节目做调整，将15分钟《朝阳新闻》栏目与30分钟《今日点击》栏目合并为时长为30分钟的综合性新闻栏目，名为《朝阳新闻》。朝阳有线电视的《朝阳新闻》、《和谐在线》、《今日点击》等品牌栏目，持续保持较高美誉度，陆续开播《幸福2+1》、《与法同行》、《同在蓝天下》、《我爱我家》等合作栏目。

《朝阳报》通过开辟专栏、专刊和专页，不断丰富报纸内容，如：社会新闻版开辟“百姓故事”、“连心桥”等专栏；在文化生活版开设“朝阳记忆”、“社区文化热心人”等专栏。推出“奥运之路”珍藏册，图文并茂地记录7年来朝阳辉煌的奥运历程。《朝阳报·社区生活》周刊2008年底与《北京社区报》合作发行，每期周刊分为社区人物、健康生活等版面。

朝阳新闻网将现有“朝阳新闻网”主页面和各级子页面进行优化更新。经区信息办批准改版，拨付22万余元项目经费，改版顺利完成。将原《朝阳报》和《社区生活》升级为数字报。加大朝阳有线宣传力度，将《家庭赛乐赛》、《陪你逛街》、《幸福2+1》、《与法同行》、《同在蓝天下》、《我爱我家》等栏目的视频添加在朝阳新闻网上，使电视播出和网络基本实现同步。

二、建立健全规章制度

时政新闻部从2008年下半年进行改革，建立健全各项规章制度，制定新闻部内部规范，包括：部门值班制度，采访分工细则，选题策划及稿费分配制度等。《朝阳新闻》播出量的60%以上为策划性选题新闻。其中，80%是反映民生的。技术部制定《出勤登记表》、《设备维修维护管理登记表》等8类工作统计表格，严格执行《播出工作制度》、《机房出入管理制度》等10项制度，不断完善安全播出应急预案。6月底，参加市广电局组织的“迎国庆、保平安、百日安全播出竞赛”活动。制定《国庆期间安全播出应急预案》，明确岗位、责任到人。

三、建立资料带管理系统

提供3000余盘资料带开展借阅服务工作。建国60周年和奥运等大型活动中，资料室收集60余盘与建国60周年相关素材和139盘奥运资料素材带，分门别类录入电脑，制成电子版文档。为中心拍摄见证50年、风正潮平、和谐之旅、日新月异、执政方略等大型历史专题片提供大量珍贵的历史镜头。收集《朝阳新闻》、《今日点击》、《和谐在线》、《迈向城市化》等20多个栏目2000多盘资料带，录入电脑；对2008年人大、政协、党代会及国际风情节的素材和40多盘临时专题片资料带进行电子归档。对购买的30多类节目共1500多盘带子及500多盘电影及电视连续剧都分门别类入库。

四、维护网络安全

对有线电视网络进行数字电视改造，在资金缺口大，技术人员缺乏，外部压力大的情况下，改造小区有线电视网络11个，发放1万个双向标清机顶盒，改造后的有线电视用户达到数字电视节目收看，宽带上网、时移电视、点播多项功能。机顶盒按时发放到户，完成收费工作。网络维护部在“两会”、“六十年大庆”重要活动期间没有出现任何差错。北京定福庄中学改扩建工程暨朝阳传媒影视技术服务中心建设项目得到区委、区政府和中心领导高度重视，已完成项目主体结构的封顶工作，2009年年底前启动一期设备安装调试。

五、学习实践科学发展观

为开展深入学习实践科学发展观第一批试点工作。通过组织学习调研、召开组织生活会和班子专题民主生活会、广泛征求意见建议、查找突出问题、分析形成原因等实践活动，形成领导班子调研报告、广电中心分析检查报告、中长期发展思路，以及突出问题的整改落实措施等，建立起朝阳新闻宣传事业发展的长效机制。出台职工休假制度，恢复每周三下午体育锻炼、举办形式活泼的春季趣味运动会、组织广大职工统一体检、举办记者节活动等。对中心患病致贫的记者杨明翔进行扶助，号召内部职工捐款，筹得三万多元善款，解职工家属燃眉之急。安排全体员工前往革命圣地延安，以延安新闻博物馆为基地进行“三项教育”工作。

六、队伍建设

开展定岗定编工作，聘任工作人员，签订聘任合同。按照岗位聘任基本程序，填写相关表格，完善岗位管理制度，对专业技术职称人员进行重新聘任，聘任副高级职称2人，中级职称13人，将聘任情况上报区人事局备案。

采取“走出去，请进来”等形式，开展业务培训工作。邀请《光明日报》资深记者李家杰老师、中国社科院新闻与传播研究所研究员、中国新闻事业研究室主任时统宇老师，著名策划人薛宝海老师，讲授新闻采访、写作和节目创新等知识和经验；组织业务骨干到大兴、顺义等广电中心参观交流。建立季度评奖制度，以“牛人秀”、“精品榜”两大评选内容，激励中心工作人员在本岗位创造出更加优异的成绩。

（北京市朝阳区广播电视新闻中心）

北京市海淀区新闻中心概况

北京市海淀区新闻中心在撤销原海淀区广播电视中心和原《海淀报》社建制的基础上，于2006年2月28日成立，下属海淀区有线广播电视网络信息中心(加挂北京市海淀传媒中心牌子）1个事业单位。

1957年7月1日海淀区人民政府广播站建立，1974年成立海淀广播事业科。1986年成立海淀区广播电视局（属政府处级单位）并下设事业科、编播科、音像科、办公室。1995年5月1日经广电部和北京市广播电视局批准成立海淀有线电视台，2003年改为海淀区广播电视中心。2006年2月28日改为海淀区新闻中心。海淀有线电视节目自2003年1月1日起，纳入北京电视台公共频道（BTV－9）播出。每天4.5小时，首播每晚19：30～21：00，重播次日7：30～9：00、12：30～14：00。播出的新闻类节目有《海淀新闻》、《海淀1时间》；专题类节目有《红盾时空》、《海淀教育》、《警方在线》、《城管视点》、《人口与家庭》、《公共服务在身边》等。《海淀报》是海淀区委、区政府机关报，其前身为《海淀新闻》，创刊于1992年9月25日，1993年更名为《海淀报》。1996年建设海淀区的光缆有线电视网络，并发展为多功能的数字化网络。区网络中心累计投入资金300余万元，率先实现数字互动电视功能，并于2008、2009年结合国家三网融合政策，完成三网融合试点工作，试点覆盖用户2万余户。

2009年主要工作：

一、宣传工作

1.电视报纸业绩突出。全年《海淀新闻》播发稿件3000余条（含专题节目）；送北京台和中央台播报的海淀新闻60余条，拍摄保留资料200多小时，完成各级各类汇报片13个；在区级以上新闻媒体发表新闻稿件220余篇。编辑制作《海淀报》144期，刊发文字400余万字，图片1400余张；编辑制作《海淀科技园区》45期，刊发文字150万余字，图片、消息、通讯、评论1900余篇（幅）；编辑制作《城市周刊》46期，刊发文字150万余字，周刊记者在《北京日报》、《北京晚报》等市级以上平面媒体刊稿7篇、近万字。

2.“迎国庆60年”的宣传报道。区新闻中心在电视新闻中策划“迎国庆60年”的宣传报道，开辟《辉煌60年》专题栏目。内设“60年海淀英才”、“60年海淀足迹”、“共和国同龄人”、“庆典里有我”、“精彩迎国庆摄影作品展示”等小板块。热情讴歌60年来海淀发生的巨大变化。

3.数字频道正式播出。2009年6月18日，802海淀数字电视频道正式播出，全天候播出的节目中除《海淀新闻》、《海淀1时间》、《海淀教育》、《警方在线》之外，还根据海淀特有高素质受众人群和频道收视特点，引进专题节目、电影、电视剧等各类节目，内容涉及科技、教育、公益、环保、人文、健康、旅游、时尚、知识产权保护等多个方面，力争让不同年龄段、不同文化层次的受众都能收看到感兴趣的电视节目。

4.宣传“核心区建设”与“城乡一体化建设”。先后报道“中关村国家自主创新示范区核心区发展论坛举行”、“创业企业辅导示范工程为中小企业搭建发展平台”、“区企业事务服务呼叫中心开通”、“中关村小额贷款股份有限公司助力海淀中小企业发展”等40多条新闻。围绕市领导亲自抓的北坞村试点工程，报道市区领导每一次的调研活动、海淀区工作组走家串户做深入细致的思想工作；人大代表、政协委员关注城中村改造及北坞村拆迁改造工作的进展情况等。

5.外宣工作成绩斐然。开辟人民网——魅力海淀专题网页宣传阵地，整合现有资源，扩大海淀区对外宣传影响，撰写并发新闻通稿500余篇，经新华社、《光明日报》、《北京日报》、《北京晨报》、《北京晚报》、《北京青年报》、《新京报》、《京华时报》等市级以上媒体刊发、转载，见报稿件约6000余篇次，见报字数超过40万字，扩大了海淀知名度。

二、转变播出方式

2009年6月18日，802海淀数字电视频道正式开播，区新闻中心报纸、网络、电视“三位一体”的传播体系进一步完善。改版后的海淀新闻内容更加丰富，增加五分钟的国内国际新闻。时长从15分钟延长至25分钟。改版后对时政新闻进行改革，压缩领导活动及会议报道的时长，区委、区政府每周必开的办公会、常务会、专题会等都用字幕形式播出，把更多的时间留给民生新闻，把目光聚焦在市民身上。在包装制作上，重新设计片头片花，增加大量新元素。山后地区的网络整合初具规模，扩大海淀网络资源的覆盖面。为建设“科技海淀、人文海淀、绿色海淀”提供强有力的舆论支持。

三、强化网络安全防范

完善安全防范体系，投入18万多元对北部地区主干路和线路进行较大规模整改，进一步明确安全防范职责，确保现有管辖区域的有线电视网络安全传输和非法信号插播零纪录。2009年区新闻中心被评为“全国百家先进局（台）”，还被评为“首都精神文明建设”先进单位。利用原有设备，合理配置，对硬盘播出系统、演播室进行改造，区政府投资近100万元，购买专用车辆改装成标准4+2讯道电视转播车。

四、开展科学发展观教育实践活动

按照区委《学习实践科学发展观活动实施方案》的安排，广泛发动，周密安排，学习实践活动扎实推进，取得了显著的效果。举办集中学习培训班、研讨班8次，举办专题辅导或报告会5次；确保党员干部学习时间达到20小时。做到集中学习有记录，个人学习有笔记，先后与西城区委宣传部、昌平新闻中心和《昌平周刊》、朝阳区、通州区、四川广安宣传部及广播电视局进行学习交流、深入调研活动。为找准新闻中心在贯彻落实科学发展观方面存在的突出问题，向各有关部门和单位广泛征求意见和建议，发出征求意见函16份，收到反馈意见函16份，满意度为100%。在单位内部征求党员、群众的意见和建议。对查找梳理出的13项问题制定37条整改措施，并明确整改落实的事项、措施、责任和完成时限。

五、加强组织建设

发展预备党员2名，接收党组织关系3名，预备党员转正2名。对两个支部的全体委员进行为期16课时的业务培训。组织全体团员与密云广电中心团委全体团员就如何发挥团员青年的作用进行双向交流，开展“迎国庆建国60周年演讲比赛”庆祝活动，理论中心组办公室组织10次中心组成员学习，完成140多个学时；党总支被区直机关工委评为2008年度优秀党支部，并在区机关工委组织的“庆建国60周年歌咏比赛”中取得优异成绩，区新闻中心连续三年被评为首都精神文明建设先进单位。全年累计参加培训150多人次，200多学时。

六、强化新闻业务素质建设

围绕科学发展观实践活动，开展干部职工爱岗敬业、开拓创新的业务能力综合素质建设。一是强化新闻从业人员的职业操守教育，二是强化业务培训、扩大业务交流、提高职业本领。全年分6批次由中心领导亲自带队，组织新闻骨干记者50多人次到兄弟区县参观学习，先后同河北省怀来县广播电视局(台)、甘肃省天水市广播电视局（台)、新疆生产建设兵团农一师广播电视局(台)进行业务联系和广泛的交流，并无偿给怀来县广播电视台赠送技术设备。三是注重队伍建设，营造中心文化。拓展服务功能，打造技术队伍。技术人员在完成内部技术保障工作的同时，还走出去拍摄、制作“先进文化进社区、明星走进百姓家”系列晚会和会议实况转播，有效宣传了本单位和海淀区的良好形象。

七、完善落实规章制度

完善、修改和重新制定规章制度，对原有128项制度规定中的40余项进行完善、修改或更新。对“一报两刊”进行整合，记者、编辑实行统一管理，统一标准。电视实行以编导为主导的编导负责制。严肃纪律，确保制度落实。财务管理预算合理，规范有序。年内从大专院校招入大学生3名，从社会上招入各类专业技术人员5名，充实到新闻第一线。

（北京市海淀区新闻中心）

北京市丰台区广播电视中心概况

北京市丰台区广播电视中心是丰台区属重要的新闻宣传机构。其前身是丰台区广播站，成立于1957年2月，1975年更名为丰台区广播科。1987年5月更名丰台区广播电视管理处，1989年8月更名丰台区广播电视局，2001年11月更名丰台区广播电视中心，主要负责本区的新闻宣传工作。开办《丰台新闻》、《百姓直通车》、《人大在线》、《政协视窗》、《清风苑》、《丰台故事》、《百姓与法》、《丰台警方》、《真情零距离》、《丰台经济报道》等电视栏目，纳入北京电视台公共频道播出。

2009年11月8日，在公共频道90分钟播出节目的基础上，以歌华数字网络为平台，全天播出电视节目，每日7:30至24:00时，全天播出电视节目16.5小时（990分钟)。全年共制作播出公益广告32条。

主要工作：

一、宣传工作

全年共发稿2000余条，在中央电视台《新闻联播》、《中国新闻》及北京电视台《北京您早》、《特别关注》、《北京新闻》、《晚间新闻报道》等新闻类节目发稿82条。中心在6月11日北京电视台召开的通联工作会议上，被评为全市十佳记者站，并作外宣工作经验介绍。

1.报道国庆60周年活动。投资引进50期纪录片《开国英雄》，制订宣传报道方案并参加北京市委宣传部和北京市广播电影电视局组织的"迎接新中国成立60周年宣传报道方案"的征集评比活动，获得三等奖。

4月在《丰台新闻》开设"迎国庆、讲文明、树新风"专栏，报道街道、乡镇、委办局迎接新中国成立六十年的活动，播出新闻220余条。7月14日在《丰台新闻》中推出60集大型系列报道《我和我的祖国》，以人物故事为背景，从不同侧面展示祖国60年的发展变化及伟大成就，每集3～5分钟。参与国庆群众联欢活动报道，并制作专题片《舞动激情祝福祖国》和《国庆群众联欢活动集锦》。

2.报道学习实践科学发展观活动。《丰台新闻》开设《深入开展学习实践科学发展观活动》专栏，制作播出相关新闻70余条。配合区科学发展观学习活动领导办公室录制系列讲座5场次，编制《丰台区学习实践活动专题研讨班》系列光盘，制作反映深入开展学习实践科学发展观活动典型的专题片《改革创新破难题，紧扣实际促发展》。

3.开辟"保增长"专栏。《丰台新闻》开辟"保增长、保民生、保稳定"专栏，报道区领导及各相关部门、街乡镇等在区域经济发展、为企业服务、为百姓办实事、维护社会稳定等方面的最新动态和典型做法。对丽泽金融商务区、科技园区、大红门服装商贸区、河西生态旅游区等做重点宣传。制作公益广告、录制丽泽金融商务区的新闻发布会，为丽泽金融商务区的发展建设保存影像资料；策划河西生态旅游的专题宣传；对科技园区在"三保"等方面取得的成绩进行连续6天的专题系列报道。

4.关注社会热点。开设《聚焦两会》、《两会花絮》、《两会专访》等专栏形式对"两会"进行宣传报道，新闻从15分钟延长到30分钟。

在预防甲型H1N1流感的报道中及时采访播出区领导对防控工作的指示要求、有关部门及社区的防控措施，邀请专家介绍相关知识，宣传普及预防方法。结合时令节气，报道中国传统节日相关民风民俗等新闻，报道"五一"前开园的五大郊野公园。开设《风清水美看丰台》、《明天更美好》宣传区内各项建设成果。报道《读书日活动》、《宛平摄影大展》、《大学生创意秀》、《节水周宣传》、《助残日扶残助残》、《世界环境日宣传》等，展示丰台区的建设成就；制作播出有突出贡献人才和优秀青年人才的新闻专题。

5.创建品牌栏目。与区残联合作开办《真情零距离》栏目，以访谈加小片的形式，展现丰台区优秀残疾人的风采，做到"为残疾人服务、让残疾人满意"，反映社会各界对弱势群体的关爱及残疾人自强不息的精神。邀请社区百姓参与拍摄系列栏目剧《百味人生》，通过群众参与，增强媒体影响力。为宣传区内河西生态旅游，与王佐镇西庄店村结成共建对子，共同制作大型娱乐互动节目《我爱大自然——青龙闯天关》10期。推出《丰台故事》栏目，反映丰台的历史、文化、名人、掌故。数字电视频道开通后，对《丰台新闻》进行改版，增加解读类的《话说丰台》板块，将《百姓直通车》从周播改为日播。《丰台警方》在前三季度优秀节目评奖中，均获一等奖，多期节目被选送北京电视台新闻中播出，为市级媒体提供有价值的新闻素材，成为品牌栏目。《人大在线》栏目"大井社区与奥运"荣获2008年度首都社会治安综合治理优秀新闻作品评选二等奖。

二、实现数字频道播出

调整机房现有设备，加快网络改造，完成制播存一体化网络系统三期建设并投入使用。完成新闻演播室数字化改造工作，提高新闻后期制作的信号质量。先后与朝阳、海淀、石景山、顺义、大兴等广电中心沟通情况，并联系多家节目发行单位，尽量满足区域观众收视需求，确定节目引进方案和16.5

个小时播出后的节目安排方案。完成新台标的设计，并投入使用。11月8日，开通数字803频道全天播出，使丰台有线总覆盖达63万用户。

三、坚持节目监看

完善监看规定，在规范监看流程，疏通监看信息反馈渠道的基础上修订信息传输环节。节目监看实行全天全程监看，对发现的问题随时反馈、及时填写监看记录，协调相关部门纠正差错。节目监看小组成员及时对丰台有线电视节目内容、栏目设置、技术播出情况、广告质量等问题提出建议。聘请区各委办局、街乡镇的节目监看员和中心工作人员参加节目监看总结部署会议。

四、完善各项制度，加强队伍建设

围绕“抓机遇，扩大丰台有线影响力；勤实践，促进电视传媒新发展”主题，制定《丰台区广播电视中心领导班子成员参加深入学习实践科学发展观活动方案》和《丰台区广播电视中心深入学习实践科学发展观活动方案》，开展“改进质量，展示亮点，美化荧屏”的讨论。通过领导点、专家审、外区学、受众提、自我查五项举措，提高丰台有线电视节目质量。

组织全体在职党员积极加入“平安国庆”志愿者队伍，参与社会面防控和治安巡逻防范工作达到100%。开辟《党员风采》专栏，介绍做出突出贡献的共产党员先进事迹，重点宣传区内优秀共产党员在深入学习实践科学发展观活动中的先进事迹和取得的实际效果。制定《丰台区广播电视中心岗位设置实施方案》和《丰台区广播电视中心专业技术岗位聘用实施细则（试行）》。

加大培训力度，出资参加广电总局举办的“广播电视栏目品牌经营与制片人综合实务班”、“全国电视导播专业岗位培训班”和“全国节目主持人业务研讨班”。组织编辑、记者参加4次由区委宣传部举办的新闻从业人员基础知识培训。结合大洋后期设备的升级和803数字频道的开播，组织全体岗位人员进行6个批次的岗位培训和考核。通过政策解读、理论宣讲、专题辅导等不断增强队伍的政治素质。“2008年度北京广播影视奖”评选中获得一个新闻三等奖和一个专题片三等奖。

（马藻茹）

北京市石景山区广播电视中心概况

北京市石景山区广播电视中心成立于1974年，2001年10月由石景山区广播电视局更名为石景山区广播电视中心，区属正处级、公益性事业单位，是石景山区委、区政府重要的新闻宣传机构，承担着全区对内、对外电视宣传任务。

2009年主要工作：

一、宣传工作

1.宣传成效显著。《石景山新闻》共播发新闻2078条。新闻性栏目《记者视线》制作播出244期，390个专题。《走进演播室》制作播出32期，生活类栏目《生活与信息》制作播出50期，文艺类栏目《艺海星光》制作播出48期。开办《人口视窗》、《教育新视线》、《娱乐者》3个新栏目，恢复播出法制栏目《法治聚焦》。其中，《教育新视线》制作播出15期，《人口视窗》制作播出9期，《法治聚焦》制作播出23期。

组织、策划、录制、播出第二届《清明诗会》、《巾帼风采》、《劳动者最光荣》、《青春放歌》、《团结民主颂》5场大型电视文艺活动。第二届《清明诗会》被列为北京市委宣传部十大系列宣传活动之一，在北京电视台整版播出。制作专题片10余部，选题广泛，策划、制作精细，都较好地体现出思想性、新闻性和艺术性。尤其是石景山区国庆工作纪实片《为了祖国的盛典》，全程记录区委、区政府及社会各界筹备国庆60周年的积极努力，成为记录国庆盛典、积累历史资料极其宝贵的音像资料。

公益广告注重知识性、趣味性和艺术性的有机结合，制作、播出《预防甲型流感》、《爱护眼睛保护视力》、《防雷防电常识》、《拒绝垃圾》等14条公益广告，为全区开展“迎、讲、树”活动和防控甲流工作营造舆论声势。

2.外宣亮点突出。在市级以上新闻媒体播发新闻278条，其中在中央台播发88条，在北京台播发190条，在《北京新闻》播发59条。较有影响的外宣新闻有《石景山区大市政的加减乘除看效应》、《石景山区应对金融危机保企业发展》、《传统工业淡出，万达商圈初露端倪》、《石景山区首开绿色通道为企业服务》、《CRD银行卡发行》等。全国两会期间，央视1套和新闻频道《两会进行时》、《新闻大直播》对石景山区文化创意产业和社会养老福利事业进行了重点关注和连线直播，宣传石景山区推进“CRD”建设的新形象。清明节期间，央视新闻频道《朝闻天下》等节目对第二届《清明诗会》进行报道。借助804数字频道的开播，积极与朝阳、海淀、丰台三区有线电视合作，在各自栏目中开设专题板块——《来自兄弟区县的报道》，为“四区”电视观众及时获取兄弟区县经济、社会的发展信息提供新窗口。

二、事业发展

1.804数字频道顺利开播。区政府拨款360万元，进行设备更新和804数字频道建设。804数字频道的开播，为石景山区电视宣传工作增加完整平台，解决区委、区政府、区人大代表、区政协委员关心的首钢居民区四个半街道、五万余户市民看不到区有线电视节目的问题。804数字频道开播后，石景山有线除保留公共频道每天播出4.5小时、以新闻性节目栏目为主的电视节目外，数字频道实现每天播出18小时、以自办新闻性和服务性节目栏目为主、以引进综艺性和影视剧电视节目为辅的电视节目栏目，丰富电视荧屏。

2.年总收入创新高。实现总收入1461.92万元。其中，事业创收完成735.84万元。与2008年同期相比，全年总收入增长13.82%，职工平均收入增长14.6%，实现结余100万元。

三、队伍建设

1.加强廉政建设。坚持“民主清廉、团结和谐、谋事干事”，在学习实践活动中撰写完成《学习实践科学发展观，坚持“双创一增强”发展思路，探索广电事业良性持续发展》和《丰富宣传形式和手段，着力提高电视节目质量》两篇调研报告；制定并实施《广电中心整改落实方案》，扎实推进广电事业科学发展。从严落实“三重一大”和廉政风险防范管理工作，从制度上规范决策行为，完善廉政建设的长效机制。

2.学习实践科学发展观活动。开展学习实践科学发展观活动及“讲党性、重品行、做表率”领导干部作风年教育活动和党风廉政宣传教育月活动。组织开展“我是党员我承诺、立足岗位做贡献”岗位承诺活动、主题演讲活动和“事业在心中，责任见行动”主题读书活动。

3.开展岗位竞聘工作。按照《事业单位岗位设置管理的实施办法》的规定，以按需设岗、精简效能、科学合理为原则，认真组织开展岗位竞聘工作，顺利完成岗位设置。

4.年终考核新举措。年终考核工作采取新举措。以笔试和民主测评相结合的方式对副科级干部、在编及聘用员工进行综合考评，起到强化思想作风建设、深化科学管理理念的作用和效果。

四、安全管理

1.安全工作不应付。坚持做到安全工作不应付，演播大厅建立并实行消防安全专人专岗检查制度，办公楼各类安全设施建立并实行定人、定岗、定时、定期巡查制度，重要敏感期建立并实行各类应急预案组织演练、实施启动制度。坚持开展重大活动、重要节日及日常安全教育不动摇。投入资金对消防应急设施、电梯进行维护保养，确保安全设备正常运行。

2.安全教育有要求。安全教育有要求、有制度、有重点、有效果，与各部门重点岗位签订消防安全、交通安全、内保安全层级管理责任书，确保安全问责制度落实到位。

3.严格落实安全播出制度。严格落实安全播出制度，加强播出值班人员的政治意识、责任意识教育，积极参加市局组织的“百日安全播出竞赛”活动，全年实现安全播出9360小时。

五、电视节目获奖情况

电视专题片《光荣属于你——石景山区奥运工作纪实片》获得北京广播影视奖电视节目社教类二等奖；电视新闻栏目《石景山新闻》获得北京广播影视奖电视节目技术质量二等奖；电视专题片《光荣属于你——石景山区奥运工作纪实片》获得北京广播影视奖电视节目技术质量三等奖。

（北京市石景山区广播电视中心）

北京市门头沟区广播电视中心概况

北京市门头沟区广播电视中心的前身是门头沟区广播站，成立于1958年7月，1975年更名为门头沟区广播管理科，1986年1月更名为门头沟区广播电视局，2002年5月更名为门头沟区广播电视中心。电视节目纳入北京电视台公共频道播出。

2009年，播出电视新闻3296条，拍摄制作各类专题节目463部（期），其中播出自办日播栏目《生活日报》304期。中心先后被首都文明办、首都精神文明建设委员会评为“迎国庆、讲文明、树新风”先进集体和首都文明单位。

一、宣传工作

1.宣传区两会精神。在新闻节目中开设“聚焦两会”、“连线代表委员”等两会专栏，反映区两会召开情况，解读相关会议精神；围绕区委十届八次全会的召开，开设《区委十届八次全会精神解读》专栏；推动重要决策和部署的贯彻落实。

2.宣传经济社会发展成就。长期开设《来自重点工程的报道》、《办实事、惠民生、促和谐》、《建设新农村、建设新家园》、《扩内需、保增长、促发展》等栏（节）目，宣传区生态文明建设、产业结构优化升级、特色新城建设、新农村建设、民主法制建设、和谐社会建设等方面取得的新成就。

3.宣传学习实践科学发展观。在新闻节目中开设《坚持解放思想、推动科学发展、建设生态新区》栏目，拍摄制作《四进园区谋发展》、《代马依风走京西》、《举起爨字招牌的人》等12部系列专题片。宣传学习实践活动中涌现出来的先进典型，为推动全区学习实践活动的深入开展提供舆论支持。学习实践科学发展观活动观摩专题片《水润京西》，被市委组织部确定为面向全市推广的“科学发展在北京”学习活动指导教学片。

4.创新节目形式与内容。贯彻落实区委《关于进一步改进会议和区级领导同志活动新闻报道的实施办法》，对领导活动及各种会议的报道进一步进行规范和完善，将更多的镜头、时段留给基层，留给群众。根据宣传重点适时增加和改进栏（节）目设置，将《连民心办实事》栏目改版为《办实事、惠民生、促和谐》，与区安监局合作开办《直击安全现场》栏目，更加贴近和谐社会建设。对《信息高速路》、《工商在线》等原有节目形式进行改进，增强节目的趣味性和可视性。开设《扩内需、保增长、保稳定》、《关注改善民生，推进棚户区改造》等栏目，为全区经济发展、社会和谐营造良好舆论环境。开设《大力推进学习型城市建设》栏目，宣传门头沟区在推进学习型城市建设方面取得的新进展。

5.宣传新中国成立60周年。在新闻节目中开设《喜迎新中国成立60周年》、《靓丽京西、喜迎国庆》、《迎接新中国成立60周年——老照片展播》栏目，拍摄制作8集系列专题报道《身边的60年》，推出“红色经典影片展播月”，宣传60年来特别是改革开放30年来门头沟区经济社会发展取得的伟大成就，以及群众物质生活和精神面貌发生的巨大变化。

6.加强对外宣传。整合区内新闻资源，主动加强与中央及市级媒体的联系，完成电视外宣任务138条。广播78条参评新闻《生态治理除旧貌，京西老区展新颜》获北京市广播电视好新闻二等奖、北京好新闻二等奖。《门头沟区广电中心迎接新中国成立60周年宣传报道方案》获北京市广播电影电视局系统内评比二等奖。

二、加强基础设施建设

1.完善设施与管理。结合新机房、新设备的投入使用，电视数字化系统平台的使用日趋规范。完善非编系统、媒资系统、硬盘播出系统的使用和管理制度，加强业务学习和培训力度，业务人员的技术操作能力不断提高，确保电视节目的编辑制作和安全播出。

2.强化媒体经营能力。依托区县广告联合体，利用两个频道资源，不断拓展业务领域，扩大区外广告市场。加大公益广告和栏目的策划力度，充分开发节目资源，提升金羽翼广告中心的知名度和影响力。进行广告专题开发，在完成全年创收任务的前提下，确保较高的业务增长。

3.加强安全播出管理。建立播出每天碰头会、周例会、月总结会制度，完善播出设备应急故障处理程序及上载应急办法等，多次进行应急演练，提升应急处置能力，保证重大播出传输无事故，确保重要时期、重大活动、重点时段广播电视信号的安全。积极利用旧设备加装第三道安全播出防护体系，使安全保障工作又多一道安全防线。严格重播重审、三审三签等各项规章制度，从源头上排除安全播出隐患，在北京市广播电影电视局组织的“百日安全播出无事故竞赛”活动中实现日排查零事故的好成绩，在国庆60周年安全播出工作中未出现责任事故，实现零中断、零事故、零插播的目标。

三、建立健全规章制度

建立健全各项规章制度，以每周集中学习日、特色党团活动为契机，结合学习实践活动、创建学习型机关、领导干部作风建设年活动，完善政治理论学习制度；完善业务培训制度，修改完善规章制度共计40余项。强化领导干部一岗双责和模范带头作用、党员的先锋模范作用和党组织的战斗堡垒作用；营造浓厚的学习氛围，使编辑、记者队伍的思想、业务素质得到提高。

四、开展增收帮扶工作

认真开展低收入农户增收帮扶工作，班子成员多次进山实地考察，积极与帮扶村进行联系沟通，为帮扶村经济发展和低收入农户增收提供人力、物力、财力各方面的帮助。制定五条具体帮扶措施，结合帮扶村特点积极为两个村的经济发展出谋划策，充分发挥电视台优势免费为帮扶村进行宣传推介，解决一批产业发展、劳动力就业等问题。

（北京市门头沟区广播电视中心）

北京市房山区广播电视中心概况

北京市房山区广播电视中心成立于2001年11月。前身是房山县广播站、房山县人民政府广播科、房山区广播电视局。拥有房山人民广播电台和房山电视台。电视节目纳入北京电视台公共频道播出。

2009年，房山两台共播发新闻33000条，专题5700组；拍摄专题片57部，向市级以上新闻媒体投送播出稿件196条。房山电视台获得北京电视台优秀记者站荣誉称号。在中国广播电视协会对农宣传电视节目创优评析作品评比中，《三农零距离》获电视栏目类三等奖；《农业增效农民增收农村繁荣——房山区三农发展主题论坛》获得特别节目三等奖；在北京市广播电视奖评比中，一人获得北京市广播电视节目创优先进个人，《大病事前救助解民忧》获广播新闻二等奖，《三农零距离》获优秀电视栏目奖，《“小公共”改姓公》获电视社教类三等奖，《房山新闻》等5个节目分获广播电视节目技术质量二、三等奖。

一、宣传工作

1.宣传“三化两区”。两台分别在《房山新闻》栏目中开办《落实科学发展观，建设“三化两区”新房山》挂牌栏目，报道全区学习实践科学发展观活动动态性新闻。把“实现城市化、工业化、现代化，建设友好产业新区、生态宜居新区”的战略目标作为宣传内容的核心与重点。

电视台开设《记者走一线三保新看点》挂牌专栏。专题节目增设《记者新观察》、《“三化两区”新进程》、《科学发展在身边》等挂牌专栏，围绕全区“坚持科学发展，加快城市化、工业化、现代化进程，建设产业友好、生态宜居新房山”深入宣传全区重大战略部署及各乡镇积极应对挑战的新思路、新举措、新成果及落实保民生、保稳定的具体做法和成效。

电台直播节目《直通107》中设置《“三保”新亮点》、《我看房山新发展》、《我们一起来关注》、《和谐房山》等话题，通过短信与听友交流。邀请区相关领导走进直播间就劳动就业、养老保险等群众关注的社保问题进行交流沟通，激发全区人民的干劲，收到良好的社会反响。

2.宣传新中国成立60周年。两台推出系列重点广播电视节目，举办《时代节奏大美房山》摄影大赛；录制《感动房山》大型互动访谈节目；制播系列专题节目《光辉的记忆》和系列主题报道《小家，大家，看变化》；房山电台开办“‘激情房山，歌颂祖国’红歌大家唱”电台大型系列直播节目。宣传形式多样，主题突出。

电视台在国庆节当晚参与天安门国庆联欢现场报道。5名摄制组成员于10月1日国庆节当晚，跟随3000多名群众联欢队员参加国庆60周年盛大的国庆联欢活动，在天安门联欢晚会现场，拍摄大量具有历史价值的画面，制作现场新闻报道。节目于10月2日晚黄金时段播出，为房山留下珍贵史料。国庆之夜，出动多路记者对国庆焰火燃放过程进行现场采访报道，采制《火树银花绚丽今宵》和《璀璨焰火祝福祖国》等新闻，展示龙乡儿女祝福新中国60华诞的喜悦心情。

3.宣传区“两会”。采取新闻、专题、宣传口号、飞播字幕等多种形式，全面反映区两会盛况，采制新闻特写《新起点、新征程、新贡献》，并对区两会配发新闻评论。对区“两会”产业发展座谈、城市建设座谈和城乡统筹发展专题等重要议程进行全场录制播出。

4.强化民生新闻。针对新闻节目中会议新闻较多的情况，尝试创新会议报道方式，强调背景、突出百姓关心内容，同时利用历史资料画面，增加评论和述评等方法，突出主题，增强广度、深度和鲜活性、可视性。电台为方便受众收听节目，调整两档直播栏目的播出时间。电视台《房山新闻》节目重新包装，调整新闻标题字幕和播出方式，更新片尾音乐，改变新闻主播的播报方式，使新闻节目可视性更强。

5.宣传重大工程项目和重大活动。两台在《房山新闻》和专题栏目中，对轨道交通房山线建设等工程、CSD中央休闲购物区等项目、“走近房山——2009春季北京国际长走大会暨第十五届房山旅游文化节”活动、“和谐呈盛世，国宝耀房山——中华石经博览园奠基仪式、房山云居寺佛祖肉身舍利观瞻大典”等重大活动进行多种形式的宣传报道。

二、技术事业

1.完成电台数字化改造。电台数字化改造项目包括电台制作播出网、发射系统和机房改造与配套设施改造三部分。依据《关于房山人民广播电台数字化建设的调研报告》，聘请专家对需求和方案进行指导，最终确定整体方案。

2.完成节点建设工程。完成市广播电影电视局媒体资产管理系统共享平台房山节点的建设工程。平台的建成将大大提高与其他电视台的节目交换效率。项目已通过验收并投入使用。同时，按照数字化、网络化、媒体资产管理并重并举并行的方针，加快推进“两台”数字化力度，完善房山广播电视台数字化三年改造计划。

三、安全保障

1“四个到位”确保安全播出。为确保国庆期间安全播出工作“万无一失”，进行细致安排与部署。9月18日至10月8日是安全播出一级防控期，结合市委宣传部和市广电局开展“迎国庆、保平安、百日安全播出竞赛”活动，对存在的薄弱环节和安全漏洞进行排查与整改，按照总局“不间断、高质量、既经济又安全”的技术维护方针，做到“思想认识到位、责任到位、执行到位、培训演练到位”。9月18日0时至2009年10月8日24时，实现电视1—2套播出756小时，无线播出发射时间260小时，广播总播出时长为399小时，白草畔转播站发射共计发射2520小时，2个资讯频道共播出1008小时，停播率和劣播率均为0秒/百小时。

2.完善管理制度。通过领导带班、科长和工作人员24小时值班以及完善各项管理制度、签订责任书等措施，提高干部职工安保责任意识，圆满完成交通安全、消防安全、食品安全和安全保卫工作。

四、学习实践科学发展观。采取“走出去、请进来”的办法，组织部分党员干部到兄弟区县参观学习，外请专家讲解国内外时事政治、进行业务培训等。举办各类学习辅导报告会、交流会、培训班等9次，全体党员干部全员、全程参加学习培训。中心党委成员分别撰写《深入学习实践科学发展观，创新推进广播电视》等4篇调查报告。重新修订、完善《党委议事规则》、《主任办公会议事规则》，重点查找“三重一大”等方面容易产生腐败行为的风险点，制定防范具体措施。确定“122”实践载体，即：坚持一个正确的舆论导向，以人才建设和科技进步为两个支撑，实现社会和经济两个效益互动双赢。

五、改善办公条件。投入100多万元对老局发射塔建筑进行粉刷，环境绿化、修路；添置办公电脑，改善办公条件；新建篮球场、乒乓球室、台球室，丰富职工的业余文化生活。

六、团队建设。不定期地召开内部交流座谈会，寻求再创辉煌的着力点和立足点。努力提高科学决策和发展能力，坚持“四个转变”的人才战略，先后送4人到中国传媒大学和北京电台学习实践，引进2名中心所需要的专业人才，聘请专家做顾问，努力锻造“政治强、业务精、作风正、纪律严”的高素质人才团队。

（苇德艺）

北京市大兴区广播电视中心概况

北京市大兴区广播电视中心成立于2001年10月，前身是大兴区广播站、大兴县人民政府广播科、大兴县广播电视局。拥有大兴人民广播电台和大兴电视台。电视节目纳入北京电视台公共频道播出。

2009年，中心继续坚持“人本、创新、敏行、竞先”的经营理念，促进广播电视事业的新跨越。

一、宣传工作

1.做好全区重点工作的跟踪报道。配合区委区政府的重点工作，做好全程跟踪报道。关注大兴区的政治、经济、社会发展与区内的重大政治活动，重点报道区党代会、人代会、政协会。对区内实施的重大工程，派出骨干新闻力量进行全程跟踪报道，加大报道力度和后续采访。

2.及时推出拆迁系列报道。10月27日，区长李长友、副区长邵恒等领导来到大兴区广电中心，就区拆迁工作中的政策导向、遇到的问题、解决的办法、宣传报道的方式等课题，进行讲解、阐释。区广电中心在拆迁宣传报道上推出“政府拆迁，不让老实人吃亏”、“依法拆迁利国利民”等系列报道。

3.开办农业系列报道。开办农业系列报道，展示农业成果。充分发挥地区宣传优势，在《大兴新闻》栏目中重点推出为期一年的农业系列宣传报道。中心与中国电视艺术家协会合作，承办首届中国新农村电视艺术节“优秀对农电视栏目”、“优秀对农电视专题片”和“优秀农村题材电视剧”推选会议。活动期间，组织多场次高水平的研讨会，邀请到全国各地的专家学者、业界精英100多位。中心选送的节目取得佳绩，连获两个一等奖。

4.重新设定版块。对《大兴新闻》进行重新设定板块。《看点大兴》板块关注时政要点，简化会议新闻，增加会议新闻的信息量，重点传送好区委、区政府的声音，多手段、多渠道地诠释相关政策与法规，用鲜活的事例说明党的好政策所带来的好处，新闻创新效果明显。《民生大兴》板块汇集民生新闻精华，涵盖百姓生活家长里短，主打贴近牌，受到群众关注、欢迎。

5.彰显“我们跟您最近”理念。《女子别动队》将“仰视百姓”的理念化为行动实际，成为喜闻乐见的电视栏目，群众有大事小情都愿向栏目记者倾诉，充分彰显“我们跟您最近”的办台理念。在成功举办两届《我行我秀》活动的基础上，进行电视栏目剧的拍摄尝试。本着“群众演、群众编、群众看”的宗旨，追求真实反映大兴地区的风土人情，以“全新演绎生活万象，本色表达平民情怀”为节目的基本制作理念。

6.宣传国庆60周年庆祝活动。除正常的庆祝新闻宣传报道之外，还策划《建国60周年之大兴60年》系列特别节目，多角度、全方位地反映出大兴区发生的巨大变化。开展形式多样的志愿服务活动，抽调5名员工作为标兵参加演出方阵的排练。区广电中心的技术人员克服困难，合作默契，出色完成国庆60周年期间的安全播出任务。

二、加强媒体经营管理

1.广告产品多样化。在广告产品、广告价格营销策略等方面进行大胆尝试，广告产品更加多样化，从单一的段位广告，到演播室、车贴、主持人口播等广告产品的推出，丰富的产品类型，更好地满足客户需求。根据市场变化、客户实际情况等多方面因素，制定出高、中、低档广告价格。

2.开展多种层次的合作。主动与上级单位沟通联系，借势提升自身发展空间。积极开展多种层次的合作，拓宽为各单位服务的渠道和手段。加强与区内各镇、委办局的合作，积极寻求合作空间。

三、硬件建设

3月至10月，投资760多万元的原图书馆楼装修改造工程和食堂楼新建工程相继竣工。这两项工程竣工后，中心占地面积扩大为11.2亩，总建筑面积达6310平方米，固定资产达4349万元。为提高技术保障，年内相继完成广播电台系统建设、供电改造及配套工程、电台供电网、电台直播机房工程、电视塔保养修饰、中心办公网络调整、机房防雷系统、电话网络调整、1号楼射频信号及光纤施工等工程。两台的信号质量有了质的改善，数字化率达到85%。全年安全转播和安全播出电视节目7500多小时，广播电台节目7800多小时。

四、跨媒体划分专业台理念

中心在全国率先提出跨媒体划分专业台的新理念，即把广播和电视作为一个整体而不是传统的互不相干的独立媒体，把电视频道作为系列台中的综合频道，而把广播作为系列台中的娱乐服务频道。在跨媒体划分专业台的基础上，又把广播、电视、中华兴网www.zhhxw.com（中心开办的以音视频为特色的综合门户网站），按四个层次进行划分。一是大屏幕，主要覆盖范围为大兴新城的部分地区；二是电视，主要覆盖范围为大兴区；三是广播，主要覆盖范围为北京市和河北省的部分地区；四是利用中华兴网的网络优势覆盖更大范围。四个层次、四种媒体形成既独立又互相促进的经营格局，成为大兴文化创意产业的重要组成部分。

五、队伍建设

1.人才建设。坚持人才建设常抓不懈，把好进人关口，不断充实高素质人才，中心第一学历的平均起点已上升为大专，一线职工中第一学历为大专的人数占一线人员的58%以上。形成以本科生、大专生为主体的人才队伍，并有多名研究生，人员的专业素质明显提高。

2.论文竞赛活动。制订出《大兴广播电视论文竞赛活动暂行方案》，于3月到5月间组织首届“大兴广播电视论文竞赛”活动，共收集论文48篇，累计20多万字。6月19日该论文集《地方广播电视媒体发展策略》一书，在中国广播电视出版社编辑出版。推出《记者备忘录》、《创新时政新闻形式》和《办好民生新闻》等宣传业务方面的实施意见，分别发到每一名记者、编辑的手中。

3.培训工作。充分发挥首都传媒行业集聚、传媒人才精英荟萃、研究资源丰富的优势，有计划地邀请来自社科院、中国传媒大学、中央民族大学、中央电视台、北京电视台等单位的国内顶尖的专家学者、业界精英，来大兴广电中心讲课，将最新的节目形态、传播理念和先进的管理方式和节目制作手法介绍进来，员工能够及时发现自身的不足，紧跟时代潮流。组织编辑、记者学习《区委工作报告》、《区政府工作报告》等，督促编辑、记者了解、掌握大兴区情。

（北京市大兴区广播电视中心）

北京市通州区广播电视中心概况

北京市通州区广播电视中心成立于2001年10月，前身是通县广播站、通县人民政府广播科、通县广播电视局、通州区广播电视局。拥有通州人民广播电台和通州电视台，通州电视台节目纳入北京电视台公共频道播出。

2009年，通州区广播电视中心以科学发展观为统领，坚持宣传创新、技术创新、管理创新，广播电视的宣传功能得到加强，技术事业快速发展，管理工作规范有序，完成区委、区政府交办的各项工作任务。这一年，通州电台、电视台共播出新闻6237条，播出各类专题节目2104期，为推动通州区经济发展和社会进步提供了精神动力和舆论氛围。

一、宣传工作

1.宣传应对金融危机。通过新闻和专题系列报道，宣传地税、财政、工商、商务、投资促进等相关部门主动帮助企业解决困难，化解难题，共同应对金融危机。介绍全区相关企业克服困难，寻求出路的典型经验。大力宣传全区招商引资、产业发展取得的突出成效，为全区上下齐心协力，共克时艰，鼓舞士气。

2.宣传发展经济。大力宣传全区引资40亿元发展经济的做法，近百个村庄加强改造、建设新型农村的典型，一批农民发展特色农业取得的成绩，家电下乡、汽车下乡、科技下乡的经验，坚定全区人民发展经济的信心。

3.宣传新中国成立60周年。征集跟踪采访老照片活动。5月，与通州第一家照相馆——丽新照相馆合作，发起“寻找通州记忆”老照片征集活动，历时3个月，共征集老照片600多张。选取其中具有典型意义和时代特点的照片进行跟踪采访，通过今昔对比，感受通州变迁。

系列报道“与共和国同龄”。9月，在电台、电视台《通州新闻》栏目中推出系列报道“与共和国同龄”。通过深入挖掘身边生动故事，从不同角度反映新中国成立60年来通州区翻天覆地的变化。通过同期声，主持人现场主持，用讲故事的形式，营造氛围。

特别节目《通州记忆1949—2009》。推出特别节目《通州记忆1949—2009》专题片，共6集，每集20分钟，选取耳熟能详的歌曲或影视剧名为题目，包括“我们走在大路上”、“一个都不能少”、“清凌凌的水蓝滢滢的天”、“阳光灿烂的日子”、“在希望的田野上”及“我和我的祖国”。通过感情真挚的讲述，从城市建设、教育发展、人民生活等侧面，勾勒60年来通州社会和人民生活的沧桑变化。

推出百首爱国主义歌曲。在广播和电视文艺栏目中，推出“盛世中国唱红歌、精彩通州我参与”百首爱国主义歌曲展播，勾起人们的美好回忆，引起共鸣。

策划电视歌舞晚会。特别策划电视歌舞晚会《我为祖国送祝福》，展现60年来全区各行业发展建设和人们生活欣欣向荣的精神风貌。参演节目全部来自基层单位。

开展纪念征文展播“通州这方土”广播栏目，以“风雨兼程六十载光辉路”为主题，开展纪念新中国成立60年征文展播，与听众同述共和国60年成长历程，回味60年经典中国的精彩瞬间。

推出系列优秀公益广告。以“共和国记忆”为主题，开展公益广告制作评比活动，推出系列优秀公益广告，在电台、电视台播出，与新闻、专题、文艺节目，相互配合，增强宣传效果。

4.举办“感动通州”道德模范颁奖典礼。9月24日，中心成功举办“感动通州——2009通州区道德模范颁奖典礼”活动。通州区委、区政府、区人大、区政协的领导及市文明办和各相关单位领导和近400名观众参加活动，为10名区级道德模范颁奖，并演出文艺节目，市、区领导给予高度评价。

5.宣传学习科学发展观。电视台精心策划、认真组织，全年共播发相关新闻稿件376条，宣传报道全区上下认真参加学习实践活动和各阶段工作开展情况，报道做出新贡献的成功经验，引导全区践行科学发展观工作不断深入。

6.宣传安全生产。电视台把生产安全、交通安全、食品安全作为重中之重，及时宣传安全生产的方针、政策、经验、教训，全年播出相关新闻307条，月均26条。

7.宣传公共道德建设。电视台在继续宣传张品正、孟宪峰等老典型的同时，深入基层，挖掘新的典型，先后宣传《退休教师田俊杰义务辅导学生13载》、《绝症妈妈——超越亲情的爱》、《下岗女工刘玉凤用智慧和双手带动百名妇女“编织”新生活》等20多名先进人物的事迹。并在专题栏目推出“公德之星”系列节目。

8.宣传防治甲型流感。除在新闻节目中宣传全区决策外，还在《健康人生》专题节目中，分8期播出流感发展规律和防治方法，消除群众的畏惧感，提高战胜流感的信念。

二、加强策划，提高质量

在元宵节、劳动节、建军节、教师节等百姓关注的节日期间，编发相关新闻。《劳动保障》节目编发13位就业明星的先进事迹，播出100多条就业信息。《古韵新绿》介绍市区投资6.6亿元，建设17000亩森林公园的举措。评论部改版通州故事专栏，推出套餐节目，播出实用人才系列故事，使节目更加新颖。节目包装制作部门先后制作《全家福》、《祖国——今天是你的生日》、《五星红旗》、《1949—2009》等30个片头、片花，提高节目的整体质量。

三、完善播出预案，确保安全播出

完善技术、播出、供电系统的应急预案，坚持播出和技术人员共同值班制度。积极参加市广电局举办的“迎国庆保平安百日安全播出竞赛”活动，举行两次应急演习。电台安全播出6852小时，其中直播1400小时，电视台安全播出4015小时，无责任事故，实现安全播出的预定目标。

四、建设广播电视发射塔

总投资1673万元的发射塔建设工程12月8日通过验收。新建成的广播电视发射塔塔高148米，附属工程建筑面积1200米。发射设备安装完毕，即将投入使用。

五、管理与创新

中心10个科室确定10个创新方案全部落实。改革新闻编辑制度，突出重点，加强沟通，扩大新闻源。文艺专题节目《视听直通车》改版为《我的祝福我来送》，突出时代特色、运河文化与群众参与，提高社会效益。《看通州》栏目增加“通州故事”和“周望新城”两个板块，突出评论力度和可视性，完善节目评审机制，做到周周评审。义务监听监视员认真负责，使广播电视节目兴利取弊，提高质量。建成设备智能管理平台。落实特殊时期安全播出方案。拓宽广告创收渠道，增加收入；完善财务制度；建成流动图书室。科级干部考核管理通过述职、评议等手段，调动工作积极性，增强责任感。

六、完善监督机制

进一步完善监督机制，查出重大风险点7个，查出一般风险点22个，制定5条整改措施。重大工程请区阳光办监督，设备采购请区采购办监督，干部使用请全体人员监督，重大支出集体研究决定。加强党的思想建设、组织建设、作风建设，业务培训制度化，提高人员素质。完善制度建设，安全工作到位，防疫工作扎实，文体生活丰富。财务统计、文书档案、人事劳资、汽车管理等工作都取得优异成绩。

（北京市通州区广播电视中心）

北京市顺义区广播电视中心概况

北京市顺义区广播电视中心成立于2002年，前身是顺义县广播站、顺义县人民政府广播科、顺义区广播电视局。拥有顺义人民广播电台和顺义电视台、《顺义时讯》报社传播媒体。

2009年主要工作：

一、宣传工作

1.宣传顺义。广播、电视、报纸联动，共采制新闻报道8768条，系列报道46个，图片701幅，向市级以上媒体发稿占全区外发稿量的1/3，图片62幅。其中，央视《新闻联播》播出报送的《国际花卉物流港试运行》，《朝闻天下》播出《国际化物流港盛装亮相》等3条新闻，时长4分30秒；《顺义时讯》报记者采写的《花博会，顺义准备好了》与《花博会昨夜更换百万支鲜花》分别在《人民日报》、《经济日报》、《北京日报》整版转刊与央视《朝闻天下》栏目播出，收到良好的宣传效果。

2.花博会宣传。电视台在每周五、六开设《盛世花博》栏目，每期节目时长十分钟，对花博会各项筹办工作进展作追踪报道。两台新闻部门在“花约世界”等栏目共报道花博会相关内容新闻492条，平均每天14条。《盛世花博》栏目播出55期节目，600分钟；《顺义时讯》推出《花城记事》、《盛世花语》、《花海乡情》等栏目，采访中国花卉协会会长江泽慧、北京市委常委牛有成等，出报频率达一周4期，对外媒体发稿件150余篇；制作电视新闻260分钟，采制新闻160条，平均每天播出26分钟，电视台的《花艺园》、《时尚风景线》、《歌唱部落》、《音乐地带》及电台的《越聊越开心》《百姓秀场》、《悦耳聆听》等文艺栏目制作百余期板块节目及晚会型特别节目。

两台策划制作的花博会广播电视标版广告，在区域媒体黄金时间播放，并在中央电视台、北京电视台、中央人民广播电台、北京人民广播电台投放播出，有力地宣传花博会。在展会现场，顺义电台与北京电台并机直播。在《绿色北京，让生活更美好》画册编纂中，聘请多位国内知名摄影家，对花博盛世进行精心拍摄，画册制作精美。电视台组织航拍，拍摄后制作了音乐片。

3.国庆60周年宣传。区广电中心着力整合新闻、专题、文艺、广告等栏目，推出从京郊粮仓到绿色国际港“十大栏目、十大系列活动”《光荣记忆——领袖的顺义足迹》、《顺义史记1949～2009》等，组织《“我唱我的国、我唱我的家”百姓红歌会》、《“我爱顺义”百姓网络写作大接龙》等活动。

《向祖国报告——顺义巨变：从“粮仓”到“国际港”》方案，在北京市广播电影电视局和北京广电学会联合组织的迎接新中国成立60周年宣传报道方案征集评比活动中被推荐为“特别奖”。

4.宣传区“两会”。电视台设置“直通两会”、“代表心声”、“委员心声”、“百姓与两会”、“人大代表风采”、“政协委员风采”等子栏目，“百姓与两会”栏目架起普通群众与“两会”沟通的桥梁。《顺义时讯》在会议开幕、闭幕当天分别推出区“两会”特刊。除常规新闻外，还以“盘点收获放飞期待”为题，从政治、经济、社会和民生等角度解读2009年政府工作报告。

5.顺义新城宣传。围绕“保增长、保民生、保稳定”中心任务，加强对重点工程、重大项目、重要园区和企业、新农村建设等重要领域及就业、拆迁、环境整治、招商引资等热点问题，全方位开展宣传。4月，关于拆除违法建设的新闻报道得到区委书记张延昆、区长刘剑的充分肯定。

两台一报各类栏目、作品聚焦民众关注的社会热点，如《民情一线》、《师说日》、《情动绿港》、《绿港会客厅》等栏目，深入宣传M15号线建设。第二届“顺义的骄傲”活动一经推出，受到社会各界广泛关注，赢得来自上海、湖南、湖北、河南、河北等省及区内外人士的热情参与，网友们在顺广传媒网上投票并发表精彩留言，共收到网站、报纸和短信的有效选票2050899张。

6.防控疫情积极引导。两台一报在报道全区、相关系统关于防控甲型H1N1流感重大活动、重要会议精神的同时，还积极搜集信息，对流感疫情、防控知识、防控公民责任，甲型H1N1流感可防、可控、可治等内容进行宣传报道，共采制新闻报道135条，开设防控知识性栏目7个。

二、硬件建设

顺广传媒网站经过网站改版，全年网站点击量达60余万次，月均点击量5万次。顺广传媒网站获得2008年度顺义区优秀网站奖，成为区内与顺义网城、顺义联通、雅昌艺术网等4家具有同等地位的门户网站。在顺义广电中心五网合一综合业务网络系统验收工作中，该系统项目获得北京市广播电影电视局评选的技术创新一等奖，荣获国家广电总局的科技创新二等奖。

完成有线广播的全部工程，覆盖18个镇400多个村，起到良好宣传效果。为服务好花博盛会，在花博会主场馆及鲜花港周边26条路段、116.36公里建设有线广播工程，共铺设管道154.7公里，铺设缆线86.6公里，安装音柱3030只。对现有13个二级站的有线广播进行应急功能的技术改造，现已进入对发射机进行远程控制系统的改造阶段。奥运大屏，通过技术攻关，完成电视发射机的远程控制改造，改造后发射性能良好，已连续安全播出3700余小时。

三、经营创收

调整思路，科学分析市场形势，创新模式，摸索出符合当前形势的增收途径，取得社会效益和经济效益双赢的良好局面；媒体联动，积极创新经营模式；多措并举，竭力开发政府职能单位；稳固经营渠道，瞄准创收新目标的特点。

四、安全措施

落实各项安全管理制度，成立安全应急分队，对防火、防盗等设施进行全面检查、检修，做到防患于未然。邀请武警中队消防处讲述消防安全知识。电视台播发发射部，加强安全播出管理，9月全员参加市局在平谷组织的“北京市9.8广播、电视防插播应急演练”活动。在市广电局组织的“迎国庆、保平安、百日安全播出竞赛”活动中顺义广电中心被评为安全播出集体一等奖。

五、团队建设

开展以“忠诚、微笑、严谨、创新”为主题的系列教育活动，强化忠诚意识、服务意识、创新意识。以“走出去”、“请进来”、“员工大讲堂”等培训形式提升团队整体素质，组织全员到燕山石化进行拓展训练，邀请中国传媒大学影视艺术学院摄影教授金贵荣、北京人民广播电台交通广播主持人王佳一、甘霖智慧国际培训机构理事长吴甘霖等授课培训。组织员工外出参与各类培训35次，投入资金近40余万元。

（北京市顺义区广播电视中心）

北京市平谷区广播电视中心概况

北京市平谷区广播电视中心前身是平谷县广播电视局，成立于1987年8月7日。2002年4月8日，平谷区广播电视局行政管理职能部分划归区文委，有线电视网络归北京歌华网络公司。拥有平谷人民广播电台和平谷电视台。电视节目纳入北京电视台公共频道播出。

广播节目每天播出8小时，全年播出2920小时；无线电视频道每日播出1.5小时，全年播出537.5小时；有线频道每天播出4.5小时，全年播出1642.5小时。开设《平谷新闻》、《视点》、《警法在线》、《旅游精点》、《健康》、《希望田野》、《走近医学》、《生活周刊》、《时尚消费》、《送您一笑》等栏目。

2009年主要工作：

一、宣传工作

1.宣传平谷。北京平谷第十一届国际桃花节举办期间，《平谷新闻》开设《桃花节特别报道》子栏目，两台共播发新闻120条，制作播出专题节目8期，推出"观花、赏石和桃花宴"三大民俗旅游主题活动宣传；桃花节后，制作《民俗旅游红红火火》、《乡村民俗旅游，醉了游人、乐了农民》等34条消息，宣传推广平谷旅游文化。

开设《难忘2008》新闻专栏，推出全区重大成就报道23期；开设《乡风文明》专栏，推出《回馈社会是我无悔的选择》等190个典型人物报道。3月2日，此栏目更名为《文明之星》，又推出《一心为民的好支书》、《刘普和他的音乐知识普及班》等160个文明典型事迹。完成"三八"妇女节和助残日展示活动，《平谷新闻》推出《巾帼建功标兵——刘淑环》、《刘建军和他的"快乐老家"》、《残疾人的事业挂心间》等16篇特别报道；开设《名师名校》栏目，推出各类学校、标兵校长典型100人次，播发新闻120条；教育法律法规课堂宣传11次；制作《平谷区庆祝新中国成立60周年红色歌曲演唱会》、《平谷第十一届国际桃花节暨平谷区第五届全民健身体育节》、《平谷区庆祝教师节表彰大会专题晚会实况录像》等18场重大活动专题晚会的实况录像，成品为1178分钟，时长比2008年同期多25%。

2.宣传新中国成立60周年。推出庆祝新中国成立60周年新闻专题百集系列报道。8月3日，《平谷新闻》开设子栏目《辉煌60年——我与新中国同行》，系列报道，采访与共和国同龄的普通群众，通过回忆和讲述，配以大量影像、文字资料，展示新中国成立60年发生的巨变；推出《张来兴——寻找记忆中的岗位》、《刘守成：割舍不下的放映情结》、《马新凤家三代婚姻成本的变化》、《关绍武'家'的变奏曲》等典型报道，播出近80期。9月初，推出《走过60年》专题系列节目，先后制作播出《记忆中的平谷城》、《平谷餐饮巨变》、《通讯改变生活》、《平谷农业60年》、《计生60年》、《平谷创建促和谐》、《峥嵘岁月写华章》等16期专题节目，展现新中国成立60年来取得的辉煌业绩。

3.宣传应对国际金融危机。《平谷新闻》开办《增信心促发展》专栏，推出《北京市圣林工艺品厂主动出击应对出口"严冬"》、《普析靠自主创新掌握主动权》、《金鹰羊绒集团：开源节流应对金融危机》、《兴谷开发区迦南公司投资5亿元扩大规模》、《南独乐河镇进一步延伸农业产业链促进农民增收》等近40条报道，生动反映成功应对金融危机的各项措施。

4.宣传防控甲流。《平谷新闻》自5月18

日开始播出《防控甲流》专栏，介绍防控流感常识，对全区的防控工作进行动态报道；《平谷卫生》、《视点》等栏目制作《远离甲型H1N1流感》访谈、《预防甲型H1N1流感，关注学生健康成长》、《严密部署——进一步做好甲型H1N1流感防控工作》、《企业捐赠献爱心——流感防控进校园》等多条新闻。

5.宣传争创国家卫生区。开设《走进医学》、《现代中医》、《药监长廊》、《平谷医疗》等专题栏目，制作《新型农村合作医疗》、《手足口疫情宣传》、《安全用药进入百姓家》、《打击非法行医查处黑诊所、优化就医环境》等234期节目；开办《全民动员创卫创生》专题栏目，播发《私搭乱建清理了，居住环境好了，居民笑了》、《联合整治马路市场、店外经营》、《整治露天烧烤》、《村民不乱扔保洁员变轻松》等305篇重点报道，为争创首都卫生区奠定基础。

6.外宣工作。与北京电视台密切合作，分阶段对马坊物流园区建设进行动态跟踪报道；桃花节期间，在北京电视台早、中、晚新闻栏目连续刊发关于平谷桃花节的新闻消息，邀请《京郊大地》、《四海漫游》、《生活面对面》等电视栏目记者来平谷制作专题节目；与北京电视台记者合作，对“平谷大集进京城”活动进行及时的跟踪报道；邀请中央电视台记者到东高村小提琴基地进行实地采访，并提供大量影像资料，通过《新闻联播》使全国电视观众看到平谷以提琴生产为代表的文化产业的发展状况。与北京电视台数字频道《北京党建》栏目建立长期合作关系，在该平台播发稿件17篇。在北京电视台播发稿件79篇；中央电视台播发稿件6篇，其中《新闻联播》2篇。

二、基础建设

投入180余万元，完成设备的升级改造和维护，提高工作效率，保证安全播出。投入50万元对虚拟演播室设备进行升级改造，改善演播室的场景效果，使电视节目更丰富、更吸引人，缩短节目制作周期，提高演播室的利用率；投入100万元购置8台摄像机，缓解外出采访设备紧张状况；投入11万元购置小型摄像机、监控设备和记者采访机，提高工作效率；投入11万元对电视发射塔进行防腐、涂漆、校正、加固等维护，保障播出设施安全运转；投入18万元购置越野车，为做好山区覆盖工作提供便利条件。

三、安全措施

加强硬件设施建设，对空调系统和上下水系统进行改造，改造后区广电中心每年可节省费用2万余元；先后投入2万多元，完成办公大楼、演播大楼、电视发射塔的安全检查和维修。严格执行《安全保卫工作方案》，加强领导带班，科长和相关部室值班，坚持24小时值班制度。出台《节目审查及播出管理办法》、《节目单管理细则》、《平谷新闻编辑工作任务及工作流程》等规定，对所有播出节目，坚持先审后播，谁签字、谁负责；对自采节目坚持前期策划、中期指导、后期三级联审制，保证播出无事故。制定《中心安全保障》、《防“法轮功”非法插播》、《突发事件》、《供电保障》、《技术保障》、《安全播出》等紧急预案，完善应急措施，并对预案进行实际演练，确保安全播出。

四、队伍建设

1.学习培训。3月31日—4月1日，举办全区广播电视业务培训班，邀请原中央人民广播电台评论部主任、广播学会专家组成员曹仁义，中国传媒大学电视与新闻学院教授高小红等，讲授业务知识，110余名新闻从业人员和记者参加培训。日常采取以会代训的方式加强学习，各科室坚持每周一次全体人员会议，节目制作部门利用周会评点节目得失、指导记者工作，通过学习讲评的形式，不断提高采编人员整体素质。

2.慰问、帮扶。中心党支部发展1名预备党员，5名预备党员如期转正。干部职工向区民政局献爱心捐款2070元。为“幸福工程”和地震灾区捐款3790元。开展慰问帮扶户、老军属、聋哑人等，送去慰问品和慰问金。

3.工会活动丰富多彩。采集工会会员的信息，全体会员免费享受到全国总工会的工会会员保险。以工会为载体，组织开展拔河、棋类以及趣味运动会等比赛活动，组织多名员工参加区机关工委举行的羽毛球比赛。区广电中心在龙家务村进行结对子工作，开展蔬菜种植知识辅导讲座；赠送蔬菜种植与病虫害防治书籍到农户家中；对村民种植蔬菜情况进行宣传。

（北京市平谷区广播电视中心）

北京市怀柔区广播电视中心概况

北京市怀柔区广播电视中心成立于2001年9月，前身是怀柔县广播站、怀柔县人民政府广播科、怀柔县广播电视局、怀柔县广播电视中心。拥有怀柔人民广播电台和怀柔电视台。电视节目纳入北京电视台公共频道播出。电台每天播出14.5小时，电视台首播1.30小时，次日重播两次。全区有广播分站14个，电视覆盖率100%，广播覆盖率96.9%。

2009年，怀柔广电中心被首都精神文明建设委员会评为“迎国庆、讲文明、树新风”活动先进集体；被怀柔区委、区政府评为政治工作先进集体，怀柔区国庆60周年庆祝活动先进集体；被区总工会评为工会工作先进集体；被共青团怀柔区委员会评为2009年度五四红旗团支部；被怀柔区政府食品安全监督协调办授予怀柔广电中心食品安全特殊贡献单位；怀柔电视台编辑制作的《激情奉献在山乡》荣获怀柔区第三届党员电教片观摩比赛活动一等奖。在市以上新闻单位发稿226篇。

一、宣传工作

1.宣传怀柔。电视专题新增《新视野》、《健康有约》等栏目，广播新增《快乐游怀柔》、《文学草堂》、《科技长廊》等栏目。电视专题节目达到11个，广播达到18个。设置“三会”专栏，《怀柔新闻》由15分钟增至25～30分钟。编制60～120分钟专题片13部，为区委、区政府、区人大、区政协及相关单位刻录各种光盘500多张。怀柔电视台与北京人民广播电台合作采编，报道怀柔区的生态优势、特色产业及发展环境。采制的《以业聚人、以业兴镇，怀柔区红庙村打造京郊灯笼第一村品牌》、《春节临近，怀柔灯笼村里生意红火》、《农产品深加工，让“窝心果”变“金豆子”》、《和谐之声唱响慕田峪长城，各行业代表共同祝福祖国》、《国家中影数字制作基地落成》等新闻分别在中央电视台《新闻联播》、《晚间新闻》和北京电视台《北京新闻》、《特别关注》等节目中播出。制作宣传怀柔经济、旅游、文化等专题片8部。

系列报道琉璃庙“白河湾”、汤河口“银河谷”等沟域经济，北房镇城市农业公园等设施农业，文化创意产业和高新技术产业等；报道怀柔区保持经济平稳快速发展最新举措，对区域111国道改造、城中村改造、雨污改造等重点工程及福田汽车欧曼重汽厂、欧马可汽车厂等重点企业进行重点报道；及时报道《敛巧饭》、《满族风情节》、美国百老汇原创音乐剧《何处寻爱》、谭晶长城演唱会、汽车拉力赛等大型活动。积极做好防控甲型H1N1流感的社会宣传工作，及时准确地发布疫情信息，为公众解惑释疑，正确引导社会舆论。录制怀柔区第一届春节文艺联欢会、群众艺术节、“弘扬传统美德，构建和谐怀柔”青年辩论赛、老干部庆国庆文艺演出等整场录像30多场次。

2.宣传国庆60周年。开办《与共和国同行——怀柔60年60事》、《迎国庆、讲文明、树新风》、《祝福祖国》等新闻及专题栏目，在拍摄“60年60事”系列报道中，怀柔两台从1月开始统筹策划，调整人力，外请专家培训，内挖潜力加班，制作完成并成功播出。该片从建国初期到2009年怀柔的重大历史事件中精心选取60件事，按照编年体形式，采用历史资料、影视图片、见证人回顾等多种手段，展示怀柔60年来经济社会发展的巨大变化。

3.主题教育宣传。配合区委、区政府学习“实践科学发展观、建设京郊经济强区”主题教育活动，在怀柔两台开办《学习实践科学发展观、提升区域核心竞争力、建设京郊经济强区》等新闻专题栏目，对怀柔区建委、国税、环保、规划、劳动、农委、发改委等20多个单位落实科学发展观、服务百姓、创新机制等典型经验进行追踪报道，收到良好效果。

4.党建及精神文明创建宣传。围绕建党88周年，开办《庆“七一”、强党建、促发展》、《庆祝建党88周年》等新闻及专题栏目，配合区委宣传部“爱首都、讲文明、树新风”及和谐村庄创建等精神文明创建活动，开展公民职业道德、社会公德、家庭美德、个人品德的宣传；宣传政策法规、健康知识、文明礼仪、党的理论；开展爱国守法、明礼诚信、团结友善、勤俭自强、敬业奉献等基本道德规范的宣传；加强未成年人思想道德建设的宣传。怀柔电视台“文明在身边”栏目组与区文明办联合制作播出《传统经典咏读》宣传片48期，每期15分钟，起到教育示范作用。

5.旅游宣传。继《行风热线》直播节目后，又开办郊区台中首家旅游互动直播节目——《快乐游怀柔》，该栏目5月1日首播成功。区委王海平书记批示“语出惊人，凤鸣燕山”予以肯定。截至年底，《快乐游怀柔》栏目播出51期102小时，接听咨询电话123个，为游客解决旅游方面问题121个。

6.品牌效应。实行每季一次评好稿制度，保留受众关注的品牌节目、栏目。更换栏目片头和主持人背景板，突出地方特色。改版创新品牌节目，将《文明大家谈》栏目改版为《文明在身边》，将《信息大世界》栏目改版为《生活大观园》。《宏怀法制时刻》走进农村、社区、学校，与群众互动，年内收视调查排名第一。《怀建周日报道》发动观众利用手中的DV，记录身边的精彩时刻，与大家分享。电视新闻《长城脚下“国际村”》获电视新闻类一等奖，在北京市好新闻评比中获新闻一等奖；新闻性专稿《“俏夕阳”圆了艺术大学梦》获广播社教类二等奖；《怀旧金曲》获广播节目技术质量二等奖；电视专题《近日新农民》获电视社教类二等奖、电视节目质量类二等奖。广播栏目《行风热线》再次荣获京郊优秀栏目奖。李秋连、孟阳被评为节目创优先进个人。

二、安全保障

进一步修改完善《怀柔广播电视安全播出应急预案》、《国庆安全播出预案》，层层签订安全责任书。对机房前端、发射塔及播出机房等要害部位进行安检，加强监测和防范非法信号，开展“迎国庆、保平安、百日安全播出竞赛”活动等，确保广播电视设备正常运转。怀柔电台播出4106小时，怀柔电视台播出7430小时，未发生事故。

三、基础设施

完善汤河口南山广播电视无线覆盖发射塔附属设施建设；完成渤海等3个行政村的“村村通”前端系统线路升级改造任务，涉及5000余户、15000余人；做好“村村通”维护维修工作，坚持常年服务在乡村，发现问题及时排除，年内共入户维修1000余户。

投资400多万元，完善媒资管理系统，建立三维动画工作站1个，增加安全监控点8个；购入演播室摄像机系统和电台直播系统，将原网络进行升级改造，解决电台服务器和直播设备无备份问题，增加播出系统安全稳定性，提高电台、电视台数字化水平。投资90多万元完成怀柔区广电中心双路供电改造工程，解决长期以来因停电影响播出的问题。

四、队伍建设

完善《广电中心制度汇编》，制定《广播电视节目规范管理若干规定》、《优秀节目管理实施细则》、《广播电视宣传临时工作任务有偿机制》、《媒资管理办法》、《编外人员管理办法》等，做到规范有序。

积极开展学习实践科学发展观各项教育活动，制定《广电中心深入学习实践科学发展观活动实施方案》，建立健全保障和促进广电中心科学发展的体制和机制。采取上党课、参观西藏民主改革50周年大型展览和建国60年成就展、举办党的基础知识培训班、参观中影数字基地、琉璃庙八宝塘村主题教育等活动。成立党建创新组，开展班子成员和党员带群众的“一帮一、一对红”及典型示范教育等活动。年内北京市委组织部《支部生活》栏目，为优秀共产党员樊福林同志拍摄20分钟的宣传片，11月在北京党建频道播出。举办“迎国庆、讲文明、树形风、弘扬团队精神”、“我读《团队精神》”演讲比赛和有奖征文活动；开展《讲究职业道德，注重行为规范》、《怀柔广电人核心价值观》、《我的岗位在哪里？工作目标是什么？》等讨论活动；组织开展新闻系统三项教育、向吴大观同志学习和学习十七届四中全会精神等活动，干部职工撰写心得体会文章40余篇。创办内部刊物《工作交流》；在区总工会组织的《劳动颂歌》大赛中荣获一等奖。年内怀柔区广电中心用于报刊、书籍、培训等费用达28万多元，中心全体党员干部职工爱心捐赠22582.6元。

（北京市怀柔区广播电视中心）

北京市昌平区广播电视中心概况

北京市昌平区广播电视中心成立于2001年10月，前身是昌平县广播站、昌平县人民政府广播科、昌平县广播电视局、昌平区广播电视局。拥有昌平人民广播电台、昌平电视台和昌平广播电视网（www.cprt.com.cn）播出媒体。电视节目纳入北京电视台公共频道播出。

2009年，区广电中心新闻宣传工作坚持“节目质量追求更精、信息发布含量更大、服务全局贴得更紧、围绕主题报道更快”，对全区政治、经济、文化建设成就给予宣传报道。昌平电视台《昌平新闻》共播发稿件3145条。（其中经济新闻1668条，占新闻总数的53%。）各类栏目共播出258期，系列报道27组；广播电台30个栏目共编辑播出5400期（组）。在上级媒体播发《昌平发现辽代早期贵族古墓》、《昌平区首届青年创业大赛》等新闻20余条。

一、宣传工作

1.新中国成立60周年宣传。在《昌平新闻》开辟专栏《辉煌60年》、《见证昌平解放》、《60年60人》、《我与新中国同龄》、《迎国庆、讲文明、树新风》、《点击关键词》。并在《视角》、《百姓话题》、《古今昌平》、《真情故事》等栏目，集中开展新中国60周年成就宣传。国庆节期间，开办日播出专题栏目《国庆特别报道》，每天15分钟。充分展示“喜庆昌平、和谐昌平、发展昌平”，为国庆宣传营造氛围。

2.宣传区委全会和区“两会”。深入宣传报道全区干部群众学习、贯彻、落实区委三届七次、八次全会精神，做好相关政策解读，陆续推出涉及商务花园城市的各类节目，开展热点引导，在三届七次全会期间电视新闻首次实现会场制作、异地传输的制作方式，成效显著。

3.加大经济新闻报道。开辟专栏《保增长、促发展、惠民生》、《非公经济系列报道》等，先后播出《我区企业凝心聚力保增长力求突破上水平》、《在危机中寻找生存与发展的机遇》、《一季度我区引进新企业注册资金同比增长112.7%》等经济新闻，经济报道所占比例由去年的30%上升到53%。对昌平区域内的重大项目进展情况，进行宣传报道。如《沙河高教园区迎来中央财经大学沙河小区首批学子》、《未来科技城暨北京低碳清洁能源研究所奠基》、《北京港创瑞博混凝土有限公司昌平分公司暨节能环保全自动管片生产线正式投产》、《我区软件产业孵化基地开工建设》等。

4.贯彻落实科学发展观活动。在新闻中开设《坚定信心科学发展》、《商务花园大家谈》、《深入开展学习实践活动》系列专栏。对全区学习实践活动进行报道，如：《全区深入学习实践科学发展观活动暨领导干部作风建设年活动动员会昨天下午召开》、《本台评论：坚定信心科学发展》、《昌平区第一批开展深入学习实践科学发展观活动部署会》等，在第一批学习实践活动中播出新闻、专题共计140条(期)，开设专栏，每周播出一期，共播出200余条。

5.增强民生新闻报道。在做好“惠民助企”政府重大决策取得实效的宣传基础上，充分反映社情民意，如：《关注公德：残缺的奥运标志牌在“哭泣”》、《花园变菜窖》、《公交车站藏隐患》、《街头“牛皮癣”小广告惹人烦》、《刘谦引发全民“着魔”，“魔法市场”大有可为》、《昌平山桃初开游客赏花踏青》、《区市政管委2009年为民办实事工程全面展开》等130余条。创办和开播《今日开庭》、《职场故事》等法制节目、栏目；电台与检察院联合开办《与法同行》栏目，开办30多期，密切联系区民主法制建设的发展进程，广播电视法制宣传节目比重逐渐加大，内容丰富、形式多样。配合甲型H1N1流感疫情的防控防治工作，开展卫生健康和科学养生知识宣传报道，让群众深入了解科学健康知识，如：《药监昌平分局加大市场巡查力度严查抗病毒药品》、《区卫生部门开展甲型H1N1流感防护知识普及工作》等宣传报道100余条。

6.迎接建台25周年。2009年是昌平广播电视台建台25周年，经4个月的网上征集，选定并启用昌平电视台新台标，结束昌平电视台没有自己台标的历史。9月27日在昌平区广电中心600平米演播厅举办新台标启动仪式和颁奖晚会，制作电视台成立25周年专题片、新台标发布专题片和广播电视网宣传片并推出昌平广电人自己的歌曲《心愿》。出版记录广电人奋斗史的画册。

7.外宣工作。为区委区政府创作《全区创建学习型社会》、《全区创建商务花园城市》、《全区重点工程建设》等专题片近20余部，截至一季度，电视台报送北京台并播发的新闻报道20余条，展示昌平经济社会发展的成果。不断加强与专业频道的合作共建，5月份，“北京党建”专业数字频道与电视台沟通构建合作关系，从中选取《加强学习，提高能力，确保实现科学发展》、《深化农村改革成果，实现城南科学发展》等新闻专题片19篇。

8.打造精品栏目。经全新打造，《视角》、《百姓话题》、《古今昌平》、《真情故事》等栏目，拥有一大批热心观众，树立自己的品牌。《古今昌平》已策划、制作播出大型系列专题《古城探幽》20集，《塔寺寻踪》16集，《民俗风情》14集，《文物纪事》9集，《六十年回顾》9集、50集《探秘十三陵》已制作播出8集。

二、强化公共服务

电视《时空关注》、《农民课堂》、《广告》等栏目负有公共服务的功能。《时空关注》和全区14个职能单位共同完成，包括《花开未来》、《住房与城乡建设》、《药监广角》、《新起点、新形象、新沙河》、《消防责任重于泰山》等栏目，形成广播电视节目和广告、广电网络经济、广电相关产业经营创收的“三驾马车”，确保广告和节目经营稳定持续发展。

三、创新技术

1.安全播出。建立健全工作机构和制度，完善防范措施，升级播出机房的硬件设施，安装广播电视技术区的24小时监控，开通远程广播电视实时监控系统，进行转星调整工作，形成应急、紧急、危急状态的管理模式，保证在日常和重大节日、重要会议及敏感期的安全播出传输无事故，为实现安全播出提供技术保障。公共BTV昌平综合频道安全播出1642.5小时；无线频道播出3285小时；广播电台播出5840小时。7月1日0时至10月8日24时，累计安全播出电台节目1600小时，播出电视节目2050小时，完成国庆期间广播电视的重要时段转播任务。

2.加快科技应用水平。投资450余万元，对600平米演播厅、广播电视播出机房进行升级改造，加装48盏电脑灯，并安装30平米LED大屏幕，接管昌平永安公园户外LED大屏幕，在广电网中实现广播电视节目音视频同网传送，网站业务取得新突破。节目制作，从普通电视的模拟复合到模拟分量、数字分量。数字摄录设备比例不断提升。数字动画工作站、非线性编辑系统、视频服务器、虚拟演播室等也全部实现数字化。实现数字播出和向歌华传输信号的数字化。

3、实现办公无纸化。基本实现办公无纸化，办公用电脑达到120台，实现政府网和歌华英特网接入合并，推广办公自动化OA系统的使用，建设办公用电脑服务器，减少办公用电脑的软件系统故障率，升级网站服务器，设计安装中心会议室、记者间会议系统。

四、队伍建设

1.完善管理。对财务进行集中管理和调度，推进事业单位改革，完善内部管理制度，实行绩效与分配挂钩的管理模式。新招聘10名专业院校的大学本科生，选拔一批干部到领导岗位上，招聘一批专业技术人员，调动员工的积极性和创造性。

2.深化教育。外派国内外学习人员达到52人次，占全中心总人数约37%。12月4日，广电中心组织相关人员赴山东齐鲁电视台进行学习考察。邀请中国传媒大学的教授为广电中心编辑、记者培训业务知识，邀请北京协和医院心理研究所的博士为中心全体干部职工讲授心理健康知识。开展“三项学习教育”、“三个形象的维护”等活动、保持共产党员先进性教育活动、民主评议政风行风活动和学习实践科学发展观等多项创建活动，将学习范围由全体党员扩大至全体130名干部职工。

五、工作业绩显著

中心在中国广播电视协会开展的“辉煌六十年”全国县级广播电视系统百家先进局（台）评选中荣获“百家先进局（台）”称号；在昌平区国庆60周年的宣传报道工作中，荣获“先进集体”称号；被中华全国妇女联合会评为“全国三八红旗集体”荣誉称号。昌平广电中心共荣获国家、市、区级先进集体奖14项。在2008年度“北京市广播影视奖”评选过程中，昌平广播电视中心荣获北京市广播电视“广播节目技术质量综合奖”等7类12项奖，获奖34人。

（北京市昌平区广播电视中心）

北京市密云县广播电视中心概况

北京市密云县广播电视中心成立于2000年。前身是密云县广播站、密云县人民政府广播科、密云县广播电视局。拥有密云人民广播电台、密云电视台和密云广播电视中心网站。电视节目纳入北京电视台公共频道播出。

2009年，密云电视台第一套节目累计播出约4120小时，第二套节目累计播出约2587小时。其中，共制作播出电视新闻365期，总长约6000分钟，播出新闻5000余条。《今日观察》播出52期，总时长864分钟；《事事关心》播出52期，总时长1300分钟；《檀州采风》播出52期，总时长864分钟；《生态经济一刻钟》播出43期，总时长645分钟；《檀州大舞台》播出41期，总时长2010分钟。2009年新开播《经济视点》和《科技信息之窗》两档电视专题栏目。密云电台累计播出6319小时，其中播出新闻730期，总长7300分钟；专题节目700余期，专题稿件2500余篇。

一、宣传工作

1.宣传主题新闻。认真做好“两会”宣传报道，春节文化活动宣传，经济工作宣传，学习和实践科学发展观活动宣传，国庆60周年宣传。对“五一”、“十一”黄金周、安全生产月、国庆安保、征兵等进行重点宣传报道。在新闻节目中开办《欢欢喜喜过大年》、《立足好、突出快、集中精力抓发展》、《谋发展、谈思路、说举措》、《深入学习实践科学发展观》、《迎国庆、讲文明、树新风》、《为伟大祖国骄傲》等多个子栏目。

2.国庆60周年宣传。迎国庆60周年大型综合系列报道方案“话说首都生命之水——密云水库”，并在北京市广播电影电视局组织的“迎接新中国成立60周年宣传报道方案征集评比活动”中，获得一等奖。围绕“国庆平安行动”，《社会纵横》栏目制播《团结一心、众志成城，确保“国庆平安”的决战决胜》、《八措并举喜迎国庆》等5期涉及国庆安保工作的相关节目。在《百姓DV》板块策划播出系列节目——《60年，百姓见证生活变迁》。

3.打造品牌专题节目。《今日观察》栏目共制作播出涉及舆论监督内容的节目18期。其中，与市政管委合作推出“市政市容与市民”，追踪市政部门重点工程拆迁建设、市政设施维护、防汛工作以及市容环境卫生分别制作专题节目。《檀州采风》先后制播反映密云县科技进步的《技防织法网，群众保安宁》、《科技之花在密云盛开》等专题。对民间艺术、民俗文化、现代文化、体育风貌进行专题报道，制作播出《文化活动进农家》、《流金溢彩鉴赏美》、《书香飘校园》等专题节目，与县人口与计生委联合制作的《密云人口与计划生育》共播出7期，为县文明办制作专题片《大爱和声》。

4.打造全新栏目。开设新栏目《经济视点》，在每周四以12分钟专题节目，重点关注密云县生态工业、农业、旅游业、建筑建材、房地产产业发展的新成绩、新经验，跟踪报道四大产业重点项目、园区建设成果、发展进度，加大经济宣传力度。

5.直面社会热点。利用《社会纵横》栏目直面社会难点、热点问题，继续与团县委联合主办《为了明天青少年成长课堂》节目，内容涉及“青少年犯罪预防分析”、“毒品对社会的危害性”、“如何维护青少年的合法权益”等；与法院、林业局、质监局、公安局、民政局等部门联合开办《法制在密云》栏目，涉及《劳动合同法》、《劳动争议调解仲裁法》、《野生动物保护法》、《农村土地承包法》、《婚姻法》等7部法律法规的宣传。

6.新开设《檀州大舞台》栏目。策划制作播出《社区文艺之花》、《扎根乡土戏蕴新苗》等41期节目。其中，为喜迎国庆60周年特别策划制作“献礼祖国六十华诞”系列节目14期；为纪念栏目开播一周年、元宵佳节、“六一”儿童节分别制作《檀州大舞台周年回顾》、《正月十五欢乐今宵》、《快乐“六一”放飞童心》3期特别节目。

7.实施节目改版创新。电台调整《密云新闻》节目的播出时间，实现广播新闻的滚动播出、整点播出；将原《民主与法治》节目改版为《政法之声》节目，与鼓楼街道、果园街道合办《我的社区我的家》节目，办好《经济广角》节目，改版和丰富《曲苑直通车》节目，满足听众的需求。新开办聚焦农业发展、关注农村变化、反映农民生活的两档广播节目《三农有约》和《身在异乡》。

电台节目由原分时段播出改为每天连续播出18小时。专题节目涉及经济、政法、教育、社区、健康、三农、旅游、科技、交通等不同领域，播出《曲苑直通车》、《走进自然》、《评书联播》、《广播剧场》等综艺娱乐类和服务类主持节目1600余小时。

电视台《事事关心》栏目坚持实用性、服务性、贴近性的三大原则，以帮助群众解决根本问题为出发点，策划、制作并播出一系列相关的节目。在《大可评点》子栏目中开播以经济危机、食品安全、社保就医、股楼车市以及医疗卫生为话题的5期节目。在《大可评点》中分别播出《保就业，促发展，岗位送到农家院》的送岗位下乡篇和《新政出台，扶助企业安度金融危机》的扶助企业篇。对县政府26件实事的折子工程做到每件都跟踪报道。制播《别让宝宝做个“小懒猫儿”》、《学习知识的补给站，成长的摇篮》、《城乡居民养老保险，为老人系上保险带》、《老年人的“贴身保姆”》、《门诊费用不用愁，尽享天伦度晚年》等贴近百姓生活的专题节目。

二、技术保障和安全播出工作

1.完成广播电视无线山区覆盖工程。密云县山区面积占80%，山区广播电视无线信号覆盖一直是盲区。为配合市广电局覆盖工程，采用了发射天线多功复用技术，从设备选型、招标到安装，认真把关，使整个工程一次开通成功。此次覆盖工程使溪翁庄、穆家峪、古北口、太师屯、高岭、不老屯、冯家峪、石城等乡镇近10万人口受益，无线人口覆盖率由原来75%提高到95%。

2.完成“同一首歌走进密云”直播。为促进密云县经济和社会的发展，县政府与有关部门精心筹备，广电中心高质量完成直播任务，演出取得圆满成功。

3.转播好国庆庆祝活动。先后制定和充实《播出部门安全管理台账》、《安全播出应急处理预案》、《技术部门安全管理台账》、《关键系统和设备应急处理办法》等，投入十余万元更换老化的节目传输设备和UPS电源系统，从关键硬件、基础设施上保障百日安全播出工作的顺利进行。

4.开通网站。8月12日，正式开通密云广播电视中心网站。

三、深入开展学习实践科学发展观活动

3月至10月底，开展深入学习实践科学发展观活动。在活动中，中心党组、切实加强组织领导，创新活动方式，突出实践特色，确保活动质量，做到规定动作不走样、自选动作有创新，顺利完成学习实践科学发展观活动各阶段、各环节工作任务。

四、成立团委

4月1日，正式成立密云县广播电视中心团委。团委以服务大局、服务青年为着力点，团结带领团员青年爱岗敬业、扎实工作、开拓创新，与工商密云分局开展演讲比赛，与海淀新闻中心开展业务交流，组织团员青年报名参

加义务献血等一系列活动。

五、开展“双创”活动

制订全年创建活动工作计划，落实创建目标责任制。投资建设750多平米的内设篮球、羽毛球、网球、乒乓球、台球和各种健身器材及更衣室的体育大棚。组织职工向县红十字会募捐6000元，59名党员和3名入党积极分子在“帮扶困难助老、助学，奉献一片爱心”活动中捐款4750元。中心获首都精神文明单位称号。

《教育园地》节目荣获“华彩杯”北京广播电视优秀栏目奖，《三农有约》节目荣获“华彩杯”北京广播电视郊区广播节目评比播音主持一等奖，新闻专稿《下屯村土地流转“转”出新天地》荣获“华彩杯”北京郊区广播节目新闻专稿一等奖，电视新闻《弱女子撑起幸福家》获得广播影视奖三等奖，策划拍摄《王大林和他的旧村新城》荣获首届新农村电视艺术节暨第三届“农村小康电视节目工程”农村小康电视专题片优秀奖。广播技术获得广播技术质量奖二等奖。

（北京市密云县广播电视中心）

北京市延庆县广播电视中心概况

北京市延庆县广播电视中心的前身是延庆县广播站，始建于1958年。1979年发展为县广播事业管理局。1987年更名为县广播电视局。2001年成立延庆县广播电视中心。拥有延庆人民广播电台、延庆电视台及延庆县广播电视服务部、延庆县电视转播站、延庆县广播电视局记者站事业单位。

延庆电视台自办节目有《延庆新闻》、《一周新闻综述》、《生活全方位》、《七彩连万家》、《生活气象》、《一路平安》、《妫川故事》等，延庆电台自办节目有《延庆新闻》、《生活导航》、《今日农村》、《快乐调频92.8》、《工商进万家》等。2009年，延庆电视台《延庆新闻》自制新闻300期，播出稿件2500余条次；《一周新闻综述》52期，时长620多分钟。延庆电台年内共制作《延庆新闻》360套3600分钟，播出新闻稿件2800余篇。延庆广电网点击率达到357492人次。

主要工作

一、宣传工作

1.《延庆新闻》采编量逐年攀升。电视台《延庆新闻》采编量逐年攀升，节目质量精益求精，全年《延庆新闻》共播出300多期，18个系列报道，播出稿件2200条，其中外宣新闻110多条，《DV新闻》共播出50多期。围绕学习实践科学发展观活动和庆祝国庆60周年策划18个系列报道。3·15系列报道、春忙备耕、“五一”小长假、预防甲型H1N1流感、防灾减灾、端午文化节等系列报道。

2.宣传“学习落实科学发展观”。4月起，两台开设“落实科学发展观”专题访谈，邀请各乡镇、职能部门党政一把手走进演播室，就科学发展观活动谈新农村建设的构想，报道全县各乡镇经济发展、生态建设以及社会进步等各项工程，涉及全县15个乡镇45个行政村，每周3期，多角度反映农村和农民生活发生的巨大变化。电视台与县经委合作，策划20多期“科学发展企业增效”系列报道。从企业解决就业、扩大投资、技术革新等多个层面对20多家企业进行义务宣传。与县人力资源和社会保障局及各个乡镇和委办局联系，及时发布就业信息，宣传就业政策，报道就业典型。策划系列关于就业、创业和农民增收等方面选题。

3.新中国成立60周年宣传报道。“咱群众自个拍的新闻”——“DV新闻”已成为电视台《延庆新闻》的组成部分，在庆祝新中国成立60周年系列报道中，DV新闻充分发动社区居民谈变化，收到良好效益。电台为庆祝祖国60华诞，开设《祖国六十话今昔》、《献礼国庆，聚焦重点工程》、《老干部话今昔》、《庆祝祖国60华诞喜看今朝新农村》、《红色记忆》、《六十年征程，绘辉煌篇章》等专题报道。

4.完成大型活动和晚会录制。对县“两会”及全县落实“两会”精神，新农村建设、春节送温暖活动、加快延庆发展情况、冰灯冰雪节开幕盛况及民俗游等活动，都给予全面报道。参与策划并承担大部分活动和晚会节目的现场录制任务。如年度团拜会、城管晚会、十大环保卫士颁奖晚会、少儿艺术节开幕、端午文化节、消夏避暑节、第十届记者节、机关作风和能力年访谈，等等；完成10余部领导交派的大小专题片的拍摄和制作任务，如端午节开幕欣赏片、预防甲型H1N1流感专题等。

5.提升品牌栏目整体水平。电视台《生活全方位》始终坚持“将服务进行到底”的宗旨，全年制作播出150多期节目，每期时长20分钟，总计时长3000分钟，其中，服务类新闻达到85%。元月1日开始，《生活全方位》栏目推出《妫川故事》板块，每期故事播出时间为10分钟，使《生活全方位》栏目由原20分钟延长到30分钟。全年共播出《妫川故事》151期，播出时间1510分钟。

6.联办节目效果好。电视台与教委、公安局、司法局、卫生局等单位的联办节目《延庆教育》、《卫生新视野》、《工商视点》、《一路平安》、《生活气象》等深受观众的喜爱。8月，电视台专题科与总编室联合组建《北京水源》摄制组，第一次走出县界进行异地拍摄采访，摄制组一行5人历时4个月，行程近4000公里。抵达红河源头赤城县，白河、黑河、滦河源头沽源县，潮河源头丰宁县，永定河水系上游桑干河、洋河所在的怀来、宣化、涿鹿三县进行采访。拍摄大量资料，探访北京西北部水源的地理、人文状况，唤起民众爱水、节水的意识，并加强了与这三个区县电视台的联系。

二、加强培训力度

派3名技术骨干到北京电视台脱产学习一个月。学习演播室灯光技术、音响技术、节目后期制作技术以及播出技术。提高广播电视节目生产效率和播出安全。对员工进行劳动法讲座、和法律知识讲座等培训。全年共组织各类培训20余次。派技术骨干到云南、河北、顺义等单位兄弟单位进行参观交流，新闻科室到各郊区县进行节目编制学习和经验交流多次，节目循环展播效果明显。

三、完善基础设施

1.做好“村村通”工程维护维修。为确保延庆县150多个“村村通”系统的正常运行，春节和国庆节前夕对所有的“村村通”系统进行巡回检查、检修，确保广大村民看好电视节目。全年累计出车180次，维修130多个系统，车辆安全行驶60000多公里。

2.做好转播站安全播出。为做好安全播出工作，制定《延庆转播站安全播出应急预案》。在日常管理工作中，坚持按照《广播电视技术维护管理规定》做好技术维护管理工作。在全国政协和全国人大会议及新中国华诞60周年期间，市广电局对延庆广电中心进行安全播出大检查，落实安全值班制度，参加安全播出领导组查找隐患，将各类事故苗头消灭在萌芽状态。延庆广电中心在市局国庆期间安全播出评比中，荣获集体二等功。

3.“浆篷山”转播站二期工程顺利竣工。浆篷山转播站位于刘斌堡乡浆篷山，海拔1200多米，建设地点为刘斌堡乡上虎叫村、马道梁村，起点为马道梁村与刘千路相交，终点至无线电视覆转播站，是北京市广播电视“村村通”工程的配套建设工程。浆篷山转播站工程施工条件艰苦，饮水困难，延庆广电中心再次投入150多万元对转播站进行二次兴建工程，满足山区群众日益增长的精神文化需要。6月中旬兴建，10月底竣工。

4.完成系统升级改造。电台音频工作站系统升级改造，网络运行速度加快，存储容量增大；录制间增加至3个，直播间1个。中心负责2套电视前端播出系统、5套电视发射机，3套调频发射机的设备维护、检修等工作，同时对监测设备做好维护、保养工作。

5.利用大屏幕丰富广场文化。在做好奥运大屏幕日常维修维护和值守工作的同时，每天下午6点半至延庆第一套节目结束，播放北京新闻、中央新闻、延庆新闻及其他丰富多彩的电视节目，受到欢迎。并配合北京市开展AVS高清晰度地面数字电视示范工程落户延庆前期工作。

四、队伍建设

1.招聘员工。延庆广电队伍中35岁以下青年占近80%，大专以上学历占65%，形成年轻化、知识化、专业化、综合性较强的广播电视队伍。3月，由县人事局统一组织，广电中心公开招录4位应届毕业生；并公开招聘35名合同制工人。

2.建立干部任用制度。完成两名科级干部任用和五位科级干部平调工作，建立“岗位职责说明”制度，中心71名职工全部建立“岗位职责说明”，副科以上职位建立“职位说明书”，为实行聘任制做好基础工作。积极配合县人事资源和社会保障局，开展事业单位机构改革的大量摸底审核、材料整理上报工作。

3.党建工作。党支部发展党员2名，按时转正2人，党员队伍达43人，占职工总数的64%。组织全体党员参加深入学习实践科学发展观活动，特别是搞好离退休老党员的学习活动。由中心党支部牵头的首届“舞动的青春”首届青年才艺大赛圆满成功。号召党员为贫困母亲、支援四川灾区、献爱心等活动捐款，上半年，捐款累计达2万多元。

五、获奖情况。10个作品荣获“北京市广播影视奖”。电视栏目《绿色家园》，播音与主持类节目《延庆农业“有机”飞翔》荣获一等奖。戏曲类：《看升旗》；语言类：《奥运生活耀延庆》；标清专题类：《如诗如画龙庆峡》荣获二等奖。长消息：《岳家营掀起种地热》、《小村迎来百万客小火盆烧出大市场》；新闻性专稿：《延庆农村垃圾变奏曲》；电视专题：《带着丈夫嫁人》；视频图形片头类：《第九届记者节片头》荣获三等奖。段学锋、王爱华荣获“北京市广播影视奖节目创优先进个人”。

（北京市延庆县广播电视中心）

北京光线传媒股份有限公司概况

北京光线传媒股份有限公司是中国最大的民营传媒和娱乐集团，成立于1998年。光线传媒业务板块囊括了当前影视娱乐相关领域，包括电视节目制作和经营业务、大型活动和颁奖礼业务、电视剧投资制作和发行业务、艺人经纪业务以及新媒体业务。

1999年推出《娱乐现场》。借助传媒娱乐工业化、规模化、品牌化经验，由单纯的节目制作向节目管理和出品机构转化，成功拓展至电影、电视剧、大型活动、艺人经纪、新媒体等众多的娱乐产业，成为中国最大的多媒体视频内容提供商和发行商。光线的E标已经成为家喻户晓的传媒娱乐标志。

到2009年，光线传媒能够提供10个以上日播及周播节目，每天制作超过6小时的电视娱乐节目，包括《娱乐现场》、《音乐风云榜》、

《影视风云榜》、《最佳现场》、《我爱看电影》、《我爱看电视》、《健康宝典》、《笑傲江湖》、《全能综艺班》、《王牌群星会》、《天方夜谈》、《大牌生日会》、《大学生音乐潮流》等，成为最大的娱乐界信息传播平台。还拥有包括卫星电视、付费电视、大型视频网站、移动媒体等覆盖全国的电视节目发行网络，节目在全国已超过1200台次发行频道。光线着力扩建自己的户外发行平台，覆盖全国200多所大学、200多列火车、3000多个医院，40多个机场及部分公交和地铁等移动视频终端，覆盖全国所有地区。同时，为全国性数字付费频道《新娱乐》提供整频道视频内容。

光线传媒控股的光线影业有限公司，主营业务为国际合拍华语商业类型影片的投资和发行，以获得影片在中国大陆的发行权，专注于中国市场的运作。光线影业沿袭好莱坞STUDIO模式，其电影业务与集团旗下的广告营销/电视广告投放/大型娱乐活动/视觉设计/电视节目宣传等业务高度互动，其他赢利业务包括电影人才经纪、电影相关广告等。坚持市场营销/商业类型片/国际合拍/自主项目研发等可持续发展战略，光线影业在三年跃居华语电影公司的前列。2006年底推出首部作品《伤城》，后陆续推出《导火线》、《铁三角》、《女人不坏》、《深海寻人》、《蝴蝶飞》、《夺标》、《证人》、《大搜查》、《家有喜事》、《亲密》、《东邪西毒终极版》、《完美新娘》、《气喘吁吁》、《斗牛》、《神兵小将》、《阿童木》等商业片陆续上映，成为国内排名前三位的民营电影公司。三年时间光线影业累积票房近6亿元。影片发行量翻了9倍，票房收益翻了近8倍，光线影业成功跻身中国电影第一军团。2009年，光线影业实施"第一原创电影公司"战略，陆续投资拍摄《全城戒备》、《精武英雄》、《花田喜事2010》等大制作影片。

在电视剧方面，2006年以来，光线传媒投资的电视剧近20部。作为首都广播电视制作业协会副会长单位，光线传媒推出了包括《暴雨梨花》、《房前屋后》、《新上海滩》、《中国兄弟连》、《鹰与枭》、《A计划》、《张礼红的现代生活》、《都是爱情惹的祸》、《好好过日子》、《福祸相依》、《落地，请开手机》、《谁怜天下慈母心》等一批热播电视剧，总数已达300多集，成功跻身中国电视剧制作业一线公司行列。同时，旗下的《630剧场》拥有1500集情景剧版权，2007年成功推出国内最长的系列情景喜剧《闲人马大姐》的续集《新马大姐》100集；2008年推出《超人马大姐》40集；2009年全新打造100集情景喜剧《桂花打工记》。

光线传媒每年推出上百场大型娱乐活动，包括各种颁奖典礼和娱乐秀。连续9届成功举办"音乐风云榜颁奖盛典"，被媒体誉为"中国的格莱美"；年度"娱乐大典"为光线传媒王牌娱乐资讯节目《娱乐现场》的年度总评榜，是国内唯一的年度综合性娱乐颁奖典礼；每年一届的"电视剧风云盛典"，是国内唯一以收视数据为基础的电视剧颁奖礼，成为电视剧行业的旗帜性活动；"时尚风云榜颁奖盛典"是时尚界最具开拓性和影响力的颁奖盛事，也是目前国内唯一专业的时尚颁奖礼；而"模特大典"则是国内近阶段唯一的模特界年度颁奖盛典。光线传媒旗下的演艺活动品牌公司，连续多年承办"华表奖"、"金鸡奖"、"百花奖"、"导演协会奖"、"百合奖"等多个电影奖项颁奖活动；承办包括《卧虎藏龙》、《十面埋伏》、《集结号》、《功夫之王》、《赤壁》、《梅兰芳》、《非诚勿扰》等大片的首映礼；承办央视电影频道《电影之歌》、央视品牌节目《同一首歌》等数十场演出晚会及大型娱乐活动，已成为国内承办演出制作量最大的民营演出公司之一，演出及活动总制作量超过200场，是文化部特批拥有涉外演出资质的民营演出公司。

艺人经纪是光线传媒着力打造的新业务。光线传媒培养的李霞、索尼、何炅、谢娜、沈星等一大批深受中国年轻人喜爱的娱乐主持人，被称为“中国著名娱乐主持人的摇篮”，近年脱颖而出的柳岩、谢楠、大左已经成为光线传媒当家花旦，并逐渐成为娱乐主持界新一代掌门人。光线传媒拥有近20名签约主持人，成为国内首席主持人经纪公司。

光线传媒记录并保存了中国娱乐界几乎所有的影像素材，2008年3月获国家广电总局颁发的网络视听许可证，是首批获得此牌照的三家民营企业之一，已开始将库存的8万小时娱乐视频素材以及每天新增20小时的娱乐影像素材全部数字化，建成华语地区的数字娱乐传播平台，将E视网（www.ewang.com）打造为国内最大的娱乐视频博物馆，成为互联网视频和明星社区的领军网站，这一计划得到北京市政府部门的支持。

光线传媒拥有400多名高素质的员工，在北京、上海、广州、香港、台北、首尔均设有分公司或办事处，形成覆盖主要华语地区的内容生产和经营能力。拥有7000平方米的办公面积的光线传媒，每天均有明星到场，被称为中国最具有观赏价值的传媒娱乐集团办公总部。

（北京光线传媒有限公司）

华谊兄弟传媒股份有限公司概况

华谊兄弟传媒是中国最知名的综合性娱乐军团之一，由王中军、王中磊兄弟创立于1994年。华谊兄弟传媒股份有限公司成立于2004年11月19日，2006年8月公司更名为“华谊兄弟传媒有限公司”。2008年1月为拓展业务，同时为申请上市做准备，公司再次更名为“华谊兄弟传媒股份有限公司”，注册资本变更为10008万元人民币，同年4月公司注册资本变更为12600万元人民币，主要从事影视策划、制作、营销、发行等业务。

公司成立以来，以独特敏锐的视角选择剧作，集结国内外影视精英人才，扶持青年才俊，与著名电影导演冯小刚、滕华　、陈大明、曹保平签约，并与张纪中、吴毅、杨善朴等著名电视剧制片人合作建立了7个工作室。截至2009年，华谊参与投资、制作和发行大量的电影、电视剧，获华表奖、百花奖、金鸡奖、金鹰奖、金马奖、金像奖、“五个一工程”奖等多个国内奖项，以及戛纳、开罗、东京等国际大奖。2009年，公司申请创业板上市获中国证监会审核通过，同年10月30日成为中国首批创业板上市的28家企业之一。华谊产业拥有的五大品牌是：

华谊兄弟影业。作为中国最著名的电影品牌，从1998年投资冯小刚电影《没完没了》以来，华谊兄弟分别出品、制作发行电影达50多部，到2007年为止，华谊兄弟电影每年均有多部影片成为年度票房前十名，更有像《可可西里》、《天下无贼》、《卡拉是条狗》等优秀影片获得国际、国内电影奖项的殊荣。华谊兄弟形成了电影策划、投资制作、营销、发行的完整电影运营，是少有的具备完整产业链的电影企业。2008年公司投资制作的主要影片有：《功夫之王》、《拉贝日记》、《非诚勿扰》、《李米的猜想》等。2009年公司投资制作的主要影片有：《游龙戏凤》、《追影》、《风声》等。

华谊兄弟电视。华谊兄弟电视主要致力于国产电视剧的投资、制作和发行。旗下现有张纪中工作室、李波工作室和吴毅、康红雷领导的天意影视有限公司。公司每年以高达500集的生产量占据中国电视剧市场的领军位置。截至2009年推出了《士兵突击》、《鹿鼎记》、《我在天堂等你》、《大院子女》、《远东第一监狱》、《艰难爱情》、《我的团长我的团》（35集）、

《爱你所以离开你》(22集)、《身份的证明》(32集)、《望族》(35集)、《人间情缘》(32集)、《兵圣》(40集)、《谍变1939》(34集)、《南下南下》(35集)、《倚天屠龙记》(40集)、《最后的99天》(32集)、《黑玫瑰》(36集)、《烽火影人》(31集)等观众喜爱的作品。

2009年,《我的团长我的团》应邀参加在乌克兰举办的“共同的胜利”国际影视节,荣获最佳竞赛电视剧一等奖,并获“首届上海电视节电视剧观众票选活动”最受关注电视剧、最具实力导演和最具人气男演员三项大奖。《士兵突击》获第27届中国电视剧“飞天奖”长篇电视剧一等奖、优秀编剧、优秀导演三项大奖,创造了囊括国内所有电视剧大奖的纪录,并荣获2009年中宣部精神文明建设“五个一工程”奖。

华谊兄弟经纪。华谊兄弟时代文化经纪有限公司主要从事艺员影视剧拍摄、广告代言、形象包装、演出、法律咨询等工作。自成立至2009年,公司已签约过近百位艺人,如今拥有包括周迅、李冰冰、徐若暄、黄晓明、苏有朋、张涵予、陆毅、邓超在内的近百位影视红星。雄厚的实力在中国的经纪公司中首屈一指。

华谊兄弟音乐公司。华谊兄弟音乐公司是目前国内原创歌手总体实力较强的唱片公司,曾签约旗下艺人有羽泉、张靓颖、尚雯婕、陈楚生、从浩楠等,并与华谊兄弟经纪公司共同包装打造中国第一偶像组合BOBO。

华谊兄弟娱乐营销。华谊兄弟娱乐营销是国内较早进入影视业的具备优秀的、专业化的、拥有独立优势娱乐资源的娱乐整合行销传播公司。公司凭借华谊兄弟传媒丰富的娱乐资源,以策略为先导、创意为核心、植入营销为手段,为客户提供专业化的娱乐行销全案服务和品牌推广策略规划,公司全力打造国内一流的整合娱乐传播品牌。

(华谊兄弟传媒股份有限公司)

海润影视制作有限公司概况

海润影视制作有限公司成立于2001年4月6日,注册资金5000万元人民币。2003年4月1日获国家广播电影电视总局颁发的电视剧制作许可证(甲种)甲第146号,是首批获得该证的民营影视制作机构。

2005年4月16日海润影视集团成立,囊括影视策划、制作、营销、经纪等业务。海润影视用战略性眼光整合各地优质资源,下设海润影视制作有限公司、上海海润影视制作有限公司、广东润视影音制作有限公司、云南润视荣光影业制作有限公司、北京润亚传媒股份有限公司、重庆润视影视传播有限公司、海南海润影视制作有限公司等七家影视制作公司及海南海润演艺经纪有限公司、北京海润音乐有限公司。随着海润业务在港澳台及海外的拓展,集团在香港成立了海润传媒娱乐集团有限公司,在加拿大和纽约分设加拿大HRTV Production Inc.、海润影视驻纽约销售代表。旗下拥有蒋雯丽、刘烨、孙俪、黄奕、谢君豪、于娜、于荣光、童蕾等近60多位优秀演员。

海润影视主要作品包括:《大地》、《亮剑》、《狼毒花》、《红梅花开》、《记忆之城》、《青春之歌》、《长恨歌》、《血色浪漫》、《红色记忆》、《白求恩》、《风雨西关》、《羊城暗哨》、《小兵张嘎》、《玉观音》、《一双绣花鞋》、《重案六组》、《永不瞑目》等60余部。

2009年，海润影视为庆祝新中国成立60周年，推出“海陆空三部曲”之海军篇——《沧海》，在央视黄金时段、网络视频等渠道播出，收视和口碑双丰收，网络电视率，持续占据榜首；另一部军旅题材电视剧《战士》，在广东、湖南、山东、哈尔滨等地收视连连夺冠；“海陆空三部曲”之空军篇——《天阵》也已正式启动。年内，海润影视集团共拍摄完成电视连续剧13部364集，全部由本公司制作并发行，主要有《平原枪声》、《烈火红岩》、《江湖绝恋》、《战士》、《晚婚》、《民国往事》、《我叫刘跃进》、《人生》、《中天悬剑》、《进城》、《孽缘》、《马店》、《医者仁心》等电视剧。

多年来，海润影视作品几乎囊括了“五个一工程奖”、“金鹰奖”、“飞天奖”、“春燕奖“等国内外近百项大奖，是中国产量最大、获奖最多的影视制作机构。2009年11月24日海润影视制作有限公司获中华人民共和国商务部、文化部、国家广播电影电视总局、中华人民共和国出版总署颁发的“2009—2010年度国家文化出口重点企业”证书。

（海润影视制作有限公司）

北京英氏影视艺术有限责任公司概况

北京英氏影视艺术有限责任公司成立于1995年，民营企业，主要从事影视策划、制作、影视节目营销等业务。

公司所拍摄的主要电视剧有：《我爱我家》、《闲人马大姐》、《东北一家人》、《候车大厅》、《中国餐馆》、《电脑之家》、《心理诊所》、《西安虎家》、《售楼处的故事》、《旅行社的故事》、《带着孩子结婚》、《当大为遇到丽丽》、《伴你一生》、《马大姐新传》、《地下交通站》、《剧组的故事》、《超人马大姐》等，许多电视剧目获得“飞天奖”、“观众最喜爱的电视节目奖”等国家级奖项。

2009年5月，公司投拍的35集古代传奇类电视连续剧《鹃嘀金沙》已获国家广电总局的备案公示。

（北京英氏影视艺术有限责任公司）

北京金英马影视文化有限责任公司概况

北京金英马影视文化有限责任公司成立于1993年，民营企业，主要从事影视策划、拍摄、宣传和发行等业务。2003年获国家广电总局颁发的“电视剧制作许可证(甲种)”，成为影视业最早被政府认可的民营企业。

金英马影视立足于影视制作，开拓艺人经纪、广告业务、图书咨询、电视栏目等多种经营，目标将向集影视制作发行公司、大型演艺经纪公司、电视栏目制作公司、书刊发行公司于一体的文化集团发展。经过多年的经营和摸索，公司积累了丰富的行业专业经验，形成一条龙的生产模式，制作完成了大量在市场上广受好评的作品，在行业中树立了“金英马影视”品牌地位，2008年荣获北京广播电视局评选的“十佳电视剧制作单位”称号。公司每年制作电视剧规模均在200集左右，电影1～2部。电视剧销售网络已经覆盖中国大陆、台湾、香港、东南亚及世界各地。

近年，金英马影视稳健发展，获得大额资金支持。2007年11月，金英马集团成功赢得香港投资公司5亿重金注入；2009年9月8日，集团又与福建九华发展股份有限公司在厦门举行签约仪式，双方共同出资注册成立“金英马影视文化股份有限公司”，注册资本1亿元。九华将提供资金及其他战略资源的支持，发挥金英马专业团队的优势，扩展影视剧制作和发行规模，加大在福建省内（及全国）拍摄制作具有地域文化特征影视作品力度，并重点发展广告（包括植入式广告）、艺人经纪、影视基地等业务。

截至2009年，公司共投资摄制影视剧近30部，电视剧千余集。其中，投资摄制电影主要有：《三十八度》、《茉莉花开》、《公主复仇记》、《门徒》、《赤壁》等；投资摄制的电视剧主要有：《有爱的日子》、《台湾首任巡抚刘铭传》、《黑洞》、《冬至》、《康定情歌》、《情定爱琴海》、《大宅门》（续集）、《国家公诉》、《茉莉花》、《追杀横路靖六》、《极限追捕》、《乔省长和他的女儿们》、《对攻》、《关中义事》、《穷妈妈富妈妈》等。公司多部作品获得过“飞天奖”、“金鹰奖”、“五个一工程奖”、“金鸡奖”、“华表奖”、“金紫荆奖”等奖项。

（北京金英马影视文化有限责任公司）

华夏视听环球传媒（北京）有限公司概况

华夏视听环球传媒（北京）有限公司是国内最具规模的龙头民营传媒集团之一，成立于1998年。凭借强大的投资，完善的制作、销售体系，华夏视听已取得了傲人的成绩。

华夏视听致力于电视剧制作、电影制作、电视栏目制作、广播节目制作、全球节目发行、广告和艺人经纪等领域。同时，在国内民营企业中，唯有华夏视听拥有一家24小时全天播出的境外华语频道——华夏电视台。

华夏视听拥有一支有一百多名精兵强将的专业化队伍，具有丰富的传媒行业经验，拥有一流的策划、管理、经营运作人才和资深的制作人、编剧、导演等丰富的人力资源，拥有内容丰富多彩的影音资料库，拥有金庸、亦舒、梁羽生、二月河等知名作家著作改编权的版权库，拥有最先进的电视节目技术设备。与中央电视台及全国各省市电台、电视台等国内主流媒体保持着良好的业务合作关系。

2009年，华夏视听环球传媒（北京）有限公司联合北京华谊兄弟娱乐投资有限公司投资制作的40集电视剧《倚天屠龙记》，联合北京仕林院文化传播有限公司制作拍摄的31集电视剧《准妈妈四重奏》。

（华夏视听环球传媒（北京）有限公司）

天地人·明和传媒集团概况

天地人·明和传媒集团是在天地人传媒有限公司与明和传媒集团于2009年9月9日合并而组建。

原天地人传媒有限公司成立于2006年，是一家集影视策划；电视剧、动画片制作、发行；电视广告的设计、制作、代理及发布；艺人经纪；网络媒体于一身的大型专业传媒公司。同时，还兼营自有版权节目的网络游戏开发、相关报刊、杂志、书籍、音像制品出版发行、网站开发和网络点播、小说及连环画改编、文化用品及服装品牌等衍生产品的开发业务。制作出品的《家有儿女》(真人版及动画版)、《家有爹娘》、《家住小区》、《都市六人行》等系列情景剧、电视剧均成为深受广大观众的喜爱影视精品。公司先后荣获由中国广播电视协会评选的“十佳电视剧制作单位”，由中国广播电视杂志社评选的“2008最具实力民营电视剧制作机构”。董事长杨伟光荣获首届中国品牌媒体高峰论坛暨品牌媒体联盟评选的“2006塑造媒体品牌十大新锐人物”，以及有关机构评选的“品牌中国30年30人”、“改革开放30年中国传媒突出贡献奖”、“优秀制片人”等称号。

原明和传媒集团同样成立于2006年，是一家集平台广告运营、媒体内容提供、影视节目制作、动漫制作、演艺及艺人经纪、纸媒广告、网络运营、新媒体内容集成及开发、大型文化活动承办等于一体的传媒集团企业。总部设在北京，拥有北京、上海、乌鲁木齐、兰州、深圳等多个运营基地。

新成立的“天地人·明和传媒集团”将以5亿资产规模起步，并实现国内主板上市为近期战略目标。两公司重组后，在电视剧制作和版权贸易领域进行深度开发，充分优化整合各自在电视剧和电视台领域的资源，形成制片人工作室、编剧工作室、导演工作室运营机制。已形成的工作室中，著名编剧、制片人陈枰、冯华、高大勇、沙碧红、吴宗翰、白桦等已经加盟。2009年，筹备投拍的电视剧有《单亲妈妈的浪漫生活》、《秘密》、《破译密码》、《师傅》等。

（摘自《中国经济网》）

北京中联华盟文化传媒投资有限公司概况

北京中联华盟（原名华亿联盟）文化传媒投资有限公司成立于2003年6月。2009年8月，华亿联盟更名为中联华盟。

中联华盟主营电影、电视剧的策划、投资、制作、营销和发行。成功制作和发行包括《绿茶》、《我和爸爸》、《硬汉》等多部电影;《东北一家人》、《八大豪侠》、《红色娘子军》、《房前屋后》、《暴雨梨花》、《穷爸爸富爸爸》、《仁者无敌》、《户口》等多部电视剧。2004年之后，积极开辟国际市场，将主旋律题材纪录片《长征》、《我和藏羚羊》、《莎士比亚》等推向众多国际主流电视频道。

2009年，中联华盟电视剧生产销售大幅回升，投资拍摄或发行的电视剧《勇者无敌》32集、《守着阳光守着你》34集、《人生无悔》（原名《生于1949》）35集、《爱在苍茫大地》50集。其中，《勇者无敌》在全国各电视台相继播出，获得广泛好评。在澳洲取景拍摄的《穷爸爸富爸爸》在东方卫视上星播出，获得观众肯定。代理发行的电视连续剧《红雪》、纪录片《视野》播出后，收视率稳固，从5个台跃升为20个台播出。

（北京中联华盟文化传媒投资有限公司）

北京鑫宝源影视投资有限公司概况

北京鑫宝源影视投资有限公司成立于1998年5月，民营企业，是一家集拍摄、制作、发行、演员经纪等业务为一体的影视公司，具备国家电视剧制作甲种许可资质，拥有雄厚的资金、强大的创作力量以及广泛的业务关系。

公司在国产电视剧的创作上成绩显著。以著名导演赵宝刚为主体的创作团队，凭借独具风格的作品不断冲击着国内外的电视剧市场，推动了中国偶像剧、言情剧的发展，并形成了以都市情感、重大历史题材、惊险悬疑等为主的类型系列，而各大电视台则把播放这些作品作为高文化品位、高收视率的有力保证。

公司拥有高素质的发行人员，发行网覆盖全国各省、市、自治区的几百家电视台，并与之保持着良好的合作关系，有效地保证了剧目的及时播出。同时，迅捷的信息反馈又为剧目创作提供了准确的市场预测。

公司制作、发行的国产电视连续剧主要有：《一场风花雪月的事》、《无雪的冬天》、《永不瞑目》、《像雾像雨又像风》、《浮华背后》、《拿什么拯救你，我的爱人》、《白手风云》、《别了，温哥华》、《沧海百年》、《夜雨》、《风吹云动星不动》、《大工匠》、《想爱都难》、《落地，请开手机》、《马文的战争》等；公司与香港、新加坡、台湾等多家影视文化机构合作，成功地摄制和发行《少年英雄方世玉》、《陌生人》、《迷侠》、《棋武士》、《机灵小不懂》等多部电视连续剧。这些剧目在全国各地播出均取得较高的收视率，其中一些剧目位居收视排行榜榜首。2007年摄制的青春励志大戏《奋斗》在各大电视台播出，通过传统媒体与新媒体的结合，开创了“话题剧”这一全新的电视剧类型，取得巨大成功；2008年摄制的经典名作《夜幕下的哈尔滨》在央视一套黄金时段播出。

2009年，公司投拍了电影《建国大业》，投拍了电视剧《我的青春谁做主》、《苏菲的供词》、《孽债2》、《老牛家的战争》、《婚姻保卫战》，翻拍了经典的《夜幕下的哈尔滨》，其中，《我的青春谁做主》登陆央视一套。

公司作品获广大观众认可，荣获多个奖项。《大工匠》获精神文明建设“五个一工程”入选作品奖、“飞天奖”；《我的青春谁做主》分别获精神文明建设“五个一工程”优秀作品奖、上海文艺创作精品奖、年度最具影响力电视剧奖、年度最受欢迎电视剧、第九届“中日韩电视制作者论坛奖”；《马文的战争》在日本东京国际电视剧节获得特别奖；《奋斗》分别获“飞天奖”、第六届北京市文学艺术奖和“文艺精品奖”；《落地，请开手机》、《夜幕下的哈尔滨》分别被授予“北京广播影视奖”优秀电视剧奖。公司被授予“中国电视剧十佳制作单位”、“国家重点出口单位”等称号。

公司与活跃在影视领域里的一批优秀年轻演员签订了发展合约，签约演员主要有：孙红雷、李小冉、赵琳、廖凡、周晓鸥、傅晶、张铎、隋俊波、张歆艺、谭凯、李崇霄、赵蕾等，他们的良好声誉助推了公司的发展。

（北京鑫宝源影视投资有限公司）

北京京都世纪文化发展有限公司

北京京都世纪文化发展有限公司成立于1999年，专业从事电视节目及电视剧的策划制作和经营业务，是中国影视制作行业知名制作公司之一，是《首都广播电视制作业协会》理事单位。

公司自成立以来，拍摄发行了《孝庄秘史》等12部大型电视连续剧，在全国主要电视台黄金时段播出，并经销海外地区，均取得较高的收视率和业内外人士好评，经济效益显著，大部分电视剧获得政府各项奖励。公司精心打造的“秘史”品牌，开创了以现代人文精神打造中国古典题材，得到了广大观众的认可，节目储存量已达近千小时。公司主要作品:《康熙秘史》42集、《孝庄秘史》38集、《皇太子秘史》32集、《都市东游记》30集、《欲望》30集、《欲望续集》30集、《白色陷阱》20集、《杨贵妃秘史》49集、《白色情人梦》29集、《凤在江湖》42集、《非常24小时》24集、《祈望》32集。

2009年，由著名导演尤小刚历经三年筹备、拍摄的秘史品牌剧目《杨贵妃秘史》49集已经制作完成，湖南卫视竞购头筹。由尤小刚、陶玲玲执导的都市情感剧《祈望》32集(2008年11月在安徽卫视播出，由安徽省委宣传部选报)被评为第十一届全国精神文明建设“五个一工程”优秀作品奖。

公司在北京顺义赵全营镇建成“京都古代皇城景区”、“京都文化创意中心”，为新媒体文化创意产业的聚集发展提供了良好条件，是影视剧拍摄内外景地的首选。《对手》、《勇士的秘密》等影视剧均来此选景拍摄。

(北京京都世纪文化发展有限公司)

北京慈文影视制作有限公司概况

北京慈文影视制作有限公司成立于1999年，是专业的影视制作企业。主要从事影视策划、制作、营销影视节目等业务，是中国第一批被授予电视剧制作许可证(甲种)的民营公司，旗下拥有影视制作公司、电影发行公司，动画产业公司，海外发行公司等多家分支和关联控股公司。

公司坚持拍摄精品影视剧的路线，现已发展成为年生产电视剧200小时、后期制作量占中国电视剧市场四分之一、年产电影1～2部的全方位综合发展的影视制作公司。经典电视剧：42集古装武侠剧《射雕英雄传》、35集爱情名著《半生缘》、23集都市时尚剧《真情告别》、42集动漫喜剧《双响炮》、古装武侠电视剧《神雕侠侣》、《七剑下天山》，以及电视连续剧《雪山飞狐》、《家》、《五号特工组》，电影《七剑》、《天上的恋人》等。此外，还探索拍摄动画片《西游记》。

慈文影视拥有各种摄影、摄像器材，最新型的高清晰度摄像设备和高清后期剪辑设备。慈文影视通过不断努力，已从单一的影视制作发展成为集策划、宣传包装、艺人经纪、后期制作、发行、广告于一体的影视制作机构。

公司出品并拥有版权的作品有100余部近

3000集，其中多部获得了国际、国内的艺术大奖。如：《天上的恋人》荣获第15届东京电影节最佳艺术贡献奖、《爱情是蓝色的》荣获中国第二届电视电影百合奖评委会奖。根据AC尼尔森和央视索福瑞的数据统计：2003—2006年期间，慈文制作生产的电视剧在国内各大电视台均位居收视排行榜前列。

在娱乐产业日益国际化的今天，慈文传媒先后和德国、日本、美国、墨西哥等建立合作或伙伴关系，在实业中稳步发展。

2009年，公司与中影集团、学者国际多媒体（台湾）、北京欢乐影业、北京华录百纳影视、影王朝公司联合出品了影片《大内密探灵灵狗》，拍摄了30集电视剧《战后之战》，与中国巨力影视传媒等合拍了33集电视剧《无间有爱》，与北京福缘视线影视、上海文广新闻传媒集团等合拍了40集电视剧《加油，优雅！》。

（北京慈文影视制作有限公司）

北京小马奔腾影视文化发展有限公司概况

北京小马奔腾影视文化发展有限公司于1998年成立，一直致力于影视机构联合策划、投资、制作及发行影视作品方面的开拓，目前从电视剧、电影的策划、投拍、广告营销到制作、发行和宣传，均拥有自身成熟的团队和渠道，成为业内具有很高信誉的影视文化公司。

近年来，公司以““打造优质精品”为电视剧制作理念，创作并拍摄了以《历史的天空》、《靠近你，温暖我》、《甜蜜蜜》、《光荣岁月》、《我们生活的年代》、《我的兄弟叫顺溜》、《三国》等为代表的多部影视作品，其中《历史的天空》荣获第25届“飞天奖”长篇电视剧一等奖、第23届“金鹰奖”优秀长篇电视剧奖。2007年，小马奔腾进行集团化架构调整和资源整合，成立了北京小马奔腾集团。2008年，公司荣膺中国广播电视协会颁发的“中国十佳电视剧制作单位”奖项，并先后获得“福布斯杰出商业机构”、“最值得致敬电视制作机构”等殊荣。

2009年，公司把长期发展战略眼光投向电影领域，重磅进军电影业。除分别投近亿元巨资打造《机器侠》、《花木兰》、《无人区》、《功夫梦》、《美丽密令》等不同题材影片外，更成功独立运作投拍了《剑雨江湖》、《越光宝盒》、《倾城》等项目，为其在影视界进一步规模化发展奠定了更坚实的基础。年内完成制作了电视连续剧《狙击手》、《我的兄弟叫顺溜》、《青铜匕首》、《空巢》、《三国》等作品。其中，作为新中国成立60周年献礼剧目之一的《我的兄弟叫顺溜》创下央视2009年开年以来的收视率新高，并荣获第四届CCTV电视剧群英汇本年度央视优秀热播电视剧奖；《狙击手》一举拿下各地收视冠军；《空巢》、《青铜匕首》在各地播出后均获得良好口碑。

公司秉承专业的经营理念，独家签约了著名导演张建栋、高希希、赵重光、韦大军及演艺明星陈建斌、沙溢、王新军等，优秀的工作团队和专业的经营理念使小马奔腾影视文化发展有限公司在竞争激烈的同行业迅速崛起。

（北京小马奔腾影视文化发展有限公司）

中影阿满影视文化（北京）有限公司概况

中影阿满影视文化(北京)有限公司成立于1996年，股份制企业，主要从事影视策划、制作、营销影视节目等业务。

公司以拍摄阿满喜剧系列影片为主，兼顾拍摄一些群众喜闻乐见的电视剧、电视电影、纪录片。阿满喜剧电影系列在国家电影博物馆陈列展出。公司拥有较好的影视摄制团队，曾被国家广电总局电影局评为全国优秀电影摄制组。独立拍摄了26部目前国内最长的系列电影——阿满喜剧系列电影，如《多情的帽子》、《多此一女》、《大惊小怪》、《温柔的眼镜》、《风流羊角镇》、《夫唱妻和》、《笑出来的眼泪》等。其中，《多此一女》获第四届“童牛奖”、“盐童奖”最佳导演及最佳演员奖;《多管闲事》获首届人道主义精神优秀影片奖、导演奖;《夫唱妻和》获1996年中国电影华表奖优秀故事片奖、全国精神文明建设“五个一工程”奖优秀故事片奖。电视电影《误入深山的女人》获电影频道优秀片“百合奖”等。同时，公司还摄制了《悔恨》、《新娘》、《绝情》、《深山球梦》等一些正剧。

公司拍摄电视剧多部，如72集《聊斋》(独家投资，与福建台合作拍摄)，20集《聊斋喜剧系列》，14集《春花子》，20集《王保长歪传》，20集《王保长后传》，20集《一条道走到亮》，22集《情债》，电视电影《山魂》，百集电视娱乐片《阿满教魔术》等。目前，公司正在筹备拍摄新阿满喜剧电影系列之一《爱的疆界》。2009年，公司投资拍摄电影《一生香水》、《社区故事》。

（张革）

产业发展

2010/《北京广播影视年鉴》

——记录行业情况　服务业内和社会——

北京市广播影视产业发展情况

2009年，北京市广播影视产业，克服国际金融危机带来的严重影响，继续保持又好又快的发展势头。全市广播影视资产总额340.87亿元，比2008年增加19.4亿元，增长5.9%。其中，北京人民广播电台资产总额为27亿元，占资产总额的7.7%，比2008年增加2.9亿元，增长11.9%；北京电视台资产总额为65.3亿元，占资产总额的18.7%，比2008年增加10.14亿元，增长18.4%；北广传媒集团资产总额为140.3亿元，占资产总额的40.3%，比2008年减少12.74亿元，下降8.3%(从2009年开始实行新会计准则所致)；社会影视节目制作单位资产总额为102.8亿元，占资产总额的29.6%，比2008年增加17.7亿元，增长20.9%；区县级广播电视单位资产总额为6.9亿元，占资产总额的2%，比2008年增加0.84亿元，增长13.9%。广播影视创收100.36亿元，比上一年增长21.5 %。其中广告创收45.39亿元，比上一年增长17.8%；网络收入7亿元，比上一年增长8.3%；电视收视费收入8.58亿元，比上一年增长10.2%；电影票房收入8.1亿元，比上一年增长52.8%。北京北广传媒集团业务收入23.11亿元，比上一年增长13.4%；北京人民广播电台收入8.22亿元，比上一年增长7.4%；北京电视台收入30.4亿元，比上一年增长27.7%。全市广播影视节目制作经营机构累计达到1050家，从业人员1.79万人。

广播电视节目交易情况

2009年首都电视节目推介会成为充满活力的交易市场

2009年，北京市广播电视节目销售收入15.16亿元，比上一年增加5.12亿元，增长51%。这一年，全市广播电视系统大力加强广播电视节目交易平台建设，积极搭建了国内、国际两个平台。由北京市广播电影电视局主办，首都广播电视节目制作协会承办的第四届、第五届首都电视节目推介交易会，于春季和秋季分别在重庆和北京举办，总成交额(含意向)14.5亿元。先后组织首都影视节目制作机构参加了戛纳电视节、东京电影节，进一步开拓了国际市场。成功举办了中国北京第四届文博会广播影视展和论坛，联合举办了第十六届北京大学生电影节，取得了显著成效。北京人民广播电台积极拓宽节目销售渠道，节目销售网络已覆盖15个省市的30家电台。北京电视台充分利用本台优质节目资源，将栏目覆盖辽宁、重庆、河北、浙江、山东、江苏、江西等19个省和直辖市，把北京电视台地面频道的栏目延伸到了全国市场。在栏目发行销售模式上，他们采用多种合作模式，包括出售电视播映权、音像版权、图书出版权等。2009年，全台节目销售收入突破1100万元人民币。

电视剧生产经营情况

2009年北京电视艺术中心制作的34集电视剧《我是老板》海报

2009年，北京市电视剧生产经营取得了可喜成绩。

一是电视剧制作机构迅速增加，产业规模不断扩大。截至2009年年底，全市电视剧及广播电视节目制作单位达到1050家，其中18家制作机构获得了国家广电总局颁发的电视剧制作甲种证。北京电视艺术中心、北京中北电视艺术中心有限公司、北京紫禁城影业有限责任公司、北京北广传媒影视公司等国营电视剧制作机构进一步发展壮大；华谊兄弟传媒股份有限公司、海润影视制作有限公司、光线传媒有限公司等一大批民营影视剧制作公司迅速成长起来，影视艺术生产呈现大发展大繁荣的局面。

二是影视剧生产数量大幅增加，内容质

《万家灯火》开机仪式

量不断创优。2009年，全年出品电影230部，占全国一半以上；生产电视剧90部3019集。成功推出了《铁人》、《万家灯火》、《沧海》等一大批弘扬民族精神和思想性、艺术性、观赏性统一的精品力作，有4部作品被中宣部列为国庆60周年献礼重点作品，有8部作品被国家广电总局列为国庆60周年向全国推荐的作品，占全部推荐数量的22%。在第11届精神文明建设“五个一工程”奖评奖中，有8部作品获奖；在第13届中国电影“华表奖”和第27届中国电视剧“飞天奖”评选中，有4部电影、9部电视剧榜上有名。这一年，电视剧国内销售总额10.95亿元，比上一年增长35.3%。

三是制播合作日益密切，电视剧海外销售稳步推进。“首都电视节目推介会”正成为当前国内电视剧领域最具活力的交易市场，2009年举办的春、秋两季推介会共成交电视剧（含意向）14.5亿元人民币。在2009年市广电局组织参加的戛纳电视节上，北京市电视剧制作机构与外方达成节目合作及交易额约1300万美元，合作意向约800万美元。

动画片生产经营情况

2009北京电视台卡酷动画卫视原创动画项目推介会

2009年，北京市动画片生产呈现良好的发展势头。

国家动画产业基地落户北京，集约化产业化运营初具规模。经国家广电总局批准，“国家动画产业基地”分别在北京市海淀区、石景山区、通州区落户。2009年6月，市广电局正式举行仪式，为“中关村创意产业先导基地”、石景山“北京数字娱乐产业示范基地”、通州“宋庄原创艺术与卡通产业集聚区”授牌。在半年的时间里，3个区政府都为促进动画基地建设出台了一系列扶持政策，制定了配套的发展措施，有力地推动了动画产业基地的建设与发展。目前，已有几十家影视动漫类企业先后入驻基地，动画产业已经呈现规模化发展的美好前景。

创作产量稳步上升，优秀原创不断涌现。2009年，全市生产动画片27部1151集，比上一年分别增长108%和26.8%。北京电视台卡酷动画公司生产动画片11部共4465分钟，跻身“2009年全国原创动画片生产企业”前十。

他们自主创作的《中华五千年》、《卡酷漫游记》、《我们小孩有力量》、《太空大冒险》等不同风格的原创动画作品，充分满足了各年龄层观众的欣赏需要。

原创动画大作“2010年北京电视台卡酷动画春晚”，由200多名国内原创动画制作精英，历时8个月精心制作，节目时长115分钟，实际动画纯制作量占到87%。2009年春节在北京卫视首播，以独特的节目形态在众多传统春晚中脱颖而出，在观众中获得好评。

播出平台建设得力，制播共赢条件成熟。北京电视台卡酷动画卫视作为国内首个正式开播的专业动画频道，自2004年9月开播以来，已形成了完善的节目架构和良好的品牌知名度。每日播出时间、收视份额及广告收入，在全国几家动画频道中均处于领先地位。目前，频道日首播国产动画片390分钟，引进动画片90分

儿童喜爱的动画片《喜洋洋与灰太狼》

钟；年首播国产动画片14万分钟，引进动画片3.2万分钟。北京卡酷动画卫视的良好发展，为北京市动画作品搭建了走向全国的平台，其产业化运营模式和整合各方面资源的能力更是带动北京市动画产业整体健康发展的有力保障。

广播电视广告创收情况

2009年，北京市广播影视系统克服了金融危机带来的各种困难，圆满完成了广播电视广告创收任务，全年广告收入达到45.39亿元，比上一年增长17.8%。

经过近三年时间的实践，北京电视台广告经营逐步摸索总结出了一条有特色的经营之路，即“自主经营、科学定价、统一政策、统筹兼顾”。如国家广电总局颁布61号令对广告播出的时间进行限制之后，很多电视台都采用上调广告价格的方式进行应对，而北京电视台经过认真研讨分析，认为盲目涨价只会损害广告经营的全局，不利于长期可持续发展，因此坚持原有的广告价格，得到了广告客户的认同，广告创收不但没有减少，反而持续增长。保存量、争增量，是北京电视台广告创收的两大法宝。保存量是指传统的客户和每年相对稳定的投放量，这是全台广告收入的主体部分，也是每年收入的基石。只要这些客户的广告投放量不减，就不会动摇全年广告收入的根基。争增量就是积极寻找商机，寻求客户增量。在

2009年夏天持续进行的饮料大战中，顺鑫、百事、乐百氏、娃哈哈等客户竞相在北京电视台追加广告预算，每家的增量都在上千万元。2009年，北京电视台还在电视剧上加大了投入，产生了良好的收视效果和社会反响，也为广告经营开辟了一方沃土。这一年，全台影视剧的广告收入超过6亿元，创历史新高。

北京电台在广告经营中，秉持“固势而变、诚信共赢”的经营理念，与北京大学新闻与传播学院围绕“广播广告的价值与传播效果”、“广播媒体广告的经营方式和营销策略”以及“金融危机下广播广告经营发展策略”三项课题深入调查研究。并在此基础上，适时推出新的营销策略，为广告主提供个性化增值服务。这一年，全台广告收入6.3亿元，较上一年全国广播电视广告经营管理现场经验交流会在北京电台召开。增收1000万元，继续保持

全国广播电视广告经营现场经验交流会在北京电台召开

全国广播广告市场排名第一的位置。在全国广播电视广告经营管理现场经验交流会上，北京电台还被国家广播电影电视总局评为“广播电视广告播放行业自律示范单位”。

北广传媒集团的新媒体广告创收不断增加，区县广播电视中心广告创收普遍增长。

有线电视网络经营情况

2009年北京高清交互数字电视试验示范推广启动仪式

1．有线电视网络经营。

2009年，北京歌华有线电视网络股份有限公司以实施北京信息化基础设施提升计划（“双进入”）为契机，大力加强广播电视网络设施建设。全年城区新敷设光缆1000余公里，完成光缆入地700余公里；加强光缆断点沟通

和管道支线引上工作力度，完成了100余条道路的断点沟通工作，支线引上170余处；完成了5个机房的基础整备工作、7个机房的搬迁与启用工作、17个三级基站的设计建设开通工作，提高了北京市广播电视网络资源覆盖率。截至2009年年底，有线电视注册用户413万户。

2. 数字电视推广。

北京歌华有线电视网络股份有限公司和北广传媒数字电视公司积极推进有线电视向数字化、双向化、高清化发展，致力于将电视机变成家庭多媒体信息终端，满足人民群众日益增长的精神文化和信息需求。截至2009年年底，完成了240余万户的有线电视数字化转换，其中高清交互用户达到30万户，高清交互用户数位居全国首位。高清交互数字电视的推广，实现了北京有线电视由单向到双向、由广播到交互、由标清到高清的历史性跨越，实现了由用户“看电视”到“用电视”的转变。高清交互试点推广工作受到社会广泛关注，得到用户普遍好评。调查机构“格兰研究”的市场调查表明，用户对歌华有线高清交互数字电视的满意率高达96.8%。

高清交互数字电视的推广，搭建了集公共传播、政务宣传、政府应急预警、信息服务、文化娱乐为一体的传播平台，为首都信息化、

北京高清交互电视用户实现30万

成为全国拥有高清交互数字电视用户最多的城市

《北京日报》2010年1月19日对推广高清交互数字电视情况进行报道

数字化的发展提供了新的途径，为用户提供了高级多媒体家庭信息终端和全新的电视体验，为政府部门架设了通达市民的便捷通道，成为“得民心、顺民意”的“惠民工程”。

3. 增值业务与数据业务。

北京歌华有线电视网络股份有限公司积极拓展增值业务与数据业务，为政府信息化和社会信息化工程提供服务。如北京市应急指挥视频会议系统、远郊政务环网、“金财网”、朝阳区监控网、“无限亦庄”、市国税业务网、市工商业务网、市环保网、各区教育网、文化共享工程、党员远程教育工程、远郊信息化政务平台等，业务涵盖政府机关单位、金融保险业、教育系统、文化娱乐、商业楼宇、商企用户、社区服务等众多单位和行业。

电影发行放映情况

“银幕上看祖国”爱国主义影片展映活动

截至2009年年底，北京地区有影院84家，银幕总数近400块。全市有1600多万人，将近每4万人一块银幕，在全国居最高水平（按平均人口计算，全国大概每30万人一块银幕。）

电影院之一——首都时代影城

北京地区电影票房逐年增长，2004年1.81亿元，2005年2.26亿元，2006年2.9亿元，2007年3.65亿元，2008年5.25亿元，2009年达到8.10亿元，比2008年增长50%以上。在这一年票房中，12月份贺岁档达1.15亿元，创单月票房历史新高。从2006年起，北京地区电影票房连续4年位居全国城市票房榜首。

持续飘红的票房前景使北京成为各大院线的必争之地。目前，全国已有新影联、中影星美、北京万达、广东金逸珠江、世纪环球、中影南方新干线、华夏新华大地、重庆保利万和、上海联合共9大院线在北京拥有影院。2009年新建影院中，既有崇文门国瑞城百老汇影院、金宝街百老汇影院、星美国际影城等商业影院，还出现了万国城百老汇艺术影院，满足不同观众群体的的需求。

为庆祝新中国成立60周年，在北京市委宣传部的直接领导和大力支持下，北京市广播电影电视局于8月1日至11月30日，承办了作为庆祝新中国成立60周年系列文化活动“为伟大祖国骄傲”重要内容的“银幕上看祖国”活动，举办了福利儿童、特级教师、劳模、武警、福利老人等专场慰问放映，组织观影专场56场，有12000名打工子弟学生、1100名劳模代表、300名特级教师、200名福利儿童、100名福利老人和300名武警指战员、2000余名新老政协委员等参加了专场观影活动，3.5

万人通过专场观看了《建国大业》、《天安门》、《万家灯火》、《快乐奔跑》等国庆献礼影片。

为实现全民共享新中国60周年大庆电影欣赏权益的目标，“银幕上看祖国”活动办公室在公益放映系统组织了爱国主义影片展映活动，4个月里共展映影片50余部，组织放映10万余场，观众人次近千万，并组织流动放映进福利院区，建立了长期提供电影放映服务的机制。

产业集聚区建设情况

中国北京星光电视节目制作基地揭牌仪式

2009年，北京市广播影视集聚区建设进一步加强，产业布局逐渐明朗，集聚效应日益明显。经国家广电总局批准，国家动画产业基地落户海淀、石景山和通州区内，开创了北京动画产业的新局面。国家新媒体产业基地星光影视园在大兴落成，被国家广电总局授予“中国北京星光电视节目制作基地”，入驻企业由2008年年底的6家增加到2009年年底的20家。中国怀柔影视基地影视类企业由2008年年底的149家增至2009年年底的198家，其中龙头企业中影集团数字基地已于2008年正式开业，影视生产能力达到全国60%。朝阳CBD国际传媒产业集聚区聚集了中国最具影响力的国家级报纸、电视台和因特网门户网站，入驻国际新闻机构160多家，占驻京海外新闻机构的80%以上。国际传媒产业集聚区凤凰国际传媒中心工程顺利启动，规模化、集约化的集聚效应正在逐步显现。

文化会展情况

2009年，北京北广传媒集团所属的北京歌华文化发展集团，以国庆60周年为契机在中华世纪坛举办了一系列具有较大影响的文化会展，打造了知名度较高的文化会展品牌。一年来，在世界艺术馆举办的文化会展，主要有："伟大的世界文明"续展、"秦汉——罗马文明展"、《触·觉——从卢浮宫到世纪坛》艺术展、《新中国60年经典瞬间》大型图片展、"爱北京、照北京"摄影文化活动优秀作品展、世界设计大会设计展。

《秦汉——罗马文明展》是呈献给新中国六十华诞的文化盛宴，也是2010年意大利中国文化年的开幕庆典项目。此展由中国国家文物局和意大利文化遗产与艺术活动部共同主办，由北京歌华文化发展集团中华世纪坛世界艺术馆负责创意策划，经数十家国内外博物馆合作而成。国家文物局称赞它是中意两国政府首次合作举办的反映两国特定历史时期文明发展成就的文物展，是两国学者首次合作开展相关学术研究并向两国公众展示的学术研究成果，书写了两国文化遗产部门具有里程碑意义的交流与合作新篇章。

歌华文化发展集团承办的《秦汉—罗马文明展》

世界设计大会设计系列展，是抓住北京举办世界设计大会的契机而举办的展览。该系列展由空间设计展、工业设计精品展、绿色新能源汽车设计展三部分组成，在业界以及社会上产生了很大的影响。

（北京市广播电影电视局史志办、北京北广传媒集团办公室）

广播电视覆盖

2010/《北京广播影视年鉴》

——记录行业情况　服务业内和社会——

2009年北京市广播电视覆盖基本情况

2009年，北京人民广播电台新闻广播全市面积覆盖率达到87.5%，全市人口覆盖率达到97.8%；北京电视台综合频道（北京卫视）地面电视节目全市面积覆盖率达到71.6%，全市人口覆盖率达到98.2%。

（北京市广播电影电视局科技处）

北京人民广播电台广播覆盖新情况

2009年北京市远郊区县数字广播正式开通

2009 年，北京人民广播电台制作的16套广播节目，分别采用无线调频广播、无线中波调幅广播、无线数字音频广播DAB、卫星广播DVB—S、有线调频广播、有线数字广播DVB—C、互联网广播的方式播出。具体情况见表：

频道名称	播出参数				
	无线广播			有线广播	
	中波	调频	DAB	有线调频	有线DVB—C
新闻广播	828KHz	100.6MHz	新闻广播	90.4MHz	301
城市服务管理广播	1026KHz	107.3MHz	城管广播	91.9MHz	302
故事广播	603KHz		故事广播	89.1MHz	303
体育广播		102.5MHz	体育广播		304

交通广播		103.9MHz	交通广播	95.6MHz	305
文艺广播		87.6MHz	文艺广播	93.8MHz	306
音乐广播		97.4MHz	音乐广播	94.6MHz	307
外语广播	774KHz		外语广播	97.8MHz	311
爱家广播	927KHz		爱家广播	92.7MHz	316
古典音乐广播			古典音乐	98.6MHz	308
通俗音乐广播				97.0MHz	309
有线教学广播				99.4MHz	310
长书广播			长书广播	104.3MHz	312
有线戏曲曲艺广播				105.1MHz	313
欢乐时光广播			欢乐时光	106.5MHz	314
怀旧金曲广播			怀旧金曲	107.5MHz	315
新闻广播和城市服务管理广播上星播出，播出平台参数为中星6B、C波段、垂直极化、频率3951MHz、符号率9520、纠错方式3/4、PID为1、音频ID为257、左声道为新闻广播节目、右声道为城市服务管理广播节目。					
互联网用户可以登录www.rbc.cn或www.rbc.com.cn在线实时收听全部16套广播节目					

一、无线调频广播覆盖

1. 交通广播、文艺广播、音乐广播三套调频立体声节目分别使用103.9MHz、87.6MHz、97.4MHz 3个频率在中央广播电视发射塔播出，发射功率为10千瓦。如果使用车载接收机或手持接收机在室外接收，在北京市行政区划内的平原地区都能进行良好接收。

2. 新闻广播、城市服务管理广播、体育广播3套调频单声道节目分别使用100.6MHz、107.3MHz、102.5MHz 3个频率在皂君庙发射台播出，发射功率分别为200瓦、100瓦和3千瓦。由于天线高度低和发射功率小，故采用单声道模式播出，使用车载接收机或手持接收机，在市区六环路内室外都能良好接收，在北京市行政区划内的平原地区接收效果也能达到可听的水平。

3. 北京三面环山，山区地形对于无线广播信号的传播有很大影响。中央广播电视塔发射的信号经百望山（海拔220米）阻挡后损耗达到20dB，经香山（海拔550米）阻挡后损耗达到40dB，而继续进入山区后层峦叠嶂的阻隔使得信号无法覆盖到远郊山区。

自2008年开始，经过市广电局两年多的努力，陆续完成了房山、延庆、怀柔、密云、平谷等5个广播电视山区转播站的建设，现各个站点已经开始播出新闻广播调频100.6MHz的节目，使得新闻广播的覆盖范围扩展到了北京全境。

二、中波调幅广播

中波信号的辐射不仅受到山势地形的阻碍，地表土壤被建筑物和道路遮盖导电率下降和城市高大密集建筑物对中波信号造成严重损耗，再有各种电气设备、交通工具产生的电磁干扰使得中波频段本体噪声增大。到了晚间，几百甚至上千公里外的外地同频率或邻近频率天波信号带来干扰，这些使得中波在城区的覆盖效果有所劣化。

北京电台中波广播全部在804发射台进行发射，其中新闻广播828KHz、城市服务管理广播1026KHz采用50千瓦功率发射，故事广播603KHz、爱家广播927KHz采用25千瓦功率发射，外语广播774KHz采用10千瓦功率发射。如果使用车载接收机或使用手持接收机在室外进行接收，在北京市郊区的平原地区接收效果良好，在城区内上述5套节目也能达到可以收听的水平。由于接收地点周围出现强电磁干扰信号，无法正常收听的情况也时有发生。中波发射台位于东北四环外，受信号穿越高大密集建筑影响，中波广播的接收效果四环外强于四环内，城东、城北好于城西、城南。

三、无线数字音频广播DAB

数字音频广播DAB是当今先进的广播技术，目前在北京有10个发射站点，包括中央广播电视发射塔、亚运村名人广场、广电总局491发射台、顺义广电中心、大兴广电中心和房山、延庆、怀柔、密云、平谷高山发射站点覆盖效果和声音质量都是无线广播中最好的。

在市区四环路内区域可以保证手持终端在室内、公交工具、私家车内各种移动接收条件下接收到高质量的节目。

在市区六环路内区域，对于使用手持便携接收机在私家车内进行接收，除个别高大建筑物非常密集的地段外，信号可良好接收。

在六环路外的平原地区，虽然数字广播的信号有所减弱，但由于没有密集的高大建筑物遮挡，数字广播的覆盖效果也有良好的表现。在西北山区的人口密集区域也可以较好地接收数字广播信号。

四、有线广播覆盖

对于在室内接收广播信号的听众，由于所处位置的楼层、房屋结构布局、墙体材料、房屋的进深、窗户朝向等众多因素影响，无线信号的衰耗情况与室外相比差异从几倍到甚至成千上万倍，故接收效果差别较大。

北京电台全部16套广播节目均已通过有线调频广播和有线数字广播的方式送入歌华有线电视网络。

有线调频广播均采用立体声模式播出，具有信号稳定、不受外界干扰的优势，如果接入音响的调频天线端口，节目的收听质量非常好。

有线数字广播需要使用有线数字机顶盒接收，由于采用256Kbps高码率播出，声音完全可以达到CD质量。

五、互联网实时音频广播

对于全球喜爱北京人民广播电台节目的听众，只要登陆北京广播网（网址：www.rbc.cn或www.rbc.com.cn）都可以在线实时收听到北京电台全部16套广播。

（北京电台 张旭）

北京电视台北京卫视及卡酷动画卫视在全国落地概况

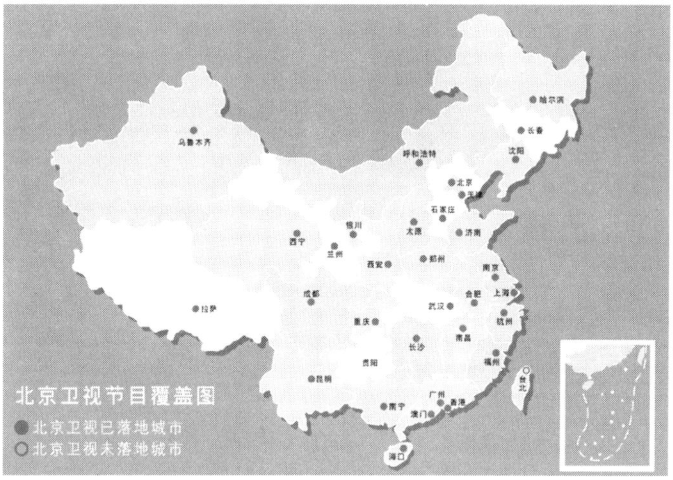

2009年,北京电视台加强电视覆盖工作,扩大北京卫视、卡酷动画卫视、高清频道在全国落地范围取得新的成效。

一、北京卫视落地概况

实现35个重点城市的落地接收(包括省会城市、直辖市、计划单列市);

实现271个地级市的落地接收;

实现1727个县级市的落地接收;

实现35个重点城市的121家省政府直属迎宾酒店落地;

维护235家四星级、五星级酒店继续落地。

北京卫视在全国的可接收人口,从2008年的6.54亿增加到了2009年的8.21亿。

二、2009年动画卫视频道落地概况

实现17个重点城市的落地接收;

实现54个地级市的落地接收。

2009年,卡酷动画卫视频道在全国的总覆盖人口达 3.5亿。

三、2009年北京卫视高清同播频道落地概况

为尽快提升北京卫视高清同播频道在全国的影响力,北京电视台为14个重点城市、38个地级市、7个县提供了落地接收解密卡。

(北京电视台)

北京市广播电视村村通及广播站试点工程顺利竣工

截至2009年11月,被列入北京市政府折子工程、城乡经济社会发展一体化新格局折子工程——门头沟、怀柔2个区4个运行10年以上的广播电视村村通系统升级改造工程顺利竣工。

北京市广电局副局长臧增祥（左）到门头沟区调研“村村通”工作

年初，北京市广播电影电视局和远郊山区区县为做好此项工作，加强了“村村通”工作的组织领导，制订了“村村通”工作方案、工作流程和工作时间表，组织专家组、技术小组对“村村通”设备采购、技术方案等进行把关。同时对所需设备组织参加政府采购，通过公开招标方式分别与4家中标公司签订设备采购合同，设备经有资质单位检验检测全部合格。经过“村村通”工程技术小组、技术人员不懈努力，于9月25日前4个“村村通”系统升级改造任务全部完成，使近3000户、8000多名群众收视质量得到了改善和提高。

另外，根据北京市广播电视村村通工程建设现状，以及部分市政协委员的提案，在密云县新城子镇（辖18个行政村、60个自然村）进行了恢复乡镇广播站公共服务职能试点工作，此项工作于10月底前全部完成。

（北京市广播电影电视局传媒机构管理处）

石景山区有线电视覆盖情况

2009年，石景山区有线电视覆盖随着804数字频道的开播，解决了首钢居民区四个半街道、约5万余用户看不到石景山区有线电视节目的问题，基本实现行政区划全覆盖。同时，为石景山区广播电视宣传增加一个完整的平台，成为石景山区的重要对外宣传窗口。截至年底，电视受众约16万用户，首次创造历史新高。

在收看804数字频道时，用户只需使用与数字机顶盒配套的遥控器，按下8—0—4这3个数字，就可以调换到石景山数字电视频道，全天24小时收看到频道播出的各档节目。数字频道开播初期，全天完成播出18小时。其中首播节目为6个小时，每天重播两次。

石景山区804数字频道开播仪式暨庆祝第十届中国记者节活动

（石景山区广播电视中心）

延庆县无线广播电视覆盖情况

2009年，延庆县广播电视中心积极推进公共服务体系建设，加强广播电视节目无线覆盖工作，全县15个乡镇376个行政村无线广播电视覆盖率达到95%以上。

延庆县广播电视中心无线发射机房共传送广播节目2套、电视节目4套。广播节目传送北京人民广播电台第一套节目的100.6兆赫兹，延庆人民广播电台节目92.8兆赫兹。这2路调频发射功率分别为500瓦和300瓦，覆盖半径均为30公里。电视节目传送中央综合频道（CH10频道，发射功率1000W），北京卫视（CH04频道，发射功率300W），北京文艺（CH25频道，发射功率1000W）和延庆电视台节目（CH30频道，发射功率1000W），覆盖半径为15公里，覆盖人口27万余人。

此外，北京市广播电视局于2007年初，在刘斌堡乡兴建广播电视无线覆盖延庆转播站。2008年6月试播以来，延庆转播站共有3台调频广播发射机和3台电视发射机。调频广播分别传送中央人民广播电台第一套节目101.4兆赫兹，发射功率300W；北京人民广播电台第一套节目的100.6兆赫兹，发射功率1000W；延庆人民广播电台节目92.8兆赫兹，发射功率300W。电视发射机传送中央第七套节目电

延庆县浆棚山广播电视无线覆盖转播塔

视节目（CH41频道，发射功率1000W），北京卫视（CH25频道，发射功率1000W），延庆电视台节目（CH30频道，发射功率300W）。

2009年延庆转播站有效地解决东部山区无线广播电视信号质量差的问题，覆盖半径20公里，覆盖山区人口3万余人，广播电视无线覆盖率由原来的80%上升到95%以上。

（延庆县广播电视中心）

密云县广播电视转播站建成投入使用

新落成的密云广播电视无线转播站

密云县广播电视无线转播站是北京市政府为老百姓办实事的折子工程之一，主要转播中央1、中央7、北京1以及调频100.6MHz的广播电视节目，完成对偏远山区广播电视的无线覆盖。

转播站占地面积0.2677公顷，2007年9月正式开工建设，年底完成200平方米转播发射机房主体及转播站塔基的基础建设。

在工期紧，任务重，建设条件异常艰苦的条件下，密云县广播电视中心积极配合施工单位，严把质量关。从运输到施工安装，每一个细节都精心布置，尊重科学，注重质量，严格施工。发射台围墙工程部分设计曾三次修改最终满足监控、照明的需要，并且和周围景致相融合，美观大方。工程于2008年6月份完成转播站供电、发射、监控、照明等各项设备的安装调试工作并投入使用，奥运会期间整个系统运转正常，使山区群众收看到了高质量的奥运会赛事转播。

（密云县广播电视中心）

频率频道

频率频道介绍

北京人民广播电台频率一览表

频率名称	开办时间	播出时间	节目栏目设置
新闻广播 FM100.6 AM828	1993年 3月1日	00：00—24：00	转播中央人民广播电台《新闻和报纸摘要》、《北京新闻》、《新闻热线》、《新闻大视野》、《行家》、《资讯早8点》、《健康有约》、《你早，北京》、《健康乐园》、《听说电影》、《气象服务》、《生态北京》、《人口直通车》、《我的奥运情》、《钱来钱往有话说》、《法制天地》、《新闻天天谈》、《幽默集装箱》、《议政论坛》、《环球采风》、《财税周刊》、《温馨之声》、《记忆里的歌声》、《828军情瞭望》、《新闻2009》、转播中央电视台《新闻联播》、《纪实广播小说连播》、《教育面对面》、《财智风云榜》、《人物周刊》、《心目影院》、《博闻天下》、《都市夜心情》
城市服务管理广播 FM107.3 AM1026	2005年 3月1日	05：00— 次日01：00	《健康加油站》、《似水年华》、《七点早新闻》、《市民热线》、《城市零距离》（沟通版）、《新闻快报》、《今日观察》、《安全新干线》、《都市博文汇》、《你好，17点》、《城市零距离（服务版）》、《茶余饭后话北京》、《老年之友》、《国际汇市报道》、《市民热线（直播版）》、《社区内外》、《中国财经60分》、《城市周刊》、《京城人物》、《财富星空》、《法制北京》、《读城记》、《北京夜未眠》、《博览群星》、《艺坛点将》
故事广播 AM603	2004年 1月1日	05：00— 次日01：30	《健康晨曲》、《朝闻天下》、《故事大全》、《生活探秘》、《知识开讲》、《阳光茶园》、《笑谈古今》、《纪实传奇》、《品读十分》、《读史有学问》、《长书天地》、《评书大连播》、《翔康健康快

续表

频率名称	开办时间	播出时间	节目栏目设置
			车》、《娱乐档案》、《人物空间》、《快读时刻》、《说烦解忧》、《健康夜话》、《今晚拍案》、《读书俱乐部》、《夜相伴》
体育广播 FM102.5	2002年 1月1日	05：55—24：00	《我爱国粹》、《百年笑声》、《体育新世界—雄鸡唱晓》、《百姓健康大讲堂》、《1025书场》、《体育新闻》、《中国国旅环球行》、《引体向上》、《哪说哪了——体坛那些事儿》、《体育新世界——喜鹊登枝》、《在家听乐儿》、《饭点儿说吃》、《体育新世界——金戈铁马》、《体坛夜话》、《星光体育》、《私家夜话》等
音乐广播 FM97.4	1993年 1月23日	00：00—24：00	《974信息网》、《男左女右》、《中国歌曲排行榜》、《永恒的魅力》、《古典也流行》、《特别创意》、《美丽清晨》、《记忆的唱片》、转播中央人民广播电台《新闻和报纸摘要》、《先听为快》、《中国歌曲排行榜》、《永恒的魅力》、《古典也流行》、《午后大道东》、《沸腾97度4》、《我的音乐生活》、《英伦音乐风》、《全球华语歌曲排行榜》、《欧美歌曲排行榜》、《热舞派对——iMix》、《甜蜜对对碰》、《国家大剧院》
文艺广播 FM87.6	1994年 4月1日	05：30— 次日01：30	《876资讯》、《养生之道》、《空中笑林》、《早安北京》、《天下行》、《幽默集装箱》、《健康乐园》、《评书演义》、《笑语欢歌》、《小DJ大不同》、《甜蜜蜜》、《小说连播》、《评书连播》、《音乐一线牵》、《新音乐风暴》、《娱乐72变》、《戏迷乐》、《开心茶馆》、《快乐高尔夫》、《吃喝玩乐大搜索》、《环球旅行家》、《爱星满天》、《专题文艺》、《快乐天天读》、《演艺群英会》、《说学逗唱》、《话说天下》、《广播剧场》、《武林天下》、《子夜柔情》、《午夜拍案惊奇》、《今晚我们说电影》

续表

频率名称	开办时间	播出时间	节目栏目设置
交通广播 FM103.9	1993年 12月18日	00：00—24：00	《1039广播剧场》、《谜幻时空》、《娱乐大篷车》、《音乐旅途》、《一笑堂》、《激情岁月》、转播中央人民广播电台《新闻和报纸摘要》、《交通新闻热线》、《警官出行提示》、《交通新闻》、《今日交通》、《一路畅通》、《欢乐正前方》、《汽车天下》、《警法时空》、《航空在线》、《旅途》、《百姓TAXI》、《长书连播》、《1039交通服务热线》、《京城喜乐会》、《行走天下》、《新闻直通车》、《1039都市调查组》、《欢乐英雄》、《有故事的人》、《蓝调北京》、《有我陪着你》
外语广播 AM774	2004年 9月17日	06：00—24：00	《英语自助餐》、《城市节拍》、《在音乐上——把耳朵叫醒》、《咚咚腔儿》、《在音乐上——午间小憩》、《双语PK台》、《名师在线》、《感受北京》、《在音乐上——落日余温》、《环球60分》、《韩国音乐舞台》、《法国音乐风情》、《俄罗斯风情》、《莱茵音乐之旅》、《东京音乐广场》、《私房拷贝》、《游游吧》、《在音乐上——你还在线吗》、《读书》、《外国人的北京生活》
爱家广播 AM927	2009年 1月1日	05：30—24：00	《我和健康有个约会》、《一日之计——爱家资讯》、《国事家事轻松说》、《买的要比卖的精——爱家消费全知道》、《健康在线》、《爱家小算盘》、《快乐生活一点通》、《爱家同乐会》、《爱家帮你忙》、《爱家剧场》、《爱家故事连播》、《爱家环球航班》、《现场说法》、转播中央电视台《新闻联播》、《快乐合家欢》、《家有儿女》、《男孩女孩》、《毛毛狗的故事口袋》、《两个女人一台戏》、《男女有别》、《洛克小镇的秘密》、《爱家静夜思》

续表

频率名称	开办时间	播出时间	节目栏目设置
有线教学广播 FM99.4	2002年1月1日	06：00—24：00	《现代汉语》(一)、《现代汉语》(二)、《现代汉字学》、《现当代文学专题研究》、《中国现当代文学名著选讲》、《古代汉语》、《汉语专题2》、《比较文学概论》、《美学专题》、《语言逻辑学》、《经济应用文写作》、《外国文学》、《非言语交际》、《唐诗宋词选讲》、《老年科学健身》、《老年心理》、《中国古代文学》(上)、《中国古代文学》(下)、《广告经营》、《中国近现代史》、张道真《自学英语》(第一、二、三、四册)、《每日一招说英语》(10分钟、25分钟)、《空中英语教室》(初级版、中级版)、《学英语话文明》、《英语300句》、《日语300句》、《德语300句》、《法语300句》、《俄语300句》
有线古典音乐广播 FM98.6	2002年5月1日	00：00—24：00	《钢琴世界》、《华夏神韵》、《新CD橱窗》、《HIFI时间》、《POPS音乐》、《听室内乐》、《现场魅力》、《历史回眸》、《精品收藏》、《交响空间》、《歌舞剧场》、《钢琴世界》、《华夏神韵》
有线通俗音乐广播 FM97.0	2002年5月1日	00：00－24：00	《柔情主义》、《极限失真》、《另类空间》、《Hot–Pop》、《Rock八九十》、《老歌也疯狂》等
长书广播 FM104.3	2002年5月	00：00－24：00	《广播剧欣赏》、《经典戏剧故事》、《武林天下》、《言情小说》、《拍案惊奇》、《小说连播》、《精品小说》、《诺贝尔获奖小说》
有线戏曲曲艺广播 FM105.1	2002年5月	00：00－24：00	《长安大戏院》、《梨园金曲》、《评剧大观园》、《戏剧空间》、《电影录音剪辑》、《空中曲苑》、《地方戏》等
欢乐时光广播 FM106.5	2006年9月6日	06:00－24:00	《欢乐无限》、《纪实广播小说连播》、《幽默集装箱》、《娱乐大篷车》、《谜幻时空》、《百年笑声》、《欢乐故事》、《娱乐档案》

续表

频率名称	开办时间	播出时间	节目栏目设置
怀旧金曲广播 FM107.5	2006年9月6日	06:00 – 24:00	《经典走四方》、《旧单车老情歌》、《下一站的回味》、《金曲无终点》、《音乐在旅途》等

北京电视台频道一览表

频道名称	开办时间	播出时间	节目栏目设置
BTV 北京卫视频道	1979年5月16日	06:00—次日06:00	《北京新闻》、《北京您早》、《特别关注》、《晚间新闻报道》、《新闻手语》、《新闻晚高峰》、《身边》、《五星夜话》、《真情耀中华》、《档案》、《天下收藏》、《中华文明大讲堂》、《国际双行线》、《环球冲浪》、《天下天天谈》等
BTV 文艺文艺频道	1988年12月30日	06:00—次日02:30	《每日文娱播报》、《百姓秀场》、《影视风云路》、《天天影视圈》、《艺苑新视角》、《神州音话》、《星夜故事秀》、《光荣绽放》、《经典回眸》等
BTV 科教科教频道	1999年12月27日（1993年11月1日教育频道）	06:00—次日02:04	《法治进行时》、《大家说法》、《现场说法》、《魅力科学》、《传奇》、《非常网络》、《非常说名》、《非常接触》、《非常夫妻》、《警法目录》、《养生堂》、《健康北京》等
BTV 影视影视频道	1992年5月4日	06:00—次日02:00	《英雄剧场》、《家和剧场》、《黄金剧场》、《明星影院》等
BTV 财经财经频道	2001年7月1日	06:00—次日01:40	《天下财经》、《首都经济报道》、《天天理财》、《财经五连发》、《北京议事厅》、《经济法眼》、《超级访问》、《名人堂》、《数说北京》等
BTV 体育体育频道	1986年12月30日	06:00—次日06:00	《体坛资讯》、《篮球风云》、《天天体育》、《快乐健身一箩筐》、《足球100分》等
BTV 生活生活频道	1996年11月8日	06:00—次日02:00	《大城小事》、《食全食美》、《生活面对面》、《生活实验室》、《7日7频道》、《第7日》、《快乐生活一点通》、《生活广角》等

续表

频道名称	开办时间	播出时间	节目栏目设置
BTV青少 青少频道	2002年 1月1日	06:00— 次日02:00	《SK状元榜》、《谁在说》、《北京男孩》、《情感部落格》、《探索》、《替身》、《悦读会》等
BTV公共 公共频道	2003年 1月1日	06:00— 次日02:00	《红绿灯——早直播》、《红绿灯——平安行》、《故事汇》、《我的父亲母亲》、《京郊大地》、《四海漫游》、《手机江湖》等
BTV卡酷 卡酷动画 卫视频道	2004年 9月10日 (原动画频道)	06:00— 次日02:00	《福娃奥运漫游记》、《中华五千年》、《十分开心》、《闪天下》、《七色光》、《中国制造》、《酷片酷映》、《卡酷全卡通》、《漫话天下》、《宝贝星计划》等
BTV国际 长城平台北京电视台国际频道	2004年 10月1日	每天首播 为7小时 (全天24小时播出)	长城(美国/亚洲/欧洲/加拿大/拉美)平台,选播北京电视台10个频道的精品节目等

北京北广传媒数字电视有限公司频道一览表

1. 付费电视及广播

频道名称	开办时间	播出时间	节目栏目设置
京视剧场 (有线)	2003年 9月1日	14:00首播12小时 全天24小时轮播	\
爱家购物 (有线)	2003年 9月1日	21:00首播4小时 全天24小时轮播	《健康桥》、《时尚轩》等
动感音乐 (有线)	2003年 9月1日	21:00首播4小时 全天24小时轮播	《华语至尊地带》、《谁比我原创》等
车迷频道 (有线)	2003年 11月1日	21:00首播4小时 全天24小时轮播	《八卦车坛》、《汽车影院》等
考试在线 (有线)	2003年 11月1日	16:00首播8小时 全天24小时轮播	《学习法》、《高考易错题解析》等
优优宝贝 (有线)	2004年 1月1日	21:00首播5小时 全天24小时轮播	《第一宝贝》、《贝因美全球育儿咨询》等
四海钓鱼 (有线)	2004年 1月1日	21:00首播4小时 全天24小时轮播	《渔我同行》、《游钓天下》等

续表

频道名称	开办时间	播出时间	节目栏目设置
弈坛春秋（有线）	2005年3月18日	21:00首播4小时 全天24小时轮播	《美嘉围棋时间》、《尖峰对决》等
环球旅游（有线）	2005年4月8日	21:00首播4小时 全天24小时轮播	《魅力世界》、《环球览胜》等
新娱乐（有线）	2005年7月22日	21:00首播4小时 全天24小时轮播	《影视风云榜》、《音乐风云榜》等
置业（有线）	2005年7月28日	21:00首播4小时 全天24小时轮播	《楼市大盘点》、《完全装修手册》等
戏曲广播（有线）	2003年11月1日	全天	《评书联播》、《梨园金曲》等
爵士音乐广播（有线）	2003年11月1日	全天	《爵士经典》、《爵士列车》等

2．图文信息平台

频道名称	开办时间	播出时间	节目栏目设置
北京之窗主频道	2009年4月30日	17:00–次日17:00	《美食汇》、《玩乐集》、《文娱报》、《演艺罗盘》、《畅游北京》、《时尚工厂》等
北京之窗首都政务频道	2009年4月30日	17:00–次日17:00	《城市零距离》、《走进直播间》、《首都老龄事业系列在线访谈》、《数说北京》、《健康播报》、《百姓就业》等
天气出行（图文栏目）	2008年9月15日	12:00–次日12:00	《一周天气》、《国内城市》、《国际城市》、《出行提示》等
影视演出（图文栏目）	2008年9月15日	17:00–次日17:00	《影城影讯》、《演出资讯》、《特别推荐》等
打折资讯（图文栏目）	2008年9月15日	17:00–次日17:00	《吃喝玩乐》、《银行理财》、《数码家电》、《商场打折》等
窗友活动（图文栏目）	2009年4月30日	17:00–次日17:00	各类窗友互动活动发布，如组织观影团、文化演出和商家优惠券的抢票活动等

3．北京党建

频道名称	开办时间	播出时间	节目栏目设置
党建综合	2009年3月	24小时滚动播出	《党建新闻》、《时代先锋》、《基层党建创新》、《历史上的今天》等
基层党建创新报告	2007年10月	24小时滚动播出	专题节目轮播

续表

频道名称	开办时间	播出时间	节目栏目设置
党员大讲堂	2007年10月	24小时滚动播出	各类讲座和专题节目轮播等
榜样	2007年10月	24小时滚动播出	人物专题片轮播等
红色记忆	2007年10月	24小时滚动播出	影视剧和晚会轮播等

北京北广传媒移动电视有限公司频道一览表

频道名称	开办时间	播出时间	节目栏目设置
北广传媒移动电视	2004年5月28日	05：58—23：00	《移动播报》、《财经早知道》、《体育连连看》、《出行导航》、《食尚》、《大城小家》、《完美婚嫁》、《悦读时间》、《百姓就业》、《数说北京》、《96310》、《一路同行》等

北京北广传媒城市电视有限公司频道一览表

频道名称	开办时间	播出时间	节目栏目设置
北广传媒城市电视	2005年8月1日	06：59—22：00	《城市播报》、《图片新闻》、《生活提示》、《财经新闻》、《体育新闻》、《演艺罗盘》、《工会之窗》、《书香北京》、《出行北京》、《封向标》、《百姓就业》、《这里是北京》、《食全食美》、《今日新闻》、《中歌榜》、《玩转地球》、《24节气话养生》、《豆儿》、《绿豆娃》、《消防小提示》、《文明礼仪宣传片》、《廉政公益片》、《城市预警》等

北京市朝阳区广播电视新闻中心频道一览表

频道名称	开办时间	播出时间	节目栏目设置
BTV-9（公共频道）朝阳时段	2003年1月	首播19：30—21：00；重播次日07：30—9：00 12：30—14：00	《朝阳新闻》、《一周新闻综述》、《今日点击》、《和谐在线》、《庭赛乐赛》、《家》、《朝阳名师讲堂》、《人口视窗》、《聚焦电子城》、《地税你我他》、《迈向城市化》、《走进朝阳教育》、《郎咸平说》、《爱车空间》、《幸福2+1》、《同在蓝天下》、《陪你逛街》、《与法同行》、《我爱我家》等

北京市海淀区新闻中心频道一览表

频道名称	开办时间	播出时间	节目栏目设置
BTV—9（公共频道）海淀时段	2003年1月	首播19：30—21：00；重播次日07：30—09：00、12：30—14：00	《海淀新闻》、《海淀教育》、《城管视点》、《海淀1时间》、《红盾时空》、《地税之窗》、《文明新发现》、《人口与家庭》、《公共服务在身边》、《周日风景线》、《警方在线》、《食品安全视线》等
802海淀数字频道	2009年6月	06：30—次日00：30	《海淀新闻》、《海淀1时间》、《海淀教育》、《警方在线》、《城管视点》、《文明新发现》、《周日风景线》、《连通世界》、《法治中国》、《前沿讲座》、《旅行者》、《环保前线》、《国际时尚汇》、《全民健身舞》等

北京市丰台区广播电视中心频道一览表

频道名称	开办时间	播出时间	节目栏目设置
BTV－9（公共频道）丰台时段	2003年1月1日	首播19：30–21：00；重播次日07：30–9：00、12：30－14：00	《丰台新闻》、《聚焦丰台》、《百姓直通车》、《丰台警方》、《百姓与法》、《丰台故事》、《人大在线》、《政协视窗》、《清风苑》、《丰台经济报道》、《食客》、《真情零距离》、《医星时间》、《用工信息》、《健康伴你行》等
803丰台数字频道	2009年11月8日	首播 19：30－24：00 重播次日7：30－19：30	《丰台新闻》、《聚焦丰台》、《百姓直通车》、《丰台故事》、《人大在线》、《政协视窗》、《真情零距离》、《丰台警方》、《百姓与法》、《清风苑》、《丰台经济报道》、《食客》、《用工信息》、《健康伴你行》、《影视剧场》、《医食同行》、《环保前线》、《移山》等

北京市石景山区广播电视中心频道一览表

频道名称	开办时间	播出时间	节目栏目设置
BTV—9（公共频道）石景山时段	2002年12月20日	首播：19：30—21：00 重播：07：30—09：00；12：30—14：00	《石景山新闻》、《记者视线》、《新闻盘点》、《生活与信息》、《走进演播室》、《天气资讯》、《艺海星光》、《教育新视线》、《法治聚焦》、《娱乐者》、《人口视窗》等
804石景山数字频道	2009年11月6日	首播 12：00—12：05 19：30—24：00 重播：07：30—12：00 12：05—18：30	《午间新闻》、《石景山新闻》、《记者视线》、《新闻盘点》、《生活与信息》、《走进演播室》、《天气资讯》、《艺海星光》、《教育新视线》、《法治聚焦》、《娱乐者》、《人口视窗》、《804影视剧场》、《804经典纪录》、《804讲坛》、《环保前线》、《移山》、《民间收藏》等

北京市门头沟区广播电视中心频道一览表

频道名称	开办时间	播出时间	节目栏目设置
BTV－9（公共频道）门头沟时段	2002年12月20日	19：30—21：00	《门头沟新闻》、《信息高速路》、《走进社区》、《相约健康》、《电视门诊》、《文明进行时》、《工商在线》、《京西风景线》、《教育纵横》、《一周新闻综述》等

北京市房山区广播电视中心频率频道一览表

频率频道名称	开办时间	播出时间	节目栏目设置
房山人民广播电台FM107	1989年9月	06：10—23：30	《健康生活》、《转播中央台新闻和报纸摘要》、《转播北京台北京新闻》、《房山新闻——信息链接》、《中国笑星》、《漫话119》、《劳动和社会保障园地》、《法苑纵横》、《健康家园》、《婚育文化》、《龙乡行》、《花季星空》、《评书连播》、《直通107》等
BTV－9（公共频道）房山时段	2003年1月	首播：19：30—21：00 重播次日07：30—09：00 12：30—14：00	《房山新闻》、《新经济》、《百姓今天》、《三农零距离》、《时尚生活》、《满意新居》、《红灯停绿灯行》等

北京市大兴区广播电视中心频率频道一览表

频率频道名称	开办时间	播出时间	节目栏目设置
大兴人民广播电台FM98.6	1995年1月	05：25—00：45	《健康与生活》、《转播中央和北京电台新闻》、《大兴新闻》、《娱乐大排档》、《评书》、《资讯BBS》、《播客王国》、《情感魔方》、《夜故事》等
BTV－9（公共频道）大兴时段	2003年1月	首播：19：30—21：00 重播次日07：30—09：00 12：30—14：00	《大兴新闻》、《天天剧场》、《女子别动队》（含农贸快讯和天气预报）、《经典剧场》、《社会·大兴——社会关注、经济直通车、医林医道》、《互动京南——天下无双、我行我秀、开讲930、天生我才、粉丝大派送》等

北京市通州区广播电视中心频率频道一览表

频率频道名称	开办时间	播出时间	节目栏目设置
通州人民广播电台	1991年12月	06：20—次日01：00	《通州新闻》、《走进中年》、《通州这方土》、《劳动信息通道》、《6538服务台》等
BTV－9（公共频道）通州时段	1994年2月	19：30—21：00 次日08：00—09：30	《通州新闻》、《看通州》、《漫话计生》、《通州新城》、《健康人生》、《红盾之光》、《普法园地》、《潞电之光》、《古韵新绿》、《关注民生》、《魅力漷县》、《今日梨园》、《和谐潞城》等

北京市顺义区广播电视中心频率频道一览表

频率频道名称	开办时间	播出时间	节目栏目设置
顺义人民广播电台FM92.9	1998年1月20日	05：55—22：30	转播中央人民广播电台《新闻和报纸摘要》、《新闻60分》、《燕京书场》、《全球醉音乐》（直播）、《中国笑星》、《顺心顺意》（直播）、《家庭教育大讲堂》、《越聊越开心》（直播）、《百年听书时间》、《纪实60分》、《西部往事》、《汽车天天会》、《悦耳聆听》、《爱生活》、《时尚生活》、《电台情歌》、《人之初》等
BTV—9（公共频道）顺义时段	2003年1月	首播19：30—21：00 重播次日07：30—09：00 12：30—14：00	《国际专题——电讯》、《新华纵横》、《历史万象》、《顺义新闻》、《天气预报》、《顺义时空》、《情动绿港》、《师说日》、《盛世花博》、《歌唱部落》、《时尚风景线》、《音乐地带》等

北京市平谷区广播电视中心频率频道一览表

频率频道名称	开办时间	播出时间	节目栏目设置
平谷人民广播电台FM89.2	1992年3月11日	06：30—08：20 11：00—12：00 18：30－19：30	《平谷新闻》、《绿谷风采》、《老年之友》、《话说金融》、《戏曲选粹》、《法制园地》、《相声集锦》、《岁月如歌》、《评书联播》、《健康》等

续表

频率频道名称	开办时间	播出时间	节目栏目设置
BTV-9 （公共频道） 平谷时段	2003年 1月1日	首播 19：30—21：00 重播次日 07：30—09：00 12：30—14：00	《平谷新闻》、《气象预报》、《送您一笑》、《旅游精点》、《警法在线》、《平谷卫生》、《药监长廊》、《生活周刊》、《希望田野》、《平谷医疗》、《走近医学》、《时尚消费》、《现代中医》、《视点》等

北京市怀柔区广播电视中心频率频道一览表

频率频道名称	开办时间	播出时间	节目栏目设置
怀柔人民广播电台 FM101.3	1996年 11月	06：29 – 15：05 17：29 – 22：20	《怀柔新闻》、《气象预报》、《行风热线》、《今日三农》、《快乐有怀柔》、《特别报道》、《政策导读》、《快乐60分》、《故事会》《空中书场》等
BTV—9 （公共频道） 怀柔时段	2003年 1月	首播19：30–21：00； 重播次日07：30–9：00 12：30–14：00	《怀柔新闻》、《生活大观园》、《怀建周日特别报道》、《法制时刻》、《旅游天地》、《文化怀柔》、《安全在线》、《文明在身边》、《国土方圆》、《今日三农》、《新视野》、《健康有约》等

北京市昌平区广播电视中心频率频道一览表

频率频道名称	开办时间	播出时间	节目栏目设置
昌平人民 广播电台 FM103.1	1987年 7月	06：28–15:30 16:58–23：30	转播《新闻和报纸摘要》、转播《北京新闻》、《昌平新闻》、《音乐前沿》、《与法同行》、《评书开讲》、《环球旅行家》、《名家书场》、《听电影》、《经典小说》、《健康一点通》、《今古传奇》、《空中笑林》、《星光电影厅》、《心情追忆》、《明星魔幻秀》、《城市日记》、《健康进行时》、《健康罗盘》、《健康驿站》、《现代小说》、《无限音乐榜样》、《长书剧场》、《天下故事会》、《戏曲天地》、《晚间书场》、《夜色聊人》等
BTV–9 （公共频道） 昌平时段	2003年 1月	首播19：30–21：00； 重播次日07：30–09：00 12：30–14：00	《昌平新闻》、《百姓话题》、《劳动就业信息》、《人事局政策宣传》、《天气预报》、《真情故事》、《法治纪事》、《古今昌平》、《视角》、《相约》、《时空关注》、《供电服务》、《农民课堂》、《周末21点》、《今日开庭》、《民间收藏》、《笑笑吧》、《科学发展创新为民》等

北京市密云县广播电视中心频率频道一览表

频率频道名称	开办时间	播出时间	节目栏目设置
密云人民广播电台 FM94.1	1989 年	06：30–23：30	转播《新闻和报纸摘要》、转播《北京新闻》、《密云新闻》、《教育园地》、《经济广角》、《政法之声》、《我的社区我的家》、《今日密云》、《健康广场》、《三农有约》、《身在异乡》、《天气预报》、《生活百叶窗》、《广播剧场》、《平安伴你行》、《记忆的唱片》、《小说与评书联播》、《941 音乐心旅程》、《每周一歌》、《曲苑直通车》、《天地一家》等
BTV–9（公共频道）密云时段	2003 年 1 月	首播 19：30–21：00；重播次日07：30–09：00 12：30–14：00	《密云新闻》、《事事关心》、《今日观察》、《经济视点》、《社会纵横》、《生态经济一刻钟》、《檀州采风》、《檀州大舞台》、《科技信息之窗》、《健康时空》、《科普大篷车》等

北京市延庆县广播电视中心频率频道一览表

频率频道名称	开办时间	播出时间	节目栏目设置
延庆人民广播电台 FM92.8	1997 年 1 月 1 日	06：25 — 23：05	《转播中央台“新闻和报纸摘要节目”》、《转播北京台“北京新闻”》、《延庆新闻》、《广播书场》、《快乐调频 928》、《生活导航》、《今日农村》、《经典回顾》、《小说连续广播》、《工商进万家》、《百佳书场》、《名家讲坛》等
BTV–9（公共频道）延庆时段	1994 年 7 月 1 日	每天首播 19：30–21：00 次日第一次重播 07：30–09：00 次日第二次重播 12：30–14：00	《延庆新闻》、《一周新闻综述》、《生活全方位》、《七彩连万家》、《一路平安》、《卫生新视野》、《延庆教育》、《生活气象》、《农产品信息》、《法制延庆》、《工商视点》、《收视指南》、《妫川故事》等

节目栏目

2010/《北京广播影视年鉴》

——记录行业情况　服务业内和社会——

2009年北京市广播电视优秀节目栏目介绍

北京人民广播电台

年度热播节目栏目

★《京城第一家》

《京城第一家》荣获中国广播影视大奖广播剧奖第一名

新闻编排8月9日《北京新闻》作者之一

广播剧。北京人民广播电台文艺广播2008年12月24日～27日播出，共4集，每集时长25分钟，年内多次重播。该剧通过京城第一家被批准开业的个体经营实体“悦宾饭馆”开办前后鲜为人知的故事，反映了改革开放之初人们在经济体制改革上的种种努力，再现了改革开放30年中国社会的发展历程。该广播剧节目荣获中宣部第11届精神文明建设“五个一工程”优秀作品奖、2007～2008年度中国广播影视大奖广播剧奖。

年度优秀节目栏目

1．8月9日《北京新闻》

新闻编排。北京人民广播电台新闻广播2008年8月9日播出，时长32分38秒。2008年8月8日晚，北京奥运会开幕。次日7：00《北京新闻》以奥运会开幕式相关消息为主题，通过组合报道、录音述评、城市运行保障、奥运采风、生活资讯等五大板块，集中报道开幕式盛况，四海宾朋共享奥运，国内外观众、媒体对北京奥运会开幕式的反应评价和解读，以及京城交通、卫生、餐饮等首都各行各业全力投入奥运保障，全方位反映了各界喜迎奥运的社会心态。该节目获第十九届中国新闻奖（新闻编排）一等奖。

2.《国际奥委会医学委员会主席说，在北京没必要戴口罩》

广播消息。北京人民广播电台新闻广播2008年8月5日播出，时长1分30秒。针对一些西方媒体在奥运会开幕前质疑北京空气质量的节目，迅速采访并播出国际奥委会医学委员会主席林奎斯特就北京空气质量发表的积极言论，以及美联社所做的空气质量调查，用医学权威人士和外电的声音澄清了事实，有力地回击了怀疑中国政府、责难北京奥运会的某些西方媒体。节目播出后第二天，戴着口罩来到北京的美国运动员即向北京奥组委做出书面道

节目作者曹力

歉。该节目获第十九届中国新闻奖二等奖、第十八届北京新闻奖一等奖、2008年度北京广播影视奖一等奖。

3.《民意畅达呼唤制度保障——从北京地铁5号线加站说起》

节目作者谢先进（左）戚天（右）

广播评论。北京人民广播电台交通广播2007年10月12日播出，时长8分钟。该节目从北京地铁5号线增设站点及市民的反映切入，抓住需要切实重视而又存在一定缺陷的民意反映和回馈不够畅通的问题，呼吁通过制度建设来保障民意畅通和政府的及时回馈，推进政府与民众的良性互动，实现双方利益诉求的最终统一。该节目获2007～2008年度中国广播影视大奖评论奖。

4.《开幕这一天》

对外广播。北京人民广播电台外语广播2008年8月10日播出，时长15分58秒，并通过加拿大国际广播电台、纽约中国广播网、洛杉矶1300电台、加拿大中文电台播出。该

节目作者刘兴宇

节目以2008年8月8日零点为时间节点，通过对“奥运宝宝出生”、“市民收集奥运邮品和奥运车票”、“集体婚礼”、“天安门广场升旗”、“火炬传递到终点”、“交警在奥运村前执勤”、“胡锦涛主席宣布奥运会开幕”等一系列颇具影响力的人物和事件的报道，烘托出北京奥运会开幕当天祥和、隆重的氛围。该节目获2007～2008年度中国广播影视大奖对外广播奖，北京新闻奖一等奖，北京奥运会残奥会优秀新闻作品奖。

5.《一周内两次微调奥运限行措施，市民乐道》

节目作者赵楠

广播消息。北京人民广播电台交通广播2008年7月7日播出，时长1分30秒。该消息报道了2008年6月底，北京市交管局首次对外发布奥运会期间北京将实行单双号限行措施。但该限行政策忽视了有两辆以上机动车的车主的情况。当媒体记者向交管部门反映后，交管部门两天后立即发布新的限行措施。这种做法体现了交管部门一改“我制定政策你来遵

照执行”的管理理念，展示了行政执法工作便民为民的新风尚。该节目获2007～2008年度中国广播影视大奖短消息奖。

6.《北京新闻》

《北京新闻》部分编采播人员合影

新闻栏目。1949年2月开播，北京人民广播电台新闻广播周一至周日7：00—7：25播出，时长25分钟。该栏目是北京历史最为悠久的广播新闻节目。它以贴近群众、贴近生活、贴近社会为追求目标，迅速、准确地报道发生在首都各个领域的重要新闻。栏目连续四届被评为北京电台“听众喜爱的名牌栏目”，连续9年荣获北京电台名牌栏目称号。

7.《新闻天天谈》

栏目主持人合影

2003年11月24日开播，北京人民广播电台新闻广播每天12：20—12：55播出，时长35分钟。该栏目以“相对而论”为特质，运用不同观点的碰撞、争锋，发挥其相互沟通、疏解矛盾、构建和谐之功能，并以“独到解读”满足听众倾听“独家观点”的需求。栏目连续5年被评为北京电台名牌栏目。

8.《城市零距离》

《城市零距离》直播现场

2005年3月1日开播，北京人民广播电台城市服务管理广播周一至周六8：00—9：00播出；精编版次日0：00—0：30播出，时长60分钟。该栏目旨在为百姓解读北京城市现代化建设的各项法规、政策；宣传、探讨京城发展总体规划和城市功能定位；快捷反映市民呼声，搭建政府与百姓沟通的桥梁，促进相互交流，被市民称为“不落幕的新闻发布会”。栏目连续5年被评为北京电台名牌栏目。

9.《市民热线》

栏目编采播人员合影

2005年3月1日开播，北京人民广播电台城市服务管理广播每天7：30—8：00播出，时长30分钟。该栏目以关注百姓身边事，反映市民呼声，促成问题解决，助推和谐社会建设为宗旨，采用电话录音的形式，快捷、真实地反映北京市民对城市建设与管理的意见建议，就听众提出的一些有代表性的问题追踪采访，寻求相关部门的答复，并加以适度的点评。节目注重解读民生政策，及时提供服务信息，深受听众喜爱。连续2年被评为北京电台名牌栏目。

10.《一路畅通》

栏目主持人合影

2000年1月1日开播，北京人民广播电台交通广播每天7：30—9：30、17：00—19：00播出，时长各120分钟。该栏目是一档集路况信息、新闻资讯、出行提示、话题交流为一体的大型互动直播节目，是交通广播的标志性栏目。节目通过大密度播报实时路况、新闻资讯以及邀请听众通过短信平台参与主题讨论，达到协助交管部门疏导交通、服务听众的目的。栏目连续四届被评为北京电台“听众喜爱的名牌栏目”，连续8年荣获北京电台名牌栏目称号。

11.《欢乐正前方》

栏目主持人

1993年12月18日开播，北京人民广播电台交通广播每天9：30—10：00播出，时长30分钟。该栏目风趣幽默，在笑声中使听众获得轻松愉快的好心情。以新鲜热辣的笑话、有趣的幽默故事、精彩的爆笑网文，给都市人带来一段如沐春风的欢乐时光。主持人的相得益彰、一庄一谐的主持风格，使节目融会贯通、流畅舒展。栏目连续四届被评为北京电台“听众喜爱的名牌栏目”，连续7年荣获北京电台名牌栏目称号。

12.《1039交通服务热线》

栏目主持人与嘉宾

2001年1月1日开播，北京人民广播电台交通广播每天13：30—15：00播出，时长90分钟。该栏目以汽车保养、修理等问题为主，通过邀请嘉宾直播的方式，解答有车一族遇到的问题和困惑。“修车也要修理心情”，节目诙谐的风格，开创了服务节目增加娱乐要素的特色，由此吸引了大量没有修车需求甚至并不开车的听众，成为交通广播的标志性节目。栏目被评为北京电台第二、第三届“听众喜爱的名牌栏目”，连续6年荣获北京电台名牌栏目称号。

栏目主持人与嘉宾

13.《空中笑林》

1996年1月1日开播，北京人民广播电台文艺广播每天7：00—8：00播出，时长60分钟。该栏目精编播放传统相声名段和优秀相声新作，兼及喜剧小品，在对传统相声深入挖掘的同时，为新人新作提供展示的舞台，为振兴传统文化，推动相声发展，做着不懈的努力，在早间时段为听众提供了快乐早餐。栏目被评为北京电台第一、第三、第四届"听众喜爱的名牌栏目"，连续6年荣获北京电台名牌栏目称号。

栏目编辑

14.《评书连播》

1994年4月1日开播，北京人民广播电台文艺广播每天5：30—6：00、12：30—13：00播出，时长60分钟。该栏目坚持经典评书和优秀新作并驾齐驱的节目特色，在注重传播评书名家播讲的经典名作的同时，精心录制了一批形式新颖、雅俗共赏的评书新作，为评书艺术开拓新的表演道路做出了贡献。栏目被评为北京电台第四届"听众喜爱的名牌栏目"，连续9年被评为北京电台优秀栏目。

栏目组合影

15.《中国歌曲排行榜》

1993年5月1日开播，北京人民广播电台音乐广播每天19：00—21：00播出，周一、周三至周日2：00—3：00重播，时长120分钟。该栏目通过每周推出的中国原创流行歌曲，繁荣中国流行音乐创作，满足听众对中文流行歌曲的欣赏需求，是内地历史最悠久的华语流行音乐排行榜。节目以公正的评选机制、对原创乐坛的耕耘、发掘和扶持以及对行业的引领而赢得良好口碑，推出、推红众多著名歌手和传唱大江南北的金曲，成为业界及听众心中最具权威性和公信力的排行榜。栏目被评为北京电台第一届"听众喜爱的名牌栏目"，第二至第四届"听众喜爱的优秀栏目"，连续8年荣获北京电台名牌栏目称号。

栏目主持人

16.《古典也流行》

2000年1月3日开播，北京人民广播电台音乐广播周一至周五14：00—15：00播出，周一、周三至周五4：00—5：00重播，时长60分钟。该栏目用浅显易懂的语言和特征鲜明的片花串联古典音乐中人们耳熟能详的、最易为大众接受的华彩乐段，以及古典与流行的跨界音乐作品，用具有时代感的、流行时尚的语言解读古典音乐，拉近了古典音乐和听众的距离。栏目连续5年被评为北京电台名牌栏目。

栏目主持人合影

17.《体坛夜话》

2002年1月1日开播，北京人民广播电台体育广播每天21：00—21：55播出，时长55分钟。该栏目以体育热点话题作为切入点，广开言路，百家争鸣，激发听众体育情结，助推中国体育事业创新发展。节目将国内外发生的体育焦点话题设立为节目的交流重点，邀请各类体育项目的知名记者为嘉宾，通过热线电话、手机短信和听众共同交流，多角度、多层面分析品评体坛热点，在交流中彼此启发更深层次的感受和思考。栏目连续6年被评为北京电台名牌栏目。

栏目主持人

18.《说烦解忧》

2005年4月1日开播，北京人民广播电台故事广播周五至周日21：00—22：00播出，时长60分钟。该栏目展示普通人生活中与亲人、与恋人、与朋友、与同事间经历的心理矛盾、观念冲突、情感纠葛等烦恼困惑，特邀心理专家进行分析点评，并请听众参与发表观点、出谋划策，众人热心相助解决当事人的具体问题，探求心理健康良策。节目解析人们对心理保健的体会和认识，推介心理学读物，介绍心理学中有趣的人物、故事等。栏目连续6年被评为北京电台名牌栏目。

19.《感受北京（TouchBeijing）》

2001年5月8日开播，北京人民广播电台外语广播每天8：30—9：00播出，18：00—18：30重播，网络电台周一至周日17：00—17：30播出，时长30分钟。该栏目以在北京的外国人，特别是喜爱中国文化的外国朋友为收听主体人群，通过各具特色的小栏目将北京的发展变化、文化生活、风土人情呈现给听众，从而传播中国文化，宣传北京的变化。栏目连续5年被评为北京电台名牌栏目。

栏目主持人

栏目主持人和小听众

20.《毛毛狗的故事口袋》

2009年1月18日开播，北京人民广播电台爱家广播每天20：00—21：00播出，时长60分钟。该栏目是一档专门给3—6岁的小朋友及其爸爸妈妈准备的节目。节目由两部分组成，前一部分精选播讲符合儿童兴趣的少儿故事，以助儿童听众了解世界、增长知识，突出趣味性；后一部分与适龄家长探讨育儿话题，播出与育儿相关的书籍文章，传播科学的育儿理念。栏目被评为2009年度北京电台名牌栏目。

北京电视台

年度热播节目栏目

★《养生堂》

《养生堂》栏目在播出

生活专题栏目。2009年1月1日开播，科教频道（BTV-3）每天17:45播出，时长25分钟。该栏目以“传播养生之道，传授养生之术”为宗旨，以演播室访谈加专题片的形式，邀请专家介绍科学的中医养生知识。栏目秉承传统医学理论，根据中国传统养生学“天人合一”的思想，系统地介绍中国传统养生文化，有针对性地讲授实用养生方法。该栏目2009年平均收视率为2.69%。

年度优秀节目栏目

1.《北京新闻》

电视新闻栏目。1979年5月16日开播，北京卫视（BTV-1）每天18：30首播，时长30分钟。该栏目作为北京市改革开放、经济发展、社会进步的重要窗口，始终坚守“权威发布政策资讯，悉心关怀百姓冷暖”的节目宗旨，报道快捷、内容丰富、资讯全面、信息量大、形式新颖，力求时政新闻的严谨性、经济新闻的生动性、社会新闻的思想性。《北京新闻》2009年平均收视率为7.96%，为北京电视台收视率最高。

2.《大家说法》

法制专题栏目。2008年1月1日开播，科教频道（BTV-3）每天12:20播出，时长20分钟。该栏目是一档法治新闻专题栏目，采用纪实的手法，深度报道北京地区发生的重大法制事件，跟踪当事人亲历法治事件的过程，把观众带进当事人最生活化的状态当中，旨在对法治事件的深度剖析和警示，达到普法、守法、用法和参与法律构建之目的。该栏目2009年平均收视率为6.96%。

3.《法治进行时》

法制专题栏目。1999年12月27日开播，科教频道（BTV-3）每周一至周六12:00首播，时长20分钟。该栏目内容涉及北京法制建设的方方面面，致力于民生新闻的报道，关注百姓身边的法律故事，以独特的新闻视角，第一时间、第一现场记录报道京城正在发生的法制事件，具有较强的时效性、故事性、现实性、服务性。作为北京电视台成长10年的品牌栏目，收视率始终名列前茅。该栏目2009年平均收视率为6.34%。

4.《特别关注》

电视新闻栏目。2000年11月16日开播，北京卫视（BTV-1）每天12:30首播，时长28分钟。该栏目定位于民生新闻报道，恪守“关注社会发展、贴近市民生活”的节目宗旨，力求用特快的速度、特别的视角、特殊的手段，报道市民关心的事、身边的事、困难的事、烦心的事。栏目倾听市民心声，反映社会热点，真实客观地诠释新闻事件，理性细致地关注市民生活，为市民排忧解难，为政府搭建桥梁。《特别关注》2009年平均收视率为4.57%。

5.《天下收藏》

文化专题栏目。2007年1月6日开播，北京卫视（BTV-1）每周五21:35首播，时长50分钟。该栏目作为娱乐、文化类节目，始终遵循“去伪存真”的宗旨，聚焦中国传统文化艺术精品，凸显北京地域特色，用现代化的传播方式及国际化的视角，诠释中国古代艺术品的精湛与美艳。每期节目分为亮宝、辩宝和护宝三个环节，特邀专家对藏品真假作最终认定，假的被护宝锤当场击碎。该栏目2009年平均收视率为3.52%。

6.《经典回眸》

文化综艺栏目。文艺频道（BTV-2）每

周日21:25首播，时长70分钟。该栏目融合歌舞、短剧、小品、相声等多种艺术表演形式，精选播出经典节目，为观众提供文化娱乐。《经典回眸》2009年平均收视率达到3.04%。

7.《生活面对面》

生活专题栏目。2002年1月1日开播，生活频道（BTV-7）周一至周六18:59首播，时长28分钟。栏目秉承贴近北京都市生活、服务北京大众民生的宗旨，以老百姓衣食住行的方方面面为内容，以播报点评和外拍短片为主要形式，清新质朴的风格、新鲜实用的信息、权威深刻的解读、方便贴心的帮助，受到京城百姓的喜爱。该栏目2009年平均收视率达到2.74%。

8.《现场说法》

法治专题栏目。2005年1月7日开播，科教频道（BTV-3）每日11:30首播，时长25分钟。《现场说法》是一档法制题材的栏目剧，节目采用短剧、律师和专家点评、事件真实镜头回放等方式，真切讲述真实发生的事件，深刻解析事件中的法律点，以期宣传法律知识，普及法律常识，提高群众的法律意识。该栏目2009年平均收视率2.69%。

9.《星夜故事秀》

文化综艺栏目。2006年4月11日开播，文艺频道（BTV–2）每周六21:25首播，时长70分钟。栏目倾情推崇“看星夜改变心情，好心情改变生活”，以融合歌舞、短剧、脱口秀等多种艺术表演形式，竞技、互动、真人秀等多种节目形态，构成一档大型周末综艺节目。新版《星夜故事秀》依托首都独特文化资源，将一个个传递快乐、演绎精彩的故事，通过多媒体形式展现给观众。该栏目2009年平均收视率为2.68%。

10.《生活实验室》

生活专题栏目。2007年7月22日开播，生活频道（BTV–7）每周日18:59首播，时长30分钟。该栏目以百姓日常生活为题材，突出服务性、实用性、知识性和趣味性，力求达到科普之目的。节目形态鲜活有趣，演播室为实验室，邀请观众参与现场实验，通过真实的生活现象和物品实验，让人们切身感悟到“实验从生活中来，实验又为观众服务”的节目宗旨，凸显“百姓节目百姓作”的节目创作理念。《生活实验室》2009年平均收视率为2.63%。

11.《大城小事》

生活专题栏目。2007年1月4日开播，生

活频道（BTV–7）周一至周六21:12首播，时长30分钟。该栏目真情演绎京城百姓生活中真实、感人的故事，着力描绘人性中的真、善、美，大力弘扬正义、诚信、友爱的社会道德风尚，热情展示充满活力的北京人良好的精神风貌。栏目形态新颖活泼，选用非专业演员参与演出，释放“民星”的才华，激发“民星”的潜力，体现了真实、感人、亲民、自然的节目特色，突出了“说百姓身边的事，演百姓身边的人”的栏目宗旨。《大城小事》栏目2009年平均收视率为2.63%。

12.《非常夫妻》

生活专题栏目。科教频道（BTV–3）每周四20:00首播，时长50分钟。栏目以主持人与嘉宾夫妇谈话为载体，以轻松探讨严肃话题、真诚讲述真实故事为特色，在尊重嘉宾的首要前提下，生动倾诉嘉宾的情感故事，探究涉及恋爱、婚姻、家庭、亲情等方面的社会话题。《非常夫妻》2009年平均收视率为2.49%。

13.《神州音话》

文艺专题栏目。2002年1月1日开播，文艺频道（BTV–2）周五21:25首播，时长42分钟。该栏目采用主持人、嘉宾、观众三方互动访谈形式，以温暖、温馨、温情的话语引导走进名星家庭，关注名人的特殊人生经历和体会，真情讲述打动百姓的感人故事。栏目的整体风格既有内容的深度，又有平民的视角，把

大明星平民化，小人物“明星化”。《神州音话》2009年平均收视率为2.36%。

14.《百姓秀场》

文化新闻栏目。2008年1月7日开播，文艺频道（BTV—2）每周一21:25首播，时长42分钟。栏目以为百姓搭建展示绝活儿绝技的舞台，挖掘、展示“民星榜样”为节目特质，遵循和谐与励志并存的创作导向，在展示嘉宾独一无二的绝技的同时，多层面、多视角与观众互动，凸显“百家姓，一家亲”的大爱理念。《百姓秀场》2009年平均收视率达到2.34%。

15.《每日文娱播报》

文化专题栏目。2002年1月1日开播，文艺频道（BTV—2）每日19:00首播，时长27分钟。栏目开播八年来，始终坚持客观、真实、及时的新闻观，着力为观众奉献健康、清新的文化娱乐节目，在获得观众认可的同时，栏目自身影响力显著提升。《每日文娱播报》2009年平均收视率为2.34%。

16.《7日7频道》

生活专题栏目。2002年1月1日开播，生活频道（BTV—7）周一至周六19:28首播，时长28分钟。栏目以反映北京生活热点、讲述百姓生活故事为基本定位，以帮助市民解决各种实际困难为节目宗旨，追踪时事焦点，紧跟都市话题，注重平民视角，展现平民智慧。节目以故事为载体，增强可视性；以点评为特色，突出节目风格，力求资讯信息有用、有趣、有情。《7月7日频道》2009年平均收视率为2.30%。

17.《治安播报》

法制专题栏目。2004年8月开播，科教频道（BTV—3）每周日12:00首播，时长20分钟。该栏目作为《法治进行时》的周末版节目，主要内容以《法治进行时》日播节目为基础，结合观众的反馈意见，对原有内容加以精编整合，以密集的信息满足观众的需求，增强了节目的系统性和针对性。该栏目2009年平均收视率为6.20%。

18.《快乐周末》

生活专题栏目。2004年5月3日开播，生活频道（BTV—7）每周日20:02首播，时长50分钟。栏目以实用的生活技巧演绎为主要内容，以贴近百姓生活、服务百姓为原则，通过演艺明星客串的形式，向观众介绍生活中实用、科学、趣味的小发明、小窍门儿，积极倡导勤俭节约的生活理念。栏目作为《快乐生活一点通》的周末版，内容丰富精彩，具有较强的知识性、可操作性和观赏性。《快乐周末》2009年平均收视率为2.40%。

19.《生活广角》

生活专题栏目。2004年8月3日开播，生活频道（BTV—7）周一至周五22:17首播，时长30分钟。栏目是一档以讲述百姓生活故事、生活遭遇、生活感受为主要内容，以外景采访和演播室点播为主要表现方式，以现场观察员调解为主要渠道，以反映人间真善美、化解矛盾引发思考为主体意图的情感类谈话节目。《生活广角》2009年平均收视率为2.26%。

北京北广传媒集团

北京北广传媒移动电视有限公司

年度热播节目栏目

★《移动播报》

新闻资讯栏目。2005年8月15日开播，2009年7月改版。北广传媒移动电视每天4档逢整点播出，时长5分钟，全天播出13次。该栏目充分利用北京各大媒体新闻资源，快捷、准确、全方位地为移动人群提供最新的新闻报道和实用的服务信息，是集时政、民生、生活、娱乐、趣闻为一体的资讯节目，内容丰富，形式多样，是颇受出行市民喜爱的一档栏目。

年度优秀节目栏目

1.《财经早知道》

财经栏目。2009年1月12日开播，北广传媒移动电视周一至周五分上下午版，全天播出6次，时长5分钟。该栏目以视频、字幕、图表相结合的形式，及时全面地播报财经信息，关注财政政策、周边市场、集成股市、周边市场以及股市开盘、收盘、涨跌等信息。

2.《出行导航》

生活专题栏目。2005年12月15日开播，北广传媒移动电视每天17：00首播，全天播出4次，时长10分钟。该栏目以权威发布交通信息为主要内容，即时提供市民出行交通状况，信息发布快捷、精准、直观，成为全新的京城出行导航播报平台。2009年该栏目以国庆60周年为题，播出10集系列专题节目《歌唱祖国》，每集5分钟，重点报道首都交警、公交职工、出租车司机等典型人物和事迹。栏目由移动电视与北京交管局联合推出。

3.《体育连连看》

体育专题栏目。2009年1月12日开播，北广传媒移动电视周一至周五播出，时长5分钟。该栏目集成各类体育新闻信息，预告当日重要体育赛事转播，信息丰富，内容精彩，是当天重大体育消息的超级浓缩版。

4.《食尚》

生活专题栏目。2009年3月19日开播，北广传媒移动电视播出，每周1期，每天播出3次，时长10分钟。该栏目是一档集美食资讯、餐饮服务、健康饮食为一体的综合性节目。节目秉承“服务百姓，推广优质中华美食”的宗旨，立足普通百姓，编播快捷、实用的民生食尚信息，把中国的饮食文化传递给市民，把健康的饮食理念传授给受众，使乘车群体以匆匆一眸，即可获得京城美食大搜索、特色菜肴烹制技巧以及保健养生等资讯。

5.《大城小家》

生活专题栏目。2009年6月5日开播，北广传媒移动电视播出，每周1期，每天播出3次，时长10分钟。栏目以贴近生活、服务大众为主旨，针对普通市民在房屋购买、装修装饰等方面的兴趣与困扰，精选编播家居、建材等知识，以及专业机构提供的资讯和专家答疑解析，为广大出行市民提供时尚、实用、科学的生活服务信息，帮助京城百姓搭建温馨之家，尽享惬意、舒适的居家生活。

6.《完美婚嫁》

生活专题栏目。2009年10月26日开播，北广传媒移动电视播出，每周1期，时长5分钟。该栏目立足京城新人，以真挚赞美浪漫婚嫁、完美人生为要旨，集服务、文化、趣味性于一体，内容既有婚庆服务资讯，又有相关背景知识介绍，热诚为市民提供优质、完美和新意的婚嫁服务信息。

7.《数说北京》

生活专题栏目。2007年8月16日开播，北广传媒移动电视周一至周五播出，每天播出2次，时长10分钟。该栏目以社会经济生活中的热点问题或百姓关心的统计数据为题材，采用室内情景喜剧的形式，每集精选一个或一组数据，通过若干编辑、记者及他们的家人、朋友工作和生活中的真实故事，演绎说明数字背后北京社会、经济等各方面的发展成就，颂扬具有时代特色的北京人良好的精神风貌。剧集内容贴近百姓生活，得到观众的广泛认可。

8.《96310》

生活专题栏目。2005年1月18日开播，北广传媒移动电视每周三期，每期10分钟，日

播2次。该栏目主旨为“报道城市管理，倾听百姓心声”，定位于“全民参与城市管理的大型互动平台”。节目内容以城管新闻、热点追踪、案例分析为主，贴近百姓，平实有趣；节目报道视角独特，形式生动，市民参与互动，政府与百姓有效沟通，是一档深入挖掘百姓关注、政府重视、社会反映强烈的城管事件的生活服务类节目。

9.《一路同行》

生活专题栏目。2009年7月21日开播，每周1期，每期5分钟，日播2次。该栏目是北京公交集团与北广传媒移动电视合力推出的一档服务百姓公交出行，倡导文明乘车的电视节目。节目通过《资讯》、《公交主干线》、《车上车下》、《车厢服务台》和《素丽提示》等板块，为百姓出行提供乘车导航、安全出行等全方位的公交服务信息。栏目针对性、服务性、可看性强，对促进社会和谐、营造积极向上氛围具有强劲推动作用。

10.《悦读时间》

文化专题栏目。2009年10月26日开播，北广传媒移动电视播出，每周1期，时长5分钟。该栏目重在实用性和欣赏性，新书推荐、杂志推介、畅销书排行榜、杂志封面欣赏等为其主打内容，优美的图片，精练的字幕信息为其节目特色，极大地丰富了百姓的文化生活。

11.《百姓就业》

生活专题栏目。2009年5月15日开播，北广传媒移动电视每周日首播，每周1期，每天播出2次，时长5分钟。该栏目大力倡导就业为民生之本的理念，重在为百姓就业导向，传递政府声音，提供相关服务信息。节目以北京市人力资源和社会保障局政策发布、信息资源为主渠道，及时、准确、权威地发布本市就业岗位信息、公益资讯，详实解读社保政策，方便出行百姓即时了解就业等民生保障资讯。

北京北广传媒城市电视有限公司

1.《城市播报》

新闻资讯栏目。2008年12月15日开办。北广传媒城市电视每天7:00首播，每天播出30次，时长5分钟。该栏目以“好看、实用、服务”为特色，结合新媒体户外播出的特点，选取每天各类新闻资源中的重大新闻事件、重要资讯信息，第一时间发布，随时更新，全天高频次滚动播出。在内容编排上，每条新闻都控制在20秒左右，并加入新闻标题导视字幕，更适合户外人群短暂收视，是北广传媒城市电视自制的重点节目之一。

2.《演艺罗盘》

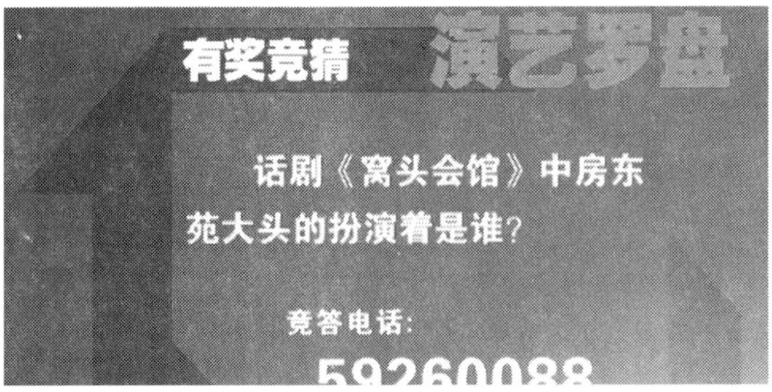

专题服务栏目。2009年1月1日开办。北广传媒城市电视每周一首播时间为9：45首播，每天播出2次，时长10分钟。楼宇电视、户外大屏电视和移动电视同时播出。该栏目是城市电视与北京市文化局合力推出的一档文化信息服务节目。栏目围绕文化市场，以视频、图片、文字等多种形式相结合的手法，将首都演艺信息详细、全面地进行介绍，是北广传媒城市电视自制的重点节目之一。

3.《书香北京》

专题服务栏目。2010年1月11日开办。北广传媒城市电视每周一的首播时间为14：19首播，每天播出3次，时长5分钟。以图书推介、鉴赏为内容的菜单式图书指南类电视栏目。利用观众空暇时间，为其推介最新上架图书和畅销书，使其快速、准确地找到适合自己的读品。《书香北京》内容菜单化，节奏明快，推荐相对权威，形式简约古朴。栏目分为新书推荐、书香指数、悦读经典、预出书信息四个板块。

北京北广传媒数字电视有限公司

1.《考试在线》频道《中国历史大讲堂——明史》栏目 通过多视角审视明朝历史。明王朝是中国传统社会后期一个重要的王朝，有16个皇帝，277年的历史。这个王朝的特点是明初种种传统发展的极致和中后期社会转型带来的新气象，相互交错，扑朔迷离，使明朝的历史呈现出错综复杂的多面性格。栏目请来知名教授全方位解读明朝历史。

2.《四海钓鱼》频道《西玛诺梦幻钓游行》栏目 以游钓为叙事主线，以树立钓鱼人良好形象、展现钓鱼运动无穷魅力为契机，将钓鱼、风光、知识性讲座融为一体，节目形式观赏性强，知识性强，叙事情节起伏跌宕，扣人心弦；节目内容健康向上，是受全国广大钓鱼爱好者喜爱的一档栏目。

3.《优优宝贝》频道《明星妈妈育儿经》栏目 一档明星妈妈聊育儿话题的现场谈话类栏目，周播，时长30分钟。节目以明星为亮点，以娱乐为风格，以传播正确的育儿理念为目的，讲述女明星们与孩子之间鲜为人知的动人故事，展示她们从女人到母亲角色转换的感人心路历程，展现她们与众不同的育儿智慧。媒体独家爆料，内容精彩纷呈。

4.《党建新闻》频道《党建新闻》栏目 为全国电视媒体范围内首个实现每天整点轮播的地方党建宣传专业新闻栏目，2009年3月改版后首次亮相。栏目以“关注基层、服务基层、展现基层”为宗旨，重点报道北京市基层党建、党务和党风廉政工作动态和创新经验，宣传先进的基层党组织和党员个人，同时注重中央和国内重大新闻事件与首都新闻事件的结合。

内容分为“党建要闻”、“北京党建动态”、“读报读刊／媒体速览／各地动态”三大版块，并根据宣传重点不定期开设新闻性专题。节目15分钟，12条消息左右，首播时间早6:00，每小时滚动一次，照顾到各类目标受众的观看。在“加强和改进党的建设”方面积极探索本市党务公开和党内信息发布。重视新闻事件背景，力图充分地反映党在基层的声音，展现基层党组织深入实际、服务群众的大量工作实践。

5.《城市零距离》专题访谈栏目 2009年4月30日开播。北广传媒数字电视《北京之窗政务频道》每周一、四晚17:00首播，每天播出12次，时长25分钟。该栏目是与北京人民广播电台城市服务管理广播合作的一档关注实事、关注民生类节目。将观众们平时只能“听到”不能“看到”的精彩访谈，浓缩编辑后，供所有有线数字电视家庭观看。此节目因实用的政策解读、切实切合民生问题，而深受受众喜爱，同时，也是北京市各个政府机关一把手与百姓沟通互动的平台。

6.《走进直播间》专题访谈栏目 2009年4月30日开播。北广传媒数字电视《北京之窗政务频道》每周一晚17:00首播，每天播出12次，时长40分钟。本着更好地服务北京百姓，向北京百姓介绍政策信息的宗旨，《北京之窗》与《首都之窗》合作制作了一档演播室节目，架起政府与百姓之间沟通的桥梁。每期《走进直播间》栏目都会邀请委办局领导走进直播间，同在线网友和市民就关心的政策、问题展开讨论，答疑解惑，并且接受全体市民的监督。

7.《首都老龄事业系列在线访谈》专题访谈栏目 2009年5月4日开播，此系列共7期，每期时长45分钟。北广传媒数字电视《北京之窗政务频道》每周一晚17:00首播，每天播出12次。系列访谈展示了正在步入老龄化社会的中国，老年人问题得到了全社会的广泛关注，由此老龄委出台了一系列的政策，帮助老年人生活得更加舒适、温暖，并初步说明北京市老龄工作的进展。从政府的优待政策、方便设施、养老模式的探讨、心理健康等方面，向北京市的老年朋友提供信息服务，丰富老年人的晚年精神生活。

8.《美食汇》生活服务栏目 2009年9月21日开播。北广传媒数字电视《北京之窗综合频道》每周一晚17:00首播，每天播出24次，时长10分钟。以餐馆推荐、美食发现为引导的美食黄页，通过打折优惠吸引用户使用。丰富的美食优惠资讯告诉您怎样吃得精打细算；详实的热点餐厅推介帮助您足不出户掌握餐厅特色；实用的美味攻略教会您用身边的食材做大餐。内容设置：美食资讯：餐厅打折及美食优惠资讯；新店开张：新店美食及就餐环境介绍；主题餐厅推介：按主题介绍热门餐厅的主打菜、就餐环境、消费水平等信息。

9.《玩乐集》生活服务栏目 2009年9月21日开播。北广传媒数字电视《北京之窗综合频道》每周一晚17:00首播，每天播出24次，时长10分钟。一档休闲度假资讯节目，一个电视旅游超市。严选各大旅行社、旅行网站最热门的旅游产品，搜罗最优惠的游玩线路、酒店、机票促销信息，让您动动手指即可享受更丰盛、更物超所值的旅游大餐。内容设置：精品线路推荐：全面介绍各大旅行社、旅游网站应季热点线路及优惠线路；玩转京城：京城内外旅游景点、玩乐项目的详细介绍及游玩指南；旅途秀：窗友旅途照片秀。

10.《文娱报》生活服务栏目 2009年9月21日开播。北广传媒数字电视《北京之窗综合频道》每周一晚17:00首播，每天播出24次，时长10分钟。该栏目推出北京最新、最全的电影、文艺演出和展览展出资讯节目。内容涵盖热映电影、音乐会、演唱会、舞台戏剧、曲艺、展览讲座等方面，更有票务优惠和互动赠票活动吸引观众。

北京光线传媒股份有限公司

2009年投资制作并发行的电视节目栏目

节目名称	节目类型	播出长度／频次
娱乐现场	娱乐资讯	30分钟／每日
音乐风云榜	音乐排行榜	30分钟／每日
最佳现场	明星综艺访谈	30分钟／每日
影视风云榜	影视剧排行榜	30分钟／每日
我爱看电影	电影欣赏与评析	60分钟／每日
我爱看电视	电视文摘杂志	30分钟／每日
全能综艺班	综艺专题	60分钟／每周
健康宝典	健康资讯评说	30分钟／每日
笑傲江湖	小品、相声、喜剧汇	30分钟／每日
王牌群星汇	大型周播音乐类节目	60分钟／每周
天方夜谈	新奇故事再现	30分钟／每日
王牌生日会	周播明星娱乐综艺节目	30－60分钟／每周
大学生音乐联盟	城市生活指南	30分钟／每日

北京市区县广播电视中心优秀节目栏目

北京市朝阳区广播电视新闻中心

《朝阳新闻》 电视新闻栏目。1995年1月开播，BTV－9每天19：32首播，时长30分钟。该栏目始终坚持正确的舆论导向，坚持“三贴近”原则，关注民生，关注生活，全方位、多角度，深层挖掘和优质高效地编播新闻事实，力求反映政府声音，满足百姓需求，创新报道形式和风格，栏目连年取得可喜成效。

《今日点击》 电视新闻栏目。2006年1月开播，BTV－9周一至周五19：50首播，时长30分钟。该栏目始终关注民生，贴近民众，深入报道百姓生活的酸甜苦辣，热心服务百姓的衣食住行，善于发现问题，有效解决问题，构成朝阳群众和政府职能部门互动、沟通的重要渠道。

《和谐在线》 电视访谈栏目。2005年4月开播，BTV－9每周日19：50首播，时长30分钟。该栏目通过传递人大代表和政协委员的真知灼见、人民群众关心的热点难点问题，搭建政府与百姓之间沟通联系的信息平台，为构建和谐社会发挥舆论引导作用。栏目作为朝阳广播电视新闻中心的品牌，得到朝阳区委、区政府和市广电局的肯定，截止到2008年12月31日已播出195期。

北京市海淀区新闻中心

《海淀新闻》 电视新闻栏目。BTV–9每天19：30播出，时长25分钟。该栏目紧密围绕区委、区政府的中心工作，深入宣传全区经济和各项社会事业的发展与成就，及时报道老百姓关心的热点问题，以“三贴近”为新闻报道原则，既是政府与人民群众联系的桥梁与纽带，也是展示海淀形象的亮丽窗口，成为海淀新闻中心的主打新闻栏目。

《文明新发现》 文化专题栏目。BTV–9每周六19：30播出，时长20分钟。该栏目以大力颂扬海淀悠久历史文化，热情展示区域文明新形象、新亮点为创作导向，贴近百姓生活，寓教于乐，用轻松活泼的方式，倡导中华文明理念，传授文明生活常识，树立精神文明典范，让观众深切感受文明新海淀，树立讲文明、讲礼仪的新风尚。

《警方在线》 法制专题栏目。BTV–9每周日19：50播出，时长15分钟。该栏目开播七年来，力求通过一个个鲜活的案(事)件的报道、一个个治安案件的预警提示，深入浅出、由表及里地向观众剖析违法犯罪成因，揭露违法犯罪的手段，传播抵御违法犯罪活动，普及法律知识，宣传法治理念。栏目设置“警方新闻”、“本期视点”、“治安播报”等多个板块，是展示海淀区人民警察良好形象的一扇窗口，深受广大观众喜爱。

北京市丰台区广播电视中心

《丰台新闻》 电视新闻栏目。1986年12月开播，BTV–9周一至周六19：36首播，时长15分钟。该栏目服务大局，关注民生，紧密围绕本区中心工作，全面宣传全区政治、经济及社会各项事业的新成就、新变化。栏目现设置新闻、资讯、话说丰台三大板块。《丰台新闻》于2004年8月实现了网络化播出。

《百姓直通车》 民生新闻栏目。2006年3月开播，2009年11月8日起栏目由每周一期改为日播周一至周五19：54播出，时长15分钟。该节目充分体现民生新闻之特点，紧密关注百姓生活，深度报道公共议题，迅速捕捉突发事件，服务百姓衣食住行，凸显民生、民情、民意。节目选题贴近百姓，内容真实生动，语言通俗、故事性强。

《丰台故事》 文化专题栏目。2009年11月8日开播，BTV–9每周日19：36首播，时长15分钟。该栏目以全面介绍丰台本土文化为宗旨，深入探访属区人文古迹、巷陌民风，立足于以新颖的节目形式展现悠久的历史文化内涵；以独特的栏目视角关注深厚的人文精神；以严谨的治学态度探寻历史文化的根脉；以诙谐的语言向观众讲述一段段历久弥新的丰台故事。栏目以今人的视角关注古人的故事，寻觅文物古迹中的生命与情感，成为沟通古今的纽带与桥梁。

北京市石景山区广播电视中心

《石景山新闻》 电视新闻栏目。1994年1月开播，BTV—9每周一至周五19：30播出，时长12分钟。该栏目遵循团结稳定鼓劲、正面宣传为主的方针，围绕区委、区政府中心工作，精心策划编播国庆60周年、宣传落实科学发展观、本区域全力打造北京CRD等一系列重大新闻。2009年栏目成功推出大型新闻系列报道《60年辉煌》，分设《见证石景山》、《我和我的祖国》、《60年纪事》、《回家看看》等四个板块；开辟《学习实践科学发展观》专栏，下设《科学发展在身边》、《推进科学发展，打造北京CRD》、《学习实践科学发展观活动解读》三个板块，及时报道区域各单位年度工作新思路、新举措和新成果。全年栏目共播发新闻2078条。

《记者视线》 新闻评述栏目。2002年创办时每周一期，2005年改为每周三期，2008年每周五期，2009年每周三期，BTV—9每周日20：05播出，时长20分钟。2009年，该栏目突出展示石景山区克服经济危机影响攻坚克难、发展区域经济，深入学习科学发展观和CRD建设成果，着重报道全区上下保障平安国庆的各项成效。栏目开辟《奉献》版块，集中报道区域各优秀集体和先进典型的感人事迹。此外，栏目还注重与《石景山新闻》捆绑播出，将重大新闻事件逐一剖析、深挖内涵、追踪后续，加大舆论力度，引导受众观看。

《生活与信息》 生活资讯栏目。2002年开播，2007年初全面改版，BTV—9每日20：20播出，时长20分钟。该栏目主旨是“生活离不开信息，信息服务生活”。节目围绕百姓衣、食、住、行等方面的需求，即时提供相关信息，传递生活资讯，引导消费，服务百姓；针对不同内容，采用多样传播形式，灵活多变，力求好看兼实用，吸引大众目光。2009年栏目共播出52期。

《法治聚焦》 法制专题栏目。2009年6月开播，BTV—9每周四晚8：10播出，时长15分钟。该栏目以普及法律、推进法治建设、维护公众合法权益为宗旨，注重法、德、情的融合，结合法律事件，深度诠释法理，展现政法战线的风采与业绩，突出节目的本地特色，为石景山区经济社会发展营造了良好的法治环境。栏目全面改版后，节目内容丰富、鲜活、真实，编播形式多样，深受石景山区百姓的喜爱。栏目设置《直击现场》、《举案说法》、《法在身边》、《法制人物》、《警情提示》等板块。

《娱乐者》 文化专题栏目。2009年7月开播，BTV—9每周六20:00播出，时长20分钟。该栏目旨在宣传石景山、辐射周边，引领旅游时尚消费，提供旅游咨询服务。节目重点编播本区域旅游即时资讯，同时覆盖全市旅游娱乐信息，关注旅游市场需求，点击旅游热门话题，为受众提供最新的旅游导向及景区讯息。栏目内容丰富、覆盖面广，形成对内打造文化旅游品牌、对外树立良好形象的平台和窗口。栏目分设《旅情速递》、《休旅达人馆》、《旅行相册》、《快乐指南针》四个板块。

北京市门头沟区广播电视中心

《门头沟新闻》 电视新闻栏目。1995年开播，BTV－9每天19：30首播，次日7：30、12：30重播，时长15分钟。该栏目以全区中心工作为宣传重点，坚持“三贴近”原则，关注民生，服务大局，全面、及时、准确地报道本区域新闻事件。栏目分别获2008年度北京市广播影视奖、电视节目技术质量奖、标清新闻类三等奖。

《走进社区》 生活专题栏目。2005年开播，时长15分钟。该栏目以“关注群众生活，颂扬人间真情，揭露不文明行为，树良好社会新风”为宗旨，以丰富的题材、独特的视角、鲜活的事例、富有亲和力的语言，及时编播发生在百姓身边的人和事，深受群众欢迎。

《生活日报》 生活专题栏目。2009年1月1日开播，该栏目内设《资讯新干线》、《生活金点子》、《生活一点通》、《给您提个醒》、《有事您说话》五个板块，关注百姓生活需求，热心提供颇有价值的生活资讯信息。

北京市房山区广播电视中心

一、广播栏目

《房山新闻和信息链接》 新闻资讯栏目。1989年10月开播，房山电台每天早7：30—8：00首播，中午11：30—12：00、晚上17：30—18：00重播，时长30分钟。该栏目《房山新闻》时段，紧紧围绕全区中心工作，宣传报道全区政治、经济体制改革、精神文明建设和各行各业的新成就、新变化；《信息链接》作为接续节目，主要信息来源于报刊、杂志、网络，扩大了新闻节目的信息量。

《花季星空》 校园专题栏目。房山电台每周日8：30—9：00首播；12：00—12：30、18：00—18：30重播。时长30分钟。该栏目以青少年为目标受众，以中学校园为报道阵地，从校园的人与事入手，鲜活、真实地记录校园的精彩生活，追踪热点新闻，透视焦点话题，较好地满足了学生的信息需求，达到教育激励广大青少年心志之目的。节目选题新颖、针对性强，生动活泼，充满青春气息，成为本区未成年人思想道德建设的有效载体。栏目分设《引跑青春地带》、《他山之石》、《话迷心窍》、《生活diy》、《青春宝典》、《青春打擂台》等板块。

《直通107》 文化专题栏目。房山电台每日上午10：00—11：00播出，时长60分钟。该栏目力求知识性、引导性、娱乐性于一体，传递人间真情，创作快乐生活套餐，展示龙乡风采，服务房山百姓生活。栏目设置《生活资讯》、《短信江湖游》、《直通考题》、《知心悄悄话》、《艺术加油站》等版块。2009年，推出《家乡美》、《家乡人》、《家乡歌》等特别节目，邀请乡镇主要领导和当地群众走进直播间，畅谈新中国成立60年以来，特别是改革开放30年来家乡所取得的巨大成就，以及新农村建设的喜人成果。

二、电视栏目

《房山新闻》 电视新闻栏目。1988年7月开播，BTV—9每天19：30首播，时长15

分钟。该栏目以关注民生、体现民意为宗旨，及时报道经济、政治、文化、社会等方面的新闻事件，突出政治性、实效性、思想性和信息量。2009年9月，《房山新闻》全面改版，分类设置时政、经济、民生、综合等板块，栏目内容和形式实现新跨越，编播质量显著提升。

《百姓今天》 生活资讯栏目。2007年4月2日开播，BTV—9每周二、四、六首播，时长16分钟。该栏目力求关注民生、关切民情、关心民意，着力体现“民生视角、民生内容和民本取向”。节目深切关注百姓的衣食住行、喜怒哀乐，用大众的语言、平民的视角，深情描述百姓日常生活，真实生动，有情有理，凸显忧百姓之忧、急百姓之急、乐百姓之乐之特色。栏目形式呈多样化，设有百姓资讯、图片新闻、字幕新闻、百姓话语、短信调查等板块。

《三农零距离》 2004年4月开播，BTV—9每周三19：50首播，时长15分钟。该栏目主旨为走进农村、走进农业、走进农民，深入宣传中央、市、区关于三农工作的大政方针。节目用普通观众特别是农民朋友的视角，说农民想说的话，讲农民关心的事，悉心介绍种、养殖等方面的成功经验，热心传递致富信息，展示新农村建设成果，赞美村民丰富多彩的新生活。“乡村快报”作为子栏目，以简讯的形式评述乡村大事小情，节奏明快，短小精练，信息量大。栏目由房山区委宣传部、区农工委、区广电中心合办，多次获得市级以上的奖励。

北京市大兴区广播电视中心

《女子别动队》 栏目2007年10月29日开播，时长30分钟。该栏目形式创新，颇具特色；一是把五名集采、编、播、拍于一身的女记者冠以“五朵金花”称誉，以打造明星的方式予以大力推介；二是在栏目中使用穿帮手法，通过精心设计达到预期的品牌推广效果；三是实行主持人角色化和一主一副双主持人制，以丰富节目内容，加强交流，活跃气氛，提高栏目观赏性。

北京市通州区广播电视中心

《通州新闻》 电视新闻栏目。该栏目坚持团结稳定、正面宣传为主的方针，对重大题材、重大事件、重要节日、重要活动报道形式不断创新，收到明显成效。2009年栏目成功推出“两新建设”、“周波事迹宣传”、国庆60周年等重大专题系列报道，出色地完成道德模范颁奖典礼十个人物的典型报道、国庆游行和谐家园方阵集训报道、安全生产等报道任务，凸显政治性、思想性、实时性、服务性之特质。

《看通州》 新闻评论栏目。2007年9月6日开播，BTV－9每周一19：45播出，时长20分钟。该栏目旨在贴近通州实际，关注社会民生，突出新闻性、评论性和故事性，立意新颖、角度独特、特点鲜明。栏目设置“记者视点”、“通州故事”、“周望新城”和“本周话题”四个板块，其中“记者视点”主要围绕中心工作，针对新闻事实展开深度评论；“通州故事”讲述通州凡人小事，弘扬社会真善美；“周望新城”点评一周以来通州发生的新闻事件；“本周话题”围绕近期社会热点问题展开讨论。

《劳动保障》 专题栏目。2004年3月1日开播，BTV—9每周二19：45播出，时长

10分钟。该栏目以推动和谐社会和通州“两新”建设为主旨，紧密联系时事动态，面向群众、关注民生，契合了“以创业促就业”这一改善民生的政府工作思路。节目介绍了失业人员和外来务工人员的创业经历，宣传了部分企业单位落实劳动法规促进和谐用工环境建设的典型经验，展现了2009年社保新政策给城乡老人生活带来的全新变化。全年共播发劳动用工法规和社会保障政策等50余条次，“劳动信息速递”版块共播出招聘信息300余条，帮助上千人找到就业岗位。

《古韵新绿》 专题栏目。2008年3月6日开播，BTV—9每周四19：45播出，时长10分钟。该栏目关注通州区园林事业的发展，着力宣传报道区域绿化、美化工作成效，展现新技术种植成果，传授林木防火、病虫害防治知识，跟踪报道全市首个重点绿化工程“通州滨河森林公园”建设进度，颂扬通州新城环保建设日新月异的喜人变化，为本区和谐社会建设和滨水宜居新城建设创造良好的舆论氛围。

《我的祝福我来送》 文化专题栏目。2009年3月6日开播，BTV—9每周五19：45播出，时长20分钟。该栏目旨在弘扬运河文化、突出通州特色。节目以亲情、友情、爱情的祝福为主线，以戏曲、歌曲、舞蹈、乐曲、少儿才艺等表演形式，尽展观众才艺，并向亲朋好友寄予美好祝福，具有较强的可视性，得到观众的一致认可。2009年栏目报名人数近300人，年龄最大的82岁，最小的仅4岁，涵盖了观众各个阶层。

北京市顺义区广播电视中心

一、广播栏目

《新闻60分》 新闻编排。2009年开播，顺义电台每天7：00首播，11：30、18：00重播，时长60分钟。该栏目以服务顺义三个文明建设、服务百姓生产生活为主旨，力求迅速准确地报道本区政治、经济、社会生活等各个领域的重要新闻，同时关注国内外新闻。

《越聊越开心》 广播访谈栏目。2008年1月开播，顺义电台每天19：00播出，时长60分钟。该栏目以直播访谈方式，第一时间为忙碌的都市人提供有关时事要闻、工作和学习、休闲与娱乐等各类资讯服务信息。

《全球醉in乐》 广播音乐栏目。2009年1月开播，顺义电台每周一至周五14：00播出，时长30分钟。该栏目倾情推崇最新华语流行歌曲，提供亚洲地区中文歌曲排行榜，榜榜皆强，日日不同。

二、电视节目

《顺义新闻》 电视新闻栏目。1994年9月2日开播，BTV—9周一至周六播出，周日为一周综述，时长12分钟。该栏目旨在坚持正确导向，报道客观公正，服务经济发展，反映社情民意。

《情动绿港》 专题栏目。2007年12月开播，BTV—9每周日播出，时长15分钟。该栏目以浓厚的人文关怀为宗旨，通过介绍各阶层典型人物的奋斗经历及感人故事，真实记录他们的亲情、爱情、友情、社情、民情、敬业情、爱国情，真切关注他们的喜、怒、哀、乐，以他们的真情实感，让每一位观众感悟人生。

《盛世花博》 专题栏目。2008年10月开播，BTV—9每周日播出，时长10分钟。该栏目根据第七届花博会的各个历史节点和总体宣传计划，分为解读花博会、介绍第七届花博会、花卉产业发达国家或举办过花博会城市的经验报道、展会外围工作典型人物、事件以及花博会带给顺义和百姓的影响等内容，全面报道顺义第七届花博会的盛况。

《顺义时空》 新闻评述栏目。2005年1月开播，BTV—9每周日播出。该栏目围绕区委、区政府的中心工作展开专题宣传。节目主要配合重大节日安排，以及区内外发生的各类重要事件、社会和经济要闻等，运用采访、主持、评论等多种形式，尽展顺义区日新月异的发展变化。同时，关注社会热点、焦点问题，让专家和领导及普通百姓共商问题解决之策，在全区形成正确的舆论导向，推进区域的城市化进程，使栏目成为百姓和政府沟通的桥梁。

北京市平谷区广播电视中心

一、广播栏目

《话说金融》 金融专题栏目。2008年开播，平谷电台每周二18：50分首播，时长5分钟。该栏目以“普及金融知识，宣传金融政策”为宗旨，深入宣传国家各项金融方针政策，着力普及日常生活中的金融知识，为广大听众提供假币识别、农村小额贷款申办、股市楼市动态、汽车下乡、家电下乡补贴优惠政策等多方面知识，深受广大听众和合办方的好评。栏目由北京农村商业银行平谷支行与区电台合办。

《绿谷采风》 农村专题栏目。2006年开播，平谷电台每周一、三、五18：50首播，时长5分钟。该栏目以“宣传乡风文明，倡导农村新风尚，塑造新型农民”为宗旨，深层次、多视角地宣传报道新农村建设取得的喜人成果。2009年度栏目成功推出了“文明平谷人”宣传板块，让一个个可亲、可敬、可信、可学的文明使者走进人们的视野，触动人们的心灵。栏目注重对农民自主创业、崇尚科学、健康娱乐、和谐邻里等典型事迹的宣传报道，引领新农村建设的和谐之风。

《老年之友》 生活专题栏目。1995年开播，平谷电台每周一18：55首播，时长5分钟。该栏目贴近老年人的生活，关注老年人的健康，提倡健康的生活方式和养老方法，传播老年人的身心保健知识。节目内容涉及老年人生活的方方面面，丰富了老年听众的精神生活。栏目由平谷电台与区民政局老龄办合办。

二、电视栏目

《平谷新闻》 电视新闻栏目。1992年5月开播，BTV–9每天19：35首播，时长15分钟。该栏目秉承“关注社会发展、贴近百姓生活”的宗旨，突出平民化、地域性、服务性的特点，及时宣传党的路线、方针、政策，围绕区委、区政府的中心工作，全面报道平谷社会、经济各领域的重大事件及动态，为老百姓和政府搭建沟通、理解的桥梁。

《视点》 新闻资讯栏目。1999年开播，BTV–9每周一20：00播出，时长10分钟。该栏目以聚集时事经济、解读政策方针、关注社会民生、反映热点难点、适当舆论监督为宗旨，密切配合区委、区政府的中心工作，深入宣传国家、市委市政府及区委、区政府的各项方针政策；采用访谈、点评、记录等多种形式，深度挖掘社会热点难点问题，反映群众呼声，成为政府与群众互动与联系的桥梁。

《希望田野》 农村专题栏目。2005年1月开播，BTV–9周四20：00首播，每周滚动播出8次，时长10分钟。该栏目面向“三农”，以贴近农民、紧跟农时、通俗易懂、及时有效为特点。栏目共包括《致富支招》、《科技一分钟》、《致富明星》、《农业资讯》等4个板块，热情传播农业新技术、宣传农业先进典型、解读农业政策法规，让更多的农民共享专家提供的有关政策、农事、实用技术等农业信息。

北京市怀柔区广播电视中心

一、广播栏目

《行风热线》 广播热线栏目。怀柔电台2005年5月9日开播，每周一、三、五7：20首播，时长20分钟。该栏目通过区政府29个职能部门的主要领导轮流上线，倾听百姓在热线电话中提出的问题，直接受理群众投诉，成为百姓与政府间互动、理解与沟通的桥梁，以期达到优化执政环境、督察政府工作之目的。栏目开播以来，共接听热线电话980余个，其中对听众反映的396个问题，都给予了满意答复或解决。该栏目是北京郊区广播电台中首个时政类直播节目，由怀柔区纪检委、区监察局和区广电中心合办，曾获2006年度、2007年度、2008年度（华彩杯）北京广播电视奖郊区优秀广播栏目奖。

《快乐游怀柔》 广播旅游栏目。怀柔电台2009年5月1日开播，每周六、日及法定假日播出，时长120分钟。该栏目以服务怀柔旅游、服务游客为宗旨，采取直播互动的方式，为听众提供全方位的旅游资讯服务。2009年《快乐游怀柔》栏目，播出51期102小时，接听咨询电话123个，为游客解决旅游方面的问题121个，深受听众好评。

《文学草堂》 广播文学栏目。怀柔电台2009年1月1日开播，每周播出3期，时长20分钟。该栏目针对怀柔区文化氛围浓厚、文学爱好者众多的特点，以作家访谈、作品赏析等多种形式，为业余文学爱好者搭建平台，充分展示他们的才华。2009年共播出36期，深受广大文学爱好者的欢迎。

二、电视栏目

《新视野》 时政专题栏目。2009年1月1日开播，BTV-9每周四20：00首播，时长15分钟。该栏目以为政府机关和企事业单位树立形象、展示工作亮点、搭建宣传平台为宗旨，以纪实的手法报道成功经验及感人事例。《新视野》是伴随怀柔电视频道改版应运而生的一档民生类专题节目，2009年共播出48期。

《健康有约》 生活专题栏目。2009年1月1日开播，BTV-9每周一、四首播，时长10分钟。“传播医药知识，关注百姓健康”为该栏目宗旨，通过权威医疗保健专家的讲解，从生活起居、饮食调养、心态心境、时令节气等多方面，给观众介绍最新的健康理念和保健知识，推崇健康的生活理念和生活方式，使“治未病”的观念根植于人心。栏目设置《温馨提示》、《寻医问药》、《政策解读》等板块，2009年共播出96期。

《法制时刻》 法制专题栏目。2004年4月20日开播，BTV-9每周一晚首播，时长15分钟。该栏目以贴近百姓生活，联系怀柔实际，由专家以案释法为宗旨，普及法律知识、剖析个案及犯罪根源、预防犯罪、化解矛盾，以推进依法治区，力促怀柔经济社会发展。2009年该栏目以创新形式，走进农村、社区、学校，与群众互动，成为普法教育品牌栏目，其收视率区排名第一。

北京市昌平区广播电视中心

一、广播栏目

《戏曲天地》 广播戏曲专题。2010年1月18日开播，昌平人民广播电台周一至周日20：00　21：00播出，时长60分钟。该栏目以弘扬中华传统文化，尽显民族艺术瑰宝为宗旨，以重温梨园经典唱段为特色，精选戏曲作品中的优秀唱腔传播给听众，让听众声临其境地感受戏曲舞台上所体现的艺术境界和人物形象，感受中国戏曲作品的艺术魅力。同时，还能学习戏曲知识。栏目设置《粉末人生》、《梨园留声机》、《戏迷俱乐部》、《梨园咚咚锵》等四个子栏目。

《与法同行》 广播法制专题。2009年5月11日开播，昌平人民广播电台每天7：50播出，时长10分钟。该栏目以案例分析、法律诠释、解疑释惑、警示犯罪等内容为专题，旨在向广大受众普及法律知识，解释法律规则，弘扬社会正气，警示违法行为。栏目采取主持人与嘉宾对话的形式，内容广泛，案例丰富，析法明确，点评精当，所有案例均来自本区发生的交通违法肇事、夫妻伤害赔偿、网络诈骗犯罪、江湖意气误事等各类刑事、民事案件。

二、电视栏目

《古今昌平》 文化专题栏目。2008年3月初开播，BTV-9每周三19：50首播，时长10分钟。该栏目旨在探寻人文古迹，传承民俗民风，留住文化根脉。通过对昌平6000年来，特别是建县2000多年来的历史和文化，分系列多层次地梳理，力求让观众对昌平有更多、更深的认识，从而激发民众热爱昌平、建设昌平的热情。栏目分设《古城探幽》、《塔寺寻踪》、《民俗风情》、《文物纪事》、《六十年回顾》等多个系列。《探秘十三陵》系列正在拍摄播出中，该系列拍摄60期(已完成25期)。

《相约》 人物访谈栏目。2009年8月底开播，BTV-9每周六19：50首播，时长20分钟。该栏目以聆听心灵的细语，感受生命的悸动为特质，注重文化品格，彰显文化价值，通过人物访谈，历述嘉宾的创作经历，寓情于事，倡导积极向上、乐观豁达的人生理念。节目一方面定位于关心地方文化事业发展的观众与有志于为昌平的文化建设作出贡献的专家；另一方面定位于普通观众群体，普及、提高大众的文化素养，凝聚对栏目的关注度，推动栏目更好地发展。

北京市密云县广播电视中心

一、广播栏目：

《三农有约》：每周六与农民朋友准时相约的《三农有约》，是密云人民广播电台对农宣传的精品栏目，它着眼于密云县“三农”热点问题，聚焦农业发展、关注农村变化、反映农民生活，为听众及时了解“三农”信息搭建起电波平台。开播以来，主创人员深入到古北口、不老屯、高岭、东邵渠等乡镇的田间地头、果林和蔬菜大棚，采录第一手材料，通过空中电波把党和政府的惠农政策、农民典型致富经验、农技专家的技术指导等传送到千家万户，收到了很好的传播效果。

二、电视栏目：

《事事关心》：密云电视台《事事关心》栏目，始终以“发生在百姓身边、与百姓生活息息相关的事，就是我们关注的”为宗旨，在2009年密云县广播电视中心网站发起的“本台您最喜爱的电视栏目”调查中，获得了26.05%的支持率，在9档栏目中名列榜首。

栏目板块中，《管理在身边》着力于“架起政府行政管理部门与百姓沟通的桥梁”，利用电视平台努力促进行政管理部门工作的公开与透明，同时也收获百姓更多的理解和支持，从而更好地服务群众。

《百姓DV》板块，“用百姓视角观察和发现生活，记录、见证密云发展”，我们播出了直接展现生活中温暖、文明和道德的百姓DV作品，如在“国庆60周年”宣传报道阶段，策划了系列节目——《60年，百姓见证生活变迁》。同时，我们也鼓励那些有益于社会和谐、来自于百姓正面监督的DV作品，播出了《街边银杏不要打》、《横冲直撞的少年“蛇板车”》等。

《大可评点》板块，“用评论关注百姓利益，守望社会的和谐与文明”，我们立足密云本地，放眼与百姓生活息息相关的大事、小事、新鲜事，坚持以评论的方式发出媒体的声音，体现舆论监督，播出了《从小事做起提高文明素质——从鼓楼大街国庆花坛说起》、《国庆盛典中跃动的青春音符》等节目。

《今日观察》:《今日观察》是密云电视台一档品牌电视专题栏目,以突出信息反馈与监督为特色,聚焦百姓关注的热点、难点问题,坚持用事实说话,让群众说话,歌颂真善美,抨击假恶丑,体现人文关怀和道德的力量。本着适量、适度的原则,以提升政府形象为着眼点,以解决问题为目的,《今日观察》栏目在2009年,特别加大了对经济发展、社会进步进程中不和谐现象的监督力度,共制作、播出了涉及舆论监督内容的节目18期。其中,与市政管委合作推出《市政、市容与市民》,追踪报道了市政部门重点工程拆迁建设、市政设施维护、防汛工作以及市容环境卫生等。《今日观察》栏目,逐渐确立了敏锐、理性、亲民、平实的栏目风格,同时吸引了一批固定的收视群体,在密云观众中有着很好的口碑。

北京市延庆县广播电视中心

一、广播栏目

《延庆新闻》 新闻编排。延庆电台周一至周五20：00～20：50播出。该栏目紧密围绕县委、县政府的中心工作,大力宣传全县物质文明、精神文明、政治文明和生态文明的建设成果,及时报道全县各条战线上新近发生的重大事件、重要活动、重点会议等大事、要事。节目充分发挥广播特色,以现场报道、录音报道等不同形式,增加宣传效果。栏目根据形势和任务需求,不定期开设专栏或专题报道,以加大对一个时期、一个内容、一项工作的宣传力度,营造舆论环境。2009年栏目增设天气预报内容,增强了节目的服务性。

《快乐调频92·8》 文艺专题栏目。2003年开播,2007全新改版,延庆电台每天18：05首播,滚动重播3次。该栏目凸显娱乐互动之特点,奉献的不仅是畅游音乐的快乐,更是与听众互动交流的平台、魅力释放的地带。其中《搜秀岛》板块构成文艺爱好者才艺展示的舞台。栏目深受青年朋友的欢迎,短信互动及信件每天多达百条。

《生活导航》 生活专题栏目。2003年开播,延庆电台每天11：25首播,滚动重播3次,时长20分钟。该栏目内容涉及百姓生活的方方面面,热心为听众排忧解难。其中《1601信息服务资讯》板块为老百姓提供了二手商品服务的平台;《爱车一族》板块为车友提供了车辆维修、保养等方面的资讯技术服务。

二、电视栏目

《延庆新闻》 电视新闻栏目。1991年1月开播,BTV－9周一至周五20:00首播,20：50重播,时长10分钟。该栏目主要内容为时政新闻、社会新闻、简讯要闻、短讯快报等。播出口号:您所期盼的就是我们的希望所在,您所困惑的就是我们奋斗的目标,您所关心的就是我们关注的焦点。《延庆新闻》,让您每天都能了解县内政事、社会大事、百姓身边事。

《生活全方位》 生活专题栏目。2005年1月1日开播,延庆TV－1每周一、三、五首播,二、四、六重播,时长20分钟。该栏目突出观众参与性,百姓生活上遇到什么困难和着急的事,或身边有什么新鲜事,大事小情,观众都可在节目中说说。栏目设有短信互动、热线电话等板块,播出过程设有社会问题调查,深入群众,了解民意,为政府部门提供民情参考。

《妫川故事》 专题栏目。2009年1月开播,延庆电视台每周一、三、五20：25首播,二、四、六重播,时长10分钟。该栏目具有浓郁的地方特色,故事内容以延庆本地的家长里短、人物纪实、历史故事为主。栏目关注有非常故事的普通人,关注热点事件当事人的经历,关注特殊人物的特殊故事,凸显故事性、知识性、情感性,深受广大群众的喜爱。

科技发展

2010/《北京广播影视年鉴》

——记录行业情况　服务业内和社会——

北京市广播电视
系统科技创新与应用概况

北京市广播电影电视局科技项目鉴定会

2009年，北京市广播电视系统积极开展科技创新，推进高清交互数字电视应用工程建设，广播电视数字化取得新的成果。

一、科研立项及完成情况

2009年，北京市广播电影电视局继续开展科研工作，并组织专家对其中部分科研项目进行技术鉴定，通过鉴定的项目有：

1.北京电视台《北京电视台磁带库管理系统》；

2.北京市广播电视监测中心《互联网视听信息传播监管平台》；

3.北京歌华有线电视网络股份有限公司《北京歌华有线总前端基础设施系统》；

4.北京歌华有线电视网络股份有限公司《北京歌华有线数字电视播出监视监测系统》；

5.北京歌华有线电视网络股份有限公司《便携式有线数字电视信号巡检系统》；

6. 顺义区广播电视中心的《顺义广播电视中心综合业务网络系统》。

二、科技创新获奖项目情况

2009年，北京市广播电影电视局科技创新奖，共评出高新技术研究与开发奖、科技成果应用与技术革新奖、工程技术奖、标准奖和论文奖五个类别11个奖项：

1.高新技术研究与开发类一等奖

△《便携式有线数字电视信号巡检系统》(北京歌华有线电视网络股份有限公司)；

2.科技成果应用与技术革新类一等奖

△《北京电视台磁带库管理系统》(北京电视台)；

△《北京歌华有线数字电视播出监视监测系统》(北京歌华有线电视网络股份有限公司)；

△《顺义广播电视中心综合业务网络系统》(顺义区广播电视中心)；

△《互联网视听信息传播监管平台》(北京市广播电视监测中心)；

3.工程技术类一等奖

△《歌华有线总前端基础设施系统工程》(北京歌华有线电视网络股份有限公司)；

4.技术标准类一等奖

△《GY/T 224-2007<数字视频、数字

音频电缆技术要求和测量方法>的技术标准》(北京电视台)；

5.科技论文类一等奖

△《电视台网络化制播系统模拟运行环境应用案例分析》(北京电视台田方等)；

△《在大城市实现有线电视用户地址标准化的设想》(北京歌华有线电视网络股份有限公司高巍)；

6.科技论文类二等奖

△《变频用于70毫米巨幕放映设备的原理与维修》(中国电影博物馆见春来、田超)；

△《有线网络行业的行业性质及发展路径探讨》(北京歌华有线电视网络股份有限公司高巍)。

2009年4月14日，北京市广播电影电视局科技委一行在密云转播站调研

三、北京市远郊区县数字音频广播(DAB)开通情况

2009年，北京市广播电影电视局利用房山、平谷、怀柔、密云、延庆五座广播电视无线转播站，建设了远郊区(县)数字广播(DAB)系统，使数字广播(DAB)的覆盖范围从原来的五环以内扩大到远郊区县，实现远郊区县收听北京人民广播电台节目的数量达到13套。

四、北京电视台BTV北京高清频道播出

发展高清电视是北京市加强公共文化服务、提升首都形象和城市信息化水平的一项重点工程。2009年9月28日7时整，BTV北京(北京卫视)频道实现高、标清同播，是全国第一批高清信号播出的8家省级卫星频道之一。北京卫视高清电视开播初期，高清节目播出量每天达到10余个小时，内容涵盖新闻节目、文化类品牌栏目、首播电视剧和所有大型活动。随着高清网络化制播体系的建设和高清节目生产能力的提高，高清节目播出量将逐步增加。

五、高清交互数字电视应用工程建设情况

2009年，北京市进一步加大高清晰度数字电视应用工程建设、高清交互基础设施建设和高清交互数字电视机顶盒推广工作力度，完成高清交互数字电视机顶盒用户推广达到30万。

(北京市广播电影电视局科技处)

北京人民广播电台新技术应用和设备改造情况

2009年，北京人民广播电台进一步加强新技术应用和管理服务工作，加大设备改造、升级的力度，确保了全台9套开路广播节目的安全播出。全年累计播出时间共计60242小时，停播率为0.54秒/百小时。同时，确保了15套有线调频广播和16套数字广播的播出。全年四个季度播出通路运行技术指标均达到国家广电总局的甲级标准。年内获国家广电总局播出技术质量一等奖。

一、完成技术设备改造升级项目

1. 播出系统：爱家广播播出机房技术系统，首次采用型STUDER ONAIR3000数字调音台用于播出系统。外语广播、新闻广播直播机房技术系统，分别将数字调音台由原来的STUDER ONAIR2000 型更换为STUDER ONAIR3000型。备用播出机房技术系统，改造后可供任意一套专业广播用于应急播出。对主控机房矩阵系统中交换矩阵的升级改造，扩充了交换容量。按照国家广电总局关于停播时间由30秒改为8秒的新标准，对9个播出机房停播告警补乐设备进行了更新改造。

北京电台8讯道高清演播室控制间

2. 网络系统：对全台计算机进行了普查，并为综合办公网计算机安装网络管理软件，有计划、稳妥地推进网络机房部分电源线路改造，有效地保障了播出安全。同时，对全台200多台老旧计算机进行了更新，以顺利完成各部门房间调整后计算机网络的接入工作，确保了网络设备高效、安全地运行。

3. 录制扩声系统：对技术楼103、204、207、301录制机房进行改造，分别配备安装STUDER ONAIR500型数字调音台及音频工作站系统；对109、112、201、204录制机房安装pro tools音频工作站系统；对206录制机房多轨系统进行调试。将现有录制机房的20台音频工作站从WIN98系统下的A3编辑器软件，全部更换为WIN—XP系统下S版的DAW编辑器软件；将城管广播20套新旧音频工作站更换为WIN—XP系统下的S版DAW编辑器软件；将交通广播8套音频工作站更换为WIN—XP系统下的S版DAW编辑器软件；为节目制作中心安装20套桌面音频工作站制作系统；为故事广播、爱家广播各安装4套桌面音频工作站制作系统。年内安装6套ICM音频数据传输系统，以及交通广播、爱家广播、体育广播的自动电话录音系统。

4. 传输发射系统：对主控机房到北京电视台新址光纤通路进行连接，完成新闻广播和城市服务管理广播两套上星节目传输路径的更换工作。为外语广播转播中国国际广播电台国庆60周年特别节目建立传输通路，使之成功转播。为皂君庙调频发射机房安装两幅单偶极子垂直极化天线；增加3KW备用发射机和100W数字激励器；在有限的条件下，调整系统通路，有效地保证6套节目发射机及时进行主、备切换，以杜绝设备出现故障造成中断等隐患。对DAB数字广播系统进行运行监控和日常维护，包括前端系统、传输系统、同频覆盖网5个站点发射系统，并对视频节目的信号源和播出系统进行扩容改造；为拓展新的数据业务，调整了数字广播播出前端系统。实施804中波发射台“202”路电力电缆改造工程，提高了供电电缆的安全等级。

二、完成郊区年度广播覆盖任务

北京新闻广播调频100.6MHz郊区覆盖工程和数字广播“村村通”无线覆盖工程圆满竣工。该工程亦是北京DAB数字音频广播单频覆盖网扩容工程，新建房山、延庆、怀柔、密云、平谷5个站点。包括项目咨询准备、站点勘查、覆盖规划总体设计、系统设计、招标采购、安装调试、覆盖测试等。

三、加强技术管理与服务

修订与完善质量管理体系有关技术管理工作规定，编制部分工作流程作业指导书。2009年下半年成立了调频发射科加强管理工作。强化计算机管理的效用，采用自主研发软件系统的技术服务热线电话，自2007年开通到2009年为止，共受理电话4500余次，较好地完成了技术服务工作。同时，加强了技术检测考评工作，每月从全台约210个独立节目中，选取57个节目进行监听考评，对节目技术质量评分并定期公布排名情况，促进了播出节目技术质量的提高。此外，还完成了对单一频率发射系统、调频和中波覆盖情况的测试；完成了广播受众实验室技术系统搭建验收及二层会议室投影系统的更换等工作。年内，重视新技术应用和设备改造，加强技术管理与服务工作，确保了北京人民广播电台全年重大宣传工作的安全播出。

（郭励）

北京人民广播电台
数字化制播存一体网应用新情况

2009年，北京人民广播电台进一步加强节目数字化制播存一体网（音频网）的技术建设与应用，确保了北京广播网和16套节目的网络播出。

音频网分为节目制作网、节目播出网及网络存储三部分。制作网和播出网采用的是双网并行，形成相对独立、互不干扰、互为备份、各负其责的网络结构。双网的结合部分是核心服务器，以及广播节目的网络存储系统。

节目制作网是电台音频节目的核心网络。制作网上共有录制工作站、审听站约200台。其中，录制工作站担负全台节目、标头、广告、资料等音频数据的采集、编辑、合成等。通过制作网交换机与数据服务器及资料库完成音频数据交换，上传制作完成的节目产品，并安排节目播出频道和播出时间，供播出工作站使用。

节目播出网是电台节目生产的重要网络，是为受众提供广播服务的起点之一。播出网上共有播出工作站约30台，通过播出交换机访问节目存储服务器，读取制作站上传的成品节目，按照播出单完成自动播出。各直播间及主控机房按照一主一备的工作方式，均设置两套播出工作站，分别承担全台16套节目的播出。主播站使用网络存储中的数据播出，连在播出网上，直接从网络上读取音频数据。备播站连在制作网上，读取本站内存储的数据播出。数据来自于制作网上的倒备工作站，定时将需要播出的音频数据备份到备播站上。一旦网络出现问题，改用备播站播出，保障了播出的安全。

用于音频制作与播出的服务器有35台，其中在制作网上的4台服务器负责从网络拷贝9套广播节目到备播站。存储阵列26个，容量约75T，负责存储9套广播的音频数据。网络存储采用了先进的共享式网络SAN形式，为服务器和存储设备之间的数据交换提供更高的吞吐能力，支持更远距离的传输和更可靠的连接。音频数据是电台业务的基础，为了确保数据安全，在台内广播中心对各专业广播的节目进行1～3天的备份，同时还在804发射台搭建容灾系统，异地存放全台的音频数据，并每天更新。

音频资料库为方便制作系统的调用，搭建在制作网中，为全台提供海量的音频资源。目前存储的音频资料约4万小时，歌曲约40万首。

北京电台数字化制播存一体网示意图如下：

2009年，北京电台新增了一套爱家广播节目，增加了新闻广播节目播出时间，其他专

业广播节目相应作出调整，音频数据存储容量提出了扩充要求。为此，自2009年第四季度开始，各专业广播的磁盘容量提升，使其存储容量增加了一倍。

北京电台9套广播节目存储容量情况

	新闻广播	城管广播	故事广播	体育广播	音乐广播	文艺广播	交通广播	爱家广播	外语广播
磁盘容量(GB)	409	409	409	409	409	409	409	409	409
增后容量(GB)	837	837	837	837	837	837	837	837	837

（马白桦 刘爽）

北京电视台
数字化制播存一体化应用新情况

北京电视台新址播控中心

2009年，北京电视台进一步加强节目数字化制播存一体化建设与应用，特别是新台址网络化的建设，确保了网络播出。

一、网络化节目制播体系概要

1.基本构成和互联互通模式

网络化节目制播体系以SOA面向服务架构为软件实现的原始设计模型。在系统构成方面，由主干业务平台、应用业务系统组成，如参考图1所示。

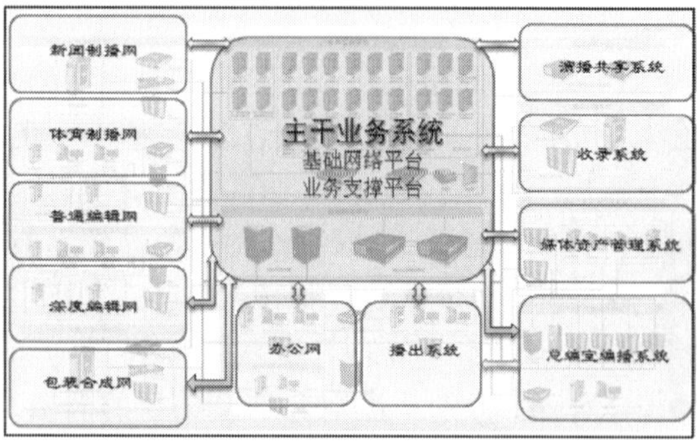

参考图1 北京电视台新址制播网络系统构成

主干业务系统含基础网络平台、业务支撑平台，是制播网络系统的基础架构。其中基础网络平台提供互联互通的物理链路，业务支撑平台构建和定义各种互联标准、规范和方法，应用系统据此进行业务交互。

新闻/体育节目制播网络、普通/深度/包装编辑网络、演播共享网络、收录系统、媒资管理系统、总编室广告编播网络等构成了应用业务系统。在通过主干平台实现跨系统互联互通、协同工作的同时，应用系统内部主要完成节目的上载、编辑、编稿、配音、审查、包装，以及演播室录制/播放、外来信号收录、资料收集/编目/检索/调用、节目单编排和备播库管理等工作。

2. 业务功能域规划与工作流程设置

在网络化节目制播体系下，节目编播总体工作流程的设置以业务域为构成单位，初步划分为节目制作、节目备播、节目播出和资料管理 4 个基本区域，如参考图 2 所示。

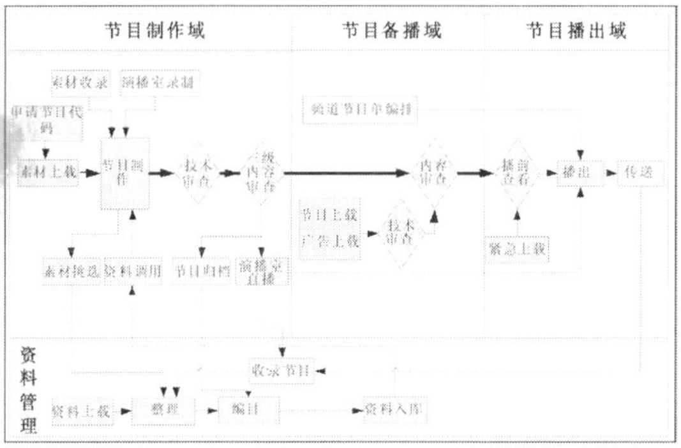

参考图2 北京电视台新址网络化操作工作流程和业务域设置

在节目制作域，节目剪辑完成并通过本域内成片内容和技术审查后，通过跨系统备播流程进入节目备播域。在节目备播域，实现节目备播库管理、本域内成片播出审查，以及节目文件与播出节目单条目的关联，同时完成节目播出单的编排，编排结果与播出成片一起通过跨系统送播流程进入节目播出域。在节目播出域，实现节目应急上载、播出单临时调整、节目文件缓存和频道播出。在资料管理域，收集节目制作域的成片和素材，以及直播节目数据，通过整理、编目后发布为制作域可调用的节目资料。

3. 系统关键技术特征

新台址网络化节目制播体系建设过程中，在需求整理、框架设计、方案论证、流程设置、功能实现等环节都较贴切地体现了电视节目的生产业务需求，具有以下关键技术特征：

◆制播网络独立运行，与信息化办公网络通过安全交换区进行系统交互和协同工作。节目制播网络与办公信息化网络分别独立规划设计，在两者之间设立的一个相对独立和隔离、具有高度安全保障的业务区域即安全交换区，用于实现双方的数据交换。

◆以SOA面向服务架构为软件实现基础模型，制定台内跨系统流程接口标准和规范。主干平台采用总线式的互连互通模型，各应用业务系统保持完整的运行独立性，在此基础上按照统一标准接入总线并根据总线制定的规则实现业务交互。

◆建立统一的以太网络架构和集中、分布式相结合的光纤网络架构。在以太网络架构上采用核心、汇聚、接入三层模型，接入层产生的应用负载通过二层、三层网络协议合理均衡到相应汇聚层、核心层交换设备上，同时提供了设备、链路、路由级别的高可用性。在光纤网络架构上，采用分布、独立、整体扁平化的应用系统内部，光纤结构与集中、专用的跨系统交换通路相结合的模式，既有效满足应用系统内部大规模数据实时应用的需求，又重点实现应用系统之间高效、稳定数据交换的关键目标。

◆设置以共享核心数据库平台为核心的全局层次化数据库体系。采用集中与分布方式相结合的全局数据库配置结构。在业务支撑平台中部署各应用业务系统集中共享、高可靠、高性能的核心数据库，在各应用业务系统内部部署工作性质、定位不同的备份数据库。

◆网络化实现程度和业务流程覆盖率高。各业务功能域之间均归纳、枚举出满足电视节目生产需求的交互业务流程。在节目制播业务流程中，业务环节的主流运行模式均实现数据化、网络化和流程化。

◆资料管理域与节目备播域、节目备播域与节目播出域合理分离。节目备播域的主要管理对象是待播成品节目，资料管理域的主要管理对象是历史节目资料。将总编室系统与媒资系统科学、合理地予以分离，使得双方可以分别根据各自的业务特点进行规划设计和实现，有利于资料管理和备播管理这两项电视台重要业务环节的高质、高效运行。因此将总编室系统节目备播库和播出系统节目待播库设计为上游与下游的关系，作为同一个链条中的两个相关环节。

◆建立统一规划、部署，具有多种功能类型视图的全局监控系统。监控系统实现系统运行信息收集的自动化、信息汇集分析的科学化、故障异常预警的智能化。同时，以规范化的模式对网络日常管理维护和事件处理提供强有力的支持。

二、网络化节目制播体系的运行情况

1.运行情况概述

网络化节目制播体系，在2004年10月开始的4年多时间里，经过规划、设计、论证、集成、施工、调试、测试、演练等工作阶段，于2009年1月15日和4月1日分两期完成北京卫视（BTV-1）、文艺频道（BTV-2）、科教(BTV-3)、影视频道((BTV-4))、体育频道(BTV-6)、青少频道（BTV-8）6个频道的试播，并投入正式使用，总体运行态势平稳。

◆运行规模。涉及系统包括主干平台、播出、总编室/广告编播、媒资管理、演播共享、普通/深度/包装、新闻/体育、收录等。涉及频道包括卫视、文艺、科教、影视、体育、青少。涉及流程包括【制作－总编室】节目备播、【制作－媒资】节目归档、【总编室－播出】节目单/节目文件送播、【制作－演播】素材准备/串联单传送/节目回采、【制作－收录】素材传送等。节目备播模式为制作系统网络文件备播和总编室备播库磁带上载送播相结合。

◆运行情况。节目制播体系已全面投入运行，设计能力完整实现。从功能上涵盖了几乎所有台内生产工作流程，包括演播室录制和播出、内容采集、后期编辑、文稿处理、总编室节目编排、数据存储和媒体资产管理等诸多环节；从业务上涵盖了总编室、播出部、制作部、网管部、广告部以及各节目中心与节目制作、播出相关的多项业务，承载制作栏目约70个，使用人数1000余人，总体运行态势良好。

2. 运行数据举例

网络化节目制播体系运行期间（2009年4月1日至12月31日）以自然月为周期，通过网管软件、监控系统、主干平台服务维护工具等进行了业务数据的初步收集和统计。通过这些数据，试图从业务负载角度反映出系统特殊应用阶段的运行情况，举例如下：

◆节目首播量和构成情况，如参考图3所示。日均节目首播总量约62小时。按节目类型划分，常规节目约占首播节目总量的4成，

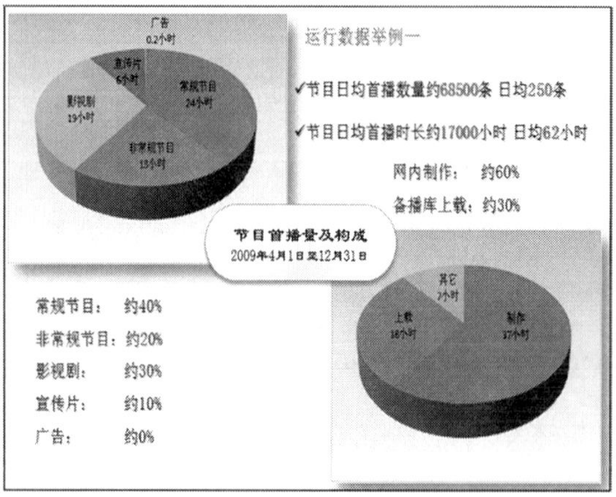

参考图3 节目首播量及构成

非常规节目约占首播节目总量的2成，影视剧约占首播节目总量的3成，宣传片约占首播节目总量的1成。按节目备播模式划分，网内制作节目约占首播节目总量的6成，备播库上载节目约占3成，其它来源（如体育赛事转播等）约占首播节目总量的1成。

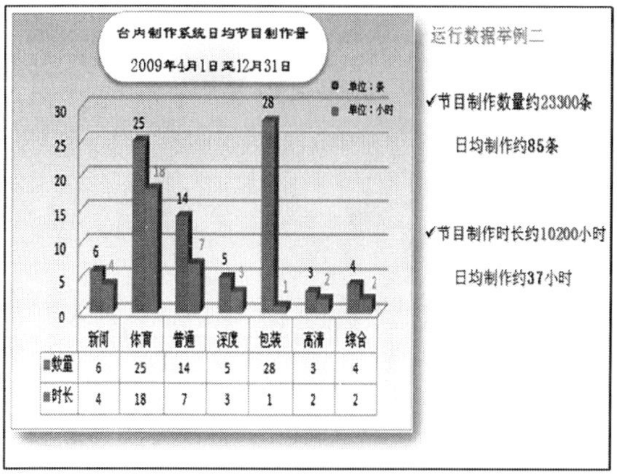

参考图4 台内制作系统日均节目制作量

◆台内制作节目情况，如参考图4所示。制作系统日均制作节目约85条，时长约37小时。

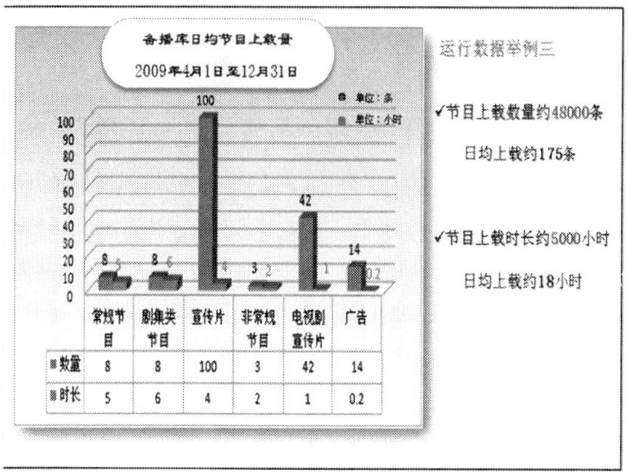

参考图5 备播库日均节目上载量

◆备播库节目上载情况，如参考图5所示。备播库日均上载节目约175条（其中宣传片上载数量最大，日均约100条），时长约18小时。

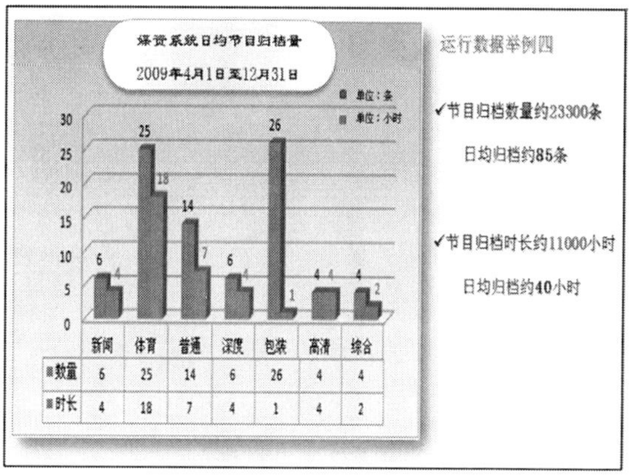

参考图6 媒资系统日均节目归档量

◆节目归档情况，如参考图6所示。媒资系统日均归档节目约85条，时长约40小时。目前归档节目来源主要是网内制作的节目，基本实现网内制作备播节目的全面归档。

◆总编室备播库节目保有量：存储节目共计约97200条，时长共计约19900小时，使用存储空间约100T。

◆媒体资料库资料保有量：存储资料共计约103600条，时长共计约48500小时，使用存储空间约900T。

通过业务层面运行数据的获取和分析，可深入了解应用系统任务负载规模和流程执行效率，对合理分配系统资源、流程设置调整和完善、安排维护任务侧重、后续技术改造提供有效参考依据。

（北京电视台）

北京歌华有线电视
科技发展及网络传输覆盖进展情况

北京歌华有线总前端

2009年，北京歌华有线电视网络股份有限公司加强新技术应用与管理，加大了网络传输及覆盖工程的力度，推进高清交互网络平台等项目建设，年内高清交互数字电视用户达30万户，数字电视用户240万户，占413万有线电视总户数的58%，居全国城市首位。

一、光缆敷设情况：城八区敷设光缆1359公里，拆除光缆532公里，补缆612公里，新增光节点434个；完成IP点光缆接入工程908项；完成48条道路缆线拆改工作，实现光缆入地716公里，提高了网络传输安全水平。截止到年底，光缆总长度为25000余公里。

二、光节点建设情况：开通模拟电视光节点395个；开通数字电视光节点数1385个，其中开通的交互电视光节点619个(其中包含计划部开通数字光节点193个，数推部切换数字光节点573个，数推部切换交互数字光节点619个)。截止到年底，完成交互推广小区光节点1288个，空分组764个（其中标清交互小区光节点106个，空分组64个；高清交互光节点1182个，空分组700个）。开通IP用户1021个（其中城区831个，远郊区190个）；开通SDH用户659个（其中城区513个，远郊区146个）。

三、管道工程情况：完成城八区管道工程284沟公里。加强了光缆入地断点沟通和管道支线引上工作力度，完成257条道路管道建设，其中支线引上424处、断点沟通105处。截止到年底，地下管道总长度为3200余公里。

四、双向网改造情况：城八区新开工建设、改造双向网络35万户，全年竣工报验50万户，开通双向网络50余万户。

五、机房建设情况：完成了5个机房的基础整备工作、7个机房的搬迁与启用工作、24个机房CMTS升级调整工作和17个三级基站的设计、建设、开通。

六、"村村通" 工程情况：远郊区县3606个行政村，全部实现了有线电视光缆"村村通”。同时采用PON+LAN或PON+EOC等技术，积极推进有线电视双向网络建设，试验网覆盖用户已达15万户，其中开通约1.6万户。

远郊分公司全年新建管道157公里、光缆1700余公里、电缆干线1600余公里。

七、节目开通情况：完成“CCTV-1高清”、“BTV北京高清”、“黑龙江卫视高清”、“江苏卫视高清”、“东方卫视高清”、“浙江卫视高清”、“湖南卫视高清”、“广东卫视高清”、“深圳卫视高清”9个同播高清频道入网工作。同时，完成“兵团卫视”、“法律服务”、“中华美食”、“书画”4套数字电视频道入网工作。

八、科技创新获奖情况：新总前端技术系统获国家广电总局科技创新奖一等奖；便携式有线数字电视信号巡检系统、总前端基础设施系统工程、数字电视播出监视监测系统分别获国家广电总局科技创新奖二等奖。

（北京歌华有线电视网络股份有限公司）

北京北广传媒
数字电视技术系统建设情况

2009年，北京北广传媒数字电视有限公司加强内容集成和分发平台研究，推进播控平台软硬件、机房设备更新改造等工作，确保了数字电视的安全播出。

一、科委项目结题

承接的北京市科技计划项目《数字电视内容集成和分发系统研究平台》是：建设数字电视节目内容集成和分发平台，形成一个开放的、丰富资源共享、应用方式便捷、业务接入灵活的综合业务运营平台，既可以在全国范围整合不同的内容提供单位不同格式的各类节目资源，又能满足有线电视、互联网、卫星广播、无线广播等不同渠道对节目内容资源的传输需求，同时利用规范的制度管理保证版权的合法性，利用规模化经营降低版权成本，提高正版产品的市场竞争力。

该系统完成的项目有：设备方面，MPEG2-TS分布式节目后备存储设备、媒资管理系统高性能存储子系统、NVOD播出设备、基于多分发网络的媒资调度设备、MPEG2-TS内容采集设备、MPEG2-TS分发存储设备、数字电视综合账务采集机等设备。系统研发方面，高性能分布式存储系统、流媒体加速递交（一期）、MPEG2-TS中心转码系统、基于互联网的节目内容分发系统、数字电视节目库内容管理系统、移动网络研发系统、节目分发中间件系统和面向数字节目集成业务的文档协作集成系统已全部研发完成并通过验收。VOD点播存储负载均衡集群的搭建工作正在进行。

二、搭建鼎视传媒平台高清集成系统

国家广电总局批准开播的第一批高清数字电视频道中，北京、湖南、黑龙江、广东和深圳共5套频道确定由鼎视传媒平台集成上星传输。数字公司承担上星平台的搭建并负责代管。为了完成此项任务，调动所有资源和人力，连续奋战，不到1个月时间完成了系统设计、采购、安装、协调各上星频道、卫星站与国干网进行调试等工作，于9月28日前实现上星传输。

三、开发TS码流台标字幕机系统

经过长时间的技术论证和选型测试，搭建了一套TS码流台标字幕发生系统。该系统应用了新的TS码流叠加技术，具有良好的使用效果。还根据实际应用情况，定制开发了具备国内领先水平的全新数字电视TS码流台标字幕机监管系统，实现了权限分级管理和编审播分离。

四、加强设备维护和改造升级工作

主要包括8个项目：

1. 敷设1条连接播出部机房和歌华有线机房的信号传输光缆，在保障安全的同时，增加了链路传输容量，可适应未来信号传输的需求；

2. 以新建播控平台方式完成播出平台扩容；

3. 播控软件数据库系统改造；

4. 码流分析仪和UPS扩容；

5. 节目素材采集备份集成系统；

6. 机房改造；

7. 监控系统升级；

8. 演播室直传播出系统改造。

五、安全播出取得显著成效

2009年，由于加强了技术系统的建设和管理，积极推进设备的维修、维护、更新、改造，进一步提升了安全播出的保障能力。据统计，数字电视公司全年安全播出总时长为217544小时，各类节目压缩备份总和为36500小时，全年实现安全播出“零差错”、“零事故”。

（北京北广传媒数字电视有限公司）

北京北广传媒城市电视数字化制播存一体化应用情况

2009年，北京北广传媒城市电视有限公司重点对播出系统的安全及稳定性进行了相应的改造和升级，以较高的质量完成楼宇电视联播网、城市大屏幕电视等户外媒体平台的日常运转。

北广传媒城市电视户外大屏幕中心机房

城市电视大屏电视是一个户外LED大屏幕电视的联网播出平台，综合了电视、信息、网络、LED显示等多个领域的先进技术。城市电视大屏电视联播网系统，采用中心机房统一推送、终端机房下载定时播出的方式完成日常播出。为确保数据安全，下发至各终端的节目单及素材均须与中心机房数据库数据进行匹配、校验。由于2009年城市电视新闻集成量及自制节目量大幅增加，使得原有的数据库及磁盘阵列工作区域分布存在安全隐患。为提升中心机房数据安全，城市电视公司与系统集成公司共同完成系统数据库主备与素材磁盘阵列的分离工作，最大程度地保证了数据安全。

户外大屏电视联播网系统的节目单编辑、节目单及节目素材的推送、终端节目下载及播出、中心机房对终端播出的定时轮巡及监控、中心机房远程遥控终端播出等技术环节均依靠新开发的系统软件实现。在系统软件实现播出稳定的前提下，城市电视公司与软件开发商不断分析大屏播出技术特点，结合公司业务运营需求，对播出软件不断升级，实现了在分屏区域中支持双视频播出，视频区域及图文区域任意组合等功能。同时，还对系统软件中涉及节目单编辑、节目播发等环节进行了修改，以保证节目送播流程安全，实现安全播出。

2009年，重点实施对播出系统的安全及稳定性的改造和升级，加强技术系统的建设和管理，全面提升了安全播出的保障能力。据国庆期间统计，10月1日至8日城市电视户外大屏实现安全播出691小时40分，其中直播65小时48分；楼宇联播网实现安全播出120小时，其中直播11小时52分。

（北京北广传媒城市电视有限公司）

北京市朝阳区广播电视新闻中心加强电视技术建设与管理情况

2009年，朝阳区广播电视新闻中心紧紧围绕安全播出，确保摄、录、编、包、播、存数字网络系统各环节的正常运行，科学规划和配置数字高清高端设备，为未来发展储备技术资源，加强电视技术的建设与管理，为新闻宣传工作提供了有力的技术平台。

一、加强管理，确保安全播出。

制定和规范了《安全播出工作制度》、《机房出入管理制度》、《设备维护检修制度》、《请示报告制度》、《播出带出入库规定》、《播出节目审查制度》、《交接班制度》等工作制度。明确播出岗位职责，细化工作流程，提高设备使用性能。全年安全播出8760小时，妥善处理播出突发事件7次，无重大事故发生。同时，积极参加市广电局组织的“迎国庆，保平安，百日安全播出竞赛”（以下简称“竞赛”）活动，分析、排查安全播出隐患，查找存在的薄弱环节；利用每周二固定的检修时间进行统一维修、维护；增设独立的监听监看岗位，加强对播出信号质量和播出节目内容的24小时全天监控；保证安全播出预警系统、800M电台和市监测中心监测终端的正常工作；通过全体技术人员的努力，在国庆重要保障期内，责任事故、技术事故发生率为零。

二、保证设备良好性能，提供优质技术服务。

根据技术服务工作需要，细化分工、规范岗位职责，明确工作计划，完善工作流程。每周二定期维护设备，对常见故障进行维修排查，确保节目按时完成并提供优质的技术服务保障工作。全年共录制演播室节目1628小时、节目包装153次、节目技术审查424小时，平均每日技术支持20余次。

三、倡导技能型人才，建立学习型科室。

积极搭建利于技术人才发展的工作平台，采取内部培训与“走出去请进来”相结合的培训方式。加强专业理论的研究和实践，不断提高技术人员的技术水平，为中心的技术革新奠定人才储备。通过购买摄录像机工作原理、存储技术原理、剪辑技巧、包装色彩与线条、IT网络等专业图书供技术人员学习查阅，并利用每周五的培训活动，让每名技术人员走上讲台，进行理论知识的讲解。

（朝阳区广播电视新闻中心）

北京市海淀区新闻中心广播电视“制、播、存”一体网应用情况

2009年，海淀区新闻中心加强“制、播、存”一体网的建设取得新的成果。

一、系统描述

节目制作、播出、存储网络采用的是总线-星型网络拓扑结构，其中播出、存储两个功能模块通过各自的交换机独立组成各自可以独立工作的网络，并通过制作模块中的交换机与制作网络互通。

1. 制作网

制作网络由9套久合成非线性编辑系统、5套大洋非线性编辑系统，1套网络存储系统及1台系统管理服务器组成。

每台非线性编辑系统包含非线性编辑系统主机1台、松下17英寸广播级彩色监视器1台、松下DVCPRO50格式广播级录放相机一台及相关配套设备。非线性编辑系统是电视节目制作的最基础系统，电视节目的素材上下载、剪辑、完成节目的包装等工作都需要在该设备上进行。

网络存储系统由一部SAN网络硬盘盘阵及用于对该盘阵控制工作的服务器（MDC服务器）构成。其作用是为非线性编辑系统提供存储素材数据所需的存储空间。每台非线性编辑系统在启动时，均需向盘阵控制服务器（MDC服务器）进行注册，并按照盘阵控制服务器指定的路径，进行素材文件的读写操作。

配音工作站是用于将配音员的配音采集成非线性编辑系统可以操作的声音文件。其生成好的声音文件将被传送至网络存储系统上，以备节目编辑人员调用。

2. 播出网

播出网络系统采用的是方正公司“无忧”数字播控系统，由同步时钟部分、视音频部分、控制部分等组成。

① 同步时钟部分

该部分的主要作用是同步播出系统中各子系统的系统时间，使之与国家标准时间保持一致，并使系统内部时间保持一致，以便于各个系统间的协作。

② 视音频部分

△ 播出。该部分由两台播出服务器、应急播出录像机、一台垫片服务器及相关的信号切换矩阵、键控系统等组成。其中视频服务器用于播出日常节目，两台服务器为主备关系，平时由主播出服务器执行播出任务，当主播出服务器出现故障无法正常运行时，由备播出服务器接管执行播出任务，以便保证节目的正常播出。应急播出录像机是在播出文件遇到问题（如损坏、丢失或者其他不可预见的问题）时，利用事先制作好的节目磁带进行播出。垫片服务器的作用是在上述设备均出现问题，以至于正常的节目无法播出时，播放事先制作好的应急播出影片，以保证不发生断播事故。信号切换矩阵是用来选择播出哪一路信号的设备。

△ 上载。上载部分由两台无卡工作站、两台有卡工作站及转码服务器组成。是将外部的节目信号或文件转化为播出服务器或二级存储上的文件的设备。

△ 二级存储。系统的二级存储为HP的S60盘阵，容量约7TB，其作用是保存播出服务器暂时不需要，但又已经完成上载工作的播出节目文件。

△ 监看。用于监看监听播出的节目信号是否正常播出，是否符合播出要求。

③ 控制部分

△ 播出工控机。共四台，两台为一组，成为主备关系。用于控制播出服务器的播出行为。

△ 上载工控机。两台，用于控制播出服务器的节目上载行为。

3．媒资系统

媒资系统的主要作用是对视音频素材文件进行保存、管理、查询的系统。节目制作人员可以通过专用接口在媒资系统中查找需要的素材，并将素材下载到公共区域进行引用。

该系统主要由数据库系统、存储系统、编目系统及上下载系统组成。其中数据库系统主要是存储及管理素材的元数据(既素材的文件名、内容、存储位置等信息)；存储系统主要是用来存储素材的数据文件(既视音频文件)；编目系统主要用来对素材的元数据进行编辑(如修改文件名、添加关键词等)；上下载系统主要提供素材的查询、上载、下载等服务。

二、设备构成

1．制作网部分

久合成非线性编辑系统	9套
大洋非线性编辑系统	5套
大洋配音工作站	2台
MDC服务器	1台
系统管理服务器	1台
网络存储盘阵	1台
千兆以太网交换机	2台

2．播出网部分

中恒 DSX 非线性编辑系统	2套
方正有卡上载工作站	2台
方正无卡上载工作站	2台
播出服务器	2台
播出控制工作站	4台
二级存储服务器	1台
网络存储盘阵	1台
垫片播出服务器	1台
转码服务器	1台
千兆以太网交换机	2台
周边设备	若干

3．存储网部分

系统服务器	5台
编目、审核工作站	4台
素材上下载系统	2套
网络存储盘阵	1台
磁带存储阵列	1台
千兆以太网交换机	2台
周边设备	若干

(海淀区新闻中心)

北京市石景山区广播电视中心技术建设与管理情况

2009年，石景山区广播电视中心投入专项资金360万元，重点围绕804数字频道建设，对播出机房和中小演播室的设备设施进行全方位数字化改造，同期还完成了虚拟演播室的建设和使用。为适应804数字频道的建设需要，积极组织技术力量和专项资金，对前期制作设备的软、硬件条件进行升级改造，对制、播、存一体网进行全系统扩容，更换了磁盘阵列和非编工作站显卡，进一步增强了系统运行的稳定性和运行速度，进一步提高了节目制作的技术水平。

11月6日，石景山804数字频道正式开播，真正使石景山有线的电视节目从制作、播出技术上全面实现数字化，从栏目版块、内容设置上全面进入新时代。

年内还配合北京市广播电视局完成了《北京市广播电视媒体资产管理共享平台》项目建设，使石景山区广播电视媒体资源从技术上实现了与北京电视台及部分区县媒体资源的互联互通。

（石景山区广播电视中心）

延庆电视台数字化 “制、播、存”一体应用情况

2009年，延庆电视台数字化“制、播、存”一体网建设取得新进展，新建的数字播出系统、后期制作系统、媒资系统与机房设备管理系统达到基本技术要求。整个系统采用FCSAN双网结构，采用硬盘播出的方式。

播出系统采用以硬盘视频服务器播出为主、录像机播出为辅的全数字一体化数字硬盘自动播控系统，服务器部分采用主备镜像备份形式并支持高标清格式。播出服务器本地硬盘容量保证满足存储10天以上的节目量。硬盘播出系统能够与媒体资产管理系统、编辑制作网络实现安全稳定的网络互连，并可以直接播出从制作网传送给播出系统的节目。

后期制作系统配置灵活、易于操作、便于维护，能够兼容多种视、音频格式，利用该网络可以处理多种常用的媒体格式，并兼容常用的模拟设备和数字设备。同时，充分考虑将来升级及扩展的需要，当需要扩充频道或系统升级时，能确保在不影响原有系统的情况下，平稳、方便地扩充相应硬件设备和软件。中心存储设备存储空间至少12TB，可进一步扩展。

整个制播存一体网络系统为数字标清网络。网络设计时充分考虑高清节目制作，在网络服务器交换机、光纤交换机及带宽等方面，可以使高清节目进行变换，能够与高清设备进行节目的数据交换。

（延庆县广播电视中心）

电 影

2010/《北京广播影视年鉴》
——记录行业情况　服务业内和社会——

2009年北京电影制作、发行、放映及电影院线情况综述

中华人民共和国成立60周年献礼影片

2009年，北京地区电影创作和生产继续保持繁荣增长之势，影片产量比2008年有所上升，年产影片230余部，继续占据全国电影产量的半壁江山。影片获奖也位居全国前列，《集结号》、《铁人》、《快乐奔跑》、《隐形的翅膀》、《一个人的奥林匹克》等影片，先后获国家和北京市有关奖项，《建国大业》、《铁人》、《万家灯火》等一批影片被中宣部推荐为新中国成立60周年献礼影片。同时，北京影片的票房效益不断提升，高票房影片不断增长，《非常完美》、《风声》、《花木兰》、《三枪拍案惊奇》、《十月围城》等一大批影片，均实现较好的票房效益。

在北京市文化创意产业政策的大力支持和吸引下，北京电影市场投资主体增多、投资额度加大，嘉禾、星美等一批国际投资商在京投资影院建设。年内，本市新开业影院6家，新增银幕44块，新增观影座位6566个。截止到年底，北京已有城市院线9条、影院84家、银幕373块，观影座位总数7.44万个。全年北京影院放映电影60万场，同比增加16万场；观影人次总计2139万，同比增加680万；票房8.1亿元，同比增加2.8亿元，增长率52.8%，占本年度全国票房总量的13%。其中，票房千万元以上的影院27家，占北京营业影院的37%；票房3000万元以上影院6家，占营业影院总量的8%。首都华融影院年票房6186万元，独占京城单家影院票房榜首。

年内，北京市电影公共服务建设进一步加强，公益放映规模进一步扩大，农村电影放映工程进一步推进。在市委、市政府惠民政策的支持下，市财政继续投入资金，基本完成了全市每个行政村一套数字电影放映设备的配置建设，带动了对应的数字电影放映厅建设，截止到年底已配套使用的达3838个，基本解决了农民看电影难的问题，农村电影放映工程取

得新成果。同时，公益流动放映建设进一步完善，以进工地、进军营、进福利院所为重点，服务方向更加清晰，服务保障更为有力。本年度北京农村数字电影固定放映设备共放映电影27万场，观众1599万人次；全市流动放映设备放映电影5.06万场，观众455万人次，均超额完成全年预定目标。

（北京市广播电影电视局电影管理处）

2009年部分电影制作机构作品统计表

华谊兄弟传媒股份有限公司

剧 名	合拍单位	编剧	制片人	导演	主要演员
游龙戏凤	寰亚电影有限公司(香港)	邓洁明 阮世生	王中磊	刘伟强	刘德华、舒淇、张涵予、何韵诗
追影	山西电影制片厂	魏君子、邢鹤涛、邵庆明	王中磊	吴镇宇、麦子善	吴镇宇、吴佩慈、房祖名、谢娜、党淏瀚
风声	上海电影(集团)公司上海电影制片厂、天津电视台、华谊兄弟国际发行有限公司	陈国富	王中磊	陈国富、高群书	黄晓明、李冰冰、张涵予、周迅、王志文、苏有朋、英达、段奕宏

北京紫禁城影业有限责任公司

剧名	合拍单位	编剧	制片人	导演	主要演员
万家灯火	电影频道节目中心	李龙云、牛福智	许建海	安战军	金雅琴、娜仁花、刘桦、刘琳、辛柏青、吴越
苏乞儿	上海电影（集团）公司、安乐（北京）管理咨询有限公司、北京新时刻影视文化发展有限公司	杜致朗	张震燕	袁和平	赵文卓、周迅、周杰伦
铁人	北京金桔海文化投资有限公司、上海电影（集团）公司上海电影制片厂	刘恒	李晓桐	尹力	吴刚、刘烨、黄渤
武林笑传	泰吉世纪（北京）文化传播有限公司	李海蜀、黄彦威	黎俊奇	钟少雄	何炅、谢娜、闫妮、曾志伟、杜海涛
烟花恋人	北京热卖国际影视传媒有限公司	王菁	许建海	王菁	乔振宇
秦基伟血战临泽	电影频道	秦天	秦天	安战军	徐僧
走着瞧	北京天寰新宇国际传媒有限公司、北京时代前线文化发展有限公司	述平	隋广军、王铁汉	李大为	岳红、文章、白静
衡水湖的孩子们	龙信百年（北京）文化有限公司	耿彦钦、陈幼军	王佳	于晶龙	于浩、蒋依依

北京小马奔腾影视文化发展有限公司

剧名	合拍单位	编剧	制片人	导演	主要演员
机器侠	乐视娱乐投资（北京）有限公司 西安美亚文化传播有限公司 上海电影（集团）公司 西安曲江梦园影视有限公司	技安	卓顺国	刘镇伟	胡军、孙俪、方力申、甘薇、郑中基、吴京
花木兰	星光国际传媒(集团)有限公司、北大星光集团、电广传媒文化发展有限公司、上海电影(集团)公司、小马奔腾壹影视文化发展有限公司、北京保利博纳电影发行有限公司、北京星光国际传媒公司	张挺	宋光成	马楚成	赵薇、陈坤 胡军、Vitas、房祖名、李玖哲、徐娇、刘雨欣
越光宝盒	珠江电影制片厂、北京博纳文化交流有限公司	刘镇伟	朱嘉懿	刘镇伟	郑中基、孙俪、梁咏琪、朱茵、蔡少芬

北京中联华盟文化传媒投资有限公司

剧名	合拍单位	编剧	制片人	导演	主要演员
我们天上见	无	蒋雯丽	蒋雯丽	蒋雯丽	朱旭、朱一诺

北京鑫宝源影视投资有限公司

剧名	合拍单位	编剧	制片人	导演	主要演员
建国大业	领衔出品发行：中国电影集团公司联合出品摄制厂：电影频道节目中心、上海电影（集团）公司上海电影制片厂、北京市广播电影电视局、寰亚电影有限公司（香港）、英皇影业公司、北京国立常升影视文化传播公司、北京华录百纳影视公司、江苏省广播电视总台（集团）、北京保利博纳电影发行公司、北京鑫宝源影视投资有限公司	王兴东	韩三平	韩三平 黄建新	唐国强、张国立、许晴、陈坤、邬君梅、王学圻等

北京慈文影视制作有限公司

剧名	合拍单位	编剧	制片人	导演	主要演员
大内密探灵灵狗	中国电影集团公司、学者国际多媒体股份有限公司（台湾）、北京欢乐影业有限公司、北京华录百纳影视有限公司、北京慈文影视制作有限公司、影王朝有限公司（香港）	王晶	赵海成	王晶	古天乐、徐熙媛、吴君如、樊少皇

中影阿满影视文化（北京）有限公司

剧 名	合拍单位	编剧	制片人	导演	主要演员
一生香水	峨眉电影制片厂	谭力、李馨	黄彪	张坚	范艳、任山
社区故事		张硕	黄彪	张坚	徐露、金鑫

北京光线传媒股份有限公司

剧名	投资制作发行联合单位	出品人	制片人	编剧及导演	主要演员
家有喜事2009	东方电影发行公司、东方电影出品公司、中影集团电影发行放映分公司	王长田 黄百鸣 陈志强	杜玉贞	谷德昭	吴君如、古天乐 郑中基、姚晨 沈丽君、黄百鸣 李香琴、夏春秋
亲密	万诱引力电影、香港电影发展基金、RUNAWAYFILMS、利万创建公司、中影集团电影发行放映分公司	江志强 千叶龙平 薛文熹		岸西	郑伊健、林嘉欣 骆应钧、曾国祥 活已岚

续表

剧名	投资制作发行联合单位	出品人	制片人	编剧及导演	主要演员
东邪西毒（终极版）	香港泽东电影公司、学者有限公司、北京电影制片厂、中影集团电影发行放映分公司	蔡松林 陈以靳		王家卫	张国荣、林青霞 张曼玉、梁朝伟 张学友、梁家辉 杨采妮
完美新娘	北京天工置业文化传播公司、北京盛世花火文化传播公司、翔凤企业集团、北京反光镜文化创意公司、中影集团公司	黄明 包世宏	许刚 杨智杰 倪新宇 孙瑞敏	阿猛 孙一平 黄娟娟	郭柯宇、章贺 大鹏、尚天瞳 小徐、陈实 邹笨笨
气喘吁吁	北京盛世华锐电影投资公司、北京正天文化传播公司、北京三石丽声影视公司、搜狐娱乐、北广传媒影视公司、中影集团公司、华夏电影发行公司	高军 刘小淀 张朝阳 杨文泉	饶洁 刘小淀 刘晓东 邓晔 励刚 萨妮斯	郑重	张秋芳、刘桦 葛优、林熙蕾 约翰·萨维奇
斗牛	长春电影制片厂、虎异天下影视文化公司、龙贝（上海）影视文化公司、山东电影制片厂、北京歌亮文化传媒公司、北京佳桐世纪影视文化传播公司、中影集团公司	赵国光 邹易儒 王长田	邹易儒 周强 崔国明 晋亮 赵云声	管虎	黄渤、闫妮

部分影片故事梗概

《建国大业》

2009年是中华人民共和国成立六十周年，也是中国人民政治协商会议成立六十周年。《建国大业》以40年代抗战胜利直至建国前夕这一波澜壮阔的时代为背景，以宏大的历史视野，正面再现共和国多党合作和政治协商制度从诞生到确立这一重大历史事件，反映了中国共产党所经历的曲折艰辛直至取得最后胜利的光辉历程。

影片《建国大业》剧照

《游龙戏凤》

影片《游龙戏凤》剧照

世上，每个人都在寻找一颗属于自己的星星，让它能照亮自己的生命，也照亮身边所有人。程仲森(刘德华 饰)，盛传26岁的他因为会“执垃圾”，而考进了美国顶级基金公司。未够20年，已跃登首位华人主席位置，他本身就是一个传奇！曾三度结婚，三度离婚。仲森多年来，身边都有一班忠心的智囊团伴随左右，当他以为“爱情”不会再在他身上发生，他竟在澳门碰上了他的“星星”米兰。米兰(舒淇 饰)，生长在单亲家庭，与烂赌阿姨、姨丈同住。自小过着独立生活，她从小就有一个心愿，就是储钱去纽约学跳舞，平日在赌场做荷官，闲时兼职为舞蹈团做一些乐而不淫的“艳舞表演”。每段情都有它们的“第一次”。赌场的大厅是仲森第一次遇上米兰的地方，二人间的火花在瞬间爆发。无心的相遇，却换来理所当然的相爱，望着米兰的舞姿，仲森为她第一次地心动，纵使当时米兰还以为仲森是一名普通的烂赌仔……同样，在澳门这个花花世界中寻到真爱的还有阿Jo……

集兄弟、死士于一身的铁甲Jo (何韵诗 饰)，表面刚强，当所有男人都把她当做Buddy的时候，在感情世界里，Jo却是一名无胆初哥。当阿Jo在酒店遇上了从内地到澳门做装修的阿九(张涵予 饰)，与阿Jo相比，阿九无论从背景、教育、赚钱能力、身份都输足九条街，但他对人的诚意、关心和对女性的呵护都令Jo身上的铁甲慢慢融化。两对情侣，在经历过无数的“第一次”后，虽能相爱，但却荆棘满途，当米兰发现仲森的真正身份后，事件竟出现变化。对仲森，爱情永远是零利率“无得计”，但二人的爱情却不幸地出现“计错阶段”，仲森爱米兰，甚至愿意为她弄了一份婚前协议，但米兰却不明白，更气愤仲森对她的不信任，最后一走了之……

《追影》

明朝末年，天下大乱，满洲在北方蠢蠢欲动。此时北京城歌舞升平，陷入最后的狂欢。风雨飘摇之际，锦衣卫、镖头、贼头等黑白两道高手，为争夺“太祖开国秘宝”藏宝图齐聚京城，而关外第一高手叶赫长弓(吴镇宇饰)和来自琉球的忍者明月心(吴佩慈饰)也因不同目的来到此地。众高手在皇宫内各自明争暗斗，抢夺宝图，一路厮杀到一个边城小镇，藏宝图突然神秘失踪。为了寻找宝图，众高手都留在镇上等待机会。这帮家伙各自隐藏身份，叶赫

影片《追影》剧照

长弓和明月心扮作夫妻开了家客栈，其他几位高手则各自开了几间店铺。所谓虎落平阳被犬欺，一向叱咤风云的高手们遭到镇上地主少爷许三官（房祖名饰）的欺负，每天被催租逼债，而大家为隐瞒江湖身份，忍辱负重，受尽委屈。许三官看上了明月心和长弓收养的干女儿唐薇（谢娜饰），而镇长古月金（党　瀚饰）又看上了风韵犹存的明月心，小镇关系变得更加复杂，而此时宝图竟意外再度出现，使乱成一团的小镇陷入重重危机。宝藏究竟会落到谁手里？有情人是否能终成眷属？江湖高手们的命运又将如何？谜底尚待揭晓……

《风声》

1940年春，原中国国民党副主席汪精卫与日本政府媾和，在南京成立新的“国民政府”。自此，对日抗战进入新的“三国”时期——汪精卫的南京国民政府，蒋介石的重庆国民政府，毛泽东领导的陕甘宁边区政府势成三足鼎立，各自为政，互为掣肘。汪精卫上任后展开三大政策：在势力范围内展开建军，清乡剿共，同时诱招失意蒋派军政要员入阁。

1942年10月10日，汪伪政府举办庆祝国民政府成立三十周年的盛大仪式，一名汪伪政府的要员被枪杀，引起了日本方面的高度重视。日军特务课机关长武田怀疑这一系列暗杀行动是北平地区共产党领导人“老鬼”策划的，希望抓住这次机会破获他的组织。

武田调查到负责发送指令的“老鬼”就潜伏在剿匪司令部内，于是将最有可能接触到电报的五个嫌疑人带到了封闭的裘庄——伪军军事参谋部部长吴志国，伪军总司令侍从官白小年，伪军军机处译电科科长李宁玉，伪军军机处译电科科员顾晓梦，伪军军机处处长金生火。

影片《风声》剧照

调查的期限只有五天，武田必须采取各种手段甚至残忍的酷刑才能找出“老鬼”。被软禁的五个人为了保全自己，也在处心积虑地观察着周围其余四人，都希望尽快把“老鬼”揪出来以便自己能够安全地离开裘庄。吴志国亦正亦邪，白小年文质彬彬，李宁玉自持冷静，顾晓梦洒脱娇纵，金生火处事温吞，他们当中谁才是真正的“老鬼”？短兵相接、明争暗斗之后，谁又能够最终逃出裘庄？

《万家灯火》

故事围绕金鱼池胡同大杂院和筒子楼的拆迁，以及居民安置工作展开。

何老太太一家人挤住在金鱼池大杂院里，虽然家长里短的事情时有发生，但一家人的相处还很融洽。何家老大原来在工艺品厂当顾问，由于和新来的领导闹矛盾，一气之下辞职在家。他的妻子很早去世，女儿何月在一家公司当职员。何家老二从木器厂下岗以后，业余爱好就是淘些便宜的古旧家具。何老二的妻子刘玉兰在百货公司卖鞋，已经怀有身孕，仍然为了前途努力攻读夜大。两口子为了各自的事经常闹得很不愉快。何家老三和媳妇张萌挤住在筒子楼里。何老三是老师，博学，但又古板，喜欢关心国际问题，经常发表各种演讲，平时说话也总是很不着调。张萌在报社当记者。两个人的生活也过得不算富裕。

影片《万家灯火》剧照

筒子楼时不时就停电，大家经常抱怨居住环境得不到改善。政府和开发商谈判，提出了一系列的优惠条件，但开发商依然认为无利可图，谁都不肯接手金鱼池的拆迁改造工作。

《苏乞儿》

穷其一生精力寻找武术最高境界的苏灿，心里只有两件事情：第一是要创出一套传诵后世的独有武术，第二是要与他心爱的妻子长相厮守。苏灿本来有个幸福的家庭，妻儿给他无穷的快乐。可是，因为他义兄袁烈对上一代的仇恨和命运的拨弄，令他跌入无尽的深渊。在旁人眼中，苏灿已沦为一个外表疯疯颠颠、整天喝得烂醉、日夜穿街过巷行乞的流浪汉。其实，颠沛流离的生活并没有打击苏灿磨砺武术的心志。一直以来，他为创造新的武术而努力不懈，钻研飘忽无定的醉拳。另一边，他巧遇武神这个武艺超卓、道行高深的假想敌，连番比武令他有所顿悟。此时正值清代末期，列强入侵中国，苏灿所在的黑龙江省饱受俄罗斯人的欺压。在一次事件中，苏灿的儿子被俄罗斯人欺凌，濒临死亡的边缘。看着自己唯一的亲

影片《苏乞儿》剧照

人身处危急之中，苏灿内心的火焰终于再次燃点，他体内一直压抑着的能量终于激放出来……

千钧一发，他打出了最高境界的拳术！这就是传诵至今的醉拳的由来。

《铁人》

年轻的石油工人刘思成是单位的业务标兵，喜欢收藏王铁人的所有物品。刘思成的父亲刘文瑞是和王铁人并肩战斗过的战友。铁人后辈的身份带给刘思成无上荣誉的同时，也日益成为他的困扰。在美丽的心理医师吴梦夏(马苏 饰)的帮助下，刘思成开始尝试打开心结。

与此同时，赵一林因和女友的不检行为被揭发而双双被迫离队。恼羞成怒的赵一林当众怒斥此事的唯一知情人刘思成，认为刘思成和他的父亲刘文瑞一样都是只知道沽名钓誉的骗子。父亲到底是和铁人战斗到底的英雄，还是如赵一林所言半路当了逃兵？伴随着刘思成的追问，时光退回到半个世纪前……

一列破旧的火车把王进喜和他的1205钻井队从甘肃玉门油田拉到了大庆。作为石油大会战的主力军，王进喜和他的队伍肩负着让新中国甩掉贫油帽子的希望。这支除却血肉之躯和钢铁意志外几乎一无所有的队伍在队长王进喜的带领下，苦干5天5夜，大庆第一口油井终于开钻。房东老大娘见王进喜连续数昼夜奋战在井架，感慨“王队长真是个铁人”！“王铁人”的名字从此传开。

影片《铁人》剧照

第一口油井打好之后，王进喜的腿被滚落的钻杆砸伤，他却顾不上住院。拄着拐杖缠着绷带连夜回到井队。突遇第二口油井即将发生井喷，在没有重晶石粉堵塞井喷的危急时刻，他当机立断用水泥代替，水泥沉在泥浆池底必须搅拌，现场却没有搅拌机，王进喜便扔掉双拐，纵身跳进泥浆池，用身体搅拌泥浆。在他的带动下，工友们也纷纷跳进，经过三个多小时的奋战，井喷终于被制服，油井和钻机保住了。

三年自然灾害来临，王进喜和他的队伍遇到前所未有的考验。在严重的饥饿和高强度的作业下，队友们意志纷纷崩溃。王进喜省出自己的口粮，甚至不惜犯政治错误，想方设法给大家填肚子。看似粗枝大叶的王进喜对爱徒“小知识分子”刘文瑞更呵护备至，还让妻子为其缝补护膝。刘文瑞最终还是偷偷踏上了返程的火车，师傅王进喜留下的那袋口粮和孤独的背影却成了刘文瑞一生的心债。

伴随着对这段回忆的追思，刘思成陪父亲度过了他最后的时光。此时传来离队的赵一林和女友在沙漠遇险的消息，刘思成毫不犹豫地只身开始他的搜救行动。恍惚间，刘思成的眼前出现了王铁人父亲一样的笑脸……

《烟花恋人》

在一个绝望的癌证患者被动地与两个病友一起在网络上拯救一个企图自杀的女孩过程中，自我囚禁的内心悄然复苏。在这场网络时代的爱情绝唱中，“青春”和“死亡”的较量一直完美秘密地保存在这段“多角”的浪漫初恋里。网上的女孩“云”感受到的只是生命的阳光、温暖和力量。JOY，何俊和永健与云在生命末端的相遇使死亡变得淡然，爱情悄然升华。四个年轻的生命完成了不同的成长，青涩的青春走向了生命的成熟。这场感人、空灵的生命相遇正是一场永不消失的烟花，盛开在每一个人曾经失落的内心。由于故事以网恋为线索，因此非常适合跨国合作。剧作中，人物身份上已经赋予了国籍的多元化，镜头使用上利用电脑网络展现加拿大风情，既伸展时空，又满足故事情绪的传承。动漫的点缀将是本片的另一亮点，既展现网恋的时空，又表达“牢狱”中青春的心声。这将是一部现代、别致、浪漫，有着国际共融情感，充满人文关怀的青春励志影片。

影片《烟花恋人》剧照

《秦基伟血战临泽》

1937年，红军西路军欲打开西北甘肃根据地占领了临泽。然而马步方要将红军赶出甘肃，围困红军于高台和临泽。侦察科长秦基伟临危受命率红军妇女团及百姓，死守临泽。由于寡不敌众，秦基伟又带领战士与乡亲浴血奋战、突出重围。影片讲述了红军战士在衣不遮体、缺少弹药的情况下和彪悍、战备精良的马家军精锐部队血战临泽，最终在秦基伟的指挥下守城3天、突出重围的一段鲜为人知的故事。

影片《秦基伟血战临泽》剧照

《走着瞧》

荒唐的年代，两只驴和一个人的故事。

20世纪70年代，城市知识青年马杰插队来到某山区参加生产劳动，与当地农村少女彩凤相知、相恋。一次偶然，在山上凿炮眼负伤的马杰被送到公社卫生所治疗。缝针时他见识了麻药的威力，临走顺手牵羊偷了一支麻药和针管，带回村里。村里养着一头公驴黑六，它不用下田干活儿，每年只管配种，在村里享有特殊的地位和其他牲口艳羡的待遇。饲养员的工作相对轻松，马杰觊觎许久。回到村里，马

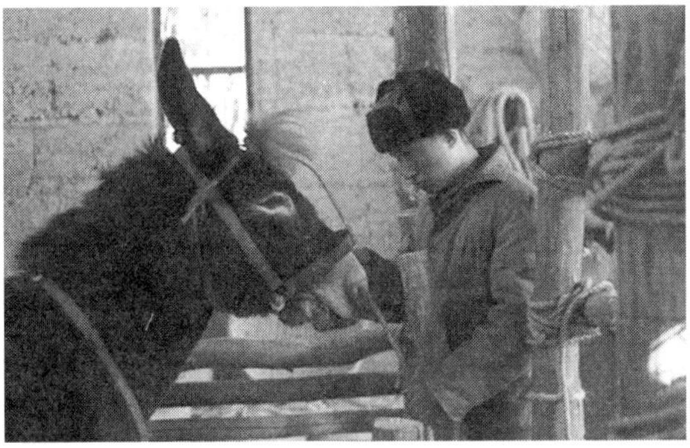

影片《走着瞧》剧照

杰悄悄给黑六打了两针麻药，令它暂时瘫软。黑六的“怪病”惊动了生产队队长大莲和众村民，就连兽医也束手无策，马杰又利用麻药过劲儿的时机，佯装治好了黑六。马杰取得了队长的信任，也得到了饲养员的工作。马杰不满黑六只交配不干活儿的待遇，对侍候黑六忿忿不平。一天他违反规定擅自让黑六拉车，被大莲队长发现，队长严厉批评马杰，马杰越发怨恨黑六。当晚，马杰鞭打教训了黑六，未料一时失手竟铸成大错。

《衡水湖的孩子们》

让衡水人民为之骄傲的衡水湖素有鸟儿的乐园之称。影片以此为背景，是一部以环保为主题的儿童片，讲述的是城里来的孩子和衡水湖的孩子们一起爱鸟护鸟、和盗鸟贼作斗争的故事。在故事的结尾，孩子们经过一番惊险，最终取得胜利，衡水湖在孩子们的呵护下更加静美、和谐。湖光水色、百鸟争鸣、童趣横生和唯美、质感的画面将是这部电影最好的看点。

影片《衡水湖的孩子们》剧照

《机器侠》

公元2046年，高科技正不断改变人类的习惯，第一代人工智能机器人，代号为“K-1”，在天安科研局的秘密研制下横空出世，目的是为代替警察执行危急任务，以保障执法人员的安全。为了测试性能，局长林祥（曾志伟饰演）决定派他到一个偏远的小镇实习，并由当地的警察队长徐大春（胡军饰演）秘密监管。K-1以“德明”的身份加入警局，立刻大显神通，成为破案神手。由于体内有完美的社交程序，德明很快就成了小镇上的人气偶像，而女警察素梅很快爱上了他，并对他芳心暗许，这让一直暗恋素梅的大春郁闷不已。大春看不起德明只是个机器，二“人”明争暗斗，笑话百出，于是演绎出一系列令人捧腹的故事。

影片《机器侠》剧照

《花木兰》

北魏，有个小女孩叫花木兰(徐娇饰演小花木兰)，与父亲花弧相依为命。从小受父亲影响偷练武功，私学阵法，武艺高强。木兰(赵薇饰演)十八岁时，游牧民族柔然犯境，军情紧急，魏国全民征兵。木兰不忍年迈的父亲再上战场，便灌醉父亲，违抗军令，悄悄地替父从军。初入军营，木兰精湛的武艺引起了副营长文泰(陈坤饰演)的注意。但身份的危机却一步步逼近木兰……文泰和木兰并肩作战，胜战连连，晋升为将。然而，木兰的内心却无时无刻不在逃避战争。相处中，两人渐生情愫。冒顿(胡军饰演)围困魏军，眼看着到了山穷水尽的地步，文泰为了自己的爱人，为了顾全大局，主动向冒顿坦白了自己的身世之谜……木兰遣散了士兵，追随文泰的脚印，历尽千辛万苦，她终于见到了自己的爱人。木兰和文泰回到朝廷，备受嘉奖。本以为有情人终成眷属，没想到皇帝为了停止这场战争，决定让文泰和柔然公主和亲……

影片《花木兰》剧照

《越光宝盒》

影片《越光宝盒》剧照

当至尊宝与紫霞的邂逅与永诀已成为人世间不朽的传说，那份真诚却没有被珍惜的爱情却一再被反复上演。这一次，一位山贼遇到一位以爱情为信念的莽撞仙子，上天注定的缘分固然最大，只是太过突如其来。被仙子倒追得焦头烂额的山贼，一心逃离“烂桃花”。一个只求脱身，一个紧追不舍，越光宝盒偏偏在阴差阳错时打开了一扇通往另一时空的大门，山贼与仙子开始了他们奇幻的旅程……

《我们天上见》

以一个孩子的视角，讲述了20世纪70年代末，一个小女孩和她的姥爷相依为命的感人故事，记录了小女孩的成长，这是著名演员蒋雯丽的导演处女作，也是她首次自导自演的作品。借助镜头，她表达了生命的传承和代代延伸，而这对“祖孙”的“摹本”正是蒋雯丽和她的姥爷。“这是一部自传性的故事，是我和我姥爷的故事，讲一个小女孩和老人的亲情，还有那个时代的生活。”

影片《我们天上见》剧照

《大内密探灵灵狗》

影片《大内密探灵灵狗》剧照

该片的故事发生在古代某朝，皇帝有12位以属相命名的大内密探贴身保护。其中古天乐饰演的高天九代表属相“狗”，又被称做“灵灵狗”，醉心于科技的他固执地认为科技一定会胜过功夫，但是他的发明创造却在多次行动中帮了倒忙，所以与其他密探格格不入，而只有他弟弟灵灵虎(佟大为饰)和未婚妻梅希望(大S饰)义无反顾地支持着他。但是面对梅希望一片痴情，不解风情的灵灵狗竟然无动于衷。此时，樊少皇饰演的曹公公正野心勃勃，意欲杀掉皇帝取而代之，但他必须先除掉以灵灵狗为首的大内密探。而令人料想不到的是曹公公的阴谋仅仅是冰山一角，灵灵狗还要面对更多、更强大的敌人，看似风平浪静的皇宫危机四伏、杀机暗藏……

《一生香水》

这是一个美丽的爱情故事。香水本来就香气诱人，而一生香水，更有爱情的特殊香味。康倪——一个职业女性，电影的女主人公，最能欣赏一生香水的漂亮女人。庄武——一个海归的白领男人，电影的男主人公，也是喜欢一生香水的高雅男士。他们两个非常戏剧化地相识，同时又阴差阳错地分开，彼此都珍惜这段美好的相遇、相识。影片的开始，女主人公康倪恰巧租赁了远在美国的男主人公庄武的中国私人公寓，而庄武的妻子聂小晶全然不知晓日后这个单身住进来的漂亮女人会一步步走进她丈夫庄武的心灵世界——故事的悬念就这样一环扣一环地展开。那间公寓的男主人庄武不断从远洋给妻子聂小晶打来电话，怀着一颗思念故乡、思念家人的心情向妻子柔情倾诉。可是，让庄武万万没有料到的是，每次接电话的对方并不是真正他的妻子，而是另外一个女人。她的妻子正和别的男人寻欢作乐呢。痴情的丈夫还蒙在鼓里。终于抵御不了思念的磨折，庄武提前回国了。恰巧他的妻子聂小晶因为车祸大脑受到刺激，而这一切正好掩盖了庄武对妻子的怀疑。咱们的女主人公康倪还是那么真诚、那么辛劳地工作，面对上司的不断追扰，甚至用金钱来诱惑她，她默默地回避，守住自己的那份崇高的寂寞。一次偶然的机会，康倪度周末，乘火车前往一个叫周庄的旅游小镇。在周庄，她奇妙地遇见了刚从美国归来、同样也来这里度假的庄武。他们两个并不认识，不过“同是天涯沦落人，相逢何必曾相识”。他们在这里相逢，又在这里相识，只有康倪明白眼前这位潇洒的海归男士就是一直通过声音电波叩开她情感心房的那个人。而庄武什么也还不知道。康倪的新经济公司来了一个高级部门经理，国外高工，他就是咱们这部戏的男主人公庄武。两个已然谋面，有过周庄的邂逅，又有过远洋电话传递真情、表露心声的男女，他们很快互相都找到了某种神秘而又幸福的感觉。有情人终成眷属吗？

《社区故事》

电影《社区故事》取材于江西省廉租房制度在全国率先实施的生动事例，来源于南昌市社区百姓的真实生活，取景于南昌街头巷尾的实景。以南昌某社区一位年轻社区干部何敏的廉租房分配工作为主线，以一个生活窘迫的母亲柳青为了孩子秋秋挣扎生存的状态为副线，通过分管廉租房的马区长感人至深的举动和社区干部一心为老百姓办实事的工作决心，以及社区居民在关键时刻相互帮助的故事，真实地再现了各级干部为构建和谐社区而做出的不懈努力。全片以“情”聚焦，通过两条情节线跌宕起伏地讲述了各级干部帮助群众解决困难的故事。

影片《社区故事》剧照

北京市电影院一览表

东城区

序号	电影院名称	地址	邮编	订票电话
1	北京市电影公司影联东环电影城	东城区东中街9号东环广场B座地下1层	100027	64185949
2	长虹电影院	东城区隆福寺街75号	100010	64050771
3	大华电影院	东城区东单北大街82号	100005	65272757
4	东城区图书馆会议中心	东城区交道口东大街85号	100007	64042764
5	东四工人文化宫	东城区隆福寺街47号	100010	64031596 84028490
6	金宝汇百丽宫影院	东城区金宝街88号6～7层	100005	85221977
7	万国城百老汇电影院	东城区东直门香河园1号院北区4号楼	100028	84388202
8	新东安影院	东城区新王府井大街新东安市场6层	100006	65281898
9	新世纪影院	东城区东长安街1号东方广场地下1层B65	100738	85486778
10	东创影剧院	东城区东外十字坡西里12号楼	100027	64168097

西城区

序号	电影院名称	地址	邮编	订票电话
11	北京地质礼堂	西城区西四羊肉胡同30号	100034	66178928
12	北京青年宫电影城	西城区西直门南小街68号	100035	66152207
13	红楼电影院	西城区西安门大街156号	100304	66036309
14	胜利电影院	西城区西四东大街55号	100034	66160370
15	首都电影院	西城区西单北大街131号大悦城购物中心9～11层	100032	400-650-8177
16	首都时代电影城	西城区长安街88号首都时代电影城地下1层	100031	83913643
17	西城区工人文化宫	西城区月坛南街24号	100045	68583461
18	新街口电影院	西城区西直门内大街69号	100035	62256721

崇文区

序号	电影院名称	地址	邮编	订票电话
19	花市百老汇影院	崇文区崇外大街18号国瑞购物中心首层、地下 1～2层	100062	67171338
20	搜秀影城	崇文区崇外大街40号搜秀城9层	100062	51671298–608

宣武区

序号	电影院名称	地址	邮编	订票电话
21	北京市工人俱乐部	宣武区虎坊路7号	100052	63533121/3123 63535390 83549788
22	春晖剧场	宣武区陶然亭路51号	100054	63525827
23	大观楼影院	宣武区大栅栏街36号	100051	63037361 63024485
24	广安门电影院	宣武区白广路8号	100053	63522472
25	中华电影娱乐宫	宣武区天桥市场斜街85号	100050	63034486

朝阳区

序号	电影院名称	地址	邮编	订票电话
26	中国电影博物馆	朝阳区南皋路9号	100015	64319548
27	UME国际影城安贞店	朝阳区北三环东路36号环球贸易中心3期B1–F1–F3	100013	58257733
28	UME国际影城双井店	朝阳区东三环中路65号富力广场5～6层	100022	59037373–105
29	北京剧院	朝阳区安慧里三区10号	100101	64910516
30	博纳优唐国际影城	朝阳区朝外大街三丰北里2号楼地下1层	100020	59775610

续表

序号	电影院名称	地址	邮编	订票电话
31	朝阳剧场	朝阳区东三环北路36号	100026	65068116
32	朝阳区文化馆	朝阳区朝外小庄金台路17号	100026	85993958
33	传奇时代影城	朝阳区朝阳公园路6号蓝色港湾国际商区SA–42	100026	59056168
34	东都影城	朝阳区东四环中路195号华腾新天地(法国天地)5层	100022	87952964/2967
35	枫花园汽车电影院	朝阳区亮马桥路21号	100016	64319595
36	红霞影剧院	朝阳区酒仙桥红霞路13号	100016	64371383 64371712
37	今典苹果派电影院有限公司	朝阳区黄渠东路二号院14号楼	100020	65995205
38	金鸡百花影城(影协电影院)	朝阳区北三环东路22号	100013	64203483
39	劲松电影院	朝阳区劲松中街404号	100021	67709306
40	世界城星美国际影城	朝阳区金汇路8号B1层02室	100020	85907677
41	万达国际电影城CBD店	朝阳区建国路93号北京万达广场B座3层	100022	59603399–818/819
42	望京·星美国际影城	朝阳区望京街9号望京国际商业中心A座4层	100102	59203788
43	阳光影城	朝阳区安立路68号阳光广场北门首层	100101	64928540
44	中关美嘉欢乐影城三里屯店	朝阳区三里屯路19号B1	100027	59863777–1
45	中国木偶艺术剧院有限责任公司	朝阳区安华西里一区甲1号	100011	64243697–8004
46	紫光影城	朝阳区朝外大街10号（蓝岛西区5~6层）	100020	65995205

丰台区

序号	电影院名称	地址	邮编	订票电话
47	保利万源影城	丰台区东高地万源西里航天万源广场 5 楼	100076	68198833
48	丰台青少年剧场	丰台区西四环南路 86 号	100071	63810206
49	糖人街影城	丰台区六里桥华源一里 2 号楼 B1 层	100073	63333755
50	特别乐历险城	丰台区花乡大堡台世界公园内	100071	83614306（咨询）

海淀区

序号	电影院名称	地址	邮编	订票电话
51	UME 华星国际影城	海淀区双榆树科学院南路 44 号	100086	82111601－105
52	国安剧院	海淀区花园东路甲 16 号	100191	62026328
53	国图音乐厅	海淀区中关村南大街 33 号	100081	88545520
54	海淀剧院	海淀区中关村大街 28 号	100086	82533588
55	海淀区工人文化宫	海淀区万柳华府北街 2 号	100089	82567215
56	今典花园影院	海淀区文慧园北路 9 号今典花园 9 号楼空间蒙太奇大厦 2 层	100082	62229238
57	今日时代数字影院	海淀区西翠路 5 号今日家园 8 号楼 F101 室	100039	88283459
58	金逸国际影城	海淀区中关村大街 19 号新中关购物中心地下 1 层	100080	82486806
59	美麟影城	海淀区农大南路 1 号院 1 号楼 04～05	100085	62667799－700
60	五道口工人俱乐部	海淀区成府路 23 号	100083	62329810
61	星美国际影城	海淀区远大路 1 号金源时代购物中心 5 层	100097	88878696 88864988
62	中关美嘉欢乐影城中关村店	海淀区中关村大街 15 号中关村广场购物中心津乐汇 3 层	100082	59863777－1
63	中影电影院	海淀区新外大街 25 号	100082	62215069

石景山区

序号	电影院名称	地址	邮编	订票电话
64	古城电影院	石景山区古城南路15号	100043	68874790
65	山姆电影院	石景山区石景山路42号-1	100043	68879104
66	万达国际电影城石景山店	石景山区石景山路乙18号院4号楼3层	100043	68663399-807

大兴区

序号	电影院名称	地址	邮编	订票电话
67	大兴区影剧院	大兴区黄村西大街15号	100076	69252566

通州区

序号	电影院名称	地址	邮编	订票电话
68	通州区电影院	通州区西塔胡同1号	101100	69542229

房山区

序号	电影院名称	地址	邮编	订票电话
69	良乡影剧院	房山区良乡拱辰大街31号	102401	69352415
70	新华国际影城	房山区良乡北关西路14号华冠购物中心5层电影院	102488	69351155
71	燕山影剧院	房山区燕山岗南路3号	102500	69341934

昌平区

序号	电影院名称	地址	邮编	订票电话
72	昌平区影剧院（待开业）	昌平区鼓楼南大街6号	102200	无
73	回龙观星美国际影城	昌平区回龙关镇西大街111号华联3层	102208	80771513
74	万达龙德电影城	昌平区立汤路186号龙德广场5层	102218	84844742
75	中影国际影城永旺店	昌平区北清路1号永旺国际商城三楼	102206	80700848

顺义区

序号	电影院名称	地址	邮编	订票电话
76	顺博苑电影院	顺义区石园南区	101300	89449474
77	顺义区影剧院	顺义区新顺北大街3号	101300	69447548

平谷区

序号	电影院名称	地址	邮编	订票电话
78	平谷区影剧院	平谷区平谷镇新开街16号	101200	69962434

密云县

序号	电影院名称	地址	邮编	订票电话
79	密云大剧院	密云县鼓楼西大街1号	101500	69041575

延庆县

序号	电影院名称	地址	邮编	订票电话
80	圣世苑培训中心影院	延庆县城东外大街71号	102100	69104360

门头沟区

序号	电影院名称	地址	邮编	订票电话
81	门头沟影剧院	门头沟区新桥大街12号	102300	69842686

（北京市广播电影电视局电影管理处提供）

电视剧

中华人民共和国成立60周年献礼剧目

北京市广播电影电视局
2009年电视剧发行情况备案表

序号	剧名	集数	制作单位	合作单位	发行许可证号	发证日期
1	牛郎织女	38	北京大都阳光影视文化有限公司	无	（京）剧审字（2009）第001号	2009-1-5
2	单亲妈妈	26	北京拉风影视投资有限公司	东阳拉风影视文化有限公司	（京）剧审字（2009）第002号	2009-1-14
3	我的青春谁做主	32	北京鑫宝源影视投资有限公司	无	（京）剧审字（2009）第003号	2009-1-19
4	我是一棵小草	43	北京东方天星文化传媒有限公司	广州东方明珠文化传播有限公司	（京）剧审字（2009）第004号	2009-1-19
5	仰角	32	北京海润在线影视文化投资有限公司	北京海润荣天影视文化传媒有限公司、广州军区政治部宣传部	（京）剧审字（2009）第005号	2009-3-23

续表

序号	剧名	集数	制作单位	合作单位	发行许可证号	发证日期
6	沧海	48	北京海润影视制作有限公司	海军政治部电视艺术中心、北京市广播电视局、上海电影(集团)公司、贵州电视台、广东润视影音制作有限公司、上海海润影视制作有限公司	(京)剧审字(2009)第006号	2009-3-23
7	美丽的事	41	北京唐德国际文化传媒有限公司	无	(京)剧审字(2009)第007号	2009-3-23
8	红官窑	23	北京百年华盛影视文化传播有限公司	中央电视台文艺中心影视部、中共醴陵市委、醴陵市人民政府	(京)剧审字(2009)第008号	2009-3-23
9	家有外星人(1-50集)	50	天地人传媒有限公司	北京瑞德博才文化有限公司	(京)剧审字(2009)第009号	2009-4-1
10	迷雾重重	26	北京金奥尼影视文化传播有限公司	无	(京)剧审字(2009)第010号	2009-4-1
11	民国传奇	50	北京东方飞云国际影视策划有限公司	无	(京)剧审字(2009)第011号	2009-4-1
12	准妈妈四重奏	32	华夏视听环球传媒(北京)有限公司	无	(京)剧审字(2009)第012号	2009-4-1
13	我是老板	34	北京电视艺术中心	东阳市花儿影视文化有限公司	(京)剧审字(2009)第013号	2009-4-13
14	龙须沟	34	北京电视台	北京京视传媒有限责任公司	(京)剧审字(2009)第014号	2009-4-16
15	对手	46	北京中北电视艺术中心有限公司	无	(京)剧审字(2009)第015号	2009-4-23
16	誓言无声Ⅱ	31	中国国安文化传媒投资有限公司	中视传媒股份有限公司	(京)剧审字(2009)第016号	2009-4-23
17	勇者无敌	32	北京华亿联盟文化传媒投资有限公司	无	(京)剧审字(2009)第017号	2009-4-30

续表

序号	剧名	集数	制作单位	合作单位	发行许可证号	发证日期
18	家有外星人(51–100集)	50	天地人传媒有限公司	北京瑞德博才文化有限公司	（京）剧审字（2009）第018号	2009–4–30
19	金融危机之迷情姐妹	29	北京盛世富华文化有限公司	北京盛世凯华文化投资有限公司	（京）剧审字（2009）第019号	2009–5–11
20	狼烟北平	41	北京电视台	北京传奇时代影视文化传播有限公司、北京金盾盛业影视文化有限公司	（京）剧审字（2009）第020号	2009–5–13
21	翡翠凤凰	40	海润影视制作有限公司	云南润视荣光影业制作有限公司	（京）剧审字（2009）第021号	2009–5–21
22	我的兄弟叫顺溜	26	北京小马奔腾影视文化发展有限公司	无	（京）剧审字（2009）第022号	2009–6–17
23	风云1949	27	北京市润亚传媒股份有限公司	广东电视台	（京）剧审字（2009）第023号	2009–6–17
24	幸福	20	北京蓝海红林影视有限公司	东阳奇阳影视文化传播有限公司	（京）剧审字（2009）第024号	2009–6–22
25	北京人在纽约	21	北京电视艺术中心	无	（京）剧审字（2009）第025号	2009–6–22
26	离婚	21	北京文化艺术音像出版社	无	（京）剧审字（2009）第026号	2009–6–22
27	最亲的敌人	20	北京金泽太和国际文化交流有限公司	无	（京）剧审字（2009）第027号	2009–7–7
28	渴望	50	北京电视艺术中心	无	（京）剧审字（2009）第028号	2009–7–8
29	编辑部的故事	25	北京电视艺术中心	无	（京）剧审字（2009）第029号	2009–7–8
30	奇志	40	北京家赫兄妹影视制作有限公司	无	（京）剧审字（2009）第030号	2009–7–8
31	加油，优雅！	40	北京慈文影视制作有限公司	上海文广新闻传媒集团	（京）剧审字（2009）第031号	2009–7–28
32	神枪手	30	北京唐德国际文化传媒有限公司	无	（京）剧审字（2009）第032号	2009–8–11

续表

序号	剧名	集数	制作单位	合作单位	发行许可证号	发证日期
33	少年宫的故事	40	北京文化艺术音像出版社	无	（京）剧审字（2009）第033号	2009–8–17
34	春桃的战争	40	北京金视映画文化传播有限公司	东阳九鼎影视策划有限公司	（京）剧审字（2009）第034号	2009–8–17
35	爱的方式	27	北京左岸影视投资管理有限公司	深圳市世纪映画传媒有限公司、上海天空广告传播发展有限公司	（京）剧审字（2009）第035号	2009–8–17
36	独生女	32	北京华夏乐道影视文化传播有限公司	北京金徽信和投资有限公司、北京奇天大地影视文化传播有限公司、中国武警文工团、宝社喜剧	（京）剧审字（2009）第036号	2009–8–17
37	决战黎明	44	北京盛世凯华文化投资有限公司	无	（京）剧审字（2009）第037号	2009–8–20
38	雾里看花	30	北京东王文化发展有限公司	北京广电影视传媒有限公司	（京）剧审字（2009）第038号	2009–8–20
39	相伴	29	北京国立常升影视文化传播有限公司	深圳市朗晟文化传播有限公司	（京）剧审字（2009）第039号	2009–8–21
40	战士	28	海润影视制作有限公司	贵州电视台、广东润视影音制作有限公司	（京）剧审字（2009）第040号	2009–8–25
41	锣鼓巷	36	海润影视制作有限公司	贵州电视台、安徽电视台、中国青年出版社、青岛深远现代文化发展有限公司	（京）剧审字（2009）第041号	2009–8–25
42	爸妈都是老党员	38	北京电视艺术中心	北京舍得文化有限公司	（京）剧审字（2009）第042号	2009–8–31
43	大爱无敌	25	北京东方在扬文化传播有限公司	东阳在扬文化传媒有限公司	（京）剧审字（2009）第043号	2009–9–2
44	空巢	24	北京小马奔腾影视文化发展有限公司	无	（京）剧审字（2009）第044号	2009–9–14

续表

序号	剧名	集数	制作单位	合作单位	发行许可证号	发证日期
45	战后之战	30	北京慈文影视制作有限公司	慈文传媒有限公司	（京）剧审字（2009）第045号	2009-9-24
46	钻石豪门	40	北京拉风影视投资有限公司	东阳拉风影视文化有限公司	（京）剧审字（2009）第046号	2009-9-16
47	倚天屠龙记	40	北京华谊兄弟娱乐投资有限公司	华夏视听环球传媒（北京）有限公司	（京）剧审字（2009）第047号	2009-10-19
48	内线	32	北京中北电视艺术中心有限公司	无	（京）剧审字（2009）第048号	2009-10-19
49	城·事	22	北京红袖佳业影视文化传媒有限公司	无	（京）剧审字（2009）第049号	2009-10-19
50	晚婚	32	海润影视制作有限公司	北京艺海森容文化发展有限责任公司、奥维尔影业公司、贵州电视台、北京标旗文化传播有限责任公司	（京）剧审字（2009）第050号	2009-10-28
51	父爱如山	29	北京金英马影视文化有限责任公司	天津华艺海文化发展有限公司	（京）剧审字（2009）第051号	2009-11-12
52	谍变1939	35	北京华谊兄弟娱乐投资有限公司	无	（京）剧审字（2009）第052号	2009-11-13
53	民国奇谈	52	北京东方飞云国际影视策划有限公司	无	（京）剧审字（2009）第053号	2009-11-16
54	“租”个女友回家过年	24	北京超炫文化传播有限公司	时代宝船影视制作（北京）有限公司	（京）剧审字（2009）第054号	2009-11-16
55	半路兄弟	27	北京金英马影视文化有限责任公司	北京市广播电影电视局	（京）剧审字（2009）第055号	2009-11-25
56	人生无悔	35	北京中联华盟文化传媒投资有限公司	无	（京）剧审字（2009）第056号	2009-12-14
57	黄金地带	28	北京金英马影视文化有限责任公司	中国电影集团公司	（京）剧审字（2009）第057号	2009-12-17

续表

序号	剧名	集数	制作单位	合作单位	发行许可证号	发证日期
58	孽缘	23	海润影视制作有限公司	云南润视荣光影业制作有限公司	（京）剧审字（2009）第058号	2009－12－25
59	年轮	45	北京电视台	黑龙江电视台、黑龙江电影电视制作中心	（京）剧审字（2009）第059号	2009－12－31
	合计	1985				

（北京市广播电影电视局宣传管理处提供）

北京市2009年度核发《国产电视动画片发行许可证》目录

片名	集数	分钟	长度	制作机构	审查单位	许可证号	发证时间
德行天下之中华教育故事（1–14）	14	11	154	北京妙音动漫艺术设计有限公司	北京市广播电影电视局	京动审字2009001	2009.4
至善之道	11	10	110	北京妙音动漫艺术设计有限公司	北京市广播电影电视局	京动审字2009002	2009.4
健康博士100答	10	1	10	北京百穗文化传媒有限公司	北京市广播电影电视局	京动审字2009003	2009.4
开心部落	5	15	75	北京卡酷动画卫星频道有限公司	北京市广播电影电视局	京动审字2009004	2009.5
斗逗乐	26	10	260	北京卡酷动画卫星频道有限公司	北京市广播电影电视局	京动审字2009005	2009.5
木瓜木瓜（1–13）	13	11	143	北京汇佳卡通影视制作有限公司	北京市广播电影电视局	京动审字2009006	2009.5
你好，科学	25	3.5	88	北京密帖夏国际影视传媒有限公司	北京市广播电影电视局	京动审字2009007	2009.5
西游新传－青少年自我防护	100	13	1300	北京科影国际影视策划有限公司	北京市广播电影电视局	京动审字2009008	2009.5
守护生命十法则	10	4	40	北京水晶石影视动画科技有限公司	北京市广播电影电视局	京动审字2009009	2009.6

续表

片名	集数	分钟	长度	制作机构	审查单位	许可证号	发证时间
鸭兵哥传奇	30	10	300	北京密帖夏国际影视传媒有限公司	北京市广播电影电视局	京动审字2009010	2009.6
武林外传（1–52）	52	22	1144	北京联盟影业投资有限公司	北京市广播电影电视局	京动审字2009011	2009.7
德行天下之中华教育故事（15–25）	11	8	88	北京妙音动漫艺术设计有限公司	北京市广播电影电视局	京动审字2009012	2009.7
小鼠和大象的创意	35	14	490	北京张琦动画制作工作室有限公司	北京市广播电影电视局	京动审字2009013	2009.8
健康博士100答（11–34）	24	1	24	北京百穗文化传媒有限公司	北京市广播电影电视局	京动审字2009014	2009.9
木瓜木瓜（14–52）	39	11	429	北京汇佳卡通影视制作有限公司	北京市广播电影电视局	京动审字2009015	2009.9
魔角侦探	52	11	572	北京禹田文化艺术有限责任公司	北京市广播电影电视局	京动审字2009016	2009.11
海青天	47	10	470	北京卡酷动画卫星频道有限公司	北京市广播电影电视局	京动审字2009017	2009.12
我们小孩有力量	52	11	572	北京卡酷动画卫星频道有限公司	北京市广播电影电视局	京动审字2009018	2009.12
卡酷漫游记	52	11	572	北京卡酷动画卫星频道有限公司	北京市广播电影电视局	京动审字2009019	2009.12
热血三国－火烧赤壁	49	12	588	北京卡酷动画卫星频道有限公司	北京市广播电影电视局	京动审字2009020	2009.12
热血三国－卧龙出山	45	12	540	北京卡酷动画卫星频道有限公司	北京市广播电影电视局	京动审字2009021	2009.12
昆“论”派	39	12	468	北京卡酷动画卫星频道有限公司	北京市广播电影电视局	京动审字2009022	2009.12
欢乐多宝箱	8	12	96	北京卡酷动画卫星频道有限公司	北京市广播电影电视局	京动审字2009023	2009.12
开心百乐岛	7	20	140	北京卡酷动画卫星频道有限公司	北京市广播电影电视局	京动审字2009024	2009.12
快乐“宝”典	38	18	684	北京卡酷动画卫星频道有限公司	北京市广播电影电视局	京动审字2009025	2009.12

（北京市广播电影电视局宣传管理处提供）

2009年部分电视剧制作机构作品统计表

北京电视艺术中心

剧名	集数	合拍单位	编剧	制片人	导演	主要演员
我是老板	34	东阳市花儿影视文化有限公司	巩向东	曹平	郑晓龙	姜武、张恒、李菁菁、李小萌、方子哥
咱爸咱妈六十年	38	北京舍得文化有限公司	李晓明 赵刚 卓朝阳	李俊明 温成林	温成林	王志飞、宁静

北京中北电视艺术中心有限公司

剧名	集数	是否合拍	编剧	导演	制片人	主要演员
猎人笔记之谜	28	否	—	尤小刚	杨群	陈小春、刘灿、万妮恩、格列洛瓦·纳捷日答
内线	31	否	徐萌	陶玲玲	陶玲玲	孙淳、钟汉良、孙菲菲

北京北广传媒影视有限公司

剧名	集数	合拍单位	编剧	制片人	导演	主要演员
东京生死恋	22	上海晨闻文化传媒有限公司	谢丽虹	张光北	乔梁	黄圣依、郭家铭、孔维、腾原尤佳（日本）

北京北广传媒数字电视公司

剧名	集数	合拍单位	编剧	制片人	导演	主要演员
以案说纪	16	北京市纪律检查委员会	晓光 海龙	祁昱杰	韩小龙	陈洪安、蒋熹多

华谊兄弟传媒有限公司

剧名	合拍单位	编剧	制片人	导演	主要演员
南下南下（35集）	中共湖北宣传部、北京华谊兄弟娱乐投资有限公司、武汉影视艺术传媒有限公司、八一电影制片厂、海南明珠影业有限公司、武汉传奇人影视艺术有限公司	邓一光	庄立奇	巴特尔	于震、苏言、罗海琼、吴健
倚天屠龙记（40集）	北京华谊兄弟娱乐投资有限公司、华夏视听环球传媒（北京）有限公司	刘毅 王雪静 曹逸鸣 马帅	张纪中	于敏	邓超、安以轩、刘竞、张智尧、王媛可、臧金生、何琢言、于成惠、王菁华、马羚、张檬、路晨、何桂仪
最后的99天（32集）	北京华谊兄弟娱乐投资有限公司、华谊兄弟传媒股份有限公司(仅享有署名权)	张策 周燕妮	李波	汪俊	张涵予、段奕宏、车晓、石维坚、宗平、胡海峰、李玥、王若心、张志忠、陈婷
黑玫瑰（36集）	北京华谊兄弟娱乐投资有限公司、华谊兄弟传媒股份有限公司（享有“协拍单位”署名权）	于立清	杨善朴	于立清	姜鸿、陈紫函、朱子岩、于震、王奎荣
烽火影人（31集）	北京华谊兄弟娱乐投资有限公司、华谊兄弟传媒股份有限公司（享有“联合拍摄”署名权）	张兆宇	陈剑飞	陈剑飞	罗海琼、刘佩琦、屠洪纲、朱亚文、齐奎、许还幻、袁文康、汤嬿、乔振宇

海润影视制作有限公司

剧名	集数	合拍单位	编剧	制片人	导演	主要演员
烈火红岩	28	中共重庆市委宣传部、重庆广播电视集团（总台）	陈凯	赵浚凯	赵浚凯	陈蓉、邢佳栋、王茜、李雨泽、何政军、杜志国、许毛毛、孙鹏滨、刘沙、肖聪

续表

剧名	集数	合拍单位	编剧	制片人	导演	主要演员
江湖绝恋	34	贵州电视台、北京中辉国华文化发展有限公司、广东南方电视台、四川广播电视集团、云南电视台、河南电视台	沐玛 朱厉 晓晓	蒋泽霆	林建忠（中国台湾）	朱雨辰、杜志国、于滨、王珂、邹俊百、李净洋、郑卫莉、郭金、吴乙桐、刘　威、王海地、施羽、张凯、曹克难、岳红
战士	28	贵州电视台、北京金王影视制作有限公司、广东润视影音制作有限公司、济南军区政治部宣传部	张建	赵浚凯	赵浚凯	王挺、杜志国、叶静、赵子惠、李雨泽、孙鹏滨、柴菁、鲍鲲、徐雷智、郭昊伦、李保民、纪永清
平原枪声	28	广东润视影音制作有限公司、贵州电视台、四川润品影视制作有限公司	黄东斌 娅子	赵浚凯	赵浚凯 刘国彤	董勇、王学兵、杜志国、何政军、赵子惠、郭昊伦、孙洪涛、孙鹏斌、刘沙、柴菁、鲍鲲、陈光宝、齐峰
民国往事	40	中国电影集团公司、北京森柏文化传播有限公司、北京市润亚传媒股份有限公司	卞智洪 王学伟	张森	连奕名	连奕名、黄志忠、苗圃、赵会南、王晓晨
我叫刘跃进	22	中国电影集团公司、北京森柏文化传播有限公司	刘震云 姜杨	张森	王奕开	张立、居文沛、艾伟、余皑磊
人生	25	北京市润亚传媒股份有限公司	黄维若、杨梓鹤	张森	杨梓鹤	王雨、婷茹、苏小刚、武美幸
中天悬剑	32	北京市润亚传媒股份有限公司	王学伟	张森	连奕名	连奕名、徐雅祺、周扬

续表

剧名	集数	合拍单位	编剧	制片人	导演	主要演员
进城	32	上海海润影视制作有限公司、上海东上海国际文化影视集团、上海市拥军优属基金会	徐海滨	胡志明	张仲伟	邢佳栋、林熙越、高蓓蓓、崔波、卢海华、张政勇、刘子枫、殷飞、迟帅、董维嘉
孽缘	23	云南润视荣光影业制作有限公司	王倦	蒋晓荣	钟澍佳	霍思燕、李晨、李曼、孙玮、马军勤、刘恩佑、冀涛、普超英、于荣光、颖儿、郭金、邬倩倩、米学东
马店	20	云南润视荣光影业制作有限公司	钟源	于荣光	蒋晓荣	刘烨、孙俪、杜雨露、王奎荣、归亚蕾（中国台湾）、童蕾、赵文瑄（中国台湾）
医者仁心	30	重庆润视影视传播有限公司	徐萌	唐莉莎	傅冬育	尤勇、谢君豪、陈瑾、潘虹、谢刚、白微等
晚婚	32	北京艺海森容文化发展有限责任公司、北京奥维尔投资管理有限公司、贵州电视台、北京标旗文化传播有限责任公司	韩杰	蒋译霆 张小军 董金阁	周晓文	云翔、李雨泽、叶静、丁志诚、奚美娟、陈蓉、付悦、王玉梅、郑爽

北京金英马影视文化有限责任公司

剧名	集数	合拍单位	编剧	制片人	导演	主要演员
半路兄弟	27	北京市广播电影电视局	卢苏宁	井岗	姚晓峰	张丰毅、李强、柯蓝、黄君萌、宗平

续表

剧名	集数	合拍单位	编剧	制片人	导演	主要演员
黄金地带	28	中国电影集团公司	石小克	刘建立	小岛	罗嘉良、王姬、郑晓宁、朱杰、王菁华、孔琳
父爱如山	29	天津华艺海文化发展有限公司	崔洁	郭宏	黄力加	李雪健、陶红、牛莉、刘莉莉、赵会南

北京中联华盟文化传媒投资有限公司

剧名	集数	合拍单位	编剧	制片人	导演	主要演员
人生无悔	35	无	刘一兵	金莲芳	韩刚	耿乐、巫刚、刘向京、黄曼
爱在苍茫大地	51	无	齐星	李昶、宏胤	齐星	李幼斌、朱亚文、赵亮、史兰芽

北京鑫宝源影视投资有限公司

剧名	集数	合拍单位	编剧	制片人	导演	主要演员
我的青春谁做主	32	无	高璇、任宝茹	彭晓林	赵宝刚	赵子琪、陆毅、王珞丹、朱雨晨等
苏菲的供词	27	深圳万科影视有限公司	郑凯楠	郑凯楠彭晓林	王晓明	赵宝刚、张歆艺、刘斌、王志飞等
孽债 2	30	上海上影英皇文化发展有限公司	叶辛、张巍	吕超	梁山	姚笛、赵有亮、张默、丁子峻等
老牛家的战争	30	北京歌亮传媒有限公司、北京天祺红影文化传媒有限公司	林黎胜刘誉	彭晓林、殷宗杰	余淳	张洪杰、宋丹丹、周禹含、李崇宵等
婚姻保卫战	30	无	魏晓霞高璇任宝茹	彭晓林	赵宝刚	佟大为、马伊琍、黄磊、袁立等

北京慈文影视制作有限公司

剧名	集数	合拍单位	编剧	制片人	导演	主要演员
无间有爱	33	苏州慈文影视制作有限公司、中国巨力影视传媒有限公司	安婕、晓碧、陈虹	马中骏黄圣依	林合隆、刘一志	贺军翔、王丽坤、邓家佳、靳东等
战后之战	30	摄制：北京慈文影视制作有限公司 出品：慈文传媒有限公司	蒋晓勤、姚远	马中骏	虎子、赵青	于震、杨蕊、刘文治、黄俊鹏、修宗迪等
加油，优雅！	40	制作协拍：北京福缘视线影视文化有限公司 联合出品：上海文广新闻传媒集团	郑万隆剧本工作室	朱锐斌	铁佛	王丽坤、王雷、王骏毅、孙浩、白庆琳、徐菁遥

华夏视听环球传媒（北京）有限公司

剧名	合拍单位	编剧	制片人	导演	主要演员
倚天屠龙记	北京华谊兄弟娱乐投资有限公司	刘毅	张纪中	于敏 赵箭	邓超、安以轩 何琢言、王媛可 臧金生、张蒙等
准妈妈四重奏	北京仕林院文化传播有限公司	束焕 马琳 句瑞娟 张小莉	刘仪伟	宋洋 黄祖全	陶虹、刘竞 刘仪伟、左青 姜华、果静林等

北京光线传媒股份有限公司

剧名	投资制作发行联合单位	出品人	制片人	编剧及导演	主要演员
百集电视剧：桂花打工记	苏州慈文影视亚环影音公司、沣德影视公司等	王长田 司徒杰 李士东	马景全 丑述成 陈捷	英宁	黄杨、王玉宁 赵铁人、李颖 包贝尔

续表

剧名	投资制作发行联合单位	出品人	制片人	编剧及导演	主要演员
动画片：神兵小将	玉郎动画公司、央视动画公司、北京卡酷动画卫视公司、南京鸿鹰动漫娱乐公司	余培侠 王长田 郭颖 帅民	张昭 黄玉郎	方锦历 黄玉郎 乔彧	——
动画片：阿童木	歌华传播等公司	——	——	大卫·鲍沃斯	——

北京小马奔腾影视文化发展有限公司

剧名	集数	合拍单位	编剧	制片人	导演	主要演员
狙击手	25	空军电视艺术中心	王宛平	张申燕	高希希	佟大为、刘孜、于滨、邵峰、李依晓
我的兄弟叫顺溜	26	南京军区政治部前线文工团	朱苏进	张申燕	花箐	王宝强、张国强
空巢	26	无	燕燕	张申燕	刘新	黄梅莹、张少华、奚美娟
青铜匕首	30	无	韦大军	李立功	韦大军	谷智鑫、于滨、刘园园、刘立伟
三国	95	东方恒和影视文化发展有限公司	朱苏进	杨小明	高希希	陆毅、陈建斌、于和伟、林心如、张博、陈好、何润东等

北京京都世纪文化发展有限公司

剧名	集数	编剧	制片人	导演	主要演员
祈望	32	杜诗筠	闫皓、陶玲玲	尤小刚、陶玲玲	孙淳、茹萍、何赛飞、刘之冰、万妮恩
杨贵妃秘史	49	张建伟	杨群	尤小刚	殷桃、黄秋生、石小群、王洛勇、何赛飞、叶璇

2009年北京电视台首播剧介绍

《潜伏》

播出频道：BTV-1（北京卫视红星剧场）

播出时间：2009年4月1日～4月15日

制作单位：东阳青雨影视文化有限公司、广东南方电视台

剧目类别：革命题材剧

部（集）：30集

主创人员：

编剧：姜伟

30集电视连续剧《潜伏》剧照

导演：姜伟

主演：姚晨、孙红雷、沈傲君

剧情介绍：

抗日战争胜利前，军统人员余则成不满国民党的腐败，被发展成为我党地下工作者，潜伏在军统天津站，代号“峨眉峰”。因工作需要他和女游击队长翠平做起假夫妻，翠平不适应做官太太，险象环生。而余则成的恋人左蓝也到天津执行任务，他受到特务们的怀疑。余则成和左蓝等联手除掉和赶走了天津站的马奎、路桥山，完成了潜伏任务。左蓝的牺牲让翠平理解了地下斗争的重要，她和余则成的配合也更加默契，他们拿到了天津的城防计划，但一次致命失误让翠平四处逃亡。解放前夕，余则成千方百计地获取了国民党潜伏特务名单却苦于无法送出，在去机场的路上他发现了翠平并巧妙地将名单交给她。二人从此分别，余则成继续执行潜伏任务。

《错爱2》

播出频道：BTV-4（影视频道黄金剧场）

播出时间：2009年3月27日～4月5日

制作单位：杭州南广影视制作有限公司

剧目类别：现代情感剧

部（集）：26集

主创人员：

导演：柳国庆

编剧：于漫洋

主演：何政军、娟子、温峥嵘、侯祥玲、杨涵斌

剧情介绍：

年轻有为的画家路治平有一个幸福美满的家庭，妻子党美艳温柔贤惠，儿子路小军聪

26集电视连续剧《错爱2》剧照

明伶俐。但这一切，被路治平的研究生——年轻美貌的梅雨歌所打破。在梅雨歌的热烈追求下，路治平的防线开始动摇……

路治平终于和党美艳提出了离婚，带着梅雨歌去渤海发展。而深受打击的党美艳也因此丢了工作，靠打些零工来维持家庭生计。几年后，在一次偶然的事故中，党美艳被查出患有乳腺癌，为了不给家庭再添负担，她放弃了治疗。在痛苦万分的同时，决定将小军交给路治平抚养。而小军对路家人的怨恨不断加深。最后，党美艳的实际行动打动了路小军，一家人终于幸福地生活在一起。

《闯关东》中篇

播出频道：BTV-1（北京卫视红星剧场）
播出时间：2009年8月17日～9月13日
制作单位：大连市广播电视局、大连天歌传媒股份有限公司、大连电视台

55集电视连续剧《闯关东》中篇剧照

剧目类别：年代剧
部（集）：55集
主创人员：
编剧：高满堂、孙建业
导演：杨磊
主演：苗圃、王茜华、董璇、张桐、濮存昕
剧情介绍：

刚刚20岁出头的大姐宋天好带着两个妹妹和小弟，从山东来到沈阳寻找父亲。“九·一八”的炮火炸碎了他们全家团圆的梦想，伪满洲国的建立，更使他们沦为亡国奴。父亲宋成祖奋起抗日，不幸身亡；小弟被拐骗，辗转流落到人地两生的茫茫草原；二妹为寻找小弟，走进了杀机四伏的深山老林；大姐和三妹则逃到了大连。

姐弟四人几度生死，历经磨难，“七·七事变”后，又在长白山深处的秀水屯重逢。面对日本帝国主义的血腥统治，他们不甘当亡国奴，挺直了中国人的脊梁坚忍地生存，和侵略者斗，和汉奸斗，和骄横的日本开拓民斗，用自己的鲜血和泪水，用中华民族的浩然正气，书写了闯关东人壮丽的抗日篇章。

《中国家庭》第一部

播出频道：BTV-4（影视频道黄金剧场）
播出时间：2009年11月16日～11月25日
制作单位：上海宇阳文化传播公司
剧目类别：家庭伦理剧
部（集）：30集
主创人员：
编剧：王静茹
导演：王小康
主演：姚芊羽、杜淳、张凯丽、邵兵、刘莉莉
剧情介绍：

该剧讲述一个女人嫁进所谓“豪门”的故

事，是一部现代女人的成长史诗，是人间真情与大爱的充分展现。

雪飞扬。过年的气氛很浓，严家的火药味儿却更浓。他们又吵架了，严川与米佳，一对年轻的小夫妻。随即，婆婆姑姑齐上阵，在谩骂声中，米佳甩了“离婚”二字夺门而出，拂袖而去。米强是米佳的弟弟，因为网恋认识了尚晓芸，而一夜网恋情，却埋下了祸根，也殃及到姐姐的命运，酿成了巨大的家庭悲剧。米佳产下了一名女婴。而米强为了不失去有钱的姐夫等多种原因，竟然做出了“弃婴换子”之举。而蒙在鼓里的米佳，却以为孩子是自己亲生的，取名叫帅帅。

30集电视连续剧《中国家庭》第一部剧照

一晃五年过去。突然有一天，一个陌生女人的出现引爆所有的秘密……

《王贵与安娜》

播出频道：BTV-4（影视频道黄金剧场）
播出时间：2009年3月7日～3月17日
制作单位：北京华录百纳影视有限公司
剧目类别：家庭情感剧
部（集）：30集
主创人员：
导演：滕华弢
编剧：六六、滕华弢、曹盾
主演：林永健、海清、涂松岩、孙岩、刘波、奚美娟
剧情介绍：

安娜出生于上海，王贵生在乡下。在20世纪70年代，户口就如身份的象征。安娜在初恋对象刘波和并不看好的追求者王贵之间犹豫着。作为一名老实的大学老师，王贵似乎注定要在这场不如对手的追求战中扮演一匹黑马。他憨厚、纯朴的品质得到未来丈母娘的力挺。安娜就这样被连哄带骗带强行地与王贵闪电成婚。婚后的生活有矛盾，但在王贵的包容和忍让下，矛盾一一得到化解，两人的感情慢慢地加深。

日子就这么一天天过去。女儿安安结婚并怀孕了，儿子也婚期将至。步入老年的王贵在体检中发现肠子上长了异物，要开刀确诊是否有问题。他不动声色地张罗完儿子的婚礼，并向安娜交待好家里的诸多事情，终于将自己等待着第二天最后诊断的事告诉了安娜……

30集电视连续剧《王贵与安娜》剧照

《战后之战》

播出频道：BTV-4（影视频道黄金剧场）
播出时间：2009年12月21日～12月31日
制作单位：慈文影视制作有限公司
剧目类别：战争题材剧
部（集）：30集
主创人员：

30集电视连续剧《战后之战》剧照

编剧：蒋晓勤、姚远、刘红焰、黄雪蘖
导演：虎子、赵青
主演：于震、刘文治、修宗迪、白志迪、黄俊鹏

剧情介绍：

1946年夏，还都南京后不久的国民政府在各阶层民众的强烈呼吁下，郑重要求驻日盟军总司令部，将制造南京大屠杀的元凶之一、乙级战犯石岩夫引渡到南京审判。

邢剑，这个被认为年轻毛躁的上尉军官，阴差阳错地参与了两次挫败石岩夫旧部劫救师团长的企图，从而被任命为国防部特勤小组组长。他不顾自己地下党员身份已被怀疑的处境，在党组织的支持下，带领四名组员，开始了危机重重的押送战犯历程。

从东京到大连，从天津到武汉，从芜湖到上海……从空中到海上，从火车到驳船，从农村到城市……面对明里暗里交替出现的两股敌人——日本军国主义死硬分子和尚未暴露的军委会汉奸高官，邢剑等始终以民族大义和国家利益为最高宗旨，艰苦卓绝，斗智斗勇，不畏牺牲，最终将罪大恶极的战犯押回南京，押上法庭，并揭露了当年出卖三百部下给731细菌部队当“马路大”(试验品)的惊天大案……

《我的丑娘》

播出频道：BTV-4（影视频道黄金剧场）
播出时间：2009年4月5日～4月13日
制作单位：北京创信影视文化发展有限公司
剧目类别：家庭伦理剧
部（集）：36集
主创人员：
导演：单连全
编剧：单连全
主演：张少华、江宏恩、冯一非、侯天来、李勤勤

剧情介绍：

乡下打工仔王大春与漂亮的城里女孩赵

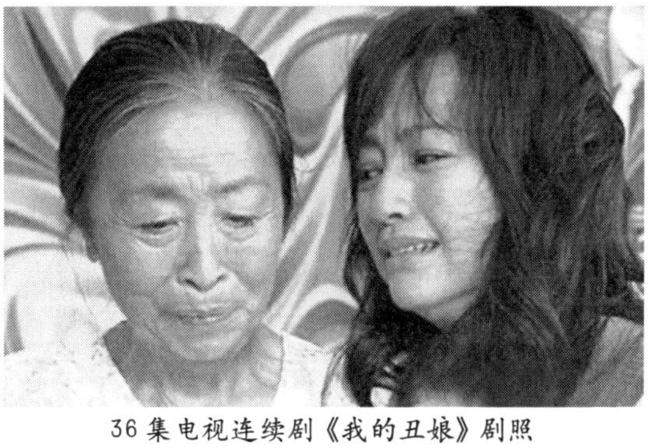

36集电视连续剧《我的丑娘》剧照

小旭热恋成婚，因之前女友听说他有个丑娘纷纷逃婚，虚荣心让王大春对赵小旭隐瞒了家有丑娘的真情。丑娘来城里参加儿子婚礼却被拒之门外，悲伤离去，不料险出车祸。撞到丑娘的是某企业老总李建平，恰巧他也有个丑娘，他误以为张少华就是30年前被自己气得离家出走的亲娘，执意将丑娘带回自己的家，并认张少华做干娘。谁知李建平的豪华别墅竟与王大春小夫妻的平房新居仅一街之隔，傻儿与丑娘隔街相望，咫尺千里。丑娘到大春家做保姆，被儿媳妇叫做阿姨，只能强忍内心的痛，处处与人为善。大春终于良心发现，但是丑娘已经躺在了医院的病床上……

《北风那个吹》

播出频道：BTV-1（北京卫视红星剧场）
播出时间：2009年2月18日～3月7日
制作单位：普通人影视制作有限公司
剧目类别：年代剧、情感剧
部（集）：36集
主创人员：
编剧：高满堂
导演：安建
主演：夏雨、闫妮、马苏
剧情介绍：

1975年冬天，68届下乡知青帅子惹了事：由于那个年代文化贫瘠，饥渴的帅子偷阅司汤达《红与黑》并到处演讲被公社抓了典型。新来的大队长牛鲜花在教育帅子过程中，发现帅子多才多艺、顽皮率直，对文化的渴望使二人打开了封闭的心扉……

36集电视连续剧《北风那个吹》剧照

“四人帮”被彻底粉碎，恢复高考。已经有了两个女儿的帅子在牛鲜花的鼓励下以优异成绩考上了某重点大学，为了这个家、为了牛鲜花，帅子决定不上大学和牛鲜花共度生活难关。帅子带着牛鲜花和两个女儿回到城里，回到父母身边。改革开放，春风吹遍神州大地，帅子辞职下海几经沉浮最后南下广州，从此没了踪影。

漫长情感守望之中，愤怒的牛鲜花终于找到了帅子。牛鲜花暗地里和帅子展开了较量，要彻底摧毁帅子的公司，惊心动魄的三次较量都以牛鲜花胜利而告终。帅子失踪了。牛鲜花千辛万苦地在海边小木屋找到了身患绝症、双眼失明的帅子。她没有惊动他，一边扮作哑巴保姆照顾帅子，一边筹集资金为帅子治病，要把他挽留在这个世界上……

《大生活》

播出频道：BTV-1（北京卫视红星剧场）
播出时间：2009年5月13日～5月30日
制作单位：上海文广影视剧中心、北京京视传媒有限公司、北京南海影业公司、北京国立常升影视文化传播有限公司、北京兄弟时代影视文化传播有限责任公司

剧目类别：家庭伦理剧
部（集）：36集
主创人员：
导演：黄力加
主演：张国立、张嘉译、赵涛、韩雨芹、牛犇
剧情介绍：

柳东是一个生活在四川成都最底层的城市贫民，当过街办小汽修厂工人、卖过皮鞋、卖过水果，后来成了扫大街的环卫工人。

他身边自然聚集着一些和他同样命运的人——环卫局清洁队开洒水车的王鹏举、无业游民却四处冒充大老板的金东民、守公共厕所的老苏、曾用铁钉子下酒的丁爷……，他们都信奉一条准则：生活嘛，就是生下来，活下去。他们身处逆境，却时时处处帮助那些比他们更弱势更不幸的人，用他们自己的话来说："自己过得只比鬼火亮一点，却假装太阳去照别人"。作为这个群体的代表人物柳东，生活中屡遭磨难……

36集电视连续剧《大生活》剧照

《龙须沟》

播出频道：BTV-1（北京卫视红星剧场）
播出时间：2009年6月14日～6月29日
制作单位：北京电视台、北京京视传媒公司
剧目类别：年代剧
部（集）：32集
主创人员：
编剧：杨国强、李诚儒
导演：李诚儒、王志强、李伟
主演：李诚儒、马以、蔡雯艳、郑天玮、杨平友
艺术顾问：舒济、舒乙、舒丙、舒立
剧情介绍：

《龙须沟》是老舍先生的代表作品之一，通过讲述北京一个小杂院4户人家在社会变革中的不同遭遇，表现了时代发展给人物命运带来的巨大变化。

日本投降，北平一片欢腾，百姓们奔走相告，笑逐颜开，觉得好日子就要到来了。然而，反动政府年年征捐收税，就是不给老百姓修龙须沟。每到雨季，沟水泛滥，房倒屋塌砸死人是家常便饭。丁四可爱的女儿小妞子就是被臭沟淹死的。天灾人祸严相逼，老百姓简直活不下去了。

1949年10月，北平和平解放。龙须沟的百姓们认为这不过是改朝换代而已，他们观望着……人民政府终于顺应民意——把明沟改成了暗沟，平整了道路；接着又镇压了摧残百姓数十年的黑旋风。老百姓真正感到翻了身，打心眼儿里拥护共产党，拥护人民政府。

32集电视连续剧《龙须沟》剧照

2009年北京电视艺术中心首播剧介绍

《咱爸咱妈六十年》

38集电视连续剧《咱爸咱妈六十年》剧照

播出频道：BTV-1（北京卫视红星剧场）

播出时间：2009年9月28日

制作单位：北京电视艺术中心等

剧目类别：年代剧

部（集）：38集

主创人员：

编剧：李小明

导演：温成林

主演：宁静、王志飞

剧情介绍：

《咱爸咱妈六十年》再现了从抗日战争到建国60周年的历史画卷。剧中的一对党员夫妻经历了中国60年间的重大历史事件，抗日胜利、开国大典、抗美援朝、精兵简政、大跃进、建国十周年、文革、十一届三中全会、知青返城、全民经商、两岸融合、改革开放……他们的命运和时代紧密地联系在一起，他们的婚姻也打上了鲜明的时代烙印，在不断的磕磕碰碰与恩恩怨怨中，平衡着党性与利益的矛盾冲突，并坚守着信仰与承诺，诠释着共产党员信仰的力量。

2009年北京鑫宝源影视投资有限公司首播剧介绍

《我的青春谁做主》

播出频道：CCTV-1（中国中央电视台综合频道）

播出时间：2009年4月12日

制作单位：北京鑫宝源影视投资有限公司

剧目类别：当代都市剧

部（集）：32集

主创人员：

编剧：高璇、任宝茹

导演：赵宝刚

主演：赵子琪、陆毅、王珞丹、朱雨晨、林园、张铎

32集电视连续剧《我的青春谁做主》剧照

剧情介绍：

这是一个家庭里三个表姐妹的青春故事，她们在同一时间完成成人礼，步入社会。三姐妹从梦想走进现实，触摸生活实质甚至残酷的一面，每人都发现自己要面对一个超高难度的命题，生活中她们的坎坷迭出，可她们不服、不愤、不屈，勇于挑战，善于用智慧给出完美的答案……

2009年北京电视台首播优秀动画片介绍

《海青天》

播出频道：北京卡酷动画卫视
播出时间：2009年6月29日首播
制作单位：北京卡酷动画卫视
剧目类别：历史题材
部（集）：36集×12分钟
内容简介：
该片以海瑞进京揭皇榜被皇帝封官查冤案开始，描述一连串海瑞与严府主人——严嵩及其管家等随从做斗争的故事，展现出清官海瑞刚正不阿，秉公执法，不畏强权，敢于为贫苦老百姓洗雪沉冤，廉洁勤政的品格。《海青天》颂扬家国民族之大义大节，赞美中华民族浓厚的忠孝节义，倡导强烈的善恶是非观念，令观者在娱乐之余，受到潜移默化的教化作用。

《斗逗乐》

播出频道：北京卡酷动画卫视
播出时间：2009年12月13日首播
制作单位：北京卡酷动画卫视
剧目类别：动画相声
部（集）：10集×26.5分钟
内容简介：

《斗逗乐》取材自著名相声表演艺术家李金斗的相声段子，以flash动画的形式予以创造性演绎，在保留了相声原有幽默风格的基础上，增加了画面丰富的特点。该片以“说、学、逗、唱”为主要艺术手段，寓庄于谐，以讽刺笑料表现真善美，风格集北京的清雅、天津的火爆、东北的粗犷于一体，轻松明快，生动细腻。代表作有：《武松打虎》、《捉放曹》、《好字漫谈》、《书迷入洞房》、《怕字当头》，等等。

《羊羊运动会》

播出频道：北京卡酷动画卫视
播出时间：2009年5月15日首播
制作单位：广东原创动力文化传播有限公司
剧目类别：幽默喜剧片
部（集）：30集×24分钟

内容简介：

公元1896年，人类首届奥运会在希腊举行。事实上，在此3000多年前，古代人类已经有了奥运竞技活动。然而，羊族的奥运会比人类的还要早上1000年。

早在羊历公元前800年，首届羊族奥运会在青青草原开幕了。

终于，灰太狼顺利成为了羊族的族长。就在加冕的那天，灰太狼才发现那个可怕的真相——他要守卫的不是羊群，而是羊群的草原。那片绿油油的、一望无垠、但空无一羊的世外草原！还必须等到下届羊运会选出新族长，才能离开。噢，顺便提醒一下，羊族奥运会是40年一届。

《小牛向前冲》

播出频道：北京卡酷动画卫视

播出时间：2009年11月21日首播

制作单位：央视动画有限公司

剧目类别：励志题材

部（集）：52集×23分钟

内容简介：

该片中构建了一个充满想象力的“派乐达”世界，以勇敢智慧的大角牛为主人公，在这个世界中展开了一段具有魔幻色彩的冒险之旅。大角牛阴差阳错地放出了被封印的蝙蝠魔，给牛大都带来了灭顶之灾，却又在莲花灯的召唤仪式上印证了英雄牛大汗的预言，成为了牛大都的拯救者。在重重考验中，大角牛的功力在不断增长，内心也在逐渐强大，他终于成长为合格的牛大汗的接班人——真正的拯救者。他带领大家消灭了蝙蝠魔，让牛大都恢复了安宁与祥和……

《三国演义》

播出频道：北京卡酷动画卫视

播出时间：2009年11月30日首播

制作单位：中国国际电视总公司辉煌动画公司、日本未来行星株式会社

剧目类别：历史题材

部（集）：52集×23分钟

内容简介：

该片讲述三国时期三股最强的政治势力刘备、曹操和孙权之间错综复杂而又充满张力的斗争，集中体现了那个时代层出不穷的杰出人物，以及他们的英勇行为和高强战略。

《欢乐正前方》

播出频道：北京卡酷动画卫视

播出时间：2009年4月25日首播

制作单位：北京梦幻动画科技有限公司
剧目类别：幽默故事
部（集）：50集×12分钟
内容简介：
该片中以北京交通台著名节目主持人王为、闻风的卡通形象，在不同的环境背景之下，二人扮为斗智斗勇的两口子、针锋相对的老板和员工、睡在上下铺的兄弟、冤家路窄的包子和面条、白雪公主和小矮人、难分胜负的蚂蚁和大象……尽显百变对头本色，为观众演绎一幕幕古今中外感人至深、风趣幽默的故事。

《郑和下西洋》

播出频道：北京卡酷动画卫视
播出时间：2009年11月24日首播
制作单位：浙江中南集团卡通影视有限公司
剧目类别：历史题材
部（集）：52集×23分钟
内容简介：
该片描述了明朝初期郑和奉命出使7次下西洋的航海活动，讲述了郑和下西洋时间之长、规模之大、范围之广皆为空前的史实，称誉此行不仅在航海活动上达到了当时世界航海事业的顶峰，而且对发展中国与亚洲各国政治、经济和文化上的友好关系，做出了巨大的贡献。《郑和下西洋》是根据同名历史记录改编而成。

《饮茶功夫学园》第二部

播出媒体：北京卡酷动画卫视
播出时间：2009年9月10日首播
制作单位：南京鸿鹰动漫娱乐有限公司
剧目类别：幽默喜剧片
部（集）：52集×24分钟
内容简介：
在我们这个时代，侠客并没有消失，功夫依然存在于现代生活之中。

在“一二山”之上有一座充满传奇的功夫学园，专门教授小朋友强身健体的中国功夫。每年一到桃花开的时节，学园就会招收新的学员进入学园，今年的春天……破坏大王的丘比、急惊风的米可、富家女的娜欧、胆小的玛鲁、爱吃的哈普、哈豆等……这些新功夫学员齐聚一堂，于是他们周遭搞笑的故事屡屡发生，鲜事一箩筐……

《哈皮父子与水金刚》

播出频道：北京卡酷动画卫视
播出时间：2009年6月4日首播
制作单位：无锡哈皮动画有限公司
剧目类别：童话环保片
部（集）：13集×24分钟
内容简介：

哈皮父子生活的地方，是一座像超市一样琳琅满目的超级大都市。购物架状的哈皮公寓，贩卖机状的饮料能源公司，还有保鲜医院、泡泡小学、吸管游乐园，等等。哈爸爸是能源公司专门生产“超级能源饮料”的小职员，这种能产生隐身、飞翔、变形等很多特殊功能的神奇饮料，给父子俩和超市城公民们的生活带来了便利与快乐，也带来了不少麻烦。“快乐”（Happy）是他们的生活主旋律，不管遇到多大的麻烦，父子俩最后总是开开心心，一起乐观地去迎接下一个大麻烦。

《圣石奇兵》

播出频道：北京卡酷动画卫视

播出时间：2009 年 12 月 7 日首播

制作单位：广州可帮影视文化传播有限公司

剧目类别：科幻励志题材

部（集）：26 集 × 23 分钟

内容简介：

《圣石奇兵》运用动画形式营造了一个梦想般的未来世界。故事讲述在将至的2115年，生活于零排放无污染空间、再生能源驱动的海之城中的六位少年——周小火、林碧盈、峰无岩、御风、迅雷和秋水的一段救助亲人、帮助伙伴、守卫正义、拯救地球的传奇经历。该片结合能源危机、地球变暖等关乎人类生存现状的现实问题，探讨儿童世界的纯洁、英雄主义和不畏艰难的性格主题，同时也通过孩子的视角，发现其中的奥秘。

新媒体与网络传播

北京北广传媒集团新媒体发展情况

2009年，北京北广传媒集团根据北京市广播电视发展总体规划，巩固原有媒体阵地，积极创造条件，加大新媒体业务建设和开发的力度，进一步推进了集团运营的数字、移动、城市（楼宇）、鼎视传媒，以及地铁、手机电视六个项目的新媒体发展和壮大。

一、数字付费电视

北京市数字付费电视新媒体自2003年开办以来，充分发挥数字电视平台的技术优势，加大数字电视整体转换的力度，到2009年底，全市410多万有线电视注册用户中已有50%以上的用户完成数字化转换。同时，根据市委、市政府的要求，启动高清交互数字电视的实验推广工作，高清交互数字电视用户超过30万户，集成视频点播节目超过1.1万小时。数字电视提供的服务体系有：

2009中国广播影视器材博览会北广传媒数字电视公司展台

视频服务：专业化数字电视频道，已开播的自办频道达到11套。

音频服务：开办戏曲广播、爵士音乐广播等2套付费广播频道。

数据服务：即时更新的北京数字电视信息平台《北京之窗》、电子节目指南（EPG）等信息服务，并在2007年10月开通党建专业数字电视多媒体平台《北京党建》。

自办11个付费电视频道，主要是：《京视剧场》、《爱家购物》、《动感音乐》、《车迷》、《考试在线》、《亲亲宝贝》、《四海钓鱼》、《弈坛春秋》、《环球旅游》、《新娱乐》、《置业》。

自办频道优秀栏目：《考试在线》——《高考易错题解析》、《学习法》；《新娱乐》——《影视风云榜》；《环球旅游》——《画中话》；《四海钓鱼》——《钓赛进行时》；《弈坛春秋》——《棋魂》栏目。2009年，《北京党建》拍摄的系列专题片《红旗支部行》得到北京市委书记刘淇等领导的充分肯定；国庆专题片《永远和人民在一起》、《拳拳报国志，十年西部情——博士服务团工作10周年巡礼》受到中组部好评；《以案说纪》系列电视短剧被推荐为全国反腐倡廉宣传教育的重要教材。

二、地面车载移动电视

北京市地面车载移动电视新媒体由北京北广传媒集团控股运行，自2003年开办以来，采用先进的DVB-T数字电视地面广播技术进行传播，由中央电视塔统一发射无线信号，全网络终端同步接收，实时播放丰富的电视节目。

2009年增加移动电视公交车200多辆

2009年，北广传媒移动电视公司继续加强与北京市公交集团的合作，全年新安装载有移动电视的公交车200多辆，新增终端屏幕400多块。截至年底，公交车、出租车、商务公务车终端总量达到2.4万块。在信号覆盖网基础建设方面，单频网形成一主三辅四部发射机，并建成多部直放站，初步形成4+N的网络布局，达到北京市六环路以内的有效覆盖，覆盖面积达6000余平方公里。

为提高节目质量，优化节目制作流程，改变集成新闻节目的演播室直播模式，移动电视改版推出《移动播报》、《财经早知道》、《体育连连看》、《出行导航》、《一路同行》、《食尚》、《百姓就业》、《数说北京》、《移动采风堂》、《影视聚焦》等节目栏目，实现"资讯性、新闻性、服务性、娱乐性"为一体。移动电视现每日播出17小时，受众超过1300万人次。

三、城市（楼宇）电视

北京市城市（楼宇）电视新媒体由北京北广传媒集团控股运行，自2004年开办以来，采用先进的DVB-T数字电视地面广播技术进行传播，由中央电视塔统一发射无线信号，全网络终端同步接收，实时播放丰富的电视节目。

2009年，城市电视不断调整结构，提高终端质量，已拥有楼宇电视联播网、城市大屏幕电视、奥运文化广场大屏幕电视在内的、各具特色的三大户外媒体平台。全年新增800多块终端屏幕，累计超过11000多块，已覆盖北京12个主要城区。联播网络分布在政府机关、金融系统、医疗系统、商业系统、餐饮休闲等14个系统，数十个行业，共计点位4500多家。城

北广传媒城市电视成为新型传播载体

市电视户外大屏幕7处8块（自建来福士、太阳宫、花博会主会场3块），总面积达1464平方米。大屏幕是以大尺寸液晶和等离子电视屏为终端，综合了电视、信息、网络、LED显示等多个领域的技术，是世界上第一个将电视台播出技术应用于户外大屏幕、具有极高商业潜质的传播载体。北京奥运文化广场大屏幕电视是继悉尼奥运会以来，奥运文化活动的重要形式之一。每天集成的数十个节目栏目，以文摘式“电视杂志”形式，播出新闻资讯、奥运动态、时事热点、时尚娱乐等节目，每天播出时间达15小时。同时，还作为政府公共信息发布和城市应急预警平台，担负着政府政令、城市信息、城市预警等社会公共信息的传播任务，深受市民的欢迎。

四、鼎视传媒

鼎视传媒是节目集成传输型的电视新媒体，全国性数字付费电视运营商，由北京北广传媒集团控股运行，自2005年12月运营以来，致力于向全国数字电视用户家庭提供付费电视节目。

中国国际广播电视信息网络展览会鼎视传媒展台

2009年是鼎视传媒飞跃发展的一年。截至年底，鼎视上星标清频道达30套，包含《环球旅游》、《新娱乐》、《考试在线》、《车迷》、《优优宝贝》、《家有购物》、《四海钓鱼》、《收藏天下》、《家庭健康》、《时代美食》、《时代风尚》、《职业指南》、《证券资讯》等。其中休闲类、生活服务类和教育类频道数量较多，频道实用性、知识性、个性化显著。随着业务的发展，鼎视集成的频道愈发受终端用户的欢迎，已在全国落地161个区域，覆盖机顶盒用户达5000万户，占全国机顶盒市场的80%。

此外，鼎视传媒还承担着全国首批北京卫视、湖南卫视、深圳卫视、广东卫视、黑龙江卫视等五套高清电视频道的上星播出，成为目前国内第一大高清频道集成传输服务商，从而满足广大电视用户在国庆60周年大庆期间收看高清电视节目的需求。

五、地铁电视

北京地铁电视新媒体由北京北广传媒集团和北京市地铁运营公司联合开办，于2007年1月成立。在地铁电视建设初期阶段，试转播地面车载移动电视节目，日播出17小时。

地铁电视以市场化运作方式为手段，依托先进的技术资源和优质的节目运营资源，致力于打造“政府的公共信息平台、城市的应急服务平台、百姓的生活资讯平台和企业的理想广告平台”。通过固定于车厢、站台和站厅的终端显示屏幕接收、播放节目视频，并独家经营广告业务。

2009 年，地铁电视加快基础设施建设的步伐，完成播控中心建设工程，启动 1、2 号线地铁电视和乘客信息系统建设工程的安装工作，在已开通的 7 条地铁线路共覆盖电视终端屏幕 1.08 万块。

发展中的北京地铁电视

六、CMMB 手持电视

北京中广传播有限公司(北京CMMB手持电视新媒体)由中广卫星移动广播有限公司(现中广传播有限公司)、北京北广传媒投资发展中心、北京人民广播电台、北京电视台共同出资组建。CMMB 手持电视是一种小屏幕(7寸以下)便携终端——中国移动多媒体广播电视。业务范围包括北京地区广播电视(CMMB)无线信号传送、移动多媒体广播(CMMB)技术推广、销售 CMMB 移动多媒体终端设备、广播电视节目制作等。2009年12月,北京中广传播有限公司（CMMB北京公司）完成组建、注册，业务运营开始起步。转播的频道有：央视 CCTV−1、CCTV−3、CCTV−5、CCTV−新闻：BTV−1、晴彩电影、晴彩赛事。建立合作营业厅、合作代办点 43 家。

（北京中广传播）

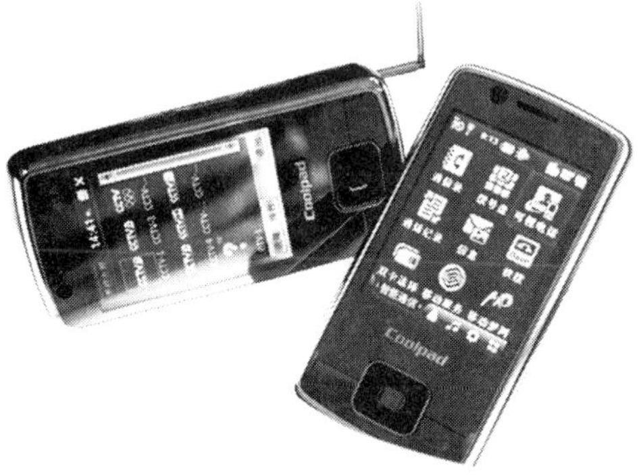

发展中的北京CMMB手持电视

北京电台新媒体发展情况

2009 年，北京人民广播电台进一步加强新媒体业务建设，开办的DAB数字多媒体广播、“公众服务信息平台”、青檬网络电台三项业务发展态势良好。

一、DAB数字广播

北京人民广播电台DAB数字多媒体广播于2005年3月试运行，2006年9月6日正式开播。截至2009年，播出数字音频广播节目17套，视频节目4套。

2009年，北京电台承接了国家广电总局关于《利用数字音频广播技术开展推送式广播服务的相关技术研究》的科研项目，主要为推送式广播、信号覆盖、客户服务等业务。该项目由北京电台北京广播公司所属北京悦龙数字广播传媒科技有限责任公司具体执行。

1.完成推送式广播业务。2009年5月完成推送式广播业务前端系统的研发和初步搭建，并完成调试。该业务将音频节目、图片、文字等内容以文件方式传输并自动储存到用户的接收终端，用户能够不受时间与空间限制，自主收听、随时收听、反复收听节目。实现对集团用户的定向信息与广告的下发，彻底打破传统广播的服务模式，在国内外尚无先例。并已向市场推出DAB数字广播终端产品1万台。同时，还完成节目库规划和建设。

2.扩大信号覆盖。数字广播地铁信号覆盖网络建设，列入2009年文化创意产业基金支持项目。8月底完成地铁魏公村等10个车站的信源引入、站点基础建设、网络搭建等工程。地面覆盖网络建设方面，10月份启动远郊区县数字广播发射系统工程，年内二期覆盖网络建设全部完成。

二、公众服务信息平台

2008年7月，1039新媒体机问世，北京人民广播电台"公众服务信息平台"正式面向公众服务。2009年，"公众服务信息平台"在数字广播及新媒体研发、运营等方面取得了突破性进展。

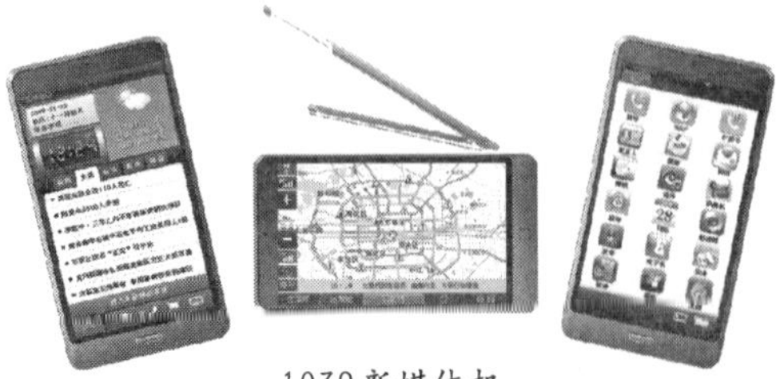
1039新媒体机

A系列产品通过认定。9月份，1039新媒体机A系列产品经北京市科委、北京市发改委、北京市财政局、中关村科技园区管委会等部门联合认定，A701、A48、A43三款产品获北京市自主创新产品证书，被纳入政府采购自主创新产品目录。1039新媒体机A系列终端可为用户提供新闻、政务、天气预报、休闲娱乐等实用信息，实现了基于数字广播的实时动态路况导航，能够接收多种数字电视节目及16套数字音频广播，并具备MP3、MP4、电子相框、电子书、中英文词典、录音机、游戏机等多种功能。自2008年8月销售以来产品销售态势良好，已有2万用户。

C系列产品开始试用。自2007年年底开始基于数字广播的数据业务研发以来，2009年已经完成数字广播数据业务播出控制平台、数字广播数据接收终端平台软件、广告管理平台，数据播控管理模块等数字广播数据业务基础支撑技术及软件系统的研发，还独立开发了"动态路况信息服务"、"数字广播网站"等应用，并跟随第一代新媒体机正式上市。经过技术攻坚，第二新媒体产品——易通1039新媒体机C61完成研发，加载了"新广播"应用及"一键导航"功能的二代产品进入实测和试用阶段。

三、青檬网络电台

青檬网络电台由共青团北京市委员会与北京人民广播电台共同创办，2005年12月20日试播，2006年6月16日正式开播，是北京广播网络新媒体的二级频道。

2009年，青檬网络电台稳步发展，在节目制作、主持人管理、日常管理体系的建立等方面都进行了平稳的调整。青檬网络电台主力频道青檬音乐台的日均收听人数达到9万人，月收听规模达到85万人，高峰时段同时收听人数达到7454人，听众日均收听时长60～70分钟，节目中听众互动信息日均超过

3000条。

1. 调整内容体系。节目实行月主题包装模式，每月都有一个月主题贯穿节目。还通过互动话题、公益广告等方式与流行音乐巧妙结合。节目体系调整为24小时播出的青檬音乐台、每天直播1小时的《体育嘉年华》和录播节目《9909会客室》，实现资源的优化。

2. 开展品牌活动。举办主题为“歌唱祖国、绽放青春”——2009北京高校青春歌会，清华大学、北京大学、人民大学等30余所高校200余名选手参赛。举办“青檬之星”第四届北京高校电台主持人大赛，中国人民大学、北京师范大学、中国政法大学等高校的100余名选手参赛。演出青檬4周年台庆话剧——《接班人》。这些品牌活动，进一步扩大了青檬网络电台的影响力。

3. 播放条推广落地。播放条在大学论坛落地。并成功落地导航类网站——吾爱导航，由此带来收听人数的增长。

（北京电台所属广发公司及钟永健等）

北京电视台新媒体发展情况

2009年，北京电视台继续加强新媒体业务建设，BTV手机电视业务得到进一步发展。

北京电视台BTV手机电视新媒体是流媒体播放模式。2007年取得国家广电总局颁发的国内第6张牌照后，他们不断加强流媒体平台建设，2008年7月30日正式开播。开播的内容主要为自有版权节目资源，整合播出4套节目：北京卫视（BTV–1）、文艺频道（BTV–2）、生活频道（BTV–7）、公共频道（BTV–9），设置了“音乐电视”、“名人趣谈”、“奥运服务专题”、“北京全攻略”、“天气预报”、“实时路况”6大板块点播业务。除此之外，还面向市场集成播出有关内容。

2009年，北京电视台继续加大BTV手机电视流媒体平台建设力度，正式成立经营机构，建立了收费系统和内容合作系统，两年来取得阶段性成果。

1. 建立5个直播平台

① 移动平台。直播4个频道：北京卫视（BTV–1）、文艺频道（BTV–2）、生活频道（BTV–7）、公共频道（BTV–9）。点播信息：新闻、影视、音乐、娱乐、卡酷、体育、交通、法治、气象等，日更新量达到30条。

② 联通平台。直播3个频道：北京卫视（BTV–1）、文艺频道（BTV–2）、科教频道（BTV–3）。

③ IPHONE内置平台。直播8个频道：北京卫视（BTV–1）、文艺频道（BTV–2）、科教频道（BTV–3）、影视频道(BTV–4)、财经频道（BTV–5）、体育频道（BTV–6）、生活频道(BTV–7)、青少频道(BTV–8)。

④ 电信平台。10路直播及精彩栏目的点播等。

⑤自有播出平台。用户登陆www.3gbtv.com，可收看北京电视台10套直播节目。开展的业务包括视频直播、点播，逐步开通实时交通查询、随身理财、E–care贴身医生、BTV Mall、美食天地、公共视频服务等。

2. 成立运营公司，建立收费系统

2009年4月，由北京电视台所属京视传媒公司与中信数字技术公司合资，成立了由京视传媒公司控股的运营公司——北京京视中信数字传媒有限公司进行运营。收费系统：电信平台于2009年6月开展收费业务；移动平台于2009年12月开展收费业务。收费标准为包月10元，点播2元一次。随着收费系统的运行，加强了公关与市场宣传，用户逐步增多，从最初的几千户，发展到2009年底的10多万用户。

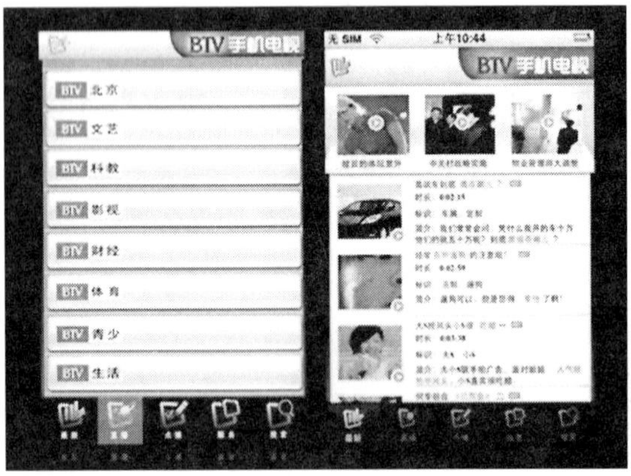

北京电视台BTV手机电视传播的频道

3. 建立内容合作系统

为丰富BTV手机电视新媒体播出内容，从2009年8月起与中影集团、搜狐、第一视频、激动网等内容提供商进行合作。同时还积极参与网络春晚、北京第四届文博会等大型活动，举办“BTV天翼V酷3G手机”主题推广活动，扩大推广宣传手机电视，为下一步市场化的运营打下良好的基础。

4. 进入广播式手机电视——CMMB领域

2009年12月，北京电视台与北京北广传媒投资发展中心、北京人民广播电台共同入股北京中广传播有限公司（CMMB北京公司），经营中国移动多媒体广播电视CMMB业务（广播式手机电视）。

（北京电视台）

北京市广播电影电视局网站情况

北京市广播电影电视局网站（http://www.bjrt.gov.cn）始建于2002年，分别在2003、2005和2008年进行三次改版升级，已从原来的色彩单一、内容简单、以文字为主的业务型网站，发展成为图文并茂、方式多样、内容丰富、功能完善的服务型网站。

2009年9月30日，北京市广播电影电视局网站根据新的“三定”方案，重新设计网站首页，重点针对电影职能划转，增设“电影电视剧动画片介绍”和“影讯”栏目，突出体现新的机构职能和工作职责，以大量的图片丰富网站内容，反映北京市电影放映市场的发展状况以及公众关心的文化娱乐信息，介绍北京市即将上映的电影，电视台热播的电视剧和动画片以及审批的剧目信息，更加注重了便民服务。为了使首页更加美观，网站采用6张图片联动的方式显示电影海报和电视剧剧照，用大量的图片信息吸引网民的关注。

网站首页增加“党团园地”栏目，发布局党建工作动态，展示广电党、团员的风采。另外，首页取消了原网站的中国电影博物馆、北京人民广播电台、北京电视台的频道、热点活动链接栏目，取而代之的是局所属单位的图片链接，这样简化了首页的布局，也更突出了网站的主题。

在信息公开方面，网站采用链接方式，从首页可直接访问首都之窗网站上局的信息公开栏目，更新了机构职能栏目中的领导介绍、机构设置等信息。网站还结合年度工作重点，及时发布热点专题信息，受到了网民的极大关注。9月1日，“银幕上看祖国”活动启动，局网站及时发布活动规则，并适时发布各类专场活动信息。

（北京市广播电影电视局信息中心）

北京北广传媒集团网站情况

北京北广传媒集团网站（http://www.bamc.com.cn）始建于2003年，现为北京网络媒体协会理事单位。集团网站自成立以来，牢牢把握党和国家的宣传方针政策，坚持正确的舆论导向，以整合集团及所属单位网络资源、展示集团核心业务、介绍集团发展动态为宗旨，对推广北广传媒品牌形象发挥了重要的作用。北广传媒集团网站具有技术先进、访问量大、安全性高、资讯丰富、整合性强等优势。

2009年，集团网站在全新改版后，积极配合宣传工作，及时发布最新工作动态，首页新增在线播放功能，增强了网站的功能性与可视性。截止到12月底，集团网站发布动态信息百余条，点击率较2008年有15%的增幅。在集团成立8周年之际制作了8周年大事记专题，并实现了与多家知名网站的链接，搭建了集团对外信息交流的桥梁，成为展示集团形象的一个重要窗口。

北京北广传媒网站坚持高标准规划、高起点建设，拥有北广传媒数字电视、北广传媒移动电视、北广传媒城市电视、北广传媒地铁电视、北广传媒手机电视五家新媒体资源以及北京广播电视报社“两报一刊”新闻信息资源，同时与系统内标杆性网站——千龙网展开多方面的合作，以新闻为主，文字、图片与视频、音频结合，每天提供集团内部最新动态，并汇集了社会、经济、文化、生活等各个方面的最新信息资讯。

随着北京北广传媒集团业务的发展，北广传媒网站还将积极地寻求以更丰富、更精准、更深入的形式与受众进行沟通。建立信息搜索系统、信息交互系统、业务支撑系统等向用户提供信息搜索服务，为受众参与提供有效途径，从而提高网站和各业务平台的服务质量，通过与集团的多渠道传播优势相结合，充分发挥网站的功能。

北京北广传媒集团网站的发展规划紧紧围绕集团发展中心工作，立足北京区域建立强势品牌，紧扣建设“人文北京、科技北京、绿色北京”以及“建设世界城市”等主题，做好舆论导向与相关政策精神的传达，依托IT业最新技术，努力形成网上宣传强势，促进北京北广传媒集团产业的发展，做大、做强、做优。

（北京北广传媒集团）

中国电影博物馆网站情况

中国电影博物馆网站（www.cnfm.org.cn）于2007年2月10日正式上线。自开通以来，本着锐意创新、服务观众的原则，不断完善、丰富网络内容，使网站清晰便捷，更加人性化。目前，网站页面的主要功能初步形成了完善的系统流程。网站风格简约清晰，整体感强，突出了中国电影博物馆的特色活动及观众服务内容。

中国电影博物馆网站凭借自身优势，充分挖掘内部资源，不断拓展外部信息，从规划、设计、建设等各个流程严格把关。网站主要设立5个服务栏目：新闻、服务资讯、展陈藏品、观影信息、交流体验。网站以展现中国电影博物馆的综合功能为基础，将“权威资讯、专业信息、互动交流”等实用资讯服务于大众。在整体结构和内容之外，还包括视频专题、影博·影响、电影大讲堂、对话·博物馆等特色内容，增强与观众的互动元素。

网站同时具有较完善的会员俱乐部服务，并具备基本英文服务，使得观众感觉更加温馨、亲切。系统、科学的管理和操作理念必将为中国电影博物馆网站带来竞争的资本和不尽的机遇，在未来的网络建设中，中国电影博物馆会力争将其建设成为国际化、多元化、时尚化、都市化的全球网络交流平台。

（中国电影博物馆）

北京广播网情况

北京广播网创办于2001年8月22日，是北京人民广播电台对外宣传的官方网站。2009年，北京广播网坚持“汇九台之精华，扬一网之优势”的办网方针，配合总台及各专业台完成了几项多次重大宣传报道任务，并不断推陈出新，扩大北京电台的影响力。北京广播网在Alexa世界网络排名已达到3000名之内。

2009年，北京广播网的主要工作：

一、立足网络特色，做好新闻宣传

北京广播网紧紧围绕总台宣传任务及社会新闻热点，通过“网络专题”的形式加强新闻宣传工作力度，拓展了电台的网络宣传空间。全年共制作各类特色专题60余个，例如“新中国成立60周年”、“北京电台成立60周年”、“第四届听众喜爱的主持人评选”、“第11届全国运动会”、“甲型H1N1流感防控”、“第七届中国花卉博览会”，等等。

二、重视内容建设，提高台网互动水平

根据专业统计系统所反馈的网站流量数据情况，北京广播网对网站的内容和页面布局进行了调整，重点突出了原创内容的开发和延伸、各频道之间的相互关联、用户数据的聚合以及人性化的页面设置等改进。具体表现在对汽车、娱乐、资讯频道进行了内容调整，增加了图片频道，弱化了健康、财经频道，取消了BBC教学频道、数码频道，在播播视频频道中

北京广播网截图

开设了电影、电视剧专题；加强了听吧原创音频的推荐和二次开发工作，设置了一批专业性强、集成度高的听吧音频专题，使听众对听吧现有的2万多小时的节目有了更多的了解和选择。

三、拓展原创内容，力推视频访谈

4月29日，首期《播播会客厅》正式开播，邀请第一季度博文评选获奖者北京电台主持人韩力、王东做客访谈，此后每季度的博主访谈均通过《播播会客厅》与网友见面。7月20日至8月18日，为配合北京电台"第四届听众喜爱的主持人评选"活动，广播网共邀请85位北京电台主持人到《播播会客厅》参与网络视频直播。《播播会客厅》已逐步成为北京广播网的品牌栏目，为原创视频访谈节目的常态化提供了优质的展示平台。

四、加大拍摄力度，保证电台宣传

2009年的音视频工作节目数量已达到38个，周平均拍摄时间已超过160小时。此外，还完成电台大型活动的视频拍摄任务，如城管广播的"市民对话一把手"系列访谈、交通广播的"第十三届上海国际车展"大型直播及"边疆·口岸纪行"采访、外语广播的"外国人说汉语故事大赛"，全台性的大型活动"寻访他乡北京人"、"北京电台建台60周年大会"以及"广播电视广告经营管理现场经验交流会"、"汪良书法讲座"，等等。

五、推进技术建设，保障网站建设

在硬件方面，于6月27日完成天津网通机房到廊坊机房的搬迁工作。于11月15日完成广州电信机房和教育网机房两个镜像机房的建设任务，与原来核心机房组成CDN网络，使广播网的带宽增加一倍，达2.3G，服务器增长至150余台，网站承载能力扩大一倍。大幅优化了南方电信和教育网用户的访问效果，重要宝贵的网站数据实现异地全镜像，网站安全性进一步加强。在软件方面，根据网站采编需求更新了WCM发布系统（从WCM5.2升级到6.0）、调查系统、DISCUZ论坛博客系统（从6.1升级到7.0）、广播回放系统、直播系统、广告系统、统计系统等软件。2009年底，建成广播网台内机房与廊坊机房的光纤维护通路，将原有维护带宽提升了50倍。

六、推广网站资源，开辟经营道路

北京广播网与微软、开心网、优酷网等业界知名网站及IT公司的合作，大力推广了北京电台的独家音视频资源。实施了搜索引擎优化项目，制定可操作的SEO优化方案。北京广播网还通过网站广告代理的方式，实现了网站经营零的突破。

七、调整网站域名，展现品牌形象

2009年2月10日至23日，北京广播网实施域名调整工作，将bjradio.com.cn转换为rbc.cn。北京广播网启用与电台英文标识"RBC"完全相同的顶级域名，从内容到形式上统一展现给社会一个大气、权威、责任的品牌形象。

（蔡明可）

北京电视台"BTV在线"网站情况

2009年，北京电视台网络新媒体"BTV在线"进一步丰富内容，加强技术设备平台建设，取得新的成效。

1.丰富节目内容

"BTV在线"网络新媒体将北京电视台12个节目中心的100多档电视节目在网上播出，《北京新闻》、《特别关注》、《首都经济报道》等新闻资讯节目全部上网；60多档优秀节目的视频在网上点播收看；并对一批优秀节目进行精编，按照内容重新分类，形成10多个自办频道，新闻、文娱、魅力北京、健康养生等，方便查找和收看。据统计，"BTV在线"全年共制作网络视频17260条、4416小时，比2008年制作总时长增长了168%。制作网络专题115个，其中，庆祝新中国成立60周年的相关专题60余个。同时，加大文艺类节目的网上播出量，如《春节联欢晚会》、《每日文娱播报》、《影视风云路》、《星夜故事秀》等都能提供点播。仅影视剧共投入104部、2933集、1391小时。此外，还开通贴吧功能，根据不同时期的宣传热点，设置贴吧中的话题，网友就感兴趣的话题留言、讨论，通过丰富话题和互动形式扩大网络文化的影响力。

2.设备改造升级

年内"BTV在线"网络新媒体技术新建6个系统，升级改造1个系统。网站发布系统实现了原有图文信息生产发布系统的升级，建成了网站音视频信息生产发布系统、网站的统计分析系统、网站站内检索系统、网站的互动论坛、博客和播客系统、网站的用户管理、统一身份认证系统、网站的直播互动、嘉宾访谈系统。此次升级的技术平台采用了先进成熟的技术，以适应更高的数据、多媒体信息的传输需要，使整个系统在一段时期内保持先进性，并具有良好的发展潜力。同时，根据网站业务的增长和网络技术发展的需要，此次技术升级的方案可以方便地扩展网络覆盖范围、扩大网络容量和提高网络各层次节点的功能，具备支持多种通信媒体、多种物理接口的能力，提供技术升级、设备更新的灵活性。

（北京电视台）

北京歌华有线网站情况

歌华有线公司网站定位于公司对外形象宣传、投资者关系宣传、整体业务宣传和客户服务宣传四个方面。

一、主网站：http://www.bgctv.com/

网站充分利用互联网的优势，延展"歌华有线服务无限"的服务理念，注重在线服务功能，通过网站，用户不仅能够及时了解公司信息，还可以足不出户在线办理有线电视及宽带的相关业务。

在"业务指南"中，用户可以在网上直接查询公司新增业务。"有线电视"栏目提供了有线电视的相关信息，详细介绍了有线电视的报装方法、营业厅业务受理范围、资费标准等；"数字电视"栏目介绍了数字电视的功能与服务、试点推广现场流程和机顶盒的购买须知；"有线宽带"和"社区宽带"板块实现了在线安装区域查询、在线报装；"数据广播"作为数据业务的增值服务为用户提供了安装配置要求、接入方式等相关信息。"集团客户直通车"为客户了解集团业务提供了方便。

"自助服务"是歌华有线网站的重要功能，能够让用户在电脑上完成信息查询与申报缴费。定时更新的电视频道列表，便于用户核对自家的电视频道。用户仅需发送短信即可完成查询客户编号、缴费截止日期、客户状态、报修及报装。

客服热线96196的网上便捷通道以直观的形式让客户对于服务网点的位置一目了然。客户服务网点采用电子地图的方式,附带网点的联系电话、详细地址、乘车路线等信息。同时,“视频在线”以公司独立制作的视频短片,让用户更直观、更全面地了解机顶盒的使用等各项服务功能。对于一些用户常见的问题,可以直接在网站上得到答案。

歌华有线的用户可以查阅“公司简介”、“发展历程”、“组织结构”,并及时了解全国有线电视数字化方面的新闻和数字化电视业界的最新动态。“投资者关系”板块介绍了证券事务的联系方式,加入实时的股票行情及定期更新的上市公司公告,方便投资者查询。

“人才招聘”板块方便有志者通过在线填表应聘。

二、数字电视专题网站:http://www.beijingdtv.com.cn/

2009年,为配合北京市高清交互数字电视试点推广工作,公司对数字电视专题网站的内容结构与应用功能进行了调整,在已经建立的“新闻中心”、“整转试点”、“数字电视”、“交互电视”、“高清电视”、“宽带业务”、“用户专区”、“节目预告”八个栏目的基础上,新增“高清交互电视宣传专栏”。网站展现数字电视产业与技术的前沿动态,发布高清交互数字电视业务推广专题,采用文字、图片、视频等各种形态进行数字电视节目预告和频道推广,开展网上营业厅建设,进一步开发宽带业务预定、受理、缴费等业务功能,并及时研发、拓展相关主营业务的网上营业项目。

歌华有线网站截图

截至12月31日,完成网站新闻更新450篇,回答用户网上提问923篇,发布数字电视推广计划57篇,发布四大节目集成平台推介宣传片60次,累计发布170余套数字电视频道的节目预告59495次,配合频道落地推广和高清交互推广等业务进行网上专题宣传6次,网站页面全年访问人数达到14.2万人次。

(北京歌华有线电视网络股份有限公司)

北京市海淀区新闻中心网站情况

北京市海淀区新闻中心网站(www.hdonl.cn)是北京市海淀区新闻中心(原海淀区广播电视局)的门户网站,该网站成立于2002年。近年来已发展成为海淀区政府新闻信息发布的重要平台之一。同时,网站还针对海淀区科技、文化、教育、旅游产业等方面的发展定位,整合了更加丰富的具有海淀区特色的信息内容,具体包括三大功能:

一、《海淀新闻》发布

中心网站每天同步更新新闻中心的《海淀新闻》,主要通过图文方式,同时,通过音、视频压缩,将新闻内容压缩成音频文件、视频文件发布,成为海淀区政府新闻时事对外发布的第三媒体。

二、《电子报》发布

中心网站定期发布海淀区新闻中心制作的《海淀报》、《城市周刊》、《海淀科技园周刊》三大报刊的电子版，并于2009年年底上线最新的电子报发布系统，使电子报的发布与更新更加及时、准确，版面更加正规、严谨。

三、海淀区特色信息服务

中心网站也是海淀区相关政策法规、基层动态、科技文化、教育旅游等信息的发布平台，旨在打造一个能全面展示海淀区发展、建设的主要媒体窗口。

（海淀区新闻中心网站）

北京市丰台区广播电视中心网站情况

丰台区广播电视中心网站是北京市丰台区广播电视中心主办的综合性网站，于2004年8月18日正式对外发布。网站由丰台区信息中心提供技术支持，丰台区广播电视中心负责信息的编辑、对外发布和网站管理维护工作。

2008年1月，丰台区广播电视中心网站进行了全新改版，网站启用了新的域名(www.bjftrt.com.cn)，对网页做了重新设计和调整，网站设立了“单位概况、广电动态、视频点播、荧屏导视、业务介绍和联系我们”六大板块，突出了音视频传播的行业特点。在首页增加了视频窗口，在打开主页的同时可以直接收看到最新一期的《丰台新闻》等视频节目。为了方便不同受众的收视需求，在视频点播中将《丰台新闻》按照《时政要闻》、《社会民生》、《科技财经》、《文化教育》四个方面的内容分类发布，每条新闻都配有视频和文字稿，每日进行更新，拓宽了信息传播渠道，提升了新闻的可视性。将《政务公开》栏放在了首页醒目的位置，以便社会各界能够了解我们的工作和职责，接受社会的监督。同时，为方便查找还新增加了分类、日期、关键字检索等查询功能。

中心网站按照区信息中心的要求，不断加强对网站工作人员的教育和培训，认真做好网站的管理，确保网站安全。2009年1月在区信息中心的指导下，完成了视频新闻与政府内网的链接，实现了政府内网与中心网站视频新闻的同步。在链接后，新闻的浏览量比往年有了较大的提升。

（马藻茹）

北京市密云县广播电视中心网站情况

2009年8月12日，密云县广播电视中心网站(http://mytv.bjmy.gov.cn)正式开通。

为了服务百姓，增加政府工作透明度，加强舆论监督，使密云县新闻宣传工作更上层楼，密云县广播电视中心开办了自己的网站，提供密云电视台最新播出及往期的新闻、专题节目的在线视频点播服务，从而让生活在密云的人们和关心密云建设发展的各界人士，能够在第一时间了解到密云最新、最快的新闻资讯；更好地贯彻县委、县政府的方针政策，反映基层单位和人民群众的心声，展示密云日新月异的巨大变化。

网站建设理念是：视频新闻主打、信息丰富、服务广泛。

网站栏目按密云县广播电视中心的频道分类，主要由《密云新闻》、《今日观察》、《经济视点》、《社会纵横》、《生态经济一刻钟》、《事事关心》、《檀州采风》、《檀州大舞台》、《科技信息之窗》等几大节目板块组成，提供视频点播服务。整体的网站栏目布局如下：

	一级栏目	二级栏目
主要频道	今日要闻	热点聚焦、新闻排行、滚动新闻
	密云新闻	一周《密云新闻》视频点播、文字新闻
	电视栏目	《密云新闻》、《今日观察》、《经济视点》、《社会纵横》、《生态经济一刻钟》、《事事关心》、《檀州采风》、《檀州大舞台》、《科技信息之窗》等
	收视指南	电视栏目、节目预告、视频专栏、下载节目单等
	密云广电中心	中心简介、队伍建设、大事记、联系我们
	网上调查	“本台您最喜爱的电视栏目”受众调查
	天气预报	每日天气信息
	网站链接	国家广电总局、人民网、新华网等

网站具备智能搜索、网上调查等功能。通过“本台您最喜爱的电视栏目”的网上调查，相当于借助网络平台对密云电视台各档电视栏目开展一个长期的受众调查，对于获得收视反馈、改进节目质量、提高收视率具有十分重要的作用。

希望通过不懈地努力，密云广播电视中心网站能够上传方针政策、下搜民情民意，建设成为一个“宣传型、功能型、服务型”的展示密云的窗口，一个发布密云新闻的捷径，一个了解密云新闻资讯的通道，一个为社会大众提供服务信息的平台，一个与密云县政府其他各部门及各相关新闻网站紧密相连的信息平台。

(密云县广播电视中心)

北京市延庆广播电视网情况

延庆广播电视网截图

延庆广播电视网是北京市延庆县广播电视中心主办的综合性网站，于2006年1月正式对外发布。2007年，延庆县信息中心更全面具体地操控起了网站的建设管理工作，包括信息资源的组织开发和各个栏目的设计以及网页制作，并承担网站的日常管理和维护工作。

网站上传《延庆新闻》、《生活全方位》及中心动态信息，在过去的几年，生活全方位作为一档讲述延庆百姓身边事儿的重点特色栏目得到了延庆百姓的普遍认可，此栏目以朴素的语言、交谈的方式面对观众，为群众排忧解难，内容上立足百姓急需解决的棘手问题，在有限的时间内最大限度地多角度、多渠道、多种形式地扩充信息量，以满足观众对信息的需求。这样的理念致使延庆人民更加爱戴我们的栏目。与此同时，《延庆新闻》作为一档“您所期盼的就是我们的希望，您所困惑的就是我们的目标，您所关心的就是我们的焦点”的栏目让您每天都能了解县内的政事、社会的大事、百姓的身边事。我们网站的管理人员以及时最快的速度传送了与延庆相关的理念以及事件。在网站的点击率节节攀升的情况下，致使我们的更新率随之跟进。自创建以来，网站的点击率达到了357492人次。

实践证明：能很好地运用媒体的地方，工作往往事半功倍，反之则事倍功半。在这方面，本站的主要功能是为延庆县广播电视中心在互联网上能够长期地、统一地、权威地交流以及发布信息，是延庆重要的信息汇集与交互平台，让延庆人民和海内外能够更快、更好地认识延庆，吸引更多的企业、人才、资金和信息，更好地营造政务公开、招商引资、引智和便民、利民的环境。

目前本站设有“中心简介、工作动态、广电研究、行风建设、经典视频、收听收视指南、延庆新闻、生活全方位、联办栏目、村村通、妫川大舞台、广电2008、妫川故事、受众论坛、信息反馈、你点我播、工作总结”等40个链接板块。

延庆县作为首都北京的“北大门”，占居上风上水之地，拥有丰富的自然资源和人文资源。让每一个人都点击延庆、了解延庆、共同建设延庆，这也是延庆广播电视网建设的宗旨和目的。特别是在媒体改革风起云涌的今天，在人们的生活节奏和工作节奏普遍加快的情况下，能否很好地运用媒体来指导工作，是衡量是否具备现代管理意识的一个重要标志。因此，学会策划媒体宣传，认真研究、了解媒体，充分尊重各种媒体的传播规律，并运用媒体来为推动营造一个地区良好的社会环境创造途径。

（延庆县广播电视中心）

书报刊出版

2010/《北京广播影视年鉴》

——记录行业情况　服务业内和社会——

2009年北京市广播影视书报刊一览表

公开出版物

类别	报刊名称	主管单位	主办单位
周报	《北京广播电视报》	北京北广传媒集团	北京广播电视报社
周刊	《北京广播电视报·人物周刊》	北京北广传媒集团	北京广播电视报社
周刊	《北京电视》周刊	北京北广传媒集团	北京广播电视报社
周报	《新广播》报	京报集团	北京人民广播电台
周刊	《音乐周刊》	京报集团	北京广播公司
年刊	《北京广播影视年鉴》	北京广播影视年鉴编委会	北京市广播电影电视局
年刊	《北京人民广播电台年鉴》	北京人民广播电台	北京人民广播电台
年刊	《北京电视台年鉴》	北京电视台	北京电视台

类别	书籍名称	主管单位	作者	
图书	《北京广播影视发展研究文集2008—2009》	北京市广播电影电视局	北京广播电影电视研究中心	北京出版社
图书	《北京广播发展研究》	北京电台	北京电台	中国广播电视出版社
图书	《岁月如歌》	北京电台	北京电台	中国广播电视出版社
图书	《纪念北京人民广播电台建台60周年典藏》	北京电台	北京电台	中国广播电视出版社
图书	《荧屏岁月》	北京电视台	北京电视台	同心出版社
图书	《一路畅通·快乐搭档》	北京电台	李莉　杨洋	华艺出版社
图书	《三三见久——新1039服务手册》	北京电台	王为　武军　林贺	人民交通出版社
图书	《听大使讲故事》	北京电台		新华出版社

内部出版物

类别	报社名称	主管单位	主办单位
月刊	《北京广播电视》	北京市广播电影电视局	北京市广播电影电视局、北京市广播电视学会
季刊	《研究与思考》	北京北广传媒集团	北京北广传媒集团研究部
月刊	《影博·影响》	中国电影博物馆	中国电影博物馆
半月刊	《电视文摘》	北京电视台	北京电视台总编室
月刊	《北京广播影视研究》	北京市广播电影电视局	北京广播电影电视研究中心
季刊	《北京广播影视产业专刊》	北京市广播电影电视局	北京广播电影电视研究中心

2009年北京市广播影视书报刊简介

《北京广播电视报》

《北京广播电视报》是由北京北广传媒集团主管、北京广播电视报社主办的、公开出版发行的一份周报。其前身是北京人民广播电台1953年4月12日创办的《广播周报》，后更名《北京人民广播电台节目报》。1976年1月9日停刊。1979年9月14日复刊。1989年更名为《北京广播电视报》，是面向家庭，以导听导视为主的全方位的生活服务型周报。从2006年起，报纸的内容进行了全方位调整。进一步强调报纸作为广播电视专业媒体的属性，基本读者定位为广播电视的听众、观众。在充分发挥全面满足读者听广播看电视需要的节目预告功能之外，对其中的重点节目和重点内容进行补充延伸报道，增加报纸的实用性、可读性。此外，报纸的《健康周刊》以其服务于家庭和百姓健康的特色而受到读者的喜爱。

2009年主要栏目有：新闻·热点、新闻·人物、新闻·特刊、新闻·追踪，联动·法制、联动·动物与人、联动·钩沉、联动·百姓、联动·京华、健康生活、生活·新知、生活·关注、生活·养老、生活·美食、生活·情趣、生活·窍门、生活·参谋、收藏信息、服饰资讯、健康资讯、视听指南本周推荐、收视·剧情、视听·下周推荐等。报纸为4开40—48版。

（北京广播电视报社）

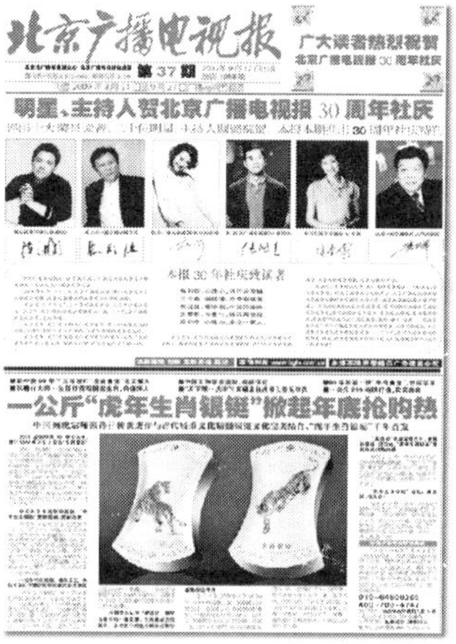
北京广播电视报
第37期
广大读者热烈祝贺北京广播电视报30周年社庆
明星、主持人贺北京广播电视报30周年社庆
一公斤"虎年生肖银锭"掀起年底抢购热

《北京广播电视报》2009年第37期1版

《北京广播电视报·人物周刊》

《北京广播电视报·人物周刊》是由北京北广传媒集团主管、北京广播电视报社主办的、公开出版发行的、《北京广播电视报》的一份系列周报，创办于2003年8月。主要内容为：报道新闻中的人物和人物中的新闻，用故事解读人生，在人生中寻觅故事；介绍真善美的情操感染人，揭示奋斗进取的精神鼓励人，挖掘不为人知的故事讲述给人，暴露丑陋劣质的人生经历警示人。

主要栏目有：独家专稿、知名人物相册、艺术人物出镜、七日人物新闻、新闻人物追踪、成功人物之路、传奇人物故事、真情人物再现、身边人物三味、百味人物实录、古今人物意趣、健康人物体验、迷途人物之鉴、历史人物钩沉、鉴藏人物春秋等。4开24版。

PEOPLE
人物
美国大牌记者
上演现实版"越狱"
人生最痛苦的是干的工作不是自己喜欢的，我很幸运的。
好友回忆邓丽君的伤心情事
本报独家专访
李雪健
儿子的家书让他绝症求生
徐寅生
我把青春献给乒乓球
友人眼中的吴冠中
《誓言永恒》背后历史
叶帅称他是中国的夏伯阳
李向阳的原型包森
北京电视周刊
娱乐
收视

《北京广播电视报·人物周刊》
2009年第26期1版

（北京广播电视报社）

《北京电视周刊》

《北京电视周刊》1995年由北京广播电视报社独家承办，1998年7月，由月刊改为周刊。是集文化、娱乐、消费生活于一身的进入大众家庭的杂志，具有中国特色的电视收视精选手册。杂志封面上TVE三个英文字母就是英文“电视精选”的缩写。《北京电视周刊》的主要内容以收视热点、独家娱乐报道、情感故事、传奇揭秘、时尚生活几方面为主，具备非常明显的可读性、耐读性和很高的传阅率。8开96页。

主要栏目有：视点（本期聚焦、娱乐专题、视听杂谈）、图吧（7日星情、动感地带）、星闻（独家专访、娱乐在线、海外明星）、周末生活（时尚、计划、收视、情调、资讯、专题、宠缘）、节目推荐（全国电视节目表）、收视指南·节目表·影视故事等。

《北京电视周刊》2009年第18期1版

（北京广播电视报社）

《新广播》报

《新广播》报是由北京人民广播电台投资出版的一份周报，于2006年1月9日创刊。该报为实现声波与平面媒体的立体传播，进一步提高北京电台的社会影响力，更好地服务听众，并为北京电台的广告客户提供落地服务而创办。主要内容为报道北京电台内发生的听众所关心的动态消息、重点报道，推介重点广播节目，介绍广播新技术、新发展，广播精品节目摘编，广播节目及广播人台前幕后的故事，听众对广播节目的互动点评，生活常识介绍等。主要栏目有：要闻、台内台外、话筒前后、DJ秀场、听迷互动、记者观察、一周节目”、车友出行、爱家管家、健康养生、京味茶楼、玩家CLUB等。

《新广播》报2009年第39期1版

该报全彩印刷，4开24版，每周日出版，在北京五环路内200余家中石化、中石油加油站等处免费赠阅，2006年6月1日起实行电话订阅送报上门，每期发行量8万份。

（北京电台）

《音乐周刊》

《音乐周刊》是由北京人民广播电台和北京京报集团合作出版，北京人民广播电台旗下的北京广播公司投资出版的流行音乐类周刊，也是以广播与文字互动为特色的音乐类周刊。国内统一刊号CN11–0191，全彩色豪华纸张印刷，8开44页，公开出版，全国发行。

该刊由北京广播公司旗下的北京蓝火花音乐文化传播有限公司经营。2004年3月24日创刊，内容上与FM97.4北京音乐广播携手互动，做到文字与广播相互补充、相互延伸。遵循“时尚音乐资讯大全，青年娱乐消费指南”的编辑定位，锁定音乐目标，主打音乐特色。

2009年，《音乐周刊》在版面、栏目的设置和新闻选题的策划等方面进行了调整，增加更多的独家报道内容，同时针对竞争媒体的变化改善了美术设计。新开设栏目有：众星相、现场直击、秀场风云、特别策划、A1头条、封面故事、音乐VIP、音乐达人、974直播间、中国歌曲排行榜、全球华语排行榜、MV故事、音像超市、星踪资讯、娱乐看台等。改版后的《音乐周刊》得到主流音乐界的认可，维系住忠实读者并吸引部分高端读者群。

《音乐周刊》2009年第217期1版

（北京电台）

《北京广播影视年鉴》

《北京广播影视年鉴》是由北京广播影视年鉴编委会编纂（北京市广播电影电视局主持，北京北广传媒集团、北京人民广播电台、北京电视台、中国电影博物馆、区县文委及广电中心等协编）的一部综合性资料工具书和史料文献的大型年刊。标准16开，创刊于2005年，公开出版发行。

《北京广播影视年鉴》以马克思列宁主义、毛泽东思想、邓小平理论、“三个代表”重要思想为指导，认真贯彻落实科学发展观，坚持实事求是的编辑方针，贯彻“贴近实际，贴近生活，贴近群众”的编纂原则，全面反映北京市广播影视的基本情况和发展变化风貌，客观记述上一年全市广播影视业的新情况、

2009《北京广播影视年鉴》封面

新资料，为广播影视从业人员、教学科研人员、决策管理人员以及社会各界了解和研究北京市广播影视业提供可靠信息。

年鉴自2005年起，每年编印一卷。2009年版为第5卷，全书有图片、特载、概况、产业发展、广播电视覆盖、频率频道、节目栏目、技术工作、影视剧、新媒体与网络传播、书报刊出版、受众调查、组织机构、统计、华彩杯、经验、论文摘编、大事记、索引等19个栏目，65万字。2009年版共印1300册。

（北京市广播电影电视局史志办）

《北京人民广播电台年鉴》

2007《北京人民广播电台年鉴》封面

《北京人民广播电台年鉴》是北京人民广播电台编纂的一部综合性资料工具书和史料文献的大型年刊。标准16开，公开出版发行。宗旨是：记录北京人民广播电台的基本情况和发展变化，反映一年中北京电台的亮点工作及各方面情况，为广播宣传工作服务。《北京人民广播电台年鉴》从1994年起编纂，每年编印一册。2009年出版的2007《北京人民广播电台年鉴》全书50万字。主要内容有：图片、概述、特稿、重要会议、规章制度、宣传工作、专辑、节目设置、评奖、论文、经验、体会、听众工作、技术工作、经营与管理、外事外宣、机构、人物、出版物、大事记等。

（北京人民广播电台）

《北京电视台年鉴》

《北京电视台年鉴》是由北京电视台年鉴编辑委员会编纂的一部综合性资料工具书和史料文献的大型年刊。于2008年创刊，每年编印一卷。宗旨是：记录北京电视台在宣传业务、技术设备、队伍建设、事业发展、产业经营等方面的基本情况，反映电视事业的发展变化和发展成果。

年鉴以马克思列宁主义、毛泽东思想、邓小平理论、“三个代表”重要思想为指导，认真贯彻落实科学发展观，坚持实事求是的编辑方针，贯彻“贴近实际，贴近生活，贴近群众”的宣传原则，为广大电视工作者及社会各界了解和研究北京电视台提供可靠信息。

2009年版主要栏目有：图片、特载、概况、典型经验、专辑、组织机构、频道·栏目、观众调查、论文摘编、获奖·表彰、节目播出时间表、广告价目表、大事记载和索引等。刊物为大16开，共印500册，公开发行。

2009《北京电视台年鉴》封面

（北京电视台）

《北京广播影视》

《北京广播影视》
2009年第11期封面

《北京广播影视》由北京市广播电影电视局和北京市广播电视学会主办的学术与信息相结合、内部出版发行的月刊，创刊于1988年。原称《北京广播电视研究》（季刊），1994年更名为《北京广播电视》（双月刊）。

2007年1月改版为《北京广播影视》（月刊）。内容定位相应调整，担负起北京市广播电影电视局机关刊物和北京市广播电视学会学术刊物的双重职能。

2009年《北京广播影视》主要栏目有：专题论坛、创新进行时、特别报道、声屏华彩、走进奥运、媒介管理、名家视点、传媒科技、往事在说、业者探究等。全彩色印刷。刊物为大16开72页。每期印制1000册，免费赠阅业内单位及相关部门。

（北京市广播电影电视局宣传管理处）

《研究与参考》

《研究与参考》（季刊）是由北京北广传媒集团主管、集团研究部主办的内部刊物，创刊于2008年。办刊宗旨是“探索媒体改革、发展战略研究”，为集团决策管理人员了解和研究新媒体业务、影视艺术创作、节目经营管理、频道栏目建设等发展前景提供参考资料。主要栏目有：政策导读、要文精粹、集团动态、数据速览、市场观察、创新模式、资本运作、经营管理、业务合作、传媒科技、交流探索等。刊物为大16开56页，免费赠阅业内单位及相关部门。

（北京北广传媒集团）

《研究与参考》2009年第1期封面

《影博·影响》

《影博·影响》是中国电影博物馆主办的一份独具特色的电影类综合性内部刊物，其宗旨是传播电影文化，拓展电影博物馆公共文化职能，开展电影文化教育和科普教育，服务电影、博物馆观众和行业人士，为电影观众、爱好者和业界搭建沟通桥梁。

刊物以关注文化热点，评论新映影片，交流学术观点，展示研究成果，赏析优秀电影，探班影片幕后，介绍影人动态，梳理电影历史，讲述藏品故事，传播业界信息，提供服务指南等为主要内容，有特别策划、聚焦、影院人语、影评、观点、观众研究所、片场·幕后、影人、百年光影、银海钩沉、藏品故事、动态·资讯、电影地图、影音速递等10余个栏目。2008年策划、举办了“难忘的光影记忆”——纪念改革开放30周年征文与影片推荐等活动。2009年，围绕庆祝新中国成立60周年的重要历史时刻，面向专家、观众和网民开展大型“新中国电影与观众问卷调查”活动，并邀请谢芳、葛存壮等电影艺术家和李道新等电影界专家作为嘉宾，与观众和博物馆会员就20世纪50年代至新世纪的国产电影展开系列座谈。

《影博·影响》2009年第11期封面

刊物还成立影评人俱乐部，为电影评论搭建平台。每月10日出版，每期近8万字，图片约200张。发行量3500册，超过60%的读者为固定读者群。

（中国电影博物馆研究部）

《电视文摘》

《电视文摘》2010年第1期封面

《电视文摘》是由北京电视台总编室主办、北京电视台主管的内部刊物，创刊于1998年1月1日。办刊宗旨是荟萃信息精华，浓缩真知灼见。该刊物的主要内容有：动态传真类——电视界重要会议、重大改革举措、频道栏目建设以及经营管理等方面的最新动态；理论研究类——媒体改革探索、发展战略研究、节目经营管理、频道栏目建设等理论文章及部分受众包括专家学者对电视发展、建设的建议和评论；业务指导类——电视台具有影响的节目策划、运作、选题和广告经营发展方面的经验；人物介绍类——电视从业人员成长过程、创业经历、个性特点和开拓精神；海外信息类——世界各国电视行业的发展现状、机构设置、管理模式及最新节目动态。

2010年1月起，该刊物改为月刊，大16开，64页，每期印制600册，台内免费发放并赠阅业内单位。

（北京电视台）

《北京广播影视研究》

《北京广播影视研究》是由北京广播电影电视局主管、北京广播电影电视研究中心主办的月刊，内部刊物，其前身是《信息参考》。2009年8月更名为《北京广播影视研究》，宗旨是“开拓广电研究领域、探索行业发展规律”，设有专稿特载、发展环境、公共服务、产业促进、行政管理、科技交流、区县论坛、境外瞭望等栏目。

（北京广播电影电视研究中心）

《北京广播影视研究》2009年第9期封面

《北京广播影视产业专刊》

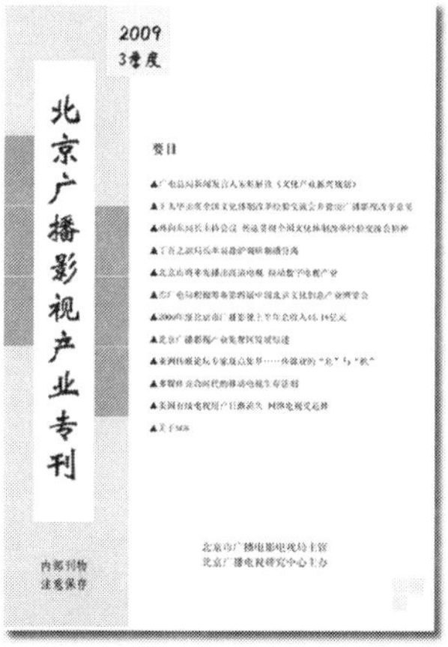

《北京广播影视产业专刊》2009年第3季度封面

《北京广播影视产业专刊》是由北京广播电影电视局主管、北京广播电影电视研究中心主办的季刊，内部刊物，2009年第三季度创刊，设有政策解读、北京动态、行业聚焦、发展分析、境外瞭望、知识之窗等栏目。

（北京广播电影电视研究中心）

《北京广播影视发展研究文集2008—2009》

《北京广播影视发展研究文集2008—2009》，由北京广播电影电视局主管、北京广播电影电视研究中心汇编，2009年12月由北京出版社出版的理论性书籍。编入有关北京市广播电影电视系统新近取得的课题研究成果和科学发展观调研报告等文章，内容涉及北京广播影视改革开放30年来，特别是近两年来发展与改革

《北京广播影视发展研究文集2008—2009》封面

的各个方面。分为发展环境、公共服务、产业促进、科技应用和行政管理五部分，共80篇文章、51万字。

（北京广播电影电视研究中心）

《北京广播发展研究》

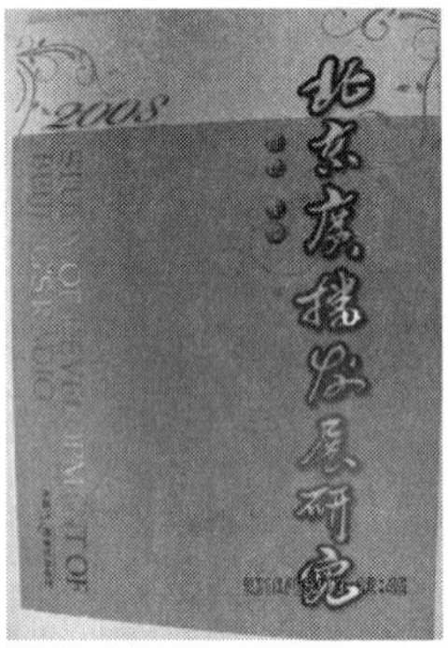

2008《北京广播发展研究》封面

《北京广播发展研究》一书由北京人民广播电台台长汪良主编，2009年1月由中国广播电视出版社出版。

该书集合了北京电台广播发展研究中心近几年的研究成果，包括：课题研究报告、数据分析报告、新节目研发方案等。从宏观、中观、微观等几个层面对新时期北京广播发展面临的新情况进行梳理、分析、总结和归纳，以期找出对策，辨别方向。

（北京电台）

《岁月如歌》

《岁月如歌》一书是北京人民广播电台为庆祝建台60周年所编著。2009年1月，由中国广播电视出版社出版。

60年来，北京电台忠实地传播党和人民的声音，积极推动首都北京的建设和改革发展，始终与人民群众同呼吸共命运。书中每一篇回忆文章的作者，都是北京电台的历史见证人，他们以自己在北京电台工作和生活的亲身经历，从不同侧面、不同角度记录了北京电台前进的步伐和风雨历程，生动地再现了几代广播人艰苦创业和开拓创新的精神风貌。记述了北京电台60年来在宣传、事业建设、改革发展等方面所发生的重大事件、重大变化及所采取的重大举措；融入了老同志办广播的经历、经验、心得与教训，值得青年人阅读。

《岁月如歌》封面

全书分上中下三册，上册含创业篇、关怀篇、改革篇，中册为宣传篇，下册为技术篇、管理篇、事业篇和风采篇，181篇回忆文章，共76万字。

（北京电台）

《纪念北京人民广播电台建台60周年典藏》

《纪念北京人民广播电台建台60周年典藏》一书是北京人民广播电台为庆祝建台60周年所编著，2009年4月由中国广播电视出版社出版发行，图文并茂，共12万字。全套典藏由《曾经》系列和《大音京华》两部分组成，共三本书册、两张CD光盘和一张DVD光盘。

《曾经》系列分四个部分:《曾经的声音》选取不同年代北京电台播出的具有典型历史意义或体现当年时代特色的录音作品，寻访作者或知情人，展示音响背后鲜为人知的故事;《曾经的电波》是2009年1月8日，北京电台在人民广播发源地延安推出的长达3小时的直播特别节目，全方位展现人民广播艰辛而辉煌的发展历程;《曾经的足迹》在历史音响引导下，年轻记者拿起话筒，追随前辈足迹，重访故地，通过对新闻事件的亲历者和当年报道记者的采访，反映社会变化和时代变迁;《曾经的记忆》征集听众与广播的情缘，并邀请资深播音员播讲后集结成册，展现北京电台与听众的深情厚谊。

《纪念北京人民广播电台建台60周年典藏》整套出版物

《大音京华》为八集系列电视专题片，先后采访近200名历史事件的亲历者，展现了北京电台在每个历史时期开拓创新，不断进取的风雨历程。

整套出版物资料翔实，视听性强，装帧精美，体现了较强的历史感和典藏价值。

（北京电台）

《荧屏岁月》

《荧屏岁月》一书是纪念北京电视台建台30周年（1979.5.16——2009.5.16），由几代北京电视工作者共同撰写的书作。分上篇、中篇、下篇，共52.5万字。该书刊载了北京电视台新老电视工作者撰写的149篇回忆文章，从不同侧面、不同角度展示了北京电视台初创阶段的艰难困苦，起步阶段的辛勤耕耘，发展阶段的勃勃生机，成熟阶段的累累硕果。

该书由《荧屏岁月》编辑部编辑，同心出版社2009年4月出版。

（北京电视台）

《荧屏岁月》封面

《一路畅通·快乐搭档》

《一路畅通·快乐搭档》封面

《一路畅通·快乐搭档》一书北京电台交通广播主持人李莉、杨洋合著。于2009年12月由华艺出版社出版。这是北京电台交通广播主持人李莉、杨洋为纪念《一路畅通》开播10周年合著的一本书，书中记述了两人各自的成长历程和搭档主持《一路畅通》8年的快乐时光。

（北京电台）

《三三见久——新1039服务手册》

《三三见久——新1039服务手册》封面

《三三见久——新1039服务手册》一书的作者是北京电台交通广播“1039交通服务热线”的3位主持人王为、武军、林贺，2009年11月由人民交通出版社出版。该书汇集了《1039交通服务热线》3位主持人的成长经历、生活感悟，以及他们对节目、对嘉宾、对听众的真心话。这本书也是“武林王”与听众坦诚相对、真诚交流的载体，受到了读者的好评。

（北京电台）

《听大使讲故事》

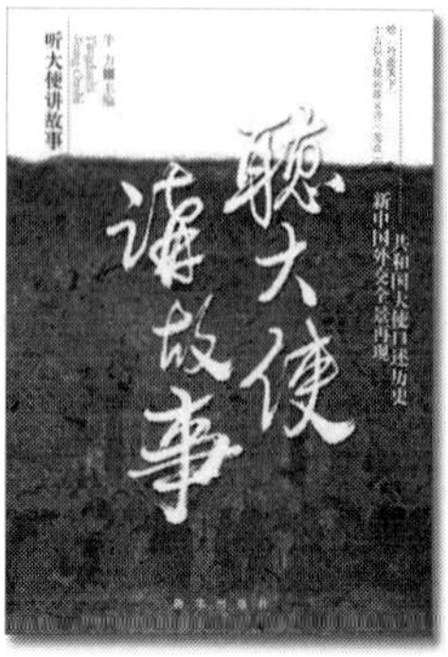

《听大使讲故事》封面

《听大使讲故事》一书由北京电台交通广播《行走天下·听大使讲故事》特别节目录音整理编辑而成，牛力主编，2009年12月由新华出版社出版。书中汇集15位大使讲述各自成长的心路历程、亲历的国际社会的惊涛骇浪以及新中国气势如虹的外交风采。该书随书附赠大使们的原声录音光盘，不仅仅是中国外交官的掌故集锦，更是中国早期外交的珍贵资料。

（北京电台）

受众调查

2010/《北京广播影视年鉴》

——记录行业情况　服务业内和社会——

北京北广传媒集团新媒体节目评价及收视需求调查

2009年11至12月，北京北广传媒集团委托中国传媒大学IMI市场信息研究所对新媒体节目进行调研，涉及移动电视、城市电视、数字电视，调查情况如下：

一、移动电视节目评价及收视需求

针对移动电视收视人群，在装有北广传媒移动电视的公交车和地铁线路上进行拦截式问卷访问，采集有效样本515人，其中最近一个月内在公交车上收看过移动电视的有474人。

1.移动电视已成为最具影响力的户外媒体

移动电视对受众的影响首先体现在它覆盖人群的广泛性上。公交车和地铁是人们出行的主要交通工具。515个有效样本中，有96%（494人）的被访者表示平时乘坐公交车，有89%（457人）的被访者表示平时会乘坐地铁。由于人们会花费大量时间在公共交通工具上，移动电视作为伴随性媒体形式，有效填补了人们在公交车和地铁上的时间。

移动电视对受众的影响还体现在它的节目所受到的高度关注上。515个有效样本中，471人记得看过的移动电视栏目名称，受众对栏目的记忆率达到91.5%。

移动电视对受众的影响还体现在它的节目内容对人们生活的各个方面显现了切实的影响：第一，通过收看移动电视节目可以获得新闻、资讯、时事、交通路况、天气、娱乐以及生活方面的很多信息。第二，通过移动电视节目可以学习到一些常识和生活方面的小窍门，并且方便出行。第三，移动电视可以用来打发和消遣在公共交通工具上的时间。第四，收看移动电视能够增长自身的知识，扩大视野。第五，观看移动电视有助于舒缓紧张情绪。第六，节目提供的购物和广告信息能够为消费提供参考。

2．移动电视节目评价

受众对移动电视节目总体评价较高。调查中请被访者对移动电视节目做出了总体评价。受众对移动电视节目非常满意和比较满意占72%；仅有2.2%的受众表示“不太满意”和“非常不满意”。对移动电视节目的总体评价因受众性别和年龄的不同而有所差异。女性受众对移动电视节目的满意率明显高于男性，35–39岁受众和20–24岁受众对节目的总体评价相对较高。

各栏目接触率差别明显。在515个有效样本中，471人记得看过的移动电视栏目名称，受众对栏目的记忆率达到91.5%。对这471位被访者统计移动电视32个栏目的接触率，所有栏目的接触率均值为18.4%，有13个栏目在平均水平之上，其余19个栏目低于平均水平。接触率最高的是《每日文娱播报》，数值达到47.1%，接触率最低的《首博时间》只有1.1%，相差巨大。

高接触率和高满意度节目中没有出现北广传媒自制节目。北广传媒自制节目有《移动直通车》、《出行导航》和《歌唱祖国专题片》，三个节目分属三种情况：

受众对《移动直通车》的接触率达到46.9%，在32个栏目中排名第2。这或许跟《移动直通车》创办时间较早（2006年创办）和播出频次较高（7次／天）有关。但是受众对此栏目的满意度和主持人满意度却相对较低，在32个栏目中分别排名第21和第19。

尽管《出行导航》创办时间较早（2005

年），播出频次也较高（4次／天），但是受众对《出行导航》的接触率只有13.8%，在32个栏目中排名第15，栏目满意度和主持人满意度排名第15和第12。

虽然《歌唱祖国专题片》的接触率只有11%，在32个栏目中排名第19，但是受众对此栏目的满意度和主持人满意度却相对较高，在32个栏目中分别排名第6和第4。

二、城市电视节目评价及收视需求

从数据分析的结果看，北广传媒城市电视有一批栏目拥有较高的接触率和满意度，受众对北广传媒城市电视的总体评价接近比较满意，这说明北广传媒城市电视在北京市民中有较高的影响力和好感度。

受众对城市电视节目总体评价较高。但是受众性别和年龄的差异，在一定程度上影响他们对城市电视的总体评价。女性受众对节目总体评价高于男性；16—19岁受众对节目的总体评价最高，其次为50—65岁受众，中间年龄层的受众对节目的总体评价较低。

同时，被访者对城市电视节目给予较高评价，认为城市电视为他们的生活带来积极的影响，包括：城市电视节目信息量大，帮助受众及时快速地了解最新资讯；为受众的购物活动提供参考信息，在一定程度上“引导消费活动”；贴近生活，实用性强，为受众生活提供实用信息；娱乐性强，丰富受众的生活；不仅给受众的生活带来便捷，为其提供获得生活及社会方面资讯的渠道，而且对受众有积极的教育作用。

各栏目接触率差异明显。524个有效样本中，有428人能够清楚记忆所看过的栏目名称，记忆率为81.7%，与移动电视栏目的记忆率91.5%相比偏低。对记得栏目名称的428人，统计城市电视20个栏目的接触率，所有栏目的接触率均值为15.3%，有8个栏目在平均水平之上，其余12个栏目在平均水平之下，接触率最高的《食全食美》与接触率最低的《工会之家》，接触率数值分别为50.2%，1.6%，相差如此悬殊。为行文方便，将接触率在平均水平之上的8个栏目称为高接触率栏目，它们依次为：《食全食美》(50.2%)、《城市播报》(45.6%)、《生活面对面》(32.9%)、《经典中国辉煌六十年》(29.7%)、《歌唱祖国MV》(27.3%)、《中歌榜》(26.6%)、《北京卫视导视》(16.8%)、《购物季》(16.6%)。其他12个栏目称为低接触率栏目。

三、数字电视《北京之窗》、《北京党建》栏目收视分析

从搭车问卷调查和小组访谈中获得的信息，可以看到：在问卷调查中收看过数字电视的居民超过一半(564人)，在这些数字电视受众中，收看《北京之窗》的比例相对较高，不同人口特征居民在收看和评价各栏目时呈现一定差异性，收看过与喜欢收看《数说北京》、《畅游北京》和《时尚秀》的比例都比较高，这主要是因为这三个栏目贴近生活，具有提供信息、开阔视野的价值；相对于《北京之窗》，数字电视受众中收看过《北京党建》的比例很低(17.5%)，但收看和喜欢收看《红色记忆》栏目的比例明显高于其他栏目，其原因在于该栏目广告较少，有比较多的红色电影、电视剧。

在访谈执行、数据分析、资料整理和报告撰写的过程中，研究者进一步了解了数字电视受众收看《北京之窗》、《北京党建》栏目的习惯与心态以及不同栏目受众的人口特征。在此，提出以下观点，为优化组合栏目内容提供有益的借鉴。

《北京之窗》、《北京党建》受众的人口特征。在调查样本中，53.8%的受众家中拥有数字电视机顶盒，另外还有10人虽然自己家中没有安装数字电视机顶盒但在朋友或亲戚家中看过《北京之窗》或《北京党建》的相关栏目。

通过对样本结构进行分析发现，数字电视受众可概括为高教育程度、高收入的群体，这些人多为企事业单位管理人员、公司管理人员、专业人士以及退休在家的中老年人。与数

字电视受众相比，《北京之窗》受众的教育程度相对较低，也更加年轻。《北京党建》的受众则以高学历、年龄大的居民居多，其中政府官员、企事业单位管理人员和退休在家的人群所占比例较高。

受众收看《北京之窗》、《北京党建》的状态。受众收看电视的时间一般集中在晚上7点到9点，天气预报、新闻和电视剧是收看较多的节目类型。从收看状态来看，受众多把收看电视当作生活中的一种即时消遣方式，用来消磨空闲时光。

受众收看电视的随意状态在收看《北京之窗》、《北京党建》栏目时表现更为明显，收看时多处于一种浅层状态，具有很强的随机性。参加小组访谈的被访者表示他们都看过《北京之窗》的部分栏目，但多是在择台过程中，觉得有意思才会看下去，对于栏目名称和播出的具体时间印象模糊。被访者杜小夕表示："我一个星期休息一天，时间不太充裕，平时没有固定收看《北京之窗》的习惯，栏目具体播出时间也不太知道，就有时候搜索一下台看到有兴趣的就看一下，没有兴趣就换台。"

收看数字电视同收看传统电视一样是一种家庭行为，具有人际传播的特性。有受众表示某些栏目自己虽然不喜欢看，如果家人喜欢，也会一起看下去。被访者曹银鹏表示会与妻子一起看《时尚秀》，被访者宋紫熙提到自己"周六周日在家跟着父母会看一些生活方面的东西，或者看电视剧"。石磊表示他的父母亲白天喜欢看《北京党建》，他自己也会看其中的一些栏目，对《红色记忆》比较喜欢。

受众主要收看的栏目内容。数字电视受众收看《北京之窗》、《北京党建》主要出于两个目的：实用价值和知识需求。通过搭车调查的数据可以看到，《北京之窗》受众收看和喜欢收看的栏目中，排名处于前三位的分别是《数说北京》、《畅游北京》和《时尚秀》，这三个栏目具有较强的实用性和知识性。

参加小组访谈的被访者表示收看的栏目主要为旅游、文化和生活类的内容。旅游、文化类栏目涉及各地风土人情、异地人文景观以及历史文化常识等；生活类栏目则与人们日常生活联系密切，主要内容是天气状况、饮食等生活信息。被访者陈旭表示自己喜欢看一些"风土人情和旅游文化的栏目以及对北京一些景点进行介绍的栏目，还有就是关于老百姓的栏目看的比较多一些"，他说："《畅游北京》比较好一些，对于一些景点介绍得详细，对生活有点帮助，像有一些比较古老的地方介绍后就能了解到一些信息；《时尚秀》介绍当下比较流行的东西，当前比较时尚的、便宜的东西，对生活有帮助。"石磊"觉得《北京之窗》有一个优点，每天回去晚但仍可以看看天气预报，一点就可以了解明天的天气状况，还能看一些电影和影音资讯"。

受众人口特征与栏目的关系。受众的人口特征在一定程度上影响着他们收看栏目的行为与对栏目的态度。

《时尚秀》的受众，教育程度相对较低，年轻人、女性所占比例相对较高。通过搭车调查的数据可以看到女性受众收看该栏目的比例达到47.8%，喜欢的比例也有31.3%；16—19岁、20—24岁受众收看和喜欢收看的比例明显高于其他年龄段的居民；在教育程度上，高中／中专、大学专科学历受众收看和喜欢收看《时尚秀》的比例也相对较高。参加小组访谈的被访者曹银鹏认为"可能女孩子会比较爱看（这一栏目）"，李诗学也觉得该栏目现在主要是面向年轻女性，并希望能多增加一点适合35岁以上受众收看的内容。

《数说北京》受众比《时尚秀》受众的教育程度要高，大学专科、大学本科受众收看和喜欢收看该栏目的比例相对较高；受众主体偏向30—49岁中年受众，他们收看和喜欢收看《数说北京》的比例明显高于其他年龄段的受众；虽然收看该栏目的男性比例不如女性，但喜欢收看该栏目的男性比例高于女性，为42.9%。

收看《北京党建》的受众虽然较少，但《红

色记忆》值得一提。首先在于收看《北京党建》受众中看过该栏目的比例为80.2%，喜欢收看的比例也达到了65.6%，明显高于其他栏目。同时，该栏目受众的人口特征与人们的刻板印象相反，16—24岁的年轻受众收看和喜欢收看的比例要明显高于40—65岁的受众群。被访者石磊（25—29岁）表示自己"尤其会看《红色记忆》，里面有一些红色电影，因为这个很少有广告，还挺好的，就看得比较多"，于立冬（25—29岁）也看过《红色记忆》中的电影。

四、手机电视的收视需求

1. 受众收视意愿与习惯落点于时效性资讯、实用性信息和娱乐性节目

从访谈中可以看出，尽管收费标准、传输技术和终端设备的不完善影响了被访者的手机电视使用态度，但被访者的手机电视收视意愿在很大程度上还是取决于具体的节目内容。针对手机电视节目内容的收视意愿，本次访谈从收看过的手机电视节目、希望收看的手机电视节目类型、对重大事件的收视意愿等多个层面询问了被访者。访谈结果显示，财经资讯、时事新闻、体育赛事、娱乐资讯和生活信息曾被多次提及，成为最受被访者关注的节目类型。而在询问对重大事件和旅游节目的收视意愿时，被访者也认为手机电视是了解这类时效性资讯和实用性信息的有效渠道。联系被访者给予手机电视的角色定位——信息获取工具和休闲娱乐工具，不难发现，时效、实用和娱乐是被访者在收看手机电视节目时最为重视的三个维度，因此在手机电视节目制作和选择的过程中理应给予强调和突出。

2. 受传统电视收视经验所累，受众对手机电视中播放电视购物和寻医问药类节目的接受度不高

访谈中仅是提到了电视购物和寻医问药类节目这两组抽象的概念，并没有向被访者呈现出具体的手机电视表现形式。而参照以往从传统媒体中获得的收视经验，被访者普遍将电视购物和寻医问药类节目视为缺乏可信度和实用性的广告信息，表现出较低的接受度。

但值得注意的是，被访者并没有全面否定这两类节目的收视价值。有数名被访者在访谈中表示，收视与否要视电视购物和寻医问药类节目的具体形式而定。如果这两类节目能够突破传统的表现形式，为受众提供具有时效价值、使用价值和高可信度的相关信息，被访者愿意尝试收看。由此可见，手机电视中播放的电视购物和寻医问药类节目不应延续传统媒体中已有的表现形式，需根据受众的手机电视收视需求做出相应调整。这也意味着若要开办此类节目应以更为扎实细致的调研工作为基础，寻找出此类节目在手机电视中表现形式和内容设置等方面的突破口。

（北京北广传媒集团）

北广传媒城市电视建在北京世贸天阶的大屏直播国庆庆典

北广传媒移动电视设在北京文博会的展台

2009年北京广播收听情况调查报告

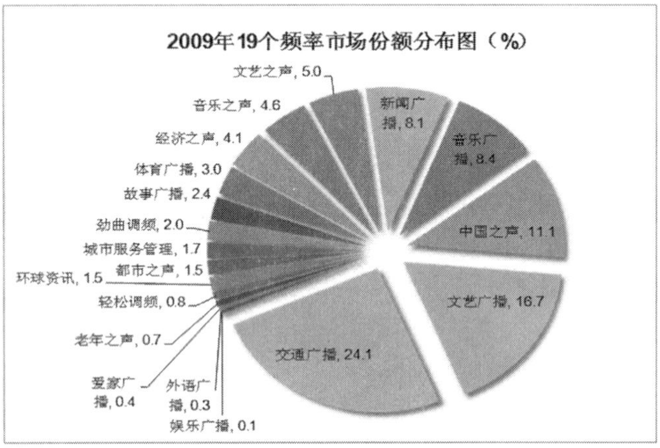

2009年，北京电台委托索福瑞调查公司对北京地区广播市场发展情况进行了调查分析，并提出了调查报告。

一、北京广播市场发展情况

2009年，北京广播市场整体收听率为5.959%，比2008年略微下降。全年有599.5万人收听过广播，平均每天有392.4万人收听，平均每人每天听众收听广播时长为144.1分钟。

听众在家收听率为3.580%，车上收听率为1.710%。从历年的数据来看，2006年以后在家收听逐年下降，下降趋势明显。2009年，车上收听新变化主要是听众规模出现明显上升，但听众车上收听时长大幅下降。每天有128.6万人在车上收听广播，比2008年增加了24.7万人。但平均每天在车上收听时长比2008年少了近30分钟。

二、北京广播市场呈现三大台竞争

北京广播市场主要是北京电台、中央电台、国际台在竞争。北京电台多年以来在市场份额上遥遥领先，2009年北京电台市场份额为66.23%，中央电台市场份额为27.13%，国际电台市场份额为4.3%。

从2009年和2008年的比较来看，三大台的人均收听分钟数都有所下降，中央电台下降的最多，下降了近10分钟。三大台的听众平均到达率都有所上升，北京电台2009年每天有295.8万人收听，比2008年新增8.5万人。中央电台2009年每天有146.4万人收听，比2008年增加了21万人。国际电台2009年每天有24.6万人收听，比2008年新增9万人。

三、北京广播市场各频率竞争态势

2004年，北京广播市场主要参与竞争的频率总数为15个；2005年中国国际广播电台环球资讯广播开播，同年北京电台经济广播改版为北京城市管理广播；2006年中央人民广播电台文艺之声增加了调频频率；2009年中央电台老年之声、娱乐广播、北京电台爱家广播相继开播；北京电台原首都生活广播改为故事广播。目前北京广播市场主要参与竞争的频率总数到达了19个，市场竞争日趋激烈，单个频率市场份额有被摊薄的趋势。

据调查，2009年市场份额排名前五的频率是：北京电台的交通广播、文艺广播，中央电台的中国之声，北京电台的音乐广播和新闻广播，这五个频率占据了68%的市场份额。剩下32%的市场份额由14个频率瓜分。在众多频率中，北京电台交通广播连续六年稳居市场份额第一，其他频率始终与其有较大差距。北京电台的文艺广播一直稳居市场第二，而且文艺广播是北京广播市场唯一一个连续五年市场份额逐年上升的频率，2009年文艺广播市场份额上升至16.66%，创历史新高。除2008年外，市场份额排名第三的频率一直都是中央电台的中国之声，北京电台的新闻广播和音乐广播交替位居市场排名第四。

2009年北京电台听众构成%

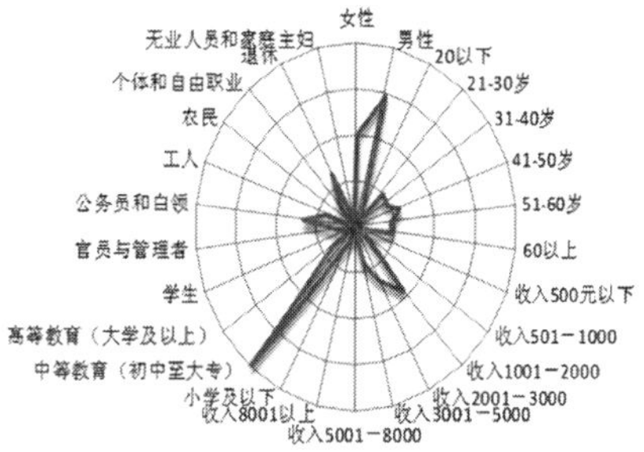

四、北京广播市场听众构成

2009年北京电台的听众构成有如下特点：男性听众比例高于女性听众，听众年龄分布相对平均，41－50岁比例最高，达到23%；除20岁以下听众外，其他年龄段听众分布比较平均，基本在17%－20%之间。个人月收入在1001－2000元的听众比例最高，达到36%；个人月收入在3001元以上的中高收入听众比例有所上升。教育程度以中等教育为主，公务员和白领、退休听众比例较高，其次是工人听众，官员和管理者听众比例有所上升。

（北京电台广播发展研究中心）

北京电台2009年听众来信情况综述

2009年，北京电台听众服务中心积极配合电台的宣传工作和重大活动展开，力求在做好日常听众工作的基础上有所创新。利用多种渠道与听众沟通，为听众提供服务和收集反馈，引导听众收听广播节目。

听众服务热线总共为听众提供14885次的咨询和服务，其中呼入（录音查询、人工接听、录音留言）13917次，呼出968次；在《听友之家》论坛上与网友交流，收发帖约2000条；浏览本台短信平台的全部短信3120692条；收到听众信函反馈2801件。汇总各渠道获得的反馈，编辑《听众反映专辑》44期，约100万字。

一、创新“听评月”活动，收到良好的效果

2009年“听评月”是北京电台连续举办的第十四届“听评月”活动。活动从6月8日至7月7日举行，2520人次参与听评月，共收到听众来稿1819篇，有近百位听众通过听众服务热线咨询活动、参与热线评议或留言，在《听友之家》论坛上有关“听评月”的发帖603件，是历届“听评月”参与人次最多的一次。

历届“听评月”的征稿方式都是听众自由来稿，2009年采取自由来稿与定向征稿相结合的办法，选取了中国传媒大学、中国政法大学、首都经济贸易大学、首都师范大学4所高校，以及东城区、西城区、崇文区、朝阳区、宣武区、丰台区6个城区的25个街道，定向征稿，力求参与人群更广泛，出现更多的新面孔，反馈的意见更为广泛。从来稿情况显示，达到了预期的效果，为开门办广播有效地探索。

二、纪念北京电台建台60周年特别节目得到听众广泛关注和好评

北京电台推出的纪念建台60周年特别系列节目《曾经的记忆》、《曾经的声音》、《曾经的足迹》、《曾经的电波》，引起听众的广泛关注。

听众反映，《曾经的记忆》征文展示出北京电台奋斗、发展的历程，表达了听众与广播的真挚情谊。《曾经的声音》以珍贵的声音资料重现历史，记录了广播人的艰辛路程和敬业精神。《曾经的足迹》创意巧妙，让听众感受社会发展的脚步。节目通过各专业广播的记者曾经和现实采访的足迹对比，让听众自然感受到北京电台60年来的变迁。《曾经的电波》把中国广播的诞生地延安的清凉山作为直播地点，从西柏坡到北平，脉络清晰地展现了电台60年的风雨历程。节目从广播事业坎坷的发展之路折射出新中国的孕育与成长，曲折跌宕，扣人心弦。

三、爱家广播的播出使“北京人又多了一个新朋友”

2009年，北京电台新开播了爱家广播，爱家广播的开播引起听众的极大关注。听众认为，爱家广播以家为主题，不仅关注生活中的新闻和政策，关注百姓的教育、健康、情感等事情，也关注生活中的柴米油盐等琐事。服务首都的千家万户，是首都人民的生活参谋。爱家广播的开播，使北京的听众又多了一个每天陪伴的新朋友。

四、听众盛赞北京电台国庆60年报道

听众充分肯定北京电台“迎接新中国成立60周年的宣传报道，动手早，策划新颖，弘扬主旋律”。

认为“进入9月份，北京电台各专业广播按照自身栏目的特点，大批有特色的节目纷纷亮相”。其中，《城市零距离》从9月7日至11日专门安排系列节目“爱北京一起来——喜迎国庆平安北京”，请相关委办局谈国庆安全保障工作；系列节目《在祖国大地上》，突出反映了60年来重大新闻发生地的变迁；“倾听北京声音、唱响时代主旋律”大型纪实报道《他乡北京人》，记录了落户他乡在平凡或特殊岗位上实现人生价值的北京人的生动故事；“寻找北京的脚印”系列节目，把话筒伸向街区、胡同，让见证人追溯历史，促进发展、展望未来；交通广播为纪念新中国成立60周年，联合多家媒体共同推出《边疆·口岸纪行》大型采访报道活动，历时数月从南到北，跨度大，报道翔实，特色鲜明。

听众认为，电台国庆60年报道的另一个特点就是鲜活报道多、实地采写多、连线报道多。这主要得益于各台记者多路出击，深入改革开放的前沿和重大新闻的发生地采访报道，歌颂祖国60年的伟大成就，节目贴近实际、贴近生活。好听，耐听，感染力强。

北京广播网在此次国庆报道中开设的“中华人民共和国成立60周年专题报道”成为国庆期间广播网的最大亮点，也是广播与网络立体化报道的成功案例。主题策划明确，宣传手段创新，首次推出了电子节目单，几乎做到了每日更新，互动形式别样，更多融入了网友和听众的参与环节，利用博客形式征集“60年你身边的变化”；在论坛上开展“国庆我参与、我见证、我分享”访谈征集活动，这种新颖的互动形式拉近了电台与听众的距离，让听众参与其中，一起分享国庆的快乐，共同感受祖国的变迁。

（北京电台）

组织机构

2010/《北京广播影视年鉴》

——记录行业情况　服务业内和社会——

组织机构

（统计截至2009年底）

北京市广播电视局

领导成员：

党组书记、局长：孙向东

党组副书记、副局长：杨淑琴

党组成员、副局长兼中国电影博物馆党委书记：李春良

党组成员、副局长：臧增祥

党组成员、副局长：丁百之

党组成员、副局长：王霞

党组成员、纪检组长：王立平

党组成员、总工程师：何桂芝

巡视员：洪兵

党组成员、副巡视员：宋春华

内设机构：

办公室(安全监管办公室)、政策法规处(产业促进处)、宣传管理处、电影管理处、传媒机构管理处、网络视听节目管理处、科技处、计划财务处、组织人事处；另设机关党委、工会；市纪委监察局驻市广电局纪检组监察处

部门领导：

办公室（安全监管办公室）：主任：杨春青；副主任：王海楠、钱富奎

政策法规处（产业促进处）：处长：李伟；副处长：李国新

宣传管理处：处长：索宇琴；副处长：韩云升

电影管理处：处长：王健；副处长：黄培

传媒机构管理处：处长：李一萍；副处长：马德献

网络视听节目管理处：处长：丁梅；副处长：夏斐

科技处：处长：陈煜；副处长：安凭

计划财务处：处长：秦华；副处长：张秋生

组织人事处：处长：秦固生；副处长：解楠

机关党委：专职副书记：单志忠；副书记：刘民武

工会副主席：王学理

纪检监察处：处长：张大烨

地址：北京市朝阳区建外大街14号

电话：010—65159068

邮编：100022

网址：www.bjrt.gov.cn

北京市广播电视局工会

工会主席：宋春华

工会副主席：王学理

工会委员会委员：宋春华、王学理、李伟、王勤、冯庆波、张浙、于娟娟

工会经费审查委员会主任：张大烨

工会经费审查委员会委员：张大烨、周久

兰、李淼

下属工会单位：

中国电影博物馆工会、北京人民广播电台工会、北京电视台工会、北京音像资料馆工会、北京市广播影视作品审查中心工会、北京市广播电视局信息中心工会、北京市广播电视监测中心工会、北京市广播电视局后勤服务中心工会

北京市广播电视局离退休人员管理服务中心

领导成员：

主任：郭祥庚

副主任：车静

地址：北京市朝阳区建外大街甲14号

邮编：100022

电话：010–65159158

北京市广播电视局后勤服务中心

领导成员：

副主任：王晶、邵顺荣

内设机构：

综合科、房管科、保卫科、车管科

地址：北京市朝阳区建外大街甲14号

邮编：100022

电话：010–65159939

传真：010–65159939

北京市广播电视局信息中心

领导成员：

副主任：韩浩

地址：北京市朝阳区建外大街甲14号

邮编：100022

电话：010–65157503

北京市广播电视监测中心

领导成员：

副主任：魏利明、杨向东

内设机构：

综合科、监管科、维修科、技术科

地址：北京市建外大街14号

邮编：100022

电话：010–65158097

北京市广播电视学会第五届理事会

会长：张晓爱

常务副会长：李春良

副会长：洪兵、何桂芝、陆莹、张晓、贾玉祥、张淼、李米莉

秘书长：索宇琴

副秘书长：王福全、张恒、赵文彦、刘华

地址：北京市朝阳区建外大街14号

邮编：100022

电话：010-65157723

北京海外广播影视交流中心

主席：李廷芝

副主席：周溥雄、于知峰、黄乃箴、刘敏、常卫、李春良、邓宏凤、何桂芝、汪良、张晓爱

监事长：杨淑琴

秘书长：王学理

地址：北京市朝阳区建外大街14号

邮编：100022

电话：010-65159085

中国电影博物馆

领导成员：

馆长：杨永安

党委书记：李春良（兼）

党委副书记、纪委书记：肖纪龙

副馆长：李米莉、邢建毅

内设机构：

办公室、财务部、组织人事部、保障部、保卫部、研究部（馆刊编辑部）、技术部（网络信息中心）、藏品部、社会教育部、活动管理部、展陈部、影院部、开发部（基本建设办公室）、服务督察组（非编制机构）

部门领导：

办公室：主任：许鹰；副主任：孙丽

财务部：副主任：白俊峰

组织人事部：主任：许鹰（兼）；副主任：冯雪梅

保障部：主任：张树新

保卫部：主任：米兆田

研究部：主任：邢建毅（兼）

技术部（网络信息中心）：主任：徐曙光

藏品部：（空缺）

社会教育部：主任：张浙

活动管理部：（空缺）

展陈部：主任：王宁

影院部：副主任：谢野

开发部（基本建设办公室）：主任：曹加辛

服务督察组（非编制机构）：总监：冯晓钟

地址：北京市朝阳区南影路9号

邮编：100015

电话：010 － 84355959（总机）

010-51654567（服务咨询电话）

传真：010-64311588（办公室）

网址：www.cnfm.org.cn

北京人民广播电台

领导成员：

台长、党委书记：汪良

总编辑、党委副书记：陆莹

总工程师：王季平

党委副书记：赵泽勤

副总编辑：王秋、亢亚志、陈晓海、张松华

副台长：常青、陈晓红

台长助理：李捷

内设机构：

办公室（保卫部）、总编室、党委办公室、纪检监察审计办公室、人事部、计财部、广告管理部、播音主持管理部、工会、技术中心、总工办、网络信息中心、八零四发射台、广播发展研究中心、节目制作中心、新闻广播、城市服务管理广播、故事广播、体育广播、音乐广播、文艺广播、交通广播、外语广播、爱家广播、广告经营部（属北京广播公司内设机构）

部门领导：

办公室：主任：冉丽；副主任：吴亚非（兼保卫部主任）、丑承培、路程、赵颖、任怀珠

总编室：主任：孙巍；副主任：周燕玲、景兵、张苹

党办、纪检监察审计部：主任：冯放；纪检副书记：后晓军

人事部：主任：柴修杰；副主任：张厚美、游良婕（兼培训中心主任）

计财部：主任：余维杰；副主任：陈春梅、李淼

广告管理部：主任：郑金诗；副主任：张秋萍

播音主持管理部：主任：张树荣

工会：主席：王勤；副主席：谢建国

技术中心：主任：郭励（兼总工办主任）；副主任：阮勤、陈云（兼总工办副主任）、刘爽

网络信息中心：主任：李晓晖；副主任：蔡明可、边江

八零四发射台：台长：张国强；副台长：曹昌、邓亚程

广播发展研究中心：主任：许秀玲

节目制作中心：主任：李捷（兼）；副主任：陈京英、牟燕文

新闻广播：台长：秦晓天；副台长：李革、罗湘萍

城市服务管理广播：台长：边建；副台长：张晶宇

故事广播：副台长：李唯唯（主持工作）、孟庆煜

体育广播：台长：陈晖；副台长：张友信

音乐广播：台长：张勤；副台长：吕雪瑞

文艺广播：台长：邵军；副台长：唐琼

交通广播：台长：李秀磊；副台长：罗霄兵

外语广播：台长：纪烈鸿；副台长：陈雪瑾

爱家广播：台长：陶津

广告经营部：主任：孟立；副主任：李康、陆彤、罗燕萍

地址：北京市朝阳区建外大街14号

邮编：100022

电话：010-65159125

网址：www.rbc.cn

北京电视台

领导成员：

台长、书记：王晓东

总编辑、党委副书记：张晓

党委副书记：王云

副台长：邵宣堂

总工程师：田方

副总编辑：华艺、张强、朱江、张亮

内设机构：

党委办公室、办公室、研究发展部、总编室、人事部、工会、计财部、监察审计办公室、保卫部、行政部、基建办、广告部、经营管理部、总工办、制作部、播出部、转播传送部、动力部、技术设备管理部、信息网络管理部、卫视节目中心、新闻节目中心、海外节目中心、文艺节目中心、科教节目中心、影视剧中心、财经节目中心、体育节目中心、生活节目中心、青少年节目中心、公共频道节目中心、动画节目中心、艺委会、史志办、网络信息编辑室、老干部工作办公室等部室

部门领导：

副总工程师：李迅

党委办公室：主任：刘纪钢；副主任：赵国旗、刘绍芬

台办公室：主任：温江南；副主任：宋莲、马世飞

总编室：主任：张恒；副主任：史椰森、陈晔、高譪

总工办：主任：付治栋；副主任：刘宏亚

人事部：副主任：毛仕卿(主持工作)、杨建忠

计财部：主任：孙成刚；副主任：汪红、齐学耕

纪委副书记：琚木根

监察审计办公室：副主任：周久兰、王燕

工会：主席：李珍；副主席：孟传妍

行政部：主任：王兴军；副主任：张金魁、刘军、纪勇；主任助理：李雅涛

保卫部：主任：黄剑华；副主任：赵修明、钟强

广告部：主任：王澎；副主任：买剑平、张晓耕

基建办：主任：王开平；副主任：程云泽、张宇青；主管工程师：朱晓宇

制作部：主任：郑星；副主任：郎志平、鲁高潮、王方、林平

播出部：副主任：刘晓光（主持工作）、祝志超、周治宪、卢英锁

转播传送部：主任：王喆、副主任：朱雨稼

动力部：主任：王宝德；副主任：王晓龙、刘颖

技术设备管理部：主任：周旭辉；副主任：章泽群、赵志成

信息网络管理部：主任：余江；副主任；毕江

经营管理部：主任：孙洪斌；副主任：刘方平

卫视节目中心：主任：陈大立；副主任：杨东（兼专题节目部主任）、潘全心（兼综合管理部主任）、齐建彤（兼大型活动部主任）

卫视节目中心：综合管理部：副主任：张宾

新闻节目中心：主任：张亮（兼）；副主任：艾冬云

新闻节目中心：新闻编辑部：主任：艾冬云（兼）；副主任：张冬林

新闻节目中心：要闻采访部：主任：宗燕红；副主任：徐京玲

新闻节目中心：新闻评论部：副主任：袁

子勇、刘民

新闻节目中心：社会新闻采访部：主任：丁晓阳；副主任：张丽

新闻节目中心：综合管理部副主任：白艳军

海外节目中心：副主任：杜研（主持工作）、高扬、严崴

文艺节目中心：主任：张帆；副主任；翟建国、李兰、丛薇

科教节目中心：副主任：徐滔（主持工作）、李志国、李利影

影视剧中心：主任：赵彤；副主任：曹力宁、孟宪华、郭跃进；主任助理：于金伟

财经节目中心：副主任：周泳（主持工作）、岳民、杨晓轩

体育节目中心：主任：朱江（兼）；副主任：焦少波、邱大卫、宋健生、王少华、张庆

生活节目中心：主任：倪大海；支部书记：赵琴书；副主任：刘学军、任友红、刘文燕

青少节目中心：主任：庞玉珍；副主任：周星

公共频道节目中心：主任：赵福明；副主任：黄瑁、郝洪

动画节目中心：主任：帅民；副主任：李果、马宏

研究发展部：主任：蒋虎；副主任：闫军才、马克燕

史志办：主任：冯平

艺委会：主任：齐建新；副主任：刘冰

网络信息编辑室：主任：戴巧玲；副主任：张红

京视传媒公司：总经理：霍胜

老干部工作办公室：负责人：韩梅

地址：北京市朝阳区建国路甲98号

邮编：100022

电话：010－85336688（总机转）

传真：010－85338000

网址：www.btv.com.cn

北京音像资料馆（北京广播电影电视研究中心）

领导成员：

馆长：智黎明（兼研究中心主任）

副馆长：马广胜（北京市广播电影电视局史志办主任兼）

副馆长：郑新梅（兼研究中心副主任）

内设机构：

办公室、资料部、制作部、研究部

地址：北京市崇文区安乐林路18号

邮编：100075

电话：010－87258004

北京市广播影视作品审查中心

领导成员：

主任：阎于京

副主任：周红彦

内设机构：

办公室、节目审查科、信息资料科

地址：北京市崇文区安乐林路18号

邮编：100075

电话：010－87254011、87259972

北京紫禁城影业有限责任公司

领导成员：

董事长：张强

总经理、书记：许建海

副总经理：练勇

内设机构：

办公室（财务部）、电影部、电视剧部、第一创作室

地址：北京市西城区北三环中路乙6号伦洋大厦901室

邮编：100120

电话：010-62019597、62014931

传真：010-62019597、62014931

网址：www.fcmovie.com

北京北广传媒集团

领导成员：

总经理、党委副书记：马朝军(2009年8月止)

党委书记：刘志远

党委副书记、纪委书记：贾玉祥

副总经理：王建琪（兼）、张淼（兼）、赵多佳、王晓东(2009年11月止)、李湛军

总经理助理：赵卫(副局级)、王建

内设机构：

党委办公室（团委）、办公室、研究部、运营管理部、宣传管理部、技术部、纪检监察部（审计部）、财务部、人力资源部、工会办公室

部门领导：

党委办公室：主任：王伟，副主任：杨秀英（兼）

办公室：主任：孙树公，副主任：李广建、李增明

研究部：主任：石鸿印

运营管理部：副主任：陈乐天、曹军

宣传管理部：主任：张平

技术部：主任：王建（兼），副主任：吕灵武

纪检监察部：主任：杨秀英，副主任：黄文秀、刘惠

财务部：副主任：姜春海

人力资源部：主任：刘知林(2009年6月止)，钱毅(2009年6月起)，副主任：刘亦文

工会办公室：主任：罗霄，副主任：周丽萍

地址：北京市朝阳区建外大街14号

邮编：100022

电话：010-65157259

传真：010-65157259

网址：www.bamc.com.cn

北京歌华文化集团

领导成员：

董事长、党委书记：王建琪（北京北广传媒集团副总经理兼）

副董事长：姜建秋、陈鹤彪

董事、总经理：苏春华

党委副书记：姜建秋、苏春华

纪委书记、工会主席：黄光显（兼）

副总经理：李丹阳（常务）、裴成虎、黄光显、陈工

总经理助理：张莉、李海滨、石海燕、牛随心

内设机构：

党委办公室、总经理办公室、人力资源办公室、计划财务办公室

部门领导：

党委办公室：主任：张滨；副主任：杨志华

总经理办公室：主任：张莉（兼）；副主任：牛海云、安雅洁

计划财务办公室：主任：秦玉良

人力资源办公室：主任：石海燕（兼）

五个全资子公司领导成员：

北京歌华文化中心有限公司：

董事长：裴成虎；总经理：朱会东；党总支书记：孙玉栋

北京歌华传播中心有限公司：

董事长：葛立智；总经理：张谦；党总支书记：李大成

北京歌华科技中心有限公司：

董事长：黄光显（兼）；总经理：黄春雷；党总支书记：胡培生

北京歌华投融资管理中心：

董事长：李丹阳（兼）；总经理：周卫东；党总支书记：王利

北京歌华文化创意产业中心：

董事长：陈工（兼）；总经理：王昱东；党总支书记：李雪

地址：北京市东城区东直门内北小街青龙胡同1号歌华大厦14层

邮编：100007

电话：010-84186060

传真：010-84186001

网址：www.gehua.com

北京歌华有线电视网络股份有限公司

领导成员：

党委书记、董事长：张淼

党委副书记、副董事长、总经理：卢东涛

党委副书记、纪委书记、工会主席：张家祥

监事会主席：黄广泉

副董事长：马健

常务副总经理：王振华

副总经理：吴瞻民、刘华、康朝晖

董事、总会计师：胡志鹏

市场运营总监：罗小布

总工程师：何拥军

总经理助理：王奇之

董事会秘书：梁彦军

内设机构：

董事会办公室、党委办公室、工会办公室、稽核管理部、总经理办公室、人力资源部、财务部、信息部、培训部、分公司管理部、客服中心、数字电视推广部、计划部、设计部、传送部、设备器材部、网络建设部、维护部、数字电视技术开发部、应急指挥调度中心、安全保卫部、证券投资部、数据业务事业部、媒资业务部、营帐中心

另设：城中、朝阳、海淀、丰台、石景山、经济技术开发区、门头沟、房山、大兴、通州、顺义、昌平、怀柔、密云、平谷、延庆16个分公司；及北京视宽新创有线信息工程有限责任公司、歌华有线数字媒体公司、涿州歌华有线电视网络有限公司3个子公司

部门领导：

副总工：刘磊、李焕平、吴建林、曾春

副总经济师：田秋

党委办公室：主任：方丽

工会办公室：主任：赵国庆

稽核管理部：主任：刘宇明；副主任：余孝纬

董事会办公室：主任：梁彦军（兼）；副主任：傅蕾红

总经理办公室：主任：刘晓辉；副主任：陈慕风、彦宏

人力资源部：主任：康朝晖（兼）；副主任：方丽（兼）

财务部：主任：王琰；副主任：居冬辉

信息部：主任：吴建林

培训部：主任：刘希文；副主任：荆志忠

分公司管理部：主任：玉宝华

客服中心：主任：熊英；副主任：孙灵芝、江庆红

数字电视推广部：主任：高巍

计划部：主任：解龙；副主任：黄枫

设计部：主任：石江明；副主任：黄国安、权晓宇

传送部：主任：王厚信；副主任：耿玉树、卢春梅

设备器材部：主任：刘中南；副主任：石连成、张建新

安全保卫部：主任：李洪；副主任：曲伟

网络建设部：主任：唐文伟；副主任：满全安

维护部：主任：赵宏伟；副主任：刘建平

数字电视技术开发部：主任：刘磊（兼）；副主任：钟军、沈彤

应急指挥调度中心：主任：鞠维铭

证券投资部：主任：田秋（兼）；副主任：黄铁军

数据业务事业部：主任：吴瞻民（兼）；常务副主任：白立平；副主任：陈锋、孙红志

媒资运营部：主任：韩霁凯；副主任：刘严

营帐中心：主任：魏永鹏

城中分公司：总经理：支百山；副总经理：黄卫京、潘铭

朝阳分公司：总经理：于海旺；常务副总经理：王刚；副总经理：孟宇明、邹玉华

海淀分公司：总经理：邱纪；副总经理：钱正

丰台分公司：总经理：陆野；副总经理：王军、冯玉国

石景山分公司：总经理：卞素霞；副总经理：汤军

经济技术开发区分公司：总经理：田秋（兼）

大兴分公司：总经理：徐继春；副总经理：孙景红

房山分公司：总经理：李昌俊；副总经理：郑林、黎江

通州分公司：总经理：刘存明；副总经理：宋宝贵

门头沟分公司：总经理：贺春义；副总经理：王元军

延庆分公司：总经理：许文学；副总经理：王国庆

顺义分公司：总经理：刘希成；副总经理：李秉清、王志亚

昌平分公司：总经理：李仲英；副总经理：刘芳、李庆江

怀柔分公司：总经理：钱正琦；副总经理：綦继东、闫宝利

平谷分公司：总经理：姜体兴；副总经理：李明生

密云分公司：总经理：白宝林；副总经理：赵建生

北京视宽新创有线信息工程有限责任公司：总经理：邱纪(兼)；副总经理：赵寿强

歌华有线数字媒体公司：董事长：吴瞻民(兼)；总经理：孟建勋

涿州歌华有线电视网络有限公司：董事长：马健（兼）；总经理：王法文

地址：北京市海淀区花园北路35号

邮编：100083

电话：96196

传真：010-62020048

网址：www.bgctv.com.cn

歌华有线公司城八区用户服务站一览表

编号	用户服务站	联系地址	联系电话
1	东城站	东城区青龙胡同1号歌华大厦1层101	96196
2	西城站	西城区西直门南小街133号楼西派国际公寓底商	
3	崇文站	崇文区幸福家园9号楼107底商	
4	宣武站	宣武区南华里10-8号楼一、二层底商	
5	团结湖站	朝阳区六里屯西里3号院（妇产医院东侧团结湖北五条）	
6	劲松站	朝阳区劲松三区328楼营业厅	
7	管庄站	朝阳区朝阳路财满街67号院8号楼0269、0270	
8	香河园站	朝阳区柳芳北里11号楼北侧（海通证券西侧20米）	
9	亚运村站	朝阳区安慧北里安苑6号楼103室	
10	苏州街站	海淀区西三环北路21号久凌大厦北座1层	
11	北太平庄站	海淀区新外大街19号京师大厦1层105房间	
12	五颗松站	海淀区西四环中路39号的万地名苑1层	
13	花园村站	花园村8号楼1层	
14	学清路站	清华东路2号农大东校区科贸楼107室	
15	科技园站	丰台区科学城恒富中街2号院1号楼	
16	洋桥站	丰台区西马小区底商B3-3-1号房	
17	云岗站	丰台区四方景园二区商铺2-6号房	
18	方庄站	丰台区长辛店镇二七厂路东南街3号	
19	古城营业厅	石景山区古城大街75号院曦景长安底商写字楼1层	
20	首钢站	石景山区苹果园路临时26号（苹果园四区9栋西侧）	

北京电视艺术中心

领导成员：

主任、书记：郑晓龙

副主任：张迓平、李晓明、李俊明

副书记：张迓平

内设机构：

办公室、生产办公室、摄制部、技术部、编辑部、发行部、计财部、译制部、出版社

地址：北京市海淀区皂君庙甲2号

邮编：100098

电话：010—62127625

传真：010—62115814

北京中北电视艺术中心有限公司

公司总导演：尤小刚

领导成员：

董事长：杨群

总经理：陶玲玲

副总经理：刘沙

内设机构：

办公室、财务部、经营部、宣传部、制作部、演艺音乐部、总编室（创作部）、经纪部、演艺管理中心、新媒体工作室、影视制作中心（拍摄基地）

地址：北京市建外大街14号

邮编：100022

电话：010—65150607

传真：010—65150607

网址：www.zbmg.com.cn

北京广播电视报社

领导成员：

社长：张淼(兼)

副社长：李浩

副总编辑：张彪

工会主席：宋杰

内设机构：

办公室(组织人事部、研发部)、财务部、总编室、《北京广播电视报》编辑部、《北京广播电视报·人物周刊》编辑部、《北京电视》周刊编辑部、广告管理部、发行中心。

地址：北京市崇文区夕照寺街14号—3

邮编：100061

电话：010—67117161

传真：010—67134365

网址：www.bgtv.com.cn

北京音像公司

领导成员：

总经理：张学朝

副总经理：颜丙利

内设机构：

企划出品部、节目制作部、财务部、办公室

地址：北京市崇文区安乐林路18号

邮码：100075

电话：010–67262518

传真：010–87268961

网址：www.bavc.com.cn

北京瑞特影音贸易公司

领导成员：

总经理：何公明（兼）

副总经理：吕涛

市场总监：顾炜

工程总监：张旸

内设机构：

办公室、财务部、市场部、工程部

地址：北京市朝阳区建外大街14号

邮编：100022

电话：010–65155284　65159086

传真：010–65155285

北京广播影视物业管理中心

领导成员：

主任：郭长征

副主任：褚天元、常斌、于进军(总工程师)

内设机构：

办公室、财务部、物业管理部、设备工程部、餐饮部、开发经营部、延庆声屏苑培训中心

地址：北京市建外大街14号

邮编：100022

电话：010–65159012

传真：010–65159137

北京北广传媒数字电视有限公司

领导成员:

董事长：张淼（兼）

总经理：何公明

副总经理：艾禾

内设机构:

节目部、数据部、市场部、播出部、办公室、财务部

地址：北京市东城区鼓楼外大街56号

邮编：100011

电话：010–84127979

网址：www.bjdtv.com

北京北广传媒移动电视有限公司

领导成员:

董事长：王晓东

总经理：罗晓军

副总经理：许新德、张楠

总经理助理：李志鹏、王莹

内设机构:

办公室、财务部、运营管理部、节目部、播出部、技术研发部(2009年11月设)、品牌策划部、网络技术部

地址: 北京市东城区北小街青龙胡同1号歌华大厦A座809室

邮编：100007

电话：010–59260500

传真：010–59260501

北京北广传媒影视有限公司

领导成员:

董事长兼总经理：张振华

副总经理：刘亚辉、张光北

内设机构:

办公室、财务部、策划部、制作部、发行部、演出部、演艺经纪部

地址: 北京市东城区北小街青龙胡同1号歌华大厦B821

邮编：100007

电话：010–59260180

传真：010–59260181

邮箱：bamc_tv@bamc.com.cn

北京北广传媒城市电视有限公司

领导成员：

董事长：彭岱

总经理：姜宏志

副总经理：洪颖、罗艳红

内设机构：

办公室、财务部、市场部、工程部、技术部、户外大屏幕部、节目部、广告部、租赁项目组

地址：北京市东城区东直门北小街青龙胡同1号A801室

邮编：100007

电话：010-59260088-8000

传真：010-59260066

客户专线：4007000086

网址：www.bj-citytv.com

鼎视数字电视传媒有限公司

领导成员：

董事长：赵多佳

总经理：蔡恒平

内设机构：

营销中心、产品中心、行政中心、财务部、技术播出部(委托北京北广传媒数字电视有限公司管理)

地址：北京市东城区东直门北小街青龙胡同1号B820室

邮编：100007

电话：010-59260099

传真：010-59260138

网址：www.topv.com.cn

北京北广置业有限公司

领导成员：

董事长：赵卫

总经理：刘志

副总经理：张克英

内设机构：

办公室、财务部、前期部

集团授权对以下单位进行管理：

北京影视城管理中心

北京现代电视艺术发展公司

北京东方艺苑物资仓储服务中心

地址：北京市朝阳区建外大街14号

电话：010-85012071　65158100

传真：010-85012070

邮箱：bjysc@yahoo.con.cn

北京中广传播有限公司

领导成员:

总经理：张树桐

副总经理：陈炳岩、柳家旺

内设机构:

综合管理部、市场运营部、工程技术部、数据节目部

地址：北京市朝阳区东三环北路亮马河大厦1座701

邮编：100004

电话：010-65900262

传真：010-65907257

北京市东城区文化委员会

领导成员:

主任：程永涛

书记：牟玉宪

副主任：李志成、张志勇

行政执法队队长：杨勇

工会主席：王岩峰

纪委书记：张晓军

内设机构:

党委办公室、行政办公室、人事科、财务科、群众文化科、文物科、文化市场科、行政执法队

所属单位：

东城区文化馆、东城区图书馆、东城区图书馆会议中心、北京市钟鼓楼文物保管所、东城区文物管理所、北京市文天祥祠文物保管所、北京王府井古人类文化遗址博物馆

地址：北京市东城区交道口东大街85号

邮编：100007

电话：010-64068856、64068857

传真：010-64068856

邮箱：dcwhjbgs@tom.com

北京市西城区文化委员会

领导成员:

书记、主任：张宏达

李征帆(2010年1月任)

副主任：吉晓平、陈洪成、侯志伟、吕丹、黄群

纪检组长：李晓红

工会主席：叶鹏

行政执法队队长：陈玉明

内设机构:

办公室、机关党委办公室（人事科）、文化科、文化市场管理科、文物科、财务审计科

直属机构：西城文委行政执法队

地址：北京市西城区后广平胡同26号

邮编：100035

电话：66561230、66561227

传真：66561227

网址：wenhua.bjxch.gov.cn

北京市崇文区文化委员会（旅游局）

领导成员：

书记：贾红梅

主任（局长）：李承刚

副主任（副局长）：郑亚东

副书记：吕欣荣

副主任：王富国、魏瑞峰

副调研员：刘秀华

内设机构：

行政办公室（党委办公室）、社会文化科、文化市场管理科、旅游科、文物科、文化市场行政执法队

地址：北京市崇文门外大街7号正仁大厦二段8层

邮编：100062

电话：010–67091091

传真：010–67092619

北京市宣武区文化委员会

领导成员：

书记：白杰

主任：郭新

副主任：孙树平、孟盼、贾文静

文化行政执法队队长：李克刚

调研员：闫满仓

副调研员：董伟民、郑幸昌、马立子

内设机构：

办公室（监察科）、公共文化科、文物管理科、文化产业科、文化市场管理科、人事保卫科、财务科、文化行政执法队、宣武区文物管理所（宣南文化博物馆）、宣武区文化馆、宣武区图书馆

地址：北京市宣武区长椿街9号

邮编：100053

电话：010–63035131

传真：010–63035131

北京市朝阳区文化委员会

领导成员：

书记：张前

主任：黄晓伟

纪委书记：华素霞

副主任：金宏图、徐伟、倪遥远

行政执法队队长：吴刚

内设机构：

办公室、组宣人事科、文化科、文物管理科、出版发行管理科、电视音像管理科、文化行政执法队

地址：北京市朝阳区呼家楼北街36号

邮编：100026

电话：010–65014855

传真：010–65086844

网址：www.risingsun.org.cn

北京市海淀区文化委员会

领导成员：

书记、主任：刘明星

副主任：王强、张文涛

行政执法队队长：邱文忠

内设机构：

1.海淀区文化委员会机关：办公室、文化文物科、法制督察科、文化市场管理科、著作权管理科

地址：北京市海淀区中关村大街28–1号

邮编：100086

电话：010–51601028、51601033

网址：www.bjhd.gov.cn

2.海淀区文化委员会行政执法队：执法一分队、执法二分队、执法三分队、执法四分队

地址：海淀区颐和园路12号海淀区政府综合办公楼

邮编：100080

电话：010–62612226、62559851

3.下属事业单位

（1）海淀区评剧团

地址：北京市海淀区高梁桥斜街甲30号

邮编：100081

电话：010–62236922

（2）海淀剧院

地址：北京市海淀区中关村大街28号

邮编：100086

电话：62555898

（3）海淀区电影管理处

地址：北京市海淀区丹凌街16号海兴大厦C座406室

邮编：100080

电话：010–82605865、82605866

北京市丰台区文化委员会

领导成员：

书记、主任：王艳秋

副主任：姜岭、卜荣梅

行政执法队队长：咸向东

副调研员：鲜岳

内设机构：

办公室、文化科、文物科、文化市场管理科（出版发行科、版权科）、组织人事科

所属行政执法机构：文化行政执法大队

下属事业单位：文物管理所、图书馆、文化馆、电影发行放映中心

地址：北京市丰台区西四环南路64号

邮编：100071

电话：010–83811361

传真：010–83811360

北京市石景山区文化委员会

领导成员:

书记、主任：高洪雁

副书记、工会主席：阮起良

纪委书记：付俊英

副主任：刘跃华、郭明、宋青松、董聪慧

行政执法队队长：王援朝

内设机构:

办公室、文化科、文物科、市场科、组织人事科、监察科、行政执法队（下设办公室、执法一、二、三分队）

地址：北京市石景山路18号

邮编：100043

电话：010–88699876

传真：010–88680857

北京市门头沟区文化委员会

领导成员:

书记、主任：陈世杰

副书记：马建吉

副主任：邓洪泽、刘文利、郑华军

执法队长：巩旭东

副调研员：张银星

内设机构:

办公室、文化科、文物科、文化市场管理科、计划财务科、政策法规科

文化行政执法队（下设信息举报中心、行政执法一分队、行政执法二分队、行政执法三分队）

下属事业单位：文化馆、博物馆、图书馆、影剧院、文物事业管理所

地址：北京市门头沟路8号

邮编：102300

电话：010–69843315

传真：010–69843315

北京市房山区文化委员会

领导成员:

主任：李立新

副主任：赵润东、马京云、苏文江、陈光

行政执法队队长：江涛

纪检组长：姜品英

工会主席：崔杰

内设机构：

办公室、文物科、文化科、市场科、行政执法队

地址：北京市房山区良乡西潞南大街甲12号

邮编：102488

电话：010-69352012、69352106

传真：010-69352106

网址：www.bjfsh.gov.cn

北京市大兴区文化委员会

领导成员：

主任：王健

副主任：王凤强、颜淑敏、马宪颖

纪检组长：石铭远

内设机构：

办公室、人事教育科、文化文物科、文化市场管理科、行政执法队

地址：北京市大兴区兴华中路3段15号大兴区综合服务中心16层

邮编：102600

电话：010-81296716

传真：010-81296740

网址：www.dxwh.gov.cn

北京市通州区文化委员会

领导成员：

书记、主任：杜德久

副主任：孙敦秀、杨根萌、刘升（兼执法队队长）

纪委书记：张福玉

内设机构：

办公室、政工科、文化市场管理科、业务科、财务科、文化执法队（下设法制科、执法一队、执法二队）

事业单位：通州区文化馆、通州区图书馆、通州博物馆、通州区文物管理所、通州区电影管理中心

企业：新华书店

地址：北京市通州区通胡大街23号

邮编：101100

电话：010-51070319

传真：010-51070137

北京市顺义区文化委员会

领导成员：

主任：刘振河

副主任：高源、陈永祥、王宏、王颖（兼）、陈向东、孟云会

内设机构：

办公室、政工科、计划财务科、文化文物管理科、文化市场管理科、著作权（广播电视）管理科、文化行政执法队

管理单位：文化行政执法队、文化创意产业促进办公室

直属单位：文化馆、图书馆、文物管理所、北京焦庄户地道战遗址纪念馆、影剧院、电影发行管理处、新华书店

地址：北京市顺义区光明街拥军路

邮编：101300

电话：010－69443669

传真：010－69443669

北京市平谷区文化委员会

领导成员：

主任、副书记：张兴

书记、副主任：胡清

副书记：陈永

副主任：耿大鹏、贾桂贤

副调研员：刘东彪

内设机构：

办公室、政工科、业务科、市场科

直属单位：文化行政执法队、图书馆、文化馆、文物管理所、上宅文化陈列馆、电影发行服务中心、影剧院、新华书店

地址：北京市平谷区府前西街1号

邮编：101200

电话：010－69962871

传真：010－69962871

北京市怀柔区文化委员会

领导成员：

主任：王玉山

书记：陈宝明

副主任：郭大鹏、王宏伟

纪检组长：穆建军

执法队长：曾春根

工会主席：彭春伶

副调研员：董有瑞

内设机构：

办公室、政工科（监察科）、文化科、行政许可和服务科、行政执法队、文化创意产业办公室

地址：北京市怀柔区开放路56号

邮编：101400

电话：010－69623483

传真：010－69633250

北京市昌平区文化委员会

领导成员：

主任：陈玉起

书记：李志武

副书记：贾月林

纪委书记、工会主席：王艳亭

副主任：王宝江、杨广文、李彦樵

行政执法队队长：刘庆华

调研员：杨富志、张满兰

内设机构：

办公室、文化科、文物科、文化市场管理科

所属机构：文化行政执法队

下属单位：文化馆、图书馆、文物管理所、电影发行放映管理处、影剧院、新华书店

地址：北京市昌平区府学路10号（昌平区图书馆博物馆大楼）

邮编：102200

电话：010–69742257

传真：010–80110182

北京市密云县文化委员会

领导成员：

主任：李洪仕

文联主席：范庆海

副主任：张玉齐、张洪娟

纪委书记：王凤英

内设机构：

党政办公室、文化活动指导科、文化市场管理科、文化行政执法队

直属单位：文化馆、图书馆、文物管理所、大剧院、电影中心、新华书店

地址：北京市密云县西门外大街2号

邮编：101500

电话：010–69041925

传真：010–69085706

北京市延庆县文化委员会

领导成员：

主任：张素枝

书记：马健壮

调研员：韩金辉

副主任：赵万里、孙立民、王燕青（兼）

行政执法队队长：王燕青

副调研员：程金龙

内设机构：

政办室、财务审计科、文化科、文物市场科、文化市场管理科、文化行政执法队

下属单位：

文化馆、图书馆、电影发行放映管理处、文物管理所、新华书店、后勤服务中心

地址：北京市延庆县高塔街57号

邮编：102100

电话：010–69182872

北京经济技术开发区社会发展局

领导成员：

开发区管委会副主任，分管社会发展局工作：王合生

社会发展局副局长：郑海涛

社会发展局文教办负责人：袁长友

社会发展局分管广电工作人员：李庆彬、郑浩

地址：北京经济技术开发区荣华中路15号

邮编：100176

电话：010－67885647

传真：010－67880347

北京市朝阳区广播电视新闻中心

领导成员：

主任：奚传斌

党委书记：洪建基

副主任：洪剑斌、孙帅、李昕宇

专职副总编：王曦

内设机构：

办公室、总编室、人事科、财务科、新闻科、要闻内参科、采访部、编辑部、技术部、资料室、专题制作组

地址：北京市朝阳区六里屯西里3号

邮编：100026

电话：010－65025172

传真：010－65022498

网址：www.chynews.cn

北京市海淀区新闻中心

领导成员：

主任、书记：牛爱忠

副主任：张春民、张文明、朱晓华

内设机构：

办公室、人事科、财务科、总编室、记者部、编辑部、编导部、摄像部、制作部、播出部、媒资室、事业发展部、中海传媒、总工办

地址：北京市海淀区西四环北路11号海淀区政府第二办公区

邮编：100195

电话：010－88437116

传真：010－88487250

网址：www.hdcatv.com

北京市丰台区广播电视中心

领导成员：

主任：李智

副主任：姜萍、王艳平

内设机构：

办公室（人事科）、计财科、督导室、总编室、新闻部、社会教育部、专题部、广告部、技术播出部

地址：北京市丰台区西四环南路64号

邮编：100071

电话：010－63814361

传真：010－63814362

网址：www.bjftrt.com.cn

北京市石景山区广播电视中心

领导成员：

主任：魏志安

副主任：刘长成、贺启公

内设机构：

办公室、总编室、新闻部、广告专题部、技术播出部、经营部

地址：北京市石景山区古城大街61号

邮编：100043

电话：010 － 68849799

传真：010 － 68840434

北京市门头沟区广播电视中心

领导成员：

党组书记：张慧军

主任：宋奇

副主任：王幸国、苏燕平、班书臣

内设机构：

办公室、总编室、新闻部、专题部、制作部、播出部、广告部

地址：北京市门头沟区新桥大街36号

电话：010 － 69843348

传真：010 － 69843348

邮编：102300

北京市房山区广播电视中心

领导成员：

书记、主任：孙泽（7月免）

主任、副书记：李晓梅（7月任）

书记：吕井财（7月任）

副主任：张英

副书记：张连萍

工会主席：吕志怀

内设机构：

办公室、总编室、电视新闻部、电视专题部、电视文艺部、广告信息部、广播电台编辑部、事业发展部、技术科、播出科、财务科、人教科、后勤事务部

下属企业：北京方正广告公司、北京方明广播电视器材销售中心

地址：北京市房山区良乡西潞南大街6号

电话：010 － 69374235

邮编：102488

邮箱：guangdian@bjfsh.gov.cn

北京市大兴区广播电视中心

领导成员：

区委宣传部副部长、中心党组书记、主任：李岭涛

副主任：巴洪栓、杜桂玲

内设机构：

办公室、电台、电视台、节目管理部、研发培训部、事业发展部、人力资源部、计划财务部、媒体经营部、网络运营部、文化传播中心

地址：北京市大兴区兴政街7号

邮编：102600

电话：010－69244977

传真：010－69244977

网址：www.zhhxw.com

北京市通州区广播电视中心

领导成员：

主任：王志刚

副主任：胡亚军、王雪征

副调研员：孙万良

内设机构：

办公室、总编室、新闻部、专题部、评论部、技术科、播出部、财务科、广告部、工会

地址：北京市通州区新华西街1号

邮编：101149

电话：010－69545860

传真：010－69545860

北京市顺义区广播电视中心

领导成员：

主任：王颖

副主任：杨春玲、牟汉杰、李素华、杨文武、张海泉

内设机构：

办公室、政工科、财务科、《顺义时讯》报社、广播电台（办公室、新闻专题部、文艺部、经济信息部）、电视台（新闻部、专题部、总编室、文艺部、广告部、播出发射部、户外媒体部）

地址：北京市顺义区拥军路4号

邮编：101300

电话：010－69466677

传真：010－69463670

邮箱：sytv1994@yahoo.com.cn

北京市平谷区广播电视中心

领导成员：

主任、副书记：刘义华

书记、副主任：龚士宏

副主任：王久武、于刚

内设机构：

办公室、政工科、财务科、新闻科、专题科、播音科、播出科、技术科、文艺科、广告科、总编室、后勤事务科

地址：北京市平谷区旧城街8号

邮编：101200

电话：010－69961255

传真：010－89983716

邮箱：guangdianzhongxin@163.com

北京市昌平区广播电视中心

领导成员：

主任、书记：刘晓梅

副主任：杜秀平

总工程师：包书卿

纪检书记：王洪

工会主席、办公室主任：王纲

常务副台长：王江萍

内设机构：

办公室、总编室、政工科、财务科、技术科、广播电视台、昌平音像广告中心、昌平广播电视网站

地址：北京市昌平区南环东路1号

邮编：102200

电话：010－69746088

网址：www.cprt.com.cn

北京市怀柔区广播电视中心

领导成员：

书记、主任：刘晓红

副主任：常金壮、刘殿彬、刘金凯

工会主席：赵海清

内设机构：

办公室、政工科、总编室、编辑部、新闻部、外宣部、专题部、文艺部、电台部、广告部、广播影视制作部、技术部、播出部、汤河口广电分站

地址：北京市怀柔区府前街19号

邮编：101400

电话：010－69632646

传真：010－69644232

邮箱：gdzx@bjhr.gov.cn

北京市密云县广播电视中心

领导成员：

主任、书记：赵力杰

副主任：马士强、王有利、刘建军、鲁崇保

内设机构：

广播电台、音像资料室、差转台、办公室、党办室、总编室、人事科、财务科、技术科、新闻科、节目制作科、经济科、社教科、法制科、广告文艺科、行政事务科

地址：密云县西大桥路 18 号

邮编：101500

电话：010 － 89095645

传真：010－89095645

邮箱：mydt4531@sina.com.cn

北京市延庆县广播电视中心

领导成员：

书记、主任：孟昭旭

副主任：李桂霞、贺农林、季晓兵、张树清

内设机构：

办公室、财务科、总编室、新闻科、专题科、编播科、技术科、播控科、广告部、文艺部、外线事业科、建设科

科级事业单位：延庆县电视转播站、延庆县广播电视局记者站、延庆县广播电视服务部

地址：北京市延庆县高塔街 73 号

邮编：102100

电话：010 － 69103462

传真：010 － 69103462

网址：www.yanqingtv.com

北京光线传媒股份有限公司

领导成员：

法人代表：王长田

内设机构：

总裁办、财务部、人力资源部、法务部、行政部、品牌部、媒体合作部、艺人经纪部、电视节目事业部、综艺部、活动部、综合运营服务部、艺人关系部、光线影业、电视剧事业部、电视网事业部、发行部、英事达&包装工作室、互联网事业部、上海光线、电视节目事业部销售中心华东大区、电影事业部发行部华东大区、综合运营部、娱乐现场上海站、广州光线、粤港台办事处

地址：北京市东城区和平里东街11号3号楼 3 层

邮编：100013

电话：010－64516000

传真：010－84222188

网址：home.netandtv.com

华谊兄弟传媒股份有限公司

领导成员：

法人：王中军

内设机构：

电影事业部、电视事业部、娱乐营销事业部、经纪事业部、影院事业部、音乐事业部、财务部、人力资源及行政部、法律部、品牌运营部；签约冯小刚、滕华弢、陈大明、张纪中、吴毅（天意影视）、李波、杨善朴（金泽）、庄立奇（天奇）、易为平、郝琳、葛卫东、吴晓，以及三木电视节目制作工作室等多个导演、制片人工作室。

地址：北京市朝阳区朝外大街18号丰联广场A座908室

北京市顺义区天竺温榆河楼台段

邮编：100020/101312

电话：010－65805800/64579338

传真：010－65881588/64571299

网址：www.hbpictures.com

海润影视制作有限公司

领导成员：

董事局主席：刘燕铭

海润影视制作有限公司总裁：赵智江

海润影视制作有限公司副总裁：赵志红

海润影视制作有限公司副总裁、发行总监（兼）：张小军

上海海润影视制作有限公司总裁：曲光辉

广东润视影音制作有限公司总经理：闫旻

北京润亚影视传播有限公司总经理：陈铁铭

云南润视荣光影业制作有限公司总经理：蒋晓荣

重庆润视影视传播有限公司总经理：唐莉莎

海南海润影视制作有限公司总经理：罗小凤

浙江海润影视制作有限公司总经理：赵岩森

北京海润演艺经纪有限公司总经理：常继红

北京海润音乐有限公司总经理：李全章

内设机构：

总裁办、制作部、发行部、法务部、文学部、宣传部、财务部、策划部、行政部

总监级负责人：

制作总监：蒋晓梅

财务总监：陈艳

行政总监：王存林

宣传总监：熊潇虹

法务总监：王文彬

地址：北京市朝阳区安慧北里安园5号

邮编：100101

电话：010－64897799

传真：010－64935440

网址：www.hairunmedia.com

北京英氏影视艺术有限责任公司

领导成员:

法人、董事长：英达

总经理：英宁

内设机构:

行政部、发行部、制作部、财务部、文学艺术部

地址：北京市朝阳区京顺路曙光大厦B座

邮编：100028

电话：010 － 84409933

传真：010 － 84409933

北京金英马影视文化有限责任公司

领导成员:

法人：滕站

内设机构:

总经理办公室、财务部、行政部、制作策划部、公关企划部、发行部、广告部、经纪拓展部、书刊发行部

地址：北京市朝阳区北四环中路6号华亭嘉园E座23层

邮编：100029

电话：010 － 82858715/16

网址：www.jymys.com

华夏视听环球传媒（北京）有限公司

领导成员:

董事长：蒲树林

总经理：朱利亚

副总裁：沈薇、吴晔

内设机构:

电视节目制作中心、影视剧制作中心、艺人发展中心、发行中心、广告中心、技术中心、人事行政部、法务中心、财务部、网络部

地址：北京市朝阳区建国路93号万达广场8号楼20层

电话：010—58205558

传真：010—58205777

邮编：100022

网址：www.cathaymedia.com

北京中联华盟文化传媒投资有限公司

领导成员：

董事长：刘晓霖

总经理：金莲芳

副总经理：李昶

内设机构：

纪录片部、财务部、国内发行部、国际部、策划部、行政部、制作部

地址：北京市朝阳区新源南路1-3号平安国际金融中心B座12层

邮编：100027

电话：010－59115566

网址：yule.sohu.com/hylm/

北京京都世纪文化发展有限公司

领导成员：

董事长：尤小刚

总经理：王正华

执行董事、制作总监：伍健

内设机构：

办公室、财务部、经营部、影视基地、基建办

地址：北京市广渠门南小街1号领行国际2单元9层

邮编：100061

电话：010－67110812、67194406

邮箱：jingdu@zbtvart.com

北京小马奔腾影视文化发展有限公司

领导成员：

董事长：李明

内设机构：

策划部、演艺经纪部、资源整合部、宣传部、发行部、行政部、财务部

地址：北京市朝阳区亚运村汇欣大厦B座509－516

邮编：100101

电话：010－84990260

网址：www.htvfilm.com.cn

北京鑫宝源影视投资有限公司

领导成员：

法人：丁芯

内设机构：

办公室、财务部、制片部、编辑部、演艺经理部、宣传部、发行部、公关广告部

地址：北京市朝阳区东四环中路78号大成国际中心A2座9层A09室

邮编：100022

电话：010-59626663

传真：010-59626663-991

北京慈文影视制作有限公司

领导成员：

法人：马中骏

内设机构：

行政部、财务部、制作部、宣传策划部、演艺经纪部、公关部、法务部、发行部、新媒体

地址：北京市朝阳区东大桥路8号尚都国际中心3305室

邮编：100020

电话：010-58703300（总机）

传真：010-58703301

邮箱：ciwen@ciwen.tv

北京荣信达影视艺术有限公司

法人：李少红

地址：北京市朝阳区霄云路26号鹏润大厦B座2603室

邮编：100016

电话：010－84583121/0539/3046

北京中博世纪影视传媒有限公司

领导成员：

董事长：陈伟明

发行人：马勇军

地址：北京市海淀区西三环北路50号豪柏公寓B2座1702室

邮编：100044

电话：010－68435703/04/05

传真：010－68435702

网站：www.zonbo.com.cn

中影阿满影视文化（北京）有限公司

法人、董事长：张革

地址：北京海淀区羊坊店博望园1号1705

邮编：100038

电话：010–63953818

网站：www.aman.com.cn

北京艺德环球文化艺术有限公司

领导成员：

法人：肖岗

地址：北京市朝阳区东三环北路38号北京国际中心3号楼806

邮编：100026

电话：010－65125736／37／38

传真：010－65127533

网址：www.uce.com.cn

对外及港澳台交流

2010/《北京广播影视年鉴》

——记录行业情况　服务业内和社会——

北京市广播影视对外及港澳台交流情况

北京市广播电影电视局组织26家影视制作机构参加戛纳电视节

2009年，北京市广播影视系统充分发挥首都广播影视资源丰富的优势，不断扩大与国外及港澳台广播影视媒体的交流合作，提高对外宣传工作的水平，开创了新局面，取得了新成绩。

一、与国外媒体合作不断扩大

北京电台外语广播与海外多家媒体和中外文化交流机构合作，于2009年1月至8月推出《我的汉语生活——外国人讲汉语故事》大赛，吸引了38个国家和地区的600多名选手参赛。此次大赛，不仅活动本身获得了圆满成功，而且进一步密切了北京电台与海外媒体的联系，为今后更好的合作奠定了基础。

北京电视台海外节目中心与美国纽约中文卫视、加拿大城市电视台、凤凰卫视欧洲台、凤凰卫视美洲台等合作密切，并向他们提供部分有北京电视台版权的精品节目。纽约中文卫视从1993年合作开始，在每周五、六、日晚间黄金时段播出249分钟北京电视台提供的节目，收视范围覆盖纽约五大城区和美国东部地区。加拿大城市电视台从1998年开始，每周播出北京电视台提供的160分钟节目，收视范围覆盖全加拿大。凤凰卫视欧洲台、凤凰卫视美洲台从2000年开始，每周播出30分钟北京电视台提供的节目，覆盖美国全境及英国、法国、德国等主要欧洲国家。

2009年，北广传媒集团所属北京中北电视艺术中心有限公司与俄罗斯主流电视媒体REN-TV电视台合作，制作出品了电视连续剧《猎人笔记之谜》，在中国、俄罗斯联邦、独联体及波罗的海沿岸等国家电视媒体同步播出，覆盖近三分之一的欧洲人口。该剧不但一举夺得2009年12月“第12届欧亚电视论坛重大贡献奖”，而且销售出国产电视剧在海外市场上的最高价格。

北京中北电视艺术中心与俄罗斯电视媒体合作的电视剧《猎人笔记之谜》

为了支持埃及电视事业，北京电视艺术中心向埃及电视台赠送了50集电视连续剧《金婚》的两年无偿播映权。

2009年11月25日至30日，由中华全国新闻工作者协会、北京国际艺苑美术基金会主办，北广传媒集团所属北京歌华文化集团传媒交流中心承办的“德国记者镜头里的中国30年——马廷·库莫摄影展”在歌华开元大酒店举行。马廷·库莫是德国《汉堡晨报》资深记者，1976年和2006年两次来华，行程一万多公里，在同一地点从同一角度拍摄了上万幅反映中国社会风貌的图片。此次影展从中精选出120幅展出，内容涉及社会风貌、人文地理、历史事件等。开幕式上，马廷·库莫先生讲述了他30年来心系中国、记录中国、报道中国的感人故事；中德两国媒体举行了“媒体责任超越国界——中德媒体座谈会”，影展效果非常显著。

北京歌华文化集团传媒交流中心承办的“德国记者镜头里的中国30年——马廷·库莫摄影展”

2009年，北京市有3家民营影视机构以并购或投资的形式与境外的广播电视台（公司）进行业务合作。北京西京广告有限公司投资258万美元收购英国普罗派乐电视有限公司100%股权（本市首项成功完成的民营企业收购海外广播电视媒体（公司）的商业项目）。俏佳人传媒股份有限公司投资950万美元收购美国国际视听传播公司（美国国际卫视）100%股权。北京四达时代通讯网络技术有限公司在8个亚洲国家开展广播电视终端类产品投资业务。

二、中外媒体交流日趋密切

2009年，北京市广播电影电视机构不断派出代表团到世界各地广播影视机构参观学习，交流经验。2009年3月30日–4月3日，市广电局组织首都影视制作业机构赴法国参加戛纳电视节。参加本次展团的包括海润影视制作有限公司、北京中北电视艺术中心有限公司、北京慈文影视制作有限公司等26家有实力的影视公司，注册参展人员达70人，推出了110部2000余集优秀的电视剧和纪录片。据不完全统计，本次戛纳电视节上达成电视节目合作及交易协议约1300万美元，合作意向约800万美元，其中北京卡酷卫视和北京慈文影视制作有限公司联合制作的52集电视动画片《西游记》受到热烈追捧，收购价刷新了全亚洲动画海外发行价格的新记录。

北京中联华盟董事长刘晓霖在戛纳电视节与德国媒体签订合作协议

2009年10月17日至22日，市广电局组织由15家电影机构组成的北京电影代表团赴日本参加第22届东京国际电影节。北京华谊兄弟传媒股份有限公司、博纳国际影业集团、北京紫禁城影业有限责任公司、星光国际传媒集团、北京慈文电影发行有限公司、首都电影院、中影星美电影院线有限公司等共30余名成员携他们的《铁人》、《台北飘雪》、《玄奘大师》、《斗爱》、《感情生活》、《窃听风云》、《万家灯火》等多部电影作品在东京国际电影节做推广销售。市广电局作为这次活动的组织者，为参加电影节的影视企业提供了展台、电影放映、广告宣传等条件，并制作了精美的宣传片。东京电影节期间，北京电影代表团除在电影市场活动中推广、销售之外，还在电影市场举办了大型新闻发布会和中日电影交流论坛，与参会各国电影界人士进行广泛、深入的交流。

北京紫禁城影业公司推广销售的影片《万家灯火》

北京鑫宝源影视投资有限公司与深圳广电集团传播有限公司合作制作的《马文的战争》在日本东京国际电视剧节获得特别奖。由鑫宝源影视独立投资拍摄的《我的青春谁做主》在第九届“中日韩电视制作者论坛奖”获得了最高奖。

这一年，北京市广播电影电视局、北京北广传媒集团先后10余次派出代表团，到巴西、阿根廷、美国、墨西哥、南非、埃及、澳大利亚、新西兰、土耳其、阿联酋、芬兰、瑞典、丹麦、日本等国参观学习，交流考察，收获颇丰。

北京电台在2009年分两批组织处级以上干部赴美国加州大学洛杉矶分校参加“媒体管理和营销”培训班，课程包括“当前娱乐节目趋势概况”、“美国广播业的法律体系”、“美国各州广播行业现状及未来趋势”、“电台节目收听调查方法”、“广播业发展趋势”、“广播进入互联网面临的挑战和问题”、“美国的社会媒体”、“数字媒体的发展趋势”等共30个学时，其间，学员们还参观了具有代表性的美国传媒机构和文化产业。通过培训，大家学习了知识，丰富了思想，开阔了眼界，收到了较好的效果。此外，还接待了法国数字广播传媒科技有限公司、拉丁美洲记者联合会、奥地利新闻代表团、新加坡亚洲广播展市场部以及港澳委员等境外来访代表团8批、百余人次。

北京电视台是北京市与国外媒体业务交流最活跃的单位之一。一年来，全台派出参观访问和境外采访的团组43个、160余人次；到加拿大、芬兰、美国培训的团组3批，共31人；接待美国CECC代表团、奥地利维也纳音乐厅考察团、越南之声广播电台等境外来访代表团16批、150余人次。通过出访与接待来访，北京电视台与国外和港澳台地区的100多家电视媒体建立了密切的合作关系，学到了当今世界最先进的电视媒体管理理念和先进经验，为发展北京电视台的事业和产业起到了积极作用。

2009年6月，中国电影博物馆承担了美国电影艺术与科学学院代表团及主席希德·甘尼斯来华访问的全程接待任务，从组织领导、行

中国电影博物馆承办的中美文化交流活动媒体见面会

程设置、接待细节、对外宣传、内外协调等方面进行了认真研究和精心组织，圆满完成了任务。通过此次接待工作，锻炼了队伍，增长了才干，提高了开展国际交往的能力。此外，中国电影博物馆还接待了国际电影资料馆协会、韩国电影振兴委员会、俄罗斯电影代表团等参观访问，逐步扩大了中国电影博物馆的国际影响力。

三、对外宣传进一步加强

2009年，北京电台将韩国KBS纳入到北京外语广播海外合作伙伴网络中，使电台的节目在韩国主流媒体中多了一个落地点，也使外语广播对海外传送的节目达到每天不少于90

北京电台外语广播《感受北京》栏目组

分钟。这一年，北京电台将奥运期间与海外合作电台临时开办的连线节目《五环连五洲》常态化，通过奥运期间形成的海外连线报道网络，每周固定联线海外合作电台及时传递国内、海外的最新报道，通过节目与资源的互换让北京的声音在国际社会更为洪亮，让北京听众的视野更加开阔。北京电台还借助开展国际性品牌活动的时机，充分利用外语广播网络电台的全球覆盖特点，广泛建立与海外华人新闻机构的联系与合作。网络电台全天24小时播音，其中11小时直播、13小时录播，所有节目实现了点播功能，大大弥补了传统广播转瞬即逝的欠缺，成为随时随地可以满足听众需要的外宣平台。开播一年来，点击率逐步上升，

北京电视台英文杂志性栏目《这里是北京》

平均每天在线人数达到7000人，其中有约1/3来自海外。与此同时，北京电台开设了《外国人的北京生活》直播节目，邀请在北京居住的外国人讲述他们在北京的生活故事，邀请出入境管理局等部门的专业人士为居住在北京的外国人提供各种专业咨询服务，满足他们各方面的需求。目前这个节目已经邀请了200多位外国人来电台参与直播，与北京的听众分享了在北京的生活经验，也介绍了外国人视角中的北京。

精心打造长城平台北京电视台频道。北京电视台借助北美长城平台北京电视台频道，与众多国外知名媒体的良好合作关系，外送大量精品节目，展示北京的城市风采。截至目前，已经累计在北美长城平台北京电视台频道播出外送节目超过10万分钟，还向加拿大、纽约中文卫视等境外媒体提供外送节目近3万分钟，内容包括《非常接触》、《天下收藏》、《这里是北京》、《非常夫妻》、《食全食美》、《首都经济报道》等北京电视台知名栏目；向美国CNN《世界报道》(World Report)栏目、美国联邦公共广播公司(Commonwealth Public Broadcasting Corporation)MHz频道(MHz Networks)、GlobeCast卫星公司的MHz Worldview频道等国外知名媒体提供英语新闻近200分钟，内容涉及北京的城市建设、历史文化、居民生活等各个方面，有力宣传了北京的建设成就；制作英文杂志性栏目《这里是北京》(《This Is Beijing》)共40期，内容涵盖北京的文化、经济、生活、科技、环保等各个方面的变化发展。

北京光线传媒股份有限公司在韩国首尔及香港、台北地区建立了分公司或办事处，积极推销本公司出品的影视作品，形成了覆盖主要华语地区的内容生产能力和经营能力。

(北京市广播电影电视局史志办、北广传媒集团办公室)

获奖作品

2010/《北京广播影视年鉴》

——记录行业情况　服务业内和社会——

2009年北京市广播影视获奖作品

第十一届精神文明建设“五个一工程”奖（2007—2009）

2009年9月21日公布

北京市广播影视获奖作品：

电视剧：《金婚》、《士兵突击》、《我在天堂等你》

电影：《集结号》、《铁人》

动画片：《福娃奥运漫游记》

广播剧：《京城第一家》

音乐作品：《我和你》、《北京欢迎你》

第二十七届中国电视剧“飞天奖”

2009年9月8日颁奖

北京市广播影视获奖作品：

《金婚》、《奋斗》、《大工匠》、《春草》、《震撼世界的七日》、《英雄无名》、《大地》、《红梅花开》、《荣归》、《士兵突击》

第十三届中国电影华表奖

2009年8月29日颁奖

北京市广播影视获奖作品及人员：

优秀故事片奖：《集结号》、《铁人》

优秀导演奖：冯小刚（《集结号》导演）

优秀男演员奖：张涵予（《集结号》主演）

优秀电影音乐奖：王黎光（《集结号》音乐）

优秀动画片奖：《快乐奔跑》

第十九届中国新闻奖

2009年11月8日颁奖

北京市广播影视获奖作品：

一等奖：2008年8月9日《北京新闻》 宋梓祯 李彬 王彦　　北京人民广播电台

一等奖：2008年8月8日《北京新闻》 集体　　北京电视台

二等奖：2008年8月5日新闻《国际奥委会医学委员会主席说，在北京没必要戴口罩》
曹力 陈利华　北京人民广播电台
二等奖：2008年4月16日新闻《坚持拍摄鸟巢六年的老人》
石秀冬 成音　北京人民广播电台
二等奖：2008年4月9日新闻《点燃激情传递梦想：用身躯捍卫圣火的尊严》
任效松 崔睿 宗燕红　北京电视台
三等奖：2008年8月9日新闻《奥运会主题歌演唱者创作者专访》
朱江 杜研 寇建国 张宾 周波　北京电视台

（2007、2008年度）中国广播影视大奖广播电视节目奖

2009年12月19日颁奖

北京市广播影视获奖作品：
消息：《点燃激情传递梦想：用身躯捍卫圣火的尊严》　北京电视台
消息：《警车开道护送断指工人》　北京电视台
对外电视：《自行车回归》　北京电视台
消息：《一周内两次微调奥运限行方案百姓乐道》　北京人民广播电台
评论：《民意畅达呼唤制订保障——从北京地铁5号线加站说起》　北京人民广播电台
对外广播：《开幕这一天》　北京人民广播电台
音乐节目：《梦想的旋律》　北京人民广播电台
小说连播：《贺龙传奇》　北京人民广播电台
原创歌曲：《我和你》　北京人民广播电台
广播剧：《京城第一家》　北京人民广播电台

（2007、2008年度）中国广播影视大奖广播电视节目奖提名

2009年12月19日颁奖

北京市广播影视获奖作品：
消息：《寻找赵爷爷》　北京电视台
消息：《闭幕式的背后：56个民族共唱国歌》　北京电视台
评论：《幻觉与疯狂》　北京电视台
栏目：《生活面对面》　北京电视台
专题：《平价医院的生命力》　北京电视台
专题：《流畅之美》——香港交通面面观　北京电视台

专题:《盛典》——解读历届奥运会开幕式　北京电视台
专题:《有轨飞行》　北京电视台
消息:《国际奥委会医学委员会主席说，在北京没必要戴口罩》　北京人民广播电台
栏目:《行走天下》　北京人民广播电台
专题:《亲情》　北京人民广播电台
专题:《镇干部带咱去打工北》京　延庆广播电台
专题:《苦海之岸》——纪念引渡法颁布实施8周年节目　北京人民广播电台
专题:《刘大妈——个体餐馆第一家》　北京人民广播电台
现场直播:《纪念中国人民解放军建军80周年大型联合直播——八一军旗红》
北京人民广播电台、江西人民广播电台黑、黑龙江人民广播电台、上海文广新闻传媒集团、辽宁人民广播电台、河北人民广播电台、江苏广电总台、湖南人民广播电台、广东人民广播电台、深圳广电集团
现场直播:《和祥云一起飞翔》北京电台大型直播特别节目——第29届奥运会雅典火炬交接仪式　北京人民广播电台
综艺节目:《在震撼中复活——冯小刚和他的电影"集结号"》　北京人民广播电台
原创歌曲:《生死不离》　北京人民广播电台

第六届北京市文学艺术奖

2009年12月15日(颁布)

北京市广播影视获奖作品:(15部)

电影:　第一名《集结号》
第二名《隐形的翅膀》
第三名《一个人的奥林匹克》

电视剧:　第一名《士兵突击》
第二名《金婚》
第三名《奋斗》
第四名《乔省长和他的女儿们》

音乐作品:第一名《北京欢迎你》
第二名《我和你》
第三名《生死不离》
第四名《天空》

动画片:　第一名《福娃奥运漫游记》
第二名《秦时明月》

广播剧:　第一名《代表中国》
第二名《我们永远在一起》

(北京市广播电影电视局宣管处)

北京市广播电影电视局北京市人力资源和社会保障局关于表彰2009年度“北京市广播影视奖”获奖作品的决定

京广发〔2010〕261号

北京市各广播电视播出机构，各影视制作公司：

2009年，北京市广播影视宣传工作紧紧围绕中央和北京市工作的大局，以邓小平理论和“三个代表”重要思想为指导，深入学习贯彻党的十七大和十七届四中全会精神，全面贯彻落实科学发展观，按照“打赢一场硬仗、办好一件大事”的目标任务，按照“三贴近”原则指导新闻宣传和艺术创作，制作出了一大批导向正确、基调鲜明、富于创新、突出时代精神的广播影视节目，为圆满完成新中国成立60周年庆祝活动、为北京市的经济社会发展做出了积极贡献。为鼓励先进，推动创优，市广播电影电视局、市人力资源和社会保障局联合组织了2009年度“北京市广播影视奖”的评选工作。

经过各报送单位的初评和复评评委会的认真审听和审看，本次“北京市广播影视奖”评选出获奖作品289个，评选“节目创优先进个人”79名。获奖作品中影视剧类作品13个，广播电视节目类作品194个，技术类作品70个，报刊类作品12个。

这些获奖作品代表了北京市广播影视节目创作和技术制作的先进水平，凝结了北京市广播影视行业全体从业人员的辛勤汗水。为表彰先进，进一步激发广播影视工作者的积极性和创造性，北京市广播电影电视局、北京市人力资源和社会保障局决定，对获奖的289个作品和79名先进个人给予表彰。

希望受表彰的单位和个人，再接再厉，继续发扬与时俱进、勇于探索的精神，求实创新，扎实工作，努力创造新的业绩，瞄准建设世界城市的目标，为打造东方影视之都，为推动广播影视事业的大发展大繁荣，为实现建设“人文北京，科技北京，绿色北京”的总体目标，构建社会主义和谐社会首善之区做出更大的贡献。

北京市广播电影电视局　北京市人力资源和社会保障局

二〇一〇年九月八日

2009年度“北京市广播影视奖”获奖名单

广播类作品

广播新闻（27个）

一等奖：6个

1.短消息：历时8年北京“煤改电”工程圆满完成

北京人民广播电台 章萍

2.系列报道：探索大学生就业之路

北京人民广播电台 集体

3.专题：北京最帅交警孟昆玉

北京人民广播电台 程艳 顾一菲

4.短消息：大兴给耕地消毒，让市民餐桌食品更加绿色

大兴区广电中心 解帅 于淼

5.长消息：生命因两次捐献而精彩

房山区广电中心 张佳佳 白金慧 李丹 汪学武

6.评论：给工程占地拆迁支个招儿

怀柔区广电中心

彭明亮 王德林 王学新 武会立 李晓虹 张佳玮 孟小芹 赵红 黄秋霞 白云霞

二等奖：8个

1.短消息：车船税7.5折优惠，将造成上亿税款损失

北京人民广播电台 关文平

2.长消息：北汽收购萨博全部知识产权，开中国汽车企业海外收购先河

北京人民广播电台 戚天

3.系列报道：土地入股分红，为何村民有怨言

北京人民广播电台 王晓颖

4.新闻编排：《北京新闻》10月2日

北京人民广播电台 谢先进 李彬

5.广播评论：新农村“软件工程”要做实

大兴区广电中心 韩士合 卢劼

6.新闻：鸡粪发出绿色电

延庆县广电中心 郭金波 单新荣

7.长消息：密云检察院推出“约见检察官”制度

密云县广电中心 刘成武 孔亚青

8.长消息：农民曲艺团唱响乡间和谐曲

怀柔区广电中心 崔丹 贾贤 闫国强 喻星 赵红 黄秋霞

三等奖：13个

1.长消息：本市保障房举行首个“工地开放日”活动

北京人民广播电台 陆健

2.长消息：京城昨夜今晨遭遇暴雨，困在水中车主互相救援

北京人民广播电台 刘初阳 郭士荧

3.评论：盛世大阅兵：和平的承诺

北京人民广播电台 林俐 马骏

4.评论：面对重大疫情，公民请负起你的责任

北京人民广播电台 朱来生 张瑞娟

5.专题：难产的房产证

北京人民广播电台 连新元

6.新闻访谈：聚焦神木全民免费医疗

北京人民广播电台 桑丹

7.节目策划：60年的叙说

北京人民广播电台 集体

8.节目策划：我爱我的汉语生活——全球汉语故事大赛纪实

北京人民广播电台 陆莹 纪烈鸿

9.短消息：我区重奖科技创新 重奖数额居全市各区之首

昌平区广电中心 张金鑫 李娜

10.长消息：山货有了专卖店

昌平区广电中心 张金鑫

11.长消息：这都是奥运带给我们的

顺义区广电中心 段建楠 赵洁

12.短消息：白菜“进窖”百姓“进钱”

通州区广电中心 张嘉康 于亚辉

13.长消息：张淑荣：超越亲情的爱

通州区广电中心 高玉强 于亚辉

广播社教（18个）

一等奖：4个

1.对象性节目：杨廷椿院长和他的社区法律咨询小组

北京人民广播电台 马维

2.知识性节目：历史上的大流感

北京人民广播电台 宋扬 刘冰

3.特别节目：见证辉煌——北京电台庆祝新中国成立60周年十一特别直播节目

北京人民广播电台 集体

4.新闻性专稿：密云模式——蓬勃发展的农民专业合作社

密云县广电中心 王淑品 黄晨昭 金芙蓉

二等奖：5个

1.公众性节目：电波中的国庆记忆

北京人民广播电台 周晶

2.公众性节目：梦在蓝天——新中国第三代女飞行员李燕生的故事

北京人民广播电台 杨志梅

3.特别节目：汶川地震一周年特别节目：什邡，一个城市的重生

北京人民广播电台 章维 高波 张锋

4.新闻性专稿：三色卡片带来和谐村庄

昌平区广电中心 张金鑫 王强 李阳 柳峰

5.新闻性专稿：今日农民新生活

顺义区广电中心 赵福艳 赵洁 刘连茹 郑雨佳

三等奖：9个

1.对象性节目：完善土地流转制度还有几多难

北京人民广播电台 昃昱 白琳 王晓颖 王璐

2.特别节目：最美的声音

北京人民广播电台 集体

3.公众性节目：生活太美了——刘韧和她的剪纸屋

北京人民广播电台 马维

4.公众性节目：不平凡的“中等生”

北京人民广播电台 刘继彤 王啸

5.公众性节目：医魂（上、下）

北京人民广播电台 郭士荧

6.特别节目：曾经的声音

北京人民广播电台 集体

7.新闻性专稿：大学生村官胡建党的创业记

大兴区广电中心 房晓鹏 靳石萌

8.新闻性专稿：巧姑巧手巧扮国庆盛典

房山区广电中心 王侠 刘兵兵 王磊 王雨佳 张佳佳

9.新闻性专稿：高振平：为女儿插上一双翅膀

通州区广电中心 张嘉 康丛林

广播境外播出（4个）

一等奖：1个

外宣节目：《白求恩——一种精神的传承！纪念白求恩逝世70周年特别节目》

北京人民广播电台 戴蔚然 加拿大国际广播电台中文台

二等奖：1个

对象性节目：《我·在北京——外国人眼中的60年变迁》

北京人民广播电台 李杨 臧轶洁 曹军生 梁睿 陈炜

三等奖：2个

1.系列报道：我爱我的汉语生活——全球汉语故事大赛纪实

北京人民广播电台 集体

2.栏目：飞越太平洋

北京人民广播电台 刘兴宇 戴蔚然 魏力新

广播优秀栏目（8个）

资讯早八点	北京人民广播电台
城市零距离	北京人民广播电台
一路畅通	北京人民广播电台
笑谈古今	北京人民广播电台
毛毛狗的故事口袋	北京人民广播电台
花季星空	房山区广电中心
三农有约	密云县广电中心
行风热线	怀柔区广电中心

广播播音与主持（10个）

一等奖：1个

播音主持：我和农民一起创造奇迹

北京人民广播电台 苏京平

二等奖：4个

1.主持作品：春日暖阳、贴心服务

北京人民广播电台 林贺 王为

2.播音作品：《资讯早八点》4月29日

北京人民广播电台 张红力 陈彦旭

3.播音与主持：峡谷幽思

昌平区广电中心 李娜

4.播音与主持：越聊越开心——家乡的粽子

顺义区广电中心 张雨欣 直守斌

三等奖：5个

1.主持作品：金思宇解读“小平您好”

北京人民广播电台 方达

2.主持作品：我爱京剧

北京人民广播电台 王佳一 顾峰

3.主持作品：妇唱夫随话谢芳

北京人民广播电台 高磊

4.播音作品：儿童故事《我爱波波熊》

北京人民广播电台 左小群

5.播音与主持：佳羽有约

延庆县广电中心 吴佳羽 杨亮

广播文艺（11个）

一等奖：2个

1.广播剧：清明上河图传奇

北京人民广播电台 王柔 李健

2.音乐节目：送别

北京人民广播电台 冯健 张欣 刘慧 梁言 朱学兵

二等奖：3个

1.音乐节目：天鹅之死

北京人民广播电台 赵爽 王卓 罗霄笑

2.小说连播：《画虫儿》

北京人民广播电台 张璐 梁言

3.文学节目：新世纪、新文学、新阅读

北京人民广播电台 罗兵 周海燕 张美华 郝卫群 张校茵

三等奖：6个

1.评书连播：少林将军许世友

北京人民广播电台 徐北威 张宏

2.戏曲节目：原创与创新——大型史诗京剧《赤壁》介绍

北京人民广播电台 高滟 李爽

3.文学节目：回家——怀念季羡林先生

北京人民广播电台 杨洋 张美华 梁言 梁和芝

4.综艺节目：《苦菜花的交响》

北京人民广播电台 杜渐薇 赵爽 刘菁 罗霄笑

5.娱乐节目：爱家小区的故事

北京人民广播电台 浩齐 米夏 张艳

6.公益广告：说唱北京

北京人民广播电台 马笑宇 朱云 夏铭

广播节目技术质量（29个）

一等奖：4个

环绕声：环绕声片花《龙刀》

北京人民广播电台 曹漫 张校茵

广播剧：广播剧《傅作义与北京城》

北京人民广播电台 贺西平

片花：片花《午夜拍案惊奇》

北京人民广播电台 张校茵

音乐类：交响乐《威风堂堂进行曲》

北京人民广播电台 陈小斌

二等奖：8个

音乐类：歌曲《爱之海》

北京人民广播电台 曹漫

语言类：专题音乐《飞逝的花瓣》

北京人民广播电台 董珂 罗霄笑

语言类：广播小说《画虫儿》

北京人民广播电台 傅博

环绕声：片花《环球之旅》

北京人民广播电台 曹漫 孟孟

广播剧：广播剧《小马过河》

北京人民广播电台 王莉丽 孟孟

片花：片花《欢乐英雄》

北京人民广播电台 罗霄笑

音乐类：《今天是你的生日，我的中国》

通州区广电中心 宫宝文 高玉强

片花：《垃圾分类回收》

房山区广电中心 石可 李岩峰 熊京生

三等奖：16个

语言类：《花城》

通州区广电中心 董继东 陈颖

片花：《快乐游怀柔片花》

怀柔区广电中心 贾小芳 彭明亮 张佳玮

语言类：《小桔灯》

通州区广电中心 伍京川 赵坤

语言类：《我是青年》

昌平区广电中心 范义鹏 王少冲 冯小龙

戏曲类：《相女婿》

昌平区广电中心 冯小龙 范义鹏 刘庆娟

语言类：《感动》

怀柔区广电中心 任杰 王立伟 尹航

戏曲类：《武松打虎》

延庆县广电中心 李永生 高成红

音乐类：《心愿》

昌平区广电中心 冯小龙 范义鹏 刘庆娟

语言类：《花季星空》

房山区广电中心 石可 熊京生

语言类：《人生若只如初见》

顺义区广电中心 高嵩 夏景龙

语言类：《工商进万家》

延庆县广电中心 李永生 杨涛

戏曲类：《傻子》

通州区广电中心 张广奇 宫宝文

片花：《快乐调频928周末版音乐排行榜》

延庆县广电中心 高成红 张迎

片花：《逍遥派宣传片花》

通州区广电中心 王小利 赵坤

音乐类：《芦花》

密云县广电中心 李宁

广播剧：《父亲》

昌平区广电中心 范义鹏 刘庆娟 任苑

综合奖：1个

通州区广电中心

电视类作品

电视新闻（45个）

一等奖：9个

长消息：北京法官两度捐献骨髓

北京电视台 罗嘉 元伟 楚健

长消息：艾滋母亲生下健康宝贝

北京电视台 周宇 雷志军

系列报道：乡村新发现

北京电视台 张亮 张冬林 张晓鲁 李光军 石云 李玲 刘非非 谢小岩 刘彤 金蕾 兰玲 杨硕 王丽晓 任晓松 李莲 张梦瑶 冯超

新闻访谈：急速升温解读09楼市新现象

北京电视台 周泳 杨晓轩 丁莉 宋北光 王瑜 姚长盛 沈军

系列报道：400万辆机动车意味着什么？

北广传媒集团 赵韫 何赫 曲丽

组织策划：拳拳报国志 十年西部情——“博士服务团”工作十周年巡礼

北广传媒集团 白宝林 黄訸 祁昱杰 赵芊

电视长消息：拆迁农民“不差钱”巨款挥霍令人忧

大兴区广电中心 刘聪聪 张仁昌

电视长消息：居民有了“电子保姆”

密云县广电中心 齐如柏 张艺

电视长消息：农产品深加工让“窝心果”变成“金豆子”

怀柔区广电中心 崔丹 贾贤 闫国强 于国莲 李晓红 任欢

二等奖：13个

短消息：天降神兵解救人质

北京电视台 周宇 陈军

长消息：防控H1N1流感 我国采取严格措施

北京电视台 贾湧强 金谊

系列报道：科学发展 百项实践

北京电视台 张亮 艾冬云 张冬林 周永萍 张晓鲁 陈楠 陆放 闫丰涛 朱虎

新闻编排：晚间新闻报道

北京电视台 艾冬云 张冬林 张文天 柏广群 李颖 陈军 朱晔 田刚 李晓军

新闻访谈：无与伦比的奥运 永远珍藏的回忆

北京电视台 韦嘉 李琪 王晓龙

短消息：801路公交推出“导游式服务”

北广传媒集团 何赫 李信扬

长消息：北沟村村民上网热

北广传媒集团 巫菁菁 李玉星 赵丹 王纯

专题：百姓心中好交警：孟昆玉

北广传媒集团 赵韫 曲丽 王琛 李信扬

长消息：“金融危机中我区助推中小企业逆势而上”

昌平区广电中心 王颖 田志强

短消息：“流动银行”进山村

怀柔区电中心 齐大志 喻星 张佳玮 于国连 李福亮

长消息：知识产权保护首进花博会

顺义区广电中心 贾彬斌 付涛

长消息：藏汉一家亲

朝阳区广电中心 夏卫萍 葛旭

长消息：干部行不行 群众来考评——永乐店镇十名村官因群众不满意而“下岗”

通州区广电中心 丛林 孙斌韬

三等奖：23个

短消息：中国研发第三代基因测序仪

北京电视台 任效松 尹磊

长消息：十岁男童被劫持，警方两小时解救

北京电视台 高婉梅 徐光

长消息：海外维权成功 王致和披露详情

北京电视台 张晓沁 何思 盛京

长消息：揭秘三军仪仗队

北京电视台 陆放 何海东

系列报道：记者走一线

北京电视台 张亮 宗燕红 徐京玲 马国颖 陈栩 崔睿 王砯
梁岚 曲馥 刘晓 李杰 李琪 尹磊 刘靖 王陆华 王晓龙 徐广安 刘靖

系列报道：南北城的对话

北京电视台 张颖 张杨 王鹏 李朝阳 王欢
李黎 陈阳 董棠 聂承垚小张颖 张国华 杨衍颖 许萌

评论：手机涉黄 责在何方

北京电视台 刘民 赵波 张海军 王建忠 王怡 焦妍

专题：保经济增长 保耕地红线

北京电视台 何思 姜建财 冯旭 赵蕾 金昌 王建

现场直播：我爱你中国 —60周年特别节目

北京电视台 张亮 艾冬云 张冬林 白艳军 周永萍 胡阳
陈楠 李斌 赵欣 张海军 张俭 孙湘源 刘晓隽 韦嘉 林力 赵波
刘非非 陈大力 潘全心 张斌 周波 杜研 张苏 赵鹏华 宗昊 吴犁犁

组织策划：商海盛宴 — 北京影响力大型公益评选活动

北京电视台 周泳 岳民 杨晓轩 王春元 赵曼 梁少君 郑雪涛 郭婷 田春红 叶枫

短消息：大客车上演马路惊魂

北广传媒集团 程铖

长消息：南池子社区党委开展“六送”惠民服务

北广传媒集团 徐琛 杜宽

长消息：地铁4号线开通试运营

北广传媒集团 王琛 李信扬

长消息：崇文区举办“珍爱生命报亲恩”主题活动

北广传媒集团 王琛 李信扬

长消息：户外大屏同步直播国家大剧院经典音乐会

北广传媒集团 赵丹 赵洁

长消息：用户是亲人

北广传媒集团 孟旸 洪诚 张然

短消息：小额贷款百元起贷“农融乐”面向三农创先河

大兴区广电中心 米雪梅 张仁昌

长消息：花乡草桥援建江油世纪奥桥小学今日落成

丰台区广电中心 侯明

长消息：“流动医院”进农村 诊费直报乐农民

房山区广电中心 高健 杨茹 刘飞

长消息：房子穿了“保暖衣”农户用上液化气

门头沟区广电中心 王正 王惟正 胡金旺

长消息：大学生乘坐就业直通车 团区委一手托两家

海淀区广电中心 任晓娟 武耀华

长消息：延庆打造国际一流低碳经济示范区

延庆县广电中心 左征 孙进昇

长消息：平谷网上监督环境

平谷区广电中心 李东亮 王健 施砚玲

电视社教（32个）

一等奖：7个

1.长纪录片：草原寻狼

北京电视台 吴志勇 李丹 李力 徐云彤

2.专题片：追忆钱学森

北京电视台 潘续 姜文婷 李林蔚 王健

3.系列片：我爱你中国

北京电视台 张晓 张亮 袁子勇 吴群 张民 陈岳 李烨 王宇 米红 柴济东 付海龙 刘建光 成强 王建

4.科普节目：六邪之寒

北京电视台 伍立 李黎 竺光伟

5.专题：党支部建在务工地

北广传媒集团 白宝林 闫正宇 王家乾 黄京涛

6.系列报道：与共和国同行——怀柔60年60事

怀柔区广电中心 集体

7.专题：铿锵玫瑰为祖国绽放

朝阳区广电中心 李拥军 沈国龙

二等奖：10个

1.长纪录片：北京一小时

北京电视台 张军 张瑞 曹坤凯 郜芳 陈涛 肖庆峰

2.专题片：圆明园兽首海外拍卖

北京电视台 徐滔 杨子云 左博 苑静华

3.专题片：玉雕怪才—姜文斌

北京电视台 袁子勇 刘民 张民 曾芳 徐磊

4.系列片：我想有个家

北京电视台 张凯 李丽君 刘芳芳 曹晨 和雨辰

5.科普节目：按号选塑料

北京电视台 李志国 杨韵仟 车进 张梦寒 王珂 岳宏涛

6.专题：时代先锋－记北京市市政管委离休干部陈向远

北广传媒集团 白宝林 杜宽 祁昱杰 赵芊

7.专题：时代先锋－记第五届北京市“人民满意的政法干警”标兵系列

北广传媒集团 祁昱杰 赵芊 黄訸 杜宽

8.专题：大兴区新政策破解拆迁难题

大兴区广电中心 张仁昌 郑伟 童静 杨朝杰 罗燕东 黄河

9.专题：北京的水源

延庆县广电中心 冯亚玲 段学锋 李凤海 付昂 朱宝华 郭金波

10.专题：王大林和他的旧村新城

密云县广电中心 石晓访 吴婷 吕亚红 张鹏 梁爽

三等奖：15个

1.短纪录片：韩硕求职

北京电视台 张军 张瑞 钱瑞泓 陈涛

2.长纪录片：重建心灵家园

北京电视台 霍毓峰 郝帅 孟静

3.专题片：使命

北京电视台 曾红梅 李娜 冯旭 赵蕾 金昌 王鹏

4.系列片：80后调查

北京电视台 庞玉珍 周星 佟立 瞿恬 罗伟 甄梅 李嘉 胡晓宏

5.系列片：中国古代防腐术

北京电视台 徐滔 李志国 蓝霖 高艺溦 赵鹏 卢志洁

6.系列片：说唱北京

北京电视台 倪大海 赵琴书 张军 刘祺 张瑞 李颖

7.特别节目：争冠进行时

北京电视台 宋健生 周欣 魏翊东 李京海 韩柏 卢山

8.科普节目：晕眩的秘密

北京电视台 李翔 赵宁云

9.专题：姜小辉作品《再见2004》

北广传媒集团 戴杉杉

10.专题：榜样的力量——记北京市颐和园离退休干部党支部

北广传媒集团 白宝林 黄訸 祁昱杰 赵芊

11.系列片：24节气话养生

北广传媒集团 李玉星

12.专题：特色产业 富民增收系列报道

房山区广电中心 宋晓方 巴金鹏 张海莲 都琳 李辉 李金鹏

13.专题：古今昌平——邓庄古墓发掘纪实

昌平区广电中心 王江红 李滨 聂淑芳 赵晓羽 于涛 黄超 杨志来 王燕平

14.专题："毒王"陈唯军

顺义区广电中心 李素华 李朔峥 赵涛 王桂斌 张珏 陈学森 王秀华

15.专题：为了祖国的盛典

石景山区广电中心 魏志安 刘长成 贺启公 康小利 甄趁勇 刘宝良

电视境外播出（4个）

一等奖：1个

境外播出：独家探访护航军舰 微山湖号

北京电视台 吴玮 李蓓 张苏 陈立一

二等奖：1个

境外播出：盲女陈燕的世界

北京电视台 李蓓 刘颖 朱欣翔

三等奖：2个

1.境外播出：刘岩：后奥运的一年

北京电视台 吴玮 李蓓 张苏 郭宇

2.境外播出：CNN《世界报道》系列

北京电视台 张晓彦 吕敬 李莜 赵鹏华 李珺 朱欣翔 沈澜 杜研 严崴

电视优秀栏目（12个）

1.北京新闻	北京电视台
2.中华文明大讲堂	北京电视台
3.魅力科学	北京电视台
4.百姓秀场	北京电视台
5.天天体育	北京电视台
6.党建新闻	北广传媒集团
7.移动播报	北广传媒集团
8.丰台故事	丰台区广电中心
9.真情故事	昌平区广电中心
10.今日三农	怀柔区广电中心
11.走进乡村	通州区广电中心
12.法治聚焦	石景山区广电中心

电视播音与主持（12个）

一等奖：2个

1.播音与主持：特别关注

北京电视台 王巍 曹一楠

2.播音与主持：朝阳新闻

朝阳区广电中心 向笠 张锐锋

二等奖：4个

1.主持作品：晚间新闻报道

北京电视台 刘海宁

2.主持作品：与共和国齐飞

北京电视台 罗旭

3.播音与主持：17岁少年银行抢劫案

丰台区广电中心 闫鹏

4.播音与主持：《文明新发现》2009年第5期

海淀区广电中心 程炎林

三等奖：6个

1.主持作品：区长，你好！

北京电视台 高燕

2.主持作品：百年程氏养生经

北京电视台 王宁

3.主持作品：奥运周年人物访——陈忠和

北京电视台 王新星

4.播音与主持：延庆精心构建可再生能源绿洲

延庆县广电中心 王爱华

5.播音与主持：平谷新闻

平谷区广电中心 张艳平 赵怡斌

6.主持作品：看通州

通州区广电中心 周思思

电视文艺（11个）

一等奖：2个

1.动画节目：热血三国

北京电视台 曾伟京 池浩洋 苏侠

2.综艺节目：2009北京电视台春节联欢晚会

北京电视台 齐建彤 段嵘 裴晓林 陈晓健 于洋 姜力

二等奖：4个

1.综艺节目：第二届北京影视盛典

北京电视台 孙仝 朱礼庆 叶蔚宁 于守山 毕鲁克 刘越峰

2.戏曲节目：北京京剧票友段位评授季

北京电视台 孔洁 刘涛 李雪萍 宋小川 张巍 龚宁 吴国华

3.歌舞节目：《花样年华放歌中华》歌舞大赛

北京电视台 张帆 李兰 裴晓林 叶蔚宁 宁馨儿 张文华

4.专题节目：宋丹丹——小品20年

北京电视台 朱礼庆 王强 常群 王春华 杨岚 徐颖媛

三等奖：5个

1.动画节目：十分开心之穿衣几大傻

北京电视台 董萌 杨庆晖 赖好林

2.综艺节目：中国播音主持金话筒奖联欢会

北京电视台 张小南 李彬 于洋 汪洋 黄蒂一 杨雅丽

3.综艺节目：七色光2009-56

北京电视台 吴今月 刘强 路漠 汤逸鸥 蒲文苑 刘一男

4.广告节目：卡酷旗舰店广告之男孩篇、女孩篇

北京电视台 谢垭冰 白净 曲小松 袁媛
蒋惠 岩江淼 林超越 李重阳 孙垚 陈笛 朱云飞

5.歌舞节目：劳动颂歌

北京电视台 王小雄 翟建国 修竣 孙勤 陈家全

电视节目技术质量（41个）

一等奖：6个

标清综合文体：《环球春晚》

北京电视台 王丁 刘丹丹 郝丽萍 尉光 陈一力 宋冰 高亚美 李建

标清专题类：《江山如画》

北京电视台 王申为 李娜 李剑宇 韩正雷

视频图形片头类：《2010环球春晚》片头

北京电视台 池建 赵新生 匡葵

高清综艺类：《2010北京电视台春节联欢晚会》

北京电视台 张鹏程 侯婷婷 赵晨 宋建 李璧彤 陆军 李力 李建

高清新闻类：《特别关注》

北京电视台 蔡永亮 曹帅 骆建华 张洋 孙萌

高清声音类：《北京电视台新址落成专题片》

北京电视台 姚银壮 张阳 张志杰 杨宣军

二等奖：12个

高清专题类：《这里是北京》

北京电视台 何旭 张力先 鲁楠 彭楠 孙大庆 吴铮

视频图形片头类：《新战略新行动》

房山区广电中心 刘瑜

标清专题类：《光辉的记忆 — 旅游篇》

房山区广电中心 冯明耀 石可 李岩峰 牛雪峰

高清综艺类：《北京印 — 时尚大典》

北京电视台 张鹏程 肖砾 张博 樊玉 张晓晨 汪亚洲 付兵 曹霏

标清专题类：《天下天天谈》

北京电视台 刘旖旎 孟晴 陈超 夏新颖

标清新闻类：《房山新闻》

房山区广电中心 穆晓凤 刘玉迎 刘振明 武逸洋

标清新闻类：《通州新闻》

通州区广电中心 张嘉康 于雅辉 张莉丽 刘洪波

视频图形片头类：《喜庆中国年》片头

北京电视台 武晓雪 袁虹娟 郭欣阳

高清声音类：《这里是北京》

北京电视台 吴铮 何旭 张力先 鲁楠

标清新闻类：《体坛资讯》

北京电视台 刘伟立 徐徐 于晓鹏 杨磊 赵辉

标清综合文体：《2010 年房山区团拜会》

房山区广电中心 朱惠强 冯明耀 熊京生 杨建国 武逸洋 张华 卢双庆 牛雪峰

高清专题类：《我爱你中国》

北京电视台 张宁 李娜 侯婷婷 王倩 许鹏 翟海云

三等奖：22 个

标清专题类：《看通州》

通州区广电中心 田波 张斌 王延伟 郭兴巍

标清新闻类：《门头沟新闻》

门头沟区广电中心 孙伟 闫吉 梁杰 王刚

标清新闻类：《2009 年 9 月 26 日顺义新闻》

顺义区广电中心 李佳明 王昆杰 洪磊 周建文

视频图形片头类：《京西风景线片头》

门头沟区广电中心 殷熠 段云朝 滕红琴

标清专题类：《全国第七届花卉博览会总结片》

顺义区广电中心 朱广鹏 阮红兵 董晓杰 王学刚

标清综合文体：《大龙地产杯百姓才艺大赛颁奖晚会》

顺义区广电中心 董晓杰 朱广鹏 阮红兵 王昆杰 李二奎 洪磊 周建文 王学刚

标清新闻类：《平谷新闻》

平谷区广电中心 马小林 李东 王旭艳 张小娜 王辉 王红艳 杨飞 段小松

视频图形片头类：《走进乡村》

通州区广电中心 宫宝文 李焱 蔺淑萍

标清专题类：《寻找记忆中的岗位》

平谷区广电中心 马小林 李东 王旭艳 张小娜 王辉 王红艳 杨飞 段小松

标清新闻类：《怀柔新闻》

怀柔区广电中心 尹航 于国莲 刘英生 王革民

标清综合文体：《世纪芳华谱新篇》

通州区广电中心 蔺淑萍 董继东 周思思 景奇 王小利 宫宝文 赵坤 郭兴巍

标清新闻类：《昌平新闻》

昌平区广电中心 冯小龙 刘庆娟 范义鹏 任苑

标清综合文体：《祖国 — 您听我唱支歌》

通州区广电中心 蔺淑萍 王颖 王子寅 田宁 王小利 宫宝文 赵坤 郭兴巍

标清综合文体：《和谐大家庭》

石景山区广电中心 乔焱 孙磊 张金勇

标清新闻类：《石景山新闻》

石景山区广电中心 刘红波 乔焱 张金勇

视频图形片头类：《昌平电视台宣传片》

昌平区广电中心 明磊 范义鹏 冯小龙

视频图形片头类：《经典诵读》

怀柔区广电中心 尹航 于国莲 郑富才

标清专题类：《周日特别报道》

怀柔区广电中心 尹航 于国莲 刘英生 王革民

标清综合文体：《走向辉煌晚会》

昌平区广电中心 冯小龙 刘庆娟 明磊 吴志卫 张佳艺 范义鹏 高洁 任苑

视频图形片头类：《燕京歌唱部落片头》

顺义区广电中心 薛琦 朱广鹏 阮红兵

标清专题类：《为了祖国的庆典》

石景山区广电中心 刘红波 孙磊 郗爱萍

视频图形片头类：《连线通州祝福祖国》

通州区广电中心 郭兴巍 宫宝文 王小利

综合奖：1个

通州区广电中心

电视剧类作品

优秀奖：10个

《我的兄弟叫顺溜》	北京小马奔腾影视文化发展有限公司
《我的青春谁做主》	北京鑫宝源影视投资有限公司
《漕运码头》	北京电视台
《咱爸咱妈六十年》	北京电视艺术中心
《沧海》	海润影视制作公司
《勇者无敌》	北京中联盟文化传媒投资有限公司
《祈望》	北京京都世纪文化发展有限公司
《决战黎明》	北京盛世凯华文化投资有限公司
《相伴》	北京国立常升影视文化传播有限公司
《雾里看花》	北京东王文化发展有限公司

电影类作品

优秀奖：3个

《铁人》	北京紫禁城影业有限责任公司

《万家灯火》 北京紫禁城影业有限责任公司
《走四方》 北京紫禁城影业有限责任公司

广电报刊类作品

一等奖：1个

通讯：接触真实的缉毒先锋

北京广播电视报社 李枫

二等奖：4个

通讯：小沈阳初登BTV春晚的前前后后

北京广播电视报社 王青

消息：京城帮帮团帮助97岁老人如愿报名捐献遗体

北京广播电视报社 陈文

通讯：六一前寻找昔日童星

北京广播电视报社 夏茂平 程戈 李枫

通讯：问“三枪”几多愁，恰似一锅废油向地沟流

北京广播电视报社 夏茂平 程戈 郭大志 戴武 李枫

三等奖：7个

通讯：倪萍：再拿起话筒需要力量

北京广播电视报社 刘颖

通讯：白岩松：把美国当镜子

北京广播电视报社 鄢利平

通讯：电台播出盲姑娘婚礼

北京广播电视报社 陈文

通讯：央视记者讲述宝贝寻家的幕后故事

北京广播电视报社 鄢利平

评论：蜂窝煤与钻石

北京广播电视报社 张琳

通讯：昆仑老兵回顾那遥远的地方

北京广播电视报社 李枫

评论：血染的策划

北京广播电视报社 张光

（北京市广播电影电视局宣管处提供）

改革创新 · 经验

2010／《北京广播影视年鉴》

——记录行业情况　服务业内和社会——

北京人民广播电台建台60周年基本经验

汪良

1949年2月2日，伴随着北平的和平解放，北平新华广播电台开始播音。从此，人民广播的声音响彻古城北平上空，也就是从这一天开始，北京人民广播电台诞生了。

60年来，北京电台由小到大、由弱变强，发生了翻天覆地的变化。建台初期只有十几名工作人员，每天播音不足9小时，发射功率不足1千瓦。今天的北京电台已经发展成为在全国有相当影响，具有相当经济实力的地方大台。全台（包括北京广播公司）现有在职员工1300多人，办有9套开路广播、15套有线调频广播、17套数字音频广播，试验播出4套数字视频广播、2个数据服务频道，在北京有线电视网数字平台上播出16套有线数字广播节目和1个动感音乐数字电视频道，每天播音348小时，总发射功率193.5千瓦，成为以广播为主、多媒体联动的综合性传播机构；经营创收从无到有，到2008年纯收入已达到6.2亿元；总资产迅速增加，到2008年底已达到16.58亿元，是北京电台1990年实行专业化办台改革时1514万元的109倍。同时，节目采编、制作、传输实现数字化，并在30多家海内外电台播出，与美国、英国、加拿大、澳大利亚、新加坡、日本等国家的十几家主流媒体建立了节目交流与合作关系。

60年的奋斗，北京电台经过艰辛探索，写下了辉煌业绩，形成了光荣传统，积累了宝贵经验，孕育着美好希望。

一、始终牢牢把握正确的舆论导向，不断提升舆论引导能力，这是广播宣传的使命所系、责任所系。60年来，北京电台始终坚持“政治家办台”，始终以旗帜鲜明的政治姿态与党中央保持高度一致，始终以高昂的热情和独具的优势，展开卓有成效的宣传，充分发挥了广播宣传应有的作用。

二、始终牢记为人民服务的宗旨，时刻与人民群众同呼吸、共命运，这是北京电台的立台之本，兴台之基。60年来，北京电台时刻注意倾听人民群众的呼声，反映人民群众的意愿。在日常的宣传报道中，除大量报道来自工厂、农村以及各行各业的基层干部群众的事迹和意愿外，还特意开设了新闻、交通、市民服务、消费维权等8条热线，这些热线直接反映听众的意见、愿望和要求。北京电台率先将ISO 9001引入广播节目管理，把广播节目的运作视为一个生产链条，树立起“节目即产品，精心铸精品”的理念，并把“三贴近”的要求落到实处，提出好节目的量化标准，即“政府满意、听众喜欢、符合办台方针、有经济效益”。这些做法已取得实践上的成功，受到上级和业界充分认可。

三、始终坚持勇于探索、开拓创新的精神，这是电台持续发展的制胜法宝、动力源泉。60年来，特别是改革开放以来，北京电台遇到了许许多多的困难与挑战。面对新形势新情况新问题，始终用可持续发展的思路、创新的精神、求实的态度来推动电台内部各项工作，为电台的持续发展提供了不竭动力。

四、始终重视品牌建设，这是电台提升自身影响力和知名度的有效手段。品牌是诚信度的晴雨表。品牌的知名度越高，说明群众对你的信任度越强。对媒体而言，品牌作为一种无形资产，也是媒体竞争制胜的有力武器。这方面，北京电台采取从主持人、栏目、频率三个层面持之以恒地建设和打造，并以“大音京华，相知天下”为品牌定位，通过塑造鲜明的声音品牌、知名栏目、个性频率，以精彩节目和优质服务成为更多听众的精神知音和生活伴侣，使北京电台更富有特色，更具有亲和力，从而提升自身形象和影响力。

五、始终加强制度建设，确保工作规范化、科学化，这是北京电台持续健康发展的有力保障。60年来，特别是建立专业化系列台以来，北京电台在内部管理工作中，坚持把制度建设放在突出的位置来抓，按照“方圆有度，刚柔并济”的管理理念出台系列改革措施，从宣传管理机制到节目运行机制，从内部管理机制到广告经营机制，从干部人事制度到员工薪酬激励制度，建立健全了一整套比较完善的规章制度，并在实践中得到了较好的贯彻落实。通过不断深化改革，坚定不移地实施“以法治台”，建立起健康、和谐的内部环境，全员管理意识进一步提高，各项制度执行得更加自觉到位，内部管理更加科学规范，参与市场竞争的活力不断增强，有力地保障了电台的持续健康发展。

六、始终发扬不怕困难、艰苦奋斗的优良传统，这是北京电台一代又一代广播人传承下来的宝贵财富。无论是建台伊始，还是在电台发展、改革、创新时期，一代又一代广播工作者始终发扬艰苦奋斗精神，克服了一个又一个困难，取得了一项又一项成果，使北京电台逐渐发展壮大起来。可以说，没有艰苦奋斗精神，就没有北京电台的今天。

七、始终抓好党的建设和队伍建设，这是做好广播宣传及其他各项工作的根本保证。北京电台坚持不懈地推进党的思想建设、组织建设、作风建设、制度建设和反腐倡廉建设，把基层党建工作创新与各项业务工作创新紧密结合，充分发挥了党组织的战斗堡垒作用和广大党员的先锋模范作用，保证和促进了各项改革的顺利进行和事业发展。电台党委曾获得“全国先进基层党组织”荣誉称号。同时，北京电台高度重视队伍建设，本着“海纳百川，唯才是举”的人才理念，不断完善选人、用人、育人机制，努力创造人才公平竞争的环境，提供人才学习提高的条件，拓宽人才成长进步的渠道，尽可能让每个人都有机会通过努力实现自我人生价值，从而增强了电台的吸引力、凝聚力，逐步形成了一支政治强、业务精、纪律严、作风正的队伍，为北京电台持续健康发展奠定了坚实基础。

（本文刊登在《中国广播电视学刊》2009年第3期）

实践创新 强化管理

汪良

北京人民广播电台成立于1949年2月2日，前不久刚刚度过60华诞，全台目前辖有9个专业广播、北京广播网、1个节目制作中心、15个职能技术部门以及注册资本2.74亿元的全资国有公司——北京广播公司，旗下员工1000余人。

目前北京电台拥有新闻、城市服务管理、文艺、体育、音乐、故事、交通、外语和爱家9套开路广播、15套有线调频广播、17套数字音频广播，试验播出4套数字视频广播、2个数据服务频道，在北京有线电视网数字平台上播出16套有线数字广播节目和1个动感音乐数字电视频道，每天播音348小时，总发射功率193.5千瓦，成为以广播为主、多媒体联动的综合性传播机构。

目前，北京电台占有北京广播收听市场份额的67%左右，广告收入连年增长，2008年广告收入6.2亿元，跻身全国前50大媒体的行列。

一、创新经营模式，经营管理分开

北京电台取得的业绩主要得益于北京电台近几年来不断创新、与时俱进的广告经营策略和不断改进的经营管理模式。2003年以前北京电台采取的是“统一管理，分散经营”的经营政策，总台设广告部，统一管理全台的广告经营与管理工作，具体的广告经营由各专业广播负责。

2003年年底，为了适应北京广播广告市场的竞争形势，北京电台将广告经营策略调整为“统一管理，分散经营、集中操作、分别核算”。同时成立广告经营部，全面负责全台各专业广播的广告经营工作。这个经营策略，一是大大加强了总台的调控力度，使分散经营的弊端得到解决。二是总台的各种政策和策略也能得到切实的贯彻执行。三是严格了入账流程，堵住了跑冒滴漏。由于是集中操作，统一管理显示了更强的力度。

在总台成立广告经营部的同时，原广告部更名为广告管理部，将广告经营与管理两分开。广告经营部负责具体的广告经营工作，广告管理部负责制度法规和经营秩序的管理。

具体来说，广告经营部的工作主要包括经营政策和广告价格的拟订、广告合同的初审与播出等经营业务，同时参与北京电台品牌推广活动。下设审核科、核算科、录入科、客户服务科4个科室。

广告管理部则负责总台所属各专业广播及各个广告代理公司广告经营的管理工作，包括对广告手续、内容、合同和进款情况的终审与监督，监听播出的广告节目，避免违规广告的播出，同时为台领导、各专业广播、广告代理公司、大客户等提供科学化、制度化、数据化和清晰化的数据咨询服务，对全台的广告经营管理人员和广告代理公司提供专业培训。也包括优秀公益和商业广告的评选组织。广告管理部下设审查科、市场资讯科、监听科三个科室。

在广告合同款的收取上，台计划财务部派出专门财务人员，独立于广告经营部与管理部之外，在营业大厅负责广告合同款的直接收缴。

这种经营与管理的分离，经营部、管理部、计划财务部三方分工合作，在制度和政策执行上相互监督、相互制约，在内部形成了一个合作、制约与监督的机制，杜绝了广告经营中的跑冒滴漏现象，降低了媒体经营中的廉政风险。

二、灵活代理制度，积极应对市场

北京电台的广告代理制度也随着经营模式的变化而进行着调整。这种代理制度最早是由北京交通广播开始的。交通广播从成立之初就开始实行代理制，并随着电台的发展日趋成熟。在实践中，交通广播经历了独家代理、多家联合代理、多家联合承包代理，直到2000年实行分行业代理。这些进步，既给代理公司以更大的发展空间，也将责任分解到具体单位，同时保护了双方的利益，降低了管理的成本，使电台与广告公司实现双赢。

2004年，北京电台在借鉴交通广播分行业代理的基础上，实行了全台分行业代理，以分行业的方式积极推动广告公司开发所有频率的广告经营，从而让广告资源尽可能地在系列台之间合理流动，避免流失。

具体操作办法是将广告市场划分为若干个行业，按上一年度广告完成额作为标底，对广告公司实行行业招标，价高者得到该行业的代理资格。取得资格的广告公司缴纳一定比例的风险抵押金，完成任务后给予返还，超出部分，按照奖励制度进行奖励。这种经营模式，旨在整合电台广告业务，减少内耗、形成合力，充分调动广告公司的积极性，加强广告开发力度。

这几年虽然我们坚持实行广告代理制，但是我们也在不断调整代理的形式。一是要调整与代理公司之间的利益关系；二是根据市场变化调整行业或项目；三是根据经营业绩，筛选代理公司。所有的调整，最终目的只有一个，拓展和保护广播广告市场，提高竞争力，追求电台利益最大化。

在上述思路的指引下，2008年我们又开始实行总台分项目代理。这种模式又打破了先前分行业代理的格局，代理公司不再局限于一两个行业，而是参与到更为广泛的竞争当中，这样提升了整个市场的活跃度，进一步提升整体效益。

三、建章立制，管理规范

为规范我台的广告经营管理工作，我台专门制定了《北京人民广播电台广告管理实施细则》、《广告合同管理暂行办法》、《有奖收听等节目管理暂行办法》等管理办法，从广告经营的组织领导、广告价格、长度、广告代理、广告审查、合同签订、进款、播出、监听、停播、广告评选、合同管理、隐性广告管理、专题节目管理等覆盖广告流程的各方面进行全方位规范，真正做到广告经营管理有法可依、有章可循。同时在广告经营管理工作中，按总台ISO9001质量认证的要求，努力做到广告经营管理程序的量化和细化，使经营管理工作环环相扣，每个环节责任到人，上下工序交接有据可查，政策执行无漏洞。

四、严格广告审查，杜绝违规广告播出

按总台质量管理的要求，我台广告管理的质量目标为：力争达到广告播出合格率为98%以上，审查合格率为100%，无重大违法违规广告的播出。按此目标，在实际工作中我们严格执行广告发布三级审核制度，即初审广告经营部审核员、复审广告经营部值班副主任、终审由广告管理部负责，无广告管理部审查员签字的广告一律不得播出。

工作中我们始终把社会效益放在第一位，在严格审查常规广告的基础上，停播了声讯服务类广告、交友情感类广告和涉性广告。对保健品类的专题节目进行压缩，并限定播出的专业广播，五年前，我台在交通、音乐、文艺等专业广播就取消了此类节目。

几年来，通过我们的严格管理，广告涉嫌违规违法率始终是北京市主要媒体中较低的一家，据市工商局广告监测中心的监测报告显示，2008年1月至今我台广告涉嫌违规违法率月均0.03%。

五、加强广告监听，严防跑冒滴漏

在广告播出严格审核的基础上，总台里专门在广告管理部成立了广告监听科。监听人员以重点监听和抽查监听相结合的方式全方位监听我台播出的纯广告、专题节目、合办节目以及主持人直播节目。

纯广告的监听主要是通过合同核对，监听有无少签多播广告、漏播广告和无合同播出广告，对于发现的问题及时与广告经营部沟通并予以纠正，以保证播出广告的资金全部到位、不出纰漏。

对于虚假广告、违法违规广告，广告管理部门及时下发广告停播单。对于主持人直播节目中的涉及的软性广告或隐性广告按有关规定做出处罚。我们认为，广告经营的风险点不只是存在于台里的广告经营工作中，同时对主持人的管理也不能放松。

六、把握信息动向，强化资讯服务

根据北京电台广告经营发展战略的需要，也为了在复杂多变的广告市场寻求更广阔的发展空间，广告管理部及时成立市场资讯科。该科室利用科学的数据系统和一手的信息资讯，为台领导制定经营政策提供依据，为广告客户科学投放提供参考方案，并从专业角度为系列台进行品牌咨询服务。

他们每月编发三种类型的内部刊物，提供给全台领导、各专业广播、各职能部门和广告公司。这些报告对了解行业最新动向，对于广告客户和电台经营都具有重要的参考价值。

在此基础上，我们还加强了与电台广告相关的各类专项研究。这包括了对于监管中发现问题形成的专项报告，还有对于各频率在广告经营方面的建议和意见等等。另外，广告管理部门还开展不定期的调研工作，到各专业广播和广告公司进行形式多样的访谈和调查，及时发现实际存在的问题，检测广告经营的效果，这对于电台的广告管理也具有重要的意义。

七、重视队伍建设，定期举办培训

为加强队伍建设，台里还定期组织相关人员的培训，培训分为内部培训和外部培训。外部培训主要针对广告代理公司经理、广告销售人员、广告创意、制作人员，目的是提高广告销售队伍的市场开发和维护能力。内部培训则主要是广告经营、管理人员，目的是建立一支能够应对市场变化、具有驾驭市场能力、且作风正、思想硬、能抵制诱惑的专业化广播广告经营、管理队伍。

八、阳光办公，透明公开

为了让广告经营与管理工作的高度透明，台里在北京广播大厦的广告经营管理的办公区专门设立了对外办公大厅，而且广告经营和管理的办公区与对外办公大厅分离，所有来台办理广告合同的代理公司一切业务在对外办公大厅的柜台办理，广告经营部、广告管理部、台计划财务部三个部门在柜台联合办公，一单广告合同从录入、初审、复审、核算、终审、收款、直至合同保管存档，实施柜台一条龙流水服务。广告经营、管理、财务三个部门相互制约，代理公司之间相互监督，广告签约全过程完全公开透明。

另外，台里每年两次的广告招标，不但聘请专业的拍卖师进行现场拍卖，台纪检监察部门都要派专人参加，监督广告招标的全过程，同时我们也邀请市公证处的同志对我们的招标过程，招标结果进行现场公证，以求我们的招标结果公开、公平、公正。

北京电台现为差额预算事业单位，广告收入仍然是电台资金收入的主要来源。这些年来，广告经营管理部门在台党委的领导下，努力开拓广播广告市场，在广告收入不断增加的同时，严格广告经营的监督与管理，狠抓廉政建设，在实践中总结创新，摸索出一套适合电台实际的广告经营、管理之路，把廉政风险降到最低点，为电台事业健康持续发展创造了一个良好基础。

（本文在2009年全国广播电视广告经营管理现场经验交流会进行交流）

站在新的历史起点上
再创首都电视事业新辉煌

——北京电视台建台三十年的基本经验

刘爱勤

1979年5月16日，在新街口外大街14号一栋租借来的简易小楼里，北京电视台开播了。当时，为数不多的录像、制作设备是兄弟电视台淘汰下来的，新闻演播室是用卫生间改造的，发射台机房租用的是宣武饭店的顶层楼房，每天播出的是一套几个小时的黑白电视节目，主要内容是转播电视教学节目和租播电影片。全台五六十名工作人员绝大多数是刚从广播电台、大学校门走出来的年轻人，就是他们，凭借崇高的职业责任和顽强的拼搏精神，因陋就简，白手起家，开创了北京电视台最初的事业。到建台一周年时，北京电视台开办了新闻节目《简明新闻》，开办了服务性节目《北京地区天气预报》，从此，《北京地区天气预报》就成为全国电视台第一个气象服务节目，《简明新闻》就是如今《北京新闻》的前身。

30年来，一代代电视人不懈努力，以办好节目、丰富荧屏、发展事业、壮大实力为目标，尽心竭力为首都观众提供丰富的精神文化产品。1985年，由北京电视台所属北京电视制片厂摄制的电视连续剧《四世同堂》播出后，引起社会强烈反响。此后，一批植根于现实生活的电视剧《渴望》、《编辑部的故事》、《北京人在纽约》等相继播出；《北京新闻》、《今晚我们相识》、《东芝动物乐园》等一批栏目深入人心、家喻户晓，受到了广大电视观众的青睐。2001年，北京电视台与北京市有线广播电视台合并后，重新配置频道资源，合理安排频道布局，频道专业化、栏目个性化、节目精品化建设得以迅速推进。

2006年下半年以来，在媒体激烈竞争的态势下，面对事业发展的迫切需求，北京电视台加快了改革发展的步伐，全面启动以北京卫视为龙头的北京电视台总体品牌建设，从战略、机制、资源、人才、节目等方面对北京卫视重新规划布局，以“新闻、大型活动、电视剧、品牌栏目”为“四轮驱动”，以“文化品位、大家风范”为风格定位，努力将北京卫视打造成面向全国公众的主窗口，成为全国乃至国际的政治话语权、社会话语权、文化话语权的主要阵地。同时，从管理机制、经营模式等方面进行了一系列的创新、改革、调整，有效地激发了节目生产活力，提高了BTV总体品牌影响力。特别是在奥运会、残奥会的宣传报道中，凸显了北京电视台的传播力，展示了奥运主办城市电视台的良好国际形象。目前，北京电视台无论是在规模、功能还是科技含量上都位居全国电视台前列，在采、编、播、存、管的整个电视工艺流程中，已基本实现“5大目标”，即：“信号采集数字化、编辑制作网络化、播出硬盘化、存储数据化、管理智能化”。全台现有从业人员近4000人，包括韬奋新闻奖、范长江新闻奖获得者在内的一大批年富力强、奋发有为的优秀人才正脱颖而出，成长为北京电视台各个岗位上的骨干力量。全台现有频道14个，其中包含10个标清频道，1个高清频道，2个数字付费频道和1个外宣频道，年播出电视节目约88000小时。截至2008年底，北京卫视覆盖可接收人口突破8个亿。北京电视台国际频道在长城平台播出的节目覆盖美国、加拿大、拉美地区、欧洲及亚洲大部分地区，同时还与纽约中文卫视、CNN等多家境外媒体建立了传播我方声音的播出渠道，有力扩大了北京电视台的对外影响力。事业在发展，实力在增强。2008年，北京电视台广告创收达到25亿元，比2006年翻了近一番，总资产迅速增加至50亿元。

在30年的历史进程中，北京电视台开拓创新、奋进不止，引领行业潮流，创造了中国电视史上的多项“第一”：播出了我国第一部大型长篇电视连续剧《四世同堂》；开办了全国第一个早间新闻资讯类栏目《北京您早》；开办了全国第一个电视购物节目《电视商场》；创办了全国第一个外国人唱中国歌大赛的节目形态；开办了全国第一个以民生为主要内容的生活频道和全国第一个主要服务于青少年的专业频道——青少频道；开播了全国第一个动画频道，并率先实行产业化运作；大型文化活动“红楼梦中人”创造了报名人数、活动规模、网站访问量和投票人数等四项全国第一的记录，获得了广泛的社会反响;建成了目前全国规模最大、最早投入使用的以数字化为基础、网络化为核心的制播体系。

在30年的发展历程中，北京电视台积累了宝贵的经验，形成了优良的传统。

第一，坚持牢牢把握正确的舆论导向，把社会主义核心价值观熔铸在内容产品之中。30年来，北京电视台始终以旗帜鲜明的政治姿态与党中央保持高度一致，始终以独具的媒体优势，传播时代强音。在1989年政治风波、90年代初期市场通货膨胀、北约轰炸我驻南联盟大使馆、2003年“非典”防疫等重要关头，在各种社会思潮互相碰撞、互相交锋之际，北京电视台立场坚定，旗帜鲜明，引导有力，不缺位，不失语，为保持经济发展、社会稳定和国家安全，发挥了重要作用。30年来，无论是在突发事件、重大报道中，还是在日常栏目、大型活动中，北京电视台都始终以做一个有责任、敢担当的主流媒体为己任，把社会主义核心价值观熔铸在内容产品之中，反映舆情民意，传播先进文化。

第二，坚持以观众为本，贴近实际、贴近群众，贴近生活。在30年的发展中，北京电视台牢固地形成了以观众为本、服务至上的传播理念，无论是《北京新闻》这样的重点新闻栏目，还是如《众志成城抗震救灾》、《光荣与梦想》这样的大型直播报道，始终在节目中突出人民群众的主体地位，镜头对着老百姓，反映生活；镜头交给老百姓，挖掘焦点；镜头吸引老百姓，鼓励参与。北京电视台建立了96168服务热线、网络服务站点等，大量的新闻素材来自于生活，大量的民生节目深入到社区和群众中去拍摄。30年来，北京电视台与观众建立了愈来愈紧密的互动联系，把节目深深植根于群众之中，把群众满意不满意作为衡量工作的重要标准。

第三，坚持求真务实，创新发展。30年来，北京电视台始终用创新的精神、用求真务实的态度来推动各项工作，不断解放思想，更新观念，积极探索，大胆尝试。近年来，在管理机制创新、经营模式创新、节目形态创新上取得了一定成绩。在一年一度的“春节晚会”已经多少引起观众审美疲劳的情况下，北京电视台大胆进行观念、内容和模式的探索创新，使春晚不再只是一场晚会，而是成为包含活动预热、内容征集、市民期待、氛围延伸等元素的社会文化事件与活动，取得了良好的社会反响，实现了节目收视和社会效益的双丰收。为了鼓励节目创新，北京电视台下大力气从机制保障、人才保障、资金保障等方面加强节目创新研发的力度。创新，正成为推动北京电视台快速发展的强劲动力。

第四，坚持品牌建设，不断提升和扩大北京电视台的竞争力、影响力。品牌是电视台的无形资产，是保持和提升电视台核心竞争优势的重要体现。在30年的发展中，北京电视台始终重视品牌打造，培养了一大批观众耳熟能详的品牌栏目，如《北京新闻》、《法治进行时》、《天下收藏》等；培养了一大批深受观众喜爱的主持人，如老一代的丛薇、余声、赵宁，新一代的徐滔、文燕、春妮等等，他们共同成就了观众难以忘怀的BTV品牌符号。近年来，北京电视台将BTV品牌工程体系化、科学化、对象化，全力打造北京电视台“六个一”工程：每年抓一部具有自有品牌、自主知识产权的电视剧，每年拍摄一台具有雄厚演员阵容和广泛影响力的春节晚会，每年打造一个体现首都地位、文化品位的大型活动，每年培养一档内容创新、观众参与的成功栏目，每年推出一个或多个个性鲜明、观众喜爱的优秀节目主持人，每年拍一部有文献价值的纪录片。从节目培育机制、考核机制、奖惩机制等方面鼓励和推动像《真情互动》、《中华文明大讲堂》这样的品牌栏目的出现；鼓励和推动像《红楼梦中人》、《龙的传人》这样的品牌活动的诞生，鼓励和推动更多的像《北京记忆》、《岁月如歌》这样体现社会价值、体现文化特色、高品位的品牌力作的诞生。

第五，坚持事业、产业并举，以事业为基础，以产业反哺事业，面向市场，抢抓机遇。面对现代传媒日新月异的竞争发展态势，面对新媒体汹涌而来的巨大冲击，北京电视台在发展传统电视事业的同时，加快了新媒体战略布局，快速推进包括BTV在线、北京宽频、手机电视等在内的新媒体业务，同时，合理规划调整产业布局，通过进入动漫市场、版权交易市场、影视节目制作市场和新媒体市场，全面拓展北京电视台的产业运营空间，力图在保持广告经营既有优势的前提下，获取更大的经济增长能力。利用卡酷动画频道集播出、制作、运营三大平台为一体的优势，努力打造功能完善、协同优势突出的动画产业链，推动首都动漫产业的发展。按照中央文化体制改革思路，充分发挥市场主体作用，通过内外资源的有效循环和集成，在资源配置上形成重点突破，实现在传统电视播出平台上拓展新的内容赢利空间，在拥有自主版权的内容上拓展新的传播渠道。通过产业的发展壮大更好地支持事业的发展。

第六，坚持管理制度建设和企业文化建设，为电视台可持续发展提供有力保障。30年来，随着事业发展规模的扩大、岗位分工专业化程度的日渐加深，管理成为了一个突出课题。一方面，北京电视台坚持以人为本的理念，把员工视为发展的根本，不断强化员工的归属感，形成尊重人、信任人、关爱人、成就人的氛围，以事业引人，以制度管人，以待遇留人，以业绩成就人；另一方面，逐步建立和完善了科学、规范的管理制度。一是立足于效率，能够确保各项工作有序开展；二是立足于公平，能够得到最大多数人的认同；三是立足于发展，能够适应新的环境和情况。特别是近三年来，北京电视台进一步完善了目标管理责任制度、节目考核评价制度、干部选拔聘用制度、人事管理制度、人才培养体系、财务管理制度、思想政治工作体系等各项制度。通过管理流程的优化、目标责任的落实、激励机制的完善，构建起科学有序的管理系统，为北京电视台的可持续发展奠定了坚实基础。

（北京电视台）

倾听北京声音 唱响时代旋律

——北京人民广播电台国庆60周年宣传报道经验

北京市广播电影电视局宣管处 北京人民广播电台

为庆祝新中国成立60周年，北京电台以“倾听北京的声音，唱响时代的旋律”为基调，把深入学习实践科学发展观与描绘共和国60年发展历程紧密结合起来，把宣传人文北京、科技北京、绿色北京与歌颂社会主义好、共产党好、祖国好有机结合起来，整合全台力量，浓墨重彩描绘新中国成立60周年的发展历程和伟大成就。

一、举全台之力，报道庆典盛况，令人振奋

10月1日，新中国60华诞。北京电台旗下9个专业广播、北京广播网、DAB多媒体数字广播全程转播了在天安门广场举行的首都各界庆祝中华人民共和国成立60周年大会实况和国庆联欢晚会。庆典大会前后，还推出了特别直播节目《再现辉煌》。节目中，主持人、特邀军事专家、记者和听众满怀激情和喜悦，表达了对新中国60华诞的祝福和礼赞，并对祖国未来充满信心。

盛大阅兵振奋人心，庆典游行万众欢腾。节目中反映了广大听众对庆祝活动特别是对威武雄壮的阅兵式激动万分。北京市民来电和短信中质朴的话语表达了崇敬和自豪："真叫带劲，这叫军威，这叫国威！"、"没有国，哪有家；没有家，哪有咱。国盛民强！"、"亮点太多了，60年发展，高新科技、综合国力大提高，今后更有奔头、更有信心了。"

节目倾诉了有幸参加国庆观礼的老干部、老同志无限感慨和祈望。20世纪90年代时任北京市副市长的胡昭广说："60年一个甲子，真是历尽沧桑巨变……我国经历了5000年文明古国、2000年封建王朝、百余年屈辱的历史，今天变得如此强大，中国改变了世界历史。我们一定会实现中华民族的伟大复兴！"

二、倾心打造国庆献礼节目，浓墨重彩描绘盛世华章

2009年，北京电台以庆祝新中国成立60周年为主题，根据各专业广播特点，精心策划，多频率、多媒体、多角度、多形式推出多项大型系列宣传报道活动，主要有：深入开展学习实践科学发展观的系列报道《北京的春天》，大型音视频纪实报道《他乡北京人》，大型系列报道《60年的叙说》、《在祖国大地上》、《经典中国辉煌60年》，系列节目《60年发展——倾听城市的讲述》，大型音乐纪念活动"为伟大祖国骄傲——新中国成立60周年金曲盛典"，国庆成就报道《边疆·口岸纪行》，系列追踪报道《光辉岁月的故事——全运会与新中国体育60年》，大型系列故事《60年胡同传奇》、《群英耀中华——60位老艺术家系列访谈》、《笑声与时代——相声60年精品展播》，系列节目《家庭纪事60年》、"我的汉语生活"全球外国人讲汉语故事大赛等。

这些大型宣传报道活动贯穿2009年全年，在9、10月份达到高潮，节目琳琅满目，美不胜收，特点鲜明。

一是报道百姓的心声，呈现时代的主题。新中国成立，中国人民站立起来了；改革开放，中国人民富裕起来了。北京电台这次国庆报道深入基层，关注普通人，用事实说话，展现平凡人生的不平凡印记。60集大型音视频纪实报道《他乡北京人》，以寻访新中国成立以来在不同历史时期落户他乡、在各自岗位上实现着人生价值的北京人为主要内容，选取"他乡北京人"这个角度报道新中国成立60年来所取得的成就，立意新，有特点，感染人。该节目每集一个人，一个故事，10分钟，展现了他们志在他乡、热爱生活、建设祖国的情怀。"胡同"是北京最具特色的文化标志之一。从7月开始，故事广播播出了60集《60年故事传奇》。这些发生在胡同的感人、难忘的故事，展现了胡同中的人生百态、社会变迁，体现出首都北京的文化底蕴和普通百姓的真情实感，充分反映北京翻天覆地的巨大变化，表达了百姓祝福祖国的心声。

爱家广播精心制作了系列节目《家庭纪事60年》。这组30集的节目通过普通百姓的生活视角，通过几代人的家庭记忆，反映了几个时代的生活变化，展现了人民生活水平的提高。正如节目"片花"所言："我家的房子，我家的车，我们的婚礼，我们的歌，我家的锅碗瓢盆，我们的幸福生活。"节目通过典型事例，鲜明对比，所言具体、生动，真实可信，颇具感染力与说服力，听之颇受启发和鼓舞。如"我家的手表"，节目中用典型事例说明我国解放初期不能制造手表而靠进口，到1958年才自造"上海牌"机械表，后来逐渐得到发展，目前国产手表已有200多种。小小手表的变化，不仅让人感慨生活水平的极大提高，更让人感慨祖国的飞速发展和进步。

二是描绘祖国城乡巨变，反映科学发展重大主题。新闻广播从3月1日起推出30集深入学习实践科学发展观暨庆祝新中国成立60周年系列录音报道——《北京的春天》，通过记者采制的每一个具体实例，生动反映“人文北京、科技北京、绿色北京”建设中创新发展思路、发展措施带来的全新变化。城市服务管理广播推出的系列节目《新中国60年——倾听城市的讲述》，则以街道、社区、市民、政府部门热线电话为切入点，说民生，谈发展，展远景，由“社区变迁DV记录魅力”、“寻找北京60年脚印”、“60年，北京记忆”、“热线帮我解难题”、“听老市长讲那过去的事情”等部分组成，展示了科学发展、与时俱进、斑斓璀璨的美景。体育广播9月1日推出的系列追踪报道《光辉岁月的故事——全运会与新中国体育60年》，以新中国举办的10届全国运动会为主线，深入挖掘新中国体育事业60年发展中鲜为人知的创业历程和体坛人物的幕后故事，展现了60年来中国体育的发展，特别是北京体育的发展，从体育的角度昭示中华民族自强不息、勇攀高峰的精神。

三是报道方式创新求变、形式多样，努力营造百花齐放、生动活泼的宣传报道氛围。交通广播联合《解放军报》、《法制晚报》共同推出了《边疆·口岸纪行》采访报道活动，以铁路发展和守卫在边贸哨卡的人民解放军为切入点，采用体验式的现场直播报道方式，让听众一同感受身临其境的感觉。5月初活动启动以后，交通广播采访组60多人次，行程数万公里，从广西、云南、吉林、黑龙江、内蒙古、新疆等我国与邻国陆路接壤的边关口岸、国门、边防哨所发回各类报道，内容重点反映了边境口岸建设、边民友好往来、边防部队固边爱民及边境贸易促进了边贸地区的繁荣和发展，全面反映了我国与14个陆路接壤的邻国边境贸易的发展情况和取得的成就。文艺广播推出特别节目《笑声与时代——相声精品60年展播》和《群英耀中华——60位老艺术家系列访谈》。前者不仅选播了一些相声名段，而且聘请了姜昆、李金斗、李立山等相声名家一起回顾60年中相声发展的历程和相声演员的成长经历。通过精心编排，巧妙穿插，将老中青三代演员的相声、曲艺的精品展现给听众，为人们增加了笑声，也使人们对未来曲艺事业的发展寄予厚望。《群英耀中华——60位老艺术家系列访谈》，以新中国成立60年来，在影视、戏剧、曲艺等诸多艺术领域当中功勋卓越的老艺术家为切入点，通过老艺术家对艺术作品、银幕角色、生活经历、演艺生涯的回顾，展现出我国60年来文化艺术领域的大繁荣大发展以及新时期艺术工作的蓬勃生命力。

三、日常宣传生动鲜活，全方位营造喜庆祥和的舆论氛围

新闻广播在《北京新闻》中推出了“爱祖国、爱北京、爱家乡”系列报道；城市服务管理广播《你好，十七点》开设“信息员眼中的引导员，请城管广播的信息员去探访引导员的工作，并讲述他们的故事”；交通广播以新闻报道的形式对新中国成立60年特别是改革开放30年来本市政治、经济等各项事业取得的成绩进行报道，根据交通广播的频率特点侧重加强交通建设、生态建设和科技创新等领域的报道力度；音乐广播开辟“新中国成立60周年文化活动热点追踪”资讯栏目，全方位跟踪报道包括国庆23项重点文化活动和222项区县文化活动在内的各项国庆文化活动。从9月10日到10月10日音乐广播还制作播出了“我们在歌声中成长，我们为伟大祖国骄傲，展现歌坛成就，庆祝新中国60华诞，万首好歌倾情回放”节目，播出了大量听众喜欢的好歌；文艺广播从6月8日到10月8日在《早安北京》节目中开设专栏“我为祖国歌唱”，及时报道北京市国庆大型文化演艺活动；故事广播根据自身频率定位，通过长篇连播、短故事集成、文学类、知识类节目，播讲、推介优秀图书和文艺作品《大阅兵》、《建国大业》、《十三亿》、《我们的师政委》、《红海洋》、《四面八方》、《寻常往事》和《狼巢2》等。

(本文刊登在《北京广播影视》2009年第10期)

把北京卫视打造成国庆宣传报道的主平台

北京市广播电影电视局宣管处 北京电视台

北京卫视是北京电视台通过卫星覆盖全国各地的综合频道。在庆祝新中国成立60周年的宣传报道中，北京电视台精心组织，周密部署，举全台之力，努力把北京卫视打造成国庆宣传报道的主平台，取得了较好的宣传效果。

一、推出大型节目，扩大品牌影响力

北京卫视从8月28日起首先播出20集大型电视文化纪事片《百花》。该片以强大的阵容、精美的设计和深刻的艺术内涵，对新中国成立60年来社会主义文艺发展的历程进行了一次梳理，集欣赏性、艺术性、知识性于一体，是一部不可多得的精品力作。《百花》的最大亮点在于节目编排的独特构思和节目组合的新颖别致。它打破了艺术门类的界限，将文学、影视、歌舞、戏剧等多种文艺形式巧妙融合，超越时空的局限，将历史与现代、古典与时尚充分交织。节目自然流畅，给人一种不可多得的艺术享受和春风扑面的新鲜感。《百花》呈现了大量异彩纷呈的优秀文艺作品和极具艺术价值的历史资料，加之艺术家们充满真情实感的激情讲述和对文艺作品的深刻解读，赋予了《百花》极高的艺术品位和丰富的文化内涵，彰显出我们民族厚重而深远的文化底蕴。

从9月14日开始，北京卫视又播出大型文献记录片《我爱你，中国》。该片共16集，每集通过一个专题展示60年来祖国的发展历程，深刻地说明"没有共产党就没有新中国"。这部系列片的特点，一是点睛之题。用"我爱你，中国"这一充满豪情的总标题，激发观众强烈的收视欲望。二是展示事实。该片以事实为依据，把新中国60年来的伟大成就展示给观众。如凭着中国人所特有的爱国精神和创新精神，国家从一个没有实力的"东亚病夫"，成为奥运金牌名列前茅的世界体育大国；仅仅用了十几年的时间，两弹一星制造成功，取得了与世界最发达的几个国家并驾齐驱的骄人成就。这是举世无双的中国式奇迹。三是通俗生动。节目制作者在叙事上追求语言的通俗性和生动性，在保证真实的前提下，多采用"说故事"的手法讲述历史，运用贴切的影像资料，邀请嘉宾谈感受，把他们的"小历史"穿插在"大历史"中进行现场说法。由于以上四点巧妙的结合，使节目的可看性大为增强。

9月24日至29日，北京卫视连续播出由北京市委宣传部、北京教工委、北京团市委和北京电视台联合举办的"庆祝新中国成立60周年花样年华歌舞大赛"，展示10个大专院校学生和社会青年参加花样年华歌舞大赛决赛的盛况。这个节目共6集，特点突出：一是创意策划独具匠心。花样年华歌舞大赛，有别于单项歌手赛或单项舞蹈赛，有别于各类选美活动。突出体现了热爱祖国、歌颂祖国的主题。二是演出场面激动人心。青春灵动，激情四射，是花样年华歌舞大赛的灵魂。中国人民公安大学学生创作的舞蹈"警魂"，把公安干警保一方平安的职业特点融入节目当中，创意新颖深刻，表演生动逼真，受到评委和观众的一致好评，最终不负众望获得金奖。三是屏幕片花功不可没。以北京电视台演播大楼内侧现代化结构为舞动背景的片花，与演出歌舞浑然一体，烘托了花样年华歌舞大赛青春勃发、灵动热烈的氛围。此外，主持人孔洁、春妮现场主持流畅自然、游刃有余，即兴发挥十分精彩，与现场气氛相得益彰。

二、新闻节目国庆报道形成规模

北京卫视播出的《北京您早》、《特别关注》、《新闻晚高峰》、《北京新闻》、《晚间新闻报道》五档新闻栏目，除及时报道国内外新闻外，突出报道首都各界喜迎国庆、欢度国庆的新闻，特别加强了新闻的时效性、现场报道和连续报道。如国庆前夕连续报道阅兵村探密，增强了新闻的现场感，给观众留下难忘的印象。此外，还精心组织了一些专栏进行系列报道，为盛世喝彩，为祖国祝福。“跨越”带领人们一同感受60年北京的日新月异；“魅力北京喜迎国庆”，全景展现北京喜迎国庆的多彩画卷；“我和我的祖国”，真实记录共和国公民与新中国共同成长的心路历程；“中国通北京通”，以国际视角见证新北京的变迁。这些系列报道谱写了共和国的华彩诗篇，唱响了新中国的盛世华章。

北京卫视9月30日晚至10月1日晚播出大型高清直播特别节目“我爱你，中国”，画面清晰、漂亮、明锐，让观众享受全新的视听盛宴。此外，北京卫视《身边》推出两组系列报道：“国庆家宴看变迁（分白菜、海鲜、萝卜、西红柿、杂粮、鸡共六篇）”、“六十年风云——北京路传奇（广州、上海、青岛、重庆、贵阳、天津、南京共七篇）”，从百姓穿着和广州市等地一条古老街道的变化，看60年新中国发生的巨大变化，给节日增添喜庆，给观众送去温馨。群众反映，这个节目的创意好，报道手法新颖，用典型人物宣传一种精神，用新的时尚理念挖掘、提升丰富内容，展现当代中国人的精神风貌。《天下天天谈》为了让广大观众了解新中国的阅兵历史，推出系列节目“聚焦大阅兵”，邀请军事专家张召忠为观众解读新中国成立后先后举行13次阅兵的台前幕后。栏目还特别聚焦俄罗斯、伊朗、韩国、朝鲜、印度等国家的阅兵式，点评海外阅兵武器装备，使广大观众增长了知识，开阔了眼界。

三、注重节目推广，扩大传播效果

北京卫视非常重视国庆献礼节目的宣传推广。献礼节目播出前在北京卫视不同时段反复播出宣传片，主题鲜明，语言精练，画面简洁，节奏明快。此外，在播出每一部献礼片时，也在不同时段播出宣传片。如“我爱你，中国”的宣传片以短镜头的切换，快速的、橱窗式的展示手法表现了新中国成立60年的几个重要历史时期：1949年喜迎解放，1958年修筑十三陵水库，1964年修筑成昆铁路，1970年“东方红一号”发射成功，1978年全国科技大会召开……60年春秋走过，曾经的你今天还好吗？海量的真实影像，鲜活的亲切面孔，一起分享个人记忆中的国家进步史，达到加深记忆，吸引眼球的目的。而迎国庆歌舞大赛“花样年华”的宣传片，画面有时代感、有节奏感，在飞舞的旋律中走进火红的年代，在霓虹的闪烁中舞动你今天的热情，展示你的青春风采，舞动你的花样年华为新中国成立60周年献礼。这些宣传片的音乐、音响也用得比较贴切、激昂、舒缓，与叙事画面互相衬托，达到交相呼应的效果，形成强烈的视觉冲击力和震撼力。

（本文刊登在《北京广播影视》2009年第10期）

北京卡酷动画卫视运营实践经验

帅民

2007年，北京电视台动画频道公司化运营以后，北京卡酷动画卫视积极进行多元化经营实践，内容为王，构建动漫全产业链，成为国内增长最快和利润率最高的动画少儿频道，收视占有份额领跑国内动画少儿电视媒体，成为业界公认的中国最有影响力的动画媒体第一品牌。

覆盖：落地覆盖最广的动画专业频道

作为我国首个正式开播的专业动画卫视媒体，北京卡酷动画卫视目前已在北京、天津、重庆、内蒙古、贵州等5省市区和青岛、南京、杭州、宁波、厦门、泉州、东莞、珠海、成都、武汉、兰州、沈阳、大连等34个大中城市以有线或数字电视方式落地覆盖。覆盖区大多在长三角地区、珠三角地区、环渤海经济带、华中经济带内，覆盖区域人口3.9亿，覆盖到达人口2.3亿，是目前动画专业频道中落地覆盖最广的动画卫视。

收视：覆盖全年龄段的强势收视

卡酷以全方位多元化节目内容打造覆盖全年龄段强势收视。目前已形成每日首播10小时、全天播出24小时的平台规模，核心受众4～14岁观众的收视份额持续保持在10%左右，在北京地区独占鳌头；25～40岁成人收视也高于同类动画少儿频道2～3倍。全龄收视率已成为卡酷动画频道独有特色。据央视索福瑞资料，北京卡酷动画卫视频道在全国35个地方卫视的综合排名中位居24～25位。

原创：精品迭出业内领先的动漫产能

在动画制作方面，北京卡酷动画卫视成绩斐然。包括Flash系列作品和动画栏目在内的动画产量逐年上升，2007年产量为3900分钟，2008年达到7000分钟。自制了《十分开心》、《闪天下》、《漫话天下》、《七色光》、《卡酷全卡通》等多档面向不同年龄观众的品牌栏目；创作出品了《福娃奥运漫游记》、《我们小孩有力量》、《大明王朝》等原创作品，并联合出品《快乐东西》、《秦时明月》、《快乐星猫》等动画片，赢得了亚洲电视奖、星光奖、金鹰奖和华表奖等多个国际级和国家级专业奖项。

北京卡酷动画卫视目前拥有《福娃奥运漫游记》、《快乐东西》等国产原创动画品牌，拥有以曾伟京导演为代表的30多人动画原创队伍，还拥有大兴制作基地。未来，卡酷将成立一个1亿～2亿元规模的动画制作公司，成为国产原创动画的一支新的主力军。

品牌：业界公认最具影响力的动画电视媒体

北京卡酷动画卫视以"卡酷"为主品牌，佐以"卡酷旗舰店"、"卡酷全卡通"、"卡酷七色光"、"卡酷全景界"和以百集动画片《福娃奥运漫游记》为代表的国产动画原创品牌等子品牌，并推出卡酷全卡通动漫嘉年华、中国（北京）国际大学生动画节等品牌活动。

主品牌"卡酷动画"目前已成为中国动漫领域最知名品牌，2007年被评为最具投资价值的动画电视媒体和广电业界百强品牌；2008年被评为中国游戏软件行业优秀企业和中国文化创意领军企业，以及第五届中国品牌影响力高峰论坛年会中国动画电视传媒最具影响力首选品牌。"卡酷全卡通动漫嘉年华"热动京城，市场影响遍及全国；卡酷旗舰店以电视购物和地面超大规模实体店体系成为国内儿童玩具专业销售强力品牌；国产动画原创品牌《福娃奥运漫游记》获金鹰大奖，实现全国百家电视台联播，创造国产动画片收视奇迹，成为人文奥运的亮点；“七色光”打造富有特色的儿童艺术培训演出品牌，参与了2008北京奥运会开幕式文艺演出等重大活动。

运营：多元业态下的规模化良性增长

北京卡酷动画卫视在产业化运营实践中，立足卡酷动画卫视全国落地平台，开始向商标形象保护、衍生品开发、版权经营、玩具销售、卖场代理、动漫新媒体、儿童艺术培训、主题公园等动漫产业链外延纵深开拓，变单一的媒体广告收入为多元业态收入，实现多元化规模化增长。广告收入年增长率达到18%，营业收入总额年增长率73%，公司总资产较公司化运营前翻两番，净资产为公司化运营前的3倍。同时，经过不断的业务拓展，公司盈利模式逐渐得到优化，对广告业务的依存度逐年降低，广告收入所占比重由最初的100%，逐步降低到2008年的47%，玩具等上下游衍生业务增长迅速，所占比重逐年提高。

(本文刊登在《中国广播电视学刊》2009年第6期)

针对户外媒体特点 办好《演艺罗盘》

北京北广传媒集团办公室 北京北广传媒城市电视公司

北京北广传媒集团旗下的户外媒体平台播出的《演艺罗盘》栏目，是一档时长为10分钟的文化资讯服务栏目。该栏目针对户外媒体特点，对栏目的内容、形式不断进行调整和创新，将栏目和新媒体平台组合成最好的配搭，形成高度的信息到达率，为首都市民提供优质的文化咨询服务。

一、充分认识新媒体平台特点，准确把握栏目的整体定位

《演艺罗盘》栏目的播出平台为北广传媒集团旗下的户外媒体，包括楼宇电视联播网，户外大屏电视联播网，公交车、出租车、私家车联播网，以及北京地铁5号线、10号线、8号线、八通线和13号线列车车厢内及站台、站厅联播网。在快节奏的生活催促下，现代人从清晨上班到晚上下班以及休闲外出，很多时间都是在公众场合与新媒体接触，新媒体已经成为现代人获取各种信息的一个重要渠道。

与受众在家中观看电视相比，户外新媒体有着不同的特点：

一是受众是在自身的流动过程中接收信息传达的，和在家中的平稳心情不同，受众在户外时的心情是相对急促、紧张的。这就需要新媒体播出带有轻松、舒缓特质的节目。《演艺罗盘》的整体定位就是在不断认识这点后，调整为轻松、活泼的风格。

二是受众是在路途、等候中观看节目，观看时间短，这要求栏目的时间不宜过长。《演艺罗盘》最初每期节目播出10分钟，时间长，影响收视率。后来，《演艺罗盘》将10分钟分为两个独立5分钟节目，便于活动人群收看。

三是受众在观看节目时受外界干扰，需要节目画面有动感，吸引受众注意力。调整后的《演艺罗盘》栏目呈现出了动感因素与鲜亮色彩为一体的画面风格。

二、了解受众对演出的渴求点，提供有价值的信息

对于同一场舞台演出，不同的介绍角度、不同的侧重点或者不同的画面表现手法会给观众带来不同的信息。怎样既能很好地表现、传达舞台演出创作者们要传达给观众的艺术精髓，又能准确地找到促使观众产生观看欲望的宣传点，这需要对节目中介绍的每次演出有着深入的了解，也要揣摩分析受众的渴求点和兴趣点。例如，近期对于英国TNT剧院演出莎士比亚作品《麦克白》的介绍，《演艺罗盘》围绕英国TNT剧院是个怎样的剧院？有什么样的独特之处？TNT代表什么意思？他们演出的《麦克白》与之前的演出有什么不同之处等问题进行介绍，受到广大观众的好评。

（北京北广传媒集团）

以“三个更加注重”要求为指导 全面开展廉政风险防范管理工作

北京市广播电影电视局纪检组监察处

“廉政风险防范管理”是坚持“三个更加注重”的要求，将“预防腐败”的工作理念和风险管理理论、质量管理办法应用于反腐倡廉工作的一种工作机制。2008年北京市广电局按照市委、市政府的要求，开始在全局推进，经过两年的工作，初步建立起廉政风险防范管理体系。

一、廉政风险防范管理工作开展的基本情况

党的十七大报告提出，“在坚决惩治腐败的同时，更加注重治本，更加注重预防，更加注重制度建设，拓展从源头上防治腐败工作领域”。2007年，北京市崇文区率先提出了“廉政风险防范管理”理念，采取边调研、边论证、边实践、边转化的方法，将风险管理理论和质量管理方法有机结合起来，应用到反腐倡廉工作实践之中，形成了以“三类风险、三道防线、四个环节”为主要内容的工作模式。2008年初，市广电局由局长孙向东带队，局领导和下属党委的班子成员以及全系统处级以上干部到崇文区学习廉政风险防范管理工作先进经验，并开始在系统内六个单位进行了试点工作。在学习并充分借鉴了崇文区和其他单位的先进经验和有效做法上，结合广播电影电视工作性质、工作特点、工作环境、工作任务的实际，积极探索适合自身发展的廉政风险防范管理体系及相关配套措施，确保我局党风廉政建设和廉政风险防范管理工作取得实效。

二、廉政风险防范管理工作的具体做法

（一）高度重视，切实加强组织领导

局党组对廉政风险防范管理工作高度重视，先后3次召开党组会研究廉政风险防范管理工作，统一思想，提高认识，并研究制定了北京市广播电影电视局《建立健全惩治和预防腐败体系2008—2012年实施办法的工作方案》、《廉政风险防范管理工作实施方案》、《推进惩治和预防腐败体系建设检查考核办法》、《关于廉政风险防范管理体系建设的意见》等文件，将廉政风险防范管理工作纳入局贯彻落实党风廉政建设领导机制和责任机制。2009年3月，在局召开的党风廉政建设工作会上，局长孙向东同志对廉政风险防范管理工作做了动员部署。

为加强廉政风险防范管理机制工作的领导，局党组成立了全系统廉政风险防范管理工作领导小组，负责局系统廉政风险防范管理工作的决策、组织实施、指导检查、考核总结及整改完善等工作，对实施过程进行系统管理。

领导小组下设办公室，办公室设在局监察处，负责具体指导、协调、组织落实和检查考核工作。各单位按照工作实际，以主要领导为组长，成立相应的领导小组。全局系统采取分级管理、责权明确的工作体系，为建立健全廉政风险防范管理体系提供重要组织保障。

（二）结合实际，按步骤推进廉政风险防范管理工作

明确工作目标。我们将廉政风险防范管理工作分为三个阶段。第一阶段：2008年抓好调研和试点工作。2009年10月前，完成全系统廉政风险防范管理体系基本构架，10月至年底，结合党风廉政责任制的检查对廉政风险防范管理工作进行检查督导、考核验收、总结提高，完成第一年的循环工作。第二阶段：到2010年年底，形成广电系统各单位、各部门的廉政风险防范管理工作的全覆盖，建立工作网络、制度保障、程序运行、技术监控和考核评价等配套体系。第三阶段：到2011年年底，逐步建立起全系统比较完善的廉政风险防范管理长效机制，在预防腐败工作方面取得明显成效。

明确实施范围。我们将廉政风险防范管理工作实施范围确定为围绕权力运行活动为重点的局党组及领导班子的决策权，行政管理对外活动的行政审批权、行政执法建议权，行政管理内部组织人事权、财务审批权等各项管理权力和权限；以及广电系统涉及的行政审批、政府采购、资金预算执行与管理、广播影视设备采购、工程建设及产权转让、广告经营、影视节目购销、大型演出活动、国有资产管理、制片人管理等执行部门、执行岗位、执行人员为风险防范重点范围。

拓展工作内容。廉政风险防范管理工作内容包括：计划、执行、考核、修正的“PDCA”循环管理机制，五类风险的存在认定，及廉政风险的控制与防范措施和检查考核落实等工作。我局借鉴先进单位的有效做法，整理出了推进廉政风险防范管理工作“十步骤”：宣传发动、统一思想，清权确权、查找风险，制定措施、科学防控，梳理风险、完善制度，增强透明、公开承诺，拓展渠道、加强监督，检查落实、及时整改，公正公开、个人述廉，群众评议、民主测评，考核修正、总结完善。

（三）突出重点，在实践中解决廉政风险防范管理工作难点问题

在开展廉政风险防范管理工作实践中，如何将形式与内容有机结合起来，解决工作中的难点问题，我们也在工作实践中不断进行摸索。

一是深入宣传发动，强化培训。我们通过召开动员部署会，深入学习市委有关精神，组织观看介绍崇文区经验的光盘，学习试点单位的经验做法等，广泛宣传廉政风险防范管理的目的、内容和意义。使广大党员干部特别是领导干部认识廉政风险防范管理工作是预防腐败工作的有效载体；是保护干部健康成长，反腐倡廉建设事半功倍的措施。在解决认识问题的基础上，2009年4月，局召开了系统廉政风险防范管理工作培训会，通过集中学习教育，进一步明确了党员领导干部、工作人员各自承担的风险，为落实下一步查找风险点，制定防范措施打下工作基础。

二是深入细致查找廉政风险点，制定防范措施。一是做好清权确权工作。按照权力运行的业务领域、业务线，梳理清楚单位、部门（处室）、个人的工作流程，分清岗位职责权力和权力运行过程中的路径、环节，查找出权力运行过程中可能出现的风险点。二是各单位、各处室领导干部结合单位、个人工作岗位的实际，带头查找风险点，认真填写本部门组织结构分工图、工作流程图、廉政风险分析图和部门、个人的廉政风险防控一览表，采取“自己找、群众帮、领导提、组织审”的方式，确定风险点后，登记汇总建立台账，对全体员工公布，保证人人皆知，人人参与。

制定科学的风险防控措施是有效防范的基础，防范措施与风险点互为对应。各个单位围绕排查确定的各类风险点和风险等级，有针对性地制定了具体的防控措施，着力形成了以岗位为点、以程序为线、以制度为面的廉政风险防控机制。思想道德风险防范措施，以着力抓好日常性学习、教育、培训等工作，促进思想、工作、生活作风的转变；领导干部决策风险防范措施，领导层以抓好重大事项决策、重要人事任免、重大项目安排和大额资金使用等事项，加大监督制约机制；岗位职责风险防范措施，根据自己的岗位职责权力，明确职责范围内的业务和廉政工作责任制度机制风险的防范措施，采取集体研究的方法确定，以有效落实“三重一大”制度、组织人事制度、财务制度、政府采购制度，完善制度体系建设为重点。我们对局系统廉政风险防范管理工作进行了认真梳理和汇总，初步形成了廉政风险防范管理工作体系框架。

三是加强监督与考核，把风险防范落到实处。全系统充分发挥群众的监督作用，积极构建风险监控网络。每个单位、每个人在查找风险点和制定防范措施后，在党支部会的范围进行公开承诺。业务工作与群众直接接触或具有服务性质的单位和处室，通过公开栏、信息平台等方式向群众进行公开承诺。通过组织召开座谈会、走访服务对象、设立“廉政风险”举报箱、公开监督举报电话等方式，及时收集群众意见。

廉政风险防范管理工作的考核，我们按照工作方案结合年度工作考核进行。考核时采取个人述廉和民主测评的方法组织。主要根据风险点及防范措施的制定、落实、督导情况、监督员评价情况、民主测评情况等，按优、良、中、差四个等级给予个人和部门综合评定。评定结果与部门、个人的绩效考核和干部的奖惩、使用挂钩。我们还组织局特邀监督员参加检查考核，加强监督。今年我们基本完成“年度运转，周期循环”的工作模式。

三、开展廉政风险防范管理工作的几点体会

（一）注重运用先进科学理论，指导廉政风险防范管理工作

局党组在学习贯彻中央精神，贯彻实践科学发展观活动中，深刻认识到：充分运用先进科学理论成果，指导我们广电事业的各项工作。建设北京市广电系统廉政风险防范管理体系是在实践科学发展观活动的大背景下，在应对金融危机的挑战的新形势下，集中精力完成“保增长、保民生、保稳定”各项任务的关键时期，根据反腐倡廉建设的严峻形势开展进行的。建设廉政风险防范管理体系是进一步加强党风廉政建设的重要举措，是建立健全惩治和预防腐败体系工作的创造性实践，是一项操作性强、把风险解决在萌芽状态“治未病”的方法，是各级党组织进一步加强制度建设和广大党员干部遵纪守法、廉洁自律、自我约束的一项有效措施。有利于更好地履行职责，做到立党为公，执政为民；有利于强化教育、制度、监督三位一体的工作机制；有利于明确岗位职责和工作标准，完善各项管理制度，规范行政行为，降低行政风险，提高行政管理水平，推动预防腐败工作逐步趋向系统化、制度化和规范化。

（二）领导带头，党员干部积极参与，确保廉政风险防范管理工作顺利开展

在局党组的统一领导下，我局始终坚持把思想上的反腐败作为反腐倡廉工作重点，做到思想上的高度统一。认识到廉政风险防范管理工作是领导者履行“一岗双责”的有力抓手；是当好领导、做好管理、带好队伍的应有之义、应尽之责。党组成员在开展廉政风险防范管理工作中，认真学习、积极参与，在决策、执行、监督等方面率先垂范。局党组书记、局长孙向东同志分别在不同的会议上，多次强调做好廉政风险防范管理工作重大意义，自己查

资料、想问题带头查找廉政风险点。班子成员认真履行一名党员领导干部的职责，在科学决策、履行职责、行政许可、节目监管、干部使用、计划财务、工程建设、行业监管等8个方面查找出48项一级风险点，对应设立48项防范措施，增强了风险预见性。在年末，党组成员分别带队检查廉政风险防范管理工作的落实。

在廉政风险防范管理体系建设过程中，局党组要求局系统党员干部全员参加。各级党组织有针对性地加强党员干部的思想动员工作，使党员干部普遍受到了一次反腐倡廉教育，增强了风险防范意识。有的党员干部在学习研讨会上说，过去认为反腐败是专门机构的工作，自己做到遵纪守法就行了，通过查找风险点，感到反腐败工作自己也是责任链中的一个环节，必须保持清醒的头脑。由于党员干部参与面广、参与度深，风险防范管理工作体系建立比较扎实。

（三）实践创新，加强和完善廉政风险防范管理工作

开展廉政风险防范管理工作是在学习先进经验，采取一定模式下进行的，形式相对统一。我们在实践中，根据首都广电特点，在实施操作、整合资源等方面有所创新。一是整合制度，探索用制度管权管人管事的新机制。二是强化工作流程，探索纪检监察监督工作的新内容。三是有效加强管理，探索对权力运行进行监控的新方法。局党组在研究廉政风险防范工作，提出“领导决策风险及防范措施”，将领导干部和权力运行作为廉政风险防范管理的重点。对权力运行的决策权、审批权、人事权等加强监控管理，控制“易腐败多发区”，有力地推进了廉政风险防范管理工作的开展。

（四）结合广电实际，建立廉政风险防范管理体系长效机制

我局将廉政风险防范管理工作纳入全局党风廉政建设总体方案和长期工作重点，抓好“六个结合”。一是与落实惩治和预防腐败体系任务紧密结合，把廉政风险防范管理工作作为预防体系的重要组成部分。二是与党风廉政建设责任制紧密结合，按“一岗双责”的要求，充分发挥每个责任主体作用，一同布置、一同落实、一同检查，一同总结。三是与各部门业务工作紧密结合，不搞脱离中心任务和业务工作的“两张皮”。四是与各单位加强自身建设紧密结合，围绕在扩内需、保民生、维稳定、转作风等工作中，存在的突出问题找准廉政风险点，制定防范措施。五是与勤政廉政紧密结合，通过风险防控管理，进一步规范权力运行，提高工作水平和效率，作为领导干部考核依据。六是与惩处紧密结合，进一步加强对廉政风险防范管理工作运行的监督，既严肃查处问题、追究责任，又认真总结产生腐败风险的教训，构建防范措施，做到惩处和预防两手抓、双促进。

（本文在全国广播影视党风廉政建设工作会议进行经验交流）

加强企业文化建设 提高核心竞争能力 推动电台事业持续发展

北京人民广播电台党委

为深入贯彻落实科学发展观，推动北京电台的建设和事业科学发展、持续发展，台党委2008年初做出实施文化制胜战略、大力推进企业文化建设的决策。一年来，党委加强领导、强势推进，上下一心、合力推进，严密组织、扎实推进，各项工作进展顺利，取得初步成效。

一、主要动因

北京电台是首都重要新闻媒体之一。改革开放特别是近二十年来，注意不断改革创新，强化内部管理，逐步确立“用制度管人、按规矩办事”的治台理念，步入依靠制度促管理、依靠管理促发展的轨道。特别是2003年引入ISO 9001国际质量管理体系以后，管理水平和市场竞争能力进一步提高，各项事业取得了迅猛发展。

随着媒体竞争日趋激烈，台党委意识到，企业文化越来越成为核心竞争力的重要因素，要使电台的事业不断上台阶，管理就必须上境界，就要从单纯的制度管理向制度管理与文化管理并重转型。同时，我们认真研究了国内外著名公司的成功经验，再度审视自身肩负的使命，深入分析了员工普遍的心理、精神需求，感到推进企业文化建设是贯彻落实科学发展观的内在要求和有效举措，也是大势所趋、使命所系、发展所需、人心所向、自身所能。

1.大势所趋。当今世界，企业文化作为“软实力”，越来越受到重视。在社会主义市场经济的大环境和媒体竞争愈加激烈的新形势下，电台必须紧跟时代潮流，大力加强企业文化建设。

2.使命所系。电台作为首都重要新闻媒体，需要一支具有很强的政治意识、大局意识和良好道德风尚的广播工作者队伍，必须用社会主义核心价值体系和电台优秀文化培植员工。

3.发展所需。制度是管行为的，是外在压力，而文化是管思想的，是内在动力。电台的事业要更好更快地发展，必须把制度管理与文化管理有效融合。

4.人心所向。电台员工对建设团结和谐、风正气顺的人文环境有着更高的期待。推进企业文化建设，符合全台干部职工的愿望和精神、心理需求。

5.自身所能。电台在60年奋斗历程中倡导并形成了许多好传统、好作风，积淀了不少优秀文化理念。推进企业文化建设，有基础，有资源，也有能力。

二、主要做法

1.理清思路，组织力量。电台党委多次召开专题会，研究如何实施和推进这项工作，成立了由主要领导挂帅的企业文化建设领导小组，下设企业文化建设工作办公室，明确工作思路和任务分工。与北京捷盟管理咨询有限公司签订合作协议，借助专业力量做好这项工作，确保企业文化建设的层次和质量。

2.深入调研，科学诊断。着眼为电台企业文化建设提供科学依据和理论支持，利用40多天时间，采取资料调阅、深度调研、问卷调查等方法，对电台的内外部环境进行全面梳理分析，运用企业文化咨询专业工具对电台企业文化的现状和未来进行全方位剖析、多角度透视，形成了比较符合实际的《北京电台企业文化诊断报告》。期间，共发放问卷300份，查阅管理制度、内刊、行业资料等300多万字，采取集体座谈、个别访谈等方法访谈干部职工120余人次，涵盖了电台各层次人员。

3.充分挖掘，提炼成果。在完成诊断的基础上，利用4个月时间，多次召开党委会听取工作组汇报，逐字逐句反复推敲讨论；发动干部职工积极建言献策，走访台里的退休老领导、老职工和在职老同志，举全台之力，总结提炼了体现电台特色的企业文化建设项目成果。这些成果主要包括北京电台企业文化理念体系和北京电台员工行为规范。理念体系由核心理念和经营管理理念构成。核心理念包含北京电台使命、愿景和精神；经营管理理念包括办台理念、市场理念、管理理念、人才理念、品牌理念、节目质量理念和广告经营理念。员工行为规范包含全体员工行为规范、领导干部行为规范、采编播人员行为规范、技术人员行为规范、广告经营人员行为规范、行政管理人员行为规范。

4.认真规划，制订方案。为有效推进企业文化建设，台党委对2008—2011年工作进行规划，制订实施方案，明确了企业文化建设的指导思想、建设目标、基本原则、主要举措和实施步骤。

5.广泛动员，统一思想。推进企业文化建设的关键是让广大员工高度认同，做到全员参与。我们从2008年初就利用编前会等时机广泛进行思想发动，运用内网刊登有关企业文化建设的信息和知识，邀请企业文化专家为处级干部做辅导讲座。召开企业文化建设项目启动和企业文化建设项目成果发布暨实施推进动员大会，组织两次集中动员，有效激发了干部职工参与企业文化建设的热情。

6.加强宣传，营造氛围。为使电台《企业文化理念体系》和《员工行为规范》得到每位员工的高度认同和自觉践行，坚持把宣传贯彻作为重要环节。邀请合作方专家对电台《企业文化理念体系》、《员工行为规范》逐条解读，将其发到内网供员工学习。对相关理念、规范实施目视化管理，制作一批镜框、宣传栏，悬挂在大厅、会议室、走廊等地，使广大员工潜移默化地受到熏陶和影响。

（本文在2009年北京市宣传系统思想政治工作会议进行交流）

紧密联系实际 突出实践特色
着力在提高舆论引导能力上取得实效

北京人民广播电台党委

在这次深入学习实践科学发展观活动中，我们针对当前新兴媒体蓬勃发展、尤其是北京广播市场竞争日趋激烈的新形势，紧紧围绕“致力于打造具有强大影响力的跨媒体、跨地域的大众传媒”的愿景，把活动主题确定为“继续解放思想，不断深化改革，提升综合实力，打造强势传媒”，坚持边学边改，突出实践特色，着力在进一步提高舆论引导能力这个时代课题上寻求突破和飞跃，取得了一定成效。

一是着力在完成重大新闻宣传任务上取得实效。把发挥好“喉舌”功能、做好新闻宣传这个中心工作，作为贯彻落实科学发展观、提高舆论引导能力的首要任务和现实平台，紧紧围绕迎接新中国成立60周年、“扩内需、保增长、促发展”、深入学习实践科学发展观活动、防控甲型H1N1流感、“人文北京、科技北京、绿色北京”建设等重大新闻宣传任务，加强组织领导，精心筹划设计，创新宣传思路，全力以赴抓紧抓好。例如，在“扩内需、保增长、促发展”宣传上，及时调整“市民对话一把手”栏目的采访视角，邀请北京市各委、办、局负责人以及各区、县长直播访谈，与市民共谋发展、共话民生；针对社会关注的大学生就业难问题，推出15集系列报道“探访大学生就业之路”，适时搞好舆论引导。特别是在迎接新中国成立60周年宣传报道上，相继推出“北京的春天”——开展深入学习实践科学发展观活动暨庆祝新中国成立60周年系列报道，大型系列采访活动——边贸巡礼，“60年胡同传奇”大型故事征集活动，“60年金曲展播、歌唱祖国、红旗颂”系列活动，“60年家庭纪事”系列节目，60集大型音视频纪实报道“他乡北京人”，在社会上引起强烈反响。

二是着力在提升频率竞争力上取得实效。着眼应对国际金融危机和北京广播市场的激烈竞争，以“提高频率竞争力的有效途径”为主题，举办了有总台领导、各专业台和相关职能部门领导参加的专业化办台研讨会，就北京广播市场竞争态势和我台提高频率竞争力的应对措施进行深入研讨。在此基础上，利用2天时间，采取逐个汇报、相互交流的办法，进一步研究2010年各专业台节目调整问题，制定了调整设置方案，目前正在进行节目招标。为提升金融危机下经济报道水平，举办了经济报道专题研讨会，并邀请中央电视台、经济日报等媒体负责经济报道的专家介绍经验，为我台经济报道工作出谋划策。同时，积极推进传统广播与新媒体的融合对接，请中国传媒大学教授围绕“媒介融合下的广播发展”进行专题辅导；指定广播网5名编辑对口指导9个专业台加强网络建设，并针对部分节目在广播网播出时出现音、视频脱节的问题，在全台试点专职人员负责音视频栏（节）目编辑、上传的方法，促进“台网共做”。

三是着力在推进节目创新上取得实效。坚持以改革促发展，向创新要质量，明确提出力争在10月底前完成30个新节目的研发任务。围绕这个目标，一方面与中国广播电视协会联合举办第二届“赢在创意”全国广播栏目大赛，面向全国各地各级电台、节目制作机构、高等院校和广播爱好者广泛征集栏目创意，并聘请中国广播电视协会、北京市新闻工作者协会、中央电视台等业界专家和北京大学、中国传媒大学等学界代表组成评委会，对征集到的166件参赛作品进行听评打分；另一方面由研究中心根据我台节目现状和对北京广播市场的分析调研情况，积极开展自主研发。目前已完成研发方案26个，其中“赢在创意”大赛征集方案22个，自主研发4个，另有4个新节目正在研发当中。为推动节目创新工作，还举办了以“创新、持续、提高”为主题的创新节目研讨会，请中国人民大学、《人民日报》、《中国青年报》、中央人民广播电台多位业界专家，对我台今年的新原创节目进行重点会诊，对部分节目进行调整改进，以使其更加贴近受众需求，更加具有生命力。

四是着力在扩大广播覆盖范围和社会影响力上取得实效。为使北京电台的声音传播得更远、覆盖得更广，进一步提升我们的传播力、影响力，积极在扩大宣传阵地、拓宽外宣传途径上下功夫。针对部分频率在偏远山区信号弱、不稳定、甚至存在“盲点”的情况，协调市广电局等单位大力推进郊区高山调频发射覆盖网、DAB数字多媒体广播郊区覆盖网和市区补点发射站建设。目前，郊区高山调频发射覆盖网建设已完成发射、传输设备的招标采购和安装工作，并已联网调测、进行试播；DAB数字多媒体广播郊区覆盖网建设已完成了无线覆盖系统的设计、相关施工方案的制订和主要设备的招标采购，第一批设备已运达山上转播站点；城区DAB补点建站工作也正在进行设计和设备招标采购。着眼推广DAB数字多媒体广播，提出“年底前在北京广播网开播一套DAB视频节目”，并完成了设备招标、节目开发以及接收终端和前端的开发，制定了节目标准和编辑人员评价标准，积累了大量视频节目，近期进入试运行阶段。同时，主动与微软公司合作，于7月份将我台9套开路广播和7套有线广播的在线直播节目植入微软Media Player播放器，使全球微软用户可以通过该播放器收听我台广播节目或访问北京广播网。推出当周，北京广播网的流量就比上周增加30%。

（本文在2009年北京市第二批学习实践活动总结暨第三批动员部署会议进行交流）

大力加强支部和党员队伍建设 促进电台事业和谐健康发展

北京人民广播电台党委

北京电台共设25个党支部，有党员557人，其中在职党员467人。多年来，我们坚持把加强支部和党员队伍建设作为强台兴台、发挥“喉舌”功能的关键环节，支部和党员队伍建设水平稳步提升，促进了电台的和谐健康发展和以新闻宣传为中心的各项工作任务圆满完成。

一、着眼“三个确保”坚强组织，不断提升支部建设水平

一是及时调整充实，确保组织健全。按照《党章》和电台有关规定，每两年对支部进行一次换届改选，定期调整人员，优化结构；根据机构、人员变动情况，该新建的及时新建，该充实的及时充实。这几年我台在成立北京广播公司、节目制作中心后，都及时新建了党支部；针对这些年退休人员逐年增多、且居住比较分散的情况，按照就近便利、相对集中的原则，将退休人员党支部由一个扩展为三个，使老同志参加支部活动更加方便。

二是配强正副书记，确保领导有力。坚持抓“班子”首先抓正副书记，严格按标准、按程序选拔配备，每年对正副书记进行一次集中培训。2006年，还专门出台了《关于党支部正副书记的配备原则、工作职责及待遇问题的暂行规定》，在各专业台和党员数量较多的职能技术部门党支部设立专职书记或副书记，并明确相关待遇，核心就是加强支部领导力量。

三是完善规章制度，确保规范运行。坚持用制度管人、按规矩办事，除严格执行上级有关制度规定外，结合我台实际相继制定出台了一些有关党支部和党员队伍建设的规范性文件，仅2004年至今就有4个。实践证明，这些制度规定对防止和克服各种问题、确保支部建设有序运行，起到了积极作用。比如，制定《党支部工作量化考核办法》，把支部工作细化为19项考核内容，用“一把尺子”量优劣，使支部工作有了“硬指标”、新气象。

二、坚持“三个并重”施管施教，努力增强党员队伍的先进性纯洁性

一是入党前与入党后并重。在入党前的

教育培养上，每年都集中十天左右时间对入党积极分子进行脱产培训，对党员发展对象进行跟踪教育培养。在预备党员的后续教育上，坚持五项制度，即：个人思想汇报制度，入党介绍人跟踪培养教育制度，入党介绍人、支部正副书记、台党委委员同预备党员谈话制度，预备党员转正前公示制度，定期分析预备党员思想工作状况制度。针对预备党员政治理论不够扎实、年纪较轻思想不够成熟、入党后容易产生松劲情绪等特点，有的放矢抓好政治理论、理想信念、端正入党动机、保持党员先进性等方面的教育，较好地解决了预备党员入党后个人松气儿、介绍人松劲儿、党支部松手等问题。

二是集中性与经常性并重。利用集中活动时间较长、人员齐整的特点，在上级部署的大项学习教育、半年和年终总结及其他大项活动中，始终把党员干部作为重点突出出来。结合国际国内形势、我台党员干部队伍现状，每年由台主要领导给全体党员上一至两次党课、在党员干部中开展一次主题教育月活动。坚持把严格的教育管理贯穿于党员干部的日常工作生活，利用集中学习、编前会、全台职工大会等时机和台内网等载体搞好随机教育。要求党支部每月至少组织一次学习或其他党的活动，上、下半年各召开一次组织生活会，党委办公室每月在内网上对支部活动情况进行一次通报。

三是思想灌输与实践感悟并重。在坚持把课堂教育作为主阵地的同时，注重用“事实”说话，利用社会资源进行开放式和群众性自我教育，通过组织党员干部到首都大中型企业、科研院所、郊区农村等地参观走访，让大家在亲身实践中受到感悟。这几年，各党支部每年至少都要组织两至三次社会实践活动。各支部组织活动后及时将活动情况上传到台内网，供全台同志浏览，起到了教育几个人、影响一大片的效果。

三、围绕“三个到位”强化服务，在建设和谐电台中发挥示范作用

一是机制到位。经过多年的实践探索，有了一套比较完善的服务机制。主要包括：①设立台领导接待群众日，每月安排一天；②台主要领导向职工通报情况，每季度一次；③在台内网开设台长、总编信箱，便于干部职工向台领导反映有关问题和意见建议；④台党委和各党支部长期设置征求意见箱。⑤坚持“四必谈、五必访”，各支部与职工经常谈心，做到职工利益受到影响必谈，职工受到批评处分必谈，职工有了思想情绪必谈，职工之间有了矛盾必谈；职工生病住院必访，职工家庭发生意外必访，职工婚丧生育必访，职工家庭发生纠纷必访，职工长期出差在外必访。⑥党员与群众结对联系。⑦支部为党龄达到5年倍数的党员过党龄生日，为群众过自然生日。

二是保障到位。积极为党支部开展工作、组织活动提供物质保障，创造良好条件。凡是支部建设所必需的、党员群众所期待的，只要在政策规定范围之内，就尽量满足、大力支持。支部自身能解决的由自身解决，支部解决不了的由党委帮助解决。在台党委和各党支部的共同努力下，各专业台、各行政技术部门，包括内退和退休人员的办公设施、活动场所等都有了明显改善。特别是在经费保障上，按照专业台党支部每人每年不超过1500元，行政、技术等部门及内退、退休职工党支部每人每年不超过1000元的标准保障，远远高于市委明确的年人均不低于100元的标准。

三是责任到位。按照市委关于建立基层党建工作责任制的要求，明确各支部书记对本支部服务机制的落实负全责，台党委办公室负责做好协调和检查督促工作，每名同志分工联系2～3个党支部。支部开展活动，要提前向党委办公室报告，活动结束后向党委办公室汇报具体情况。责任制的建立，对各项服务措施的落实起到了积极的推动作用。

（本文在2009年北京市宣传系统党建工作会议进行交流）

平谷电视台推出百集系列片《辉煌60年——我与新中国同行》

于刚 于学俭

平谷电视台为庆祝新中国60华诞推出的百集电视系列片《辉煌60年——我与新中国同行》，每集一个人物，每个人物结合自身经历讲述一段历史，讲述从60载滔滔汩汩的历史浪潮中沉淀下来的故事。一段段历史、一个个故事均为讲述者难以忘怀并极易引发同代人共鸣的人与事，而年轻人也因他们的讲述填补了自己头脑中一段有必要填补的历史空白。

普通人难忘的事相缀成一段完整的历史

新中国成立60年来，平谷发生了巨大变化，方方面面都取得了引人注目的成就。作为本地区主流媒体的平谷电视台，用怎样的形式把这段辉煌的历史呈现给广大观众呢？新中国60华诞特别节目摄制组在一次策划会上，突然想起法国哲学家罗兰·巴尔特在《历史的话语》中阐述的一个观点："'历史'这个名词，从内涵上来说，它包容社会的方方面面，点点滴滴，因此，历史的'真实'来自精心的叙述、讲究的语法和大量的具体细节。"大家顿时来了灵感。新中国60年的历史，积存在曾参与到这段历史事件中每个人的记忆里。一个人的记忆，是这段历史的一个碎片，而许多人的记忆碎片汇集在一起，便可缀成60年完整的历史，并折射这段历史的辉煌。为此，平谷电视台决定从全区内筛选100位沿着60年历史走来的普通人，择取这100个人的记忆。百集系列电视短片《辉煌60年——我与新中国同行》涉及平谷区政治、经济、文化等各个领域，每一集反映本地区一个行业或一个领域的发展与变迁。入选的100位讲述者曾经从事农业、工业、商业、金融、服务业等，他们生活的点点滴滴、人生的起起落落都与时代相伴，他们的记忆就是平谷60年发展、变化的见证。

刘善清，一位老商业工作者，他收藏着1949年以来自家使用过的各类购物票和购物本，这些东西曾经与他家的日常生活是那么密切，他拿起自己的这些收藏品便想起那难忘的岁月，他通过电视荧屏与观众分享平谷商业的发展。许多观众看了这期节目都说感到非常亲切，也为昔日生活日用品之匮乏、如今商品琳琅满目而感慨。

将军关村农民付士兴几十年里翻盖了4次住房，从土坯房到砖瓦房再到太阳能别墅式新居。他说："解放初期，全家人吃不上、喝不上，当然更住不上像样的房子……现在村里人均年收入超过万元。"通过住房的变化，老付切实感受到了社会的发展与进步。有同样感受的何止老付一个人？

于其甫退休前是工业战线的一名高级工程师，他的人生经历很丰富。节目编导截取了他人生的5个片段，这5个片段的时代背景都是平谷工业发展的关键时期。通过这位老人的回忆，观众了解到新中国成立初期，平谷只有一家铁木加工厂，生产一些简单的农具，如铁锨、镐、锄头、镰刀等。而现在，工业企业已发展到1300多家，涉及电子、医药、新能源等多个行业，2008年平谷区工业总产值为138亿元。

运用多种电视元素为节目添彩儿

合理精巧的结构和声光色等电视元素的

有效应用，直接影响节目的收视效果。《辉煌60年——我与新中国同行》最初几期节目播出后，观众反映有的节目很好看，但也有的片子不吸引人，原因是讲述平铺直叙，像一本“流水账”，人物故事平淡。

为了增强艺术感染力，本片配合节目的情绪，使用了大量音乐。当一位老人讲到20世纪80年代初，他所在的金融行业全力支持区域经济建设，全民重新焕发活力时，片中即刻响起人们耳熟能详的《年轻的朋友来相会》，使观众与节目中的人物产生了强烈的共鸣。

画面是电视节目增强感染力最重要的手段。节目摄制组力求把电视片制作得诗情画意，追求一种诗意的表达。其中一期节目中出现了这样一组画面：内容是一位白发苍苍的老人凝望着自己单位新建起的营业大厦，摄像师在拍摄时让镜头沿着老人目光平缓地摇向大厦的上方，晨光为大厦镀上一层淡淡的金辉，碧空中白云朵朵……观众随着老人的思绪，看到了一幅幅不同历史时期的黑白老照片依次滑过屏幕，这些老照片记录了老人几十年在自己所热爱的岗位上一个个难忘的瞬间，这些记录拼接成串，展现了单位的变化、事业的发展。

在整个系列节目的影像编辑上，编导们充分利用老电影、老照片、老档案、老图表等，既丰富了画面，又增强了系列片的历史沧桑感、厚重感。

《辉煌60年——我与新中国同行》以普通人的视角，多方面呈现了平谷区政治、经济、文化、社会生活等各个领域60年所取得的辉煌成就，进而折射出中国共产党带领中国人民在半个多世纪里自力更生、艰苦奋斗所创造的丰功伟绩。

节目播出后，受到了社会各界的好评。有老年观众说：“看了平谷电视台反映咱家乡60年变化的节目后很感慨，尤其是五六十年代支农、参加生产大会战的画面使自己仿佛回到了年轻的时候，那真是激情燃烧的岁月！”也有青年观众打来电话谈道：“从平谷电视台的这些片子中，我和朋友们对家乡的历史有了更多的了解，对父辈们自力更生、艰苦创业的经历和精神有了更深的理解，从而进一步激发了我们建设家乡的热情”。

（本文刊登在《北京广播影视》2010年第2期）

统 计

2010/《北京广播影视年鉴》

——记录行业情况　服务业内和社会——

2009年北京地区广播影视从业人员构成

项　目	单位	合计	中央级	市级	区县级
从业人员	人	57781	38272	17915	1594
其中：长期职工	人	46085	28615	16132	1338
按性别分					
男	人	31941	21003	10035	903
女	人	25840	17269	7880	691
按学历分					
本科以上	人	4030	2647	1321	62
本科及大专	人	40512	25328	13833	1351
高中及以下	人	13239	10297	2761	181
按职业分					
其中：管理人员	人	9295	5712	3218	365
专业技术人员	人	23353	15566	6785	1002
高级	人	3825	2849	953	23
中级	人	7720	5121	2401	198
初级	人	11808	7596	3431	781
其他人员	人	25133	16994	7912	227

2009年北京地区广播影视专业人员状况

项　目	单位	合计	中央级	市级	区县级
专业技术人员总计	人	23353	15566	6785	1002
编辑、记者	人	5374	2181	2561	632
高级	人	1048	686	348	14
中级	人	1816	836	862	118
初级	人	2510	659	1351	500
播音员、主持人	人	742	348	285	109
高级	人	162	109	50	3
中级	人	279	160	88	31
初级	人	301	79	147	75
工程技术人员	人	7207	5524	1502	181
高级	人	984	792	188	4
中级	人	2598	2002	563	33
初级	人	3625	2730	751	144

2009年北京地区公共广播节目播出情况

项　目	单位	合计	中央级	市级	县级	中央级占总播出比重	市级占总播出比重	区县级占总播出比重
全年公共广播节目播出时间	小时	288666	173114	66777	48775	60.0	23.1	16.9
新闻资讯类节目	小时	64632	49502	9655	5475	76.6	14.9	8.5
专题服务类节目	小时	95589	60644	24867	10078	63.4	26.0	10.5
综艺类节目	小时	74287	43521	12599	18167	58.6	17.0	24.5
广播剧类节目	小时	7098	2265	864	3969	31.9	12.2	55.9
广告类节目	小时	23946	8412	11567	3967	35.1	48.3	16.6
其他类节目	小时	23114	8770	7225	7119	37.9	31.3	30.8
全年广播剧播出量	集	6445	1617	1542	3286	25.1	23.9	51.0

2009年北京地区
公共广播节目播出构成图

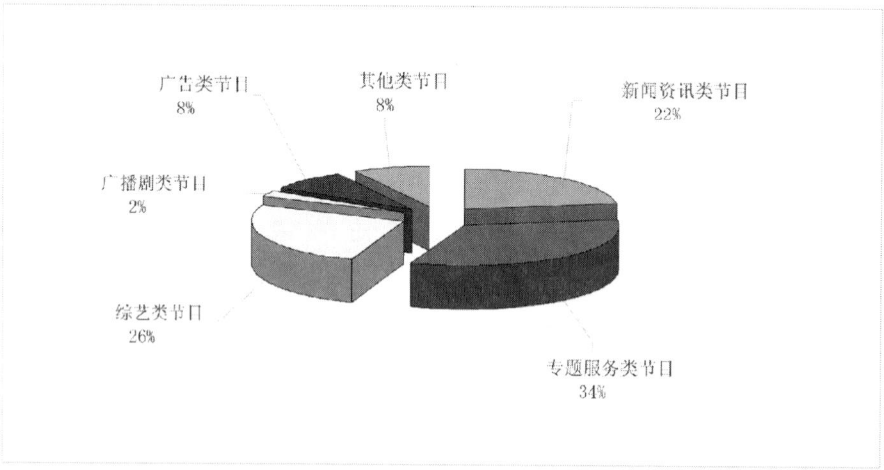

2006—2009年北京地区
公共广播节目播出情况对比图

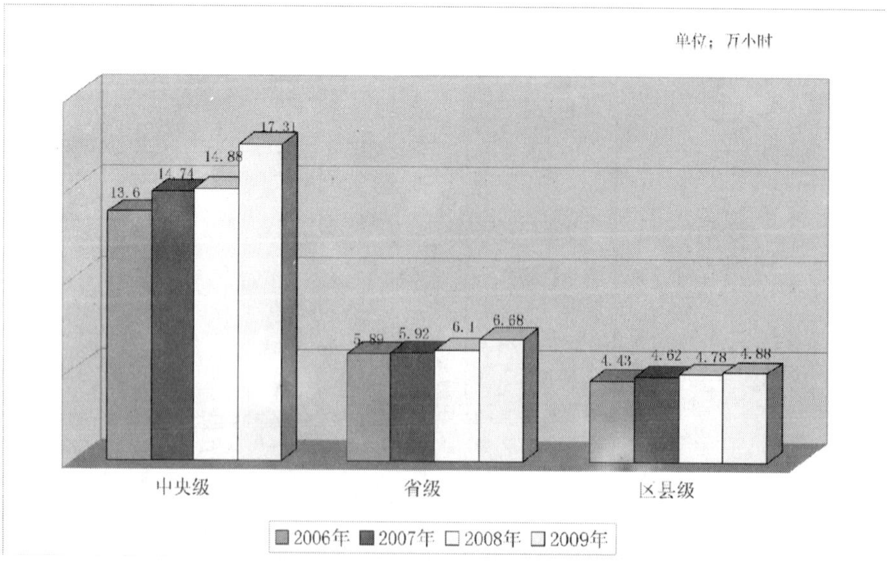

2009年北京地区公共电视节目播出情况

项　目	单位	合计	中央级	市级	区县级	中央级占总播出比重	市级占总播出比重	区县级占总播出比重
全年公共电视节目播出时间	小时	282046	174314	84509	23223	61.8	30.0	8.2
新闻资讯类节目	小时	61141	49852	5325	5964	81.5	8.7	9.8
专题服务类节目	小时	92651	54964	28956	8731	59.3	31.3	9.4
综艺类节目	小时	32128	22827	5815	3486	71.1	18.1	10.9
电视剧类节目	小时	61592	37588	24004	0	61.0	39.0	0.0
广告类节目	小时	20725	9083	7502	4140	43.8	36.2	20.0
其他类节目	小时	13809	0	12907	902	0.0	93.5	6.5
全年电视剧播出量	部／集	1802/54848	1189/33439	613/21409	0	65.9/61	34.1/39	0.0

说明：本表全年公共电视播出时间不含对外节目播出时间。

2009年北京地区公共电视节目播出构成图

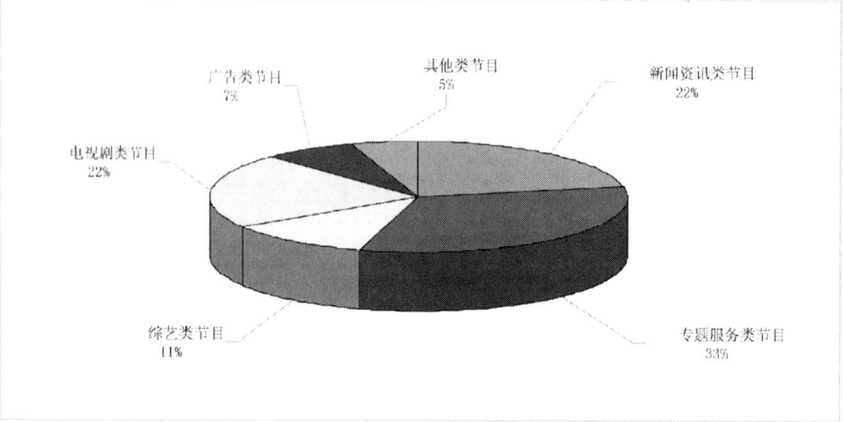

2006—2009年北京地区公共电视节目播出情况对比图

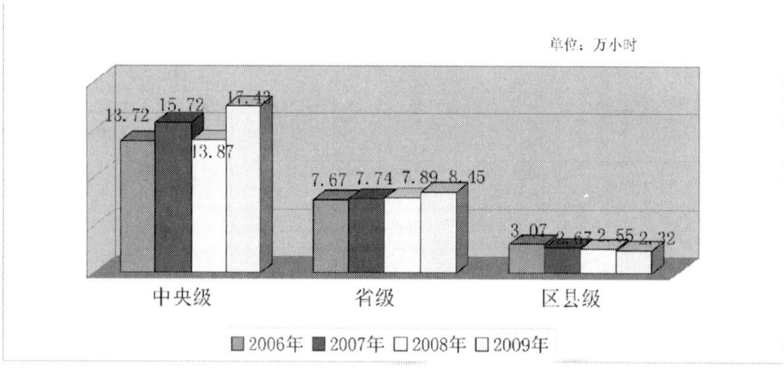

2009年北京地区广播节目制作构成

项目	单位	合计	中央级	市级		区县级
					社会制作单位	
全年制作国内广播节目	小时	318682	215550	81216	17926	21916
新闻资讯类	小时	82401	71520	8817	188	2064
专题服务类	小时	143071	113357	25282	1277	4432
综艺类	小时	38008	14868	13766	767	9374
广播剧类	小时	3034	1488	864	320	682
广播剧	部／集	35/2750	9/901	9/573	—	17/1276
广告类	小时	18945	5858	11667	101	1420
其他类	小时	33223	8459	20820	15273	3944
全年制作对外广播节目	小时	977471	977471	0	0	0

2009年北京地区广播节目制作构成图

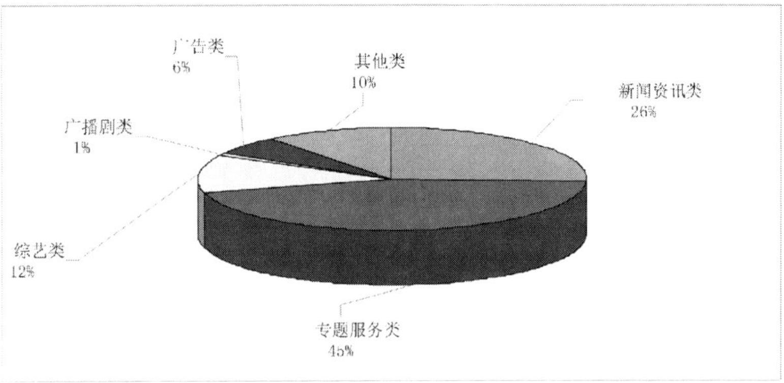

2009年北京地区电视节目制作构成

项目	单位	合计	中央级	市级		区县级
					社会制作单位	
全年制作电视节目时间	小时	134237	66198	52654	30891	15385
新闻资讯类	小时	44169	32975	6668	2631	4526
专题服务类	小时	53846	21264	25376	16650	7206
综艺类	小时	18666	11079	6257	3174	1330
电视剧类	小时	3657	834	2823	2660	0
电视剧	部／集	110/3683	20/664	90/3019	86/2892	0
广告类	小时	3276	46	1294	498	1936
其他类	小时	10623	0	10236	5278	387
全年制作对外电视节目	小时	105052	96292	8760		

2009年北京地区电视节目制作构成图

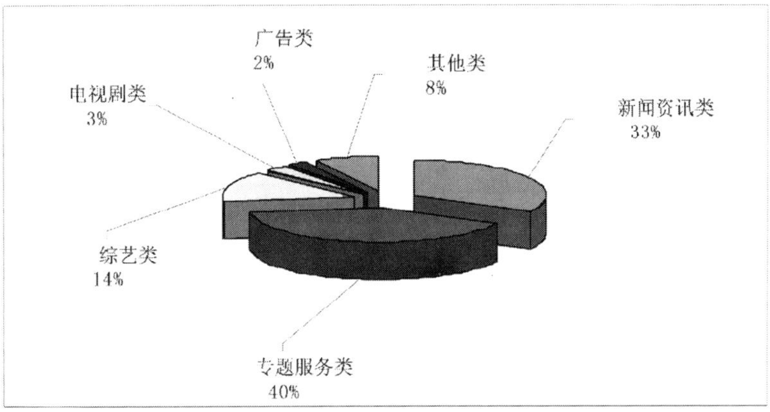

2009年北京地区电视剧、动画片制作情况

项 目	单 位	2009年		
		合计	中央级	市级
一、影视制作单位数	个	1050	17	1033
二、全年制作电视剧数量	部/集	110/3683	20/664	90/3019
其中：系统内	部/集	24/791	20/664	4/127
社会制作单位	部/集	86/2892	—	86/2892
三、全年制作电视剧投资额	万元	148561	24420	124141
其中：系统内	万元	31532	24420	7112
社会制作单位	万元	117029	—	117029
四、全年电视剧销售额	万元	118558	9041	109517
其中：系统内	万元	15604	9041	6563
社会制作单位	万元	102955	—	102955
五、全年制作动画片数量	部/集	42/1762	15/611	27/1151
其中：系统内	部/集	25/691	15/611	10/337
社会制作单位	部/集	17/814	—	17/814
六、全年制作动画片投资额	万元	18384	11132	7252
其中：系统内	万元	11980	11132	848
社会制作单位	万元	6404	—	6404
七、全年制作动画片销售额	万元	14981	12243	2738

2009年北京地区广播影视主要财务指标

单位：人，亿元

项目	从业人员	增加值			资产总额			净资产			财政补助收入			业务收入（创收）			利润总额	税金总额		
		合计	事业	企业	合计	事业	企业	合计	事业	企业	合计	事业	企业	合计	事业	企业		合计	事业	企业
合计	57781	212.2	151.95	60.25	1025.18	585.34	439.84	755.75	512.73	243.02	70.85	68.18	2.67	392.83	226.94	165.89	14.42	26.58	12.54	14.04
中央级	38272	165.22	125.19	40.03	677.42	480.48	196.94	532.4	424.48	107.89	58.23	56.35	1.88	291.38	192.06	99.32	12.85	18.77	9.44	9.33
市级	17915	44.33	24.24	20.09	340.87	98.26	242.61	217.12	82.18	134.94	10.45	9.66	0.79	100.36	34.01	66.35	1.55	7.74	3.05	4.69
(1)局系统单位	4140	26.11	24.16	1.95	97.78	83.86	13.92	80.10	69.18	10.92	9.17	9.09	0.08	38.65	33.60	5.05	0.19	3.60	3.03	0.57
其中：电台	1211	4.90	4.22	0.68	26.99	20.58	6.41	18.19	12.75	5.44	0.21	0.21	0.00	8.22	6.42	1.80	−0.22	0.77	0.53	0.24
电视台	2635	17.33	16.05	1.28	65.29	57.78	7.51	56.04	51.04	5.00	4.24	4.16	0.08	30.40	27.15	3.25	0.41	2.83	2.50	0.33
(2)北广传媒集团	4515	12.20	0.08	12.12	140.31	14.40	125.91	106.46	13.00	93.46	1.05	0.57	0.48	23.11	0.41	22.70	3.70	1.41	0.02	1.39
(3)社会影视制作单位	9260	6.02	0.00	6.02	102.78	0.00	102.78	30.56	0.00	30.56	0.23	0.00	0.23	38.60	0.00	38.60	−2.34	2.73	0.00	2.73
区县级	1594	2.65	2.52	0.13	6.89	6.60	0.29	6.26	6.07	0.19	2.17	2.17	0.00	1.09	0.87	0.22	0.02	0.07	0.05	0.02

说明：财政补助收入中含补助企业的收入。

2006—2009 年北京市电影放映情况

项　目	单位	2006 年	2007 年	2008 年	2009 年
放映场次	万场	28.0	38.0	46.8	62.4
观众人次	万人	1221.0	1711.0	1767.3	2451.5
票款收入	亿元	3.02	3.73	5.37	8.19

注：票款收入含二级市场票款。

2006—2009 年北京市电影放映情况对比图

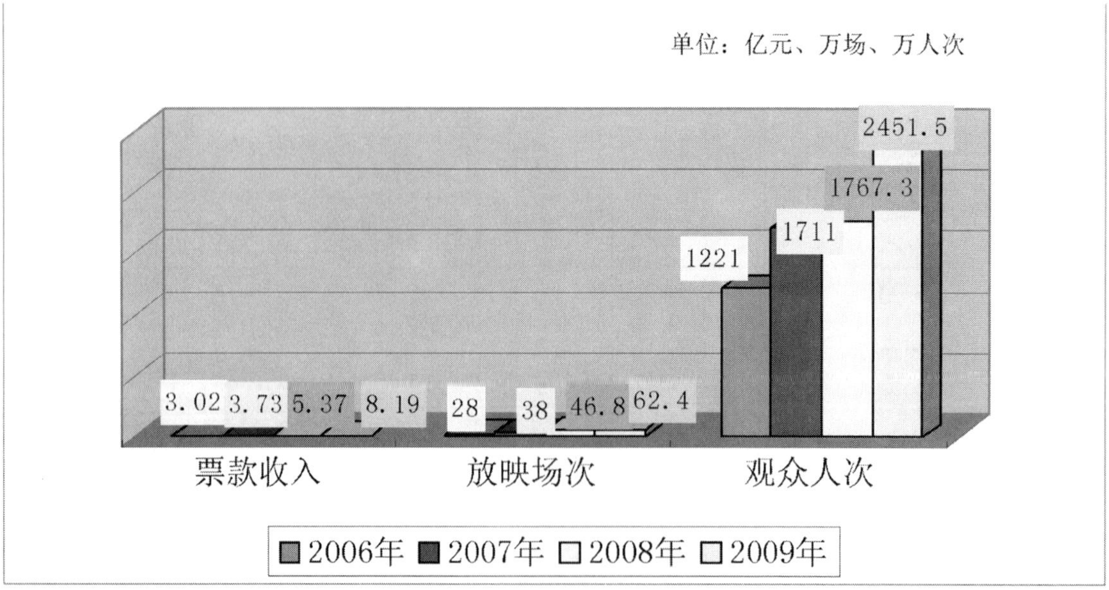

注：统计栏目由北京市广播电影电视局法规处提供，作者：吴彤。

大事记

2010/《北京广播影视年鉴》
——记录行业情况　服务业内和社会——

2009年北京市广播影视大事记

1月

1月1日　北京人民广播电台故事广播开播。原首都生活广播（中波603千赫/有线调频89.1兆赫）调整为“北京人民广播电台故事广播”，每天播音20小时30分钟。故事广播以“弘扬先进文化、传播科学知识、促进生活和谐、提升生活品质”为主旨，以喜爱听故事、讲故事的人群为目标听众，让“有故事的人听有故事的广播”。主要栏目有《故事大全》、《笑谈古今》、《闲话京城》、《读史有学问》、《长书天地》、《知识开讲》、《读书俱乐部》、《说烦解忧》、《今晚拍案》等。

1月1日—2月12日　由北京市网管办组织指导，北京人民广播电台文艺广播与北京地区15家主要网站共同举办“2009年新春祝福短信大赛”，共征集优秀短信26775条，评出“2009十大最受欢迎新春祝福短信”和20条“优秀新春祝福短信”，网民投票总数突破9000万人次，专题点击总量达7740人次。

1月1日　北京电视台卫视推出《新闻晚高峰》栏目，栏目时长30分钟，每晚18时开播。主要栏目设置新闻大事梳理、热点人物访谈、SNG突发事件卫星直播、股市收报、实时路况直播、天气会商室等板块。

1月8日　北京广播电视报社将《北京广播电视报》和《北京电视周刊》的出版时间由每周一出版调整为每周四出版。

1月8日　由北京市广播电视局牵头承办的第六届“北京市文学艺术奖”电影、电视剧、动画片、广播剧、音乐作品五个类别的评选工作圆满结束，从60部作品中评选出15部优秀作品报送总评委会。

1月8—9日　北京市广播电视局副巡视员、工会主席宋春华带队先后到北京电台、北京电视台，对在奥运服务保障工作中取得优异成绩的有关部门和栏目组进行慰问。

1月8日　北京人民广播电台在延安推出庆祝建台60周年大型直播节目——《曾经的电波》。节目以人民广播诞生、发展的时间顺序为线索，分为“在延安”、“走华北”、“进北京”3个单元，采用音视频现场直播、记者连线、亲历者讲述、专家访谈、文物展示、听众互动、现场模拟新华广播电台当年播音场景等多种形式和表现手法。新闻广播（中波828千赫，调频100.6兆赫）、北京广播网进行3个小时的现场直播，直播现场特别设在延安清凉山下的延安新闻纪念馆内。

1月8—9日　在中国传媒大会2008年会上，北京人民广播电台交通广播荣获“金长城传媒奖2008中国广播电台十强”、秦晓天荣获“2008中国十大传媒创新人物”称号。

1月10日　中国电影博物馆与中国青少年发展基金会、暴风影音在电影博物馆内联合举办“给贫困孩子一个电影的梦想”大型公益活动。原儿童电影制片厂厂长、新中国第一代女摄影师陈锦　、原中国儿童少年电影学会副会长林阿绵及年轻一代电影人徐静蕾等来到现场，与来自河北武邑县的北京的士希望小学的45名学生共同参加活动。

1月11日　北京电视台卡酷动画卫视在中国联合商报社、人民日报新闻战线杂志、品牌杂志社、购物导报社、中国经济报刊协会、中国国际品牌学会等单位联合主办的“第五届中国品牌影响力高峰论坛年会”上，荣获“中国动画电视传媒最具影响力首选品牌”，百集动画片《福娃奥运漫游记》荣获“中国动画最具影响力首选品牌”，北京卡酷动画卫视总经理帅民荣获“中国品牌建设十大杰出企业家”称号。

1月13—15日　北京市广播电视局召开2008年度北京广播影视发展形势研讨暨2009年广播影视研究工作会议。邀请市委宣传部、市发展和改革委员会及北广传媒集团、顺义区广电中心等有关负责同志，分别就文化创意产业集聚区、首都经济社会发展、CMMB、农村数字广播、DAB等工作做专题报告。

1月13日　北京歌华有线电视网络股份有限公司在北京举行“2009年度数字电视付费节目发展研讨会暨歌华有线新春答谢会”，来自全国各地数字付费频道的负责人和代表出席会议并就数字付费电视的经营、发展等问题进行研讨。

1月14日　北京市广播电视局贯彻落实党风廉政建设责任制领导小组办公室召开会议。局纪检组组长、局贯彻落实党风廉政建设责任制领导小组副组长邓宏凤主持会议并讲话。会议研究和讨论了市广播电视局《建立健全惩治和预防腐败体系2008—2012年工作实施办法》分工方案。

1月15—22日　为纪念北京人民广播电台建台60周年，历时一年筹拍的8集大型电视专题片《大音京华》在北京电视台科教频道播出。

1月15日　北京电视台新址启用，科教频道（BTV−3）、影视剧频道(BTV−4)、青少频道(BTV−8)在新址试播成功，标志着经过6年建设的新址正式启用。新址包括综合业务楼、多功能演播中心和生活服务楼，占地3.61万平方米，总建筑面积197925.67平方米，具有超高层纯钢结构、楼宇智能化、开放式新闻演播室、多功能演播剧场和舞台等，在“采、编、播、存、管”环节实现“信号采集数字化、节目制作网络化、播出硬盘化、存储数据化和管理智能化”。4月1日，北京卫视（BTV−1)、文艺频道(BTV−2)、体育频道(BTV−6)、高清频道也迁至新址开播。

1月15日　北京歌华有线电视网络股份有限公司城中分公司宣武区南华里营业厅举行开业典礼。宣武区副区长范宝，歌华有线公司董事长张淼、总经理卢东涛等领导出席剪彩仪式。南华里营业厅集营业、办公与维护等多种功能于一体，是城八区面积最大、服务窗口最多的营业厅之一。

1月16日　由中国价格协会与中国广播电视协会有线电视工作委员会共同组成的“有线数字电视基本收视费成本监审办法”项目组组长王永治、副组长陈晓宁等一行9人到北京歌华有线电视网络股份有限公司调研网络运营系统，歌华有线公司董事长张淼、总经理卢东涛及相关负责人进行研讨。

1月16日　北京市地方志办公室王铁鹏主任一行到北京市广播电视局调研史志工作。对市广电局的史志工作给予充分肯定，并对如何启动第二轮《北京志·广播电视志》编纂工作提出具体要求。

1月18日　北京人民广播电台爱家广播（中波927千赫/有线调频92.7兆赫）正式开播，每天播音19小时。爱家广播作为北京广播市场上第一家紧扣“家庭生活”的频率，以贴心的服务型节目为听众服务，在节目时段设置上适应一般家庭的生活节奏，满足目标人群的生活行为和收听需求。主要栏目有《一日之计——爱家资讯》、《国事家事轻松说》、《买的要比卖的精——爱家消费全知道》、《健康在线》、《爱家帮你忙》、《家有儿女》、《两个女人一台戏》等。

1月18日　北京歌华文化发展集团“奥运表彰暨歌华十年庆祝活动”在歌华艺术馆举行，200余名员工参加。北京北广传媒集团总裁马朝军、党委副书记贾玉祥出席。

1月20日　中央组织部召开2009年新闻

单位迎春茶话会，北京北广传媒集团党委书记刘志远、副总经理赵多佳和《北京党建》负责人应邀参加。中共中央政治局委员、中央书记处书记、中组部部长李源潮在讲话中，感谢北京北广传媒集团等新闻单位在抗震救灾报道中通过开设专题、专栏等形式及时宣传党组织发挥的作用和党员积极缴纳特殊党费，为凝聚力量、鼓舞士气所做的贡献。这是《北京党建》连续第二年作为唯一的北京市属新闻单位参会。

1月20—21日　北京市广播电视局领导分别率队到中国电影博物馆、北京电台、北京电视台等单位进行春节前安全大检查。重点检查安全播出、门禁、警卫、消防、内部管理等工作，并对做好节目安全防范工作提出具体要求。

1月20日　北京歌华文化发展集团将持有的北京北广传媒移动电视有限公司7.19%股份划转给北京歌华传播中心有限公司，并完成工商变更。

1月21日　北京市广播电视局召开党的建设经验交流会，局党组副书记、副局长、机关党委书记杨淑琴出席会议并讲话。会议学习胡锦涛“12.18”讲话，部署学习实践科学发展观活动第二阶段的工作。局机关党委委员、纪委委员以及各党支部书记参加会议。

1月21日　北京电视台召开2008年工作总结暨表彰大会，对2008年度获奖作品、优秀栏(节)目和一批先进部门及个人进行表彰。市广电局党组书记、局长孙向东出席会议并讲话。北京电视台领导、各部室主任、科长(制片人)、获奖代表及职工代表500余人参加会议。

1月22日　北京市广播电视局召开北京市广播影视工作会议，传达全国广播影视局长会议和北京市委宣传部长会议精神，总结2008年工作，部署2009年工作任务。市委常委、宣传部长、副市长蔡赴朝出席会议并讲话。蔡赴朝充分肯定2008年北京广播影视工作取得的成绩，并强调，北京广播影视工作要把握正确舆论导向，不断创造和发展主流舆论。市广电局党组书记、局长孙向东做题为《坚持科学发展，繁荣发展首都广电事业，为建设“人文北京、科技北京、绿色北京”服务》的工作报告。市委宣传部副部长肖培和市广电局副局长杨淑琴、李春良、臧增祥、丁百之，纪检组长邓宏凤、总工程师何桂芝、巡视员洪兵、副巡视员宋春华出席会议。各区县文委、广电中心和北京北广传媒集团、中国电影博物馆、北京电台、北京电视台主要负责同志，局机关干部和局属处级事业单位主要负责同志，特邀行风监督员和市属广播影视社团负责人共150人参加会议。

1月22日　2008《北京广播影视年鉴》出版发行。全书设19个栏目，共65万字、400多幅图片，全面、客观记述2007年度全市广播影视的大事、要事和新事，并重点反映全市广播电视重大宣传报道、事业产业发展情况，以及行业基本概况。

1月22日　北京歌华有线电视网络股份有限公司召开2009年度工作会议，公司党委书记、董事长张淼总结2008年工作经验与问题，提出2009年发展思路和要求，总经理卢东涛总结了工作成绩与经验，并对2009年工作重点与任务进行具体部署。大会还通报表彰了2008年度“歌华有线星级员工”。北京北广传媒集团总经理马朝军、北京市广播电视局巡视员洪兵出席会议，歌华有线公司领导及部分员工共800余人参加会议。

1月26日　北京电视台网站与北京卫视同步网上直播2009北京电视台春节联欢晚会。4个多小时的网络直播中，来自美国、韩国、英国、印度、日本、瑞典、德国等30多个国家和地区的网友通过BTV网站收看北京电视台春节联欢晚会。截至2月5日中午12：00时，BTV网站春晚整体宣传的访问量达到22万次，比去年同期增加40%。

1月　北京市广播电视局总工程师何桂芝率局科技处和5个相关区县广电中心技术人员对延庆、房山、怀柔、平谷、密云5座新开通的无线覆盖转播站进行春节前安全运行检查，以确保节日期间远郊区县群众收听收看好广播电视节目。

1月　北京市委、市政府发文任命丁百之为北京市广播电视局党组成员、副局长。

1月　北京人民广播电台城市服务管理广播发起组建的1073城市管理志愿者服务队荣获“首都‘迎奥运、讲文明、树新风’活动先进集体”称号。

1月　北京电视台24集大型音乐纪事系列片《岁月如歌》被国家广播电影电视局推介为2008年度创新创优典型节目。该节目是一部反映中国改革开放30年巨变的声乐作品，国家广电总局副局长胡占凡先后两次对节目做出批示，给予充分肯定。

1月　北京北广传媒移动电视有限公司制作并播出的新闻《8岁白血病女童等待您的救助》，获得由中国社会工作协会——儿童社会救助工作委员会颁发的《2008年度爱心单位》证书。

1月　北京电台、北京电视台新闻节目中心要闻部荣获“第六届首都民族团结进步先进集体”称号。

2月

2月1日　北京北广传媒数字电视有限公司召开2009年第一次股东会议。会议决定：北京歌华文化集团所持的数字电视公司6.67%的股份无偿转让北京歌华传播中心有限公司。同月，数字电视公司完成工商等相关变更手续。

2月2日　北京人民广播电台在新落成的广播大厦隆重举行建台60周年纪念大会，各界人士600余人参加。60年前的1949年2月2日，北京人民广播电台开始播出，当时只有1个频率、每天播出10多个小时，现在拥有9个频率、每天播出183小时。中共中央政治局委员、市委书记刘淇发来贺信，代表市委、市政府向北京电台全体员工以及为广播事业做出贡献的离退休老同志致以亲切的问候和崇高的敬意。北京电台老领导、中央党史研究室副主任龙新民，国家广电总局副局长胡占凡，市委常委、宣传部长、副市长蔡赴朝，中国记协党组书记、副主席翟惠生，国家广电总局党组成员、中央人民广播电台台长王求等出席纪念大会。北京电台台长汪良作题为《继往开来再创辉煌》主题报告，大会还为北京电台服务30年以上的老职工颁发纪念品和证书。国家广电总局有关部门、中国广电协会、市政府办公厅、市广电局、北广传媒集团、市记协、市广电学会、朝阳区委的有关领导，中央和北京市有关媒体的负责人，曾在北京电台担任过台级领导职务、现已离退休或调出的领导以及来自社会各界的北京电台受众代表参加大会。同日，北京电台台史展展出。展览内容分为“亲切关怀、历史足迹、奋斗历程、锐意改革、友好往来、硕果累累、岁月如歌”7个部分，通过124块展板、534张照片和数百件实物记录和展示了北京电台60年来的发展变化。龙新民、蔡赴朝等为北京电台“台史展”揭幕。

2月3日　由北京市纪委与北京北广传媒集团联合制作的反腐系列剧《以案说纪》举行审片会。北京市纪委副书记王海平，北广传媒集团党委书记刘志远，北广传媒党委副书记、纪委书记贾玉祥，北广传媒集团副总经理赵多佳出席审片会。

2月4日　北京市广播电视局召开新中国成立60周年献礼影视剧目创作座谈会，市广电局副局长李春良主持会议。北京市委宣传部文化处、北京北广传媒集团以及北京电视艺术中心、北京中北电视艺术中心有限公司等单位有关负责人出席会议。会议通报了电影《铁人》、《万家灯火》、《大地震》，电视剧《沧海》、

《开国岁月》、《雪域天路》、《我的兄弟是顺溜》等作品的创作进展情况。李春良要求各单位加强领导、精心组织，为新中国60华诞献上一份厚礼。

2月5—13日　北京北广传媒影视有限公司摄制的33集电视连续剧《雾柳镇》在湖南电视台电视剧频道播出。据收视统计，湖南全省平均收视率为4.07%，其中长沙最高收视率为7.74%，创该频道有史以来收视率新高。

2月6日　北京人民广播电台制作的大型系列电视纪录片《大音京华》在北京电视台连续播出后，广受好评。据北京广播网点击统计，共有56908人次通过网络收看该专题片，137人次在网上留言。

2月6日　北京市委常委、宣传部长、副市长蔡赴朝，市委宣传部副部长陈冬、北京市广播电视局局长孙向东等一行到北京歌华有线电视网络股份有限公司调研，北京北广传媒集团总经理马朝军、歌华有线公司领导班子成员陪同调研。调研组听取工作汇报，观看演示后，蔡赴朝高度评价歌华有线公司10年的健康、稳定、快速发展，对有线网的建设管理工作提出了希望和要求。

2月10日　北京电视台制作的大型体育文献纪录片《与梦齐飞》在体育频道（BTV-6）每晚22：00播出。该纪录片共16集、每集45分钟，涵盖改革开放以来中国体育事业的发展与中国体育所经历的重大事件。

2月11日　北京市委常委、宣传部长、副市长蔡赴朝到北京电视台新址检查安全防火工作。市委宣传部副部长肖培、市广电局局长孙向东、副巡视员宋春华陪同检查。蔡赴朝提出：北京电视台要认真贯彻落实刘淇书记在全市安全会议上的讲话精神，高度重视并认真抓好安全工作，积极配合市消防局进行一次严格检查。要分不同层次进行全员消防技能培训，加强对安监系统、门禁系统的管理，借鉴国外先进管理经验，提高安全系数。孙向东提出，要认真开展安全大检查、大培训工作，仔细查找隐患漏洞，认真整改，确保安全播出。

2月11日　北京市广播电视局巡视员洪兵带队到石景山区开展行业调研。石景山区区委常委、副区长付生柱陪同调研。石景山区文化委员会重点围绕广播影视管理体制、广播影视知识产权保护、政策研究、集聚区和动画产业基地建设情况进行汇报，石景山区科学技术委员会详细介绍了首都文化娱乐休闲区(CRD)及广播影视项目的建设运行情况。市广电局调研小组还考察了石景山万达国际电影城、北京银河长兴影视文化传播有限责任公司和中视互动新媒体集团，详细了解了影院放映和京产原创动画片《三国演义》、《麋鹿传奇》创作生产情况。

2月11日　北京人民广播电台2008年主持人节目展播评选揭晓，共收到听众评议稿件168篇。经专家评议，从参加展播的31档节目中评出最佳奖10个，优秀奖11个。

2月16日　北京市广播电视局推进依法行政领导小组听取2008年度局机关执法责任制评议考核工作的汇报，及市文化市场行政执法总队、区县文化委员会对市广电局开展广播影视执法责任制工作的意见和建议，将局社会管理处、宣传管理处、科技处及10名执法人员评为2008年度局机关执法责任制合格执法机构和合格执法人员。

2009年2月16日　北京电视台举办“影视剧2009年新春座谈会暨2008年度收视颁奖”活动。

2月18日　北京市广播电视局总工程师何桂芝率队赴河北省广播电视局就广播电视无线频率管理、广播电视数字化、无线覆盖工程、安全播出管理和广播电视监测工作进行调研。

2月18日　北京北广传媒集团召开新媒体发展规划座谈会，中宣部、国家广电总局、市委宣传部、市广电局有关领导出席会议，集团副总经理王晓东主持会议，移动电视、城市电视介绍了经营发展情况。

2月19日　全国政协副主席、台盟中央主席林文漪一行到中国电影博物馆考察调研。林文漪希望中国电影博物馆为促进两岸文化交流做出贡献。

2月23日—4月22日　北京人民广播电台城市服务管理广播“市民对话一把手”系列访谈直播节目圆满结束。全市22个与经济、民生密切相关的委办局“一把手”以及18位区（县）长走进直播间与市民对话。期间，北京广播网专门制作40场音视频、图片、文字实时同步直播，每天页面访问量为14030、视频点播量为30704、音频点播量为4653。

2月23日—9月24日　由北京电视艺术中心等承担的——新中国成立60周年重点剧目《咱爸咱妈六十年》(38集、高清电视剧）完成拍摄制作并播出。6月10日，北京市委宣传部常务副部长陈启刚、北京北广传媒集团党委书记刘志远、北京市广电局副局长李春良看望并慰问剧组。9月24日，该剧在北京电视台举行首播新闻发布会。

2月24日　北京市广播电视局总工程师何桂芝率队对全国人大、政协“两会”代表委员驻地有线电视传输保障情况进行检查，现场听取北京歌华有线电视网络股份有限公司保障工作情况汇报。歌华有线公司董事长张淼、总经理卢东涛、常务副总经理王振华陪同检查。

2月24日　原国家体育总局局长袁伟民，原国侨办副主任、中新社社长刘泽彭，北京奥组委执行副主席蒋效愚，北京奥组委文化活动部部长赵东鸣，原国家女排运动员杨希等一行到中国电影博物馆参观考察。

2月25日　北京市广播电视局召开2009年思想政治工作会议。党组书记、局长孙向东，党组副书记、副局长杨淑琴，副局长臧增祥，纪检组长邓宏凤和北京市委宣传部基层处负责同志出席会议，副局长李春良主持会议。会议学习传达市委组织部、市委宣传部有关文件精神和市行政体制改革工作会议精神。北京电台、北京电视台和局学习实践活动办公室作交流发言。中国电影博物馆、北京电台和北京电视台党委书记、副书记，局属处级事业单位党支部书记、副书记，局机关处室负责人及有关部门专职人员参加会议。

2月25日　北京歌华有线电视网络股份有限公司召开“2009年度全国卫视节目传输工作会”，协调各省级卫视台在京落地传输的有关问题。全国32家省（市、自治区）卫视台参加会议。

2月26—27日　北京市广播电视局分别召开会议部署全国人大、政协“两会”期间市属单位和区县广电中心安全播出工作。传达国家广电总局关于安全播出工作要求，听取各单位安全播出隐患自查情况的汇报。市广播电视局总工程师何桂芝出席会议并讲话。各播出传输单位主管领导、技术负责人等参加会议。

2月27日　中国电影博物馆一期工程交接仪式在中国电影博物馆多功能厅举行。北京市委副秘书长李福祥、北京北广传媒集团总经理马朝军、北京市广播电视局副巡视员宋春华及有关单位的领导和嘉宾出席交接仪式。市广电局局长孙向东、中国电影博物馆馆长杨永安和中国电影博物馆业主委员会主任钟嘉禄分别在《中国电影博物馆一期工程交接书》上签字。

2月28日　中华世纪坛世界艺术馆在第三届AAC艺术中国·年度影响力评选(2008)颁奖盛典上，获AAC艺术中国(2008)年度特别奖。

2月—6月　北京人民广播电台9个专业广播和北京广播网60多名记者分赴全国20多个省、市、自治区和香港、澳门特别行政区，采制由60集广播专题人物报道和6集视频节目组成的大型音视频纪实报道“他乡北京人”，成为北京电台为新中国60周年系列宣传报道活动的重点项目之一。

3月

3月1日　北京市副市长黄卫到北京电台城市服务管理广播调研。在听取汪良台长工作汇报后，黄卫指出：城市服务管理广播是市委、市政府结合首都城市管理的特点拓宽思路、拓展渠道的有益尝试，是加强市委、市政府与群众沟通的平台。市政府副秘书长周正宇，市政府办公厅副主任吴大仓，市政管委主任陈永，市环保局局长史捍民，市广电局局长孙向东、副局长李春良，市委宣传部副巡视员孙玉山，市政府督查室主任高飞，市交通委委员王兆荣等陪同考察调研。

3月2日　北京歌华有线电视网络股份有限公司董事长张淼入选全国宣传文化系统第二批“四个一批”经营管理人才；副总工程师刘磊入选全国宣传文化系统首批“四个一批”专门技术人才。

3月2日　北京人民广播电台召开获奖人员表彰暨首席聘任大会，对2008年度在各项社会评比中获奖的集体和个人进行表彰，聘任赵爽、梁言、王佳一分别为第五届(2008年度)北京电台首席编辑、播音员、主持人。

3月上旬　北京人民广播电台技术中心技术管理科科长张旭、北京电视台网络管理部副主任毕江入选全国宣传文化系统“四个一批”专门技术人才。

3月2日　北京北广传媒数字电视有限公司《北京党建》频道全新改版，试播旗舰频道《党建综合》，并增加一档日播15分钟的新闻栏目《党建新闻》。

3月3—15日　北京市广播电视全方位报道全国人大、政协“两会”。期间，北京电台在《北京新闻》、《新闻快报》、《新闻大视野》、《整点快报》、《新闻2009》、《新闻天天谈》、《七点早新闻》等相关专栏播出报道170多条，其中，记者自采报道30多条。北京电视台在《北京您早》、《特别关注》、《新闻晚高峰》、《北京新闻》、《晚间新闻报道》5档新闻节目中，共播发新闻95条，总时长超过500分钟。北京北广传媒数字、移动、城市（楼宇)、手机、大屏幕电视等新媒体，及区县广播电视以不同形式和特点分别对“两会”进行报道。

3月4日　北京市广播电视局召开2009年党风廉政建设工作会议。北京市纪委常委刘经宇、市委宣传部副巡视员张伯华出席会议并讲话。会议传达中央纪委十七届三次全会、市纪委十届五次全会暨全市党风廉政建设工作会议精神，并与局属各单位签订党风廉政建设责任书，向局聘请的第三届特邀政风行风监察员颁发证书。市广电局党组书记、局长孙向东，纪检组长邓宏凤、副巡视员宋春华出席会议，巡视员洪兵主持会议。中国电影博物馆、北京电台、北京电视台主管领导和纪检干部以及局属处级事业单位负责人和局机关处级以上干部约80余人参加会议。

3月5—6日　北京人民广播电台、北京电视台先后组织召开2009年思想政治工作会。两台分别传达市委宣传部和市广电局思想政治工作会议精神，分别与两台各部门签订党风廉政建设责任书。

3月10日　北京市广播电视局召开“国际金融危机与首都广播影视发展研讨会”。市广电局领导孙向东、杨淑琴、李春良、邓宏凤、何桂芝、宋春华等出席会议，洪兵主持会议。北京北广传媒集团、北京电台、北京电视台和部分广播影视节目制作经营单位负责人作重点发言。清华大学新闻传播学院副院长尹鸿教授、杭敏副教授，北京大学新闻与传播学院陆地教授，进行归纳点评。北京北广传媒集团、中国电影博物馆、北京人民广播电台、北京电视台，部分区县文委、广电中心、广播影视节目制作经营单位、行业协会，局机关各处室、局属各单位80余人出席会议。

3月10日　北京人民广播电台“北京广播

网”荣获中国互联网协会颁发的“企业信用评价AAA级信用企业”称号。

3月11日　北京北广传媒集团召开深入学习实践科学发展观活动动员大会暨举办党员干部集中学习班。市委指导检查组组长刘俊、副组长曲仲及指导组成员出席会议，集团领导班子成员、所属各单位领导班子成员，歌华集团文化、科技、传播中心负责人，歌华有线各分公司经理，集团总部各部室主任、副主任，集团总部和部分单位党员共140人参加会议。集团总经理、党委副书记马朝军主持会议，集团党委书记刘志远做动员报告。

3月12日　北京市政协原主席王大明、陈广文，市人大常委会原主任张健民等12位市级离退休老领导到中国电影博物馆参观考察。

3月12日　北京人民广播电台召开深入学习实践科学发展观活动动员大会。会议由台学习实践活动领导小组副组长兼办公室主任、台党委副书记赵泽勤主持。市委学习实践活动第六指导检查组全体成员到会指导。台学习实践活动领导小组组长、台党委书记、台长汪良作动员讲话。市委学习实践活动第六指导检查组组长刘俊对北京电台学习实践准备工作给予肯定。

3月13日　在北京电视台、上海文广集团的共同倡议下，由国家广电总局主办，北京电视台、上海文广集团协办的全国省级卫视电视剧合作与发展战略研讨会在北京召开。国家广电总局电视剧管理司司长李京盛、副司长王卫平等出席研讨会，来自全国20余家省级电视台领导和电视剧播出工作人员到会，并联合签署电视剧播出自律公约。

3月16日　北京广播电视报社办公地址由崇文区夕照寺街14号迁至崇文区安乐林路18号。

3月16日　北京市信息办副主任阎冠和一行到北京歌华有线电视网络股份有限公司就交互电视业务进行调研，歌华有线公司董事长张淼、总经理卢东涛等陪同调研。

3月16—18日　北京市委宣传部常务副部长陈启刚在北京电视台台长刘爱勤陪同下，赴四川什邡走访慰问北京援建地震灾区前线分指挥部全体人员及北京电视台工作站记者，考察北京电视台援建什邡市的BTV双盛小学待建项目选址并出席援建项目签字仪式。北京电视台出资500万元在什邡市双盛镇建立“什邡市BTV双盛小学”。

3月17日　北京市广播电视局局长孙向东、总工程师何桂芝和市委宣传部新闻处、局科技处有关人员组成的调研组，到房山区对新农村文化共享工程——“四位一体”多媒体信息网络建设和应用情况进行调研。房山区区委常委、宣传部长唐淑荣、北京歌华有线电视网络股份有限公司董事长张淼等参加调研。

3月18—19日　北京市广播电视局副局长李春良带队先后到西城、石景山、怀柔等区就影院经营与管理、院线建设和发展、农村数字影厅建设、电影流动放映等工作进行调研。

3月19日　中共中央政治局委员、北京市委书记刘淇就“扩内需、保增长、促发展”的问题到北京歌华大厦调研，并实地考察文化创意产业和歌华有线总前端等。刘淇在调研时指出，要按照国际一流水准，加快宽带建设，推动网络升级，提升信息化水平。市委常委、常务副市长吉林，市委常委、市委秘书长李士祥参加调研，市委宣传部副部长陈冬、东城区区委书记杨柳荫、区长杨艺文及市、区有关部门负责人，北京北广传媒集团副总经理、北京歌华文化发展集团董事长王建琪，北京北广传媒集团副总经理、北京歌华有线电视网络股份有限公司董事长张淼陪同调研。

3月19日　中共中央组织部新闻办副主任宋健到北京北广传媒数字电视《北京党建》编辑部调研，充分肯定《北京党建》的改版工作。

3月19日　北京北广传媒移动电视有限公司与对外单位合办《食尚》节目正式开播。

3月19—21日　由北京市广播电视局主

办，首都广播电视节目制作业协会承办，重庆广播电视集团（总台）协办的2009年春季电视节目推介会在重庆举行。北京市广电局局长、首都广播电视节目制作业协会名誉会长孙向东，市广电局副局长李春良出席活动并讲话。国家广电总局电视剧管理司向本次推介会发来贺信。此次推介会是北京市广电局第一次独立主办的电视节目推介会，也是2009年国内第一次大型电视节目购销交易活动。66个协会会员单位推出交易的电视剧目150多部约5000集。来自76个电视台（频道）、66家节目制作公司和韩国、新加坡、香港、台湾等国家、地区的海内外嘉宾以及中央、地方媒体记者共计450人参加推介会。

3月19—28日　由北京市人民政府新闻办公室和澳门特别行政区政府体育发展局联合主办，北京歌华文化发展集团歌华展览公司、派京文化体育服务有限公司承办的"见证奥运超越梦想"大型主题展览在澳门塔石体育馆举办，共展出奥运珍品100余件。之后，此展在澳门、厦门和天津等进行巡展。

3月20日　北京歌华文化发展集团歌华科技中心有限公司在中关村科技园区20周年突出贡献奖表彰大会上，荣获突出贡献企业奖。

3月20日　北京歌华有线电视网络股份有限公司召开"开展深入学习实践科学发展观活动"视频动员大会，公司500多名党员、30多名积极分子、公司领导班子成员、全体中层干部参加会议。北京北广传媒集团学习实践活动领导小组办公室负责人出席会议。公司党委书记、董事长张淼作动员报告，党委副书记张家祥部署活动安排。

3月22日　中国广播科学研究院组织由IABM国际广电技术产品生产企业协会、IBC国际广播电视展览会、法国ATEME和GORGY TIMING公司及EEBC东欧广播电信展览会等所组成的国际考察团赴北京歌华有线电视网络股份有限公司参观访问并进行交流会谈，歌华有线公司总工程师何拥军等接待来访并交流。

3月23日　法国高基时间同步技术有限公司董事长和法国数字广播传媒科技有限公司代表，分别到北京电台访问，双方就广播计时系统和数字广播配套支持等技术问题座谈。

3月24日　辽宁省锦州市市长王文权一行到北京歌华有线电视网络股份有限公司调研，参观了网络总前端，观看了数字电视交互业务演示。歌华有线公司董事长张淼、总经理卢东涛介绍了公司业务发展情况。王文权市长对歌华有线业务给予高度评价，表示要加强锦州有线电视网和歌华有线公司的交流合作。

3月27日　北京市广播电视局分别组织召开国有和民营持证信息网络视听节目服务机构座谈会，以"如何应对金融危机挑战，大力发展文化产业，促进经济发展"为主题，就如何促进市信息网络视听节目服务业繁荣发展进行座谈。市广电局副局长臧增祥出席会议并讲话。市属主要持证机构和节目审查负责人60余人参加会议。

3月27日　北京北广传媒集团党委书记刘志远到北广传媒移动电视公司就移动电视的发展进行调研。

3月29日　中国电影博物馆馆刊《影博·影响》邀请著名电影艺术家谢芳与爱人张目参加"光影岁月之五十年代电影"座谈会，向电影观众讲述《青春之歌》的幕后故事，以及20世纪50年代国产影片的主要价值观，拉开"观众与老电影"系列座谈活动的序幕。

3月30日　北京市广播电视局根据《北京市新建商品住宅小区住宅与市政公用基础设施、公共服务设施同步交付使用管理暂行办法》和国务院、国家广电总局有关管理条例和办法，召开"北京市新建商品住宅小区有线电视网络工程验收工作启动会"，市广电局总工程师何桂芝出席会议并讲话。国家广电总局广科院、中广电设计院等有关专家出席会议，局机关相关处室、北京广播电视监测中心，北京歌华有线电视网络有限公司和验收工作组人员参加会议。

3月31日　北京市广播电影电视局召开领导干部会议，宣布北京市广播电视局名称变更及领导班子任免决定。这是根据《北京市人民政府关于机构设置的通知》和《中共北京市委组织部关于政府机构改革后有关机构党组、党委调整设置的通知》精神，北京市广播电视局更名为北京市广播电影电视局，中共北京市广播电视局党组更名为中共北京市广播电影电视局党组。市委宣传部常务副部长陈启刚和市纪委常委边学愚出席会议并讲话，会议宣布：孙向东任市广电局党组书记、杨淑琴任副书记，李春良、臧增祥、丁百之、王霞、王立平、何桂芝、宋春华任党组成员，王立平任市纪委驻市广电局纪检组长；孙向东任市广电局局长，杨淑琴、李春良、臧增祥、丁百之、王霞任副局长，何桂芝任总工程师，洪兵任巡视员，宋春华任副巡视员。陈启刚为北京市广播电影电视局揭牌。局领导班子成员，北京电台、电视台主要负责人，局机关全体干部，局属单位处级领导干部参加会议。

3月　北京电视台为做好新中国成立60周年宣传报道工作，制作播出大型纪录片《北京记忆(第二部)·青春》、大型文化系列片《百花深处——首都60年文化大繁荣纪实》、“庆祝新中国成立60周年歌舞大赛”、纪念新中国成立60周年大型电视主题教育活动——《红孩子》、第四届“北京影响力”活动、6集专题片《人民大会堂》、《新中国体育60年》等。在新闻节目中开辟专栏进行系列报道，如《北京新闻》推出新闻专栏《60年变迁》、《同心迎佳节》，系列报道《见证新中国》，新闻专栏《我与新中国》、《过去的故事》。除投资制作拍摄33集电视剧献礼剧目《龙须沟》外，还选购电视剧《潜伏》、《战地浪漫曲》等优秀剧目，并安排播出。

3月　国家广播电影电视总局评选出本月全国优秀电视节目和剧目共10个，其中北京电视台的《志愿者·真情耀中华》、《中华大讲堂——老子的帮助》两个节目和《王贵与安娜》连续剧获选。

4月

4月1日　北京卫视、文艺频道、科教频道、影视剧频道、体育频道、青少频道、高清频道正式在北京电视台新址开播。标志北京电视台新址一期工程承载的6个标清频道、1个高清频道正式启用。新址具有超高层纯钢结构、楼宇智能化、开放式新闻演播室、多功能演播剧场和舞台机械等，在“采、编、播、存、管”环节实现“信号采集数字化、节目制作网络化、播出硬盘化、存储数据化和管理智能化”。

4月1日　北京电视台建立“北京卫视观众社区”，利用96168服务热线，以观众调查的形式，通过电话或短信等通讯手段在全国范围内开展观众满意度调查，对北京卫视播出的节目进行跟踪反馈。

4月1日　北京市广播电影电视局召开2009年市广播影视统计工作会议。国家广电总局规划财务司统计处负责人出席会议，市广电局巡视员洪兵出席会议并讲话。会议传达全国广播影视统计工作会议精神。北广传媒集团、中国电影博物馆、北京电台、北京电视台、区县广电中心和本市持有《广播电视节目制作经营许可证》单位的领导和统计人员300余人参加会议。

4月2日　中央军委办公厅直属工作局局长刘洪杰一行10人访问北京歌华有线电视网络股份有限公司，参观网络总前端，观看数字交互电视演示，并就其所辖区的有线数字电视业务相关事宜进行了座谈。歌华有线公司总经理卢东涛，常务副总经理王振华，市场运营总监罗小布及有关人员参加座谈。

4月2日　国家广电总局收听收看中心《收听收看日报》第73期刊出专题述评《北京卫视<中华文明大讲堂>》，肯定该节目在选题、表现形式、制作上的创新。国家广电总局副局长胡占凡批示："这类节目要大力提倡，符合我传媒定位，有利于我们广播电视文化品位的提高。请北京电视台认真研究、总结，把节目变成大品牌"。

4月2—3日　北京市广播电影电视局召开2009年市广播影视法制工作会议暨法制业务培训班。国家广电总局法规司和市政府法制办有关负责人出席会议，市广电局巡视员洪兵出席会议并讲话。会议要求，加强领导、落实责任，规范执法、强化监督，上下对接、形成合力，建立广播影视法制建设新机制。各区县文委主管领导、法制干部和行政执法人员，北广传媒集团、北京电台、北京电视台、各区县广电中心、局机关处室和局属单位有关人员80余人参加会议。

4月3日　国家广电总局科技司司长王效杰等到北京歌华有线电视网络股份有限公司就数字电视交互业务等进行调研，歌华有线公司董事长张淼、总经理卢东涛等陪同调研。

4月4日　北京电视台与陕西电视台圆满完成"黄陵祭祖"联合直播节目，BTV网站与北京卫视同步进行直播。

4月7日　北京电视台召开深入学习实践科学发展观活动主题报告会。市委第二批学习实践活动第六指导检查组和台党委理论学习中心组成员、全台的党员等近1000人参加会议。

4月7日　北京市委常委、市委宣传部长、副市长蔡赴朝对北京北广传媒数字电视公司拍摄的《创意北京》专题片作出批示："同意给予支持，注意剧本中要对各方面对文化创意产业的支持要兼顾到（如发改委、财政等），同时片子的可视性、艺术性也不能忽略"。

4月7日　北京歌华文化发展集团成立北京歌华时代桥人力资源管理有限公司（简称"歌华时代桥"），作为集团人力资源开发的商业化运营公司。

4月8日　北京市广播电影电视局举办以"关注消防、珍爱生命、共享平安"为主题的防火知识讲座，邀请市消防协会防火中心专家进行授课。市广电局副巡视员宋春华主持，北京广电系统60余人参加讲座。

4月8—10日　北京市广播电影电视局组织市属主要持证机构、市文化市场行政执法总队、局监测中心等单位50余人，参加中国传媒大学亚洲传媒研究中心举办的网络视听媒体规范管理及版权保护高级研修班。邀请国家广电总局、国家知识产权总局等有关专家，进行授课辅导和交流。

4月8—14日　北京市广播电影电视局分别组织市区县文委、电影服务中心、电影发行放映协会和在京院线召开座谈会，就影院经营与管理、农村公益电影放映、行业协会工作及院线状况等进行调研。4月9日，副局长李春良主持召开电影管理接转工作小组会议，研究电影市场职能接转准备的相关工作。

4月9日　北京北广传媒集团副总经理赵多佳及有关人员到北广传媒数字电视有限公司就"落实科学发展观，真抓实干促发展"，加强宣传管理及新媒体制播中心筹备进行调研。

4月9日　北京北广传媒移动电视有限公司注册地址由北京市海淀区阜成路73号裕惠大厦15层迁至东城区北小街青龙胡同1号歌华大厦A座809室。

4月10日　应中国记协邀请，拉丁美洲记者联合会主席胡安·卡洛斯·卡马尼奥率10人新闻代表团到北京人民广播电台参观访问。副总编辑亢亚志与会谈并陪同参观。

4月10—30日　北京人民广播电台城市服务管理广播与北京市交通委员会、北京市环保局联合发起"绿色出行、畅通北京"活动。

活动号召市民通过“我反映、我设计、我体验”参与绿色出行，为北京交通发展做贡献，并通过论坛、邮箱、短信、热线电话收集到反映绿色出行的问题580多件，评论5700多条。城市服务管理广播把活动期间市民反映的问题进行汇编，以调研报告的形式递交有关部门落实解决。

4月14日　北京市政协教文卫体委员会20位委员到北京电视台新址参观考察。

4月14日　北京市广播电影电视局总工程师何桂芝率队到密云广播电视无线转播站调研。

4月14—17日　北京市广播电影电视局举办广电系统新任处级干部培训班，2007年后新任处级干部40余人参加。市广电局党组副书记、副局长杨淑琴作动员讲话。

4月16日　北京市广播电影电视局为进一步做好国庆60周年广播电视安全播出等服务保障工作，组织开展防范非法无线电视插播事件应急处置演练。市广电局总工程师、市广播电视安全播出指挥部常务副总指挥何桂芝组织指挥应急演练，市委有关办公室副巡视员满恒元、局纪检组长王立平到现场观摩并指导演练。

4月16日　北京歌华有线电视网络股份有限公司为首都国庆60周年阅兵指挥部设在昌平和通州的“阅兵村”承建的有线电视工程竣工。在昌平新敷设“阅兵村”专网光缆5.5公里，新建管道1.5公里等。在通州根据“阅兵村”的要求，积极协调路由，接通光缆干线信号，并进行调试。10月，公司被授予“首都国庆60周年群众游行优秀组织单位”。

4月16日　由朝阳区人大常委会主任王力军等20人组成的市人大代表考察团分别到北京电台和电视台参观调研。在听取电台、电视台领导的情况介绍后，就有关问题进行了座谈交流，参观了电台直播区和北京广播大厦以及电视台新址。

4月16—18日　北京市广播电影电视局举办“加强三农报道研讨培训班”。北京电台、北京电视台、“北京广播影视”编辑部及区县广电中心的编辑、记者40多人参加。

4月17日　国家广电总局收听收看中心《收听收看日报》第83期刊出专题述评，对《北京卫视<国际双行线>》节目给予肯定。总局副局长胡占凡批示：“很好，这类话题具有文化内涵，要多搞。”

4月17日　北京市广播电影电视局组织召开廉政风险防范管理工作培训会，局党组成员、纪检组长王立平主持会议并讲话。会议传达学习中央纪委十七届三次全会、国务院第二次廉政工作会议、市纪委十届五次全会精神，组织学习市委书记刘淇在全市推进廉政风险防范管理工作大会上的讲话精神和市委、市政府《关于在全市推进廉政风险防范管理工作的意见》，并对局系统廉政风险防范管理工作进行学习辅导。中国电影博物馆、北京电台、北京电视台的纪检干部，局机关各处室、局属各单位主要负责人参加。

4月18—19日　北京歌华有线电视网络股份有限公司在朝阳区华严北里2号院正式开展交互数字电视业务试点推广工作。在两天的现场推广中，共发放机顶盒605台，发放率83%。

4月22日　北京市广播电影电视局副局长杨淑琴、总工程师何桂芝到北京歌华有线电视网络股份有限公司负责的通州阅兵村有线电视接入系统进行检查。

4月22日　中宣部文艺局有关负责人杨新贵、孟祥林一行到北京电视台进行调研。北京市委宣传部常务副部长陈启刚、副巡视员陈建文陪同调研。

4月22日　美国国会顾问代表团（CECC）一行到北京电视台新址参观访问。

4月23日　北京紫禁城影业有限责任公司出品的电影《铁人》在北京京西宾馆举行首映式。中华全国总工会主席王兆国、全国人大副主任蒋树声、全国政协副主席张明榕、国家广电总局电影局副局长张宏森、北京市广电局副局长李春良出席首映式，剧组主创导演尹力、编剧刘恒与主演刘烨、吴刚、马苏等参加。

4月23—24日　北京市广播电影电视局召开收听收看业务工作研讨及培训会，研究部署新中国成立60周年宣传报道活动的监听监看工作。

4月24日　北京北广传媒集团总经理马朝军到北京歌华有线电视网络股份有限公司所属涿州分公司检查指导工作。集团副总经理兼歌华有线公司董事长张淼、歌华有线公司总经理卢东涛，集团总经理助理王建及有关部门负责人陪同检查。

4月26日　由北京市广播电影电视局和北京师范大学联合主办的第16届北京大学生电影节落下帷幕，颁奖典礼在北京奥体中心举行。《梅兰芳》获得最佳故事片奖，章家瑞和甄子丹、周迅分别荣获最佳导演奖和最佳男女演员奖，叶伟信和范伟、张静初分获最受大学生欢迎导演和男女演员，余少群获得最佳新人奖。《非诚勿扰》获得本届电影节的评委会大奖；《喊过岭的故事》、《超强台风》、《邓稼先》获得组委会大奖。《即日启程》获得最佳处女作奖，《画皮》获得最佳观赏效果奖，《谁动了我的幸福》获最佳电视电影，《走四方》导演李灌洪获最佳电视电影导演，李心敏和张丹妮分获最佳电视电影男、女演员奖，《秘密访问》获艺术探索奖，电影《新生万喜》和《夏天有风吹过》获得教育题材特别奖，故事片《霓虹灯下新哨兵》获军事题材特别奖，《风云诀》获动画片特别奖。

4月28日　北京市广播电影电视局召开2009年北京市广播影视科技工作会议。总结部署广播影视科技工作，通报表彰荣获2008年度全国广播电视技术维护先进台站(集体)、先进个人和2008年度市广电局科技创新奖的单位、个人。国家广电总局科技司副司长王联，市广电局局长孙向东、纪检组长王立平、总工程师何桂芝出席会议，市广电局巡视员洪兵主持会议。全市广播影视系统近200人参加会议。

4月29日　北京市委政法委组织本市检察、司法、公安机关组织、宣传等部门负责人在北广传媒数字电视公司召开工作协调会，通报《北京党建》纳入全市政法系统宣传报道队伍体系，并就“政法系统十大标兵”系列专题片的拍摄等议题进行研讨。

4月　北京市广播电影电视局信息工作分别被国家广播电影电视总局、北京市委宣传部和市委办公厅评为2008年度信息工作先进单位。

4月　北京电台被全国总工会批准为“全国五一劳动奖状”；北京电台体育广播、北京电视台的体育节目中心、新闻节目中心被中华全国总工会批准为“全国工人先锋号”。北京电台陈晖荣获全国五一劳动奖章、马国颖被评为2009年度北京市首都劳动奖章。

5月

5月4日　北京北广传媒影视有限公司股份转至北京北广传媒投资发展中心(含影视公司所属浙江北广影视公司股份)，原股东北京歌华文化发展集团的股份转至北京歌华传播中心有限公司。

5月6日　国家广电总局副局长田进和总局传媒机构管理司副司长任谦一行到北京人民广播电台的调研广告经营管理工作。北京市广电局副局长杨淑琴、纪检组组长王立平、北京电台台长汪良的陪同调研。

5月7日　文化部原部领导周巍峙、吕志先、仲秋元、何理立、刘德有、陈昌本、张华林、赵维绥、常克仁等一行40人到中国电影博物馆参观考察。

5月8日　由国家广电总局主办、北京市广电局协办、北京人民广播电台承办的“广播电视广告经营管理现场经验交流会”在北京举办。中央人民广播电台、中国国际广播电台、中央电视台、中国教育电视台以及各省、自治区、直辖市广电局纪检组长、监察室主任和电台、电视台分管广告工作的负责人160余人参加。

5月8日　北京北广传媒集团集团副经理李湛军及集团研究管理部一行到北广传媒数字电视有限公司进行调研。

5月9日　中共中央政治局委员、北京市委书记刘淇，副书记、市长郭金龙，市委副书记王安顺等到北京电视台调研。刘淇等察看了解国庆60周年庆祝活动长安街转播机位设置、信号播放、信号调度控制及新闻节目制作播放情况。刘淇充分肯定北京电视台实现制播存管数字化所取得的成绩，并询问北京电视台数字化改造情况；并要求北京电视台通过宣传首都各项建设事业取得的辉煌成就和成功经验，激励广大人民群众投身人文北京、科技北京、绿色北京建设，为新中国成立60周年营造昂扬向上、欢乐祥和、文明和谐的社会氛围。市委常委、秘书长李士祥、市政府秘书长黎晓宏，市委宣传部常务副部长陈启刚，副部长常卫、陈冬、严立强和市广播电影电视局局长孙向东等陪同视察。

5月11日　美国自由媒体国际有限公司（LGI）比利时子公司TeleNet公司CEO Duco Sicikinghe等一行10人到北京歌华有线电视网络股份有限公司参观访问，双方就数据和电视业务发展进行交流。歌华有线公司董事长张淼、总经理卢东涛等参加交流。

5月12日　北京北广传媒集团参加了新北川中学奠基仪式。由中国侨联援建的新北川中学开工典礼在四川省北川县新址永昌镇举行，集团作为此次活动的爱心媒体支持单位捐献了800套抗震纪念音乐CD和其他纪念品进行义卖，所得款项用于新学校建设。

5月12日　北京北广传媒移动电视有限公司与中国移动电视联合制作的宣传片——《5·12一周年纪念》，联动播出。

5月14日　国家广电总局发展研究中心副主任杨文延一行到北京歌华有线电视网络股份有限公司考察调研，并参观网络总前端、交互数字电视演示，就交互数字电视业务发展规划和三网融合应对策略进行交流。

5月14日　北京市政协港澳台侨委员会港澳台侨工作顾问和港澳委员一行50余人到北京电台考察调研，听取北京电台发展情况，考察了直播区、节目制作中心、广告管理部、广告经营部等工作区域。市广电局局长孙向东，电台台长汪良、副总编辑王秋、副台长陈晓红等陪同考察。

5月15日　北京市纪委副书记王海平、市纪委纪检监察员黄顺森、市委宣传部副巡视员张伯华率市纪委和市委宣传部课题组到北京歌华有线电视网络股份有限公司、北京北广传媒移动电视有限公司调研国有资产监管情况。北京北广传媒集团党委书记刘志远和集团相关部室负责人陪同调研。歌华有线公司董事长张淼就公司业务、国有资产运行及监管情况向调研组进行专题汇报。

5月15日　北京电视台在新台址BTV大剧院隆重举行建台30周年纪念大会。中共中央政治局常委李长春，中共中央政治局委员、北京市委书记刘淇致信祝贺。中央党史研究室副主任龙新民，国家广电总局副局长张海涛，市委常委梁伟，市人大常委会副主任刘新成，市政协副主席王伟，中国文联党组副书记、副主席李牧，中国记协党组书记、常务副主席翟惠生，中国广播电视协会会长李丹，市委宣传部副部长严力强，市广电局局长孙向东，中国记协、中国广播电视协会、中国电视艺术家协会、中央电视台、海淀区委、朝阳区委、市记协、市广电学会、北广传媒集团等单位和北京电视台历任老领导出席大会。经过30年发展，北京电视台已从最初1个频道、每天播出几个小时的黑白电视节目，发展到现在的12个频道、每天播出256个小时彩色电视节目，年播出电视节目约88000小时。北京卫视覆盖人口突破8亿。

5月15日　北京北广传媒移动电视有限公司与北京市人力资源和社会保障局联合推出一档就业岗位信息及公益资讯节目《百姓就业》，同时推出《城乡"无保障老年人"养老保险制度改革》及《技校招生》等宣传片。

5月18日　中国电影博物馆《对话·博物馆》栏目以"博物馆与旅游"为主题现场录制专题节目，并举行研讨会。国家旅游局机关党委副书记刘铁森、北京市文物局副局长于平、北京市旅游局副局长顾晓园、北京林业大学园林学院旅游管理系教授石玲、中央民族大学民族学与社会学学院副院长、教授戴成萍，以及中国电影博物馆党委副书记肖纪龙、副馆长李米莉、邢建毅等围绕博物馆行业的历史、现状及发展，博物馆与旅游、文化及消费的关系等话题进行研讨。

5月18日　"珍藏永恒　放飞梦想——5·18国际博物馆日捐赠仪式"在中国电影博物馆举行。著名画家尹光中、八一电影制片厂演员剧团团长祝新运、广州华天下电影发行有限公司、北京电影制片厂分别向中国电影博物馆捐赠了电影拷贝及物品。

5月19日　北京北广传媒数字电视有限公司承担的北京市科委项目《数字电视内容集成和分发系统技术研究》通过中期检查。

5月20日　北京市广播电影电视局召开政风行风第三届特邀监督员培训会，12名特邀监督员参加培训。局纪检组长王立平主持会议，孙向东局长着重介绍广电局的编制、职能、本年度主要任务等基本情况；副局长李春良、总工程师何桂芝分别介绍相关业务领域工作开展情况。市纪委监察局有关负责人出席会议。会议选举产生特邀监督员组长、副组长。

5月21日　由国家广播电影电视总局纪检监察局三室、宣传管理司、传媒机构管理司组成的调研组到北京电视台调研。北京市广电局纪检组组长王立平陪同调研。

5月21日　北京市委常委牛有成，东城区区委书记杨柳荫，北京市政协副主席韩汝琦，政协常委、文史和学习委主任王芸及文史和学习委副主任、委员一行50余人，就北京市有线电视数字化情况，分别到北京歌华有线电视网络股份有限公司考察调研。歌华有线公司董事长张淼、总经理卢东涛等陪同考察调研。

5月21日　北京市政协文史和学习委员会的30余位委员在北京市广播电影电视局局长孙向东陪同下，考察北京电视台工作。委员们实地考察综合业务楼观光大厅、科教节目中心、电视播控中心、新闻演播厅和演播楼演播厅等工作区域。

5月26日　北京市广播电影电视局召开广播电视传媒机构和网络视听节目管理工作会议。市广电副局长臧增祥出席会议并讲话。北广传媒集团及所属相关单位、北京电台、北京电视台、各区县文委、京郊区县广电中心和市属持证国有视听节目网站相关负责人参加会议。

5月26日　由北京电视艺术中心等单位联合拍摄制作的编年体长篇电视剧《金婚风雨情》在北京举行新闻发布会。该剧讲述了一对门不当户不对的夫妻"风风雨雨"五十年的坎坷婚姻生活史。

5月30日　中国电影博物馆举办袁牧之同志诞辰一百周年纪念展。出席纪念展揭幕仪式的有：曾经与袁牧之同志共事的老电影工作者于洋、鲁明、张建珍，袁牧之同志的亲属袁牧男、袁牧女以及北京电影学院教授陈山等20余人。中国电影博物馆党委副书记肖纪龙、副馆长李米莉参加。

5月31日　中央文化体制改革工作领导小组第五督查组到北京歌华有线电视网络股份有限公司检查指导文化体制改革工作。新闻出版总署署长柳斌杰带队检查，北京市委常委、宣传部长、副市长蔡赴朝，市政府副秘书长侯玉兰，市委宣传部常务副部长陈启刚，副部长严力强、陈冬等陪同检查。市广电局局长孙向东、市新闻出版局局长冯俊科，北广传媒集团领导马朝军、刘志远、王建琪、张淼等参加检查。

5月31日　中国电影博物馆举行欢庆“六一，关心下一代”电影文化主题活动。中国关心下一代工作委员会主任顾秀莲出席仪式并揭牌，中国关工委常务副主任兼秘书长杨志海出席活动并讲话。中央和国家机关有关部门负责人、著名艺术家及教育专家约80人应邀参加。四川灾区等地在京就读的学生代表以及在京的外籍儿童约200余人参加活动。

5月—9月　北京人民广播电台联合解放军报、法制晚报共同推出“边疆·口岸纪行”大型采访活动。先后派出6路采访组、70多人次，行程数万公里，深入广西、云南、吉林、黑龙江、内蒙古、新疆、西藏等省、自治区边关口岸、国门、边防连队、哨所，围绕边境口岸建设、边民友好往来、边防部队固边爱民，以及边贸对促进边境地区繁荣和发展等方面进行采访，从不同侧面反映了新中国成立60年来的巨大变化。

5月—9月　北京人民广播电台体育广播先后派出4个采访组，到上海、广州、成都、南京等举办过全运会省份的主要城市采访，完成大型系列专题节目《光辉岁月的故事——全运会与新中国体育60年》。该节目是北京电台2009年重点推出的9个国庆系列采访报道活动之一。共30集，9月开始播出。

6月

6月1日　北京电视台青少频道再次联手北京儿童艺术剧院对《红孩子》进行全新的剧本创作，完成2009版音乐互动儿童剧《红孩子》首轮演出。

6月1—30日　中国电影博物馆举办“庆祝新中国成立60周年系列公益电影展映之‘教育篇’”活动。以教育故事为主题，集中展映反映教育改革、学校风貌、师生关系，塑造教师形象、学生形象的艺术电影《夏天，有风吹过》、《孩子王》等16部。

6月4—5日　国家电影专资办冯麟主任率总局电影局调研组，就北京市农村电影改革发展情况进行调研，北京市广播电影电视局副局长李春良陪同调研。

6月5日　北京市委常委、市委教育工委书记赵凤桐，中关村科技园区管委会主任戴卫到北京歌华有线电视网络股份有限公司调研，歌华有线公司董事长张淼陪同调研。

6月5日、12日　北京市纪委副书记王海平率市纪委纪检监察员黄顺森、市委宣传部副巡视员张伯华及市国有文化资产监管工作研究课题组其他成员一行8人，分别到北京电台、北京电视台进行国有文化资产监管工作专题调研。

6月6日　北京北广传媒移动电视有限公司采取与社会机构合作的方式制作《食尚》、《大城小家》、《完美婚嫁》等3档生活服务类节目取得成功。

6月6日　中国电影博物馆和北京电影学院动画学院联合举办“庆祝新中国成立60周年——中国动画电影艺术家交流会”。段孝萱、虞伯贤、林文肖、严定宪、浦家祥、谢筠、曲建方、蔡渊澜、曹小卉、雷祯孝等京沪两地动画电影艺术家和学者及50名青年动画电影爱好者参加交流会。

6月9—21日　应国家广电总局电影管理局邀请，美国电影艺术与科学学院院长、奥斯卡主席希德·甘尼斯率领的美国电影艺术与科学学院代表团一行来华访问。接待任务由中国电影博物馆全程负责。本次美国电影艺术与科学学院代表团成员有：美国电影艺术与科学学院主席、电影制片人希德·甘尼斯先生及夫人，动画电影制片人比尔·克罗尔先生及夫人，以及学院电影资料馆馆长艾德·卡特先生及夫人。

6月10日　北京市广播电影电视局召开“小金库”专项治理工作会议。传达学习有关文件精神，部署市广电局《关于开展“小金库”专项治理工作实施方案》。市广电局副局长王霞、纪检组长王立平出席会议并讲话。中国电影博物馆、北京电台、北京电视台有关领导和财务部门，机关各处室、局属处级事业单位负责人参加会议。

6月10日　北京市委宣传部常务副部长陈启刚专程到新中国60周年献礼剧目——《咱爸咱妈六十年》剧组拍摄地慰问剧组演职人员。市委宣传部副巡视员陈建文、市广电局副局长李春良和北广传媒集团党委书记刘志远等陪同慰问。

6月10日　中国电影家协会、中国电影基金会、中国电影博物馆和电影频道联合在中国电影博物馆举办中美两国电影人交流酒会，近200位知名电影人及电影机构参加。

6月12日　北京市纪委副书记王海平、市纪委正局级纪检监察员黄顺森、市委宣传部副巡查员张伯华等率市国有文化资产监管研究课题组到北京电视台调研，就国有资产运营及监管情况进行座谈。台长刘爱勤、台领导班子及有关部门负责人参加。

6月16日　北京北广传媒集团党委书记刘志远、集团副总经理赵多佳率数字电视公司一行赴顺义区就丰富《北京党建》信息来源、宣传顺义区文化创意产业发展成果等，与顺义区委组织部、区委宣传部和区广电中心的领导座谈，达成多项共识。

6月16—17日　北京市广播电影电视局组织专业技术人员分别对平谷、密云、怀柔、延庆、房山五个无线转播站所有无线广播电视发射机工作情况进行监测。

6月18日　北京奥组委向北京电视台捐赠两辆电视转播专用车辆。

6月19日　北京市副市长苟仲文做客北京电台城市服务广播与市民共话安全生产。

6月19日　北京市召开数字内容产业发展专题会议，市委副秘书长肖培主持会议，传达了刘淇同志关于大力推动数字内容产业发展的批示精神，听取了北京电视台、北京电台、北京歌华有线电视网络股份有限公司等单位有关高清电视、DAB、高清电视机顶盒的发展计划。

6月22日　北京市广播电影电视局召开第一批学习实践活动单位整改落实“回头看”工作情况通报会。局党组书记、局长孙向东作整改落实“回头看”工作的情况通报。党组副书记、副局长杨淑琴主持会议并讲话。局领导李春良、臧增祥、丁百之、王霞、王立平、何桂芝、洪兵、宋春华和机关处级以上干部、局属处级事业单位党支部书记50余人参加会议。

6月22—23日　北京人民广播电台举办2009年专业化办台研讨会。会议主题是：提高频率竞争力的有效途径。特别邀请中央电台中国之声副总监万梅介绍中国之声的改版情况，市委学习实践活动第六指导检查组组长刘俊、指导检查组成员张金宝参加会议。台长汪良、总编辑陆莹、党委副书记赵泽勤、副总编辑王秋、亢亚志、陈晓海、张松华、台长助理李捷和各专业广播台长、副台长、总编室、网络信息中心、节目制作中心主任、副主任；广播发展研究中心、广告管理部、广告经营部主任出席会议。

6月23日　北京市委书记刘淇对系列专题片《红旗支部行》给予充分肯定。该片由北广传媒数字电视有限公司《北京党建》编辑部参与拍摄。

6月24日　北京市委组织部、宣传部和北京电视台联合摄制的纪念中国共产党建党88周年电视系列片《为你而歌》(第七部、11集)

通过市里审定。市委宣传部常务副部长陈启刚、市委组织部副部长吕和顺出席审片会，北京电视台总编辑张晓参加。该片于7月1日—6日在北京电视台播出。

6月26日　美国康卡斯特公司执行副总裁、首席技术执行官Tony Werner一行9人赴北京歌华有线电视网络股份有限公司参观访问。歌华有线公司董事长张淼、总经理卢东涛等就公司业务发展及有关技术事宜进行交流。

6月27日　北京市委宣传部常务副部长陈启刚出席北京市广播电影电视局举行的北京“国家动画产业基地”授牌仪式。海淀、石景山和通州3个区获得授牌。在国家广电总局的“动画原创精品发展专项资金”项目申请中，本市自2005年到2008年，平均每年都有2部动画片获得奖励，卡酷卫视频道、“卡酷全卡通”在优秀动画频道和优秀动画栏目的评比中也都年年获奖。全市电视动画片产量从2005年的1578分钟上升到2008年的7380分钟，创作生产《福娃奥运漫游记》、《快乐东西》等多部优秀原创影视动画片。涌现出水晶石动画、其欣然卡通、妙音动漫等一批发展潜力巨大的影视动画制作公司，北京电视台卡酷动画卫视频道实现全天24小时播出、每天首播时间超过10小时，覆盖率、收视率居全国领先。国家广电总局宣传管理司副司长王丹彦，北京市委宣传部副部长陈冬，市广电局局长孙向东、副局长李春良以及海淀、石景山、通州区委宣传部领导参加授牌仪式。

6月26—27日　北京人民广播电台广播网核心机房由天津塘沽迁至河北廊坊网通机房。搬迁后，北京广播网的带宽从500兆提高到1300兆，带宽费用大幅缩减，可以满足更多用户同时在线。

6月29日　由北京电视台出资500万、总投资800万元援建的什邡市BTV双盛小学主体结构封顶。北京市对口支援地震灾区指挥部前线分指挥部有关部门和项目管理、施工、监理单位负责人及什邡市双盛镇领导出席仪式。

6月　北京市广播电影电视局依据《北京市建立健全惩治和预防腐败体系2008—2012年实施办法工作分工方案》，制定出台《中共北京市广播电影电视局党组推进惩治和预防腐败体系建设检查考核办法》。从组织领导、基本要求、内容方法等全面推进惩治和预防腐败体系建设。

6月　北京市广播电影电视局局长孙向东、总工程师何桂芝等一行到北京歌华有线电视网络股份有限公司和华数公司，就交互数字电视网络业务推广和应用工作调研，并深入到北京试点小区向用户详细询问了使用视频点播功能、回看功能和“家庭多媒体数字平台”等相关情况。歌华有线公司董事长张淼陪同调研。

6月至7月　北京北广传媒数字电视有限公司《北京党建频道》完成纪念建党88周年报道任务。北京党建5路视频共播出“庆祝建党88周年”主题节目约200小时。开设《党员大讲堂》、《红色记忆》、《榜样》、《基层党建创新报告》等特色栏目，播出革命历史题材电影28部、电视剧2部56集；《党建新闻》自采新闻30条，制作视频新闻25条，开设专栏摘编本市和中央党建工作以及全国各地纪念建党88周年的活动内容；每周重播《共和国从这里走来》专题片；以中国共产党新闻网“时代先锋”栏目32名农村基层优秀党员先进事迹为基础，编辑制作专辑，每天播出一个人物新闻专题。

6月　北京市总工会授予北京北广传媒集团工会“北京市职工体育先进集体”称号；首都精神文明建设委员会办公室授予北广传媒集团“城乡携手迎奥运、共建文明京郊行”活动“示范对子”、“先进单位”称号。

6月　北京歌华文化发展集团被首都精神文明建设委员会授予首都“城乡携手迎奥运、

共建文明京郊行”活动“示范对子”、“先进单位”的称号及奖牌。

7月

7月1日至10月9日　北京电视台播出部参加市委宣传部和市广电局联合组织的全市广电系统“迎国庆、保平安，百日安全播出竞赛”活动，期间13个频道（11套标清节目、2套高清节目）共安全播出24515.22小时，播出事故为零。

7月1日　北京歌华文化发展集团在中华世纪坛大屏幕厅召开“纪念建党88周年表彰大会”。北京北广传媒集团总经理马朝军出席大会并讲话。

7月1日　北京北广传媒数字电视有限公司董事会召开2009年第二次股东会议，将原股东北京北广传媒集团股份有限公司名下移动电视73.4%股权转至北京北广传媒投资发展中心名下。

7月4—11日　北京北广传媒城市电视有限公司全程高清信号转播“国家大剧院2009年漫步经典音乐会”，公司所传输的万台楼宇电视和户外大屏电视联播网全程收视音乐会实况。

7月3—5日　北京北广传媒城市电视有限公司使用两台移动大屏电视车，为在北京农展馆举行的“第二届亚太北京婚博会”进行户外视频媒体宣传。

7月7日　北京北广传媒集团党委书记刘志远、集团副总经理张淼、赵多佳一行向北京北广传媒数字电视有限公司中层以上干部宣布对数字电视运营管理布局进行调整的决定：由张淼分管数字电视公司并兼任公司董事长，统筹负责数字电视高清互动业务平台的搭建、歌华有线公司与数字电视公司的业务和资源整合；赵多佳不再兼任董事长职务。

7月7日　北京北广传媒移动电视有限公司董事会召开股东会议，将原股东北京北广传媒集团股份有限公司名下移动电视73.4%股权转至北京北广传媒投资发展中心名下。

7月9日　北京市委副书记、市长郭金龙，市委常委、常务副市长吉林等到民营影视机构——光线传媒有限公司调研。

7月9日—11月1日　北京人民广播电台举办第四届“听众喜爱的主持人”评选活动。王佳一、杨洋、李洋、伍洲彤、李莉、王为、白杰、韩力、王东、刘思伽、顾峰、罗兵、王薇、小雨、大鹏获得“听众喜爱的最佳主持人”称号，梁洪、园园、高滟、春晓、刘菁、张帆、雅娟、杨晨、朱红、王一、盛博、晓东、夏天、遥博、牛力、肖慧、吴勇、林贺、高磊、滕兵获得“听众喜爱的优秀主持人”称号。

7月13日—10月中旬　北京北广传媒移动电视有限公司与中央电视塔、中国移动北京公司联合举办“祝福祖国·身边的改变”短信征集活动，以庆祝新中国成立60周年。市民共发送短信万余条，20位幸运观众获得手机大奖。新华社、人民日报、经济日报、北京日报、北京电视台等各大媒体以及人民网、千龙网等相关网站都进行报道。

7月13日—9月25日　北京瑞特影音贸易公司完成国家广电总局部署的重点工作——为全市近600家合法境外卫星电视用户更换新版智能卡4267张。

7月14日　国家广电总局副局长张海涛对北京市电视节目高清化工作和交互式数字电视发展等情况进行调研，对北京市电视节目高清化工作和有线交互式数字电视开展情况给予充分肯定。国家广电总局科技司司长王效杰、副司长王联，北京市委宣传部副部长严力强，市广电局局长孙向东、总工程师何桂芝，歌华有线公司董事长张淼等陪同视察。

7月15—30日　由北京市委宣传部、市教育工作委员会、市教育委员会、共青团市委、北京电视台联合主办的“花样年华”电视歌舞大赛成功举办。比赛分为社会团体组、专业艺术院校组和普通高校组，来自北京大学、清华大学、人民大学、理工大学、中国音乐学院等学校和社会团体2000余名青年进行了独唱、重唱、合唱、舞蹈、器乐演奏。经评选，有5个优胜节目参加北京电视台国庆晚会。

7月16日　北京市广播电影电视局召开2009年半年工作会。会议传达学习了2009年全国广播影视局长座谈会精神，市广电局局长孙向东主持会议并讲话。局领导杨淑琴、李春良、臧增祥、丁百之、王立平、何桂芝、洪兵、宋春华参加会议。中国电影博物馆、北京电台、北京电视台主管领导，局机关副处级以上干部和局属处级事业单位全体班子成员近60人参加会议。

7月16日　北京歌华文化发展集团歌华文化创意产业中心经北京市民政局、北京社会团体管理办公室批准正式成立。

7月19日　总部从广州迁至北京的俏佳人传媒股份有限公司在中国进出口银行的支持下，贷款1000万美元正式并购美国国际卫视电视台，并成功组建ICN，即国际中国联播网，成为中国第一个进入美国数字无线电视的中国文化传媒企业。

7月21日　由北京北广传媒移动电视有限公司与北京公交集团合作推出的一档服务市民公交出行的周播电视节目《一路同行》开播，时长5分钟，每天播出两次。

7月23日　北京市广播电影电视局召开由43家宾馆饭店（《广播电视视频点播业务许可证》持证机构）代表参加的建设宾馆饭店视频点播监督管理系统协调会，传达《北京市广播电影电视局关于配合建设宾馆饭店视频点播监督管理系统的通知》，签订《关于建设宾馆饭店视频点播监督管理系统协议书》。

7月24日　国家广播电影电视总局副局长田进、总局传媒机构管理司司长陶世明、科技司司长王效杰一行到北京电视台新址检查指导北京市电视节目高清化工作。在听取汇报后，田进给予充分肯定。北京市委常委、宣传部长、副市长蔡赴朝，市委副秘书长肖培，市广电局局长孙向东、副局长臧增祥，北京电视台台长刘爱勤、总编辑张晓，歌华有线公司董事长张淼、总经理卢东涛等陪同视察。

7月29日　北京北广传媒集团副总经理、北京歌华有线电视网络股份有限公司董事长张淼兼任北京广播电视报社社长。

7月29日　“银企携手贷动创意——中国建设银行北京市分行与北京歌华文化发展集团战略合作协议签约仪式”举行。中国建设银行总行小企业金融服务部副总经理陈景功、中国建设银行北京市分行行长王军、市委宣传部副部长陈冬、北京北广传媒集团总经理马朝军和集团副总经理、歌华集团董事长王建琪出席签约仪式。仪式上，建行北京分行分别与北京歌华文化发展集团及三家获得贷款的文化创意产业项目企业代表签署了银企合作协议及贷款合同，合同总额为1亿元人民币。

7月30日　北京市广播电影电视局组织召开落实“三定”工作动员大会。会议学习《北京市广播电影电视局主要职责内设机构和人员编制规定》，宣布《中共北京市广播电影电视局党组关于处级干部任职的通知》，部署《北京市广播电影电视局2009年机关部分处级领导岗位竞争上岗实施方案》。局新调整的内设机构有：办公室（安全监管办）、政策法规处、宣传管理处、电影管理处、传媒机构处、网络视听节目管理处、科技处、计划财务处、组织人事处、机关党委、局工会、纪监处。局党组书记、局长孙向东主持会议并讲话。局领导班子成员和中国电影博物馆、北京电台、北京电视台分管组织人事工作的领导、局机关全体公务员及局属处级事业单位的处级干部参加大会。

7月30日　北京市广播电影电视局召开廉政风险防范管理工作座谈会。会议传达学习全国纪委书记会议精神，通报局系统各单位开展廉政风险防范管理工作情况。局纪检组长王立平出席会议并讲话。会议要求：坚持深入学习《关于实行党政领导干部问责的暂行规定》等四个文件，着力推进具有广电局自身特点的廉政风险防范体系。中国电影博物馆、北京电台、北京电视台纪委书记、副书记，局机关各处室、局属处级各事业单位党支部书记参加座谈。

7月30日—10月8日　作为庆祝新中国成立60周年重大项目，由国家文物局和意大利文化遗产与艺术活动部共同主办，中国文物交流中心和中华世纪坛世界艺术馆承办的《秦汉——罗马文明展》在中华世纪坛世界艺术馆开幕。

7月31日　《前进！前进！前进！进！——庆祝新中国成立60周年电影系列活动》在中国电影博物馆开幕。国家广电总局电影局副局长喇培康，北京市广播电影电视局副局长丁百之，八一电影制片厂厂长明振江，中国电影博物馆馆长杨永安，上海电影集团公司副总裁汪天云，长影集团副总经理李庆辉和中国电影集团电影发行放映分公司总经理许兵、党委书记赖佟，国家广电总局电影频道节目制作中心副主任贾琪，电影艺术家李前宽、田华、翟俊杰、肖桂云、刘世龙等领导和嘉宾出席开幕式。该活动由国家广电总局电影局和北京市委宣传部主办，中国电影博物馆承办，中国电影集团公司、上海电影集团公司、长影集团和八一电影制片厂四大国有电影制片机构共同协办。系列活动于8月1日～11月30日，内容包括，“新中国电影六十年国产影片成就展”、“光影60年——新中国优秀电影作品展映”、“新中国电影六十年国产影片剧照展”、“新中国电影六十年国产影片海报展”、“电影人生”座谈会、“前进！前进！前进！进！——新中国电影与观众”问卷调查活动和“中国电影博物馆2009年学术年会”等七项主题活动。

7月31日　北京人民广播电台历时9个月的“我的汉语生活”——全球外国人讲汉语故事大赛揭晓。获奖选手从世界各地聚首北京参加在中央电视台举办的揭晓晚会。在活动期间，北京电台先后派出9个境外工作组赴美国、巴西、肯尼亚、埃及、西班牙、俄罗斯、澳大利亚、日本、韩国、越南等15个国家组织当地赛事，采访参赛选手，并与当地广播电视媒体以及一些华文报纸进行合作洽谈。共有38个国家，700多名选手报名，最终24名选手获奖。

7月　北京电视台推出大剧展播活动迎国庆60周年，连续三个月展播优秀电视剧《闯关东中篇》、《爸妈都是老党员》、《潜伏》、《勇者无敌》、《狼烟北平》、《大生活》、《贫富人生》、《龙须沟》、《战火中青春》、《对手》、《红色电波》、《秘密列车》等。

7月　国家广电总局检查指导北京电台、北京电视台的播放录音制品付酬测算工作。为做好此项工作，北京市广播电影电视局专门成立付酬测算领导小组，两台对付酬测算工作进行专题研究，成立付酬测算队伍，确保付酬测算工作质量和效率。在听取两台关于付酬测算工作的专题汇报后，国家广电总局对北京两台付酬测算工作给予充分肯定，并建议在广电系统内广泛推广。

7月　北京市广播电影电视局加强对区县广播影视法制工作的监督和指导，建立广播影视行政执法工作台账，全面推进广播影视依法行政。据统计，2009年上半年，市、区两级广播影视行政执法部门共办理行政许可事项582件，其他政务事项562件；市文化执法总队和区县文委共办理广播影视行政处罚案件19件，有9个区县文委无广播影视行政许可案件、无行政处罚案件。

8月

8月1日—11月30日　由北京市委宣传部主办，北京市广电局承办的庆祝新中国成立

60周年系列活动之“银幕上看祖国”活动启动仪式于8月12日举行。活动分三个部分进行：一是在电影公益放映系统开展30部爱国主义影片展映；二是在电视媒体系统开展30部爱国主义影片展播；三是在影院系统开展观影赠券活动。市教委、市民政局、市总工会，北广传媒集团、北京人民广播电台、北京电视台，北京电影家协会、北京市电影发行放映协会、北京歌华文化中心、北京市电影公司等相关单位负责同志和30名演艺界人员参加启动仪式。在历时4个月的活动中，共举办福利儿童、特教教师、劳模、武警、福利老人电影专场慰问活动5场，组织观影专场56场，包括12000名打工子弟学生、1100名劳模代表在内的3.5万人观看了《建国大业》、《天安门》、《万家灯火》、《快乐奔跑》等国庆献礼影片；国庆观影优惠活动共赠出优惠券106万张，9—11月份观影人次比去年同期增加259万人，票房增加1.09亿元。截至11月底，全市电影票房已达6.9亿元，同比增加2.53亿元，比去年全年增加1.65亿元。

8月5日　国家广电总局批准北京北广传媒集团所属鼎视数字电视传媒有限公司作为三家高清电视频道集成传输服务机构之一，传输中央电视台、上海东方卫视、江苏卫视、浙江卫视、北京卫视、湖南卫视、深圳卫视、广东卫视和黑龙江卫视等九家高清频道。

8月6日　北京市广播电影电视局在怀柔转播站召开雨季防洪防雷现场会。会议通报近期五个转播站发射机被雷击的情况，听取各转播站在防洪防雷上所采取的应急措施情况，针对近期平谷、怀柔转播站电源、发射机设备雷击情况及应对措施进行认真分析和讨论，对怀柔广电中心在转播站遭受雷击设备出现故障后，及时采取措施，保证转播站尽快恢复播出工作给予充分肯定。市广电局纪检组长王立平、总工程师何桂芝和怀柔区委常委、宣传部长彭丽霞、副区长周东金等参加现场会。

8月7—21日　北京人民广播电台公布《中共北京人民广播电台委员会深入学习实践科学发展观活动整改方案》。21日，北京电台召开深入学习实践科学发展观活动总结大会。台党委书记、台长汪良代表台党委作总结报告，总编辑陆莹主持会议。市委学习实践活动第六指导检查组组长刘俊带指导检查组全体成员出席会议并讲话。

8月7日　由北京人民广播电台和中国广播电视协会联合主办的第二届“赢在创意”全国广播栏目大赛颁奖典礼和创意论坛在北京电台举办。大赛颁奖采用现场开奖方式，青岛电台创意的《天下有双》、河北电台创意的《整蛊乐翻天》分获原创类和创新类广播栏目金奖，长沙电台创意的《QQ群英会》等四个栏目获得银奖，《梦游新声》等六个栏目获得铜奖，还有10件作品获得优秀奖和鼓励奖。

8月7—9日　北广传媒城市电视有限公司的1台移动大屏车作为展会唯一的户外视频媒体，参与2009中国（北京）国际城市交通、地铁轨道交通及市政设施展览会。

8月8日　《北京市广播电影电视局主要职责内设机构和人员编制规定》经市机构编制委员会审核、市政府批准，正式印发。《编制规定》明确北京市广播电影电视局是负责北京市广播电影电视事业管理工作的市政府直属机构。下设办公室（安全监管办公室）、政策法规处（产业促进处）、宣传管理处、电影管理处、传媒机构管理处、网络视听节目管理处、科技处、计划财务处、组织人事处等9个内设机构，另设机关党委、工会；纪检、监察机构按有关规定派驻。市广电局机关行政编制69名。

8月8日　北京奥组委文化活动部与北京歌华文化发展集团达成共识，在歌华大厦13层歌华设计艺术馆设立“北京奥运文化活动纪念室”，供人参观。

8月12日　北京北广传媒移动电视有限公司参与国家教育部与中国红十字基金会联合主办“红十字爱眼公益活动”，获得由中国红十字基金会颁发的《捐赠证书》。教育部体育卫生与艺术教育司司长杨贵仁、中国红十字基金会项目办主任舒达与北京北广传媒集团党委书记刘志远、副总经理兼移动电视董事长王晓东出席颁证仪式。

8月13日　北京市广播电影电视局机关工会召开会员大会。审议通过局机关工会第二届工会委员会工作报告、财务报告、经费审查报告。投票选举出第三届机关工会委员会和第三届机关工会经费审查委员会。

8月18日　由中共中央文献研究室邓小平研究组、中国电影博物馆和邓小平故里管理局联合举办的《永远的小平——纪念邓小平同志诞辰105周年主题影展系列活动》在中国电影博物馆开幕。出席开幕式的领导和嘉宾有全国政协副主席邓朴方，中国科协党组书记、副主席邓楠，邓小平的长女邓林，中央宣传部副部长、国家广播电影电视总局局长王太华，中央文献研究室主任、中国中共文献研究会会长冷溶，中央文献研究室常务副主任、文献研究会副会长杨胜群，国家广电总局副局长张丕民，北京市委常委、宣传部长、副市长蔡赴朝，中共广安市委书记、广安市人大常委会主任王建军，著名的电影艺术家丁荫楠、翟俊杰、卢奇，以及从事电影研究和实践工作的专业人士、观众代表等。

8月18日　北京紫禁城影业有限责任公司、北京电视台在丰联广场B座15层大宴会厅里举行电影《狼图腾》启动仪式暨新闻发布会。

8月19日　根据市政府办公厅印发的政府机构“三定”方案和市委宣传部意见，市广播电影电视局即日起正式履行北京市电影市场管理职能。

8月19日　由中宣部文艺局、国家广电总局电影局联合主办、华夏电影发行有限责任公司、电影频道节目中心承办的“庆祝新中国成立60周年‘向祖国汇报’重点国产影片推介庆典”在北京京西宾馆举行。北京紫禁城影业有限责任公司等拍摄的电影《万家灯火》参加汇报展映。

8月20日　北京人民广播电台“60年胡同传奇”大型故事征集活动评奖揭晓：《胡同深处的公用传呼电话屋》荣获一等奖；《难忘的胡同，难忘的小院》和《南锣鼓巷》荣获二等奖；《给“铸钟娘娘”送去了那只绣花鞋》、《黑煤点和白菜馅》和《胡同深处的美丽情缘》荣获三等奖。

8月21日　北京人民广播电台、北京电视台分别召开全体党员大会，回顾总结深入学习实践科学发展观活动。市委学习实践活动第六指导检查组组长刘俊和指导检查组全体成员分别出席两台总结大会并讲话。

8月21日　经北京北广传媒集团批准，北广传媒移动电视有限公司按照相关法律法规对外转让北京向上视讯科技有限公司20%的股权。

8月21日　北京音像公司编辑制作的纪念新中国成立60周年歌曲专辑《歌声回首六十年》正式出版发行。专辑分为《经典红歌》、《经典金曲》两部分共4辑，收纳《太阳最红毛主席最亲》、《红梅赞》、《唱支山歌给党听》、《今天是你的生日》等60首经典歌曲。

8月22日　北京电视台主办，中国戏剧家协会、国家京剧院、北京京剧院、中国戏曲学院、北京戏曲艺术职业学院等单位协办的《国粹生香——2009北京京剧票友段位评授季》活动在北京电视台41层多功能厅举行启动仪式，并接受第一批票友报名。

8月25日　“迎国庆、保平安，百日安全播出竞赛”领导小组副组长、北京市广电局局长孙向东、副局长杨淑琴和总工程师何桂芝到歌华有线公司、昌平区广电中心检查竞赛活动的组织和落实情况，并对歌华有线网络信号传输分中心、昌平广电中心演播室、播出机房、制作机房等进行实地检查。歌华有线公司领导、昌平区委书记关成华、副区长方炎等陪同检查。

8月27—28日　北京市广播电影电视局纪检组长王立平带队，由市广电局第三届政风行风特邀监督员组成的调研组一行到顺义、怀柔广电中心进行调研，就广电中心事业长远发展问题进行交流探讨。

8月28日　北京市政协主席阳安江、市委常委牛有成、副市长夏占义参加北京电视台《北京议事厅》栏目录制的首都西南五区经济发展论坛。

8月30日　北京紫禁城影业有限责任公司等拍摄的电影《万家灯火》首映新闻发布会及首映电视晚会在北京电视台演播厅举行，国家广电总局电影局局长童刚、市委宣传部常务副部长陈启刚、市广电局副局长李春良出席。

8月　北京北广传媒城市电视有限公司发起“祝福祖国”大型电视专题活动，旨在为新中国成立60周年送上城市电视的祝福，同时回馈各行业合作单位，提升城市电视知名度和美誉度。

8月　北京市广播电影电视局召开广播影视科技项目技术鉴定会。北京电视台《北京电视台磁带库管理系统》、局监测中心《互联网视听信息传播监管平台》、顺义广电中心《顺义广电中心综合业务网络系统》和歌华有线公司《北京歌华有线总前端基础设施系统》、《北京歌华有线数字电视播出监视监测系统》、《便携式有线数字电视信号巡检系统》等6个广播影视科技项目通过鉴定。

8月　中国广播影视大奖第27届电视剧飞天奖揭晓。北京市属单位出品及参与制作的9部电视剧获得此项殊荣。北京电视艺术中心《金婚》获长篇电视剧一等奖、北京鑫宝源影视投资有限公司《奋斗》获长篇电视剧二等奖、北京鑫宝源影视投资有限公司《大工匠》获长篇电视剧三等奖、北京电视艺术中心《春草》获长篇电视剧三等奖、海润影视制作有限公司《震撼世界的七日》获长篇电视剧特别奖、北京荣信达影视艺术有限公司《荣归》、中国国安文化传媒公司《英雄无名》、海润影视制作有限公司《红梅花开》、《大地》分获长篇电视剧提名荣誉奖。

8月　北京电视台推出一批以新中国成立60周年为主线的献礼节目：大型电视专题片《我爱你，中国》、大型电视文艺纪事片《百花》、《花样年华——庆祝新中国成立60周年歌舞大赛》、《北京印·时尚大典》、大型美术专题片《江山如画60年》，电视剧《狼烟北平》、《龙须沟》，新闻节目《魅力北京喜迎国庆》、《我和我的祖国》、《跨越》、《中国通·北京通》等。

8月　北京广播电视研究中心将原《信息参考》（月刊）中的信息汇入《信息参考周刊》；将原有《信息参考》月刊中研究类内容汇入《北京广播影视研究》月刊；将《摘要与综合》更名为《北京广播影视产业》季刊。

9月

9月1～4日　由北京市委副秘书长肖培同志带队，市委宣传部、市发改委、市财政局、市广播电影电视局和北京电视台、北京歌华有线电视网络股份有限公司主要领导和主管领导专程赴湖南、浙江、上海、江苏四省市考察调研当地电视高清化工作。

9月1日　北京北广传媒移动电视有限公司与国家大剧院合作，制作播出一档文化演出信息的服务节目《国家大剧院》。同日，移动电视公司获得中关村科技园区管理委员会颁发的“中关村高新技术企业”证书（有效期三年）。

9月1日　北京北广传媒集团召开领导班子扩大会议，北京市委常委、宣传部长、副市长蔡赴朝代表市委宣传部宣布关于马朝军同志调市人大常委会工作，刘志远同志全面负责集团工作的决定。

9月2日　北京人民广播电台举办2009年采编播人员培训班。台长汪良、总编辑陆莹及所有副总编辑、台长助理及各专业广播领导，与390多名来自各专业广播、部分职能部室和广播公司的采编播人员及宣传管理人员参加培训。全国记协党组书记翟惠生为采编播人员做“三项学习教育”培训，国家广电总局办公厅主任朱虹做“广电事业的改革、创新与发展”的报告，市委宣传部新闻处处长苏仁先就“近期宣传报道中需要注意的问题”提出要求。副总编辑亢亚志对一年来电台节目中出现的宣传差错进行梳理和分析，并提出改进意见。

9月4日　北京市广播电影电视局举办广播电视系统安全播出应急指挥调度桌面推演。由北京电台、北京电视台、歌华有线公司针对易发事故模拟数个事故随机抽取相关题目，播出一线人员作答，以促进做好安全播出应急处理工作。市广电局局长孙向东、副局长杨淑琴、纪检组长王立平、总工程师何桂芝参加。

9月4日　奥地利维也纳音乐厅考察团到北京电视台七色光艺术团考察，为2011年在维也纳举办中国音乐艺术节挑选节目。

9月8日　北京市“迎国庆、保平安，百日安全播出竞赛”领导小组组长、市委宣传部副部长严力强，副组长、市广播电影电视局局长孙向东带领小组成员：市广电局副局长杨淑琴、纪检组长王立平、局总工程师何桂芝和工作办公室人员一行，对竞赛活动和国庆节前全市广播电视安全播出准备情况进行实地检查，实地查看北京电视台播出部、新闻演播室及在建高清演播室等重点部位、北京电台804发射台机房、发射塔及密云县广电中心机房、密云县高山转播站安全运行情况。同日，还组织全系统14个区县广播电视中心的40余名技术人员在平谷区进行查找非法信号演练。

9月8日　金英马集团与福建九华发展股份有限公司在厦门举行签约仪式，双方共同出资注册成立“金英马影视文化股份有限公司”，注册资本1亿元。九华将提供资金及其他战略资源的支持，金英马影视公司继续扩大影视剧制作和发行规模。

9月9日　由北京电视艺术中心、北京北广传媒集团等单位联合摄制的编年体长篇电视剧《金婚风雨情》在位于门头沟的拍摄现场举行开机仪式。导演郑晓龙、编剧王宛平、总制片人曹平与主演胡军、周韵、祖峰、秦海璐、何琳等全体演职人员出席开机仪式。

9月10日　北京市委常委、宣传部长、副市长蔡赴朝在市委副秘书长肖培陪同下到北京电视台检查指导市广播电影电视局、北京电视台和北京歌华有线公司高清电视工作进展情况，观看北京电视台高清演练，检查电视台高清电视机房和高清新闻直播室建设情况。市广电局局长孙向东、副局长臧增祥和北京电视台台长刘爱勤、总编辑张晓，歌华有线公司董事长张淼等参加。

9月10日　第五届北京国际体育电影周开幕式在中国电影博物馆举行。全国政协委员、教科文卫体委员会副主任、北京奥运城市发展促进会副会长蒋效愚，国家体育总局宣传司副司长邵世伟、北京市广播电影电视局副局长李春良、北京市委宣传部副巡视员陈建文、中央新闻纪录电影制片厂厂长高峰、中国电影博物馆馆长杨永安、中国电影资料馆馆长傅红星、演员蒋雯丽以及运动员代表江钰源等出席开幕式。

9月11日　海润影视制作有限公司参加2009年度国家广播电影电视总局向西藏、新疆捐赠电视剧仪式，捐赠了《震撼世界的七日》、《大地》、《红梅花开》3部共67集电视剧。

9月13日　主题为“新中国电影与观众变迁”的中国电影博物馆2009学术年会举办。中共北京市委宣传部文化处处长荣大力，北京哲学社会科学规划办公室副主任李建平，中国电影博物馆馆长杨永安、党委副书记肖纪龙，副馆长邢建毅出席了年会。来自北京大学、北京师范大学、中国传媒大学、北京电影学院、中国艺术研究院、中国电影艺术研究中心、中国电影评论学会等机构的专家学者，以及高校师生共百余人，和中国电影博物馆的研究人员一同参加了会议。年会结束后，广电总局党组副书记、副局长赵实，广电总局电影局副局长张丕民做出重要批示，充分肯定年会取得的成果，并提出殷切希望和要求：希望中国电影博物馆发挥好年会的学术平台作用，团结和培养一支优秀的电影理论、评论工作者队伍。

9月14日　北京北广传媒集团召开"国庆平安行动"誓师大会。

9月17日—10月13日　由国家广电总局主办、中国国际广播电台、中央人民广播电台、北京电视台联合承办的"情动俄罗斯"——中国人唱俄语歌大型选拔活动全国总决赛在北京电视台800平方米演播室举行。参加本次决赛的14名（组）选手从全国12000多名报名参赛的选手中脱颖而出的。10月13日，金、银、铜奖的3位选手在人民大会堂获得俄罗斯总理普京亲自颁奖。

9月17日　"2009北京印·时尚大典"项目启动仪式新闻发布会在北京电视台新台址1000平方米演播室举行。项目定义为"见证时尚的历史彰显推动时尚的力量"。

9月17日　北京市委常委、宣传部部长、副市长蔡赴朝带队到歌华有线公司检查国庆有线电视安全传输保障工作，市委宣传部副部长严力强、北京北广传媒集团党委书记刘志远、市广电局总工程师何桂芝和市公安局、市安全监管局、市消防局有关负责人陪同检查。歌华有线公司总经理卢东涛就"国庆平安行动"工作落实情况和国庆期间安全传输保障方案等汇报。

9月23日　国家广电总局科技司王联副司长带队的总局国庆安全播出检查组到歌华有线公司检查工作。歌华有线公司董事长张淼、总工程师何拥军等进行随行汇报。

9月24日　北京市广播电影电视局召开网络视听节目管理工作会议。传达学习中宣部、国家广播电影电视总局关于加强网络视听节目管理工作领导讲话和有关文件精神，对加强国庆60周年期间网上视听节目管理工作进行部署，并与各单位签订"维护首都安全稳定，实现国庆平安目标"责任书。市广电局副局长臧增祥出席会议并讲话。

9月24—28日　北京电视艺术中心拍摄的新中国成立60周年献礼剧——38集电视连续剧《咱爸咱妈六十年》，于24日在北京电视台举行首播新闻发布会，28日北京卫视（BTV-1）高清频道播出。

9月25日　北京市广播电视学会第五届理事会召开第四次会议暨"2008年度北京市广播影视奖"颁奖大会。会议总结2008年度工作，增补学会理事、监事会成员和副秘书长，表彰2008年度北京市广播影视奖获奖作品，并向获得一等奖和优秀栏目奖的代表颁发奖杯和证书。市广电局局长孙向东出席会议并讲话，副局长李春良主持会议。共评选出获奖作品254个，"节目创优先进个人"76名。获奖作品中影视剧类作品12个，广播电视节目类作品182个，技术类作品51个，报刊类作品9个。

9月25日　北京歌华有线电视网络股份有限公司在歌华大厦举办"北京高清交互数字电视试验示范小区推广启动"新闻发布会。北京市文物局、中国工商银行北京市分行、北京天坛医院、中数传媒、上海文广集团和CHC华诚集团的代表以及北京市人大代表、政协委员和用户代表出席，歌华有线公司总经理卢东涛致辞。

9月25日　北京市委常委、宣传部长、副市长蔡赴朝等到朝阳区西坝河东里社区，入户了解高清交互数字电视试验工程推广进展情况。

9月28日　北京电视台卫视高清频道举行开播启动仪式，作为全国第一批高清信号播出的8家省级卫星频道之一，北京卫视频道高清、标清于9月28日早7时同时播出。北京电视台为高清播出储备了大量的节目，如高清电视剧《咱爸咱妈六十年》、《相伴》、《铁齿铜牙纪晓岚4》等，北京电视台拍摄制作的高清纪录片和专题片《北京记忆》、《北京》、《北京胡同》、《人民大会堂》、《我爱你，中国》等。国家广播电影电视总局传媒机构管理司司长陶世明、科技司副司长王联和市委副秘书长肖培、市委宣传部副部长严力强、市发改委副主任张燕友、市经信委副主任白新、市财政局副局长吴素芳及市广电局局长孙向东、副局长臧增祥、杨淑琴、王霞、纪检组长王立平、总工程师何桂芝、副巡视员宋春华、北广传媒集团书记刘志远、歌华有线公司董事长张淼和北京电视台台长刘爱勤、总编辑张晓等出席开播启动仪式。

9月30日—10月1日　北京电视台推出大型直播特别节目《我爱你，中国》，首次在国庆大典的核心区设立多处直播点。本次直播总长25小时，其中自制节目9小时30分钟，CCTV直播信号8小时，日播新闻节目1小时，汇编《我爱你，中国》专题片6小时。在本次直播中北京电视台与中新社等机构合作，在美国纽约、洛杉矶，日本东京，俄罗斯莫斯科，英国伦敦，澳大利亚悉尼，南非约翰内斯堡，巴西圣保罗以及中国的香港、澳门特别行政区设立报道点，连线打造全球概念。

9月　北京市广播电影电视系统获得第十一届精神文明建设“五个一工程”奖(2007—2009)的作品是：电视剧《金婚》、《士兵突击》2部；电影《集结号》、《铁人》2部；动画片《福娃奥运漫游记》1部；广播剧《京城第一家》1部；音乐作品《我和你》、《北京欢迎你》2个。

9月　北京市广播电影电视系统获得“第27届中国电视剧飞天奖”（2009）的作品是：《金婚》、《奋斗》、《大工匠》、《春草》、《震撼世界的七日》、《英雄无名》、《大地》、《红梅花开》、《荣归》。

9月　北京市广播电影电视局副局长王霞带领调研组到中国移动公司北京分公司、厦门分公司，就“无线城市”发展建设问题及厦门市广电局信息化建设情况进行专题调研。

9月　国家广播电影电视总局批准同意北京电视台奥运高清频道变更为纪实高清频道，播出时呼“北京电视台高清纪实频道”。

9月　国家广播电影电视总局批准同意北京电视台卡酷动画卫星频道有限公司“北京卡酷动画卫视网”从事互联网视听节目服务，可通过国际互联网随时点播（含下载）少儿、动画类视听节目。

9月　北京市广播电影电视局副局长丁百之带领市广电局调研组一行赴上海考察调研广播电视制播分离改革工作。调研中，上海市文化广播影视管理局、上海文广新闻传媒集团负责同志分别介绍开展广播电视制播分离改革的背景、主要措施和最新进展情况，双方还就广播电视制播分离改革中将要涉及的一些相关问题进行交流。调研组还专程考察上海文化产权交易所有关广播影视方面的产权交易等工作情况。

9月　北京北广传媒数字电视有限公司北京党建频道摄制的专题片《永远和人民在一起》，在辉煌六十年——中华人民共和国成立60周年成就展“党的建设”展区播放。北京党建频道和赵多佳、祁昱杰、赵芊、王文平4位同志受到中共中央组织部通报表彰。

9月　具有“公共服务信息平台”功能的北京人民广播电台1039新媒体机——A701、A48、A43三款产品，被市科委、市发改委、市财政局等部门评选为“北京市自主创新产品”，纳入政府采购自主创新产品目录。

10月

10月1日　北京电视台推出大型直播特别节目《我爱你，中国》(9月30日22：30～10月1日23：18)，首次在国庆大典的核心区设立多处直播点，24小时播出。直播总长25小时，其中自制节目9小时30分钟，CCTV直播信号8小时，日播新闻节目1小时，汇编《我爱你，中国》专题片6小时。直播中北京电视台与中新社等机构合作，在美国纽约、洛杉矶，日本东京，俄罗斯莫斯科，英国伦敦，澳大利亚悉尼，南非约翰内斯堡，巴西圣保罗以及中国的香港、澳门特别行政区设立报道点，连线打造全球概念。

10月1日　北京电视台生活频道制作播出《中国节》大型中秋系列节目。该节目围绕——春节、端午、七夕、中秋、重阳等中国传统节日的精神内涵和民俗文化，邀请嘉宾和相关人士到现场，讲述相关知识。全年共策划29期节目，传统节日期间，由北京电视台生活频道20：20～21：00播出，每期40分钟。

10月1日　北京市广播电影电视局总工程师何桂芝作为首都国庆群众游行指挥部背景部执行副总指挥，带领由市广电局、北京电视台有关技术人员组成的国庆群众游行指挥部背景部视频保障处，承担了国庆天安门广场大屏幕视频保障工作，圆满完成了国庆庆祝活动和联欢晚会的天安门广场大屏幕直播的视频保障工作。

10月1日　北京歌华文化发展集团及歌华中体、歌华中演公司经过6个月的筹备圆满完成首都国庆60周年联欢晚会的音乐制作、演员组织、演出统筹、演出保障等工作。获国庆60周年北京市筹备委员会联欢晚会指挥部颁发的突出贡献荣誉证书。

10月1—10日　北京北广传媒移动电视有限公司实现公交频道、出租车频道安全播出1652小时，安全转播114小时，完成上载节目、广告3000余次。城市电视公司户外大屏实现安全播出691小时40分，其中直播65小时48分；楼宇联播网实现安全播出120小时，其中直播11小时52分。

10月10日　北京人民广播电台广播公司成立北京超极限文化传播有限公司，性质为体育产业公司，致力于发展广告、旅游、培训、大型活动及赛事推广等众多业务。

10月11日　中国电影博物馆举办庆祝新中国成立60周年“前沿讲坛”系列之七——主旋律影片的创作与欣赏活动，邀请中国电影家协会主席、著名导演李前宽，著名导演肖桂云共同担任主讲嘉宾。来自清华大学影视协会、北京师范大学艺术与传媒学院的大学生，以及参与中国电影博物馆“十一”志愿服务的北京青年政治学院部分志愿者代表等共85人参加。

10月12日　国家广电总局《收听收看日报》(2009年第193期）专题点评北京电视台大型电视文化纪事片《百花》，总局副局长胡占凡批示：“这是北京台继《岁月如歌》后又一重要作品，希望继续探索文化艺术类专题片创作之路，生产出更多佳作。”

10月12—16日　应台湾富邦媒体科技股份有限公司的邀请，北京歌华有线电视网络股份有限公司董事长张淼等一行5人就有关合作事宜赴台进行商务交流考察。

10月13日　北京市人大常委会教科文卫体办公室副主任孙世超带领16名市人大代表到北京人民广播电台专题视察。市广电局党组书记、局长孙向东就2009年北京市广播电视工作主要做法以及今后发展方向，电台台长汪良就广播资本融资、广播公司发展、新媒体发展等产业化运作等问题作了汇报。

10月14日　北京电视台北京卫视标清频道于19时04分17秒转播中央电视台新闻联播节目时信号突然中断(正值转播胡锦涛主席会见俄国总理普京新闻画面)，切入已播出过的北京新闻画面55秒，后出现“黑场”7秒，造成总计62秒停播事故。

10月15日　北京市政协主席阳安江及市委市政府、东城区区委、区政府领导一行20余人到民营影视机构——光线传媒有限公司调研。

10月15日　北京市广播电影电视局副局长丁百之率调研组一行到北京电视台调研制播分离改革工作，北京电视台总编辑张晓及相关部门负责人参加。

10月17—18日　北京市广播电影电视局圆满完成2009年全国广播电视编辑记者播音员主持人资格考试北京考区工作，北京考区共有2509人分别在84个考场参加资格考试，其中编辑记者2107人、播音员主持人402人。国家广电总局人事司司长邹伟、监察局局长范玉刚、人事司副司长张宏在市广电局局长孙向东、副局长杨淑琴、纪检组长王立平的陪同下巡视检查了考区工作。

10月19日　北京鑫宝源影视投资有限公司与深圳广电集团传播有限公司合作制作的电视剧《马文的战争》，在日本东京国际电视剧节获得特别奖。

10月26日　北京鑫宝源影视投资有限公司独立投资拍摄的电视剧《我的青春谁做主》在第九届“中日韩电视制作者论坛奖”获得最高奖。

10月23—25日　北京市广播电影电视局与怀柔区政府联合举办，首都电视节目制作业协会承办的2009年秋季电视节目推介会暨影视发展论坛在怀柔区举行。来自海内外的80多家电视节目播出机构，近20家有视频传播功能的网络公司和近90家协会会员近500人参加会议。参展剧目150部、4500多集。

10月23日　北京市远郊区县数字广播(DAB)开通仪式在密云县转播站举行。北京市副市长夏占义和国家广电总局科技司副司长曾庆军、北京市广电局局长孙向东、北京电台台长汪良等出席活动并致辞。开通仪式上，市领导向房山、平谷、怀柔、密云、延庆五个远郊区县赠送DAB推送式广播接收机。市广电局总工程师何桂芝、密云县县长刘福志，及市经济和信息化委员会、房山、平谷、怀柔、密云、延庆五个区县的领导出席。

10月24日　由北京市人民政府、文化部和教育部共同主办，中央美术学院、国家大剧院、北京工业设计促进中心和北京歌华文化发展集团共同承办2009北京世界设计大会暨首届北京国际设计周主题展开幕式在中华世纪坛举行。北京市委常委、宣传部长、副市长蔡赴朝，教育部副部长郝平，文化部党组成员、部长助理丁伟，国际平面设计师协会联合会主席张同鍊等出席开幕式。一周内，百余个国家和地区的千余名设计师、百余位知名学者以及数十家企业、协会和机构参与其中，共有5场大型国际总论坛、百场分论坛、25场展览、13场大型设计活动。

10月26日　北京紫禁城影业有限责任公司投拍的电影《武林笑传》在北京工体举行开机仪式。

10月28日　北京市广播电影电视局副局长丁百之带队赴山东省广播电影电视局开展广播电视制播分离改革调研。

10月28日　来京访问的新加坡高级官员访华团专程考察北京北广传媒户外电视媒体，访华团团长陈丽芬女士称赞北京户外电视发展很好，超过想象，给访华团成员留下非常深刻的印象。北京北广传媒集团有关负责人就中国户外电视发展概况、发展历程、网络覆盖及终端建设、内容建设、经营状况和传播效果等介绍，并就新方提出的有关问题进行解答。

10月30日　国内最大的民营影视制作集团——华谊兄弟传媒股份有限公司在创业板上市获准，成为首家在境内上市的内地娱乐公司。“华谊兄弟”此次申请上市注册资本1.26亿元人民币，资本收入为下一步扩大影视制作规模，达到年产电影6部、电视剧600集的目标奠定基础。

10月30日　下午北京电视台“2010年环球春晚”启动仪式在北京电视台41层大厅隆重举行。外交部新闻司、欧洲司，国家广电总局国际合作司、北京市政府新闻办公室、市旅游局、市外办的领导，印度尼西亚、希腊、土耳其3国驻华大使和来自阿根廷、澳大利亚、巴西、加拿大、丹麦、法国、伊朗、日本、哈萨克斯坦、墨西哥、罗马尼亚、俄罗斯、南非、瑞士、泰国、乌克兰、英国、美国等18国的驻华使馆官员，以及各企事业单位代表、社会各界人士等百余位中外嘉宾出席仪式。“环球春晚”是北京电视台打造的中外明星同台、共迎新春的文化盛典。

10月30日　由北京电视台京视传媒与大道文化联合发起并主办，北京电视台文艺节目中心、北京北广传媒城市电视公司协办的“2009北京喜剧艺术节”新闻发布会在北京电视台观光大厅举行。喜剧节艺术总监陈佩斯的老友朱时茂、姜昆到访。

10月30日　《前进！前进！前进！进！》——庆祝新中国成立六十周年军事题材影片图片巡回展，在北京卫戍区中国人民解放军陆海空三军仪仗队首站启动。中国电影博物馆馆长杨永安、八一电影制片厂厂长明振江、北京卫戍区副政委郭志刚、中国人民解放军陆海空三军仪仗队大队长刘士胥、著名电影导演翟俊杰等领导和嘉宾出席了巡回展开幕式。巡回展还在警卫一师六团、装甲团和中国北京航空航天城开展活动，共讲解56场、讲解服务人数5200人，放映影片9场，官兵参与活动总人数达17700人。

10月31日　由北京电视台和中国传媒大学主办，卡酷动画卫视、中国传媒大学动画学院、中国动画学会教育委员会承办的第四届北京（国际）大学生动画节圆满结束。52个国家245所高等院校的参赛学生代表、30余位国际动画权威和各界人士见证“卡酷年度动漫特殊成就奖”、“卡酷动漫创意大奖”、“北京动漫文化创意大奖”和“白杨奖”的揭晓。

10月31日　由北京电视台主办，京城十几家主流媒体合办的促进首都产业发展的第四届“北京影响力”颁奖典礼在北京展览馆剧场举行，历时40天、940万首都市民通过报纸、网络、短信和电话等多种形式参与投票，首旅集团、北京公交集团等一批大型企业获得“影响百姓生活的十大企业”奖。

10月　北京市广播电影电视系统获得2009年中国新闻奖的作品是：一等奖：北京电台8月9日《北京新闻》（宋梓祯、李彬、王彦），北京电视台8月8日《北京新闻》（集体）；二等奖：北京电台2008年8月5日新闻《国际奥委会医学委员会主席说，在北京没必要戴口罩》（曹力、陈利华），北京电台2008年4月16日新闻《坚持拍摄鸟巢六年的老人》（石秀冬、成音），北京电视台2008年4月9日新闻《点燃激情传递梦想：用身躯捍卫圣火的尊严》（任效松、崔睿、宗燕红）；三等奖：北京电视台2008年8月9日新闻《奥运会主题歌演唱者创作者专访》（朱江、杜研、寇建国、张宾、周波）。

10月　北京市广播电影电视局、北京北广传媒集团、北京电台、北京电视台、歌华有线公司和各区县广电部门认真做好广播电视节目安全播出和传输工作，以“高质量、零差错、无瑕疵”为标准，通过“迎国庆百日安全竞赛”活动，圆满完成国庆大典直播、转播任务，被授予“群众游行优秀组织单位”、“群众游行创新成果奖”。

10月　北京市广播电影电视局机关连续6年荣获“首都文明单位”称号；北京市广播电视监测中心首次被市直机关工委评为“市直机关文明单位”。

11月

11月1日　北京人民广播电台第四届“听

众喜爱的主持人”活动评选揭晓。110名候选主持人中共评出“听众喜爱的最佳主持人”15名，“听众喜爱的优秀主持人”20名。评选活动自7月10日启动，截至8月31日24时，共收到有效选票632029票。

11月4日　北京市广播电影电视局统计结果显示，10月份，在使用“银幕上看祖国”电影优惠券的推动下，北京市电影票房再创新高，达到7721.5万元，比去年同期增加3025.6万元，增长64%。北京地区影院10月份放映电影场次5.5万场，同比增长35%；观影人次达204.5万人，同比增长59%。1—10月，影院放映场次达49.2万场，比去年同期增长36%；观影人次达到1604.2万人，同比增长44%；票房达到6.04亿元，同比增长52%。

11月5日　北京市政协副主席沈宝昌、秘书长阎仲秋等到北京电视台就如何做好市政协成立60周年的宣传报道工作进行座谈。

11月14日　北京电视台首次承办的2009年中国播音主持“金话筒奖”颁奖盛典在北京电视台大剧院隆重举行，并在北京卫视播出。本次颁奖盛典首次为奖项创作了主题歌，全新设计制作了奖杯。

11月19日　由北京人民广播电台音乐广播、广东电台音乐之声、香港电台、上海文广新闻传媒集团广播文艺中心动感101、新加坡新传媒机构YES933、马来西亚988电台共同举办的第九届全球华语歌曲排行榜颁奖典礼在北展剧场举行。

11月19日　北京市委社会工委书记宋贵伦等领导到北京歌华有线电视网络股份有限公司就数据业务发展等情况进行调研，歌华有线公司董事长张淼等陪同调研。

11月23日　北京北广传媒数字电视有限公司受中央组织部委托，由《北京党建》编辑部制作完成的《拳拳报国志十年西部情——“博士服务团”工作十周年巡礼》专题片受到好评，中央组织部人才工作局向北京市委组织部和北广传媒集团发来表扬信。

11月24日　海润影视制作有限公司获商务部、文化部、国家广电总局、国家新闻出版总署颁发的“2009—2010年度国家文化出口重点企业”证书。

11月25日　中国北京星光电视节目制作基地正式挂牌运行。中共中央政治局委员、北京市委书记刘淇，中宣部副部长、国家广电总局局长王太华，北京市委副书记、市长郭金龙，国家广电总局副局长赵实为基地揭牌。国家广电总局副局长赵实，北京市委常委、宣传部长、副市长蔡赴朝出席活动并致辞，市政府副秘书长侯玉兰主持揭牌仪式。揭牌仪式后，刘淇、王太华、郭金龙、赵实、蔡赴朝等领导实地视察基地建设情况。国家广电总局宣传管理司司长金德龙、办公厅主任朱虹、传媒机构管理司司长陶世明和北京市委副秘书长肖培、市委宣传部副部长严力强、陈冬及市广电局局长孙向东、副局长李春良和市政府有关委办局、市有关区县主管负责人，全国部分省区市广播影视厅（局）长、电视节目播出制作机构、有关区县动画基地代表等参加揭牌活动。

11月25日　由中国记协主办、北京歌华文化发展集团歌华传媒交流中心承办的“德国记者镜头里的中国30年——马廷·库莫摄影展”及开幕酒会在北京歌华开元大酒店举办。以“媒体责任超越国界”为主题的“中德媒体沙龙”同时举行。

11月27日　北京歌华有线电视网络股份有限公司董事长张淼荣获“第四届中国北京国际文化创意产业博览会组委会”和“中国光华科技基金会”联合评选的“中国创意产业领军人物奖”；歌华有线公司“高清交互数字电视服务平台”荣获“中国最具创意产品（服务）奖。”

11月　北京电视台新址（北京电视中心）工程荣获2009年度中国建设工程鲁班奖（国

家优质工程）。

11月　经中共北京市委、市政府研究决定，王晓东同志任中共北京电视台委员会书记、台长；免去刘爱勤同志中共北京电视台委员会书记、台长职务，调北京日报社工作。

11月　北京歌华文化发展集团被首都精神文明建设委员会授予“2009年度首都文明单位”以及“2009年度迎国庆讲文明树新风活动先进单位”。

11月　北京市广播电影电视局完成国家广电总局《中国广播电视编年史》北京市广播电视专稿编辑撰写工作，专稿共6.8万字，记述1926年至2008年北京市广播电视发展的大事。

12月

12月1日　北京市广播电影电视局负责承编的第二轮《北京志·广播电视志》（1994—2010）编纂大纲召开首次研讨会。在肯定编纂大纲的总体框架、结构和可操作性基础上提出新的建设性修改意见。市广电局巡视员洪兵出席会议并讲话。市地方志办公室、中广史研会、传媒大学、中华书局有关专家、学者，局老领导，北京北广传媒集团、中国电影博物馆、北京电台、北京电视台、歌华有线及机关相关处室参加会议。

12月3日　北京市委副秘书长肖培、市委宣传部副部长严力强专程到北京电视台听取北京高清电视开播以来相关工作进展情况。市广电局局长孙向东主持会议，总工程师何桂芝、歌华有线公司董事长张淼、北京电视台台长王晓东、总编辑张晓和市委宣传部、市广电局及北京电视台相关人员参加。

12月4日　北京市委组织部副部长吕和顺听取北广传媒数字电视有限公司《北京党建》编辑部《北京党建》工作汇报，对编辑部两年多的平稳运营和党建宣传的探索给予充分肯定，并为《北京党建》下一步发展方向提出指导意见。

12月4—6日　中国电影博物馆庆祝新中国成立60周年前沿讲坛系列之九——“新世纪中国电影创作走向”讲座在清华大学举办，12月6日在清华大学校内放映影片《建国大业》。国家广电总局电影局副局长张宏森担任主讲，中国电影博物馆副馆长邢建毅参加讲座，381名学生参与活动。

12月8日　北京人民广播电台办副主任高振生带领台湾广播业者大陆参访团一行40人到北京电台参观交流。北京电台台长汪良就知识产权、DAB多媒体发展、节目制播分离等方面进行座谈交流。

12月10日　北京电视台召开《2010年北京电视台·新浪网首届网络互动春节联欢晚会》新闻发布会。北京电视台将于春节期间举办7场网络春晚，本次网络春晚由北京电视台、新浪网与中国移动3G平台联合推出。

12月9日—10日　北京大学、清华大学师生代表各40多人分别到北京人民广播电台参观学习。电台副总编辑亢亚志分别介绍了北京电台的发展情况。

12月10日　松下公司CATV BU社长香西卓等一行4人赴北京歌华有线电视网络股份有限公司交流访问，歌华有线公司董事长张淼向客人介绍了网络建设与发展的基本情况。

12月11日　北京人民广播电台举办2010年节目推介暨品牌活动推广会，邀请的广告代理商、企业界人士约160人参加。

12月12日　由中国电影博物馆和中国电影发行放映协会共同举办的“中国电影博物馆第三届青年论坛之青年电影发行人论坛”开幕。国家广电总局电影局副局长毛羽、中国电影发行放映协会会长杨步亭、北京市广电局副局长李春良和中国电影博物馆馆长杨永安等出席论坛并发言。

12月16日　北京人民广播电台总编辑陆莹、副总编辑陈晓海、台长助理李捷率各专业广播、节目制作中心、总编室、网络信息中心、广播发展研究中心及广播公司等部门25位负责人赴中央人民广播电台进行学习交流。中央人民广播电台台长王求、副台长王晓晖、副总编辑刘晓龙以及中央台各频率、产业管理办公室、发展研究中心、网络中心、央广传媒等负责人给予热情接待。

12月20日　北京紫禁城影业有限责任公司等拍摄的电影《苏乞儿》新闻发布会在北京金宝街百老汇电影城举行。导演袁和平、主演周迅、刘畊宏、蒋露霞，紫禁城总经理许建海、香港安乐影业公司总裁江志强出席。

12月21—27日　北京电视台财经节目中心启动大型季播特别节目《点击年关键》，每天65分钟，点击年度"关键词"，梳理一年来影响经济走向的力量。该片播出后受到中宣部《新闻阅评》和市委书记刘淇同志的表扬。

12月21日　由北京北广传媒集团、北京音像公司联合出品的大型景观歌剧《图兰朵》DVD出版发行。

12月22日　北京市委常委、宣传部长、副市长蔡赴朝率宣传系统党风廉政建设责任制第二检查组到北京北广传媒集团检查党风廉政建设责任制落实情况。北京市委宣传部副部长严力强，第二检查组组长、前线杂志社总编辑韩凯，副组长、市委宣传部巡视员孙玉山，京报集团纪检组长赵增秀、市文物局纪检组长张若妮，以及市文联党组副书记张占琴、市委宣传部有关部室负责人陪同检查。集团领导班子成员，歌华集团、歌华有线、移动电视等单位的主管领导及集团总部相关部室负责人、员工代表参加检查。

12月22日　2009年度全市电视剧工作会暨北京广播影视奖（影视剧类）颁奖仪式在北京举行。国家广电总局电视剧管理司副司长王卫平，北京市委宣传部常务副部长陈启刚，市广电局局长孙向东、副局长李春良、巡视员洪兵，市委宣传部文化处和市属电视剧制作机构主要负责人60余人出席。李春良主持会议。

12月23日　北京广播大厦举行落成庆典仪式。大厦由北京人民广播电台全资兴建的四星级涉外综合商务大厦，总建筑面积58798.70平方米，集高／标清广播电视节目演播及制作、国际化会议中心、5A级标准写字楼于一体。北京市广播电影电视局、朝阳区委、区政府、北京北广传媒集团、北京电台、国贸物业酒店管理有限公司的相关负责人出席。

12月23日　北京影视动画协会召开会员代表大会。会议通过协会章程，选举会长、副会长和理事单位。北京电影学院党委副书记、动画学院院长孙立军当选协会会长。国家广电总局副总编辑、宣传管理司司长金德龙，市委宣传部副部长严力强，市广电局局长孙向东出席会议并讲话。李春良副局长做2009年北京市影视动画工作报告，并就《北京市关于支持影视动画产业发展的扶持办法(试行)》向与会单位做介绍和解读。中国动画学会、中国软件协会、国际版权交易中心、市民政局社会团体管理办公室等单位代表到会祝贺。北京电影学院、北京卡酷动画卫星频道有限公司等11家协会发起单位和40余家会员单位的代表参加。

12月24日　北京市广播电影电视局印发"关于内部审计工作规定（试行）的通知"，共有"总则、内部审计机构和审计人员、内部审计主要职责、内部审计机构的主要权限、内部审计工作程序、奖励和处罚、附则"等7章28条。

12月24日　北京市委宣传部副部长陈冬带队，由市委宣传部副巡视员张伯华、市出版新闻出版局纪检组长杜淑华、市文化执法总队党组书记张珠、出版集团副总编李清霞、改革办主任龙晓雯等一行11人组成的检查组到北京歌华文化发展集团检查党风廉政建设责任制工作情况。

12月26日　由北京影视艺术信息网主办的"2009年度优秀影视剧故事征集活动"举行颁奖典礼。《美国大吉普》、《夏天有风吹过》荣获“最佳电影故事奖”；《九叔》、《我的影子在奔跑》、《藏家》荣获“优秀电影故事奖”；《飞吧刺猬》、《母子连心》荣获“最佳电视剧故事奖”；《康庄之路》、《老牛上访》、《突如其来的明天》荣获“优秀电视剧故事奖”。

12月28日　北京音像资料馆组织“媒资管理系统”设备验收，邀请中央电视台和北京电视台有关专家组成专家组，北京市广电局纪检监察处全程参与通过验收。

12月29日　北京中广传播有限公司(CMMB北京公司)注册成立。CMMB北京公司由中广卫星移动广播有限公司(现中广传播有限公司)、北京北广传媒投资发展中心、北京电台、北京电视台共同出资组建，业务范围包括北京地区广播电视无线传送业务，技术推广服务、销售电子产品、广播电视设备等。

12月31日晚　北京歌华文化发展集团中华世纪坛承办的“世纪钟声响·年年报平安”新年敲钟活动启动。该活动标志着“与新世纪同行”——庆祝中华世纪坛建坛十周年系列活动正式拉开帷幕。

12月31日　北京歌华文化发展集团歌华大厦完成全部客户产权证颁发，同时完成了大厦的汇算清缴，取得了由税务师事务所出具的《歌华大厦竣工财务决算审计报告》和《歌华大厦项目土地增值税清算鉴定报告》。

12月　由国家广电总局主办、中国广播电视协会承办的中国广播影视大奖2007—2008年度广播电视节目奖共评出消息、评论、专题、栏目、现场制播、音乐、综艺、歌曲等10余个类别的获奖作品130个，提名作品509个。其中，北京电台《一周内两次微调奥运限行方案百姓乐道》等7个作品和北京电视台《点燃激情传递梦想：用身躯捍卫圣火的尊严》等3个作品，共10个作品获奖，获奖作品占推荐作品的27.8%。北京电台《国际奥委会医学委员会主席说，在北京没必要戴口罩》等10个作品和北京电视台《寻找赵爷爷》等8个作品获得提名，提名作品占推荐作品的50%。

年内　北京市广播电影电视局收听收看中心全年编发收听收看报告58期。

年内　北京市广播影视作品审查中心共审查国产电视剧79部2581集，纪录片1部8集，引进剧4部91集，动画片27部797集9385.5分钟，电影4部，剧本23部。较2008年，电视剧审查增长3部155集6.39%；动画片增长26部386集93.92%；剧本增长4部21.05%。完成全套23期《影视教程》的光盘制作及书稿印发工作，策划并制作《影视艺术名人档案》电视片共5期；成功举办“2009年度优秀影视剧故事征集”活动，其中获奖作品电视剧《母子连心》已经投拍。

年内　北京市广播电影电视局工会组织各类工会理论知识培训及外出考察20余次。

年内　北京广播电影电视研究中心汇编的《北京广播影视发展研究文集2008—2009》由北京出版社出版发行，共80篇文章51万多字。

年内　北京市广播电视监测中心重点对44路广播信号监测，共计287815.85小时；对916路电视信号监测，共计6919136.09小时；对系统内中波、调频、电视播出质量技术指标测试12160次；安全播出短信预警平台共收总局短信108条，向各有关领导及播出机构发送短信2507条；共监测到并及时提醒各播出机构发生的广播电视播出异常情况共772起，完成市属主要播出机构监测任务。

年底　由北京歌华有线电视网络有限公司启动的高清交互数字电视试验示范小区推广工作，在朝阳、石景山和海淀的80多个小区进行，全市高清及高清交互数字电视用户达30万户，集成视频点播节目1.1万多小时。

年底　北京北广传媒数字电视有限公司共集成包括中数传媒、上海文广、华诚(CHC)和鼎视数字电视传媒有限公司4大平台以及全国和地区的43个数字电视频道，加上自有的11套数字电视节目，传输的频道达到54个，代理传输外省卫视频道6套。

年内　北京北广传媒集团所属鼎视数字电视传媒有限公司继续优化集成频道，标清频道上星传输达30套，全国落地143个地区、覆盖8400多万用户。

年内　北京北广传媒地铁电视有限公司完成播控中心建设，启动1、2号线地铁电视和乘客信息系统建设工程，开通的7条地铁线路共安装电视终端1.18万个。加上公交移动、楼宇电视等新媒体累计终端已达4.7万块，比上一年增加1.2万块。网络传播视听节目持证机构发展到70家，比上一年增加27家。

年内　北京市实施农村电影放映工程，全市农村数字电影固定放映设备共放映27万场，观众达1599万人次；流动放映设备放映5.06万场，观众达455万人次。

年内　全市广播电视有线传输网集成数字广播电视节目156套、数字广播节目16套，网络总长141225千米，其中光缆26093千米、电缆115132千米；有线电视注册用户413万户，其中数字电视用户240万户。高清及高清交互数字电视用户超过30万户，集成视频点播节目1.1万多小时。

年内　北京音像公司开拓产品销售渠道，《侯宝林相声表演艺术》、《歌声回首六十年》入选国家新闻出版总署“农家书屋”采购目录和北京市“益民书屋”政府采购项目，被列为供货单位之一；《歌声回首六十年》专辑被确定为“2009年北京市重点音像出版选题”，同时纳入“北京市出版工程”，上市发行2000多套。

年内　北京中北电视艺术中心有限公司制作完成电视连续剧《猎人笔记之谜》(28集)和《内线》(31集)。其中，《猎人笔记之谜》与俄罗斯主流电视媒体REN-T电视台合作而成，在中国、俄罗斯和东欧18个国家电视媒体上同步播出，覆盖近三分之一的欧洲人口。该剧还获得2009年12月“第12届欧亚电视论坛重大贡献奖”，而且销售出国产电视剧在海外市场上的最高价格。

年内　海润影视制作有限公司投拍电视剧《平原枪声》、《烈火红岩》、《江湖绝恋》、《战士》、《晚婚》、《民国往事》、《我叫刘跃进》、《人生》、《中天悬剑》、《进城》、《孽缘》、《马店》、《医者仁心》。

年内　北京小马奔腾影视文化发展有限公司投拍电视剧《我的兄弟叫顺溜》和《狙击手》、《空巢》、《青铜匕首》和新版《三国》，投拍电影《机器侠》、《花木兰》、《无人区》、《功夫梦》、《美丽密令》、《剑雨江湖》、《越光宝盒》、《倾城》等。

年内　北京中联华盟文化传媒投资有限公司共获准发行电视剧3部101集（《勇者无敌》32集；《守着阳光守着你》34集；《人生无悔》35集）。投资拍摄电视剧2部85集（《人生无悔》35集；《爱在苍茫大地》50集）。代理发行电视剧（《红雪》38集）等。

年内　北京鑫宝源影视投资有限公司投拍电影《建国大业》，投拍电视剧《我的青春谁做主》、《苏菲的供词》、《孽债2》、《老牛家的战争》、《婚姻保卫战》等。

年内　北京慈文影视制作有限公司投拍电影《大内密探灵灵狗》，投拍电视剧《加油，优雅！》、《战后之战》等。

年内　总部从广州迁至北京的俏佳人传媒股份有限公司在商务部、文化部、广电总局、新闻出版总署与中宣部、财政部在京共同举行的“2009—2010年度文化出口重点企业和重点项目授牌仪式”上再次被授予文化出口重点企业荣誉称号。

年内　北京市广播电影电视系统获得2007、2008年度中国广播影视大奖的作品有：北京电视台优秀消息《点燃激情传递梦想：用身躯捍卫圣火的尊严》、《警车开道护送断指工人》、优秀对外电视节目《自行车回归》；北京人民广播电台优秀消息《一周内两次微调奥运限行方案百姓乐道》、优秀评论《民意畅达呼唤制订保障——从北京地铁5号线加站说起》、优秀对外广播《开幕这一天》、优秀音乐节目《梦想的旋律》、优秀小说连播《贺龙传奇》、优秀原创歌曲《我和你》、优秀广播剧《京城第一家》。获得2007、2008年度中国广播影视大奖提名奖的有：北京电视台优秀消息《寻找赵爷爷》、《闭幕式的背后：56个民族共唱国歌》，优秀评论《幻觉与疯狂》，优秀栏目《生活面对面》，优秀专题《平价医院的生命力》、《流畅之美——香港交通面面观》、《盛典——解读历届奥运会开幕式》、《有轨飞行》。北京人民广播电台优秀消息《国际奥委会医学委员会主席说，在北京没必要戴口罩》，优秀栏目《行走天下》、优秀专题《亲情》、《镇干部带咱去打工》、《苦海之岸——纪念引渡法颁布实施8周年节目》、《刘大妈——个体餐馆第一家》，优秀现场直播《纪念中国人民解放军建军80周年大型联合直播——八一军旗红》（与江西人民广播电台、黑龙江人民广播电台、上海文广新闻传媒集团、辽宁人民广播电台、河北人民广播电台、江苏广电总台、湖南人民广播电台、广东人民广播电台、深圳广电集团合作）、《和祥云一起飞翔——第29届奥运会雅典火炬交接仪式》，优秀综艺节目《在震撼中复活——冯小刚和他的电影<集结号>》，优秀原创歌曲《生死不离》。

年内　由北京市广播电影电视局主办，首都广播电视节目制作协会承办的第四届、第五届首都电视节目推介交易会，于春季和秋季分别在重庆和北京举办，电视节目交易总成交额（含意向）14.5亿元。

年内　全市广播影视资产总额达340.87亿元，比上一年增长5.9%。广播影视创收100.36亿元，比上一年增长21.5%。其中广告创收45.39亿元，比上一年增长17.8%；网络收入7亿元，比上一年增长8.3%；电视收视费收入8.58亿元，比上一年增长10.2%；电影票房收入8.1亿元，比上一年增长52.8%。北京北广传媒集团业务收入23.11亿元，比上一年增长13.4%；北京人民广播电台收入8.22亿元，比上一年增长7.4%；北京电视台收入30.4亿元，比上一年增长27.7%。全市广播影视节目制作经营机构累计达到1050家，从业人员1.79万人。

2009年北京市区县广播影视大事记

1月

1月1日　顺义人民广播电台2009年直播节目由4档增加到7档，直播时长增加到7小时30分钟；顺义电视台《顺义新闻》片头、片花、字幕等进行了统一设计、包装，全新推出《民情一线》等栏目。

1月1日　怀柔电视台开办的《新视野》栏目开播。该栏目每周四晚8：00首播，时长15分钟，为一档民生类专题节目。

1月7日　平谷区广播电视中心召开记者站工作会议，总结2008年记者站新闻报道工作，部署2009年重点工作，并对记者站记者进行了业务培训。全区各乡镇、委办局记者站50多名记者参加。

1月12—13日　石景山区广播电视中心主任魏志安率队到朝阳、海淀区广电中心开展关于开播数字频道的调研。

1月18日　昌平区广播电视中心成功举

办2009年春节电视晚会。区委常委、宣传部部长戴维、副区长方炎、政协副主席沈玉宝及委办局和镇、街办事处的领导出席。

1月22日　房山区广播电视中心在百草畔广播电视转播站使用调频广播频率96.9兆赫，转播房山人民广播电台节目。

1月24日　平谷区委常委、副区长王晓光代表区委区政府慰问区广播电视中心干部职工，对一年来工作给予肯定，并对新的一年工作提出要求。

1月　朝阳区广播电视新闻中心出资冠名"2009朝阳国际风情节"，以"朝阳传媒"作为冠名名称。

1月　丰台区广播电视中心圆满完成区人大、政协"两会"宣传报道任务。"两会"期间，《丰台新闻》从15分钟，延长到30分钟，先后播发会议新闻20余条，播出采访30余人次。

1月　怀柔人民广播电台开办《文学草堂》栏目，每周播出3期，时长20分钟。栏目以作家访谈、作品赏析等为播出内容。

1月　怀柔电视台开办《健康有约》栏目，周一、周四首播，时长10分钟。栏目宗旨是"传播医药知识，关注百姓健康"，通过权威医疗保健专家的讲解，给观众朋友介绍最新的健康理念和保健知识，栏目包括《温馨提示》、《寻医问药》、《政策解读》等板块。

2月

2月5日　丰台区副区长李丽萍到丰台区广播电视中心调研，对广电中心节目内容求"新"，节目制作求"精"，节目设计求"活"的做法给予充分肯定。

2月9日　平谷区广播电视中心圆满完成"平谷第19届农民艺术节民间花会秧歌进城大拜年活动"电视直播，并配合录制了《同一首歌》节目。

2月17日　密云县广播电视中心召开2008年度工作总结表彰会暨2009年工作部署会。中心党组书记、主任赵力杰主持会议，县委常委、宣传部部长向德春出席会议并讲话。

2月21日　顺义第一中学、杨镇第一中学和石园小学等部分师生做客顺义人民广播电台直播间，参与《顺义教育之光》直播节目。

2月21日　怀柔区广播电视中心举办摄像技术及技巧培训班，30多名摄像从业人员参加。

2月23日　大兴区广播电视中心主办的京南综合门户网站"中华兴网"（http://www.zhhxw.com）正式对大兴电视台所有节目进行同步网络直播。

2月23日　顺义人民广播电台直播节目《边走边听》正式开播。

2月28日　延庆县广播电视中心投入65万元，完成电台音频工作站系统升级改造，增加录制间3个，直播间1个。

2月　顺义区广播电视中心"2009年度顺义电视台好新闻、专题评选活动"结束，对20条新闻、9个专题进行评析，分别评选出新闻类和专题类优秀奖项。

3月

3月1日　昌平区广播电视中心对午间电视节目进行改版，开播《今日开庭》、《职场故事》和《笑笑吧》3个栏目。

3月2日　海淀区文化委员会组织召开2009年海淀区广播电视安全传输暨"两会"期间安全传输工作会议。

3月2日　平谷区广播电视中心将新闻节目中的《乡风文明》栏目改版为《文明之星》，每周一至周六播出；并开办《增信心促发展》专栏。

3月8日　怀柔区委宣传部与区广播电视中心联合举办新闻业务培训班，200余名编辑、记者参加。

3月13日　平谷区广播电视中心在《平谷新闻》中开办《认真学习实践科学发展观打造首都发展新空间》栏目，整合《增信心促发展》栏目，丰富新栏目内容。

3月24日　大兴区广播电视中心“中华兴网”推出全新板块《博客精粹》，刊登百余名知名博主文章。

3月24—25日　国家广电总局专家组对平谷区广播电视中心制播存一体网进行验收。

3月24日　延庆县广播电视中心组织“安全播出应急演练”，更换存在安全隐患的BTV-1的卫星接收机，确保前端播出设备运行正常和安全播出。

3月26日　大兴区广播电视中心召开2009年第一批通讯员培训工作会。

3月26日　通州区文化委员会等有关部门组成联合执法检查组，对非法销售卫星地面接收设施的摊贩进行联合执法检查，收缴各类卫星地面接收设施22套（件）。

3月28日　丰台区代区长游广斌到区广播电视中心调研，在听取党组书记李智的汇报后，对中心的工作给予充分肯定，并提出具体要求。

3月31日　顺义电视台与北京电台翔龙广视文化传媒有限责任公司签订合作协议。

3月31日—4月1日　平谷区广播电视中心举办广播电视业务培训班，邀请原中央电视台评论部主任曹仁义、中国传媒大学新闻学院院长高小红等知名专家讲课，平谷电视台、电台采、编、播人员及乡镇局记者站记者110余人参加，中心主任刘义华进行了开班动员。

3月　丰台区广播电视中心召开“2009年度通联工作会”，总结2008年的通联工作，通报2009年的宣传报道重点，并对在《丰台新闻》中发稿量前十名的10个记者站进行表彰。

3月　大兴区广播电视中心组织记者到北京电视台进行专业培训并参照北京电视台标准，制定大兴时政新闻报道的规范标准。

4月

4月2—4日　石景山区广播电视中心承办的第二届《清明诗会》在北京国际雕塑公园录制。4月4日《清明诗会》在北京电视台播出。

4月2日　海淀区委书记谭维克到区新闻中心调研，充分肯定中心工作，并提出具体要求。

4月7日　房山区广播电视中心在百草畔转播站使用ＤＳ－29频道转播北京电视台公共频道节目。

4月10日　石景山广播电视中心推出《教育新视线》栏目，栏目全方位反映全区教育事业的发展变化，解读区内教育的热点、焦点问题。

4月10日　顺义人民广播电台举办2009年首期镇级广播员、通讯员业务培训班，邀请北京电台“老广播”授课，全区19个镇广播站的47名广播员、通讯员参加。

4月13日　大兴区广播电视中心组织“第一季度好新闻评选活动”，评出一季度好新闻12条。

4月14日　北京市广播电影电视局总工程师何桂芝率队到密云县白土沟广播电视无线转播站调研，查看转播站建设情况。

4月17日　平谷区广播电视中心圆满完成“北京平谷第11届国际桃花节和体育节开幕式”直播任务，并与北京电视台合作，录制播出90分钟实况节目。

4月18日　朝阳区广播电视新闻中心举办“亚运村魅力二十年”朝阳传媒进社区2009年首场活动。

4月21日　怀柔区委书记王海平到区广播电视中心调研，区委常委、宣传部长彭丽霞和副区长周东金陪同调研。

4月22日　石景山区广播电视中心推出电视杂志《人口视窗》栏目，栏目与区人口计生委合作开办，旨在普及计生知识、倡导婚育文明、提高人口素质、构建和谐家庭。栏目下设卷首语、小城故事、天下博览、深度解读、视点聚焦、漫话人生等板块。

4月22日　国家广电总局率全国地（市）广播电视局局长到顺义区广播电视中心参观考察。

4月22日　石景山区广播电视中心承办的“石景山区庆祝五一劳动节《劳动最光荣》文艺活动”在北京国际雕塑公园成功举办。

4月25日　顺义电视台发射机房开关机远程控制工程竣工，发射机房实现无人值守。

4月28日　石景山区广播电视中心承办的“石景山区纪念五四运动90周年暨双十杰颁奖及《青春放歌》晚会”在北京国际雕塑园成功举行。

4月28日　昌平区广播电视中心承办的“感动昌平”十大道德楷模颁奖晚会在广电中心演播大厅成功举行。

4月29日　顺义区委常委、组织部长雷显武，区委常委、宣传部长、区委办主任杨宝华到广播电视中心审看科学发展观电教片《希望的热土》。

4月　北京市广播电影电视局总工程师何桂芝率队到平谷区广播电视中心调研，对智能广播在农村政策宣传、文化传播和应急指挥方面发挥的作用给予肯定。

4月　延庆县政府应急办和延庆县广播电视中心联合推出“防灾减灾宣传系列报道”。

5月

5月4日　大兴区广播电视中心试播自办网络娱乐美食节目《食尚家人》。

5月4日　延庆县广播电视中心举办《青年才艺大赛》文艺节目。

5月6日　顺义区广播电视中心召开《顺义时讯》创刊两周年读者座谈会暨征文颁奖仪式，并推出“创新时讯踏歌前行”专版。

5月9日　顺义人民广播电台举办“岁月留声真情相伴”听友见面会，200多名听友与主持人面对面沟通，并现场互动演出。

5月10日　朝阳区广播电视新闻中心与区妇幼保健院合办的电视栏目《幸福2+1》开播。

5月15日　国家广电总局率全国地（市）广播电视局局长40多人到昌平区广播电视中心参观考察。

5月16日　朝阳区广播电视新闻中心举办主题为“时尚快乐和谐”朝阳传媒进社区2009年第二场活动。

5月27日　密云人民广播电台、密云电视台库北山区无线覆盖工程竣工仪式在不老屯镇白土沟转播站举行。

5月31日　顺义电视台摄制完成《城乡统筹仁和巨变》科学发展观电教片。

5月　据统计，朝阳区现有广播电视节目制作经营单位103家，占全市的33%；电视剧制作机构（甲种）12家，占全市的67%；接收卫星电视节目单位276家，占全市的39%；卫星地面接收设施安装单位22家，占全市的13%；信息网络传播视听节目单位13家，占全市的34%。

5月　怀柔人民广播电台开办《快乐游怀柔》互动直播节目，每周六、周日及法定假日播出，时长120分钟。

5月　石景山区副区长陈双到区广播电视中心调研有线电视工作。

5月　石景山区广播电视中心推出《教育新视线》和《人口视窗》两档电视新栏目。

6月

6月2日　顺义区副区长燕瑛到顺义区广播电视中心指导工作。

6月3日　延庆县广播电视中心举办“舞动的青春”首届青年才艺大赛取得成功。大赛为自编自演，由舞蹈《天竺少女》、散文朗诵

《山桃花》等节目组成。

6月8日 昌平区广播电视中心OA网络办公自动化系统正式开通。

6月15日 大兴区广播电视中心“中华兴网”《食尚家人》网络娱乐美食节目播出。

6月16日 丰台区委常委、宣传部长李明圣、副区长李丽萍到广电中心调研，在认真听取了中心主任李智汇报后，对广电中心下一步工作提出指导性意见。

6月18日 海淀区新闻中心《802海淀数字电视频道》正式开播，区委书记谭维克开启“802数字电视”开播按扭。该频道在北京数字电视播出网中实行全天24小时播出，除自制节目外，还转播各类专题和电视剧等。区委办主任刘鸿，区新闻中心主任牛爱忠、副主任张春民出席。

6月18日 顺义区广播电视中心出动转播车对“中国第七届花卉博览会100天倒计时大会”进行现场录制、报道。

6月30日 顺义区广播电视中心举行“颂歌献给共产党”文艺晚会庆祝建党88周年。

6月30日 延庆县广播电视中心浆棚山转播站二期工程竣工。

6月30日 密云县广播电视中心电视专题栏目《科技信息之窗》正式开播，栏目宗旨为“科技兴农，富民为本”。

7月

7月10—12日 丰台区广播电视中心制作大型水上娱乐节目《青龙闯天关》，159位选手参加节目录制，24个单位组队并吸收青龙湖游客加入到闯关行列中。

7月18日—8月3日 顺义区广播电视中心举办“大龙地产杯《我爱我家》系列艺术大赛颁奖晚会”，共举办3场，并在电视综艺栏目《燕京歌唱部落》特别节目中播出。顺广传媒网、北京人民广播电台《动感音乐》频道同时播出。

7月20日—8月24日 房山区委、区政府决定：吕井财同志任区广播电视中心党委书记（试用期一年）；李晓梅同志任区广播电视中心党委副书记、广播电视中心主任（试用期一年）。

7月23日 丰台区文化委员会同公安等部门组成综合治理工作小组对全区卫星电视接收设施进行检查，共收缴高频头3个，卫星接收机4个。

7月28日 门头沟区广播电视中心举办全区新闻业务培训班，邀请北京市广播电视学会会长、原北京电视台台长张晓爱就如何办好新闻、专题类节目进行授课。

7月 平谷区广播电视中心制作的电视专题片《以己之手，打造绿色和谐平谷——平谷区创建国家卫生区工作纪事》拍摄完成。

7月 密云县广播电视中心制定的“话说首都生命之水——密云水库”国庆60周年宣传报道方案，在北京市广电局组织的“迎接新中国成立60周年宣传报道方案征集评比活动”中获一等奖。

7月 大兴区广播电视中心采取“走下去到基层”的培训方式，对通讯员的新闻采编工作进行实际训练。

7月 大兴区广播电视中心“中华兴网”开辟为网络发烧友提供图片交流的平台——兴网视界。

7月 怀柔区广播电视中心成立广播电视节目监督员队伍。

8月

8月1日 延庆电视台《北京水源》摄制组一行5人历时4个月、行程近4000公里深入红河、潮河的源头，及永定河水系上游进行专题采访，拍摄一批电视片素材。

8月5日 顺义区委常委、区纪委书记王敬东到广播电视中心审看顺义区全程办事代理制工作汇报专题片。

8月7日　顺义区广播电视中心举办播音员主持人专题培训班，邀请中国传媒大学摄影教授金贵荣、北京人民广播电台交通广播主持人王佳一授课。顺义广电中心各媒体的采编播人员及全区19个镇的广播员参加。

8月中旬至11月　延庆县广播电视中心《延庆新闻》播出80期“我与祖国共成长”、“红色记忆”等迎国庆系列报道。

8月20日　石景山区委书记荣华到区广电中心对国庆宣传报道工作进行专题调研。在察看了演播室和机房、听取汇报后，对区广电中心近年来的发展及国庆宣传报道方案给予充分肯定。

8月20日　怀柔区广播电视中心投资60万元拍摄的《与共和国同行——怀柔60年60事》电视宣传片播出。该片共60集、时长360分钟，选取怀柔60件重大历史事件，按照编年体形式，运用历史资料、影视图片、见证人回顾等多种手段展示怀柔经济社会发展的历程。

8月25日　平谷区广播电视中心与区供电公司进行用电大负荷测试、演练，以确保国庆活动的开展。

8月25日　北京市广播电影电视局局长孙向东、昌平区副区长方炎检查昌平广播电视中心安全播出工作。

8月26日　北京市广播电影电视局副局长丁百之到昌平区检查广播电影电视“国庆平安行动”，昌平区副区长方炎、文委主任陈玉启、广电中心主任刘晓梅、歌华昌平分公司李庆江等领导陪同检查。

8月27日　顺义区委副书记、北京天竺综合保税区管委会常务副主任闫立刚一行到广播电视中心调研考察。

8月28日　“同一首歌走进密云”，密云县广播电视中心与中国联通北京分公司合作，实现首次卫星直播。

8月　密云县广播电视中心荣获首都文明单位标兵称号。

9月

9月　初顺义区广电中心整合广播、电视、报纸等区域媒体资源，开办《盛世华博》等栏目，全力做好第七届中国花卉博览会的宣传报道。

9月3日　密云县委副书记李和平到广播电视中心检查指导精神文明创建工作，向中心授予首都精神文明单位标兵奖牌和荣誉证书。

9月8日　全市14个区县广播电视中心40余名技术人员在市广电局的组织下，在平谷区进行查找非法信号演练。

9月8日　北京市委宣传部副部长严力强、北京市广播电影电视局局长孙向东带队，到密云县广播电视中心进行国庆安全播出、传输工作检查，并对密云县广播电视中心所做的工作给予充分肯定。

9月15日　昌平区文化委员会开展“提高农民法律素质，促进农村改革发展”送法下乡活动，接待法律咨询群众100余人，发放《广播电视管理条例》等宣传材料600余份。

9月17日　昌平区电影管理以马池口镇和崔村镇为普法教育放映试点，全区200个数字影厅参加普法宣传活动，放映普选宣传影片200余场。

9月17日　国家广播电影电视总局组织处级干部到顺义区广播电视中心进行考察调研，中心主任王颖介绍了顺义广电的建设与发展情况。

9月17—20日　石景山区广播电视中心承办区政协“庆祝新中国成立60周年暨人民政协成立60周年美术、书法、摄影作品展”，展出作品130余幅。

9月21日　门头沟电视台播出反映门头沟区60年的发展历程的电视系列专题片《身边的60年》，同时推出“红色经典影片展播月”活动。

9月21日　大兴区广播电视中心拍摄的国庆60周年大型系列报道《大兴六十年》开播。

9月24日　顺义区广播电视中心举办“为伟大祖国喝彩”——喜迎新中国六十华诞文艺晚会。

9月25日　延庆县广播电视中心“AVS高清晰度地面数字电视示范工程项目协调会”召开，力争早日落户延庆用于电视领域。AVS是中国具有自主知识产权的数字音视频信源编码标准。

9月26日—10月5日　第七届中国花卉博览会举办期间，顺义人民广播电台与北京人民广播电台在主场馆设立直播间，并机直播“花博会”盛况。

9月27日　昌平区广播电视中心举办“走向辉煌——庆祝新中国成立60周年暨昌平电视台新台标启动仪式”。北京市广电局副局长丁百之、昌平区人大主任李福忠，政协主席王振华，区委常委、宣传部部长戴维等出席启动仪式。

9月　朝阳区广播电视新闻中心开播新栏目《与法同行》和《我爱我家》。

9月　平谷区广播电视中心拍摄百集电视新闻专题《我与共和国同行》播出。

9月　昌平区广播电视中心投资400多万元对综艺演播厅和播出机房进行改造，实现节目采编播数字一体化，永安公园LED大屏开播。

9月　东城区文化委员会开展地面卫星接收设施专项整治，检查经销广电器材的商店、安装地面卫星接收设施的单位90余家。

9月　房山区文化委员会会同相关部门开展广播电视公共视听载体专项整治行动，并对非法销售卫星天线的摊点予以处理。

9月　国家广电总局处级干部培训班20余人到怀柔区广播电视中心调研，听取了中心主任刘晓红介绍广电中心发展情况及怀柔区域经济社会发展情况，参观了编辑制作播出机房。

10月

10月8日　顺义电视台策划实施了《向祖国报告——顺义巨变：从“粮仓”到“国际港”》大型系列方案。方案完成之时适逢北京市广播电影电视局和北京广电学会联合组织迎接新中国成立60周年宣传报道方案征集评比活动。此方案被组委会破格设立为“特别奖”。

10月12日　延庆县广播电视中心播出机房前端设备改造工作完成。

10月13日　昌平区人大主任李福忠，常务副主任武宁，副主任张文祥、张文良、郑国柱在区委常委、宣传部长戴维的陪同下到区广播电视中心调研，参观了演播室、播控机房，观看了昌平电视台成立25周年宣传片，中心党委书记、主任刘晓梅介绍了事业发展情况。

10月14日　国家广播电影电视局发展研究中心调研组到昌平区广播电视中心了解基层广播电视管理体制运行情况，中心党委书记、主任刘晓梅围绕调研主题进行了汇报。

10月15日　顺义区广播电视中心邀请北京市记协常务副主席宗春启、《京郊日报》原总编辑王永华、《北京日报》特别报道部主任王增民等对“顺义时讯报社首届优秀新闻作品”进行评选。

10月18—27日　大兴区广播电视中心与中国电视艺术家协会合作，承办首届中国新农村电视艺术节“优秀对农电视栏目”、“优秀对农电视专题片”和“优秀农村题材电视剧”推选会议。其中，由大兴区广电中心选送的专题片《绿海甜园魅力新村——大兴区新农村建设纪实》和电视栏目《女子别动队》分别获得一等奖。

10月19日　朝阳区广播电视新闻中心开办电视新栏目《家庭赛乐赛》开播。

10月21日　昌平区电影管理处开展爱国

主义主题放映活动，组织6个镇30个村级数字电影厅放映了《建国大业》影片，以庆祝新中国成立六十周年。

10月22日　国家广播电影电视局机关处级干部学习班一行23人到昌平区广播电视中心参观调研，中心党委书记、主任刘晓梅介绍了情况。

10月23日　密云县广播电视中心承建的白土沟广播电视无线转播站落成，并承办北京市远郊区县数字广播（DAB）开通仪式。北京市副市长夏占义、国家广电总局科技司副司长曾庆军、市广电局局长孙向东出席开通仪式。

10月25日　朝阳区广播电视新闻中心在高碑店地区盛世龙源举办主题为“大高碑店大发展大和谐”朝阳传媒进社区2009年第七场活动。

10月27日　大兴区广播电视中心召开记者、编辑专题培训工作会议，区长李长友出席会议并讲话。

10月30日　朝阳、海淀、丰台、石景山四区广播电视中心召开联席会议，就数字电视频道采取互播互通的联动措施达成合作协议。

10月30日　四川省资阳市副市长一行30人到石景山区广播电视中心参观考察。

10月　朝阳区广播电视新闻中心《朝阳新闻》改版，由《朝阳新闻》和《今日点击》栏目合并，播出时长为30分钟。合办栏目《同在蓝天下》与《陪你逛街》开播。

10月　朝阳区广播电视新闻中心组织全体员工开展“赴延安三项教育活动”。

10月　门头沟区广播电视中心《迎接新中国成立60周年宣传报道方案》全面实施：在新闻节目中开设《喜迎新中国成立60周年》、《迎国庆讲文明树新风》、《办实事惠民生促和谐》等栏目，拍摄制作系列报道《身边的60年》，推出红色经典影片展播月等。

10月　房山区广播电视中心报送的《三农零距离》，被中国广播电视协会评为三等创优栏目奖，《农业增效农民增收农村繁荣主题论坛》评为三等创优特别节目奖。

10月　通州区广播电视中心荣获《北京市第七届全民健身体育节》优秀报道奖。

10月　昌平区广播电视中心荣获全国县级广播电视系统“百家先进局台”称号。

10月　平谷区广播电视中心被区委、区政府评为“庆祝中华人民共和国成立60周年最佳组织奖”。

10月　丰台区广播电视中心被区委、区政府授予丰台区国庆60周年活动“最佳服务保障奖”。

10月　大兴区广播电视中心与中国电视艺术家协会合办的首届中国新农村电视艺术节“优秀对农电视栏目”、“优秀对农电视专题片”和“优秀农村题材电视剧”推选活动启动。

11月

11月5日　房山区委书记刘伟，区委常委宣传部长唐淑荣在第十个记者节到来之际到区广电中心进行慰问。

11月5日　昌平区广播电视中心举办庆祝第十个记者节表彰颁奖——“青春之歌”晚会，对2008年度荣获“北京市广播影视奖”和2009年度“昌平广播电视网络奖”的奖项和作者进行表彰。

11月6日　石景山区广播电视中心举行《804石景山数字电视频道》开播仪式暨庆祝第十届中国记者节活动，区委副书记、区长周茂非与北京歌华有线电视网络股份有限公司常务副总经理王振华为《804石景山数字电视频道》开播揭幕，区委常委、宣传部部长徐维功主持开播仪式，区人大副主任邱思达、区政协副主席马刚出席。

11月6日　房山区文化委员会开展为期一个月的广播站、电视站专项检查行动，以清理整治违规播出、传输行为，确保广播电视安全播出。

11月6日　延庆县广播电视中心浆棚山二期工程顺利竣工并验收，中心主任孟昭旭汇报了工程建设情况，市广电局总工程师何桂芝及各郊区县广电中心领导参加验收。

11月8日　海淀区新闻中心《有线电视台》在国家广电总局、中国广播电视协会举办的“辉煌六十年”中国广播电视传媒论坛全国县级广电系统“双百”表彰大会上评为先进台。

11月8日　丰台区广播电视中心《803丰台数字电视频道》试播，新增《丰台故事》、《话说丰台》两档自办节目，并增加播出引进的电视剧、科普娱乐类节目，全天播出16.5个小时（990分钟）。

11月8日　门头沟区广播电视中心举办“门头沟电视台建台十五周年、门头沟电视台综合频道开播、门头沟新闻网开通暨第十个记者节”庆典活动，区委常委、宣传部部长陈志强代表区委、区人大、区政府、区政协讲了话，区相关单位领导参加。

11月8日　朝阳区广播电视新闻中心举办主题为“我与朝阳共奋进”记者节活动。

11月8日　顺义区广播电视中心在南京召开的全国县级广播电视系统先进局台及优秀工作者经验交流大会上获“百家先进局（台）”称号。

11月10日　延庆县广播电视中心以“我是记者，我快乐”为主题欢庆第十个记者节。

11月　海淀区新闻中心《海淀新闻》改版，播出时间由15分钟改为25分钟，并新增《文明新发现》栏目。

11月　大兴区广播电视中心在《大兴新闻》栏目中重点推出为期一年的农业系列宣传报道。

11月　大兴区广播电视中心开展“用镜头留住大兴历史”活动，采集音视频资料2150分钟，老照片570张。

11月　房山区广播电视中心被首都精神文明建设委员会评为首都“迎国庆讲文明树新风”活动先进单位。

11月5日　房山区委书记刘伟、宣传部长唐淑荣在第十个记者节之际到广电中心进行慰问。

12月

12月1日　密云县委书记汪先永等到广电中心检查指导工作，并给予较高评价。

12月10日　房山区委常委、宣传部长赵佳琛到区广电中心调研节目运行情况。

12月11—15日　顺义区广播电视中心选派播音员、主持人到深圳参加两岸三地播音员主持人艺术年会。

12月17日　房山区文委、区广电中心召开座谈会，专题研究贯彻落实广电总局第61号令《广播电视广告播出管理办法》，依法规范广播电视广告播出。

12月21日　通州区委常委、宣传部长张秀余，区委常委、区纪委书记尹双曼到区广电中心调研。

12月23日　中国广播电视协会城市（县）级委员会领导一行到顺义区广播电视中心调研考察。

12月23日　大兴区副区长王荣彬到广电中心指导工作。

12月24日　由顺义区委宣传部、顺义广电中心联合举办的“飞得更高”第二届顺义的骄傲评选活动正式启动。

12月25日　通州区广播电视发射塔工程竣工并通过验收，总投资1673万元。发射塔为六角飞碟形式，高148米，塔下为发射机房楼，建筑面积1130平方米。

12月26日　石景山区委副书记、区长周茂非，区委常委、副区长付生柱到区广播电视中心调研。在听取了中心主任魏志安的工作汇报后，周茂非区长对区广电中心的工作成绩给予充分肯定，对区广电中心今后的工作提出具体要求。

12月27日　顺义区区长刘剑到区广播电视中心录制2010年“新年贺词”。

12月29日　平谷区数控广播电视工程竣工并通过验收。

12月30日　丰台区区长游广斌到演播室录制2010年新年贺辞，区委常委、宣传部部长李明圣，区政府办公室主任高峰陪同。节目录制后，游广斌区长一行观看了广电中心2009年开办的新栏目《丰台故事》和《话说丰台》并给予肯定，同时要求中心紧密围绕区域亮点开展宣传，多拍一些老百姓爱看的节目。

12月30日　门头沟区副区长姚忠阳，区委常委、宣传部长陈志强到广电中心调研，广电中心主任宋奇汇报了基本情况。

12月30日　大兴区副区长常红岩到广电中心检查指导工作。

12月　通州区广电中心承办2009年通州区道德模范颁奖典礼活动取得成功。

12月　平谷区广播电视中心摄制完成3部电视专题片《执政为民》、《情系民生》、《连心桥》。

12月　通州区广播电视中心、海淀区新闻中心、平谷区广播电视中心被首都精神文明建设委员会评为“迎国庆、讲文明、树新风”活动先进单位。

12月　怀柔区委常委、宣传部长彭丽霞，区人大常委会副主任吕延发前往怀柔汤河口南山转播站和汤河口分站，对常年坚守一线岗位的工作者进行慰问。

12月　怀柔区广播电视中心投资400多万元，完善媒资管理系统，建立三维动画工作站一个，增加安全监控点8个；购入演播室摄像机系统和电台直播系统，并将原网络进行升级改造，解决了电台服务器和直播设备无备份问题，增加了播出系统安全稳定性，提高了电台、电视台的数字化水平。

索引

2010/《北京广播影视年鉴》

——记录行业情况　服务业内和社会——

索 引
INDEX

汉语拼音索引

B

C

D

数字索引